OEUVRES COMPLÈTES

DE

LORD BYRON

Imprimerie de Gustave GRATIOT, 11, rue de la Monnaie.

ŒUVRES COMPLÈTES

DE

LORD BYRON

TRADUITES

PAR BENJAMIN LAROCHE

SIXIÈME ÉDITION

REVUE ET CORRIGÉE AVEC SOIN PAR LE TRADUCTEUR

TROISIÈME SÉRIE

DRAMES

PARIS

VICTOR LECOU, LIBRAIRE-ÉDITEUR

10, RUE DU BOULOI

1847

MANFRED,

POËME DRAMATIQUE EN TROIS ACTES.

> Horatio, il y a au ciel et sur la terre beaucoup de choses
> que n'a jamais soupçonnées votre philosophie.
> SHAKSPEARE, *Hamlet*.

PERSONNAGES.

MANFRED.
UN CHASSEUR DE CHAMOIS.
L'ABBÉ DE SAINT-MAURICE.
MANUEL.
HERMAN.

LA FÉE DES ALPES.
ARIMANE.
NÉMÉSIS.
LES DESTINÉES.
GÉNIES, etc.

La scène est dans les Hautes-Alpes, — partie au château de Manfred et partie dans les montagnes.

ACTE PREMIER.

SCÈNE Ire.

La scène représente une galerie gothique. — Il est minuit.

MANFRED, seul.

Il faut remplir de nouveau ma lampe; mais, alors même, elle ne brûlera pas aussi longtemps que je dois veiller : mon assoupissement, — quand je m'assoupis, — n'est point un sommeil; ce n'est qu'une continuation de ma pensée incessante, à laquelle je ne puis alors résister. Mon cœur veille toujours; mes yeux ne se ferment que pour regarder intérieurement; et pourtant je vis, et j'ai l'aspect et la forme d'un homme vivant. Mais la douleur devrait instruire le sage; souffrir, c'est connaître : ceux qui savent le plus sont aussi ceux qui ont le plus à gémir sur la fatale vérité; l'arbre de la science n'est pas l'arbre de vie. J'ai essayé la philosophie, et la science, et les sources du merveilleux, et la sagesse du monde, et mon esprit a le pouvoir de s'approprier ces choses, — mais elles ne me servent de rien; j'ai fait du bien aux hommes, et j'ai trouvé du bon même parmi les hommes, — mais cela ne m'a servi de rien; j'ai eu aussi des ennemis, nul d'entre eux ne m'a vaincu, beaucoup sont tombés devant moi, — mais cela ne m'a servi de rien : bien ou mal, vie, facultés, passions, tout ce que je vois dans les autres êtres, a été pour moi comme la pluie sur le sable depuis cette heure à laquelle je ne puis donner un nom. Je ne redoute rien, et j'éprouve la malédiction de n'avoir aucune crainte naturelle, de ne sentir battre dans mon cœur ni désir, ni espoir, ni un reste d'amour pour quoi que ce soit sur la terre. — Maintenant, à ma besogne ! —

Puissances mystérieuses ! esprits de l'univers illimité ! vous que j'ai cherchés dans les ténèbres et la lumière, — vous qui environnez la terre, et habitez une essence plus subtile, vous dont la demeure est au sommet des monts inaccessibles, à qui les cavernes de la terre et de l'Océan sont des objets familiers, — je vous évoque par le charme écrit qui me donne autorité sur vous : — levez-vous ! paraissez ! (*Une pause.*)

Ils ne viennent pas encore. — Maintenant, par la voix de celui qui est le premier parmi vous, — par ce signe qui vous fait trembler, — au nom des droits de celui qui ne peut mourir, — levez-vous ! paraissez ! — paraissez ! (*Une pause.*)

S'il en est ainsi, — esprits de la terre et de l'air, vous ne m'éluderez point de cette manière : par une puissance plus grande que toutes celles que j'ai déjà nommées, par un charme irrésistible qui a pris naissance dans une étoile condamnée, débris brûlant d'un monde démoli, enfer errant dans l'éternel espace ; par la terrible malédiction qui pèse sur mon âme, par la pensée qui est en moi et autour de moi, je vous somme de m'obéir : paraissez !

<small>On voit paraître une étoile à l'extrémité la plus sombre de la galerie ; elle reste immobile, et l'on entend chanter une voix.</small>

PREMIER GÉNIE. Mortel ! j'ai quitté à ta voix mon palais élevé dans les nuages, que le crépuscule a bâti de son souffle, et que le soleil couchant d'un jour d'été colore d'une teinte de pourpre et d'azur broyée tout exprès pour mon pavillon. Quoique j'eusse pu refuser de me rendre à tes ordres, je suis accouru, porté sur le rayon d'une étoile ; j'ai obéi à tes conjurations ; mortel, — fais connaître tes volontés !

La voix du second génie. Le Mont-Blanc est le roi des montagnes; elles l'ont couronné il y a longtemps; il a un trône de rochers, un manteau de nuages, un diadème de neiges. Il a les forêts pour ceinture, et sa main tient une avalanche; mais avant de tomber, cette boule tonnante doit attendre mon commandement. La masse froide et mobile du glacier s'avance chaque jour; mais c'est moi qui lui permets de passer outre, ou qui l'arrête avec ses glaçons. Je suis le génie de ces lieux : je puis faire trembler la montagne, et l'agiter jusque dans sa base caverneuse; — et toi, que me veux-tu?

La voix du troisième génie. Dans les profondeurs azurées des flots, où la vague est tranquille, où le vent est inconnu, où vit le serpent des mers, où la sirène orne de coquillages sa verte chevelure, comme l'orage sur la surface des eaux a retenti ton évocation; dans mon paisible palais de corail, l'écho me l'a apportée : — au génie de l'Océan fais connaître tes désirs!

Quatrième génie. Aux lieux où le tremblement de terre endormi repose sur un oreiller de feu, où bouillonnent des lacs de bitume, où les racines des Andes s'enfoncent aussi profondément dans la terre que leurs sommets s'élèvent haut vers le ciel, ta voix est venue jusqu'à moi, et pour obéir à tes ordres j'ai quitté le lieu de ma naissance. — Ton charme m'a subjugué, que ta volonté me guide!

Cinquième génie. Je vole sur les ailes des vents; c'est moi qui allume l'orage; l'ouragan que je viens de quitter est encore brûlant des feux de la foudre; pour venir plus vite vers toi, m'élevant au-dessus de la terre et des mers, j'ai voyagé sur l'aquilon; la flotte que j'ai rencontrée voguait d'un cours propice, et pourtant elle sombrera avant que la nuit soit écoulée.

Sixième génie. Ma demeure est dans l'ombre de la nuit : pourquoi ta magie m'inflige-t-elle le supplice de la lumière?

Septième génie. L'étoile qui règle ta destinée a été réglée par moi avant la naissance de la terre : jamais astre plus frais et plus beau n'accomplit dans l'air sa révolution autour du soleil; sa marche était libre et régulière; l'espace ne comptait pas dans son sein d'étoile plus charmante. Une heure survint, — et elle ne fut plus qu'une masse errante de flamme informe, une comète vagabonde, une malédiction, une menace suspendue sur l'univers, continuant à rouler par sa propre force, sans sphère, sans direction, brillante difformité du firmament, monstruosité dans les régions du ciel! Et toi, qui es né sous son influence, — toi, vermisseau auquel j'obéis et que je méprise, — un pouvoir qui n'est pas le tien, mais qui t'a été prêté pour me soumettre à toi, me force de descendre un instant en ce lieu, confondu avec ces génies pusillanimes qui baissent le front devant toi, et de m'entretenir avec un être aussi chétif que toi. — Fils de la poussière, que veux-tu de moi?

Les sept génies. La terre, l'océan, l'air, la nuit, les montagnes, les vents, ton étoile, attendent tes ordres, fils de la poussière; à ta demande tous ces génies sont devant toi : — que veux-tu de nous, fils des mortels? — Parle!

Manf. L'oubli. —

Le premier génie. De quoi? — de qui? — et pourquoi?

Manf. De ce qui est au-dedans de moi; lisez-le là; vous le savez, et je ne puis le dire.

Le génie. Nous ne pouvons te donner que ce que nous possédons. — Demande-nous des sujets, le souverain pouvoir, l'empire d'une partie de la terre ou de sa totalité, ou un signe par lequel tu puisses commander aux éléments sur lesquels nous régnons; chacune de ces choses, ou toutes ensemble, deviendront ton partage.

Manf. L'oubli, l'oubli de moi-même. — Ne pouvez-vous pas, de tous ces royaumes cachés que vous m'offrez avec tant de profusion, m'extraire ce que je demande?

Le génie. Cela n'est point dans notre essence, dans notre pouvoir. Mais tu peux mourir.

Manf. La mort me le donnera-t-elle?

Le génie. Nous sommes immortels, et nous n'oublions pas; nous sommes éternels, le passé nous est présent aussi bien que l'avenir. Tu as notre réponse.

Manf. Vous vous raillez de moi; mais le pouvoir qui vous a amenés ici vous a mis à ma disposition. Esclaves! ne vous jouez pas de ma volonté! L'âme, l'esprit, l'étincelle de Prométhée, l'éclair de mon être, enfin, est aussi brillant, aussi perçant et d'une portée aussi grande que le vôtre, et il ne le cèdera pas au vôtre, quoique emprisonné dans son argile. Répondez, ou vous apprendrez à me connaître!

Le génie. Nous répondrons comme nous avons répondu; tes propres paroles contiennent notre réponse.

Manf. Que voulez-vous dire?

Le génie. Si, comme tu le dis, ton essence est semblable à la nôtre, nous avons répondu en te disant que ce que les mortels appellent la mort n'a rien de commun avec nous.

Manf. C'est donc en vain que je vous ai évoqués du sein de vos royaumes? Vous ne pouvez ni ne voulez venir à mon aide?

Le génie. Parle, ce que nous possédons est à toi, nous te l'offrons; réfléchis avant de nous congédier; demande-nous encore — l'empire, la puissance, la force, et de longs jours.

Manf. Maudits! qu'ai-je affaire de longs jours? les miens n'ont déjà que trop duré : — arrière! partez!

Le génie. Réfléchis encore; pendant que nous sommes ici, nous ne demandons pas mieux que de te servir; n'y a-t-il aucun autre don que nous puissions rendre digne de t'être offert?

Manf. Non, aucun : pourtant, arrêtez, — un moment encore; avant que nous nous séparions, je désirerais vous voir face à face. J'entends vos voix, leur son est mélancolique et doux comme la musique sur les eaux, et je vois distinctement une grande étoile brillante et immobile. Montrez-vous à moi tels que vous êtes, un seul, ou tous, sous vos formes accoutumées.

Le génie. Nous n'avons point de forme au-delà des éléments dont nous sommes l'âme et le principe; mais choisis-en une : — c'est sous celle-là que nous paraîtrons.

Manf. Je n'ai pas de choix à faire; nulle forme sur la terre ne m'est hideuse ou belle. Que le plus puissant d'entre vous revête celle qu'il jugera convenable; — allons!

Le septième génie (*paraissant sous la forme d'une belle femme*). Regarde!

Manf. O Dieu! s'il en est ainsi, et si tu n'es pas l'illusion d'un cerveau en démence, je puis être encore le plus heureux des hommes. Je te presserai dans mes bras, et nous serons encore... (*L'apparition s'évanouit*). Mon cœur est écrasé !

Manfred tombe sans mouvement.—On entend une voix qui chante ce qui suit :

A l'heure où la lune brille sur les vagues, le ver-luisant dans le gazon, le météore sur les tombeaux, le feu follet sur les marécages ; à l'heure où les étoiles filent, où l'écho répète la voix du hibou, où les feuilles se taisent dans l'ombre silencieuse de la colline, alors mon âme planera sur la tienne avec un pouvoir et avec un signe.

Au sein du plus profond sommeil, ton esprit ne dormira pas ; il y a des ombres qui ne s'évanouiront pas ; il y a des pensées que tu ne peux bannir ; en vertu d'un pouvoir que tu ignores, tu ne peux jamais être seul ; tu es enveloppé comme dans un linceul, tu es emprisonné dans un nuage, et tu seras à jamais enfermé dans l'esprit de cette incantation.

Quoique tu ne me voies point passer à tes côtés, tes yeux me reconnaîtront pour un objet qui, bien qu'invisible, a été et doit être encore près de toi ; et lorsque, agité par cette terreur secrète, tu tourneras la tête, tu t'étonneras de ne pas me voir, comme ton ombre, sur tes pas ; et ce pouvoir qui se fera sentir à toi, tu seras condamné à dissimuler sa présence.

Un rhythme et des accents magiques t'ont baptisé d'une malédiction, et un génie de l'air t'a enlacé dans un piége ; il y a dans le vent une voix qui te défendra de te réjouir, et la nuit te refusera le repos de son firmament ; le jour aura un soleil qui te fera désirer sa fin.

De tes larmes mensongères j'ai distillé une essence qui a le pouvoir de tuer ; j'ai tiré de ton cœur un sang noir puisé à sa plus noire source ; j'ai dérobé le serpent qui était sur ton sourire, où il roulait ses anneaux comme dans un buisson ; j'ai pris sur tes lèvres le charme qui donnait à toutes ces choses leurs effets les plus malfaisants ; après avoir fait l'essai de tous les poisons, j'ai trouvé que le plus énergique était le tien.

Par ton cœur froid et ton sourire de serpent, par l'abîme sans fond de ta fourberie, par tes yeux si remplis d'un semblant de vertu, par l'hypocrisie de ton âme toujours fermée, par la perfection de tes artifices, qui ont été jusqu'à faire croire que tu avais un cœur humain, par les délices que te font éprouver les douleurs d'autrui, par ta confraternité avec Caïn, je te condamne et t'oblige à être toi-même ton enfer!

Et sur ta tête je verse le vase de malédiction qui te dévoue à cette épreuve; ta destinée sera de ne pouvoir ni dormir ni mourir; tu verras sans cesse la mort auprès de toi pour la désirer et la craindre; voilà que déjà autour de toi le charme opère, et une chaîne silencieuse pèse sur toi; contre ton cœur et ton cerveau tout ensemble l'arrêt fatal est prononcé;—maintenant flétris-toi!

SCÈNE II.

Le mont Jungfrau. — Il commence à faire jour. — Manfred est seul sur les rochers.

MANFRED.

Les esprits que j'ai évoqués m'abandonnent,—les charmes que j'ai étudiés m'ont déçu,—le remède sur lequel je comptais me torture; je ne veux plus recourir à un aide surnaturel; il ne peut rien sur le passé; et quant à l'avenir, jusqu'à ce que le passé soit englouti dans les ténèbres, je n'ai que faire de le chercher.—O terre! ô ma mère! et toi, jour qui commences à poindre; et vous, montagnes, pourquoi y a-t-il en vous tant de beauté? je ne puis vous aimer. Et toi, œil brillant de l'univers, qui t'ouvres sur tous, et qui es pour tous un délice,—tu ne luis point sur mon cœur. Et vous, rochers, au sommet desquels je me tiens debout en ce moment, ayant à mes pieds le lit du torrent et les hauts pins qui le bordent, lesquels, vus à cette distance étourdissante, semblent des arbrisseaux; il suffirait d'un élan, d'un pas, d'un mouvement, d'un souffle, pour me briser sur ce lit de rochers, et reposer ensuite pour toujours.—Pourquoi est-ce que j'hésite? J'éprouve le désir de me précipiter de cette hauteur, et pourtant je n'en fais rien; je vois le péril,—pourtant je ne recule pas; mon cerveau a le vertige, pourtant mon pied est ferme: je ne sais quel pouvoir m'arrête et me condamne à vivre, si toutefois c'est vivre que de porter en moi cette stérilité de cœur, et d'être le sépulcre de mon âme; car j'ai cessé de me justifier à moi-même mes propres actions,—dernière infirmité du mal. (*Un aigle passe devant lui.*)

Oui, toi qui fends les nuages d'une aile rapide, dont le vol fortuné s'élève le plus haut vers les cieux, tu fais bien de m'approcher de si près,—je devrais être ta proie, et servir de pâture à tes aiglons; tu t'éloignes à une distance où mon œil ne peut te suivre; mais le tien, en bas, en haut, devant, pénètre à travers l'espace.—Oh! que c'est beau! Comme tout est beau dans ce monde visible! comme il est magnifique en lui-même et dans son action! Mais nous, qui nous nommons ses souverains, nous, moitié poussière, moitié dieux, également incapables de descendre ou de monter, avec notre essence mixte nous jetons le trouble dans ses éléments, nous aspirons le souffle de la dégradation et de l'orgueil, luttant contre de vils besoins et des désirs superbes, jusqu'à ce qu'enfin notre mortalité prédomine, et les hommes deviennent—ce qu'ils ne s'avouent pas à eux-mêmes, ce qu'ils n'osent se confier les uns aux autres. (*On entend de loin la flûte d'un berger.*)

Quelle est cette mélodie que j'entends? C'est la musique naturelle du chalumeau des montagnes,—car ici la vie patriarcale n'est pas une fable pastorale;—dans l'air de la liberté la flûte mêle ses sons au doux bruit des clochettes du troupeau bondissant; mon âme voudrait boire ces vibrations. —Oh! si je pouvais être l'âme invisible d'un son délectable, une voix vivante, un souffle harmonieux, une jouissance incorporelle,—naître et mourir avec l'intonation fortunée qui m'aurait créé!

(*Un chasseur de chamois arrive en gravissant la montagne.*)

LE CHASS. C'est par ici que le chamois a bondi, ses pieds agiles ont trompé mon adresse; mes profits d'aujourd'hui ne paieront pas mes fatigues périlleuses. — Que vois-je? Cet homme n'est pas de notre profession, et cependant il est arrivé à une hauteur qu'entre tous nos montagnards nos meilleurs chasseurs pourraient seuls atteindre; il est bien vêtu;

son aspect est mâle, et à en juger d'ici, il y a dans son air toute la fierté d'un paysan né libre.—Approchons-nous de lui.

Manf. (*sans le voir*). Se voir blanchir par la douleur comme ces pins flétris, ruines d'un seul hiver, sans écorce, sans branches, troncs foudroyés sur une racine maudite, qui ne sert qu'à donner le sentiment à la destruction ! Être ainsi, éternellement ainsi,—et avoir été autrement ! Voir son front sillonné par des rides qu'y ont creusées non les années, — mais des moments,—des heures de tortures qui ont été des siècles,—des heures auxquelles je survis !—O vous, rochers de glace ! avalanches qu'il suffit d'un souffle pour précipiter comme des montagnes croulantes, venez, et écrasez-moi ! J'entends fréquemment au-dessus de ma tête et à mes pieds le fracas de vos bonds redoutables ; mais vous passez sans m'atteindre ; vous allez tomber sur des êtres qui veulent vivre encore, sur la jeune forêt au verdoyant feuillage, sur la cabane ou le hameau du villageois inoffensif.

Le chass. Les brouillards commencent à s'élever du sein de la vallée ; je vais l'avertir de descendre, sans quoi il pourrait bien lui arriver de perdre tout à la fois et sa route et la vie.

Manf. Les brouillards bouillonnent autour des glaciers ; les nuages se lèvent au-dessus de moi en flocons blancs et sulfureux, comme l'écume sur les flots irrités de la mer infernale, dont chaque vague va se briser sur un rivage peuplé où sont entassés les damnés comme les cailloux sur la grève. — Un vertige me saisit.

Le chass. Il faut que je l'aborde avec précaution quand je serai près de lui ; le bruit soudain de mes pas peut le faire tressaillir, et il semble chanceler déjà.

Manf. On a vu des montagnes tomber, laissant un vide dans les nuages, faisant tressaillir sous le choc les Alpes leurs sœurs, remplissant les vertes vallées des débris de leur chute, faisant jaillir soudainement les rivières, dispersant leurs eaux en poussière liquide, et obligeant leurs sources à se tracer un nouveau cours ;—c'est ce qui est advenu, dans sa vieillesse, au mont Rosemberg ; — que n'étais-je dessous !

Le chass. Mon ami ! prends garde, un pas de plus peut

l'être fatal! — Pour l'amour de celui qui t'a créé, ne te tiens pas sur le bord de ce précipice!

Manf. (*sans l'entendre*). C'eût été pour moi une tombe convenable; mes os eussent reposé en paix à cette profondeur; ils n'auraient pas été disséminés sur les rocs, le jouet des vents, — comme ils le seront — quand j'aurai pris cet élan. — Adieu, cieux qui vous ouvrez sur ma tête; ne jetez pas sur moi ces regards de reproche, — vous n'avez pas été faits pour moi. — Terre, reçois ces atomes!

(*Au moment où Manfred va se précipiter, le chasseur le saisit et le retient.*)

Le chass. Arrête, insensé! — Quoique la vie te soit à charge, ne souille pas de ton sang coupable la pureté de nos vallées; viens avec moi, — je ne te lâcherai pas.

Manf. Je me sens défaillir, — ne me serre pas tant; — je ne suis que faiblesse; — les montagnes tournent autour de moi; — je ne vois plus rien. — Qui es-tu?

Le chass. Je te le dirai plus tard, — viens avec moi; — les nuages s'amoncellent; — là, — appuie-toi sur moi; — place ici ton pied, — ici; prends ce bâton, soutiens-toi un instant à cet arbuste; — maintenant donne-moi la main, et tiens fortement ma ceinture; — doucement, — bien, — dans une heure nous serons au chalet; — viens, nous trouverons bientôt un terrain plus sûr et une espèce de sentier que le torrent a creusé cet hiver : — allons, voilà qui est très bien, tu étais né pour être chasseur. — Suis-moi.

ACTE DEUXIÈME.

SCÈNE Ire.

Un chalet au milieu des Alpes de Berne.

MANFRED et LE CHASSEUR DE CHAMOIS.

Le chass. Non, non! — demeure encore, — tu partiras plus tard : ton esprit et ton corps sont dans un état qui ne permet pas que l'un se confie à l'autre, du moins pendant quelques heures; quand tu seras mieux, je te servirai de guide; mais où irons-nous?

MANF. Il n'importe : je connais parfaitement mon chemin, et n'ai plus besoin de guide.

LE CHASS. Tes vêtements et ton port annoncent une haute naissance. Tu es sans doute l'un de ces chefs nombreux dont les châteaux dominent les basses vallées? — Quel est celui dont tu es le seigneur? J'en connais seulement le portail; il est rare que mon genre de vie me conduise dans la plaine, pour me réchauffer au large foyer de ces vieilles demeures, ou m'y réjouir avec les vassaux; mais les sentiers qui mènent de nos montagnes à leurs portes me sont familiers dès mon enfance; lequel de ces châteaux est le tien?

MANF. Peu importe.

LE CHASS. Eh bien! excuse mes questions, et reprends un peu de gaieté. Allons, goûte mon vin; il est vieux; plus d'une fois il a dégelé mes veines au milieu de nos glaciers; qu'aujourd'hui il en fasse autant pour toi! — Allons, buvons ensemble.

MANF. Arrière! arrière! sur les bords de cette coupe il y a du sang! la terre ne le boira-t-elle donc jamais!

LE CHASS. Que veux-tu dire? ta raison t'abandonne.

MANF. Je te dis que c'est du sang, — mon sang à moi! la source pure qui coulait dans les veines de mes pères et dans les nôtres quand nous étions jeunes, et que nous ne formions qu'un cœur, et que nous nous aimions comme nous n'aurions pas dû nous aimer; et ce sang a été versé; mais il s'élève aujourd'hui, il rougit les nuages qui me ferment l'entrée du ciel, où tu n'es pas, où je ne serai jamais.

LE CHASS. Homme aux paroles étranges, tourmenté de quelque remords délirant qui peuple pour toi le vide, quels que soient tes terreurs et tes tourments, il est encore pour toi des consolations — dans les secours des hommes pieux, dans une religieuse patience.

MANF. La patience! la patience! arrière! — Ce mot fut créé pour les bêtes de somme, non pour les oiseaux de proie. Prêche la patience à des mortels de ton argile. Je ne suis pas de ta race.

LE CHASS. J'en rends grâce au ciel; je ne voudrais pas

être de la tienne pour la libre gloire de Guillaume Tell ; mais quel que soit ton mal, il faut l'endurer, et ces regimbements sont inutiles.

MANF. Ne l'enduré-je pas? — Regarde-moi, — je vis.

LE CHASS. C'est un état convulsif, ce n'est pas la vie de la santé.

MANF. Je te dis, homme, que j'ai vécu bien des années, et de longues années ; mais elles ne sont rien maintenant, comparées à celles qui me restent à vivre : des siècles, — des siècles, — l'espace et l'éternité, — et le sentiment de l'existence avec une soif ardente de la mort, soif jamais étanchée !

LE CHASS. Mais c'est à peine si ton front porte l'empreinte de l'âge mûr ; je suis de beaucoup ton aîné.

MANF. Penses-tu donc que c'est du temps que dépend l'existence ? Cela peut être ; mais nos actions, voilà nos époques : les miennes ont rendu mes nuits et mes jours impérissables, illimités, uniformes, comme les grains de sable sur le rivage ; innombrables atomes ; désert froid et stérile sur lequel les vagues viennent se briser, mais où rien ne reste, que des squelettes, des débris, des rocs et des algues amères.

LE CHASS. Hélas ! il est fou, — mais je ne dois pas le quitter.

MANF. Plût au ciel que je fusse fou ! — car alors les choses que je vois ne seraient plus que le rêve d'un insensé.

LE CHASS. Quelles sont les choses que tu vois, ou que tu crois voir ?

MANF. Moi et toi : — toi, paysan des Alpes, — les humbles vertus, ton toit hospitalier, ton âme patiente, pieuse, fière et libre, ton respect de toi-même, entretenu par des pensées d'innocence ; tes jours de santé, tes nuits de sommeil ; tes travaux ennoblis par le danger, et pourtant exempts de crimes ; l'espérance d'une vieillesse heureuse et d'un tombeau tranquille avec une croix et des fleurs sur son vert gazon, et l'amour de tes petits-enfants pour épitaphe : voilà ce que je vois : — et puis je regarde au-dedans de moi ! — n'importe, — la douleur avait déjà sillonné mon âme.

LE CHASS. Voudrais-tu donc échanger ta destinée contre la mienne ?

MANF. Non, mon ami! je ne voudrais point d'un marché qui te serait funeste; je ne voudrais échanger mon destin contre celui d'aucun être vivant. Ce que je puis supporter dans la vie, — et je le supporte, quoique misérablement, — d'autres ne pourraient l'endurer en rêve, ils en mourraient dans leur sommeil.

LE CHASS. Et avec cela, — avec cette sensibilité attentive pour les douleurs d'autrui, se peut-il que le crime ait souillé ton âme? Ne me le dis pas. Il n'est pas possible qu'un homme dont les pensées sont si bienveillantes ait immolé ses ennemis à sa vengeance.

MANF. Oh! non, non, non! mes offenses sont tombées sur ceux qui m'aimaient, sur ceux que j'aimais le plus : je n'ai jamais abattu un ennemi, si ce n'est pour ma défense légitime; — mais mon embrassement a été fatal.

LE CHASS. Que le ciel te donne le calme! que la pénitence te rende à toi-même! je prierai pour toi.

MANF. Je n'en ai pas besoin, mais je ne puis endurer ta pitié; je pars, — il est temps. — Adieu! — Voilà de l'or, reçois aussi mes remerciements; — point de refus, ce que je te donne t'est dû. — Ne me suis pas, — je connais mon chemin; — les dangers de la montagne sont passés; je te le répète, ne me suis pas.

SCÈNE II.

Une vallée des Alpes. — Une cataracte.

Arrive MANFRED.

Il n'est pas encore midi, — les rayons du soleil jettent sur le torrent un arc brillant de toutes les couleurs du ciel; la colonne d'eau retombe en nappe d'argent le long du roc perpendiculaire, et balance ses gerbes d'écume lumineuse, comme la queue du cheval pâle, du coursier géant, monté par la Mort, décrit par l'*Apocalypse*. Nul autre œil que le mien ne s'abreuve maintenant de cette vue enchanteresse; je devrais être seul dans cette solitude, et partager avec le génie du lieu l'hommage de ces ondes. — Je vais l'appeler.

(*Manfred prend quelques gouttes d'eau dans le creux de sa main, et les jette en l'air en murmurant les paroles magiques. Après un moment de silence, la Fée des Alpes paraît sous l'arc-en-ciel du torrent.*)

Beau génie! avec ta chevelure de lumière, tes yeux éblouissants de gloire, tes formes qui rappellent les charmes des moins mortelles d'entre les filles de la terre, mais agrandis dans des proportions plus que terrestres, dans une essence d'éléments plus purs; pendant que les couleurs de la jeunesse, ce tendre incarnat de la joue d'un enfant endormi sur le sein de sa mère, et bercé par les battements de son cœur, ou ces teintes roses que le crépuscule d'été laisse après lui sur la neige virginale des hauts glaciers, rougeur pudique de la terre dans l'embrasement du ciel, — colorent ton céleste visage, et font paraître moins brillant l'arc-en-ciel qui te couronne; beau génie! sur ton front calme et pur, où se réflète cette sérénité d'âme qui à elle seule révèle ton immortalité, je lis que tu pardonnes à un fils de la terre, à qui les puissances les plus mystérieuses daignent quelquefois se communiquer, — de faire usage de tes secrets magiques — pour évoquer ainsi ta présence et te contempler un moment.

La Fée. Fils de la terre! je te connais, ainsi que les puissances à qui tu dois ton pouvoir : je te connais pour un homme à la pensée féconde, qui a fait tour à tour et le bien et le mal, extrême dans tous deux, et dont les souffrances ont été fatales à lui-même et aux autres. Je t'attendais; — que veux-tu de moi?

Manf. Contempler ta beauté et rien de plus. Ce qui est à la surface de la terre m'a rendu insensé, et je me réfugie dans ses mystères, et je pénètre jusqu'au séjour des esprits qui la gouvernent; — mais ils ne peuvent rien pour moi. Je leur ai demandé ce qu'ils n'ont pu me donner, et maintenant je ne leur demande plus rien.

La Fée. Quel est le vœu que ne peuvent exaucer ceux qui peuvent tout, les monarques de l'invisible?

Manf. Il en est un; mais pourquoi le redire? ce serait inutile.

La Fée. C'est ce que j'ignore; fais-le-moi connaître.

Manf. C'est une torture que je vais m'infliger, mais n'importe ! ma douleur trouvera une voix. — Dès ma jeunesse, mon esprit ne marchait pas avec les âmes des hommes et ne regardait point la terre avec des yeux humains. La soif de leur ambition n'était pas la mienne; le but de leur existence n'était pas le mien : mes joies, mes chagrins, mes passions, mon génie, tout faisait de moi un étranger. Quoique j'en portasse la forme, je n'avais aucune sympathie pour la chair respirante, et parmi les créatures d'argile qui m'entouraient, il n'y en avait point,..... excepté une. — J'en parlerai plus tard.

J'ai dit que je n'étais guère en communion avec les hommes et les pensées des hommes. Au contraire, ma joie était, dans la solitude, de respirer l'air pur des montagnes couvertes de neiges, sur la cime desquelles l'oiseau n'ose bâtir son nid, et dont le granit sans gazon n'est jamais effleuré par l'aile des insectes; — ou bien de me plonger dans le torrent, et de rouler avec le rapide tourbillon de la vague sur le sein soulevé des fleuves et de l'Océan; luttes où mes forces naissantes s'exaltaient avec délices ! — ou bien encore de suivre, à travers la nuit, la marche de la lune et le cours brillant des étoiles, ou de saisir les éclairs dans l'orage, jusqu'à ce que mes yeux en fussent éblouis; ou, l'oreille attentive, de regarder les feuilles éparses alors que les vents d'automne murmuraient leurs chants du soir. Tels étaient mes passe-temps, — toujours seul ! et si un des êtres au nombre desquels j'avais honte de me compter se rencontrait dans mon chemin, je me sentais de nouveau dégradé jusqu'à eux, et me retrouvais tout argile [1].

Dans mes rêveries solitaires, je descendais dans les caveaux de la mort, recherchant ses causes dans ses effets; et de ces ossements, de ces crânes desséchés, de cette poussière amoncelée, j'osai tirer de criminelles conclusions. Pendant des années entières je passai mes nuits dans l'étude de sciences autrefois connues, maintenant oubliées; à force de temps et de travail, après de terribles épreuves et des austérités telles qu'elles donnent à celui qui les pratique autorité sur l'air, et sur les esprits de l'air et de la terre, de l'espace et de l'infini peuplé, je rendis mes yeux familiers avec l'éternité : ainsi firent autrefois les mages et celui qui à Gadara évoqua du sein de leurs ondes Éros et Anteros, comme je t'évoque aujourd'hui ; et avec ma science s'accrut en moi la soif de connaître, et la puissance et la joie de cette brillante intelligence, jusqu'à ce que....

La fée. Poursuis.

Manf. Oh! je n'ai ainsi prolongé ce récit, je ne me suis appesanti sur l'éloge de ces vains attributs, que parce qu'à mesure que j'approche de la plaie vive de mon cœur désolé.... Mais, continuons. Je ne t'ai parlé ni de père, ni de mère, ni de maîtresse, ni d'ami, ni d'aucun des êtres auxquels j'étais enchaîné par les liens de l'humanité : si de telles personnes existaient, elles n'étaient point telles à mes yeux, — pourtant il en était une....

La fée. Ne l'épargne pas, — poursuis.

Manf. Elle me ressemblait. Elle avait, disait-on, mes yeux, mes cheveux, mes traits, tout, jusqu'au son de ma voix ; mais tout cela avait chez elle un caractère plus doux et était tempéré par la beauté. Elle avait, comme moi, les pensées solitaires et rêveuses, la soif de connaître les choses cachées, et un esprit capable de comprendre l'univers. A cela elle ajoutait des facultés plus douces que les miennes, la pitié, le sourire et les larmes que moi je n'avais pas, et la tendresse ; mais ce sentiment-là, je l'éprouvais pour elle ; et l'humilité, que je n'eus jamais ; ses défauts étaient les miens, ses vertus étaient à elle seule. Je l'aimais et je la fis mourir !

La fée. De ta main ?

Manf. Ce fut l'œuvre, non de ma main, mais de mon cœur, — qui brisa le sien : — son cœur regarda le mien et se flétrit. J'ai versé du sang, mais ce n'est pas le sien ; — et pourtant son sang fut versé, — je le vis couler — et ne pus l'étancher.

La fée. Et c'est pour un tel objet, — pour un être de la race que tu méprises et au-dessus de laquelle tu voudrais t'élever pour t'unir à nous et aux nôtres, que tu négliges les dons de notre science sublime, et retombes dans les lâches liens de la nature mortelle! — Arrière!

Manf. Fille de l'air! je te dis que depuis ce moment..... Mais des paroles ne sont qu'un vain souffle; regarde-moi dans mon sommeil, ou suis-moi des yeux dans mes veilles; — viens t'asseoir à mes côtés! ma solitude n'en est plus une; elle est peuplée par les furies; — la nuit m'a vu dans son ombre grincer des dents jusqu'au retour de l'aurore, et le jour me maudire jusqu'au coucher du soleil; — j'ai imploré la démence comme un bienfait, — elle m'a été refusée. J'ai affronté la mort, — mais dans la guerre des éléments, les flots se sont reculés de moi, et le péril a passé près de moi sans me toucher; — la main glacée d'un démon impitoyable me retenait par un seul cheveu, qui n'a jamais voulu se rompre. Je me suis plongé dans les profondeurs et les magnificences de mon imagination, — autrefois si riche en créations; mais, comme la vague qui se soulève, elle m'a rejeté dans le gouffre sans fond de ma pensée. Je me suis plongé dans le monde, j'ai cherché l'oubli partout, excepté là où il se trouve, et c'est ce qu'il me reste à apprendre; — mes sciences, ma longue étude des connaissances surnaturelles, tout cela n'est qu'un art mortel : j'habite dans mon désespoir, — et je vis, — et vis pour toujours.

La fée. Peut-être pourrai-je t'être utile.

Manf. Pour cela il faut que ta puissance évoque les morts, ou me fasse dormir avec eux. Donne-moi le trépas! — quelles que soient sa forme, son heure — et la souffrance qui l'accompagne, pourvu que ce soit la dernière.

La fée. Cela n'est pas dans mes attributions; mais si tu veux jurer de m'obéir et de faire tout ce que je t'ordonnerai, je puis accomplir ton vœu.

Manf. Je ne jurerai rien : — moi obéir! et à qui? aux esprits que j'oblige à comparaître devant moi? moi l'esclave de ceux qui étaient à mes ordres? — jamais!

La fée. Est-ce là tout? N'as-tu pas de réponse plus aimable à me faire? Penses-y encore, et réfléchis avant de rejeter mon offre.

MANF. J'ai dit.

LA FÉE. Cela suffit ! — Je puis donc me retirer ? — parle !

MANF. Retire-toi ! (*La Fée disparaît.*)

Nous sommes les jouets du temps et de nos terreurs ; nos jours coulent inaperçus, et chacun d'eux nous enlève quelque chose ; et cependant nous vivons, abhorrant la vie, et néanmoins redoutant de mourir ; parmi les jours que nous passons à porter ce joug détesté, ce poids vital sous lequel le cœur se débat, affaissé sous les chagrins, ou palpitant de douleur, ou d'une joie que termine la souffrance, ou l'épuisement ; — parmi tous les jours du passé et de l'avenir, car dans la vie il n'y a pas de présent, combien il en est peu, — combien moins que peu, — où l'âme cesse de souhaiter la mort ! et néanmoins elle recule devant le trépas, comme on retire sa main d'une eau glacée, quoiqu'il suffise de braver la première impression. Ma science m'offre encore une ressource : je puis évoquer les morts et leur demander en quoi consiste ce que nous redoutons d'être ; au pis-aller, j'aurai pour réponse le tombeau, et cela n'est rien. — Si on ne me répondait pas ! — mais le prophète enseveli a bien répondu à la sorcière d'Endor ; le monarque spartiate a bien obtenu que la vierge de Byzance lui répondît et lui révélât sa destinée ! Il avait, sans le vouloir, immolé celle qu'il aimait, et mourut sans être pardonné, bien qu'il appelât à son aide le Jupiter phyxien, bien que dans Phigalie, par la voix des magiciens d'Arcadie, il suppliât l'ombre indignée de déposer sa colère, ou de fixer un terme à sa vengeance. — Elle lui répondit par des paroles d'un sens douteux, mais qui néanmoins reçurent leur accomplissement. Si je n'avais jamais vécu, celle que j'aime vivrait encore ; si je n'avais jamais aimé, celle que j'aime serait encore belle, — et heureuse, et faisant le bonheur des autres. Qu'est-elle ? qu'est-elle maintenant ? une victime de mes fautes, — un objet sur lequel je n'ose arrêter ma pensée, — rien peut-être. Dans quelques heures mes doutes seront éclaircis, — et cependant maintenant je redoute ce que j'ose entreprendre : jusqu'à présent la vue d'un bon ou mauvais esprit ne m'avait jamais effrayé, — à présent je tremble, et sens sur mon cœur je ne sais quel froid dégel. Mais je puis faire même ce que j'abhorre le plus, et défier les humaines frayeurs. — La nuit approche. (*Il sort.*)

SCÈNE III.
La cime du mont Jungfrau.
Arrive LA PREMIÈRE DESTINÉE.

La lune se lève, large, ronde, éclatante; sur ces neiges que le pied d'aucun mortel ne foula jamais, nous marchons chaque nuit sans y laisser d'empreinte; nous parcourons cette mer sauvage, ce brillant océan de glaces montagneuses; nous effleurons ces rudes brisants, semblables à des flots écumeux soulevés par la tempête, et que le froid aurait subitement glacés, image d'un tourbillon liquide réduit à l'immobilité et au silence; et cette cime escarpée et fantastique, sculptée par quelque tremblement de terre, — où s'arrêtent les nuages pour s'y reposer en passant, — est consacrée à nos ébats et à nos veilles; ici j'attends mes sœurs, qui doivent se rendre avec moi au palais d'Arimane; c'est cette nuit que se célèbre notre grande fête; — je m'étonne qu'elles ne viennent pas.

UNE VOIX CHANTE DANS LE LOINTAIN. L'usurpateur captif, précipité de son trône, gisait immobile, oublié, solitaire; je l'ai éveillé, j'ai brisé sa chaîne, je lui ai donné une armée; — le tyran règne encore ! Il reconnaîtra mes soins par le sang d'un million d'hommes, par la ruine d'une nation, — par sa fuite et son désespoir.

UNE SECONDE VOIX. Le vaisseau voguait, le vaisseau voguait rapide; mais je ne lui ai pas laissé une voile, je ne lui ai pas laissé un mât; il ne reste pas une planche de sa carène ou de son tillac; il n'a pas survécu un seul infortuné pour pleurer son naufrage; j'en excepte un cependant, que j'ai soutenu sur les flots par une touffe de ses cheveux, et c'était un objet bien digne de ma sollicitude, un traître sur la terre, un pirate sur les flots ; — mais je l'ai sauvé afin qu'il préparât pour mes yeux des calamités nouvelles.

La première dest. La ville est endormie ; l'aurore la trouvera plongée dans les larmes : lente et sinistre, la noire peste s'est étendue sur elle ; — des milliers déjà sont dans la tombe, des milliers périront encore ; — les vivants fuiront les malades qu'ils devraient soigner ; mais rien ne peut arrêter la contagion dont ils meurent. La douleur et le désespoir, la maladie et l'effroi enveloppent une nation ; — heureux ceux qui meurent, et ne voient pas le spectacle de leur propre désolation ! — Cet ouvrage d'une nuit, — cette immolation d'un royaume, — cette œuvre de mes mains, tous les siècles me l'ont vu faire, et je la renouvellerai encore.

Arrivent LA SECONDE *et* LA TROISIÈME DESTINÉE.

Toutes trois ensemble. Les cœurs des hommes sont dans nos mains ; leurs tombes nous servent de marchepieds ; ils sont nos esclaves ; nous ne leur donnons le souffle que pour le reprendre.

Première dest. Salut ! où est Némésis ?

Deuxième dest. Elle se livre à quelque œuvre importante ; ce que c'est, je l'ignore ; car mes mains étaient occupées.

Troisième dest. La voici.

Première dest. D'où viens-tu donc ? Mes sœurs et toi, vous arrivez bien tard, cette nuit.

Arrive NÉMÉSIS.

Némésis. Je m'occupais à réparer des trônes brisés, à marier des imbéciles, à restaurer des dynasties, à venger les hommes de leurs ennemis et à les faire repentir ensuite de leur vengeance, à tourmenter les sages jusqu'à les rendre fous, à faire fabriquer aux sots des oracles nouveaux pour gouverner le monde, car les vieux commençaient à n'être plus de mise. Les mortels osaient penser par eux-mêmes, peser les rois dans la balance, et parler de liberté, ce fruit défendu. — Partons ! Nous avons laissé passer l'heure, montons sur nos nuages.

SCÈNE IV.

Le palais d'Arimane. — Arimane est sur le globe de feu qui lui sert de trône. — Les génies rangés en cercle autour de lui.

Hymne des GÉNIES.

Salut à notre maître ! au prince de la terre et de l'air ! Il marche sur les nuées et sur les eaux ; — il tient dans sa main le sceptre des éléments, qui à sa voix se dissolvent et font place au chaos ! Il souffle, — et la tempête agite l'Océan ; il parle, — et les nuages lui répondent par la voix du tonnerre ; il regarde, — et les rayons du soleil fuient devant son regard ; il se meut, — et la terre tremble et se déchire. Sous ses pas éclatent les volcans ; son ombre est la peste ; les comètes précèdent sa marche dans les cieux brûlants, et devant sa colère les planètes sont réduites en cendre. La guerre lui offre chaque jour des sacrifices ; la mort lui paie son tribut ; la vie lui appartient avec toutes ses innombrables agonies, — et c'est lui qui est l'âme de tout ce qui est.

Arrivent LES DESTINÉES *et* NÉMÉSIS.

PREMIÈRE DEST. Gloire à Arimane ! Sa puissance s'accroît sur la terre ; — mes sœurs et moi, nous avons exécuté ses ordres, et je n'ai pas négligé mon devoir.

DEUXIÈME DEST. Gloire à Arimane ! Nous qui courbons la tête des hommes, nous nous inclinons devant son trône.

TROISIÈME DEST. Gloire à Arimane ! Nous attendons un signe de sa volonté.

NÉMÉSIS. Souverain des souverains ! nous sommes à toi, et tout ce qui vit est plus ou moins à nous, et presque tout ce qui est nous appartient entièrement ; néanmoins, pour accroître notre pouvoir en augmentant le tien, notre sollicitude est nécessaire, et c'est pourquoi nous sommes vigilantes. — Nous avons exécuté dans toute leur étendue tes derniers commandements.

Arrive MANFRED.

UN GÉNIE. Qui s'avance ? un mortel ! — Téméraire et vile créature, fléchis le genou et adore !

DEUXIÈME GÉNIE. Je connais cet homme : — c'est un magicien d'une grande puissance et d'une science formidable !

TROISIÈME GÉNIE. Fléchis le genou et adore, esclave ! — Quoi ! ne reconnais-tu pas ton souverain et le nôtre ? — Tremble et obéis !

TOUS LES GÉNIES. Prosterne-toi, ainsi que ton argile condamnée, fils de la terre ! ou crains le pire des châtiments.

MANF. Je le connais, et néanmoins tu vois que je ne fléchis pas le genou.

QUATRIÈME GÉNIE. Nous l'apprendrons à le faire.

MANF. Je l'ai déjà appris ; que de nuits sur la terre nue j'ai courbé mon front dans la poussière et couvert ma tête de cendres ! J'ai connu la plénitude de l'humiliation, car je me suis affaissé devant mon désespoir et agenouillé devant ma désolation.

CINQUIÈME GÉNIE. Oses-tu bien refuser à Arimane sur son trône ce que toute la terre lui accorde sans le voir dans la terreur de sa gloire ? Courbe-toi, te dis-je !

MANF. Dis-*lui* de se courber devant celui qui est au-dessus de lui, — devant l'Infini, le suprême régulateur des choses, — devant le Créateur, qui ne l'a point fait pour être adoré : — qu'il s'agenouille, et nous nous agenouillerons ensemble.

LES GÉNIES. Écrasons ce ver ! mettons-le en pièces ! —

PREMIÈRE DEST. Arrêtez ! éloignez-vous ! il est à moi. Prince des puissances invisibles ! cet homme n'est pas un homme ordinaire, comme l'attestent son port et sa présence en ces lieux ; ses souffrances ont été, comme les nôtres, d'une nature immortelle ; sa science, ses facultés et sa volonté, autant que l'a permis l'argile qui emprisonne une essence éthérée, ont été telles que l'enveloppe humaine en contient rarement ; il a élevé son essor au-dessus des habitants de la terre, et n'a retiré de ses investigations d'autre fruit que de savoir ce que nous savons, — que la science n'est pas le bonheur, et n'a pour résultat que d'échanger une ignorance contre une autre. Ce n'est pas tout : — les passions, ces attributs inhérents à la terre et au ciel, dont nulle puissance, nul être n'est exempt, depuis le vermisseau jusqu'aux sommités de l'échelle créée, ont transpercé son cœur, et leurs conséquences ont fait de lui un objet tel, que moi, qui ignore la pitié, je pardonne à ceux qui ont pitié de lui. Il est à moi, et à toi aussi peut-être; — quoi qu'il en soit, nul autre esprit dans cette région n'a une âme comme la sienne; — nul n'a pouvoir sur son âme.

Ném. Alors que vient-il donc faire ici?

Première dest. Que lui-même réponde.

Manf. Vous connaissez ce que j'ai connu; et sans un pouvoir supérieur, je ne serais pas au milieu de vous : mais il est des pouvoirs plus grands encore, — je viens les interroger sur ce que je cherche.

Ném. Que demandes-tu?

Manf. Tu ne peux me répondre. Évoque les morts devant moi, — c'est à eux que s'adressent mes questions.

Ném. Grand Arimane, permets-tu que le désir de ce mortel soit exaucé?

Ar. Oui.

Ném. Qui veux-tu exhumer?

Manf. Un mort sans sépulture. Évoque Astarté.

Ném. Ombre! ou esprit! qui que tu sois, quelque portion que tu aies conservée des formes que tu reçus à ta naissance, de l'enveloppe d'argile qui a été rendue à la terre, reparais à la clarté du jour; reviens telle que tu étais, avec le même cœur et le même aspect, et dérobe-toi un moment aux vers de ta tombe. Parais! — Parais! — Parais! Celui qui t'envoya là-bas réclame ici ta présence! (*Le fantôme d'Astarté s'élève et se tient debout au milieu des génies.*)

Manf. Est-ce bien la mort que je vois? l'incarnat est encore sur ses joues; mais je vois que ce ne sont pas des couleurs vivantes; c'est une rougeur maladive, pareille à celle que l'automne imprime sur les feuilles mortes! O Dieu! comment se fait-il que je tremble de la regarder? — Astarté! — Non, je ne puis lui parler. — Dites-lui de parler; que j'entende de sa bouche mon pardon ou sa condamnation.

Ném. Par la puissance qui a brisé la tombe qui te retenait, parle à celui qui vient de parler ou à ceux qui t'ont fait venir!

Manf. Elle garde le silence, et ce silence m'a plus que répondu.

Ném. Mon pouvoir ne va pas plus loin. Prince de l'air, toi seul peux faire davantage; commande-lui de parler.

Ar. Esprit, — obéis à ce sceptre!

Ném. Elle se tait encore! Elle n'est pas de notre ordre, elle appartient aux autres puissances. Mortel! ta demande est vaine, et nous-mêmes nous sommes impuissants.

Manf. Entends-moi! entends-moi! — Astarté! ma bien-aimée! parle-moi : j'ai tant souffert! — je souffre tant ! — regarde-moi! La tombe ne t'a pas plus changée que je ne suis changé à cause de toi. Tu m'as trop aimé, et moi je t'ai trop aimée aussi : nous n'étions pas destinés à nous torturer ainsi l'un l'autre, et nous avons été bien coupables d'aimer comme nous avons aimé. Dis que tu ne me hais pas, — que je suis puni pour nous deux, — que tu seras du nombre des bienheureux, — et que je mourrai, car jusqu'à présent tout ce qu'il y a d'odieux ici-bas conspire à me retenir dans les liens de l'existence, — dans une vie qui me fait envisager l'immortalité avec effroi, comme un avenir calqué sur le passé. Pour moi, il n'y a plus de repos possible. Je ne sais ni ce que je demande ni ce que je cherche : je ne sens que ce que tu es — et ce que je suis; et il me serait doux d'entendre une fois encore avant de mourir la voix qui fut mon harmonie. — Parle-moi! car je t'ai appelée dans le calme de la nuit : ma voix a réveillé l'oiseau endormi sous le feuillage silencieux, et j'ai réveillé le loup dans la montagne; et j'ai appris aux échos des cavernes à répéter inutilement ton nom, et ils m'ont répondu, — tout m'a répondu, les esprits et les hommes, — mais toi, tu es restée muette. Parle-moi donc! J'ai veillé plus longtemps que les étoiles, et mes regards t'ont vainement cherchée dans les cieux. Parle-moi! J'ai erré sur la terre, et n'ai rien vu de semblable à toi. — Parle-moi! Vois ces démons qui nous entourent : — ils s'attendrissent sur moi; je ne les crains pas, je n'ai de sentiment que pour toi. — Parle-moi, quand tu ne devrais prononcer que des paroles de colère; — dis-moi, — peu importe quoi, — mais que je t'entende une fois, — une fois encore!

Le fantome d'Astarté. Manfred!

MANF. Poursuis, poursuis! — toute ma vie est sur tes lèvres! c'est bien ta voix!

LE FANTOME. Manfred! demain terminera tes maux terrestres. Adieu!

MANF. Un mot encore : suis-je pardonné?

LE FANTOME. Adieu!

MANF. Dis, nous reverrons-nous?

LE FANTOME. Adieu!

MANF. Un mot de pardon! Dis que tu m'aimes!

LE FANTOME. Manfred! (*Le fantôme d'Astarté disparaît*[2].)

NÉM. Elle est partie, et il n'est plus possible de la rappeler; ses paroles s'accompliront. Retourne sur la terre.

UN GÉNIE. Il est en proie aux convulsions du désespoir; — voilà ce que c'est que d'être mortel, et de vouloir connaître ce qui est au-delà des limites de sa nature.

UN AUTRE GÉNIE. Cependant, voyez, il se maîtrise, et rend sa souffrance tributaire de sa volonté. S'il eût été l'un de nous, c'eût été un esprit d'une effrayante puissance.

NÉM. As-tu d'autres questions à adresser à notre grand monarque ou à ses adorateurs?

MANF. Aucune.

NÉM. Alors, adieu pour un temps.

MANF. Nous nous reverrons donc? où? sur la terre? — où tu voudras. Pour la faveur qui m'a été accordée, recevez tous mes remerciements. Adieu!   (*Manfred sort.*)

ACTE TROISIÈME.

SCÈNE Ire.
Une salle du château de Manfred.
MANFRED, HERMAN.

MANF. Quelle heure est-il?

HERM. Encore une heure, et le soleil se couchera; nous aurons un délicieux crépuscule.

MANF. Dis-moi, tout a-t-il été disposé dans la tour comme je l'ai ordonné?

HERM. Tout est prêt, seigneur : voici la clef et la cassette.

MANF. C'est bien. Tu peux te retirer.   (*Herman sort.*)

MANF. Je sens en moi-même un calme, — une tranquillité inexplicable, qui jusqu'à présent n'a point appartenu à ce que j'ai connu de la vie. Si je ne savais que la philosophie est de toutes nos vanités la plus futile, le mot le plus vide dont le jargon de l'école ait jamais déçu nos oreilles, je croirais que le secret d'or, la pierre philosophale est enfin trouvée, et que son siége est dans mon âme. Cet état ne durera pas; mais il est bon de l'avoir connu, ne fût-ce qu'une fois : il a agrandi mes pensées d'un sens nouveau, et je noterai dans mes tablettes qu'un tel sentiment existe... Qui est là ? *(Herman rentre.)*

HERM. Seigneur, l'abbé de Saint-Maurice demande à être admis en votre présence. *(L'abbé de Saint-Maurice entre.)*

L'ABBÉ. Que la paix soit avec le comte Manfred!

MANF. Je te remercie, mon père! Sois le bienvenu dans ces murs : ta présence les honore et bénit ceux qui les habitent.

L'ABBÉ. Plût au ciel, comte, qu'il en fût ainsi! — Mais je désirerais t'entretenir en particulier.

MANF. Herman, laisse-nous. *(Herman sort.)* — Que me veut mon hôte vénérable?

L'ABBÉ. J'entre en matière sans plus de formalités : — mon âge, mon zèle, ma profession, mes bonnes intentions, excuseront la liberté que je prends; j'invoquerai aussi notre voisinage, bien que nous nous connaissions peu. Il court des bruits étranges et d'une coupable nature auxquels on mêle ton nom, ce nom glorieux depuis des siècles! Puisse celui qui le porte aujourd'hui le léguer sans tache à ses descendants.

MANF. Poursuis : — j'écoute.

L'ABBÉ. On dit que tu te livres à des études interdites aux recherches de l'homme, que tu es en rapport avec les habitants des sombres demeures, la foule des esprits malfaisants et impies qui errent dans la vallée de l'ombre de la mort. Je sais que tu es rarement en communication de pensées avec les hommes tes semblables, et que ta solitude, pour être celle d'un anachorète, n'a besoin que d'être sainte.

MANF. Et qui sont ceux qui disent ces choses?

L'ABBÉ. Mes frères pieux, — les paysans effrayés, — tes

propres vassaux, — qui te regardent avec des yeux inquiets. —Ta vie est en péril.

Manf. Qu'on la prenne!

L'abbé. Je viens pour sauver, et non pour détruire. — Il ne m'appartient pas de chercher à sonder les secrets de ton âme; mais si ces choses sont vraies, il est temps encore de recourir à la pénitence et au pardon... Réconcilie-toi avec la vraie Église, et par l'Église avec le ciel.

Manf. Je t'entends. Voici ma réponse : quoi que je sois ou puisse avoir été, c'est un secret qui reste entre le ciel et moi; — je ne choisirai pas un homme pour mon médiateur. Ai-je transgressé vos ordonnances? Qu'on le prouve et qu'on me punisse !

L'abbé. Mon fils, ce n'est pas de punition que j'ai parlé, mais de pénitence et de pardon : — c'est à toi de choisir. — Pour ce qui est de pardonner, nos institutions et notre foi me mettent à même d'aplanir au pécheur la voie vers des espérances plus hautes et des pensées meilleures; quant au droit de punir, je l'abandonne au ciel. — « La vengeance est à moi seul, » a dit le Seigneur; et son serviteur se borne à répéter hautement cette redoutable parole.

Manf. Vieillard, ni le pouvoir des hommes pieux, ni la puissance de la prière, — ni les formes purificatoires de la pénitence,— ni la contrition du visage,—ni les jeûnes,— ni les souffrances, — ni, plus que tout cela, les tortures innées de ce profond désespoir qui est le remords sans la crainte de l'enfer, mais qui se suffit à lui-même, et transformerait en enfer le ciel même, — rien ne peut exorciser l'âme indépendante, rien ne peut lui arracher le sentiment énergique de ses propres fautes, de ses crimes, de ses tourments et de sa vengeance sur elle-même; point de supplices à venir qui puissent égaler la justice que se fait à elle-même l'âme qui se condamne.

L'abbé. Tout cela est bien, car tout cela passera, et fera place à une espérance salutaire; l'âme lèvera les yeux avec une calme assurance vers ce fortuné séjour où peuvent être admis tous ceux qui en ont la volonté; quelles qu'aient été leurs terrestres erreurs, pourvu que le repentir les ait expiées. Le commencement de cette expiation est dans le sentiment de sa nécessité. — Parle, — et tous les enseignements de notre Église te seront donnés, et tout ce que nous pouvons absoudre te sera pardonné.

Manf. Quant le sixième empereur de Rome vit arriver sa fin, victime d'une blessure que lui-même s'était faite pour se soustraire au supplice d'une mort publique infligée par un sénat naguère son esclave, un soldat, ému d'une fidèle pitié, voulut étancher avec sa robe officieuse le sang qui jaillissait de la gorge de son empereur. Le Romain expirant le repoussa, et, jetant sur lui un regard où une lueur de la puissance impériale brillait encore, il lui dit : « Il est trop tard. — Est-ce là de la fidélité? »

L'abbé. Où veux-tu en venir?

Manf. Je réponds avec le Romain : « Il est trop tard! »

L'abbé. Il ne saurait jamais être trop tard pour te réconcilier avec ton âme, et ton âme avec le ciel. N'as-tu donc plus d'espérance? Je m'en étonne. — Ceux-là même qui désespèrent du ciel se créent sur la terre des illusions, tige fragile à laquelle ils se rattachent comme des hommes qui se noient.

Manf. Oui, mon père, je les ai connues, ces illusions terrestres, aux jours de ma jeunesse! J'éprouvais la noble ambition de m'emparer des volontés des hommes, d'éclairer les nations, de m'élever je ne sais où, — pour tomber peut-être, mais pour tomber comme la cataracte des montagnes, après avoir bondi de sa plus éblouissante hauteur jusque dans les profondeurs de son abîme écumeux, d'où elle fait jaillir encore vers le ciel des colonnes de poussière liquide qui deviennent des nuages et retombent en pluie; elle gît bien bas, mais puissante encore. Mais ce temps n'est plus, mes pensées se sont méprises.

L'abbé. Et pourquoi?

Manf. Je n'ai pu faire fléchir ma nature; car il doit servir, celui qui veut commander. — Il faut qu'il flatte, — qu'il supplie, — qu'il épie les occasions, — qu'il se glisse partout, qu'il soit un mensonge vivant, — celui qui veut être puissant parmi les êtres abjects dont se composent les masses. Je dédaignai de faire partie d'un troupeau, — même de loups, eussé-je dû en être le chef. Le lion est seul : ainsi suis-je.

L'ABBÉ. Et pourquoi ne pas vivre et agir avec les autres hommes?

MANF. Parce que ma nature était antipathique à la vie ; et pourtant je n'étais pas cruel : car j'aurais voulu trouver, mais non créer, un lieu de désolation. — Je ressemblais au simoun solitaire, à ce vent dont l'haleine dévore et brûle ; il n'habite que le désert, il ne souffle que sur des sables stériles où nul arbuste ne croît ; il se délecte sur leurs vagues sauvages et arides ; il ne cherche personne si personne ne le cherche ; mais, à tout ce qu'il rencontre, son contact est mortel. Tel a été le cours de mon existence : il s'est trouvé dans ma voie des objets qui ne sont plus.

L'ABBÉ. Hélas ! je commence à craindre que tu n'aies aucune aide à attendre de moi et de ma profession. Si jeune encore ! Pourtant je désirerais...

MANF. Regarde-moi... Il est sur la terre une classe d'hommes qui deviennent vieux dans leur jeunesse, et meurent avant le midi de leur âge, mais non de la mort violente du guerrier ; il en est qui succombent aux plaisirs, d'autres à l'étude, et quelques-uns meurent d'un excès de travail, quelques autres d'ennui ; ceux-ci de maladie, ceux-là d'insanie, d'autres de brisements de cœur, car cette dernière maladie en tue plus que l'on n'en inscrit au livre du Destin : elle revêt toutes les formes et prend bien des noms divers. Regarde-moi : j'ai éprouvé toutes ces choses, et une seule suffirait pour donner la mort. Ne t'étonne donc pas que je sois ce que je suis, mais bien plutôt que j'aie jamais été, ou qu'ayant été, je sois encore sur la terre.

L'ABBÉ. Écoute-moi cependant.

MANF. Vieillard, je respecte ton ministère, je vénère tes cheveux blancs, je crois tes intentions pieuses ; mais tes efforts seraient impuissants. Ne m'accuse pas de manquer d'égards pour toi : c'est plutôt dans ton intérêt que dans le mien que j'évite un plus long entretien. — Ainsi donc, — adieu.
(*Manfred sort.*)

L'abbé. Cet homme aurait pu être une noble créature [3] : il a toute l'énergie qui aurait pu produire un bel ensemble composé d'éléments généreux, s'ils avaient été sagement combinés. En leur état actuel, c'est un effroyable chaos,—un mélange confus de lumière et d'ombre,—d'esprit et de poussière, de passions et de pensées pures livrées à une lutte désordonnée et sans frein, tantôt inactives, tantôt destructives. Il va périr, et pourtant je voudrais le sauver. Je vais faire une nouvelle tentative; car de telles âmes méritent bien d'être rachetées, et mon devoir est de tout oser dans un but vertueux. Je le suivrai. — Avec de la prudence, je réussirai.

(*Il sort.*)

SCÈNE II.

Un autre appartement.

MANFRED, HERMAN.

Herm. Seigneur, vous m'avez ordonné de venir vous trouver au coucher du soleil... Le voilà qui s'affaisse derrière la montagne.

Manf. Eh bien! je vais le contempler. (*Manfred s'avance vers la fenêtre de l'appartement.*) Astre glorieux, idole de la Nature enfant, de la race vigoureuse du genre humain, pure encore de toute souillure, de ces géants nés des amours des anges avec un sexe plus beau qu'eux-mêmes, ce sexe qui fit descendre du ciel et descendre sans retour les anges égarés! —astre glorieux, tu fus adoré avant que fût révélé le mystère de ta création! Le premier, tu annonças la gloire du Tout-Puissant; tu réjouis, au sommet de leurs montagnes, les cœurs des bergers chaldéens, qui se répandirent en prières devant toi! Dieu matériel, tu es le représentant de l'*Inconnu* qui t'a choisi pour son ombre! Étoile souveraine, centre d'un grand nombre d'étoiles, tu rends notre terre habitable, tu ravives les teintes et les cœurs de tout ce qui vit dans le cercle de tes rayons! Roi des saisons, monarque des climats et de tous ceux qui les habitent, car, de près ou de loin, nos pensées comme nos traits se colorent à tes feux,—tu te lèves, tu resplendis et tu te couches dans ta gloire! Adieu! je ne te verrai plus. Mon premier regard d'amour et d'admiration fut pour toi : reçois aussi mon dernier! Tes rayons n'éclaireront aucun mortel à qui le don de la vie ait été plus fatal qu'à moi. Il est parti : je vais le suivre. (*Il sort.*)

SCÈNE III.

HERMAN, MANUEL, et autres domestiques de Manfred.

Les montagnes. — On aperçoit à quelque distance le château de Manfred. — Une terrasse devant une tour. — Il est minuit.

HERM. C'est véritablement étrange : chaque nuit, pendant des années entières, il a poursuivi ses longues veilles dans cette tour, sans témoin. J'y suis entré,— nous y avons tous pénétré plus d'une fois ; mais il serait impossible, d'après ce qu'elle contient, de juger d'une manière absolue de la nature des études auxquelles il se livre. Il est certain qu'il y a une chambre où personne n'est admis : je donnerais trois années de mes gages pour pénétrer ses mystères.

MAN. Il pourrait y avoir du danger. Contente-toi de ce que tu sais déjà.

HERM. Ah! Manuel, tu es vieux, tu as de l'expérience, et tu pourrais nous en apprendre beaucoup. Tu habites le château, — depuis combien d'années?...

MAN. Avant que le comte Manfred fût né, je servais son père, auquel il est loin de ressembler.

HERM. C'est ce qui arrive à beaucoup d'enfants. Mais en quoi diffèrent-ils?

MAN. Je ne parle pas des traits du visage ou des formes extérieures, mais du caractère et des habitudes. Le comte Sigismond était fier, — mais gai et franc : c'était tout à la fois un guerrier et un homme de plaisir. Il ne vivait pas au milieu des livres et de la solitude ; il n'employait pas la nuit en lugubres veilles, mais en festins joyeux, et en passait les heures plus gaiement que celles du jour ; il ne parcourait pas, comme un loup, les bois et les rochers, et ne s'isolait pas des hommes et de leurs plaisirs.

HERM. Merci de moi! C'étaient d'heureux temps que ceux-là! Je voudrais en voir renaître de semblables dans ces vieilles murailles; elles m'ont tout l'air de les avoir oubliés.

Man. Il faudrait d'abord que ces murs changeassent de maître. Oh! j'y ai vu d'étranges choses, Herman!

Herm. Allons, sois bon enfant; raconte-m'en quelques-unes pour passer le temps. Je t'ai entendu parler vaguement d'un événement qui est arrivé quelque part par ici, dans le voisinage de cette même tour.

Man. Je me la rappelle, cette nuit-là! C'était l'heure du crépuscule, comme qui dirait maintenant; c'était une soirée comme celle-ci : — un nuage rougeâtre couronnait la cime de l'Eigher, pareil à celui que nous y voyons en ce moment; — ils se ressemblent tellement, que peut-être est-ce le même. Le vent était faible et orageux, et la lune, qui se levait, commençait à faire briller la neige des montagnes. Le comte Manfred était, comme maintenant, renfermé dans sa tour. Ce qu'il y faisait, c'est ce que nous ignorons. Il n'avait avec lui que celle qui était la seule compagne de ses rêveries et de ses veilles, — la seule de toutes les choses vivantes de la terre qu'il parût aimer, comme en effet les liens du sang lui en faisaient un devoir, Astarté. C'était sa.... — Chut! qui va là? *(Entre l'abbé de Saint-Maurice.)*

L'abbé. Où est votre maître?

Herm. Là-bas, dans la tour.

L'abbé. J'ai besoin de lui parler.

Man. C'est impossible... Il est seul, et ne peut recevoir personne en ce moment.

L'abbé. Je prends sur moi la responsabilité de ma faute, si c'en est une; mais il faut que je le voie.

Herm. Vous l'avez déjà vu ce soir.

L'abbé. Herman, je te l'ordonne, frappe, et annonce au comte mon approche.

Herm. Nous n'osons pas.

L'abbé. Je vais donc m'annoncer moi-même.

Man. Mon révérend père, arrêtez! — arrêtez, je vous prie!

L'abbé. Pourquoi?

Man. Venez par ici, je vous en dirai davantage.

(Ils sortent.)

SCÈNE IV.

L'intérieur de la tour.

MANFRED seul.

Les étoiles brillent au firmament; la lune se montre au-dessus des cimes neigeuses des montagnes. — Comme c'est beau! J'aime à prolonger mes entretiens avec la Nature; car le visage de la Nuit est plus familier à mes regards que celui de l'homme, et, dans la beauté sombre et solitaire de son ombre étoilée, j'ai appris la langue d'un autre monde. Je me rappelle qu'au temps de ma jeunesse, pendant mes voyages, par une nuit semblable à celle-ci, je me trouvai dans l'enceinte du Colysée, au milieu des plus imposants débris de la puissante Rome. Les arbres qui croissaient le long des arches brisées, balançaient leur noir feuillage sur le fond bleu de la nuit, et les étoiles brillaient à travers les fentes des ruines. De loin, de l'autre côté du Tibre, les chiens faisaient entendre leurs aboiements; plus près de moi, du palais des Césars s'échappait le long cri du hibou; et le souffle léger de la brise m'apportait par intervalles le chant des lointaines sentinelles. A travers les ouvertures pratiquées par le temps, quelques cyprès semblaient border l'horizon, et cependant ils n'étaient qu'à la portée d'un trait. Là où habitaient les Césars, et où habitent aujourd'hui les oiseaux de la nuit à la voix discordante, au milieu des arbres qui, croissant à travers les créneaux écroulés, enlacent leurs racines à la pierre du foyer impérial, le lierre a usurpé la place du laurier; — mais le cirque sanglant des gladiateurs est debout encore, imposant débris, chef-d'œuvre de ruine, tandis que les appartements de César et les palais d'Auguste rampent sur la poussière, décombres ignorés! — Et toi, lune errante, tu brillais sur tout cet ensemble! tu répandais une ample et tendre clarté qui adoucissait l'austère rudesse et les teintes heurtées de ces ruines, et comblais en quelque sorte les vides opérés par les siècles, laissant sa beauté à ce qui était beau, et rendant beau ce qui ne l'était pas! Et alors un religieux recueillement saisissait l'âme, et la pensée embrassait dans une adoration silencieuse les grands hommes d'autrefois, ces monarques qui, tout morts qu'ils sont, ont conservé leur sceptre, et du fond de leurs urnes gouvernent encore nos âmes. C'était une nuit comme celle-ci... Il est étrange que je me la rappelle en cet instant ; mais j'ai toujours éprouvé que c'est au moment où la pensée devrait le plus se recueillir, qu'elle fait ses excursions les plus lointaines. (*Entre l'abbé de Saint-Maurice.*)

L'ABBÉ. Mon bon seigneur, pardonne-moi cette seconde visite... Ne sois point offensé de l'importunité de mon humble zèle ; — que ce qu'il a de coupable retombe sur moi seul ! que ce qu'il peut avoir de salutaire dans ses effets descende sur ta tête ! — que ne puis-je dire ton *cœur !* — Oh ! si, par mes paroles ou mes prières, je parvenais à toucher ce cœur, je ramènerais au bercail un noble esprit qui s'est égaré, mais qui n'est pas perdu sans retour !

MANF. Tu ne me connais pas... Mes jours sont comptés et mes actes enregistrés. Retire-toi : ta présence ici pourrait te devenir fatale. — Sors !

L'ABBÉ. Ton intention, sans doute, n'est pas de me menacer ?

MANF. Non, certes ; je t'avertis seulement qu'il y a péril pour toi à rester ici, et je voudrais t'en préserver.

L'ABBÉ. Que veux-tu dire ?

MANF. Regarde là... Que vois-tu ?

L'ABBÉ. Rien.

MANF. Regarde attentivement, te dis-je. — Maintenant, dis-moi ce que tu vois !

L'ABBÉ. Un objet qui devrait me faire trembler ; — mais je ne le crains pas. — Je vois sortir de terre un spectre sombre et terrible qui ressemble à une divinité infernale. Son visage est caché dans les plis d'un manteau, et des nuages sinistres forment son vêtement. Il se tient debout entre nous deux, — mais je ne le crains pas.

MANF. Tu n'as aucune raison de le craindre : — il ne te fera pas de mal ; — mais sa vue peut frapper de paralysie ton corps vieux et débile. Je te le répète, — retire-toi.

L'abbé. Et moi je réponds : — Jamais ! — je veux livrer combat à ce démon. — Que fait-il ici ?

Manf. Mais — oui, effectivement, — que fait-il ici ? — je ne l'ai pas envoyé chercher ; — il est venu sans mon ordre.

L'abbé. Hélas ! homme perdu ! quels rapports peux-tu avoir avec de pareils hôtes ? Je tremble pour toi. Pourquoi ses regards se fixent-ils sur toi et les tiens sur lui ? Ah ! le voilà qui laisse voir son visage ; son front porte encore les cicatrices qu'y laissa la foudre ; dans ses yeux brille l'immortalité de l'enfer ! — Arrière ! —

Manf. Parle, — quelle est ta mission ?

L'espr. Viens !

L'abbé. Qui es-tu, être inconnu ? Réponds ! — Parle !

L'espr. Le génie de ce mortel. — Viens, il est temps !

Manf. Je suis préparé à tout, mais je ne reconnais pas le pouvoir qui m'appelle. Qui t'envoie ici ?

L'espr. Tu le sauras plus tard. — Viens, viens !

Manf. J'ai commandé à des êtres d'une essence bien supérieure à la tienne ; je me suis mesuré avec tes maîtres. Va-t'en.

L'espr. Mortel ! ton heure est venue ; — partons, te dis-je !

Manf. Je savais et je sais que mon heure est venue ; mais ce n'est pas à un être tel que toi que je rendrai mon âme ; arrière ! je mourrai seul, ainsi que j'ai vécu.

L'espr. En ce cas, je vais appeler mes frères. — Paraissez ! (*D'autres esprits s'élèvent.*)

L'abbé. Arrière, maudits ! — arrière, vous dis-je ! — là où la Piété a autorité vous n'en avez aucune, et je vous somme au nom...

L'espr. Vieillard ! nous savons ce que nous sommes, nous connaissons notre mission et ton ministère ; ne prodigue pas en pure perte tes saintes paroles, ce serait en vain : cet homme est condamné. Une fois encore je le somme de venir. — Partons ! partons !

Manf. Je vous défie tous ; — quoique je sente mon âme prête à me quitter, je vous défie tous ; je ne partirai pas d'ici tant qu'il me restera un souffle pour vous exprimer mon mépris, — une ombre de force pour lutter contre vous, tout esprits que vous êtes; vous ne m'arracherez d'ici que morceau par morceau.

L'espr. Mortel obstiné à vivre! voilà donc le magicien qui osait s'élancer dans le monde invisible, et se faisait presque notre égal! — Se peut-il que tu sois si épris de la vie, cette vie qui t'a rendu si misérable!

Manf. Démon imposteur, tu mens! ma vie est arrivée à sa dernière heure; — *cela*, je le sais, et je ne voudrais pas racheter de cette heure un seul moment; je ne combats point contre la mort, mais contre toi et les anges qui l'entourent; j'ai dû mon pouvoir passé, non à un pacte avec ta bande, mais à mes connaissances supérieures, — à mes austérités, à mon audace, — à mes longues veilles, — à ma force intellectuelle et à la science de nos pères, — alors que la terre voyait les hommes et les anges marcher de compagnie, et que nous ne vous cédions en rien; je m'appuie sur ma force, — je vous défie, — vous dénie — et vous méprise! —

L'espr. Mais tes crimes nombreux t'ont rendu... —

Manf. Que font mes crimes à des êtres tels que toi? doivent-ils être punis par d'autres crimes et par de plus grands coupables? — Retourne dans ton enfer! Tu n'as aucun pouvoir sur moi, *cela*, je le sens; tu ne me posséderas jamais, *cela*, je le sais : ce que j'ai fait est fait; je porte en moi un supplice auquel le tien ne peut rien ajouter. L'âme immortelle récompense ou punit elle-même ses pensées vertueuses ou coupables; elle est tout à la fois l'origine et la fin du mal qui est en elle; — indépendante des temps et des lieux, son sens intime, une fois affranchi de ses liens mortels, n'emprunte aucune couleur aux choses fugitives du monde extérieur; mais elle est absorbée dans la souffrance ou le bonheur que lui donne la conscience de ses mérites. *Tu* ne m'as pas tenté, et tu ne pouvais me tenter; je ne fus point ta dupe, je ne serai point ta proie; — je fus et je serai encore mon propre bourreau. Retirez-vous, démons impuissants! la main de la mort est étendue sur moi, — mais non la vôtre! (*Les démons disparaissent.*)

L'ABBÉ. Hélas! comme tu es pâle! — tes lèvres sont décolorées, ta poitrine se soulève, — et, dans ton gosier, ta voix ne forme plus que des sons rauques et étouffés. — Adresse au ciel tes prières; — prie, — ne fût-ce que par la pensée, mais ne meurs point ainsi.

MANF. Tout est fini, — mes yeux ne te voient plus qu'au travers d'un nuage; tous les objets semblent nager autour de moi, et la terre osciller sous mes pas: adieu, — donne-moi ta main.

L'ABBÉ. Froide! — froide! et le cœur aussi. — Une seule prière! — Hélas! comment te trouves-tu?

MANF. Vieillard! il n'est pas si difficile de mourir. (*Manfred expire.*)

L'ABBÉ. Il est parti! — son âme a pris congé de la terre, pour aller où? je tremble d'y penser; mais il est parti.

NOTES
DES TROIS ACTES DE MANFRED.

[1] Le traducteur avait, dans la première édition, reproduit ce magnifique passage, dans les vers suivants:

> Éloigné des humains, je vivais solitaire;
> D'autres yeux que les leurs je contemplais la terre;
> Je n'avais point la soif de leurs ambitions;
> Je ne partageais point leurs vœux, leurs passions,
> Douleur, joie, entre nous tout différait; en somme,
> Rien d'humain ne battait dans ma poitrine d'homme.
> Moi, j'aimais le désert; sur ces âpres sommets
> Dont l'insecte et l'oiseau n'approchèrent jamais,
> J'aspirais un air rare en mes poumons avides;
> J'aimais à me plonger dans les torrents rapides,
> A bondir avec l'onde, à rouler emporté
> Par la mer mugissante ou le fleuve irrité:
> Tels étaient les plaisirs de mon adolescence.
> J'aimais à contempler, dans l'ombre et le silence,
> La lune blanche et pâle, à suivre dans les cieux
> Le cortége lointain des astres radieux.
> Je fixais des éclairs la flamme éblouissante,
> Ou j'écoutais tomber la feuille frémissante,
> Quand l'automne, le soir, soufflait au sein des bois.
> Tout mon bonheur était d'être seul. Si parfois
> Je rencontrais un homme, à cette image vile,
> Mon être dégradé redevenait d'argile.

² Au-dessus de ce beau drame plane un sentiment moral, comme un sombre nuage qui recèle la tempête. Il fallait un crime comme celui que l'on nous montre dans le lointain pour fournir un aussi terrible et aussi éclatant exemple des hideuses aberrations de la nature humaine, quoique noble et majestueuse dans son principe, lorsqu'elle s'abandonne sans frein à ses désirs, à ses passions, à son imagination : la beauté, d'abord si innocemment adorée, est à la fin souillée, profanée et violée. Le crime, le remords, s'enchaînant l'un à l'autre, se succèdent dans une progression terrible. Nous nous figurons Astarté belle, jeune, innocente, coupable, assassinée, ensevelie, jugée et pardonnée ; cependant, dans la visite qu'il lui est permis de rendre à la terre, sa voix est pleine de douleur, et sa contenance respire un trouble mortel. Nous ne faisons que l'entrevoir lorsqu'elle est encore belle et innocente ; mais à la fin elle se dresse devant nous, silencieux fantôme, avec le regard fixe, éteint et sans passions, qui révèle la mort, le jugement dernier et l'éternité. Une haute moralité respire et circule dans chaque parole, dans cette démence, cette désolation. Dans cette agonie, ces déchirements et ces sombres évocations, nous apercevons, quoique confus et obscurcis, les éléments d'une existence plus pure. WILSON.

³ Parmi les grands poëtes des temps modernes, trois seulement ont osé peindre dans toute leur étendue et toute leur énergie ces agonies auxquelles sont exposées, par le continuel retour d'un profond et amer scepticisme, de grandes et méditatives intelligences ; mais un seul a osé se représenter lui-même comme la victime de ces souffrances sans nom et indéfinissables. Goethe a choisi pour ses doutes et sa mélancolie le terrible déguisement de son mystérieux Faust ; Schiller, plus hardi, a planté les mêmes angoisses dans le cœur superbe et héroïque de Wallenstein ; mais Byron n'a pas cherché de symbole extérieur pour lui prêter les inquiétudes de son âme : il prend le monde et tout ce qui le compose pour théâtre, pour spectateur, et il se découvre devant tous les regards, luttant sans cesse et inutilement contre le démon qui le tourmente. Par moment, il y a quelque chose de triste et d'accablant dans son scepticisme ; mais le plus souvent il revêt un caractère élevé et solennel qui le rapproche de la foi. Quelles que soient les croyances du poëte, nous, ses lecteurs, nous nous sentons trop ennoblis et trop élevés par le spectacle de cette mélancolie, pour ne pas être confirmés dans notre croyance par ces doutes mêmes exprimés avec tant de majesté. Son scepticisme a son contre-poids dans sa grandeur ; il n'y a ni philosophie ni religion dans les amères et sauvages attaques qui ont été dirigées par divers organes contre ces doutes de l'intelligence, doutes involontaires et qui ne passeront pas. Les ténèbres et les spectres qui remplissent son imagination peuvent bien troubler un moment la nôtre ; mais au milieu des ténèbres, il y a de fréquentes lumières, et la sublime tristesse que lui inspire le spectacle des mystères de l'existence humaine, est toujours accompagnée d'un appel à l'immortalité de l'âme exprimé dans un langage divin. WILSON.

MARINO FALIERO,

DOGE DE VENISE,

TRAGÉDIE HISTORIQUE EN CINQ ACTES.

Dux inquieti turbidus Adriæ.

PRÉFACE.

La conspiration du doge Marino Faliero est un des événements les plus remarquables que l'on puisse rencontrer dans les annales du plus étrange gouvernement, du plus singulier peuple de l'Europe moderne : elle eut lieu en 1355. Tout ce qui touche à Venise est ou fut extraordinaire ; à la contempler on croirait être le jouet d'un rêve ; son histoire est un roman. La catastrophe du doge est racontée dans toutes les chroniques, et particulièrement détaillée dans *les Vies des doges*, par Martin Sanuto, cité dans l'appendice. Son récit est simple, clair, et peut-être plus dramatique en lui-même qu'aucun drame habilement travaillé sur ce sujet.

Marino Faliero paraît avoir été un homme de talent et de courage. Je le trouve commandant en chef les forces de terre au siége de Zara, où il battit le roi de Hongrie et son armée de quatre-vingt mille hommes, dont il tua huit mille hommes sans cesser de tenir les assiégés en échec. Cet exploit n'a de comparable dans l'histoire que celui de César à Alésia et celui du prince Eugène à Belgrade. Il fut encore, pendant cette même guerre, nommé commandant de la flotte, et prit Capo-d'Istria. Il alla en qualité d'ambassadeur à Gênes et à Rome. C'est dans cette dernière ville qu'il reçut la nouvelle de son élection au dogat. Son absence montrait combien il devait peu cet honneur à l'intrigue, car il apprit en même temps la mort de son prédécesseur et sa propre élection. Mais il paraît avoir été d'un caractère violent. Sanuto raconte que plusieurs années auparavant, étant podestat et capitaine à Trévise, il donna un soufflet à l'évêque parce qu'il tardait à apporter l'hostie. Et là-dessus, l'honnête Sanuto l'accable de la prédiction que Twackum fit à Square dans *Tom Jones*; mais il ne nous apprend pas s'il fut puni ou réprimandé par le sénat pour cette violence. Il semble, d'ailleurs, avoir fait par la suite sa paix avec l'Église ; car nous le voyons depuis ambassadeur à Rome et investi du fief de Val di Marino, dans la marche de Trévise, et du titre de comte, par Lorenzo, comte-évêque de Ceneda. Pour ces faits, mes autorités sont Sanuto, Victor Sandi, Andrea Navagero, et la relation du siége de Zara, publiée pour la première fois par l'infatigable abbé Morelli dans les *Monumenti veneziani di varia Litteratura*, imprimés en 1796. J'ai consulté tous ces auteurs dans leur langue originale.

Les modernes, Daru, Sismondi et Laugier, sont à peu près d'accord avec les anciens chroniqueurs. Sismondi attribue la conspiration à la *jalousie*; mais je ne trouve aucun auteur national qui confirme cette assertion. Victor Sandi dit bien, à la vérité : — — « Altri scrissero che... dalla gelosa suspizion di esso doge siasi fatto (Michel Steno) staccar con violenza; » — mais telle ne paraît pas avoir été l'opinion générale, et Sanuto ni Navagero n'en disent rien; Sandi lui-même, un moment après, ajoute que — « Per altre veneziane memorie traspiri, che non il solo desiderio di vendetta lo dispose alla congiura, ma anche la innata abituale ambizion sua, per cui anelava a farsi principe independente. » — Le motif qui le détermina fut sans doute la grossière injure que Sténo écrivit sur le dos de la chaise du doge, et le châtiment disproportionné que les Quarante prononcèrent contre le coupable, qui était un de leurs *tre capi*. Il paraît, d'ailleurs, que les galanteries de Sténo s'adressaient à une des suivantes de la dogaresse, et non à elle-même, dont la réputation ne semble pas avoir subi la plus légère atteinte, et dont tous vantent la beauté et la jeunesse. Personne n'affirme (à moins qu'on ne prenne le bruit rapporté par Sandi pour une affirmation), que le doge fut poussé par la jalousie ; il est plus probable qu'il n'écouta que son respect pour elle et les soins de son propre honneur, que ses services passés et sa dignité actuelle devaient rendre inviolable.

Je ne connais point d'auteur anglais qui ait rapporté cet événement, à l'exception du docteur Moore dans son *Coup d'œil sur l'Italie*; son récit est faux, prolixe et rempli de plaisanteries grossières contre les vieux maris et les jeunes femmes. Il s'étonne qu'un aussi grand événement ait eu une pareille cause. Qu'un observateur aussi fin et aussi judicieux que l'auteur de *Zuleco* puisse s'étonner d'un fait aussi simple, voilà ce qui est inconcevable ; ne sait-il pas qu'une aiguière d'eau répandue sur la robe de mistriss Masham priva le duc de Marlborough de son gouvernement, et amena la paix déshonorante d'Utrecht; que Louis XIV fut entraîné dans une suite d'effroyables guerres parce que son ministre fut mécontent de lui voir critiquer une fenêtre, et résolut de lui fournir d'autres occupations ; qu'Hélène perdit Troie ; que Lucrèce chassa les Tarquins de

Rome, et la Cava les Maures d'Espagne ; qu'un mari insulté appela les Gaulois à Clusium et de là à Rome ; qu'un vers de Frédéric II sur l'abbé de Bernis, et une plaisanterie sur madame de Pompadour amenèrent la bataille de Rosbach [1] ; que de l'évasion de Dearbhorgil et de Mac-Marchal résulta l'asservissement de l'Irlande ; qu'une pique entre Marie-Antoinette et le duc d'Orléans précipita la première expulsion des Bourbons? et, pour ne pas multiplier les exemples, Commode, Domitien, Caligula, tombèrent victimes, non pas de leur tyrannie publique, mais d'une vengeance particulière; et l'ordre de faire débarquer Cromwell au moment où il partait pour l'Amérique, fut la ruine du roi et de la monarchie. En face de ces exemples, une simple réflexion suffit, et il est vraiment extraordinaire que le docteur Moore ait pu s'étonner qu'un homme vieilli dans le commandement, qui avait rempli les fonctions les plus importantes, ait ressenti d'une façon terrible, dans un siècle barbare, la plus grossière injure que l'on puisse adresser à un homme, soit prince, soit paysan. L'âge de Faliero, bien loin d'être une objection, n'est qu'un argument de plus.

> The young man's wrath is like straw on fire,
> But like red hot steel his the old man's ire.
> Young men soon give and soon forget affronts
> Old age is sloow at both.

> L'ire de la jeunesse est comme un feu de paille ;
> Mais celle du vieillard est comme un glaive ardent
> Rougi dans le foyer. Le jeune homme imprudent
> Attaque à tout propos et cherche la bataille,
> Et s'en repent bientôt ; le vieillard est moins prompt
> A faillir, et plus lent à pardonner l'affront.

Les réflexions de Laugier sont plus philosophiques.

« Tale fù il fine ignominioso di un' uomo, che la sua nascità, la sua età, il suo carattere dovevano tener lontano dalle passioni produttrici di grandi delitti. I suoi *talenti* per longo tempo esercitati ne maggiori impieghi, la sua capacità sperimenta ne governi e nelle ambasciate, gli avevano acquistato la stima et la fiducia de' cittadini, ed avevano uniti i suffragi per collocarlo alla testa della repubblica. Innalzato ad un grado che terminava gloriosamente la sua vita, il risentimento di un' ingiuria leggiera insinuò nel suo cuore tal veleno che basto a corrompere le antiche sue qualità, e a condurlo al termine dei scellerati ; serio esempio, che prova *non esservi età, in cui la prudenza umana sia sicura, e che nell' uomo restano sempre passioni capaci a disonorarlo, quando non invigli sopra se stesso.* »

Où le docteur Moore a-t-il trouvé que Faliero demanda la vie? J'ai consulté les chroniqueurs, et n'ai rien vu de pareil. Il est vrai qu'il avoua tout. Il fut conduit au lieu du supplice ; mais rien n'indique qu'il ait imploré la clémence de ses juges, et le fait de la torture semble prouver qu'il ne manqua point de fermeté. Une pareille lâcheté aurait été assurément relevée par les minutieux chroniqueurs, qui sont loin de lui être favorables ; elle contrasterait trop fortement avec son caractère comme soldat, avec le siècle dans lequel il vécut, avec l'âge auquel il mourut, comme avec la vérité de l'histoire. Je ne sache rien qui puisse excuser une calomnie ainsi lancée après coup contre un personnage historique ; c'est assurément aux morts et aux infortunés qu'est due la vérité, et ceux qui sont morts sur un échafaud ont ordinairement assez de fautes à se reprocher, sans qu'on leur en impute de nouvelles, que dément précisément cette résolution de caractère qui les a conduits à une fin tragique. Le voile noir qui remplace le portrait que Marino Faliero devait occuper parmi les juges, l'escalier des Géants où il fut couronné, puis décourouné et décapité, frappèrent vivement mon imagination, ainsi que son caractère farouche et son étrange histoire. En 1819, je me mis plus d'une fois à la recherche de son tombeau dans l'église de San Giovanni et San Paolo. Un jour que j'étais arrêté devant le monument d'une autre famille, un prêtre vint à moi et me dit ; — « Je puis vous montrer des monuments plus beaux que celui-ci. » — Je lui dis que je cherchais les tombeaux de la famille Faliero, et particulièrement du doge Marino. — « Oh! » me dit-il, « je vais vous le montrer ; » — et, me conduisant en dehors, il me montra un sarcophage incrusté dans le mur, revêtu d'une inscription illisible. Il m'apprit que ce sarcophage venait d'un couvent voisin, et qu'il avait été transporté là lors de l'arrivée des Français ; qu'il avait assisté à l'ouverture du cercueil, mais qu'il ne contenait que quelques ossements, sans que rien indiquât la fin de Faliero. La statue équestre dont j'ai fait mention au troisième acte, que j'ai placée devant l'église, n'est pas réellement celle d'un Faliero, mais celle de quelque obscur guerrier dont le nom a été perdu, quoique d'une date plus moderne.

Il y eut deux autres doges de cette famille avant Marino : Ordelafo, qui mourut à la bataille de Zara, en 1117 (où, depuis, son descendant vainquit les Huns), et Vital Faliero, qui régna en 1082. La famille, originaire de Fano, était une des plus illustres et des plus riches de la ville, qui contient les plus anciennes et les plus riches familles de l'Europe. L'étendue avec laquelle j'ai traité ce sujet, prouve tout l'intérêt que j'y porte ; que j'aie réussi ou non dans la tragédie, j'aurai du moins transporté dans notre langue un événement historique digne d'être conservé dans la mémoire des hommes.

Je médite cet ouvrage depuis quatre ans ; avant d'en avoir scrupuleusement examiné tous les détails, j'étais assez porté à lui donner pour fondement la jalousie de Faliero [2] ; mais, voyant que cette interprétation n'avait aucun fondement historique, et que la jalousie est une passion épuisée au théâtre, je lui ai donné une forme plus historique. J'y fus en outre engagé par feu Matthew Lewis, que je vis à Venise en 1817 : — « Si vous le représentez comme jaloux, » dit-il, « rappelez-vous que vous aurez à lutter contre des réputations déjà faites, sans parler de Shakspeare et des objections tirées de l'épuisement de ce sujet. Laissez au vieux doge son caractère ardent, qui vous soutiendra dans votre marche s'il est bien dessiné, et faites votre pièce aussi régulière que possible. » Sir William Drummond me donna à peu près les mêmes conseils. Ce n'est pas moi qui puis décider si je me suis plus ou moins rapproché de leurs instructions, ou si elles m'ont été plus utiles que nuisibles. Je n'ai aucun projet pour le théâtre ; peut-être dans son état actuel n'offre-t-il pas un grand sujet d'ambition. J'ai été trop longtemps derrière le rideau pour jamais songer à me faire jouer ; je ne puis concevoir qu'un homme d'un caractère irritable se mette à la merci d'un auditoire. Le lecteur dédaigneux, le critique railleur, les traits amers d'une revue, sont des calamités éparses et éloignées ; mais les trépignements avec lesquels un auditoire éclairé ou ignorant accueille une production qui, bonne ou mauvaise, a été pour l'écrivain un long travail mental, voilà un supplice palpable et immédiat augmenté encore par le doute où l'on est de la compétence de ses juges, et par la certitude de l'imprudence que l'on a commise en les acceptant pour tels. Si j'étais capable d'écrire une tragédie que l'on jugeât digne d'être représentée, le succès me causerait peu de plaisir, et une chute beaucoup de peine : c'est pour cette raison que tout le temps que j'ai fait partie du comité d'un de nos théâtres, je n'ai jamais cherché à me faire jouer, et je ne le ferai jamais ; mais assurément il y a des talents dramatiques dans un pays où existent Joanna Baillie, Millman et John Wilson [3]. *La Ville de la Peste* et *la Prise de Jérusalem* sont remplies du meilleur matériel pour la tragédie que l'on ait vu depuis Horace Walpole, si l'on en excepte quelques passages d'*Ethwald* et de *Montfort*. C'est aujourd'hui la mode de déprécier Horace Walpole, parce qu'il était noble et homme du monde ; mais pour ne rien dire de ses lettres incomparables et du *Château d'Otrante*, il est l'*ultimus Romanorum*, l'auteur de *la Mère Mystérieuse*, tragédie du premier ordre, et non un drame d'amour larmoyant ; il est l'auteur du premier roman et de la dernière tragédie de notre langue, et digne, assurément, d'occuper une place plus élevée qu'aucun autre auteur de nos jours, quel qu'il soit [4].

En parlant du drame de *Marino Faliero*, j'ai oublié de dire que dans mon désir, qui malheureusement n'a pas été réalisé, de me préserver de l'irrégularité justement reprochée au théâtre anglais, j'ai été amené à représenter la conspiration comme déjà formée lorsque le doge y accède, tandis qu'en réalité ce fut lui qui la prépara avec Israël Bertuccio. Les autres caractères (excepté celui de la duchesse), les incidents et presque le temps de l'action, qui fut extraordinairement court, si l'on songe à la grandeur d'une pareille entreprise, tout est strictement historique, si ce n'est que toutes les réunions eurent lieu dans le palais ; mais je voulais montrer le doge au milieu de la troupe des conspirateurs, au lieu de l'encadrer dans un dialogue monotone, toujours avec les mêmes individus. Quant aux faits historiques, on peut consulter l'appendice.

MARINO FALIERO[5].

PERSONNAGES.

Hommes.

MARINO FALIERO, doge de Venise.
BERTUCCIO FALIERO, neveu du doge.
LIONI, patricien et sénateur.
BENINTENDE, président du Conseil des Dix.
MICHEL STENO, l'un des trois capi des Quarante.
ISRAEL BERTUCCIO, commandant de l'arsenal,
PHILIPPE CALENDARO,
DAGOLINO, } Conspirateurs.
BERTRAM,
SEIGNEUR DE LA NUIT (« signore di notte »), l'un des officiers de la république.
PREMIER CITOYEN.
DEUXIÈME CITOYEN.
TROISIÈME CITOYEN.
VINCENZO,
PIETRO, } Officiers du palais ducal.
BATTISTA,
LE SECRÉTAIRE DU CONSEIL DES DIX.
GARDES, CONSPIRATEURS, CITOYENS, LE CONSEIL DES DIX, LA JUNTE, etc., etc.

Femmes.

ANGIOLINA, femme du doge.
MARIANNA, son amie.
SUIVANTES, etc.

La scène est à Venise, en l'année 1355.

ACTE PREMIER.

Une antichambre dans le palais ducal.

SCÈNE Ire.

PIETRO parle, en entrant, à BATTISTA.

PIET. Le messager n'est pas de retour ?

BATT. Pas encore ; j'ai envoyé plusieurs fois, d'après vos ordres ; mais la Seigneurie est encore au conseil, et dans de longs débats sur l'accusation de Sténo.

PIET. Oui, trop longs. — Ainsi, du moins, pense le doge.

BATT. Comment supporte-t-il ces moments d'attente ?

PIET. Avec une patience forcée. Assis devant la table ducale, couverte de tout l'appareil des affaires de l'État, pétitions, dépêches, jugements, actes, lettres de grâce, rapports, il semble absorbé dans ses fonctions; mais à peine entend-il le bruit d'une porte qui s'ouvre, ou les pas d'une personne qui s'approche, ou le murmure d'une voix, il promène autour de lui un œil agité, il se lève de son siége, puis reste immobile, puis se rassied, et fixe ses regards sur quelque édit; mais je remarque que depuis une heure il n'a pas tourné un feuillet.

Batt. On dit que son irritation est grande, — et on ne peut disconvenir que Sténo ne soit bien coupable de l'avoir aussi grossièrement outragé.

Piet. Oui, si c'était un homme pauvre et obscur. Sténo est patricien; il est jeune, frivole, gai et fier.

Batt. Vous pensez donc qu'il ne sera pas jugé avec sévérité?

Piet. Il suffirait qu'il fût jugé avec équité; mais ce n'est pas à nous d'anticiper sur la sentence des Quarante. (*Entre Vincenzo.*)

Batt. Et la voici. — Vincenzo, quelle nouvelle?

Vinc. L'affaire est terminée, mais on ne connaît pas encore la sentence. J'ai vu le président sceller le parchemin qui portera au doge le jugement des Quarante, et je me hâte d'aller l'en instruire. (*Ils sortent.*)

SCÈNE II.

MARINO FALIERO, doge, et BERTUCCIO FALIERO, son neveu.

Bert. Fal. Il est impossible que justice ne vous soit pas rendue.

Le Doge. Oui, comme me l'ont rendue les Avogadori[6], qui ont renvoyé ma plainte aux Quarante, afin que le coupable fût jugé par ses pairs, par son propre tribunal.

Bert. Fal. Ses pairs n'oseront pas le protéger : un pareil acte ferait rejaillir le mépris sur toute autorité.

Le Doge. Ne connais-tu pas Venise? ne connais-tu pas les Quarante? Mais nous verrons bientôt.

Bert. Fal. (*A Vincenzo, qui entre*). Eh bien! — quoi de nouveau?

Vinc. Je suis chargé d'annoncer à votre altesse que la cour a prononcé son arrêt, et qu'aussitôt que les formes légales seront accomplies, la sentence sera envoyée au doge. En même temps, les Quarante saluent le prince de la république, et le prient d'agréer l'hommage de leurs respects.

Le Doge. Oui, — ils sont on ne peut plus respectueux et toujours humbles. La sentence est prononcée, dites-vous?

Vinc. Oui, altesse. Le président y apposait le sceau lorsque j'ai été appelé, afin que, sans perdre de temps, il en fût donné avis au chef de la république, ainsi qu'au plaignant, tous deux réunis dans la même personne.

Bert. Fal. D'après ce que vous avez vu, avez-vous pu deviner la nature de leur décision?

Vinc. Non, seigneur... Vous connaissez les habitudes de discrétion des tribunaux de Venise.

Bert. Fal. C'est vrai; mais, pour un observateur intelligent et des yeux attentifs, il y a toujours moyen de deviner quelque chose... Ce sera un chuchotement, ou un murmure, ou un air de gravité plus ou moins grande répandu sur le tribunal. Les Quarante ne sont que des hommes, après tout, — des hommes estimables, sages, justes et circonspects, je l'accorde, — et discrets comme la tombe à laquelle ils condamnent le coupable; mais, avec tout cela, dans leurs traits, dans ceux des plus jeunes du moins, un regard scrutateur, un regard comme le vôtre, par exemple, Vincenzo, aurait pu lire la sentence avant qu'elle fût prononcée.

Vinc. Seigneur, j'ai sur-le-champ quitté la salle, sans avoir le temps de remarquer ce qui se passait, même extérieurement, parmi les juges. D'ailleurs, mon poste auprès de l'accusé, Michel Sténo, m'obligeait... —

Le Doge (*brusquement*). Et quelle était sa contenance, à *lui?* Dites-nous cela.

Vinc. Calme, mais non abattu, il attendait avec résignation l'arrêt, quel qu'il pût être. — Mais voici qu'on l'apporte à votre altesse pour qu'elle en prenne lecture. (*Entre le secrétaire des Quarante.*)

Le Secrét. Le haut tribunal des Quarante envoie ses salutations et ses respects au doge Faliero, premier magistrat de Venise, et prie son altesse de vouloir bien lire et approuver la sentence prononcée contre Michel Sténo, né patricien, mis en accusation pour des faits exprimés, ainsi que la peine, dans l'écrit que je vous présente.

Le Doge. Retirez-vous, et attendez hors de cet appartement. (*Le secrétaire et Vincenzo sortent.*) Prends ce papier; mes yeux troublés ne peuvent en distinguer les caractères.

Bert. Fal. Patience, mon cher oncle! pourquoi tremblez-vous ainsi? N'en doutez pas, tout sera comme vous le souhaitez.

Le Doge. Lis.

Bert. Fal. « Décrété en conseil, à l'unanimité, que Michel Sténo, coupable, de son propre aveu, d'avoir, dans la dernière nuit du carnaval, gravé sur le trône ducal les paroles suivantes —[7] : »

Le Doge. Voudrais-tu les répéter? voudrais-tu les répéter, — *toi*, un Faliero? Voudrais-tu appuyer sur l'éclatant déshonneur de notre maison, avilie dans son chef, — ce chef, le prince de Venise, la première des cités! — Passe à la sentence.

Bert. Fal. Pardonnez-moi, seigneur. J'obéis. « Condamne Michel Sténo à un mois de détention. »

Le Doge. Poursuis.

Bert. Fal. Seigneur, c'est tout.

Le Doge. Que dis-tu? — c'est tout! Est-ce que je rêve? — C'est faux! — Donne-moi ce papier. — (*Il lui arrache le papier et lit.*) — « Le conseil condamne Michel Sténo... » — Mon neveu, ton bras!

Bert. Fal. Revenez à vous, soyez calme; ce transport est sans motif raisonnable; je vais aller chercher du secours.

Le Doge. Arrête! — ne bouge pas, — c'est passé.

Bert. Fal. Je dois convenir avec vous que la peine est trop légère, comparée à l'offense; — ce n'est pas une conduite honorable de la part des Quarante, de punir d'un châtiment aussi faible un acte qui était un outrage infâme pour vous, et même pour eux, à qui vous commandez. Mais la chose n'est pas encore sans remède : vous pouvez appeler de leur décision à eux-mêmes ou aux Avogadori qui, voyant que justice vous est refusée, prendront en main une cause qu'ils avaient déclinée, et vous vengeront d'un audacieux coupable. Ne le pensez-vous pas, mon oncle? Mais pourquoi restez-vous ainsi immobile? vous ne m'entendez pas? — Je vous en conjure, écoutez-moi.

Le Doge (*jette par terre sa toque ducale, et va pour la fouler aux pieds, quand son neveu l'en empêche*). Oh! que les Sarrasins ne sont-ils sur la place Saint-Marc! voilà comme je leur rendrais hommage!

Bert. Fal. Au nom du ciel et de tous les saints, seigneur... —

Le Doge. Éloigne-toi! Oh! que les Génois ne sont-ils dans le port! Oh! que les Huns, vaincus par moi à Zara, ne sont-ils rangés en bataille autour du palais!

Bert. Fal. Voilà un langage peu convenable dans la bouche d'un duc de Venise.

Le Doge. Le duc de Venise! qui est duc de Venise maintenant? que je le voie, afin qu'il me rende justice.

Bert. Fal. Si vous oubliez le caractère et les devoirs de votre charge, rappelez-vous votre dignité d'homme, et calmez ce transport; le duc de Venise...—

Le Doge. Il n'y en a pas; — c'est un mot, — un mot vide de sens. L'être le plus avili, lésé, outragé, le plus dénué de tout, obligé de mendier son pain si on lui en refuse, peut en obtenir d'un autre au cœur plus humain; mais celui à qui justice est refusée par ceux dont le devoir est d'être justes, est plus indigent que le mendiant qu'on repousse; — c'est un esclave, — et c'est ce que je suis, et ce que tu es, ce qu'est toute notre maison, à dater de ce moment; le dernier des artisans nous montrera au doigt, et le noble hautain peut nous cracher à la face. — Où est notre recours?

Bert. Fal. Dans la loi, mon prince. —

Le Doge. Tu vois ce qu'elle a fait pour moi. — Je n'ai demandé justice qu'à la loi, je n'ai cherché de vengeance que dans la loi, — je n'ai invoqué de juges que ceux que la loi a institués; — souverain, j'en ai appelé à mes sujets, ces mêmes sujets qui m'ont fait souverain, et m'ont donné ainsi doublement droit de l'être. Les priviléges que me confèrent ma charge et leur libre choix, les droits que je tiens de ma naissance, ceux que j'ai acquis par mes services, les honneurs dont je suis revêtu, mon grand âge, mes cicatrices, mes cheveux blancs, les voyages, les travaux, les périls, les fatigues, le sang et la sueur d'une vie de près de quatre-vingts ans, tout cela a été mis dans la balance contre le plus abominable outrage, la plus grossière insulte, le mépris criminel d'un patricien vindicatif et audacieux, tout cela a été trouvé insuffisant! Dois-je le souffrir?

Bert. Fal. Je ne dis pas cela; — dans le cas où votre appel serait rejeté, nous trouverons d'autres moyens de régler cette affaire.

Le Doge. Moi! en appeler! Es-tu bien le fils de mon frère? un rejeton de la maison des Faliero? le neveu d'un doge? né de ce sang qui a déjà donné trois ducs à Venise? Mais tu dis vrai, — nous devons être humbles à présent.

Bert. Fal. Mon prince! mon oncle! votre émotion est trop grande : — j'avoue la gravité de l'offense, et l'injustice qu'il y a à ne pas la punir convenablement; toutefois ce transport excède la provocation, et même toute provocation. Si nous sommes lésés, nous demanderons justice; si elle nous est refusée, nous nous la ferons nous-mêmes; mais tout cela peut se faire sans emportement. — La vengeance la plus terrible est fille du silence le plus profond. Je n'ai pas encore le tiers de votre âge, j'aime notre maison, je vous honore comme son chef, comme le guide et l'instructeur de ma jeunesse; — mais bien que je comprenne votre douleur, et que j'entre en partie dans vos ressentiments, je suis consterné de voir votre colère, comme les vagues de l'Adriatique, franchir toutes les limites et s'exhaler en écume dans les airs.

Le Doge. Je te dis, — faut-il donc que je te dise — ce que ton père n'eût pas eu besoin de parole pour comprendre? Ta sensibilité ne s'éveille-t-elle qu'au contact extérieur de la

souffrance? Es-tu sans âme, — sans fierté, — sans passion?
— n'as-tu point le sentiment intime de l'honneur?

Bert. Fal. C'est la première fois que mon honneur a été mis en doute; et de la part de tout autre que de vous, ce serait la dernière.

Le Doge. Tu connais l'offense grave de ce misérable, de ce vil, lâche et vindicatif scélérat qui vient d'être absous; il n'a pas craint d'exhaler son poison infâme, dirigé contre l'honneur... de qui? grand Dieu! — de ma femme; il n'a pas craint d'attaquer ce qu'un homme a de plus cher et de plus sacré; et sa lâche calomnie passant de bouche en bouche, accompagnée de sales et grossiers commentaires, ira fournir matière aux cyniques plaisanteries, aux blasphèmes obscènes de la populace; pendant que les nobles, donnant au sarcasme un vernis de politesse, se diront à l'oreille le conte scandaleux, et approuveront d'un sourire le mensonge qui, me ravalant à leur niveau, fait de moi un mari dupé et complaisant, résigné à son déshonneur, — que dis-je? s'en faisant gloire.

Bert. Fal. Mais, après tout, c'est un mensonge; — vous le savez, et tout le monde en est convaincu.

Le Doge. Mon neveu, un Romain illustre dit un jour: « La femme de César ne doit point être soupçonnée; » et il la répudia.

Bert. Fal. C'est vrai; mais à cette époque...

Le Doge. Quoi donc! ce que n'eût pas souffert un Romain, un prince de Venise le souffrirait? Le vieux Dandolo refusa le diadème des Césars, et porta la toque ducale, que je foule à mes pieds parce qu'elle est avilie.

Bert. Fal. Elle l'est en effet.

Le Doge. Elle l'est, — elle l'est! je n'ai point vengé cette infamie sur la femme innocente ainsi calomniée lâchement pour avoir donné sa main à un vieillard, parce que ce vieillard était l'ami de son père et le protecteur de sa maison; comme s'il n'y avait d'amour dans le cœur des femmes que pour une jeunesse libertine, pour des visages imberbes! — Je ne me suis point vengé sur elle; mais j'ai invoqué contre lui la justice de mon pays, cette justice due à l'homme le plus obscur qui a une femme dont la foi lui est douce, qui a un toit dont le foyer lui est cher, qui a un nom dont l'honneur est tout pour lui, alors que tout cela est flétri par le souffle maudit de la calomnie et de l'outrage.

Bert. Fal. Et quelle réparation attendiez-vous donc? Quel châtiment vouliez-vous qu'on infligeât au coupable?

Le Doge. La mort! N'étais-je pas le chef de l'État? ne m'avait-on pas insulté jusque sur mon trône? ne m'avait-on pas rendu la risée des hommes qui me doivent obéissance? N'étais-je pas outragé comme époux, avili comme homme, humilié, dégradé comme prince? L'insulte et la trahison n'étaient-elles pas accumulées dans ce délit? — Et on le laisse vivre! Si au lieu du trône du doge, il eût choisi l'escabelle d'un paysan pour y graver son outrage, il eût teint de son sang le seuil de la cabane; le vassal l'eût poignardé à l'instant même.

Bert. Fal. Soyez certain qu'il ne vivra pas au coucher du soleil; — laissez-moi ce soin, et calmez-vous.

Le Doge. Arrête, mon neveu! hier cela eût suffi; maintenant je n'en veux plus à cet homme.

Bert. Fal. Que voulez-vous dire? l'offense n'est-elle pas doublée par cet infâme... — je ne dirai pas acquittement; c'est pire encore, puisque le même acte qui reconnaît le délit le laisse impuni!

Le Doge. L'offense est doublée, en effet, maintenant; mais ce n'est pas par lui: les Quarante ont décrété un mois d'emprisonnement, — nous devons obéir aux Quarante.

Bert. Fal. Leur obéir! eux qui ont méconnu leur devoir envers le souverain!

Le Doge. C'est juste, — mon enfant, tu comprends la question maintenant; en ma qualité, soit de citoyen qui demande justice, soit de souverain dont la justice émane, ils m'ont lésé dans mon double droit (car ici le souverain est en même temps citoyen); mais, malgré tout cela, qu'il ne soit pas touché un seul cheveu de la tête de Sténo; — cette tête, il ne la gardera pas longtemps.

Bert. Fal. Il ne la garderait pas douze heures, si vous me laissiez faire : si vous m'aviez écouté avec calme, vous auriez vu que mon intention n'était pas de laisser l'offense de ce scélérat impunie; je voulais seulement vous voir réprimer cette explosion de colère, afin de concerter ensemble les moyens de nous défaire de lui.

Le Doge. Non, mon neveu : il faut qu'il vive, du moins pour le moment. — Une vie aussi méprisable que la sienne serait peu de chose à présent. Dans l'antiquité, certains sacrifices n'exigeaient qu'une victime; il fallait une hécatombe pour les grandes expiations.

Bert. Fal. Vos volontés seront ma loi; cependant j'aurais voulu vous montrer combien j'ai à cœur l'honneur de notre maison.

Le Doge. Ne crains rien, tu pourras le prouver en temps et lieu; mais ne sois pas trop emporté, comme je l'ai été moi-même. Je suis honteux maintenant de ma colère; je te prie de me la pardonner.

Bert. Fal. Je reconnais enfin mon oncle! l'homme politique et l'homme d'État, celui qui commande à la république et à lui-même! Je m'étonnais de vous voir, à votre âge, oublier à ce point la prudence dans votre emportement, bien que la cause...

Le Doge. Oui, songe à la cause, — ne l'oublie pas : — quand tu te livreras au sommeil, qu'elle vienne rembrunir tes rêves; quand l'aurore paraîtra, qu'elle se place entre le soleil et toi, comme un nuage de mauvais augure dans un jour de fête; — mais pas une parole, pas un mouvement; — abandonne-moi le soin de tout; nous aurons de l'occupation, et tu en prendras ta part. — Mais maintenant, retire-toi; il convient que je sois seul.

Bert. Fal. (*relevant la toque ducale et la replaçant sur la table*). Avant de partir, je vous prie de reprendre ce que vous avez repoussé, jusqu'à ce que vous le changiez contre une couronne. Maintenant je vous quitte, vous suppliant de compter sur moi et sur mon empressement à faire tout ce que le devoir prescrit à un parent fidèle et dévoué, et à un citoyen et sujet non moins loyal. (*Il sort.*)

Le Doge. Adieu, mon digne neveu. (*Il prend la toque ducale.*) Colifichet frivole! entouré de toutes les épines qui garnissent une couronne, sans investir le front insulté qui te porte de la toute-puissante majesté des rois; jouet doré, inutile et dégradé, je te reprends comme je ferais d'un masque! Comme tu pèses douloureusement sur ma tête! comme sous ton poids honteux mes tempes éprouvent une sensation fébrile! Ne pourrais-je te transformer en diadème? Ne pourrais-je briser ce sceptre de Briarée que tient un sénat aux cent bras, qui réduit le peuple à rien, et fait du prince un roi de théâtre? Dans ma vie, je suis venu à bout d'entreprises plus difficiles — exécutées pour ceux qui m'ont ainsi récompensé. — Ne puis-je donc les payer de retour? Oh! que l'on me rende une année ou même un jour seulement de ma robuste jeunesse, alors que mon corps obéissait à mon âme comme le coursier généreux à son cavalier! alors je me serais élancé sur eux, et il ne m'eût pas fallu beaucoup d'aide pour jeter bas ces patriciens orgueilleux; il me faut maintenant chercher des bras plus jeunes pour mener à fin les projets de cette tête blanchie; — mais mes plans seront si bien conçus, que leur exécution n'exigera pas des forces herculéennes, quoique ma pensée soit comme un chaos, et ne couve encore que des germes imparfaits; mon imagination est dans son premier travail; elle approche de la lumière les images obscures des choses, afin que le jugement choisisse avec maturité. — Les troupes sont en petit nombre dans... — (*Entre Vincenzo*).

Vinc. Quelqu'un demande audience à votre altesse.

Le Doge. Je suis indisposé, — je ne puis recevoir personne, pas même un patricien; — qu'il porte son affaire au conseil.

Vinc. Seigneur, je vais transmettre votre réponse. C'est une affaire de peu d'importance sans doute; ce n'est qu'un plébéien, le patron d'une galère, je crois.

Le Doge. Le patron d'une galère, dites-vous? c'est un

serviteur de l'État. Qu'on l'introduise; il vient peut-être pour un objet relatif au service public. (*Vincenzo sort.*)

LE DOGE. Il faut sonder ce patron; je veux savoir ce qu'il pense. Je sais que le peuple est mécontent : il a des motifs de l'être depuis la victoire des Génois dans la journée funeste de Sapienza; il en a d'autres encore depuis qu'il n'est plus rien dans l'État, et dans la cité moins que rien, simple instrument condamné à servir les plaisirs patriciens des nobles. Les troupes, trop souvent bercées de vaines promesses, réclament le long arriéré de leur solde, et murmurent sourdement.—Au moindre espoir de changement, elles se soulèveront; elles se payeront elles-mêmes par le butin. Mais les prêtres... — je doute que le clergé embrasse notre cause; il me déteste depuis le jour où, impatienté, je frappai le trop lent évêque de Trévise, pour lui faire accélérer sa marche sainte [8]. Cependant on peut se les concilier, du moins le pontife de Rome, par des concessions opportunes; mais, sur toute chose, il me faut de la célérité : je suis au crépuscule de mes jours; à cet âge il reste à la vie peu de lumière. Si je pouvais délivrer Venise et venger mes injures, je croirais avoir assez vécu, et le moment d'après je ne demanderais pas mieux que de dormir avec mes pères; s'il n'en doit pas être ainsi, mieux eût valu que sur mes quatre-vingts années, soixante fussent déjà où, — peu m'importe quand — toutes doivent aller s'éteindre;—mieux eût valu qu'elles n'eussent jamais été, que de m'être traîné jusqu'ici pour devenir ce que ces infâmes oppresseurs voudraient faire de moi. Voyons, — il y a trois mille hommes de bonnes troupes cantonnés à... (*Entrent Vincenzo et Israël Bertuccio.*)

VINC. Avec la permission de votre altesse, le patron que je vous ai annoncé est ici et attend votre bon plaisir.

LE DOGE. Vincenzo, laissez-nous. — (*Vincenzo sort.*) Vous, avancez; — que demandez-vous?

ISR. BERT. Réparation.

LE DOGE. A qui?

ISR. BERT. A Dieu et au Doge.

LE DOGE. Hélas! mon ami, vous vous adressez à ce qu'il

y a de moins respecté et de moins influent à Venise; il faut présenter votre réclamation au conseil.

Isr. Bert. Ce serait inutile: celui qui m'a outragé en fait partie.

Le Doge. Il y a du sang sur ta figure! — d'où vient-il?

Isr. Bert. C'est le mien, et ce n'est pas le premier que j'aie répandu pour Venise; mais c'est le premier qu'une main vénitienne ait fait couler!... Un noble m'a frappé.

Le Doge. Est-il vivant?

Isr. Bert. Il ne l'eût pas été longtemps, sans l'espoir que j'avais, et que j'ai encore, que vous, mon prince, soldat comme moi, vous rendrez justice à un homme à qui les lois de la discipline et de Venise ne permettent pas de se protéger lui-même; — sinon, — je n'en dis pas davantage....

Le Doge. Mais tu agirais, n'est-ce pas?

Isr. Bert. Je suis homme, seigneur.

Le Doge. Celui qui t'a frappé l'est pareillement.

Isr. Bert. Il en porte le nom; bien plus, il est noble, — du moins à Venise; mais, puisqu'il a oublié que je suis homme et m'a traité comme une brute, la brute se retournera contre lui: — le ver lui-même le fait bien!

Le Doge. Parle! — son nom, sa famille?

Isr. Bert. Barbaro.

Le Doge. Quelle a été la cause ou le prétexte de cet outrage?

Isr. Bert. Je suis commandant de l'arsenal [9]; je m'occupe pour le moment à réparer quelques galères que les Génois ont un peu maltraitées l'année dernière. Ce matin est venu le noble Barbaro, fort en colère de ce que nos artisans avaient négligé chez lui je ne sais quels ordres frivoles, pour exécuter ceux de l'État; j'ai osé justifier mes hommes; — il a levé sur moi la main. Voyez mon sang! c'est la première fois qu'il a coulé d'une manière déshonorante.

Le Doge. Avez-vous servi longtemps?

Isr. Bert. Assez longtemps pour me rappeler le siége de Zara, et pour avoir combattu sous le vainqueur des Huns, quelque temps mon général, aujourd'hui le doge Faliero.

Le Doge. Comment! nous sommes camarades? — Je n'ai revêtu que depuis peu la robe ducale, et vous avez été nommé commandant de l'arsenal avant mon retour de Rome; c'est ce qui fait que je ne vous ai pas reconnu. A qui devez-vous votre place?

Isr. Bert. Au dernier doge; je conserve mon ancien commandement comme patron d'une galère; mon nouvel emploi m'a été donné en récompense de quelques cicatrices (ainsi daignait le dire votre prédécesseur). J'étais loin de m'attendre que les fonctions que je devais à sa bienveillance, m'amèneraient un jour devant son successeur en suppliant malheureux, du moins pour une telle cause.

Le Doge. Etes-vous grièvement blessé?.

Isr. Bert. D'une manière irréparable dans ma propre estime.

Le Doge. Parle ouvertement, ne crains rien; violemment outragé comme tu l'es, quelle vengeance voudrais-tu tirer de cet homme?

Isr. Bert Celle que je n'ose nommer, et que j'obtiendrai cependant.

Le Doge. Que viens-tu donc faire ici?

Isr. Bert. Je viens demander justice, parce que mon général est doge, et ne laissera pas fouler aux pieds l'un de ses vieux soldats. Si tout autre que Faliero eût occupé le trône ducal, un autre sang eût effacé celui-ci.

Le Doge. Tu viens me demander justice, — à *moi!* doge de Venise, et je ne puis te l'accorder; je ne puis l'obtenir pour moi-même. — Il n'y a pas une heure qu'on me l'a solennellement refusée!

Isr. Bert. Que dit votre altesse?

Le Doge. Sténo est condamné à un mois d'emprisonnement.

Isr. Bert. Quoi! celui qui osa souiller le trône ducal de ces mots infâmes qui ont honteusement retenti à toutes les oreilles dans Venise?

Le Doge. Sans doute que l'écho de l'arsenal les a répétés; ils ont accompagné le marteau tombant en mesure, et fourni un texte de plaisanteries à l'artisan goguenard ; ils ont mêlé leur gai refrain au bruit des rames, et les esclaves de nos galères les ont chantés en chœur, en se félicitant de n'être pas des radoteurs outragés comme le doge.

Isr. Bert. Est-il possible ? un mois d'emprisonnement ! et c'est là toute le punition de Sténo ?

Le Doge. Tu as appris l'offense, tu connais maintenant le châtiment; et tu me demandes justice, à *moi* ! Adresse-toi aux Quarante, qui ont prononcé la sentence contre Michel Sténo ; ils agiront sans doute de même avec Barbaro.

Isr. Bert. Oh ! si j'osais parler !

Le Doge. Parle, je puis tout endurer maintenant.

Isr. Bert. Eh bien ! vous n'avez qu'un mot à dire pour punir et venger, — je ne dis pas mon injure, qui est peu de chose; car qu'est-ce qu'un coup, quelque honte qui s'y attache, quand l'injure ne s'adresse qu'à un être aussi chétif que moi ? — mais le lâche outrage fait à votre dignité et à votre personne.

Le Doge. Tu exagères mon pouvoir, qui n'est qu'un pouvoir de parade. Cette toque n'a rien de commun avec la couronne d'un monarque ; ce manteau peut exciter la compassion à aussi juste titre que les haillons d'un mendiant, et même davantage : car les guenilles d'un indigent lui appartiennent, et celles-ci ne sont que prêtées à la pauvre marionnette dont le rôle et la puissance sont limités à cette hermine.

Isr. Bert. Voudrais-tu être roi ?

Le Doge. Oui, — d'un peuple heureux.

Isr. Bert. Voudrais-tu être souverain seigneur de Venise[10] ?

Le Doge. Oui, à condition que le peuple partageât cette souveraineté, et que ni lui ni moi ne fussions plus les esclaves de cette hydre aristocratique aux proportions gigantesques, au corps venimeux, et dont les têtes empoisonnées exhalent parmi nous des vapeurs pestilentielles.

Isr. Bert. Cependant tu es né et tu as vécu patricien.

Le Doge. Pour mon malheur, je suis né tel; ma naissance, en me faisant doge, m'a exposé à l'insulte. Mais si j'ai travaillé et combattu, c'est pour Venise et les Vénitiens, et non pour le sénat; je n'ai eu en vue que le bien public et ma propre gloire : si j'ai versé mon sang sur les champs de bataille; si j'ai commandé et vaincu; si dans mes ambassades j'ai fait conclure ou refuser la paix, selon que l'exigeaient les intérêts de mon pays; si, pendant près de soixante ans de services non interrompus, j'ai traversé les terres et les mers, c'était pour Venise seule, et j'étais assez récompensé lorsqu'à travers l'azur de ses lagunes je revoyais de loin briller les faîtes de ses toits; mes sueurs et mon sang ne coulèrent jamais pour une caste, pour une secte ou une faction quelconque! Mais veux-tu savoir pourquoi j'ai fait tout cela? demande au pélican pourquoi il s'est déchiré le sein : si l'oiseau pouvait répondre, il dirait que c'est pour tous ses enfants.

Isr. Bert. Et néanmoins ils t'ont fait duc.

Le Doge. C'est vrai; je ne le cherchais pas: ces chaînes dorées sont venues me trouver à mon retour de mon ambassade de Rome; et ne m'étant jamais refusé jusque-là à aucune fatigue, à aucun fardeau imposé par l'État, je crus, malgré mon grand âge, devoir encore accepter cette charge, la plus élevée de toutes en apparence, mais la plus avilissante en effet par les devoirs et les humiliations qu'elle impose: je t'en prends toi-même à témoin, toi mon sujet outragé, qui vois que je ne puis faire rendre justice ni à toi ni à moi.

Isr. Bert. Vous la ferez rendre à l'un et à l'autre, si vous le voulez, ainsi qu'à des milliers d'autres opprimés qui n'attendent qu'un signal. — Voulez-vous le donner?

Le Doge. Tes paroles sont une énigme pour moi.

Isr. Bert. Bientôt je les rendrai claires au péril de ma vie, si vous daignez me prêter une oreille attentive.

Le Doge. Poursuis.

Isr. Bert. Nous ne sommes pas les seuls qui soient lésés, outragés, avilis, foulés aux pieds; la population tout entière gémit, et comprime avec peine le sentiment de ses injures; les troupes étrangères qu'entretient le sénat se plaignent de l'arriéré de leur solde; les marins nationaux et la garde civique sympathisent avec leurs amis: car quel est celui d'entre eux dont les frères, les enfants, le père, la femme ou la sœur, aient échappé à l'oppression ou à la souillure des patriciens? La guerre malheureuse contre les Génois, soutenue à l'aide du sang du peuple et du produit pénible de ses sueurs, a augmenté encore le mécontentement ; — mais j'oublie qu'en tenant ce langage c'est mon arrêt de mort peut-être que je prononce!

Le Doge. Après ce que tu as souffert — tu crains de mourir? Alors, tais-toi, continue à vivre, et à être frappé par ceux pour qui tu as versé ton sang.

Isr. Bert. Non, je parlerai à tout risque; et si dans le doge de Venise je dois trouver un délateur, honte et malheur à lui! il y perdra beaucoup plus que moi.

Le Doge. Ne crains rien de ma part, continue!

Isr. Bert. Sache donc qu'il existe une société de frères qui s'assemblent en secret, et s'enchaînent par un serment; cœurs vaillants et fidèles, hommes qui ont éprouvé l'une et l'autre fortune, qui depuis longtemps gémissaient sur le destin de Venise, et en ont le droit; qui, l'ayant servie dans tous les climats, défendue contre ses ennemis du dehors, sont prêts à la défendre également contre ses ennemis intérieurs. Ils ne sont pas nombreux, et pourtant ils le sont assez pour le grand but qu'ils se proposent; ils ont des armes, des ressources, du cœur, des espérances, une foi vive et un courage patient.

Le Doge. Qu'attendent-ils donc?

Isr. Bert. L'heure de frapper.

Le Doge *à part*. La cloche de Saint-Marc la sonnera [11].

Isr. Bert. Maintenant j'ai remis en ton pouvoir ma vie, mon honneur, toutes mes espérances terrestres, dans la seule conviction que des injures telles que les nôtres, nées de la même cause, produiront une seule et même vengeance. S'il en est ainsi, sois notre chef maintenant, — et plus tard notre souverain.

Le Doge. Combien êtes-vous?

Isr. Bert. Tu n'auras ma réponse que lorsque j'aurai la tienne.

Le Doge. Eh quoi! tu me menaces?

Isr. Bert. Non, c'est une résolution que j'exprime. Je me suis livré moi-même; mais les puits mystérieux creusés sous votre palais, les cellules non moins terribles appelées « les toits de plomb, » n'ont point de tortures qui puissent me faire révéler le nom d'un seul de mes complices. Les *Pozzi* et les *Piombi* y échoueraient; ils peuvent m'arracher du sang; mais une délation, jamais! Je passerais le redoutable « pont des Soupirs, » joyeux de penser que le dernier des miens serait aussi le dernier répété par l'écho de l'onde maudite qui coule entre les bourreaux et les victimes, qui baigne à la fois les murs de la prison et ceux du palais: il en est qui me survivraient pour penser à moi et me venger.

Le Doge. Si tels sont tes projets et ton pouvoir, pourquoi venir ici demander une réparation que tu es sur le point de te faire à toi-même?

Isr. Bert. Parce que l'homme qui demande protection à l'autorité, témoignant par là même de sa confiance et de sa soumission à cette autorité, peut difficilement être soupçonné de conspirer son renversement. Si je m'étais trop humblement résigné à cet outrage, un front chagrin, des menaces à demi articulées, m'eussent signalé à l'inquisition des Quarante. Mais une plainte bruyante, quelque passionnée que soit son expression, n'est pas à craindre et inspire peu de défiance. Mais, outre ce motif, j'en avais un autre.

Le Doge. Quel était-il?

Isr. Bert. J'avais entendu dire que le doge était irrité de l'acte des Avogadori qui renvoyait aux Quarante le jugement de Michel Sténo; j'avais servi sous vous, je vous honorais, et comprenais que vous ne vous laisseriez pas insulter impunément, votre esprit étant de ceux qui rendent au décuple le bien et le mal; je me proposais de vous sonder et de vous exciter à la vengeance. Maintenant vous savez tout, et le péril auquel je m'expose vous est un garant de la vérité de mes paroles.

Le Doge. Vous avez beaucoup hasardé; mais c'est ce que doivent faire ceux qui veulent beaucoup gagner : l'unique réponse que je puisse vous donner, — c'est que votre secret est en sûreté.

Isr. Bert. Est-ce tout?

Le Doge. A moins que tout ne me soit confié, quelle réponse pouvez-vous attendre de moi?

Isr. Bert. Il me semble que vous pouvez vous fier à celui qui vous confie sa vie.

Le Doge. Mais il faut que je connaisse votre plan, les noms et le nombre des conjurés; alors peut-être je pourrai doubler votre nombre et mûrir vos projets.

Isr. Bert. Nous sommes déjà assez nombreux; vous êtes le seul allié que nous désirions encore.

Le Doge. Faites-moi au moins connaître vos chefs.

Isr. Bert. On le fera sur votre assurance formelle de garder le secret que nous vous confierons.

Le Doge. Quand? où?

Isr. Bert. Cette nuit je conduirai à votre appartement deux des principaux conjurés; il y aurait péril à en amener un plus grand nombre.

Le Doge. Arrêtez! il faut que je réfléchisse à cela. Si je sortais du palais, si j'allais moi-même me rendre au milieu de vous?

Isr. Bert. Vous viendrez seul?

Le doge. Il n'y aura avec moi que mon neveu.

Isr. Bert. Non, quand ce serait votre fils.

Le Doge. Malheureux! oses-tu bien parler de mon fils? il est mort à Sapienza, les armes à la main, pour cette ingrate république. Oh! que n'est-il vivant et moi dans le cercueil! Oh! que ne peut-il revivre avant que je descende dans la tombe! je n'aurais pas besoin de recourir à l'aide équivoque des étrangers!

Isr. Bert. Il n'est pas un de ces étrangers que tu suspectes qui ne te porte une affection filiale, pourvu que tu leur gardes la foi d'un père.

Le Doge. Le sort en est jeté! Où sera le rendez-vous?

Isr. Bert. A minuit, je viendrai seul et masqué au lieu qu'il plaira à votre altesse de me désigner; je vous y attendrai pour vous conduire là où vous recevrez notre hommage et jugerez de nos plans.

Le Doge. A quelle heure la lune se lève-t-elle ?

Isr. Bert. Tard ; mais l'atmosphère est brumeuse et sombre. Le sirocco règne.

Le Doge. A minuit donc, près de l'église où dorment mes pères, et qui a emprunté son double nom aux apôtres Jean et Paul; dans l'étroit canal qui l'avoisine se glissera, silencieuse, une gondole munie d'une seule rame. Trouvez-vous là.

Isr. Bert. Je n'y manquerai pas.

Le Doge. Maintenant, vous pouvez vous retirer.

Isr. Bert. Je m'éloigne avec l'espoir que votre altesse persévérera dans sa grande résolution. Prince, je prends congé de vous. (*Israël Bertuccio sort.*)

Le Doge. A minuit, près de l'église de Saint-Jean et de Saint-Paul, où dorment mes nobles ancêtres, je dois me rendre, — pourquoi ? pour tenir conseil dans l'ombre avec des scélérats vulgaires qui conspirent la ruine des États. Mes illustres aïeux ne sortiront-ils pas de leurs caveaux où reposent deux doges qui m'ont précédé, et ne m'entraîneront-ils pas dans la tombe avec eux ? Plût à Dieu ! car je reposerais avec honneur au milieu de leurs mânes honorés. Hélas ! je ne dois pas penser à eux, mais à ceux qui m'ont rendu indigne d'un nom égalant en gloire les noms consulaires gravés sur les marbres de Rome; mais je lui rendrai dans nos annales son ancien lustre, en immolant avec joie à ma vengeance tout ce que Venise a de lâche, et en donnant la liberté à tout le reste; ou bien je le livrerai à toutes les noires calomnies du siècle, qui n'épargne jamais la réputation de celui qui échoue, et juge de César ou de Catilina par la vraie pierre de touche du mérite, — le succès.   (*Il sort.*)

ACTE DEUXIÈME.
SCÈNE Ire.
Un appartement dans le palais ducal.
ANGIOLINA, MARIANNA.

Ang. Qu'a fait répondre le doge ?

Mar. Qu'il était, pour l'instant, obligé d'assister à une conférence; mais elle doit maintenant être terminée. Il n'y a pas longtemps que j'ai vu les sénateurs s'embarquer, et on peut apercevoir la dernière gondole glissant à travers la foule des barques dont les eaux brillantes sont parsemées.

Ang. Plût au ciel qu'il fût de retour! Je le trouve bien agité depuis peu; le temps, qui n'a point dompté son caractère ardent, qui n'a pas même affaibli sa constitution physique, nourrie par une âme si active et si inquiète qu'elle consumerait un corps moins robuste, — le temps paraît avoir peu de puissance sur ses ressentiments ou ses chagrins. Différent des autres esprits de sa trempe, qui, dans le premier emportement de la passion, épanchent leur colère ou leur douleur, tout en lui porte un cachet d'éternité : ses pensées, ses sentiments, ses passions, bonnes ou mauvaises, n'ont rien de la vieillesse; et son front altier porte les cicatrices de l'âme, les pensers de l'âge, non sa décrépitude. Depuis quelque temps il est plus agité que de coutume : que n'est-il de retour! car seule j'ai quelque pouvoir sur son esprit troublé.

Mar. Il est vrai, son altesse a été, et avec raison, grandement offensée par l'affront de Sténo; mais je ne doute pas qu'au moment où nous parlons, le coupable ne soit condamné à expier son offense par un châtiment qui fera respecter la vertu des femmes et un noble sang.

Ang. Ce fut une insulte grossière; mais ce qui m'a affectée, ce n'est pas la calomnie effrontée de cet audacieux, c'est son effet, c'est l'impression profonde qu'elle a produite sur l'âme de Faliero, cette âme fière, irascible, austère, — austère pour tout autre que pour moi; je tremble quand je réfléchis aux suites qui peuvent en résulter.

Mar. Assurément, le doge n'a aucun motif de vous soupçonner.

Ang. Me soupçonner, *moi!* Sténo lui-même ne l'a point osé. Quand il se glissa furtivement, à la clarté de la lune, pour écrire son mensonge, sa conscience lui reprocha cette action, et il crut voir dans chaque ombre projetée sur la muraille un témoin désapprobateur de sa lâche calomnie.

Mar. Il serait bon qu'il fût sévèrement puni.

Ang. Il l'est.

Mar. Quoi donc? la sentence est-elle prononcée? Est-il condamné?

Ang. Je l'ignore; mais il a été signalé comme le coupable.

Mar. Jugez-vous donc que ce soit une punition suffisante pour une telle injure?

Ang. Je ne voudrais pas être juge dans ma propre cause, et je ne sais quel degré de châtiment est nécessaire pour faire impression sur des âmes sans pudeur comme celle de Sténo; mais si le sentiment de son insulte n'entre pas plus avant dans l'âme de ses juges qu'il n'a effleuré la mienne, on l'abandonnera, pour toute peine, à sa confusion ou à son effronterie.

Mar. Quelque réparation est due à la vertu calomniée.

Ang. Qu'est-ce donc que la vertu, si elle a besoin de victimes, ou s'il faut qu'elle dépende des paroles des hommes? Un illustre Romain disait en mourant « qu'elle n'était qu'un nom; » elle ne serait que cela, en effet, si le souffle de la parole humaine pouvait la faire ou la défaire.

Mar. Bien des femmes, cependant, quoique fidèles et pures, se sentiraient profondément blessées d'une telle calomnie; et des dames moins rigides, comme il en est beaucoup à Venise, demanderaient justice à grands cris, et se montreraient inexorables.

Ang. Cela prouve que c'est le nom et non la chose qu'elles prisent; il faut que les premières aient trouvé la conservation de leur honneur une tâche fort difficile, puisqu'elles ont besoin de le voir entouré d'une auréole de gloire; quant à celles qui ne l'ont point conservé, elles en recherchent l'apparence, comme elles rechercheraient un ornement dont elles sentent le besoin, sans pourtant le croire nécessaire; ces personnes vivent dans la pensée des autres, et veulent qu'on les croie honnêtes, comme elles désirent paraître belles.

Mar. Vous avez d'étranges idées, pour une dame patricienne!

Ang. C'étaient celles de mon père, seul héritage qu'il m'ait laissé, avec son nom.

Mar. Femme d'un prince, du chef de la république, vous n'avez pas besoin d'un douaire.

Ang. Je n'en aurais pas demandé, lors même que j'eusse épousé un simple paysan; mais je n'en sens pas moins combien je dois d'amour et de reconnaissance à mon père pour avoir donné ma main à l'ami fidèle et dévoué de sa jeunesse, au comte Val di Marino, aujourd'hui notre doge.

Mar. Et avec votre main a-t-il aussi donné votre cœur?

Ang. L'un ne l'eût pas été sans l'autre.

Mar. Néanmoins, cette étrange disproportion d'âge, et, permettez-moi d'ajouter, le peu de conformité de vos caractères, pourraient faire douter au monde qu'une telle union fût propre à vous donner un bonheur constant et paisible.

Ang. Le monde a des pensées mondaines; mais mon cœur s'est toujours renfermé dans mes devoirs, qui sont nombreux, mais jamais difficiles.

Mar. Et l'aimez-vous?

Ang. J'aime toutes les nobles qualités qui méritent d'être aimées; et j'aimais mon père, qui, le premier, m'apprit à distinguer ce que nous devons aimer dans autrui, et à comprimer tout ce qui tendrait à fixer sur des passions basses les meilleurs et les plus beaux sentiments de notre nature. Il accorda ma main à Faliero : il l'avait connu noble, brave, généreux, riche de toutes les qualités du soldat, du citoyen, de l'ami; je l'ai trouvé en tout tel que me l'avait représenté mon père. Ses défauts sont ceux qui habitent dans l'âme altière des hommes qui ont commandé : un excès d'orgueil, des passions profondément impétueuses, nourries par des habitudes de patricien, par une vie écoulée au sein des orages de la politique et de la guerre; enfin un vif sentiment de l'honneur, qui, renfermé dans de justes limites, est un devoir, mais devient un vice lorsqu'on l'exagère; et c'est ce que je crains en lui. Et puis il a toujours été emporté; mais ce défaut, il le rachète par une si grande noblesse de caractère, que la plus inconstante des républiques lui a prodigué toutes les charges les plus considérables depuis sa première campagne jusqu'à sa dernière ambassade, au retour de laquelle la dignité de doge lui a été décernée.

Mar. Mais, antérieurement à ce mariage, votre cœur avait-il battu pour quelque noble et jeune cavalier dont l'âge fût plus assorti à une beauté telle que la vôtre? ou, depuis, n'avez-vous vu personne qui, aujourd'hui, pût prétendre à la main de la fille de Lorédan, si cette main était encore à donner?

Ang. J'ai répondu à votre première question quand j'ai dit que j'avais pris un époux.

Mar. Et la seconde?

Ang. N'exige pas de réponse.

Mar. Pardonnez-moi si je vous ai offensée.

Ang. Ce n'est point du déplaisir que j'éprouve, mais de l'étonnement: j'ignorais qu'il fût permis à un cœur soumis aux lois de l'hymen, d'arrêter sa pensée sur ce qu'il aurait pu choisir, et de s'occuper d'autre chose que de l'objet de son premier choix.

Mar. C'est ce premier choix lui-même qui fait souvent penser que, s'il était à refaire, on choisirait plus sagement.

Ang. Cela se peut. De telles pensées ne me sont jamais venues.

Mar. Voici le doge; — dois-je me retirer?

Ang. Il vaut peut-être mieux que vous me quittiez; il semble absorbé dans ses réflexions. — Comme il a l'air préoccupé! (*Marianna sort.*)

Entrent le Doge et PIETRO.

Le Doge, *se parlant à lui-même.* Il y a maintenant à l'arsenal un certain Philippe Calendaro, qui commande quatre-vingts hommes, et exerce une grande influence sur l'esprit de ses camarades; c'est, dit-on, un homme hardi et populaire, plein de résolution et d'audace, non moins que de discrétion; il serait bon de nous l'adjoindre; sans doute qu'Israël Bertuccio s'est déjà assuré de lui, mais il conviendrait de... —

Piet. Pardon, seigneur, si j'interromps vos méditations; le sénateur Bertuccio, votre parent, m'a chargé de vous demander de vouloir bien fixer une heure où il lui soit permis de s'entretenir avec vous.

Le Doge. Au coucher du soleil; — attends un peu, — voyons : — dis-lui de venir à la seconde heure de la nuit. (*Pietro sort.*)

Ang. Monseigneur !

Le Doge. Ma chère enfant, pardonnez-moi ; — pourquoi tant tarder à vous approcher de moi ?—Je ne vous voyais pas.

Ang. Vous étiez plongé dans vos réflexions, et celui qui vient de s'éloigner pouvait avoir des communications importantes à vous faire de la part du sénat.

Le Doge. De la part du sénat ?

Ang. Je n'ai pas voulu l'interrompre pendant qu'il s'acquittait envers vous de ses devoirs et de ceux du sénat.

Le Doge. Les devoirs du sénat! vous vous méprenez; c'est nous qui avons envers le sénat des devoirs à remplir !

Ang. Je croyais que le duc commandait à Venise.

Le Doge. Il y commandera ; — mais laissons cela, — occupons-nous de choses plus gaies. Comment vous trouvez-vous ? Êtes-vous sortie ? Le jour est sombre ; mais le calme de l'onde est favorable à la rame légère du gondolier. Avez-vous reçu vos amies ? ou la musique a-t-elle charmé votre matinée solitaire ? Parlez, y a-t-il quelque chose que le doge puisse faire pour vous dans le cercle étroit assigné à son pouvoir ? Quelles splendeurs permises, quels honnêtes plaisirs, en société ou seule, pourraient donner quelque joie à votre cœur, et le dédommager des heures pénibles passées avec un vieillard trop souvent consumé de nombreux soucis? Parlez, vous serez satisfaite.

Ang. Vous êtes toujours si bon pour moi ! Je n'ai rien à désirer, ni à demander, si ce n'est de vous voir plus souvent et plus calme.

Le Doge. Plus calme?

Ang. Oui, plus calme, monseigneur. — Pourquoi cherchez-vous la solitude ? Pourquoi vous voit-on marcher seul ? Pourquoi sur votre visage ces émotions fortes qui, sans se trahir entièrement, n'en laissent que trop voir...

Le Doge. N'en laissent que trop voir! — quoi? — que laissent-elles voir?

Ang. Un cœur mal à l'aise.

Le Doge. Ce n'est rien, mon enfant. — Mais vous savez quels soucis journaliers pèsent dans l'État sur ceux qui gouvernent cette république précaire, attaquée au dehors par les Génois, au dedans par les mécontents; — c'est là ce qui me rend plus pensif et moins calme que d'habitude.

Ang. Ces soucis existaient auparavant, et ce n'est que depuis peu de jours que je vous vois ainsi. Pardonnez-moi; il y a au fond de vos préoccupations quelque chose de plus que l'accomplissement de vos devoirs publics; une longue habitude et des talents tels que les vôtres vous les ont rendus légers, et même nécessaires pour préserver votre âme de la stagnation. Ni les périls, ni les hostilités des États voisins, ne sauraient vous affecter ainsi, vous qui avez tenu tête à tous les orages et que rien n'a pu abattre; vous qui, sur la route escarpée du pouvoir, n'avez jamais manqué d'haleine; qui, arrivé au sommet, pouvez regarder à vos pieds d'un œil calme, et sans éprouver de vertige! Si les galères de Gênes cinglaient dans le port, si la guerre civile hurlait sur la place Saint-Marc, vous ne seriez pas homme à défaillir; mais vous tomberiez, comme vous êtes monté, en conservant un front inaltérable; — vos émotions actuelles sont d'une nature différente; c'est l'orgueil qui est blessé en vous, non le patriotisme.

Le Doge. L'orgueil, Angiolina? hélas! on ne m'en a pas laissé.

Ang. Oui, — ce même péché qui a causé la chute des anges, et auquel sont le plus exposés les mortels qui se rapprochent le plus de la nature des anges : les petits ne sont que vains, les grands sont orgueilleux...

Le Doge. J'*avais* l'orgueil de l'honneur, de *votre* honneur, profondément enraciné au cœur! — Mais changeons de conversation.

Ang. Oh! non! — vous m'avez admise avec bonté au partage de vos joies; que je ne sois pas exclue de vos afflictions! S'il s'agissait d'affaires publiques, vous savez que je n'ai jamais cherché, que je ne chercherai jamais à vous arracher une seule parole; mais je vois que vos chagrins sont d'une nature privée : il m'appartient d'en alléger ou d'en partager le fardeau. Depuis le jour où la calomnie insensée de Sténo est venue troubler votre repos, vous êtes bien changé, et je voudrais, par mes soins, vous ramener à ce que vous étiez.

Le Doge. A ce que j'étais! — Vous a-t-on dit la peine prononcée contre Sténo?

Ang. Non.

Le Doge. Un mois d'emprisonnement.

Ang. N'est-ce pas assez?

Le Doge. Assez! — Oui, pour un esclave ivre qui, sous les coups de fouet, murmure contre son maître; mais non pour un imposteur, un scélérat qui, froidement, et de propos délibéré, vient flétrir l'honneur d'une dame et d'un prince jusque sur le trône de sa puissance.

Ang. Un patricien convaincu d'imposture me semble suffisamment puni : toute peine serait légère comparée à la perte de l'honneur.

Le Doge. De telles gens n'ont point d'honneur; une vie méprisable, voilà tout ce qu'ils ont, — et on la leur laisse.

Ang. Vous ne voudriez pas sans doute qu'il lui en coûtât la vie?

Le Doge. *Maintenant*, non : — puisqu'il est encore vivant, je ne demande pas mieux que de le laisser vivre autant qu'*il* pourra; il a cessé de mériter la mort; la protection donnée au coupable est la condamnation de ses cent juges; il est innocent, car à présent son crime est devenu le leur.

Ang. Oh! si cet impudent calomniateur avait payé de son jeune sang son absurde mensonge, il n'y aurait plus eu pour moi un seul moment de joie ou de sommeil paisible.

Le Doge. La loi divine n'ordonne-t-elle pas que le sang soit payé par le sang? Celui qui calomnie ne tue-t-il pas plus encore que celui qui verse le sang? Quand un homme est frappé, est-ce la *douleur* du coup ou la *honte* qui s'y attache qui en fait une mortelle injure? Les lois de l'homme ne veulent-elles pas que l'homme soit vengé par le sang? et ce sang ne coule-t-il pas pour bien moins que l'honneur, pour un peu d'or? N'est-ce pas par le sang que la loi des nations punit la trahison? N'est-ce rien que d'avoir mis du poison dans ces veines où coulait un sang salutaire? N'est-ce rien que d'avoir souillé votre nom et le mien, — les deux plus nobles noms qui existent? N'est-ce rien que d'avoir rendu un prince la risée de son peuple, d'avoir méconnu le respect que le genre humain accorde à la jeunesse dans la femme, à la vieillesse dans l'homme, à la vertu dans votre sexe, à la dignité dans le nôtre? — Mais que ceux qui l'ont sauvé prennent garde à eux!

Ang. Le ciel nous commande de pardonner à nos ennemis.

Le Doge. Le ciel pardonne-t-il aux siens? Satan a-t-il échappé à la colère éternelle?

Ang. Ne parlez point avec cet emportement; Dieu vous pardonnera, ainsi qu'à vos ennemis.

Le Doge. Ainsi soit-il! que le ciel leur pardonne!

Ang. Et vous, leur pardonnerez-vous?

Le Doge. Oui, quand ils seront au ciel.

Ang. Et pas avant?

Le Doge. Que leur importe mon pardon, le pardon d'un vieillard usé, méprisé, repoussé, outragé? qu'importe mon pardon ou mon ressentiment, tous deux impuissants et indignes d'attention? J'ai trop longtemps vécu. — Mais parlons d'autre chose. — Mon enfant! mon épouse outragée, fille de Lorédan, le brave, le chevaleresque! quand ton père t'unissait à son ami, qu'il était loin de prévoir qu'il te vouait au déshonneur! — hélas! au déshonneur non mérité, car tu es sans tache. Si tout autre que le doge eût été ton époux à Venise, cet outrage, cette flétrissure, ce blasphème, ne fussent jamais descendus sur toi. Si jeune, si belle, si vertueuse, si pure, essuyer cet affront, et n'être pas vengée! —

Ang. Je suis trop bien vengée, car vous m'aimez et m'honorez encore; et votre confiance ne m'est point retirée, et tout le monde sait que vous êtes juste et que je suis fidèle.

Que puis-je demander? que pouvez-vous exiger de plus?

Le Doge. Tout va bien, et ira peut-être mieux encore; mais, quoi qu'il arrive, vous, Angiolina, veuillez être indulgente à ma mémoire.

Ang. Pourquoi me parlez-vous ainsi?

Le Doge. N'importe pourquoi; mais quelle que soit l'opinion des autres à mon égard, je voudrais posséder votre estime maintenant et après ma mort.

Ang. Pourquoi en douteriez-vous? vous a-t-elle jamais manqué?

Le Doge. Approchez, mon enfant; j'ai quelque chose à vous dire. Votre père était mon ami; les vicissitudes de la fortune le rendirent mon obligé pour quelques-uns de ces services qui unissent plus étroitement les cœurs vertueux. Lorsque affligé de sa dernière maladie il désira notre union, ce n'était pas pour s'acquitter envers moi; sa loyale amitié m'avait depuis longtemps payé; son but était d'assurer à votre beauté orpheline un honorable abri contre les dangers qui, dans ce vicieux nid de scorpions, assiégent une jeune fille isolée et sans dot. Je ne pensai point comme lui; mais je ne voulus pas contrarier une pensée qui adoucissait ses derniers moments.

Ang. Je n'ai pas oublié avec quelle noble délicatesse vous me demandâtes de déclarer si mon jeune cœur nourrissait quelque secrète préférence à laquelle j'attachasse mon bonheur, ni l'offre que vous me fîtes de me donner une dot capable de m'égaler aux plus hauts partis de Venise, en renonçant à tous les droits que vous teniez des dernières volontés de mon père.

Le Doge. Ainsi je ne cédai pas aux honteux caprices, aux appétits libertins d'un vieillard; je ne convoitai point une beauté virginale, une jeune épouse : ces passions, je les avais domptées dans ma plus fougueuse jeunesse; mon vieil âge n'était point infecté de cette lèpre de luxure qui souille les cheveux blancs des hommes vicieux, qui leur fait vider jusqu'à la lie la coupe des plaisirs pour y trouver un bonheur qui n'est plus, qui leur fait acheter par un égoïste hymen quelque jeune victime trop pauvre pour refuser un honnête établissement, trop sensible pour ne pas se savoir malheureuse. Notre hyménée ne fut pas de cette espèce; je vous laissai libre dans votre choix : vous confirmâtes celui de votre père.

Ang. Je le fis, et le ferais encore à la face de la terre et du ciel; je n'en ai jamais eu de regret pour moi, mais quelquefois pour vous, en songeant aux inquiétudes qui depuis peu vous agitent.

Le Doge. Je savais que mon cœur ne vous traiterait jamais avec dureté; je savais que ma vie ne vous importunerait pas longtemps; libre alors de choisir encore, la fille de mon plus ancien ami, sa digne fille, plus riche à la fois et plus sage, dans tout l'éclat de sa beauté de femme, plus éclairée dans son choix après ces années d'épreuves, héritière du nom et de la fortune d'un prince, et, pour prix de quelques années de pénitence passées à supporter un vieillard, à l'abri de tous les efforts que pourraient soulever contre ses droits les chicanes de la loi et des parents envieux, la fille de mon meilleur ami pourrait, dis-je, faire un nouveau choix plus convenable sous le rapport de l'âge, et non moins digne de ses affections.

Ang. Seigneur, pour accomplir tous mes devoirs, et donner ma foi à celui à qui j'étais fiancée, je n'ai consulté que mon cœur et le désir de mon père, sanctifié par ses dernières paroles. D'ambitieuses espérances ne troublèrent jamais mes songes; et si l'heure dont vous parlez arrivait, je saurais le prouver.

Le Doge. Je vous crois; et je sais que vous méritez ma confiance. Quant à l'amour, l'amour romanesque, je savais dans ma jeunesse que ce n'était qu'une illusion; jamais je ne l'avais vu durable, mais très souvent fatal; il ne m'avait point séduit dans l'âge des passions, et ce n'est pas en ce moment qu'il eût pu me séduire, lors même qu'il eût existé. C'est en vous entourant de respect et d'attentions délicates, c'est en veillant à votre bonheur, en vous accordant tout ce que vous pouviez innocemment désirer, en traitant vos vertus avec bienveillance, en étendant sur vous une sollicitude inaperçue qui couvrait de son ombre ces petits défauts auxquels la jeunesse est sujette, de manière à ne pas les réprimer durement, mais à les écarter peu à peu, afin que votre changement vous parût l'effet de votre choix; c'est en mettant mon orgueil, non dans votre beauté, mais dans votre conduite; c'est par ma confiance, — une tendresse patriarcale, — plutôt qu'un aveugle hommage, mon amitié, ma foi; c'est par ces moyens que je désirais obtenir votre estime.

Ang. Vous l'avez toujours eue.

Le Doge. Je le pense; car, quand vous m'avez choisi, vous connaissiez la disproportion de nos âges, et ne m'en avez pas moins choisi. Je ne fondais pas ma confiance sur mes qualités personnelles; et ce n'est pas sur elles, non plus que sur les avantages extérieurs, que je me reposerais si j'étais encore dans mon vingt-cinquième printemps; c'est au sang de Lorédan, ce sang pur qui coulait dans vos veines, c'est à l'âme que Dieu vous a donnée, — aux principes que votre père vous a inculqués, — à votre croyance au ciel, à vos douces vertus,—à votre foi, à votre honneur, que le mien se confiait.

Ang. Vous fîtes bien; je vous remercie de cette confiance, qui a ajouté encore à mon estime pour vous.

Le Doge. Là où l'honneur est inné, fortifié encore par de sages principes, la fidélité conjugale est assise sur un roc inébranlable; là où il n'est pas, — là où fermentent les pensées légères, où les vanités des plaisirs mondains enveniment le cœur, où l'âme est assaillie par les désirs des sens, je sais qu'il serait insensé de demander des vertus chastes à un sang infecté, quand même la convoitise obtiendrait l'objet de ses vœux les plus ardents : le dieu du poëte lui-même, dût-il s'animer dans toute la beauté de son marbre divin, ou le demi-dieu Alcide dans sa virilité majestueuse et plus qu'humaine, ne suffiraient point à enchaîner un cœur où la vertu n'est pas; c'est la persévérance qui la constitue et qui en est le signe; le vice ne peut se fixer, la vertu ne peut changer. La femme qui a succombé une fois succombera toujours, car il faut au vice de la diversité, tandis que la vertu reste immobile comme le soleil, et tout ce qui se meut autour d'elle boit dans sa présence la vie, la lumière et la gloire.

Ang. Pensant ainsi, sentant si bien cette vérité dans les autres, pourquoi (je vous prie de m'excuser, seigneur), pourquoi vous abandonnez-vous à la plus violente, à la plus fatale des passions? Pourquoi vos augustes pensées sont-elles troublées par une haine infatigable contre un être aussi chétif que Sténo?

Le Doge. Vous êtes dans l'erreur. Ce n'est pas Sténo qui soulève ainsi ma colère. Si c'était lui, j'aurais bientôt... Mais laissons cela.

Ang. Quel est donc le motif qui vous affecte profondément?

Le Doge. La majesté violée de Venise, insultée à la fois dans son prince et dans ses lois.

Ang. Hélas! pourquoi le vouloir considérer ainsi?

Le Doge. Cette pensée m'a poursuivi jusqu'au point de... — Mais revenons à ce que je disais. Après avoir pesé toutes ces raisons, je vous épousai. Le monde rendit justice à mes motifs. Ma conduite prouva qu'il ne se trompait pas, et la vôtre fut au-dessus de tout éloge. Vous eûtes toute liberté, — respect et confiance absolue vous furent accordés par moi et les miens; et, issue de ce sang qui donna des princes à la république et détrôna des rois aux rives étrangères, vous vous montrâtes en tout la première des dames de Venise.

Ang. Où voulez-vous en venir?

Le Doge. A cette conclusion, — qu'il a suffi du souffle d'un scélérat pour flétrir tout cela. — Un misérable que son impudence, au milieu de notre grande fête, m'a forcé de mettre à la porte pour lui apprendre à se conduire dans le palais ducal; un pareil être laissera sur le mur le mortel venin de son cœur plein de fiel, et le poison circulera partout! et l'innocence de la femme, l'honneur de l'homme, deviendront le jouet du premier venu! et le double félon, après avoir insulté la modestie virginale par un affront grossier fait aux demoiselles de votre suite, publiquement et en présence de nos plus nobles dames, se vengera de sa trop juste expulsion en imprimant une publique souillure à l'épouse de son souverain, et il sera absous par ses pairs irréprochables !

Ang. Mais il a été condamné à l'emprisonnement.

Le Doge. Pour de tels êtres, un cachot est une absolution, et la courte durée de sa prétendue captivité se passera dans un palais. Mais ne parlons pas de lui : c'est de vous maintenant qu'il s'agit.

Ang. De moi, seigneur ?

Le Doge. Oui, Angiolina... Ne soyez point surprise... J'ai différé cette communication autant que je l'ai pu ; mais je sens que ma vie approche de son terme, et je désirerais que vous suivissiez les instructions que vous trouverez dans cet écrit. (*Il lui remet un papier*). — Ne craignez rien : elles sont dans votre intérêt. Prenez-en lecture en temps opportun.

Ang. Seigneur, pendant comme après votre vie, vous serez toujours honoré par moi. Mais puissiez-vous jouir de longs jours — plus heureux que ceux-ci ! Cette exaltation se calmera, votre sérénité renaîtra, vous redeviendrez ce que vous devez être, — ce que vous étiez.

Le Doge. Je serai ce que je dois être, ou je ne serai rien. Mais jamais, — oh ! non, jamais, jamais, sur le petit nombre d'heures ou de jours réservés encore au vieil âge de Faliero, le repos ne fera luire son doux crépuscule ! Jamais les ombres d'un passé qui ne fut pas sans mérite et sans gloire ne se projetteront sur les dernières heures d'une vie qui touche à son déclin, pour m'adoucir l'approche du long sommeil de la tombe. Il ne me reste plus que bien peu de chose à demander ou à espérer, si ce n'est la considération due au sang que j'ai versé, à mes sueurs, aux fatigues que mon âme a subies en travaillant à la gloire de mon pays. Comme son serviteur, — son serviteur, bien que son chef, — j'aurais été rejoindre mes aïeux avec un nom irréprochable et pur comme le leur ; mais ce bienfait m'a été refusé. — Oh ! que ne suis-je mort à Zara !

Ang. C'est là que vous sauvâtes la république... Vivez donc pour la sauver derechef. Une journée encore comme celle-là serait le meilleur châtiment à leur infliger, la seule vengeance digne de vous.

LE DOGE. Une telle journée ne luit qu'une fois dans un siècle. Peu s'en faut que ma vie n'ait atteint cette durée, et c'est assez pour moi que la fortune m'ait accordé *une fois* ce qu'elle accorde à peine de loin en loin au mortel le plus favorisé. Mais pourquoi parlé-je ainsi? Venise a oublié ce jour : —pourquoi donc me le rappeler?—Adieu, douce Angiolina... Il faut que je me retire dans mon cabinet : j'ai beaucoup d'occupation, — et le temps s'écoule.

ANG. Rappelez-vous ce que vous avez été.

LE DOGE. Ce serait en vain. Le souvenir du bonheur n'est plus du bonheur; le souvenir de la douleur est de la douleur encore.

ANG. Du moins, quelque occupation qui vous presse, je vous supplie de prendre un peu de repos... Votre sommeil, depuis plusieurs nuits, a été si agité, que c'eût été vous faire du bien peut-être que de vous éveiller; mais j'espérais que la nature finirait par dompter les pensées qui troublaient ainsi votre sommeil. Une heure de repos vous rendrait à vos travaux avec une pensée plus libre, une vigueur nouvelle.

LE DOGE. Je ne puis dormir... — Je le pourrais, que je ne le devrais pas : car il n'y eut jamais plus de motifs de veiller. Encore un petit nombre de jours et de nuits agitées, et je dormirai en paix; — mais où?... — N'importe. Adieu, mon Angiolina!

ANG. Souffrez que je demeure avec vous un instant, — un seul instant encore!... Je ne puis supporter l'idée de vous laisser ainsi.

LE DOGE. Viens donc, mon aimable enfant!... — Pardonne-moi... Tu étais née pour quelque chose de mieux que de partager ma destinée, qui touche à son déclin et s'avance rapidement vers la vallée sombre où siége la Mort enveloppée de son ombre universelle. Quand je ne serai plus,—ce sera peut-être plus tôt que mon âge ne me permet de l'attendre, car au-dedans, au-dehors, quelque chose se prépare qui peuplera les cimetières de cette ville plus que n'eût jamais fait la peste ou la guerre, — quand je ne *serai* plus rien de ce que *j'étais*, qu'il reste encore parfois sur tes lèvres un nom, dans ta mémoire une ombre, pour te rappeler celui qui te demande, non des larmes, mais un souvenir! Allons, ma fille, le temps presse. (*Ils sortent.*)

SCÈNE II.

Un lieu écarté près de l'arsenal.

ISRAEL BERTUCCIO, PHILIPPE CALENDARO.

Cal. Eh bien! Israël, quel succès a obtenu votre plainte?

Isr. Bert. Un heureux succès.

Cal. Est-il possible? sera-t-il puni?

Isr. Bert. Oui.

Cal. De quelle peine? l'amende ou la prison?

Isr. Bert. La mort.

Cal. Vous rêvez sans doute, ou votre intention est de vous venger par vos propres mains, comme je vous le conseillais?

Isr. Bert. Oui, et pour boire une seule gorgée de vengeance, abandonner la grande réparation que nous méditons pour Venise! changer une vie d'espoir en une vie d'exil! écraser un scorpion, et en laisser mille autres percer de leurs dards mes amis, ma famille, mes compatriotes! Non, Calendaro : les gouttes de sang qu'il a fait couler seront payées par le sien tout entier, — mais non seulement par le sien. Nous n'avons pas que des injures privées à venger : cela est bon pour des passions égoïstes et des hommes violents, mais cela n'est pas digne d'un tyrannicide.

Cal. Vous avez plus de patience que je ne me soucie d'en avoir. Si j'avais été présent quand vous avez reçu cette insulte, je l'aurais tué sur l'heure, ou je serais mort moi-même dans un inutile effort pour contenir ma colère.

Isr. Bert. Dieu merci, vous n'étiez pas là, — sans quoi tous nos projets eussent été entravés. En l'état actuel des choses, notre cause a encore un aspect favorable.

Cal. Vous avez vu le doge; que vous a-t-il répondu?

Isr. Bert. Qu'il n'y avait point de châtiment pour des hommes tels que Barbaro.

Cal. Je vous avais bien dit qu'il n'y avait pas de justice à attendre de pareilles mains !

Isr. Bert. J'ai du moins réussi à écarter les soupçons par cette manifestation de confiance en la justice. Si j'avais gardé le silence, tous les sbires auraient eu l'œil sur moi, comme sur un homme qui médite une vengeance silencieuse, solitaire, implacable.

Cal. Mais pourquoi ne pas vous adresser au conseil? Le doge est un mannequin, et c'est à peine s'il peut obtenir justice pour lui-même. Pourquoi vous êtes-vous présenté à lui?

Isr. Bert. C'est ce que vous saurez plus tard.

Cal. Pourquoi pas maintenant?

Isr. Bert. Attendez jusqu'à minuit. Réunissez vos hommes, et dites à vos amis de préparer leurs compagnies. — Que tout soit prêt pour frapper le coup décisif dans quelques heures peut-être. Nous attendons depuis longtemps le moment favorable. Cette heure-là, il se peut que le soleil de demain nous la donne : de plus longs délais produiraient un double danger. Ayez soin que tous se rendent ponctuellement et en armes au lieu du rendez-vous, à l'exception de ceux des Seize, qui resteront au milieu des troupes pour attendre le signal.

Cal. Voilà d'agréables paroles, et qui mettent dans mes veines une nouvelle vie. Je suis las de tous ces délais, de toutes ces hésitations. Les jours suivent les jours, et chacun d'eux ne fait qu'ajouter un nouvel anneau à notre longue chaîne, qu'infliger à nos frères ou à nous de nouveaux outrages qui augmentent la force et l'orgueil de nos tyrans. Qu'on nous mette aux prises avec eux, et peu m'importe le résultat, qui ne peut être que la mort ou la liberté.

Isr. Bert. Morts ou vivants, nous serons libres ! la tombe n'a point de chaînes. Toutes vos listes sont-elles prêtes, et les seize compagnies sont-elles portées au complet de soixante hommes ?

Cal. Toutes, à l'exception de deux, dans lesquelles il y a vingt-cinq hommes de moins que dans les autres.

Isr. Bert. N'importe; nous pouvons nous en passer. Quelles sont ces deux compagnies?

Cal. Celles de Bertram et du vieux Soranzo, qui tous deux paraissent moins zélés que nous dans notre cause.

Isr. Bert. Votre nature ardente vous fait regarder comme un homme tiède quiconque est plus calme et plus posé que vous; mais souvent il n'y a pas moins de résolution dans les esprits concentrés que dans ceux qui font le plus de bruit; ne vous méfiez pas d'eux.

Cal. Je ne me méfie pas du vieillard; — mais il y a dans Bertram une hésitation, une sensibilité, fatales à des entreprises comme la nôtre: j'ai vu cet homme pleurer comme un enfant sur les maux d'autrui, sans songer aux siens, quoique plus grands; et, dans une querelle récente, je l'ai vu sur le point de se trouver mal à la vue du sang, quoique ce fût celui d'un misérable.

Isr. Bert. Les vrais braves ont le cœur promptement ému, les larmes faciles, et leur sensibilité déplore ce que le devoir exige d'eux. Je connais Bertram depuis longtemps; il n'existe pas sous le ciel une âme plus remplie d'honneur.

Cal. Cela se peut; ce que j'appréhende de lui, c'est moins de la trahison que de la faiblesse; cependant, comme il n'a ni maîtresse ni femme pour exploiter sa sensibilité, il se peut qu'il sorte convenablement de cette épreuve; il est heureux qu'il soit orphelin, et n'ait d'amis que nous: une femme ou un enfant l'eussent rendu moins résolu qu'eux-mêmes.

Isr. Bert. De tels liens ne conviennent pas à des hommes appelés à la haute destinée de purifier une république corrompue; nous devons mettre en oubli tous les sentiments, hormis un seul; — nous ne devons avoir d'autres passions que notre projet; — nous ne devons avoir d'objet en vue que notre patrie, et le trépas doit nous sembler beau si le sang de la victime monte vers le ciel et en fait descendre à jamais la liberté.

Cal. Mais si nous échouons?...

Isr. Bert. Ils n'échouent jamais ceux qui meurent dans

une grande cause ; le billot pourra boire leur sang, leur tête pourra se dessécher au soleil, leurs membres être exposés aux portes des villes, aux murailles des châteaux ; — mais leur esprit vivra et sera présent encore. En vain les années s'écoulent, en vain d'autres victimes subissent le même destin, elles ne font que grossir la pensée unique, intense, qui bientôt fait taire toutes les autres, et finit par conduire les peuples à la liberté. Que serions-nous si Brutus n'avait pas vécu? il est mort en combattant pour la liberté de Rome, mais il a laissé après lui une leçon immortelle, — un nom qui est une vertu, et une âme qui se multiplie en tout temps et partout où les méchants deviennent puissants, où un peuple devient esclave : lui et son noble ami furent appelés « les derniers Romains! » Soyons les premiers des véritables Vénitiens, issus des enfants de Rome !

Cal. Nos ancêtres n'ont pas fui devant Attila dans ces îles, où des palais se sont élevés sur des rives arrachées au limon des mers, pour reconnaître à sa place des milliers de despotes. Plutôt fléchir devant le roi des Huns, et avoir un Tartare pour maître, que d'obéir à ces vers à soie orgueilleux ! du moins, le premier était un homme, et avait un glaive pour sceptre : ces êtres efféminés et rampants commandent à nos épées, et nous gouvernent d'un mot comme par un charme magique.

Isr. Bert. Ce charme sera bientôt rompu. Vous dites donc que tout est prêt ; aujourd'hui je n'ai pas fait ma ronde accoutumée, et vous savez pourquoi ; mais votre vigilance aura suppléé la mienne ; les ordres récemment donnés par le conseil de redoubler d'efforts pour réparer les galères, ont servi de prétexte à l'introduction dans l'arsenal d'un grand nombre des nôtres, en qualité d'ouvriers de la marine, ou pour former les équipages des flottes qui se préparent. — Tous sont-ils munis d'armes?

Cal. Tous ceux qui ont été jugés dignes de cette marque de confiance ; il en est un certain nombre qu'il est bon de tenir dans l'ignorance jusqu'au moment de frapper ; alors on les armera : dans la première chaleur de ce moment de crise, ils ne pourront reculer, et force leur sera de marcher avec ceux au milieu desquels ils se trouveront.

Isr. Bert. C'est bien dit. Les avez-vous remarqués, ceux-là ?

Cal. J'ai pris note de la plupart, et j'ai recommandé aux autres chefs d'user de la même précaution dans leurs compagnies respectives. Autant que j'ai pu le voir, nous sommes assez nombreux pour rendre l'entreprise sûre si l'exécution a lieu demain ; mais jusque-là, chaque instant perdu est une source de nouveaux périls.

Isr. Bert. Que les Seize se rassemblent à l'heure accoutumée, à l'exception de Soranzo, Nicoletto Blondo et Marco Giuda, qui continueront à veiller à l'arsenal, et devront se tenir prêts à agir au signal qui sera convenu.

Cal. Nous n'y manquerons pas.

Isr. Bert. Que tous les autres viennent ; j'ai un étranger à leur présenter.

Cal. Un étranger ! Connaît-il le secret ?

Isr. Bert. Oui.

Cal. Avez-vous bien pu mettre en péril la vie de vos amis par votre confiance téméraire dans un homme que nous ne connaissons pas ?

Isr. Bert. Je n'ai exposé d'autre vie que la mienne, — soyez-en certain ; c'est un homme qui, en nous accordant son aide, rend notre succès doublement assuré ; et s'il s'y refuse, il n'en est pas moins en notre pouvoir ; il viendra seul avec moi, et ne saurait nous échapper ; mais il ne reculera pas.

Cal. Je ne puis en juger que lorsque je le connaîtrai. Est-il de notre classe ?

Isr. Bert. Oui, par les sentiments, quoique ce soit un fils de la grandeur ; c'est un homme capable d'occuper ou de renverser un trône, — un homme qui a fait de grandes choses et vu de grandes vicissitudes ; ce n'est point un tyran, bien qu'élevé pour la tyrannie ; vaillant à la guerre, sage dans les conseils ; noble par sa nature, quoique fier ; actif, mais prudent ; et avec tout cela, tellement asservi à certaines passions, qu'une fois blessé, comme il l'a été sur l'un des points les plus sensibles, la mythologie des Grecs n'avait point de Furie comparable à celle dont les mains brûlantes déchirent ses entrailles, jusqu'à le rendre capable de tout oser pour satisfaire sa vengeance; ajoutez à cela qu'il a un esprit libéral, qu'il voit et déplore l'oppression du peuple, et sympathise à ses souffrances. Tout considéré, nous avons besoin d'un tel homme, et il a besoin de nous.

Cal. Et quel rôle vous proposez-vous de lui confier au milieu de nous?

Isr. Bert. Celui de chef peut-être.

Cal. Quoi! et vous résigneriez le commandement?

Isr. Bert. Sans nul doute; mon but est de mener notre entreprise à bonne fin, et non pas de me frayer la route du pouvoir. Mon expérience, quelques talents et vos suffrages m'ont désigné pour vous commander, jusqu'à ce qu'un chef plus digne se présentât; si j'ai trouvé l'homme que vous-mêmes vous me préféreriez, pensez-vous que l'égoïsme ou l'amour d'une autorité passagère me feront hésiter; que je ferai dépendre de moi seul tous nos intérêts, plutôt que de faire place à un homme possédant à un plus haut degré que moi toutes les qualités d'un chef? Non, non, Calendaro, connaissez mieux votre ami; mais vous en jugerez tous. — Séparons-nous! et retrouvons-nous à l'heure fixée. De la vigilance, et tout ira bien.

Cal. Digne Bertuccio, je vous ai toujours connu fidèle et brave, et je n'ai jamais hésité à exécuter les plans que vous aviez conçus. Pour ma part, je ne demande point d'autre chef que vous; ce que les autres décideront, je l'ignore; mais, dans toutes vos entreprises, je suis à vous, comme je l'ai toujours été. — Maintenant, adieu, jusqu'à ce que l'heure de minuit nous réunisse. (*Ils s'éloignent.*)

ACTE TROISIÈME.

SCÈNE Ire.

L'espace entre le canal et l'église de San Giovanni e San Paolo, devant laquelle on voit une statue équestre. Une gondole est dans le canal, à quelque distance.

Arrive le DOGE, seul et déguisé.

LE DOGE. Je suis arrivé avant l'heure, cette heure dont le signal, résonnant sous la voûte de la nuit, devrait communiquer à ces palais une prophétique commotion, faire tressaillir ces marbres jusque dans leurs fondements, et réveiller ceux qui y dorment au moment où un rêve obscur, mais horrible, les avertit du sort qui les menace. Oui, cité orgueilleuse ! il faut que tu sois purgée du sang corrompu qui fait de toi le lazaret de la tyrannie : cette tâche m'est imposée malgré moi, je ne l'ai pas cherchée ; et c'est pourquoi j'ai été puni ; car j'ai vu croître, s'étendre sous mes yeux cette peste patricienne, jusqu'au moment où elle est venue m'atteindre moi-même dans ma sécurité ; et maintenant je suis souillé de cette lèpre, et il faut que je lave les taches de la contagion dans les eaux qui guérissent. Temple majestueux où dorment mes ancêtres, dont les sombres statues projettent leur ombre sur le sol qui nous sépare des morts, où les cœurs pleins de vie de notre vaillante race sont réduits aux proportions d'une chétive poussière, où une poignée de cendres est tout ce qui reste de tant de héros qui ont ébranlé le monde ! — temple des saints protecteurs de notre maison ! caveaux où reposent deux doges, — mes aïeux, qui moururent, l'un sous le fardeau des affaires publiques, l'autre sur le champ de bataille ; sépulture d'une longue race de guerriers et de sages qui m'ont légué leurs grands travaux, leurs blessures et leur rang ! — que les tombeaux s'ouvrent, que l'église voie surgir dans son enceinte tous ces morts, et qu'ils accourent en foule fixer sur moi leurs regards ! Je les prends à témoin, ainsi que toi, basilique vénérable, des motifs qui m'ont poussé dans cette entreprise ; — qu'ils sachent que c'est pour venger leur noble sang, leur blason de gloire, leur nom illustre, avilis *en* moi, non *par* moi, mais par des patriciens ingrats, que par nos exploits nous avons voulu rendre nos égaux, non nos maîtres; — et toi surtout, Ordelafo, le brave, qui péris en combattant dans ces mêmes champs de Zara qui depuis m'ont vu vaincre ! les hécatombes de tes ennemis et des ennemis de Venise, que ton descendant a offertes à tes mânes, devaient-elles être ainsi récompensées ? Ombres de mes aïeux ! daignez me sourire; car ma cause est la vôtre, en tant que les choses de cette vie peuvent vous toucher encore; — votre gloire, votre nom, sont intéressés à ce débat et aux futures destinées de notre race. Que je réussisse, et je rendrai cette cité libre et immortelle, et le nom de notre maison plus digne de vous, dans le présent et dans l'avenir.

Entre ISRAEL BERTUCCIO.

Isr. Bert. Qui va là ?

Le Doge. Un ami de Venise.

Isr. Bert. C'est lui. Salut ! seigneur ; — vous avez devancé l'heure.

Le Doge. Je suis prêt à me rendre dans votre assemblée.

Isr. Bert. A merveille ! je suis fier et charmé de voir tant de confiance et d'ardeur. Ainsi, depuis notre dernière entrevue, vos doutes se sont dissipés ?

Le Doge. Non ; — mais j'ai joué sur cette chance le peu de vie qui me reste : le dé en fut jeté la première fois que je prêtai l'oreille à ta trahison ; — ne tressaille point ! c'est le mot ; je ne puis accoutumer ma langue à donner des noms innocents à des actes coupables, bien que je sois décidé à les commettre. Quand tu es venu tenter ton souverain, et que je t'ai écouté sans t'envoyer en prison, dès ce moment je suis devenu ton complice le plus criminel ; tu peux maintenant, si cela te convient, faire à mon égard ce que j'aurais pu faire au tien.

Isr. Bert. Voilà d'étranges paroles, seigneur, et je ne crois pas les avoir méritées ; je ne suis point un espion, et nous ne sommes pas des traîtres.

Le Doge. *Nous,* — *nous !* n'importe ; tu as acheté le droit de dire *nous* ; — mais venons au fait. — Si le succès couronne cette entreprise ; si Venise, rendue libre et florissante, quand nous serons descendus au cercueil, conduit ses générations sur nos tombeaux, et, par les petites mains de ses enfants, fait semer des fleurs sur la cendre de ses libérateurs, alors les résultats auront sanctifié notre action ; et dans les annales de l'avenir nous serons mis sur la ligne des deux Brutus ; mais, dans le cas contraire, si, employant des moyens sanglants et la voie des complots, bien que dans un but légitime, nous devions succomber, alors nous serions des traîtres, honnête Israël ; — toi aussi bien que celui qui, il y a six heures, était ton souverain, et maintenant n'est plus que ton complice.

Isr. Bert. Ce n'est pas le moment d'examiner ces questions, autrement je pourrais répondre. — Allons à l'assemblée, car en restant ici nous pourrions être observés.

Le Doge. Nous *sommes* observés, et nous l'avons déjà été.

Isr. Bert. Par qui ? sachons qui nous observe, — et ce poignard... —

Le Doge. Arrête ! nous n'avons pas ici des mortels pour témoins : regarde là-bas, — que vois-tu ?

Isr. Bert. Je ne vois, à la clarté obscure de la lune, que la statue colossale d'un guerrier monté sur un superbe coursier.

Le Doge. Ce guerrier était le père des aïeux de mon père, et cette statue fut érigée en son honneur par la cité que son bras avait deux fois sauvée. — Penses-tu qu'il nous regarde ?

Isr. Bert. Seigneur, ce sont là des illusions ; le marbre n'a pas d'yeux.

Le Doge. Mais la Mort en a ; je te dis, Israël, qu'il y a dans ces objets un esprit qui agit et qui voit, et qui se fait sentir, bien qu'invisible ; et s'il est quelque charme assez puissant pour réveiller les morts, il se trouve dans des actes comme celui que nous allons accomplir. Crois-tu donc que les âmes des héros de ma race peuvent demeurer dans leur repos, pendant que le dernier de leurs descendants conspire avec des plébéiens au bord même de leur tombe irréprochable ?

Isr. Bert. Vous auriez dû faire ces réflexions — avant de vous engager dans notre grande entreprise. — Vous repentez-vous ?

Le Doge. Non ; mais je sens, et continuerai à sentir jusqu'à la fin. Je ne puis tout d'un coup éteindre une vie glorieuse, rapetisser ma taille au rôle que je dois jouer maintenant, et me résoudre, sans quelque hésitation, à immoler des hommes par surprise ; néanmoins ne doute pas de moi ; c'est ce sentiment même, c'est la conscience de ce qui m'a réduit à cette extrémité qui constitue ta meilleure garantie. Il n'est point parmi tes complices d'artisan plus outragé, plus ravalé que moi, plus impérieusement poussé à obtenir réparation : telle est la nature des moyens auxquels ces tyrans infâmes m'ont forcé de recourir, que je les abhorre doublement pour les actes qu'il me faut accomplir afin de tirer vengeance des leurs.

Isr. Bert. Partons ! — écoutez : — l'heure sonne.

Le Doge. Allons ! — allons ! — c'est notre glas de mort, ou celui de Venise ! — Allons !

Isr. Bert. Dites plutôt que c'est le carillon de sa liberté triomphante ! — Par ici, — le rendez-vous n'est pas loin.

(*Ils s'éloignent.*)

SCÈNE II.
La maison où se rassemblent les conspirateurs.

DAGOLINO, DORO, BERTRAM, FEDELE TREVISANO, CALENDARO, ANTONIO DELLE BENDE, etc., etc.

Cal. Tous sont-ils ici ?

Dag. Tous, à l'exception des trois qui sont à leur poste, et de notre chef Israël que nous attendons d'un moment à l'autre.

Cal. Où est Bertram ?

Bert. Me voici !

Cal. Êtes-vous parvenu à compléter votre compagnie ?

Bert. J'avais jeté les yeux sur quelques hommes ; mais je n'ai pas osé leur confier le secret avant d'être assuré qu'ils méritaient ma confiance.

Cal. Il n'y a rien à leur confier : excepté nous et nos camarades les plus sûrs, nul n'est complétement instruit de nos intentions. Ils se croient secrètement engagés au service de la Seigneurie pour châtier quelques jeunes nobles plus dissolus que les autres, et qui, par leurs excès, ont bravé l'autorité des lois; mais une fois qu'ils auront marché, que leurs épées seront teintes du coupable sang des sénateurs les plus odieux, ils n'hésiteront pas à en sacrifier d'autres, surtout quand ils verront leurs chefs leur donner l'exemple; et pour ma part, je leur en donnerai un si bon, que, dans l'intérêt de leur gloire et de leur vie, ils ne s'arrêteront pas que tous n'aient été exterminés.

BERT. Que dites-vous, *tous?*

CAL. Qui voulez-vous épargner?

BERT. *Moi! épargner!* je n'ai le pouvoir d'épargner personne. C'était seulement une question que j'adressais, pensant que, même parmi ces hommes criminels, il pouvait s'en trouver que leur âge ou leurs qualités pourraient désigner à la pitié.

CAL. Oui, une pitié comme celle que méritent et qu'obtiennent les tronçons séparés de la vipère coupée en morceaux, alors que dans la dernière énergie d'une vie venimeuse, ils tressaillent au soleil d'un mouvement convulsif. Moi en sauver un seul! j'aimerais autant épargner une des dents du serpent : ce sont tous les anneaux d'une même chaîne; ils ne forment qu'une masse, qu'une vie, qu'un corps; ils boivent, mangent, vivent et procréent ensemble; ils prennent leurs ébats, mentent, oppriment et tuent de concert : — qu'ils meurent donc comme un seul homme!

DAG. S'il en survivait un seul, il serait aussi dangereux que la totalité; ce n'est pas leur nombre, qu'on le compte par dizaines ou par milliers, c'est l'esprit de cette aristocratie qu'il faut déraciner : s'il restait du vieil arbre un seul rejeton vivant, il prendrait racine dans le sol, et produirait encore un lugubre feuillage et des fruits amers. Bertram, il faut de la fermeté.

CAL. Prends-y garde, Bertram; j'ai l'œil sur toi.

BERT. Qui se méfie de moi?

Cal. Ce n'est pas moi; car si cela était, tu ne serais pas ici à nous parler de confiance: c'est de la sensibilité, et non de ta fidélité qu'on se méfie.

Bert. Vous qui m'écoutez, vous devriez savoir qui je suis et ce que je suis: je me suis voué comme vous à renverser l'oppression; j'ai un cœur sensible, j'en conviens, et plusieurs d'entre vous l'ont éprouvé. Quant à ma bravoure, tu dois en savoir quelque chose, toi, Calendaro, qui m'as vu à l'œuvre; pour peu qu'à cet égard il te reste des doutes, je suis prêt à les éclaircir sur ta personne.

Cal. Je ne demande pas mieux, dès que nous aurons mis à fin notre entreprise, que ne doit pas interrompre une querelle particulière.

Bert. Je ne suis point querelleur; mais je suis homme à me conduire devant l'ennemi aussi bien qu'aucun de ceux qui m'écoutent; sans cela m'aurait-on choisi pour faire partie des principaux conjurés? Cependant j'avouerai ma faiblesse naturelle; l'idée d'un égorgement général me fait tressaillir; la vue du sang ruisselant sur des têtes blanchies n'est point pour moi un spectacle de triomphe, et dans la mort infligée à un ennemi surpris je ne vois point de gloire; je ne sais malheureusement que trop que nous sommes forcés de commettre de tels actes sur ceux qui ont soulevé de tels vengeurs; mais s'il eût été possible, dans l'intérêt de notre propre gloire, d'excepter quelques têtes de cette proscription universelle, d'enlever à notre entreprise quelques taches de meurtre, afin qu'elle n'en fût pas complétement souillée, j'avoue que cela m'eût fait plaisir; et je ne vois rien là qui justifie les sarcasmes ou les soupçons.

Dag. Calme-toi, Bertram, car nous ne te soupçonnons pas; aie bon courage; c'est notre cause, et non notre volonté, qui exige de tels actes: les eaux pures de la liberté laveront toutes ces taches. (*Entrent Israël Bertuccio et le Doge.*)

Dag. Salut! Israël.

Les Conjurés. Sois le bienvenu! — brave Bertuccio, tu t'es bien fait attendre. — Quel est cet étranger?

Cal. Il est temps de le nommer; nos camarades sont prêts

5.

à l'accueillir comme un frère; je les ai prévenus que tu avais conquis un frère à notre cause; ce choix, ayant ton approbation, aura aussi la nôtre, tant est grande notre confiance en tous tes actes. Maintenant, qu'il se découvre!

Isr. Bert. Étranger, avancez!   (*Le Doge se découvre.*)

Les Conj. Aux armes! — nous sommes trahis, — c'est le doge! Qu'ils meurent tous deux, notre capitaine qui nous livre et le tyran auquel il nous a vendus!

Cal., *tirant son épée.* Arrêtez! arrêtez! quiconque fera un pas vers eux cessera de vivre. Arrêtez! écoutez Bertuccio. — Eh quoi! l'épouvante vous a saisis tous parce qu'un vieillard seul, désarmé, sans défense, est au milieu de vous? — Israël, parle! que signifie ce mystère?

Isr. Bert. Qu'ils s'avancent! qu'ils s'immolent eux-mêmes en nous immolant, et consomment leur ingrat suicide! car à notre vie sont attachées la leur, leur fortune, leurs espérances.

Le Doge. Frappez!—Si j'avais craint la mort, une mort plus terrible que celle que peuvent m'infliger vos épées imprudentes, je ne serais pas ici en ce moment : — oh! le noble courage, fils de la crainte, qui vous pousse à vous attaquer à cette tête blanchie et sans défense! Voyez ces chefs vaillants! ils veulent réformer les États, renverser des sénats, et la vue d'un patricien les remplit de fureur et d'effroi! — Tuez-moi, vous le pouvez; je m'en inquiète peu. — Israël, sont-ce là les hommes, les cœurs intrépides dont vous m'avez parlé? regardez-les!

Cal. En vérité! il nous a fait honte, et avec raison. Est-ce là votre confiance dans votre fidèle chef Bertuccio? Vous tournez vos épées contre lui et l'étranger qu'il vous amène! Remettez-les dans le fourreau, et écoutez ce qu'il a à vous dire.

Isr. Bert. Je dédaigne de parler. Ils pouvaient et devaient savoir qu'un cœur comme le mien est incapable de trahir, et qu'investi par eux du pouvoir d'adopter tous les moyens que je jugerais nécessaires au succès de notre entreprise, je n'en ai jamais abusé. Ils devaient être certains que quiconque venait avec moi à cette assemblée, n'y venait que pour être, à son choix, ou *notre complice, ou notre victime.*

Le Doge. Et laquelle de ces deux alternatives me faudra-t-il subir? Vos actions m'autorisent à douter que la liberté du choix me soit laissée.

Isr. Bert. Seigneur, je serais mort ici avec vous si ces insensés ne s'étaient arrêtés; mais voyez, ils rougissent de cette folle impulsion d'un moment, et baissent la tête; croyez-moi, ils sont tels que je vous les ai représentés. — Parlez-leur.

Cal. Oui, parlez; nous vous écoutons avidement.

Isr. Bert, *aux conjurés.* Vous n'avez rien à craindre; il y a plus, vous touchez au moment de triompher. — Écoutez donc, et vous verrez que je ne vous dis rien que de vrai.

Le Doge. Vous voyez ici, comme l'un de vous le disait tout à l'heure, un vieillard désarmé et sans défense; hier encore, vous m'avez vu revêtu de la pourpre officielle, souverain apparent de nos cent îles, présider dans le palais ducal, faire exécuter les décrets d'un pouvoir qui n'est pas à moi, ni à vous, mais à nos maîtres, — aux patriciens. Pourquoi j'étais là, vous le savez ou pensez le savoir; pourquoi maintenant je suis ici, celui d'entre vous qui a été le plus lésé, insulté, outragé, foulé aux pieds, jusqu'à douter s'il était un ver ou un homme, celui-là peut répondre pour moi, en se demandant quels motifs l'ont amené ici. Vous savez ce qui m'est récemment arrivé; tout le monde le sait et en juge autrement que ceux dont la sentence vient d'ajouter l'outrage à l'outrage. Épargnez-moi ce récit. — Elle est là, là, dans mon cœur, cette insulte! mais des paroles qui ne se sont déjà que trop exhalées en inutiles plaintes, ne feraient que dévoiler plus encore ma faiblesse, et je viens ici pour donner de la force même aux forts, pour les stimuler à agir, et non pour combattre avec des armes de femme; mais qu'est-il besoin que je vous stimule? nos griefs privés sont nés des vices publics de cet État, qui n'est ni une république ni un royaume, puisqu'on y chercherait inutilement un roi et un peuple, mais qui réunit tous les défauts de l'antique Sparte, sans la tempérance et le courage qui constituaient ses vertus. Les seigneurs de Lacédémone étaient des soldats vaillants ; les nôtres sont des sybarites, et nous des ilotes, dont le plus avili, le plus opprimé, c'est moi, qui ne suis qu'un instrument paré pour jouer le premier rôle dans les cérémonies publiques, comme ces esclaves que les Grecs enivraient pour servir de jouet à leurs enfants. Vous êtes réunis pour renverser cette constitution monstrueuse, ce gouvernement qui n'en est pas un, ce spectre qu'il faut exorciser avec du sang ; et alors nous ramènerons les jours de la vérité et de la justice ; nous ferons fleurir, dans une république sincère et libre, non une égalité insensée, mais des droits égaux, proportionnés comme les colonnes d'un temple, qui se prêtent une force mutuelle, et donnent à tout l'édifice la solidité et la grâce, en sorte qu'on n'en saurait supprimer aucune partie sans rompre la symétrie de l'ensemble. Pour accomplir ce grand changement, je demande à me joindre à vous, si vous avez confiance en moi ; sinon, voilà ma poitrine, frappez ! — Ma vie est compromise, et j'aime mieux mourir de la main d'hommes libres que de vivre un jour de plus pour jouer mon rôle de tyran, en ma qualité de délégué de la tyrannie : tel je ne suis point, tel je n'ai jamais été, — nos annales en font foi ; j'en appelle à mon gouvernement passé, dans bien des contrées et bien des villes ; elles vous diront si j'ai été un oppresseur, ou un homme plein de sympathie pour les maux de mes semblables. Peut-être que si j'avais été ce que le sénat voulait que je fusse, un mannequin couvert de pourpre et de colifichets, destiné à siéger au sein du sénat comme un souverain en peinture, un fléau du peuple, une machine à signer des sentences, un partisan quand même du sénat et des « Quarante, » un adversaire de toute mesure n'ayant pas l'assentiment des « Dix, » un flatteur servile du conseil, un instrument, un sot, une marionnette, — ils n'eussent jamais pris sous leur protection le misérable qui m'a outragé. Ce que je souffre, c'est ma sympathie pour le peuple qui me l'a valu ; beaucoup le savent, et ceux qui l'ignorent encore l'apprendront quelque jour; en attendant, quoi qu'il advienne, je mets au service de votre entreprise les derniers jours de ma vie, — mon pouvoir actuel, tel quel, non le pouvoir du doge, mais celui d'un homme qui a été grand avant qu'on le ravalât à la dignité de doge, et qui a encore du courage et des ressources individuelles; je joue ma gloire (et j'ai eu de la gloire), — ma vie (c'est ce qu'il y a de moins important, car elle touche à son terme), mon cœur, — mes espérances, mon âme, — sur cette chance! Tel que je suis, je m'offre à vous et à vos chefs; acceptez ou rejetez en moi un prince qui veut être citoyen ou rien, et qui, pour cela, a quitté un trône.

Cal. Vive Faliero! — Venise sera libre!

Les Conj. Vive Faliero!

Isr. Bert. Camarades, ai-je bien fait? l'adjonction de cet homme à notre cause ne vaut-elle pas une armée?

Le Doge. Trêve d'éloges et de félicitations. Suis-je des vôtres?

Cal. Oui, et le premier parmi nous, comme tu l'es dans Venise. — Sois notre chef et notre général!

Le Doge. Chef! — général! — J'étais général à Zara, chef à Rhodes et à Cypre, prince à Venise... Je ne puis pas descendre : je veux dire que je ne suis pas propre à commander une bande de... patriotes. Quand j'abdique mes dignités, ce n'est pas pour en revêtir de nouvelles, mais pour être l'égal de mes compagnons. — Maintenant, au fait : Israël m'a communiqué tout votre plan... Il est hardi, mais exécutable avec mon aide, et doit être mis immédiatement à exécution.

Cal. Dès que vous voudrez. N'est-ce pas, mes amis?... J'ai tout disposé pour frapper un coup subit : quand sera-ce?

Le Doge. Au lever du soleil.

Bert. Si tôt?

Le Doge. Si tôt! — si tard! — Chaque heure accumule péril sur péril, et plus que jamais, maintenant que je me suis réuni à vous. Ne connaissez-vous pas le conseil et les Dix, les espions, les précautions des patriciens, qui se méfient de leurs esclaves et plus encore du prince, dont ils ont fait un esclave? Il faut frapper, vous dis-je, et sans retard, au cœur même de l'hydre... — Les têtes alors tomberont.

Cal. Je vous approuve de toute l'énergie de mon âme et de mon épée. Nos compagnies sont prêtes; composées chacune de soixante hommes; et, par l'ordre d'Israël, toutes sont maintenant sous les armes, chacune à son rendez-vous particulier, et dans l'attente de quelque grand coup. Que tous se rendent au poste qui leur est assigné! Seigneur, quel sera le signal?

Le Doge. Quand vous entendrez la grande cloche de Saint-Marc, qui ne peut être sonnée que par l'ordre spécial du doge (dernier et chétif privilége qu'ils ont conservé à leur prince), marchez sur Saint-Marc.

Isr. Bert. Et là?

Le Doge. Dirigez-vous par des chemins divers, que chaque compagnie débouche par un point différent; répétez sur votre route que les Génois approchent, qu'on a vu leur flotte, à la pointe du jour, se diriger vers le port; formez-vous en bataille autour du palais, dont la cour sera occupée par mon neveu et les clients de ma maison, tous sous les armes et prêts à bien faire. Quand la cloche sonnera, criez : « Saint-Marc! — l'ennemi est dans nos eaux! »

Cal. Je vois maintenant; — mais continuez, mon noble seigneur.

Le Doge. Tous les patriciens se rendront en foule au conseil, car ils n'oseront pas refuser d'obéir au signal terrible qui retentira du haut de la tour orgueilleuse de leur saint patron. Leur moisson, ainsi rassemblée, tombera sous le tranchant de nos glaives comme sous la faucille. Quant aux retardataires et aux absents, dans leur isolement, il nous sera facile d'en avoir raison après que la majorité aura été mise hors d'état de nuire.

Cal. Que ce moment n'est-il venu!... Nous ne frapperons pas de main morte.

Bert. Avec votre permission, Calendaro, je répéterai la question que j'ai faite avant que Bertuccio eût adjoint à notre cause cet important allié, qui, rendant son succès plus assuré, permet par conséquent de faire briller une lueur de clémence sur une partie de nos victimes. — Tous sont-ils condamnés à périr dans ce carnage?

Cal. Tous ceux, du moins, qui seront rencontrés par moi ou les miens. Nous aurons pour eux la clémence qu'ils ont eue pour nous.

Les Conj. Tous! tous! Est-ce le moment de parler de clémence? Quand nous ont-ils témoigné une pitié réelle ou feinte?

Isr. Bert. Bertram, ta fausse compassion n'est pas seulement une folie : c'est encore une injustice envers tes camarades et la cause que nous défendons. Ne vois-tu pas que, si nous en épargnons quelques-uns, ils ne vivront que pour venger ceux qui auront succombé? Et comment distinguer maintenant l'innocent du coupable? Tous leurs actes sont un : — c'est une émanation unique d'un seul corps, unis qu'ils sont tous pour nous opprimer. C'est déjà beaucoup que nous laissions la vie à leurs enfants; je ne sais même pas si ces derniers doivent tous être épargnés indistinctement : le chasseur peut réserver un des petits du tigre; mais qui songerait à conserver le père ou la mère, à moins de vouloir périr sous leur griffe? Toutefois, je me rangerai à l'avis du doge Faliero; qu'il décide s'il faut en épargner quelques-uns.

Le Doge. Ne me demandez rien, — ne me tentez pas avec une semblable question. Décidez vous-mêmes.

Isr. Bert. Vous connaissez leurs vertus beaucoup mieux que nous, qui ne connaissons que leurs vices publics et l'infâme oppression qui nous les fait détester; s'il en est un parmi eux qui mérite de vivre, prononcez!

Le Doge. Le père de Dolfino était mon ami, Lando combattit à mes côtés, Marc Cornaro a partagé mon ambassade à Gênes;—j'ai sauvé la vie de Vaniero; la sauverai-je une seconde fois? Plût à Dieu que je pusse le sauver, et Venise aussi! Tous ces hommes ou leurs pères ont été mes amis jusqu'au moment où ils sont devenus mes sujets; alors ils se sont détachés de moi comme des feuilles ingrates se détachent de la fleur sur laquelle a soufflé l'aquilon, et m'ont laissé là, tige épineuse, solitaire, flétrie, ne pouvant plus rien abriter; puisqu'ils m'ont laissé dépérir, qu'ils périssent!

Cal. Ils ne sauraient exister avec Venise libre.

Le Doge. Vous autres, quoique vous connaissiez et sentiez comme moi la masse de nos communs outrages, néanmoins vous ignorez quel poison est caché dans les institutions de Venise, poison fatal aux sources de la vie, aux liens de l'humanité, à tout ce qu'il y a de vertueux et de sacré sur la terre. Tous ces hommes étaient mes amis; je les aimais; leur honorable affection me payait de retour; nous avons servi et combattu ensemble; ensemble on nous a vus sourire et pleurer; nous mettions en commun nos douleurs et nos joies: les liens du sang et du mariage nous unissaient; nous croissions en âge et en honneurs, — jusqu'au moment où leur propre désir, et non mon ambition, les porta à me choisir pour leur prince. Dès lors, adieu! adieu les souvenirs affectueux, la communauté des pensées! adieu le lien si doux des vieilles amitiés, alors que les survivants d'un passé qui appartient à l'histoire consolent ce peu de jours qui leur restent en se chérissant mutuellement, et ne se rencontrent jamais sans voir sur le front l'un de l'autre se réfléchir un demi-siècle, sans évoquer une foule d'êtres maintenant dans la tombe qui reviennent parler à notre oreille des jours écoulés, et ne semblent pas tout à fait morts tant que de cette vaillante, joyeuse, insouciante et glorieuse bande qui ne formait qu'un cœur et qu'une âme, il reste deux vieillards qui ont conservé le souffle pour donner un soupir à leur mémoire, et une voix pour parler de hauts faits qui, sans eux, n'auraient d'interprète que le marbre funéraire. — Malheur à moi! malheur à moi! — Dois-je donc m'y résoudre?

Isr. Bert. Seigneur, vous êtes ému : ce n'est pas le moment de penser à ces choses.

Le Doge. Encore un instant de patience. — Je ne recule pas. Observez avec moi les sombres vices de ce gouvernement. Du moment où je fus doge, et dans la condition que *leur* volonté m'avait faite, — adieu le passé! je fus mort pour tons, ou plutôt ils cessèrent d'exister pour moi : plus d'amis, plus d'affections, plus de vie privée; tout me fut enlevé. On ne m'approcha plus, c'eût été donner de l'ombrage; on ne pouvait plus m'aimer, la loi ne le prescrivait pas; on fit de l'hostilité contre moi, c'était la politique du sénat; on se joua de moi, c'était le devoir d'un patricien; je fus lésé, cela était dans l'intérêt de l'État; on ne pouvait me rendre justice, cela eût été suspect. Je devins donc l'esclave de mes propres sujets, en butte à l'inimitié de mes propres amis. J'eus pour gardes des espions; — pour toute puissance, des vêtements de parade; — pour toute liberté, du faste; — pour conseil, des geôliers; — pour amis, des inquisiteurs, — et pour vie, l'enfer! Il ne me restait qu'une source de repos, et ils l'ont empoisonnée! On a brisé sur mon foyer mes chastes pénates, et j'ai vu s'asseoir sur leurs autels l'Obscénité et la Dérision [12].

Isr. Bert. Vous avez été cruellement outragé, et avant qu'une autre nuit s'écoule vous serez noblement vengé.

Le Doge. J'avais tout enduré; — cela me faisait mal, mais je l'endurais, — jusqu'au moment où j'ai vu déborder le vase d'amertume, — jusqu'à cette dernière et flagrante insulte, non seulement laissée sans réparation, mais encore sanctionnée; c'est alors que j'ai fait taire toute sympathie ultérieure, cette sympathie qu'ils avaient étouffée à mon égard depuis longtemps, au moment même où ils prêtaient devant moi le serment de leur fidélité hypocrite! En cet instant, ils abjuraient leur ami en faisant un souverain, comme des enfants qui se font des jouets pour s'en amuser, — puis les brisent! Dès lors je n'ai plus vu que des sénateurs complotant dans l'ombre contre le doge, et une réciprocité de haine et de crainte s'établit entre eux, eux craignant qu'il ne leur arrachât la tyrannie, et lui abhorrant ces tyrans. C'est pourquoi il n'y a entre ces hommes et moi aucune relation *privée*; ils n'ont pas le droit d'invoquer des liens qu'eux-mêmes ils ont rompus; je ne vois en eux que des sénateurs punissables pour leurs actes arbitraires; — comme tels, qu'il en soit fait justice!

Cal. Et maintenant il faut agir! Amis, à nos postes! et puisse cette nuit être la dernière passée en paroles inutiles : il me faut, à moi, des actions! Au point du jour, la grande cloche de Saint-Marc me trouvera éveillé.

Isr. Bert. Rendez-vous donc à vos postes; soyez fermes et vigilants; songez aux maux que nous endurons, aux droits que nous voulons conquérir. Ce jour et cette nuit auront vu nos derniers périls! Attendez le signal, et alors marchez. Je vais rejoindre ma troupe; que chacun soit prompt à accomplir la tâche qui lui est assignée. Le doge va retourner au palais afin de tout préparer pour le coup décisif; séparons-nous pour nous réunir bientôt au sein de la liberté et de la gloire!

Cal. Doge, la première fois que nous nous reverrons, ce sera avec la tête de Sténo au bout de cette épée que je vous offrirai mon hommage!

Le Doge. Non, qu'on le garde pour le dernier; ne vous détournez, pour frapper une proie si chétive, que lorsqu'un plus noble gibier sera abattu; son offense ne fut que l'ébullition du vice et de la corruption générale engendrée par l'aristocratie; il n'eût pu, — il n'eût point osé la risquer dans des jours plus honorables. Tout ressentiment particulier contre lui est absorbé dans la pensée de notre grande entreprise. Un esclave m'insulte, je demande son châtiment à son maître orgueilleux; si ce dernier s'y refuse, l'offense devient sienne, et c'est à lui d'en répondre.

Cal. Cependant, comme il est la cause immédiate de l'alliance qui donne à notre entreprise une consécration de plus, je lui dois tant de reconnaissance, que je ne serais pas fâché de le récompenser ainsi qu'il le mérite; le puis-je?

Le Doge. Vous voudriez couper la main, et moi la tête; frapper l'écolier, moi le maître; punir Sténo, moi le sénat. Je ne puis songer à des inimitiés particulières dans la vengeance générale, universelle qui, semblable au feu du ciel, doit tout dévorer sans distinction, comme en ce jour où la mer recouvrit les cendres de deux villes.

Isr. Bert. A vos postes donc ! je reste un moment pour accompagner le doge jusqu'au lieu de notre rendez-vous, et m'assurer qu'aucun espion n'est sur nos traces ; de là je cours me réunir à ma troupe sous les armes.

Cal. Adieu donc, — jusqu'au point du jour.

Isr. Bert. Adieu ! bon succès !

Les Conj. Il ne nous manquera pas. — Partons ! Seigneur, adieu ! (*Les conjurés se retirent. — Le doge et Israël Bertuccio restent.*)

Isr. Bert. Ils sont à nous ! — notre réussite est certaine ; c'est maintenant que vous allez être véritablement souverain, et vous léguerez à l'avenir un nom immortel qui dépassera les plus grands noms : on avait vu des rois frappés par des citoyens libres, des Césars immolés, des dictateurs brisés par des mains patriciennes, et des patriciens tomber sous le poignard populaire ; mais jusqu'à ce jour, quel prince a conspiré la liberté de son peuple, ou risqué sa vie pour affranchir ses sujets ? Loin de là, ils sont en conspiration permanente contre le peuple, s'occupant à lui forger des chaînes qu'il ne dépose que pour s'armer contre les autres peuples, ses frères, afin que l'oppression enfante l'oppression, que l'esclavage et la mort aiguisent, sans l'assouvir, l'insatiable appétit de ces Léviathans. Revenons, seigneur, à notre entreprise, — elle est grande, et la récompense plus grande encore. Mais pourquoi restez-vous immobile et pensif ? il n'y a qu'un moment vous étiez tout impatience.

Le Doge. Le sort en est-il donc jeté ? faut-il qu'ils meurent ?

Isr. Bert. Qui ?

Le Doge. Ceux qu'unissaient à moi le sang, une amitié que le temps et des exploits communs avaient consacrée ? — les sénateurs ?

Isr. Bert. Vous avez prononcé leur sentence, et elle est juste.

Le Doge. Oui, elle le semble, et elle l'est en effet pour *vous* ; vous êtes un patriote, un Gracchus plébéien, — l'oracle des rebelles, le tribun du peuple ; — je ne vous blâme pas, — vous agissez conformément à votre vocation ; ils vous ont frappé, opprimé, dégradé ; et *moi* aussi : mais jamais *vous* ne leur avez parlé; vous n'avez jamais rompu leur pain, partagé leur sel; vous n'avez point approché leur coupe de vos lèvres; vous n'avez point grandi et vieilli avec eux, ri, pleuré avec eux, partagé la joie de leurs banquets; vous n'avez point souri en les voyant sourire, ni échangé avec eux un bienveillant accueil; vous n'avez point eu foi en leur parole; vous ne les avez point portés, comme moi, dans votre cœur. Mes cheveux sont blanchis; il en est de même de ceux des anciens du Conseil. Je me souviens du temps où notre chevelure était noire comme le plumage du corbeau; alors nous parcourions ensemble, à la poursuite de notre proie, l'archipel de ces îles arrachées à la domination du musulman perfide. Puis-je me résoudre à les voir baignés dans leur sang? Dans chaque coup de poignard qui leur sera porté je croirai voir mon propre suicide.

Isr. Bert. Doge! doge! cette vacillation est indigne d'un enfant; si vous n'êtes pas retombé dans une seconde enfance, rappelez votre fermeté, et ne me faites pas rougir pour vous et pour moi. Par le ciel! j'aimerais mieux succomber dans notre entreprise, ou y renoncer entièrement, que de voir l'homme que je vénère descendre de ses hautes résolutions à de pareilles faiblesses! Vous avez versé le sang dans les batailles, vous avez vu répandre le vôtre et celui des autres; et vous vous effraieriez d'en voir couler quelques gouttes des veines de ces vampires en cheveux blancs, de ces bourreaux de tant de milliers d'hommes, qui ne feront que rendre le sang dont ils se sont gorgés?

Le Doge. Soyez indulgent pour moi! vous me verrez marcher du même pas que vous, et prendre ma part de tous vos périls. Ne pensez pas que je chancelle dans ma résolution : oh! non! c'est la *certitude* même de tout ce que je suis décidé à faire, qui me fait ainsi trembler. Mais laissons passer ces dernières émotions qui n'ont que la nuit et vous pour témoins, tous deux témoins indifférents. Quand le moment sera venu, ce sera à moi à sonner le glas de mort et à frapper le coup terrible qui dépeuplera plus d'un palais, jettera bas les arbres généalogiques les plus hauts, dispersera leurs fruits sanglants, et stérilisera leur fécondité; je le ferai, je le *veux* — je le dois, — je l'ai promis, et rien ne peut me détourner de ma destinée; mais je ne puis envisager sans frémir ce que je dois être, ce que j'ai été! soyez indulgent.

Isr. Bert. Raffermissez votre âme; je ne sens point de tels remords; je ne les comprends pas. Pourquoi vos résolutions changeraient-elles? vous avez agi et vous agissez encore en toute liberté.

Le Doge. Ah! sans nul doute, — *vous* ne sentez pas de remords, vous autres, ni moi non plus, sans quoi je te poignarderais à l'instant pour sauver des milliers de vies, et en te tuant je ne serais point homicide; vous ne *sentez* pas de remords, vous marchez à cette œuvre de carnage comme si ces patriciens étaient des cerfs destinés à servir de but à vos carabines. Quand tout sera fini, vous aurez le cœur content, l'âme joyeuse, et vous laverez tranquillement vos mains rouges de sang; mais moi, qui dans cet effroyable massacre irai plus loin que toi et tous les tiens, que serai-je? que me faudra-t-il voir et faire? — O Dieu! ô Dieu! c'est vrai, tu as eu raison de me dire que j'agissais « par ma libre volonté, » et cependant tu te trompes; car je *veux* agir; n'en doute pas, — ne crains rien; je serai ton plus impitoyable complice! et cependant ce n'est ni à ma libre volonté ni à mon sentiment intime que j'obéis, — tous deux au contraire s'y opposent; mais il y a un *enfer* dans moi et autour de moi; et, comme le démon qui croit et tremble, j'abhorre mon action tout en la commettant. Partons! partons! va rejoindre tes compagnons, je vais réunir les partisans de ma maison; n'en doute point, la grande cloche de Saint-Marc réveillera tout Venise, hormis son sénat égorgé; avant que le soleil plane sur l'Adriatique dans toute sa splendeur, il s'élèvera une voix de sanglots, et le mugissement des vagues sera étouffé par le cri du sang! je suis résolu; — partons!

Isr. Bert. De tout mon cœur! tiens la bride à ces mouvements de la passion; rappelle-toi le traitement que ces hommes t'ont fait subir, songe que ce sacrifice doit briser les fers de cette cité, et lui procurer des siècles de liberté et de bonheur : un tyran véritable dépeuplerait des empires, et n'éprouverait pas l'étrange pitié qui t'a ému en faveur de quelques hommes traîtres au peuple. Crois-moi, une telle pitié serait plus déplacée encore que l'indulgence du sénat pour Sténo.

Le Doge. Israël, tu as touché la corde douloureuse qui vibre dans mon cœur et y jette la dissonnance. Allons, à notre tâche! (*Ils sortent.*)

ACTE QUATRIÈME.

SCÈNE Ire.

Le palais du patricien Lioni. Lioni dépose le masque et le manteau que les nobles vénitiens portaient en public. — Il est accompagné d'un domestique.

Lioni. Je vais me reposer; cette fête m'a véritablement fatigué; c'est la plus brillante que nous ayons eue depuis plusieurs mois, et pourtant je ne sais pourquoi elle m'a laissé une impression de tristesse; un poids douloureux pesait sur mon cœur, même au milieu du tourbillon enivrant de la danse; et bien que j'eusse devant moi la dame de mon amour, que ma main touchât sa main, ce poids m'oppressait, glaçait ma pensée et mon sang, et couvrait mon front d'une sueur froide comme celle de la mort; j'ai essayé, à l'aide d'une gaieté feinte, de secouer cette impression; tout a été inutile. Au milieu des accords d'une musique mélodieuse, les sons lointains d'un glas de mort parvenaient distinctement à mon oreille, comme les vagues de l'Adriatique, en se brisant contre le boulevard extérieur du Lido, dominent, pendant la nuit, les bruits de la cité : si bien que j'ai quitté la fête avant qu'elle fût parvenue à son point culminant; et je viens demander à ma couche, ou des pensées plus tranquilles, ou l'oubli. — Antonio, prends mon masque et mon manteau, et allume la lampe de ma chambre.

Ant. Oui, seigneur; commandez-vous quelques rafraîchissements ?

Lioni. Aucun, excepté le sommeil, et celui-là ne peut se commander. J'espère l'obtenir, malgré l'agitation que j'éprouve. (*Antonio sort.*) Essayons si le grand air calmera mes esprits; la nuit est belle; le vent orageux qui soufflait de l'orient s'est retiré dans son antre, et la lune brille dans toute sa splendeur. Quel silence ! (*Il s'approche d'une croisée ouverte.*) Et quel contraste avec le lieu que je viens de quitter, où l'éclat des grandes torches et la lueur plus pâle des lampes d'argent, se reflétant sur les tapisseries des murs, répandent sur la vaste obscurité de ces galeries sombres aux vitraux obscurs, une masse éblouissante de lumière artificielle qui montre toutes choses autrement qu'elles ne sont ! C'est là qu'essayant de rappeler le passé, après une heure pénible employée à la toilette pour donner à son visage les teintes de la jeunesse, après maint regard jeté sur la glace trop fidèle, la femme flétrie par l'âge s'élance dans tout l'orgueil de la parure; se fiant à cette lumière trompeuse et indulgente, elle oublie ses années et croit qu'on les oublie, mais elle se trompe. C'est là que la jeunesse, qui n'a pas besoin de ces vains atours et n'y songe même pas, vient gaspiller sa fraîcheur véritable, sa santé, sa beauté virginale, dans l'atmosphère malsaine d'une foule échauffée par l'ardeur du plaisir. Elle sacrifie ses heures de repos à ce qu'elle prend pour du plaisir; et demain les premiers rayons du jour éclaireront des joues livides, des yeux éteints, qui avaient encore bien des années à attendre avant que l'âge leur donnât cet aspect. La musique, le banquet, la coupe écumante, les guirlandes, les fleurs, le parfum des roses, — les yeux brillants, les parures éclatantes, — les bras d'albâtre, les chevelures d'ébène, — les tresses, les bracelets, les seins surpassant en blancheur le plumage des cygnes, les colliers ruisselant des trésors de l'Inde, mais moins éblouissants encore que ce qu'ils entourent; ces robes légères et flottantes, comme ces légers nuages qui s'interposent entre le ciel et nos regards; ces pieds agiles, ces pieds de sylphides, dont la gracieuse petitesse laisse deviner la symétrie secrète du beau corps qui se termine si bien ; — toute l'illusion de cet éblouissant tableau, ces enchantements réels et mensongers de l'art et de la nature qui nageaient devant moi jusqu'à me donner des vertiges, ces spectacles de la beauté dont s'enivraient mes yeux, comme l'Arabe du désert quand un mirage trompeur présente à sa soif abusée l'onde limpide d'un lac imaginaire, tout cela a disparu ! — Il n'y a plus autour de moi que les flots et les étoiles, — qui se reflètent dans l'Océan ; spectacle plus beau que celui des torches dont une glace opulente réfléchit la lumière ; et le vaste firmament, qui est à l'espace ce que l'Océan est à la terre, déroule au loin ses plaines d'azur, rafraîchies par le premier souffle du printemps. Au haut des cieux, la lune s'avance calme et belle; elle éclaire de sa lumière paisible les murs orgueilleux de ces vastes palais assis au milieu des flots ; à les voir avec leurs colonnes de porphyre, leurs façades magnifiques, ornées des marbres conquis à l'Orient, ainsi rangés comme des autels le long du vaste canal, on les prendrait pour autant de trophées glorieux, sortis du sein des eaux ; et leur aspect n'est pas moins imposant que ces géants de l'architecture, ces masses colossales et mystérieuses qui semblent élevées par des Titans, et qui, dans les plaines de l'Égypte, rappellent un passé dont il ne reste point d'autres annales. Tout est paisible et doux : aucun son rude ne se fait entendre; et, s'harmonisant avec la nuit, tout ce qui se meut glisse dans l'air comme un esprit aérien. Les sons d'une guitare vigilante, qu'un amant fuyant le sommeil fait entendre sous le balcon de sa maîtresse éveillée; le bruit léger d'une croisée qui s'ouvre avec précaution pour lui faire connaître qu'il est entendu, pendant que le cœur du jeune homme frémit comme la corde mélodieuse en voyant une main jeune, délicate, blanche comme la lumière de la lune, avec laquelle elle se confond, qui tremble en ouvrant la fenêtre défendue pour faire entrer l'amour avec l'harmonie; la clarté phosphorique que la rame fait jaillir, le scintillement rapide des lumières lointaines sur les gondoles qui effleurent les ondes; les chants des gondoliers qui se répondent en chœur; une ombre qui çà et là se projette sur le Rialto; le faîte brillant d'un palais, ou la pointe d'un obélisque : voilà tout ce qui frappe l'oreille ou la vue dans la cité, fille de l'Océan et reine de la terre. — Qu'elle est bienfaisante et douce cette heure de silence! O nuit! je te rends grâces, car tu as dissipé ces horribles pressentiments que je ne pouvais écarter au milieu de la foule; et maintenant, avec le secours salutaire de ta paisible et bénigne influence, je vais m'étendre sur ma couche, quoique ce soit vraiment faire injure à une nuit si belle que de l'employer à dormir. *(On entend frapper au dehors.)*

Écoutons! Quel est ce bruit? Qui vient me voir à pareille heure? *(Entre Antonio.)*

ANT. Seigneur, un homme qui vient, dit-il, pour affaires urgentes, implore la faveur d'être introduit près de vous.

LIONI. Est-ce un étranger?

ANT. Sa figure est cachée sous son manteau, mais sa voix et ses gestes ne me sont pas inconnus; je lui ai demandé son nom, mais il paraît répugner à le dire à tout autre qu'à vous; il demande avec instance qu'on lui permette de vous approcher.

LIONI. Il y a quelque chose d'étrange dans l'heure que cet homme a choisie pour me voir, et dans la manière dont il se présente! cependant il n'y a pas grand danger à courir; ce n'est pas chez eux que les nobles sont poignardés; après tout, néanmoins, quoique je ne me connaisse pas d'ennemis à Venise, il est sage d'user de quelques précautions. Fais-le entrer, et retire-toi; mais appelle quelques-uns de tes camarades, qui se tiendront dans la pièce voisine. — Quel peut être cet homme? *(Antonio sort et rentre aussitôt accompagné de Bertram, enveloppé de son manteau.)*

BERT. Seigneur Lioni, je n'ai point de temps à perdre, ni vous non plus. — Faites retirer ce domestique; j'ai à vous parler en particulier.

LIONI. Il me semble reconnaître la voix de Bertram; — sors, Antonio. — Maintenant, étranger, que voulez-vous de moi à cette heure?

Bert. Une faveur, mon noble patron ; vous en avez accordé un grand nombre à votre pauvre client Bertram ; ajoutez celle-ci à toutes les autres, et vous le rendrez heureux.

Lioni. Tu m'as connu, dès l'enfance, toujours prêt à t'être utile, et à te procurer dans ta condition tous les avantages auxquels un homme de ta classe peut légitimement prétendre ; je te promettrais d'avance de t'accorder ce que tu as à me demander si, en considérant l'heure indue et le mode étrange de ta visite, je ne soupçonnais quelque motif mystérieux. — Mais parle : — que t'est-il arrivé ? quelque folle et subite querelle ? — une rasade de trop ? une rixe ? un coup de poignard ? — de ces choses qui arrivent tous les jours ? Pourvu que tu n'aies pas versé de sang noble, je te garantis ta sûreté ; mais alors il faut t'éloigner, car des amis et des parents irrités, dans le premier emportement de la vengeance, sont plus à craindre à Venise que les lois.

Bert. Seigneur, je vous remercie ; mais...

Lioni. Mais quoi ? tu n'as pas levé une main téméraire contre un homme de notre ordre ? Si cela est, pars, fuis, et ne l'avoue pas ; — je ne voudrais point ta mort, — mais dans ce cas mon devoir me défend de te sauver ! quiconque a versé du sang patricien...

Bert. Je viens pour sauver du sang patricien et non pas pour en répandre ! Il faut que je me hâte de parler ; chaque minute perdue peut entraîner la perte d'une vie ; car le temps a échangé sa faux tardive contre une épée à deux tranchants ; et, au lieu de sable, il va prendre la cendre des sépulcres pour remplir son sablier ! — garde-*toi* de sortir demain !

Lioni. Pourquoi pas ? que signifie cette menace ?

Bert. N'en cherche pas la signification, mais fais ce que je te demande en grâce ; — demain ne bouge pas de ton palais, quels que soient les bruits que tu entendras ; quand le mugissement de la foule, — les clameurs des femmes, — les cris des enfants, — les gémissements des hommes, — le cliquetis des armes, — les roulements du tambour, — le son aigu du clairon, la voix des cloches bondissantes, feraient entendre à la fois leur vaste et effrayant concert, — ne sors pas que le tocsin n'ait cessé, et même pour cela attends mon retour.

Lioni. Encore une fois, qu'est-ce que cela veut dire?

Bert. Encore une fois, ne me le demande pas; mais par tout ce qui est sacré pour toi sur la terre et au ciel, par toutes les âmes de tes pères, — par l'espérance que tu as de marcher sur leurs traces, et de laisser après toi des descendants dignes d'eux et de toi, — par tout ce qu'il y a de bonheur dans ton passé et ton avenir, — par tout ce que tu as à craindre dans ce monde et dans l'autre, — par tous les bienfaits que je te dois, et dont je m'acquitte aujourd'hui par un bienfait plus grand, reste chez toi, — repose-toi de ta sûreté sur tes dieux domestiques et sur ma parole si tu fais ce que je te conseille; — sinon, tu es perdu.

Lioni. Je me perds, en effet, dans l'étonnement qui me saisit; sûrement tu es dans le délire. Qu'ai-je à craindre? quels sont mes ennemis? si j'en ai, *pourquoi* es-*tu* ligué avec eux, *toi?* ou pourquoi as-tu attendu jusqu'à ce moment pour m'avertir?

Bert. Je ne puis répondre à cela. Sortiras-tu en dépit de cet avis fidèle?

Lioni. Je ne suis pas homme à me rendre à de vaines menaces dont j'ignore la cause. A quelque heure que le Conseil s'assemble, je ne serai pas du nombre des absents.

Bert. Ne me parle point ainsi. Encore une fois, es-tu décidé à sortir?

Lioni. Je le suis, et rien ne m'en empêchera.

Bert. Alors, que le ciel ait pitié de ton âme! — Adieu!...
(*Il se dispose à s'éloigner.*)

Lioni. Arrête. — Quelque chose de plus que ma propre sûreté m'oblige à te rappeler; nous ne devons pas nous quitter ainsi, Bertram; il y a longtemps que je te connais.

Bert. Depuis mon enfance, seigneur, vous avez été mon protecteur : à cet âge d'insouciance où le haut rang oublie, ou plutôt n'a point encore appris à se rappeler ses froides prérogatives, nous étions ensemble, nous avons souvent mêlé nos jeux, nos sourires et nos larmes; mon père était le client de votre père, et moi j'étais, pour ainsi dire, le frère nourricier de son fils; nous avons passé ensemble plusieurs années. Moments heureux! moments chers à mon cœur! oh! qu'ils étaient différents de celui-ci!

Lioni. Bertram, c'est toi qui les as oubliés.

Bert. Ni maintenant, ni jamais; quoi qu'il pût advenir, je vous aurais sauvé. Quand nous devînmes hommes, quand vous vous livrâtes aux affaires publiques, comme il convenait à votre rang, et que d'humbles occupations devinrent le partage de l'humble Bertram, il ne fut cependant point oublié par vous; et si la fortune ne m'a pas été plus favorable, ce n'est pas la faute de celui qui est venu fréquemment à mon aide et m'a soutenu dans ma lutte contre les circonstances, ce torrent qui entraîne le faible. Jamais sang noble n'échauffa un cœur plus noble que le vôtre ne s'est montré à l'égard de Bertram, le pauvre plébéien. Que les sénateurs, vos collègues, ne vous ressemblent-ils!

Lioni. Qu'as-tu à dire contre les sénateurs?

Bert. Rien.

Lioni. Je sais qu'il est des esprits farouches et turbulents, qui complotent dans l'ombre, qui se retirent dans les lieux écartés et ne sortent que la nuit, enveloppés de leur manteau, pour nous maudire; des soldats licenciés, des anarchistes mécontents, d'effrénés libertins, vils suppôts des tavernes; tu ne hantes point ces gens. Il est vrai que depuis quelque temps je t'ai perdu de vue; mais je t'ai connu menant une vie rangée, tu ne te liais qu'avec d'honnêtes gens, ta mine était joviale. Que t'est-il donc arrivé? Ton œil creux, tes joues pâles, ton maintien agité, semblent indiquer un cœur où luttent la douleur et la honte.

Bert. Douleur et honte plutôt à la tyrannie maudite qui infecte jusqu'à l'air qu'on respire à Venise et fait délirer les hommes, comme aux derniers moments de son agonie le pestiféré exhale une âme en démence!

Lioni. Bertram, des scélérats t'ont endoctriné; ce ne sont là ni ton langage ni tes sentiments d'autrefois; quelque misérable a soufflé dans ton âme le mécontentement. Je ne veux pas que tu te perdes ainsi. Tu étais bon et humain; tu n'es pas né pour les actes de bassesse que le vice et le crime voudraient te faire commettre; avoue-moi tout. — Confie-toi à moi. — Tu me connais. — Qu'avez-vous donc résolu de faire, toi et les tiens, que moi, qui suis ton ami, moi, le fils unique de l'ami de ton père, en sorte que notre affection est un héritage que nous devons transmettre à nos enfants tel que nous l'avons reçu, ou même en y ajoutant encore; qu'as-tu donc résolu de faire, que moi, je doive te regarder comme un homme dangereux, et me tenir renfermé chez moi comme une jeune fille malade?

BERT. Ne m'interrogez pas davantage; il faut que je parte.

LIONI. Et moi, que je sois assassiné! Parle, n'est-ce pas là ce que tu disais, mon cher Bertram?

BERT. Qui parle d'assassiner? ai-je parlé d'assassiner? — C'est faux! je n'ai pas prononcé un pareil mot.

LIONI. Tu ne l'as pas prononcé; mais dans ton œil sauvage, si différent de ce que je l'ai connu, je vois reluire l'homicide. Si c'est de ma vie qu'il s'agit, prends-la; — je suis désarmé, — et alors pars! Je ne voudrais pas la tenir de la capricieuse pitié d'êtres pareils à toi et à ceux qui t'emploient.

BERT. Pour épargner ta vie je mets la mienne en péril; pour qu'il ne soit pas touché à un seul de tes cheveux j'expose des milliers de têtes, et quelques-unes aussi nobles, plus nobles même que la tienne.

LIONI. En vérité, excuse-moi, Bertram; je ne mérite pas qu'on m'excepte d'hécatombes aussi illustres. — Qui sont ceux qui courent des dangers et ceux qui nous en menacent?

BERT. Venise et tout ce qu'elle renferme sont comme une famille que la discorde a divisée, et ils périront avant le crépuscule de demain.

LIONI. Nouveaux mystères, plus effrayants encore! Il paraît que toi, ou moi, ou peut-être tous deux, nous touchons à notre perte. Explique-toi sans détour, et tu sauves ta vie, et tu te couvres de gloire; car il est plus glorieux de sauver que de tuer, et surtout de tuer dans l'ombre. — Fi donc, Bertram! un tel rôle ne saurait te convenir; il serait beau, vraiment, de te voir porter sur une pique, aux yeux du peuple frissonnant d'horreur, la tête de celui dont le cœur te fut ouvert! Et ce peut être là ma destinée; car, j'en fais ici serment, quel que soit le péril dont tu me menaces, je sortirai, à moins que tu ne me fasses connaître les motifs et les conséquences de la démarche qui t'amène ici.

Bert. N'est-il donc aucun moyen de te sauver? Les minutes volent, et tu es perdu! — *toi!* mon seul bienfaiteur, le seul être qui me soit resté fidèle dans toutes mes vicissitudes! Cependant, ne fais pas de moi un traître; laisse-moi te sauver, — mais épargne mon honneur.

Lioni. Où peut être l'honneur dans une ligue de meurtriers? Qui sont les traîtres, sinon ceux qui trahissent l'État?

Bert. Une ligue est un contrat d'autant plus sacré pour les cœurs honnêtes qu'ils ne sont liés que par leur parole. A mon sens, il n'est pas de traître plus odieux que celui dont la trahison domestique enfonce le poignard dans des cœurs qui s'étaient fiés à lui.

Lioni. Et qui enfoncera le poignard dans le mien?

Bert. Ce ne sera pas moi. J'aurais pu résoudre mon âme à tout, hormis à cela. Tu ne dois pas mourir, *toi!* Juge combien ta vie m'est chère, puisque je risque tant de vies, que dis-je! la vie des vies, la liberté des générations à venir, pour ne pas être l'assassin que tu me soupçonnes d'être! — Une fois, une fois encore, je t'en conjure, ne franchis pas le seuil de ton palais.

Lioni. C'est en vain. — Je sors à l'instant même.

Bert. Alors, périsse Venise plutôt que mon ami! Je vais dévoiler, — livrer, — trahir, — détruire! — Oh! l'infâme scélérat que je vais devenir à cause de toi!

Lioni. Dis plutôt le sauveur de ton ami et de l'État! — Parle, — n'hésite pas; toutes les récompenses, tous les gages que tu réclameras pour ta sûreté et ton bien-être te seront accordés. Je te promets toutes les richesses que l'État accorde à ses plus dignes serviteurs; la noblesse elle-même sera ton partage, pourvu que tu te montres sincère et repentant.

Bert. J'ai fait de nouvelles réflexions; cela ne se peut. — Je t'aime, — tu le sais, — ma présence ici en est la preuve, et quoique la dernière, ce n'est pas la moindre; mais après avoir rempli mon devoir envers toi, je dois le remplir envers mon pays. Adieu! — nous ne devons plus nous revoir dans cette vie! — adieu!

Lioni. Holà! — Antonio! — Pédro! — gardez la porte, que personne ne passe! — Qu'on arrête cet homme! (*Entrent Antonio et d'autres domestiques armés, qui saisissent Bertram.*)

Lioni. Ayez soin qu'il ne lui soit fait aucun mal. Apportez-moi mon épée et mon manteau; mettez quatre rames à la gondole. Dépêchez-vous! (*Antonio sort.*) Nous irons chez Giovanni Gradenigo, et nous enverrons chercher Marc Cornaro. — Ne crains rien, Bertram, cette violence n'est pas moins nécessaire à ta sûreté qu'à celle de l'État.

Bert. Où vas-tu me conduire prisonnier?

Lioni. D'abord au conseil des Dix, puis chez le doge.

Bert. Chez le doge?

Lioni. Assurément. N'est-il pas le chef de l'État?

Bert. Au lever du soleil, peut-être...

Lioni. Que veux-tu dire? — Mais nous saurons cela plus tard.

Bert. En as-tu la certitude?

Lioni. Autant que l'emploi des moyens de douceur nous permet de l'avoir; au cas où ils ne suffiraient pas, tu connais les Dix et leur tribunal; tu sais que Saint-Marc a des cachots, et ces cachots des tortures!

Bert. Applique-les donc avant l'aurore qui va bientôt paraître. — Encore un mot comme celui-là, et tu périras dans les supplices de la mort à laquelle tu me crois réservé.

(*Antonio rentre.*)

Ant. La gondole vous attend, seigneur, et tout est prêt.

Lioni. Veillez sur le prisonnier!... Bertram, nous raisonnerons ensemble en nous rendant au palais du Magnifico, le sage Gradenigo. (*Ils sortent.*)

SCÈNE II.

Le palais ducal; l'appartement du Doge.

LE DOGE et son neveu BERTUCCIO FALIERO.

Le Doge. Tous les gens de notre maison sont-ils rassemblés?

Bert. Fal. Ils sont sous les armes, et attendent le signal dans l'enceinte de notre palais de San Paolo[13]. Je viens chercher vos derniers ordres.

Le Doge. Il est fâcheux que nous n'ayons pas eu le temps de réunir un plus grand nombre de vassaux de mon fief de Val di Marino; — mais il est trop tard.

Bert. Fal. Il me semble, seigneur, qu'il vaut mieux que les choses soient ainsi; un rassemblement subit de nos forces eût éveillé des soupçons, et, quoique braves et dévoués, les vassaux de ce district sont trop grossiers et trop bouillants pour conserver longtemps la discipline prudente que ce service exige, jusqu'à ce que nous en venions aux mains avec nos ennemis.

Le Doge. C'est vrai; mais une fois le signal donné, voilà les hommes qu'il faut dans une entreprise telle que la nôtre; ces esclaves des villes ont leurs prédilections, leurs antipathies particulières, leurs préjugés *contre* ou *pour* tel ou tel noble, ce qui peut les conduire à dépasser le but, ou à épargner là où la clémence est folie. Les farouches paysans serfs de mon comté de Val di Marino, exécuteraient les ordres de leur seigneur sans distinguer entre leurs ennemis par des motifs d'affection ou de haine; peu leur importe que ce soit Marcello ou Cornaro, un Gradenigo ou un Foscari; ils n'ont point l'habitude de trembler devant ces vains noms, ni de fléchir le genou devant une assemblée civile; il leur faut pour suzerain un chef bardé de fer, et non un magistrat en hermine.

Bert. Fal. Nous sommes assez nombreux; et quant aux dispositions de nos clients à l'égard du sénat, j'en réponds.

Le Doge. Eh bien! le sort en est jeté! Mais pour faire la guerre, pour un service en campagne, parlez-moi de mes paysans! Je les ai vus faire pénétrer le soleil dans les rangs des Huns, pendant que vos pâles bourgeois, cachés sous leur tente, tremblaient aux sons de victoire de leurs propres trompettes. S'il y a peu de résistance, vous verrez ces citoyens devenus tous des lions, comme leur étendard ; mais si la partie devient plus difficile, vous regretterez avec moi de n'avoir pas derrière vous une bande de nos campagnards.

Bert. Fal. Je m'étonne qu'avec ces idées-là vous vous soyez décidé à frapper si tôt le coup décisif.

Le Doge. C'est sur-le-champ ou jamais qu'il faut frapper de tels coups. Une fois que j'ai eu dompté la faiblesse et le lâche remords qui me tenaient au cœur, alors que je me laissai un instant émouvoir au souvenir du passé, j'ai eu hâte d'en venir à l'exécution : d'abord pour ne point céder de nouveau à de pareilles émotions, ensuite parce que, à l'exception d'Israël et de Philippe Calendaro, le courage et la fidélité de tous nos conjurés ne m'étaient pas suffisamment connus ; aujourd'hui peut susciter parmi eux un traître contre nous, comme hier en a suscité mille contre le sénat ; mais une fois lancés, une fois l'épée au poing, il leur faudra marcher dans l'intérêt de leur propre salut ; une fois le premier coup frappé, l'instinct farouche de Caïn, le premier-né, cet instinct qui fermente toujours dans quelque coin du cœur humain, quoique les circonstances en compriment l'explosion, fera de tous ces hommes autant de loups furieux. Il suffit à la foule de la vue du sang pour lui en donner la soif, comme la première coupe de vin est le prélude d'une longue débauche. Quand ils auront commencé, il sera plus difficile de les arrêter que de les pousser en avant ; mais jusque-là il suffit d'une parole, d'une paille, d'une ombre, pour changer leurs dispositions. — La nuit est-elle avancée ?

Bert. Fal. Le jour va bientôt paraître.

Le Doge. Alors il est temps de sonner la cloche. Nos hommes sont-ils à leurs postes ?

Bert. Fal. Maintenant, ils doivent y être ; mais ils ont ordre d'attendre, pour sonner, que vous en ayez donné le signal, transmis par moi-même.

Le Doge. C'est bien. — L'aube n'éteindra-t-elle donc

jamais ces étoiles qui scintillent encore dans les cieux? Ma résolution est prise et fermement arrêtée, et l'effort même qu'il m'a fallu faire sur moi pour me décider à purifier par la flamme cette république, a mis plus de calme dans mon âme. J'ai pleuré, j'ai tremblé à la pensée de ce funeste devoir; mais maintenant j'ai fait taire toute émotion inutile, et je regarde fixement la tempête qui s'approche, comme le pilote d'un vaisseau amiral. Cependant, le croiras-tu, mon neveu? il m'en a coûté, pour en venir là, plus d'efforts que lorsque le destin des nations allait dépendre d'une bataille où je commandais l'une des deux armées, et où des milliers d'hommes devaient infailliblement périr; oui, pour verser le sang corrompu de quelques despotes orgueilleux, pour accomplir un acte qui a rendu Timoléon immortel, il m'a fallu plus d'empire sur moi-même que pour affronter les fatigues et les dangers d'une vie de combats.

Bert. Fal. Je suis bien aise de voir votre sagesse première imposer silence à la fureur qui vous agitait avant que votre parti fût arrêté.

Le Doge. C'est toujours ainsi que j'ai été : l'agitation s'empare de moi dans la première pensée d'une résolution, alors que rien ne vient limiter l'empire de la passion; mais au moment d'agir j'ai toujours été aussi calme que les cadavres gisants autour de moi. C'est ce que n'ignoraient pas ceux qui m'ont fait ce que je suis; ils ont compté sur le pouvoir que j'ai de dompter mes ressentiments une fois que leur première fougue s'est exhalée; mais ils ne savaient pas qu'il est des outrages qui font de la vengeance une vertu réfléchie et non une impulsion d'aveugle colère. Dans le sommeil des lois, la justice veille : souvent les âmes outragées font servir au bien public leurs injures particulières, et se justifient à elles-mêmes leurs actes. — Il me semble que le jour commence à paraître, — n'est-il pas vrai? regarde, ta vue est plus jeune et meilleure que la mienne; — une fraîcheur matinale se répand dans l'air, et à mes yeux, du moins, la mer, vue de cette fenêtre, commence à prendre une teinte plus grisâtre.

Bert. Fal. C'est vrai; l'aurore commence à poindre dans les cieux.

Le Doge. Pars donc; va faire donner sur-le-champ le signal, et au premier son de la cloche, marche sur le palais avec toutes les forces de notre maison; j'irai t'y rejoindre. — Les Seize et leurs compagnies se mettront en mouvement simultanément et en colonnes séparées. — Ne manque pas de prendre position à la porte principale, pour expédier les Dix; nous ne devons nous reposer de ce soin que sur nous-mêmes. — Quant à la populace patricienne, nous pouvons l'abandonner aux glaives plus indifférents de ceux qui sont ligués avec nous. Rappelle-toi que le cri de guerre est : « Saint-Marc! — les Génois sont dans le port! aux armes! Saint-Marc et liberté! » — Maintenant, — il faut agir!

Bert. Fal. Adieu donc, mon oncle! Nous nous reverrons libres et véritablement souverains, ou jamais!

Le Doge. Viens, mon cher Bertuccio, — que je t'embrasse! — Hâte-toi, car le jour augmente. — Quand tu auras rejoint nos troupes, envoie-moi un messager pour me dire comment les choses vont; puis fais sonner la cloche d'alarme de Saint-Marc. *(Bertuccio Faliero sort.)*

Le Doge, *seul*. Il est parti, et chacun de ses pas décide d'une vie. — C'en est fait, maintenant l'Ange de la Mort plane sur Venise, et suspend son vol avant d'épancher le vase de colère, comme l'aigle, regardant sa proie du haut des airs, cesse un moment d'agiter ses ailes puissantes, puis tout à coup fond sur elle avec sa serre infaillible! — O jour qui effleures lentement les eaux! — marche! — marche! je ne veux pas frapper dans l'ombre : j'aime mieux voir que tous les coups portent. Et vous, vagues d'azur, je vous ai déjà vues rougies du sang des Génois, des Sarrasins et des Huns, mêlé au sang de Venise, mais de Venise triomphante! Maintenant un seul sang va vous colorer : celui des Barbares n'adoucira pas pour nous l'horrible aspect de cette teinte pourprée! Amis ou ennemis, il ne tombera dans ce massacre que des concitoyens! Et j'ai vécu jusqu'à quatre-vingts ans pour cela, moi que Venise nommait son sauveur!

moi au nom de qui des millions de bonnets volaient en l'air, et des millions de voix s'élevaient vers le ciel, appelant sur moi ses bénédictions, et la gloire, et de longues années! — Faut-il que je sois témoin d'un pareil jour! Mais ce jour, marqué dans le calendrier d'un signe néfaste, sera le commencement d'une ère de bonheur et de gloire. Le doge Dandolo survécut à son quatre-vingt-dixième été pour vaincre des empires et refuser des couronnes; moi, j'aurai abdiqué une couronne et rendu la liberté à ma patrie. — Mais, hélas! par quels moyens! Une noble fin doit les justifier. — Que sont quelques gouttes de sang humain? C'est faux! le sang des tyrans n'a rien d'humain. Ces Molochs incarnés se repaissent du nôtre, et il est temps de les rendre aux tombeaux qu'ils ont tant peuplés. — O monde! ô hommes! qu'êtes-vous? que sont nos plus vertueux projets, qu'il nous faille punir le crime par le crime, et tuer, comme si la mort n'avait que cette voie, alors que quelques années eussent rendu le glaive superflu? Et moi, arrivé sur la limite de ces régions inconnues, faut-il que j'envoie tant de hérauts pour m'y précéder! — Ne nous arrêtons pas à ces pensées... (*Moment de silence.*) Écoutons... il m'a semblé entendre un murmure de voix lointaines et le bruit d'une troupe qui marche au pas. Cela ne se peut : — le signal n'a pas encore sonné. — Pourquoi ce retard?... Le messager de mon neveu doit être en route, et peut-être qu'au moment où je parle tourne sur ses énormes gonds la porte de la tour où se balance la cloche colossale, le lugubre oracle dont la voix, interprète des tragiques pressentiments, ne résonne que pour la mort des princes ou pour l'état en péril. Qu'elle fasse son office, qu'elle fasse entendre pour la dernière fois son tocsin le plus terrible, jusqu'à faire trembler sur sa base la robuste tour! — Quoi! silencieuse encore! J'irais moi-même, si mon poste n'était ici pour servir de point de ralliement aux éléments souvent hétérogènes dont se composent ces sortes de ligues, et pour raffermir l'hésitation et la faiblesse, en cas de résistance : car, s'il doit y avoir lutte, c'est ici, dans le palais, que le combat sera le plus acharné. C'est ici que je dois être, en ma qualité de chef de l'entreprise. — Mais écoutons... — Il vient, — il vient, le messager de mon neveu, du brave Bertuccio! — Eh bien! quelles nouvelles? est-il en marche? tout va-t-il bien? — Qui vois-je ici?... — Tout est perdu! — Néanmoins, faisons encore un effort.

(*Entre un Seigneur de la Nuit avec des gardes, etc., etc.*)

LE SEIGN. DE LA N. Doge, je t'arrête pour haute trahison.

LE DOGE. Moi! ton prince! pour haute trahison! — Qui sont-ils, ceux qui osent voiler leur propre trahison sous un tel ordre?

LE SEIGN. DE LA N. Voici l'ordre du conseil des Dix assemblés.

LE DOGE. *Où* et *pourquoi* sont-ils assemblés? Ce Conseil n'est légal que lorsque le prince le préside, et ce devoir est le mien. Je te somme, au nom du tien, de me laisser passer ou de me conduire à la chambre du Conseil!

LE SEIGN. DE LA N. Duc, cela ne se peut : le Conseil n'est pas assemblé dans le lieu ordinaire de ses séances, mais au couvent de Saint-Sauveur.

LE DOGE. Tu as donc l'audace de me désobéir?

LE SEIGN. DE LA N. Je sers l'État, et le dois servir fidèlement... J'ai pour mandat l'ordre de ceux qui gouvernent.

LE DOGE. Jusqu'à ce que ce mandat soit revêtu de ma signature, il est illégal; et dans son application actuelle, c'est un acte de rébellion. As-tu bien calculé ce que vaut ta vie, que tu oses ainsi assumer la responsabilité d'un acte illégal?

LE SEIGN. DE LA N. Mon devoir est d'agir et non de répliquer. — Je suis envoyé ici pour garder votre personne, et non pour vous entendre et vous juger.

LE DOGE (*à part*). Il faut gagner du temps... — Pourvu que la cloche sonne, tout peut encore aller bien. Hâte toi, Bertuccio! — hâte-toi! — hâte-toi! — notre destinée tremble dans la balance, et malheur aux vaincus, que ce soit le prince et le peuple, ou le sénat et les esclaves! (*On entend sonner la grosse cloche de Saint-Marc.*) Elle sonne! elle sonne! (*Tout haut.*) Entends-tu, Seigneur de la Nuit? Et vous, esclaves, dépositaires tremblants d'un pouvoir mercenaire, c'est votre glas de mort! — Sonne, sonne, tocsin redoutable!... Maintenant, misérables, par quelle rançon rachèterez-vous votre vie?

Le Seign. de la N. Malédiction!... Ayez la main sur vos armes et gardez la porte. Tout est perdu si on ne fait bientôt taire cette cloche terrible! Il faut que l'officier se soit égaré en route, ou qu'il ait rencontré quelque obstacle imprévu et funeste. Anselme, marche droit à la tour avec ta compagnie... Que le reste demeure avec moi.

(*Une partie des gardes sortent.*)

Le Doge. Malheureux! si tu tiens encore à ta méprisable vie, implore mon pardon : elle n'a pas une heure à durer encore! Oui! oui! envoie tes lâches sicaires... Ils ne reviendront plus!

Le Seign. de la N. Soit! ils mourront en faisant leur devoir, et moi aussi.

Le Doge. Insensé! l'aigle superbe vole à une proie plus noble que toi et tes mirmidons. — Vis, pourvu que ta résistance n'expose point ta tête; et si une âme aussi ténébreuse peut regarder le soleil en face, apprends à être libre.

(*La cloche cesse de sonner.*)

Le Seign. de la N. Et toi, apprends à être prisonnier! — Il a cessé, le coupable signal qui devait lancer contre les patriciens la meute populaire!... Le glas de mort a sonné, mais ce n'est pas pour le sénat.

Le Doge (*après un moment de silence*). Tout est silencieux... tout est perdu!

Le Seign. de la N. Maintenant, doge, dénonce-moi comme l'esclave rebelle d'un conseil de révoltés. N'ai-je pas fait mon devoir?

Le Doge. Tais-toi, misérable!... Tu as fait un digne exploit : tu as gagné le prix du sang, et ceux qui t'emploient te récompenseront; mais tu as été envoyé ici pour me garder, et non pour pérorer, comme tu viens toi-même de le dire... — Remplis donc ta charge, mais que ce soit en silence, comme tu le dois : car, quoique ton prisonnier, je n'en suis pas moins ton prince.

Le Seign. de la N. Mon intention n'est pas de manquer au respect dû à votre rang ; en cela je vous obéirai.

Le Doge (*à part*). A présent, il ne me reste plus qu'à mourir ; et cependant combien il s'en est peu fallu que je ne réussisse ! J'aurais succombé avec orgueil au milieu de mon triomphe ; mais le voir ainsi m'échapper ! — (*Entrent les Seigneurs de la Nuit avec Bertuccio Faliero, prisonnier.*)

Le second Seign. de la N. Nous l'avons saisi sortant de la tour où, par l'ordre du doge, dont il était porteur, le signal avait commencé à sonner.

Le premier Seign. de la N. Tous les passages qui conduisent au palais sont-ils occupés?

Le sec. Seign. de la N. Ils le sont tous ; mais cela n'est point important. Les chefs sont tous dans les fers ; on en juge déjà quelques-uns. — Leurs complices sont dispersés, et plusieurs arrêtés.

Bert. Fal. Mon oncle !

Le Doge. Il est inutile de lutter contre la fortune ; la gloire a déserté notre maison.

Bert. Fal. Qui l'eût pu croire ? — Ah ! un moment plus tôt !

Le Doge. Ce moment-là eût changé la face des siècles ; *celui-ci* nous livre à l'éternité ; — nous subirons notre sort comme des hommes dont le triomphe ne réside pas dans le succès, et dont l'âme, quoi qu'il advienne, sait faire face à toutes les destinées. Ne te laisse pas abattre, ce n'est qu'un court passage. — Je voudrais partir seul ; mais si, comme cela est probable, il nous faut partir ensemble, montrons-nous, en mourant, dignes de nos pères et de nous.

Bert. Fal. Mon oncle, je ne vous ferai point rougir.

Le prem. Seign. de la N. Seigneurs, nous avons l'ordre de vous garder dans deux pièces séparées jusqu'au moment où le Conseil vous fera comparaître devant lui pour vous juger.

Le Doge. Nous juger ! Veulent-ils donc pousser leur mystification jusqu'au bout? Qu'ils en agissent avec nous comme nous en aurions agi avec eux; mais avec moins de pompe. C'est un jeu d'homicide mutuel : nous avons joué à qui mourrait le premier; ils ont gagné, mais leurs dés étaient pipés. — Qui a été notre Judas?

Le prem. Seign. de la N. Je ne suis pas autorisé à répondre à cette demande.

Bert. Fal. J'y répondrai, moi. — C'est un certain Bertram, qui fait en ce moment ses révélations à la junte secrète.

Le Doge. Bertram, le Bergamasque! De quels vils instruments nous nous servons pour perdre ou pour sauver! Ce lâche, souillé d'une double trahison, va recueillir des récompenses et des honneurs; l'histoire le placera à côté des oies du Capitole, dont le cri nasillard éveilla Rome et à qui on décerna un triomphe annuel, tandis que Manlius, le vainqueur des Gaulois, fut précipité du haut de la roche Tarpéienne.

Le prem. Seign. de la N. Il se rendit coupable de trahison et voulut usurper la tyrannie.

Le Doge. Il sauva l'État et voulut réformer ce qu'il avait sauvé; — mais tout cela est inutile. — Allons, messieurs, faites votre œuvre.

Le prem. Seign. de la N. Noble Bertuccio, il faut que nous vous fassions passer dans une pièce intérieure.

Bert. Fal. Adieu, mon oncle! J'ignore si nous devons nous revoir dans cette vie; mais ils permettront sans doute que nos cendres soient réunies.

Le Doge. Oui, ainsi que nos âmes, qui survivront et feront ce que notre argile ainsi entravée n'a pu faire. Ils ne pourront anéantir la mémoire de ceux qui ont voulu les renverser de leurs trônes coupables, et notre exemple trouvera des imitateurs, bien que dans un avenir lointain.

(Ils sortent.)

ACTE CINQUIÈME.
SCÈNE Ire.

La salle du Conseil des Dix qui, réunis aux sénateurs qu'ils se sont adjoints, composent la junte destinée à juger Marino Faliero et ses complices.

BENINTENDE, président du Conseil des Dix; ISRAEL BERTUCCIO et PHILIPPE CALENDARO, retenus prisonniers; BERTRAM, LIONI; témoins, gardes, officiers, etc., etc.

BEN [14]. Après une démonstration aussi claire de leur crime, il ne reste plus qu'à prononcer sur ces hommes endurcis la sentence de la loi; — tâche douloureuse pour ceux dont le devoir est d'articuler l'arrêt, et pour ceux qui doivent l'entendre. Hélas! pourquoi faut-il que cette tâche retombe sur moi, et que l'époque de ma magistrature soit souillée, dans les âges à venir, par cette infâme et criminelle trahison, ourdie pour renverser un État juste et libre, connu du monde entier pour être le boulevard des chrétiens contre le Sarrasin et le Grec schismatique, contre le sauvage Hun et le Franc non moins barbare! une ville qui a ouvert à l'Europe les trésors de l'Inde, le dernier refuge des Romains contre les vengeances d'Attila, la reine de l'Océan, la triomphante rivale de l'orgueilleuse Gênes! C'est pour saper le trône de cette noble cité, que ces hommes perdus ont risqué et livré à la loi leurs misérables vies! — Qu'ils meurent donc!

ISR. BERT. Nous sommes prêts, c'est un service que nous ont rendu vos tortures. Qu'on nous fasse mourir!

BEN. Si vous avez quelque chose à dire qui puisse vous obtenir un adoucissement de peine, la junte est prête à vous entendre; si vous avez quelques aveux à faire, il en est temps encore, et peut-être vous profiteront-ils.

ISR. BERT. Nous sommes ici pour écouter, et non pour parler.

BEN. La preuve de vos crimes résulte pleinement des aveux de vos complices, et de toutes les circonstances qui viennent les corroborer; néanmoins, nous voudrions entendre de votre propre bouche un aveu complet de votre trahison: sur le bord de ce gouffre redoutable d'où l'on ne revient pas, la vérité seule peut vous profiter sur la terre et au ciel. Parlez donc; quel était votre motif?

Isr. Bert. La justice.

Ben. Votre but?

Isr. Bert. La liberté.

Ben. Vos paroles sont brèves.

Isr. Betr. De même que ma vie : j'ai été élevé en soldat, et non en sénateur.

Ben. Vous croyez peut-être par ce laconisme braver vos juges et retarder la sentence!

Isr. Bert. Soyez aussi expéditifs que moi; et soyez certains que je préfère cette faveur-là à votre pardon.

Ben. Est-ce là tout ce que vous avez à répondre au tribunal?

Isr. Bert. Allez demander à vos bourreaux ce que les tortures nous ont arraché; livrez-nous de nouveau à leur merci; il reste à notre corps quelques gouttes de sang, et quelque sensibilité à nos membres meurtris : mais vous n'oseriez le faire; car si nous y succombions, — et vous ne nous avez laissé que bien peu de vie à dépenser sur vos chevalets déjà gorgés de notre sang; — vous perdriez le spectacle de notre supplice, que vous voulez donner à vos esclaves, pour les effrayer et consolider leur esclavage! Des gémissements ne sont pas des paroles, l'agonie n'est pas un assentiment; l'affirmation ne mérite pas créance, si la nature, succombant à l'excès de la douleur, oblige l'âme à un mensonge pour obtenir un court répit. — Que prétendez-vous nous infliger? la torture ou la mort?

Ben. Quels étaient vos complices?

Isr. Bert. Le sénat.

Ben. Que voulez-vous dire?

Isr. Bert. Demandez-le à ce peuple souffrant, que les crimes de vos patriciens ont poussé au crime.

Ben. Vous connaissez le doge?

Isr. Bert. Je combattais sous ses ordres à Zara, pendant que vous étiez ici, occupés à gagner, par des discours, vos dignités actuelles; nous risquions notre vie pendant que vos accusations et vos défenses n'exposaient que la vie des autres; pour ce qui est du reste, tout Venise connaît son doge par ses grandes actions et les insultes du sénat.

BEN. Avez-vous eu des conférences avec lui?

ISR. BERT. Je suis fatigué de vos questions plus encore que de vos tortures; je vous prie de passer à la sentence.

BEN. Elle ne tardera pas. — Et vous, Philippe Calendaro, qu'avez-vous à objecter à votre condamnation?

CAL. Je n'ai jamais été un grand parleur, et maintenant je n'ai pas grand'chose à dire qui en vaille la peine.

BEN. Une nouvelle application à la torture pourrait changer votre ton.

CAL. C'est vrai; elle a déjà produit sur moi cet effet; mais elle ne changera pas mes paroles, ou si elle le faisait...

BEN. Eh bien?

CAL. Des aveux obtenus sur le chevalet auront-ils quelque valeur aux yeux de la loi?

BEN. Assurément.

CAL. Quel que soit le coupable signalé par moi?

BEN. Sans aucun doute, nous le mettrons en jugement.

CAL. Et sa vie dépendra de ce témoignage?

BEN. Pourvu que vos aveux soient complets et explicites, il aura à défendre sa vie à notre tribunal.

CAL. En ce cas, président, prends garde à toi! car je jure par l'éternité qui s'ouvre béante devant moi que c'est *toi*, et toi seul, que je dénoncerai, si on me fait subir une seconde fois la torture.

UN MEMB. DE LA J. Seigneur président, il serait peut-être convenable de procéder au jugement; il n'y a plus rien à tirer de ces hommes.

BEN. Malheureux! préparez-vous à une mort immédiate. La nature de votre forfait, nos lois, le péril de l'État, — ne vous laissent pas une heure de répit. — Gardes! conduisez-les sur le balcon aux colonnes rouges, où le doge se place le jeudi gras [15] pour assister au combat des taureaux; là, qu'il en soit fait justice, et que leurs corps suspendus restent sur le lieu de l'exécution, exposés aux regards du peuple assemblé! — et que le ciel ait pitié de leurs âmes.

La Junte. Ainsi soit-il!

Isr. Bert. Adieu, seigneurs! c'est pour la dernière fois que nous nous trouvons ensemble.

Ben. Et de peur qu'ils ne tentent de soulever la multitude irritée, — gardes, qu'ils soient conduits bâillonnés au lieu de l'exécution. — Qu'on les emmène!

Cal. Quoi! ne pourrons-nous pas même dire adieu à un ami bien cher, ou adresser une dernière parole à notre confesseur?

Ben. Un prêtre vous attend dans la pièce voisine; quant à vos amis, cette entrevue leur serait pénible, et ne vous serait d'aucune utilité.

Cal. Je savais bien qu'on nous bâillonnait pendant notre vie, tous ceux du moins qui n'avaient pas le courage de dire librement leurs pensées au péril de leurs jours; néanmoins, je croyais que, dans nos derniers moments, la liberté de la parole, cette chétive faveur accordée aux mourants, ne nous serait pas refusée; mais puisque...

Isr. Bert Laisse-les faire comme ils l'entendent, brave Calendaro! Que nous importent quelques paroles de plus ou de moins? Mourons sans recevoir d'eux la moindre marque de faveur; notre sang ne s'en élèvera contre eux qu'avec plus de force, et témoignera contre leurs atrocités plus que ne pourrait le faire un volume prononcé ou écrit de nos dernières paroles. Notre voix les fait trembler; — ils redoutent jusqu'à notre silence. — Qu'ils vivent en proie à leurs terreurs! — Abandonnons-les à leurs pensées, et que les nôtres ne s'adressent plus qu'au ciel! — Marchez, nous sommes prêts.

Cal. Israël, si tu m'avais voulu croire, tout ceci ne serait pas arrivé, et ce pâle scélérat, ce lâche Bertram aurait...

Isr. Bert. Tais-toi, Calendaro! A quoi bon penser à cela maintenant?

Bert. Hélas! j'aurais désiré vous voir mourir en paix avec moi. Ce rôle pénible, je ne l'avais point cherché; il m'a été imposé. Dites-moi que vous me pardonnez! Ah! je ne me pardonnerai jamais à moi-même! — Ne me regardez pas avec colère.

Isr. Bert. Je meurs, et je te pardonne.

Cal. Je meurs, et je te méprise! (*Les gardes emmènent Israël Bertuccio et Philippe Calendaro.*)

Ben. Maintenant que nous en avons fini avec ces criminels, il est temps que nous prononcions la sentence du plus grand coupable que présentent nos annales, du doge Faliero. Les preuves sont complétement acquises; les circonstances et la nature de son crime exigent une procédure rapide; le ferons-nous venir pour entendre son arrêt?

La Junte Oui! oui!

Ben. Avogadori, amenez le doge en présence du Conseil.

Un Memb. de la J. Et les autres, quand les fera-t-on comparaître?

Ben. Quand nous aurons prononcé sur le sort de tous les chefs. Quelques-uns se sont enfuis à Chiozza, mais plusieurs milliers de soldats sont à leur poursuite; et les précautions prises sur la terre ferme ainsi que dans les îles, font espérer que pas un seul n'échappera pour aller en pays étranger exhaler contre le sénat les calomnies de la trahison. (*Entre le Doge prisonnier, accompagné de gardes, etc.*)

Doge, car vous l'êtes encore, et légalement vous devez être considéré comme tel jusqu'au moment où on dépouillera de la toque ducale, cette tête qui n'a pu porter avec une dignité calme une couronne plus noble que les empires ne peuvent en conférer, mais qui a conspiré la ruine de vos pairs, de ceux qui vous ont fait ce que vous êtes, et a voulu éteindre dans le sang la gloire de Venise. — Les Avogadori ont déjà mis sous vos yeux toutes les preuves qui s'élèvent contre vous, et jamais plus nombreux témoignages n'ont évoqué leurs ombres sanglantes pour confondre un coupable. Qu'avez-vous à dire pour votre défense?

Le Doge. Que vous dirai-je, puisque ma défense doit être votre condamnation? Vous êtes tout à la fois les coupables et les accusateurs, les juges et les bourreaux. — Faites usage de vos pouvoirs.

Ben. Vos principaux complices ayant tout avoué, il ne vous reste aucun espoir.

Le Doge. Et qui sont-ils?

Ben. Ils sont nombreux; mais le premier est devant vous, au sein de la cour, Bertram de Bergame; — avez-vous quelques questions à lui adresser?

Le Doge (*le regardant avec mépris*). Non.

Ben. Deux autres, Israël Bertuccio et Philippe Calendaro, ont avoué leur complicité avec le doge.

Le Doge. Et où sont-ils?

Ben. Ils sont dans leur dernière demeure, et rendent compte maintenant au ciel de ce qu'ils ont fait sur la terre.

Le Doge. Ah! il est donc mort, le Brutus plébéien! et l'ardent Cassius de l'arsenal aussi! — Comment ont-ils vu venir leur dernière heure?

Ben. Pensez à la vôtre, qui s'approche! Ainsi, vous refusez de vous défendre?

Le Doge. Je ne puis plaider ma cause devant mes inférieurs, et je ne vous reconnais pas le droit de me juger; quelle loi vous le confère?

Ben. Dans les grandes crises, la loi doit être refaite ou réformée. Nos pères n'avaient point établi de peine pour un tel crime, comme autrefois à Rome on avait oublié sur les tables de la loi le châtiment du parricide, parce qu'on ne pouvait appliquer de dispositions pénales à ce qui n'avait point de nom dans ces grands cœurs, point de place dans leur pensée. Qui jamais eût pu prévoir que la nature humaine pût être souillée par l'homicide attentat d'un fils contre son père, d'un prince contre son royaume? Votre crime nous a fait promulguer une loi qui constituera un précédent contre les grands coupables qui tenteraient un jour de monter à la tyrannie par la voie de la trahison, et qui, non contents de posséder un sceptre, voudraient le convertir en un glaive à deux tranchants! La place de doge ne vous suffisait-elle pas? Qu'y a-t-il au-dessus de la seigneurie de Venise?

Le Doge. La seigneurie de Venise! vous m'avez trahi, vous, vous tous, traîtres qui siégez ici! J'étais votre égal par ma naissance, votre supérieur par mes actes; vous m'avez enlevé à mes honorables travaux, dans des contrées lointaines, — sur l'Océan, sur les champs de bataille, — au sein des villes; — *vous* m'avez choisi pour faire de moi une victime couronnée, enchaînée, pieds et poings liés, sur l'autel où vous seuls pouviez sacrifier. Mon élection, que j'ignorais, — que je n'avais ni recherchée, — ni désirée, — ni rêvée, — vint me surprendre à Rome, et il me fallut obéir; mais à mon arrivée, je vis qu'en addition à la jalouse vigilance qui vous a toujours conduits à frustrer, à contrarier les meilleures intentions de votre souverain, vous aviez, dans l'intervalle de mon départ de Rome à mon arrivée dans la capitale, réduit et mutilé le petit nombre de priviléges laissés au doge de Venise; tout cela je le supportai, et je le supporterais encore si le contact impur de votre licence n'était venu souiller jusqu'à mes foyers; et je vois parmi vous l'infâme qui m'a outragé, digne juge d'un tel tribunal!

Ben. *Michel Sténo est ici en vertu de sa charge, comme membre des Quarante, les Dix ayant cru devoir s'adjoindre un certain nombre de sénateurs pour s'aider de leurs lumières dans une affaire aussi importante et aussi insolite; il lui a été fait remise de la punition prononcée contre lui, par ce motif que le doge, institué pour prêter main-forte à la loi, ayant tenté d'abroger toutes les lois, n'a pas le droit de réclamer contre d'autres citoyens l'application de ces mêmes institutions que lui-même renie et foule aux pieds.*

Le Doge. Sa punition! J'aime bien mieux le voir siégeant ici, repaissant ses regards du spectacle de ma mort, que subissant la peine dérisoire à laquelle votre perverse, apparente et hypocrite justice l'avait condamné! Tout infâme que soit son crime, c'est la pureté même, comparé à votre protection.

Ben. Se peut-il que l'illustre doge de Venise, courbé sous le poids des années et des honneurs de trois quarts de siècle, ait pu se laisser emporter comme un enfant, au point que la provocation irréfléchie d'un jeune homme ait suffi pour étouffer en lui tout sentiment, toute sagesse, tout devoir, toute crainte salutaire!

Le Doge. Il suffit d'une étincelle pour allumer un incendie; — c'est la dernière goutte versée qui fait déborder la coupe, et depuis longtemps la mienne était pleine. Vous opprimiez et le prince et le peuple; j'ai voulu affranchir l'un et l'autre, et j'ai échoué dans cette double tentative. Si j'avais réussi, j'eusse été récompensé par la gloire, la vengeance, la victoire, et un nom tel qu'il eût fait rivaliser l'histoire de Venise avec celle de la Grèce et de Syracuse, alors qu'elles virent briser leurs fers et s'ouvrir pour elles une longue ère de bonheur et de gloire, et m'eût fait prendre place à côté de Gélon et de Thrasybule. — Puisque j'ai succombé, je sais que je n'ai à recueillir dans le présent que l'infamie et la mort. — L'avenir me jugera quand Venise ne sera plus ou sera libre; jusque-là la Vérité sera esclave. N'hésitez pas; je n'aurais point eu de pitié pour vous, je ne vous en demande pas. J'ai joué ma vie à un jeu immense; j'ai perdu, prenez ce que j'aurais pris moi-même. Je me serais promené solitaire parmi vos tombeaux, vous pouvez accourir en foule autour du mien; qu'il soit par vous foulé aux pieds comme l'a été mon cœur de mon vivant!

Ben. Vous avouez donc votre crime et reconnaissez la justice de notre tribunal?

Le Doge. J'avoue avoir succombé. La Fortune est femme : depuis ma jeunesse elle m'accorda ses faveurs; j'ai eu tort, à mon âge, de compter encore sur ses premiers sourires.

Ben. Vous ne contestez donc en rien notre équité?

Le Doge. Nobles Vénitiens! ne me tourmentez pas de questions, je suis résigné à tout; mais il y a encore en moi du sang de mes jours meilleurs, et je ne suis pas doué d'une patience excessive. Épargnez-moi tout interrogatoire ultérieur, qui ne servirait qu'à transformer un procès en débats. Mes réponses ne feraient que vous offenser et réjouiraient vos ennemis, déjà trop nombreux. Il est vrai que ces murs lugubres n'ont pas d'échos; mais les murs ont des oreilles et même des langues; et dût la vérité n'avoir pas d'autres moyens de franchir cette enceinte, vous qui me condamnez, vous qui me redoutez et m'immolez, vous ne pourriez emporter dans votre tombe ce que je vous aurais dit en bien ou en mal ; ce secret serait un fardeau trop pesant pour vos âmes : qu'il dorme donc dans la mienne, à moins que vous ne vouliez attirer sur vous un danger deux fois plus grand que celui auquel vous venez d'échapper. Telle serait ma défense si je voulais la rendre fameuse et lui donner toute la latitude qu'elle comporte ; car les *paroles* vraies sont des *choses*, et celles des mourants leur survivent et quelquefois les vengent. Laissez les miennes ensevelies si vous voulez me survivre ; acceptez ce conseil, et, quoique durant ma vie vous ayez souvent soulevé ma colère, laissez-moi mourir en paix ; vous pouvez m'accorder cette faveur. — Je ne nie rien, ne me défends en rien, — ne vous demande rien, si ce n'est le privilége du silence et l'arrêt de la cour !

Ben. La plénitude de cet aveu nous épargne la dure nécessité d'employer la torture pour vous arracher la vérité tout entière.

Le Doge. La torture ! vous m'y avez mis chaque jour depuis que je suis doge ; mais si vous voulez y ajouter les douleurs physiques, vous le pouvez ; ces membres affaiblis par l'âge céderont aux étreintes du fer ; mais il y a dans mon cœur une énergie qui lassera vos supplices. (*Un officier entre.*)

L'Offic. Nobles Vénitiens, la duchesse Faliero demande à être admise en présence de la Junte.

Ren. Qu'en pensez-vous, pères conscrits [16]? Devons-nous la recevoir?

Un Membre de la Junte. Elle peut avoir d'importantes révélations à faire : ce motif doit faire accueillir sa demande.

Ben. Tout le monde est-il de cet avis ?

Tous. Oui.

Le Doge. O admirables lois de Venise ! qui admettent les témoignages de la femme dans l'espoir qu'elle déposera contre son mari ! Quelle gloire pour les chastes dames de Venise ! Mais ceux qui siégent dans cette enceinte, accoutumés à flétrir de leurs blasphèmes l'honneur des gens de bien, ne font que suivre leur vocation. Maintenant, lâche Sténo, si cette femme doit faillir, je te pardonne ta calomnie, ton acquittement, ma mort violente et jusqu'à ta méprisable vie.

(*La duchesse entre.*)

Ben. Madame, ce tribunal équitable a résolu de faire droit à votre demande, quelque insolite qu'elle soit. Quoi que vous ayez à nous dire, nous vous écouterons avec tout le respect dû à votre noblesse, à votre rang et à vos vertus. Mais vous pâlissez! Soutenez la duchesse! qu'on avance un siége!

Ang. Ce n'est qu'une faiblesse passagère.—Je suis mieux... Pardonnez-moi... — je ne m'assieds pas en présence de mon prince et de mon époux, pendant que lui-même est debout.

Ben. Quel motif vous amène, madame?

Ang. Des bruits étranges, mais qui ne sont que trop vrais, si je dois en croire tout ce que j'entends et tout ce que je vois, sont arrivés jusqu'à moi; et je viens pour connaître toute l'étendue de mon malheur... Pardonnez la précipitation de ma démarche. Est-il vrai? — Je ne puis parler, — je ne puis formuler ma question; — mais vos yeux qui se détournent, vos fronts sinistres y ont répondu d'avance. — O Dieu! ce silence est celui de la tombe!

Ben. (*après un moment de silence.*) Madame, épargnez-nous, épargnez-vous à vous-même la répétition de ce qui fut pour nous un devoir terrible, impérieux, envers le ciel et les hommes!

Ang. Parlez toujours... Je ne puis... je ne puis...—non, je ne puis encore le croire, même à présent. Est-il condamné?

Ben. Hélas!

Ang. Était-il coupable?

Ben. Madame, le trouble naturel de vos idées, dans un pareil moment, rend cette demande excusable. Dans tout autre cas, ce serait un délit grave que d'élever un tel doute contre l'équité d'un tribunal si élevé. Mais interrogez le doge, et, s'il nie en présence des preuves produites contre lui, croyez-le aussi innocent que vous-même.

Ang. Est-il vrai?... Mon seigneur, — mon souverain, — toi, l'ami de mon pauvre père, — toi qui fus si grand sur les champs de bataille, si sage dans les conseils, démens les paroles de cet homme!... — Tu gardes le silence!

Ben. Il a déjà avoué son crime, et vous voyez que maintenant il ne le nie pas.

Ang. Oui, mais il ne doit pas mourir... — Épargnez le peu d'années qui lui restent : la honte et la douleur les réduiront à un petit nombre de jours... Un jour de culpabilité impuissante ne doit pas effacer seize lustres d'actions glorieuses.

Ben. Son arrêt doit être exécuté sans délai et sans rémission. — Le décret est rendu.

Ang. Il est coupable, mais il peut encore y avoir pour lui de la clémence.

Ben. La clémence, en cette occasion, ne se concilierait pas avec la justice.

Ang. Hélas! seigneur, celui qui n'est que juste est cruel. Qui resterait vivant sur la terre si tous étaient jugés d'après les seules règles de la justice?

Ben. Le salut de l'État exige son châtiment.

Ang. Sujet, il a servi l'État; général, il l'a sauvé; souverain, il l'a gouverné.

Un membre du Conseil. Conspirateur, il l'a trahi.

Ang. Sans lui, il n'y aurait point aujourd'hui d'État à sauver ou à détruire; et vous, qui prononcez ici la mort de votre libérateur, sans lui vous seriez à ramer dans les galères musulmanes, ou, chargés de chaînes, vous travailleriez dans les mines des Huns!

Un membre du Conseil. Non, madame, il en est qui périraient plutôt que de vivre esclaves!

Ang. S'il en est dans cette enceinte, tu n'es pas du nombre : les vrais braves sont généreux pour les vaincus. — N'est-il plus d'espoir?

Ben. Il n'y en a plus, madame.

Ang. (*Se tournant vers le doge*). Meurs donc, Faliero, puisqu'il le faut! meurs comme doit mourir l'ami de mon père! Tu t'es rendu coupable d'une grande faute; mais la dureté de ces hommes l'a plus qu'à demi effacée. Je les aurais implorés, — suppliés, — comme le mendiant affamé qui demande du pain; — ma voix en pleurs eût invoqué leur clémence comme ils invoqueront celle de Dieu, qui leur répondra ainsi qu'ils me répondent, — si cela n'eût été indigne de ton nom et du mien, et si la froide cruauté écrite dans leurs regards ne m'annonçait des cœurs lâches qui se vengent. Subis donc ta destinée comme un prince doit la subir.

Le Doge. J'ai vécu trop longtemps pour ne pas savoir mourir! Tes prières ne feraient pas plus d'impression sur ces hommes que les bêlements de l'agneau n'en font sur le boucher, ou les pleurs des matelots sur la vague irritée. Je ne voudrais pas même d'une vie éternelle, s'il me fallait la tenir des mains de misérables au joug coupable et monstrueux desquels j'ai voulu soustraire les peuples gémissants!

Michel Sténo. Doge, j'ai un mot à te dire, ainsi qu'à cette noble dame que j'ai si gravement offensée. Plût au ciel que de ma part la douleur, la honte ou le repentir pût anéantir l'inexorable passé! Mais puisque cela ne se peut, disons-nous du moins adieu en chrétiens, et séparons-nous en paix. C'est avec un cœur contrit que j'implore, non votre pardon, mais votre compassion à tous deux, et que j'offre pour vous à Dieu mes prières, quelque impuissantes qu'elles soient.

Ang. Sage Benintende, aujourd'hui premier juge de Venise, c'est à vous que je m'adresse, en réponse à ce que vient de dire ce seigneur. Dites à l'infâme Sténo que les paroles calomnieuses d'un être tel que lui, n'ont jamais excité dans le cœur de la fille de Lorédan qu'un sentiment de pitié! Je préfère mon honneur à mille vies, si elles pouvaient toutes se concentrer dans la mienne; mais je ne voudrais pas qu'il en coûtât la vie à personne pour avoir attaqué ce qu'il n'est donné à aucune puissance humaine d'atteindre, — le sentiment de la vertu, dont la récompense n'est pas dans ce qu'on pense d'elle, mais en elle-même. Pour moi, les paroles du calomniateur ont été ce qu'est le vent pour le rocher; mais, — hélas! — il est des esprits plus irritables sur lesquels de tels outrages font l'effet de l'ouragan sur les flots; il est des âmes pour qui l'ombre seule du déshonneur est une réalité plus terrible que la mort et la malédiction éternelle, des hommes qui ont le tort de s'effaroucher à la moindre raillerie du vice, et qui, sachant résister à toutes les attractions du plaisir, à toutes les angoisses de la douleur, ne peuvent sans effroi voir le moindre souffle ternir le nom superbe sur lequel ils avaient élevé leurs espérances, jaloux de ce nom comme l'aigle de son aire. Puisse ce que nous voyons maintenant, ce que nous sentons et souffrons, servir de leçon à ces misérables, et leur apprendre à ne pas se jouer, dans leur dépit, à des êtres d'un ordre supérieur ! Ce n'est pas la première fois qu'il a suffi d'un insecte pour mettre le lion en fureur; une flèche au talon fit mordre la poussière au brave des braves; le déshonneur d'une femme amena la ruine de Troie; le déshonneur d'une femme fut cause que Rome chassa pour jamais ses rois; un époux outragé conduisit les Gaulois à Clusium, puis à Rome, qui périt pour un temps : l'univers avait supporté les cruautés de Caligula, un geste obscène lui coûta la vie; l'injure d'une vierge fit de l'Espagne une province maure, et deux lignes calomnieuses de Sténo auront décimé Venise, mis en péril un sénat de huit cents ans, détrôné un prince, abattu sa tête découronnée, et forgé de nouveaux fers à un peuple gémissant ! Que le misérable, comme la courtisane qui incendia Persépolis, soit fier de cet exploit, il le peut : — c'est un orgueil digne de lui; mais qu'il n'insulte pas par ses prières aux derniers moments d'un homme qui, quoi qu'il puisse être aujourd'hui, *fut* un héros. Rien de bon ne saurait venir d'une telle source, et de lui nous ne voulons rien, maintenant ni jamais : nous le laissons à lui-même; c'est le laisser dans l'abîme le plus profond de la bassesse humaine. Le pardon est fait pour les hommes, non pour les reptiles... — Nous n'avons pour Sténo ni pardon ni colère... Les êtres tels que lui sont nés pour darder leur venin, les êtres supérieurs pour souffrir : c'est la loi de la vie. L'homme qui meurt de la morsure de la vipère peut bien écraser la bête rampante, mais il ne sent point de colère : le reptile a obéi à son instinct ; et il est des hommes reptiles dont l'âme est plus rampante que le ver qui se repaît des dépouilles de la tombe.

Le Doge (*à Benintende*). Seigneur, achevez ce que vous regardez comme votre devoir.

Ben. Avant de procéder à l'accomplissement de ce devoir, nous prions la princesse de vouloir bien se retirer... Il lui sera trop douloureux d'en être témoin.

Ang. Je le sais, mais je dois le souffrir : car cela fait partie de mon devoir. — Je ne quitterai point mon mari que je n'y sois contrainte par la force. — Poursuivez..., ne craignez point de ma part des cris, des soupirs ou des larmes... Dût mon cœur se briser, il se taira. — Parlez, j'ai là quelque chose qui domptera tout.

Ben. Marino Faliero, doge de Venise, comte de Val di Marino, sénateur, pendant quelque temps général de la flotte et de l'armée, noble vénitien, plus d'une fois chargé par l'état des plus hauts emplois, écoute ta sentence !... Convaincu par un grand nombre de témoignages et de preuves, ainsi que par tes propres aveux, d'un crime de trahison inouï jusqu'à ce jour, — la peine prononcée contre toi est la mort. Tes biens seront confisqués au profit de l'État ; ton nom sera rayé de ses annales, excepté le jour où nous célébrerons par de publiques actions de grâces notre délivrance miraculeuse. Ce jour-là, ton nom sera noté, dans nos calendriers, avec les tremblements de terre, la peste, l'ennemi étranger et le grand ennemi des hommes ; et nous remercierons annuellement le ciel d'avoir préservé nos vies et notre patrie de tes complots pervers. La place où, en ta qualité de doge, devait être mis ton portrait parmi ceux de tes illustres prédécesseurs, sera laissée vacante et couverte d'un voile noir ; et au-dessous seront gravés ces mots : « C'est ici la place de Marino Faliero, décapité pour ses crimes. »

Le Doge. Ses crimes !... Mais qu'importe ? tout cela sera inutile... Ce voile noir étendu sur mon nom proscrit, ce voile qui cachera ou semblera cacher mes traits, attirera plus les regards que les mille portraits de vos esclaves délégués, —

de ces tyrans du peuple qui étaleront sur la toile leurs costumes brillants. Décapité pour ses crimes!... — *Quels* crimes?... Ne vaudrait-il pas mieux rappeler les faits, afin que le spectateur pût approuver ou du moins apprendre le *motif* de ces crimes?... Quand il saura qu'un doge a conspiré, qu'on lui dise pourquoi : cela fait partie de votre histoire.

Ben. Le temps se chargera de résoudre cette question ; nos fils jugeront le jugement de leurs pères, que maintenant je prononce. Comme Doge, revêtu du manteau ducal, tu seras conduit à l'escalier des Géants, lieu de ton investiture et de celle de tous nos princes ; là, après qu'on t'aura ôté la couronne ducale, au lieu même où elle te fut décernée, tu auras la tête tranchée ; et que le ciel ait pitié de ton âme !

Le Doge. Est-ce là la sentence de la Junte?

Ben. Oui.

Le Doge. Je l'accepte. — Et quand aura lieu l'exécution?

Ben. Immédiatement. — Fais ta paix avec Dieu : dans une heure tu seras en sa présence.

Le Doge. J'y suis déjà, et mon sang montera vers le ciel avant les âmes de ceux qui vont le répandre. — Toutes mes terres sont-elles confisquées?

Ben. Elles le sont, ainsi que tes joyaux, tes trésors, tes biens de toute nature, excepté deux mille ducats dont tu peux disposer.

Le Doge. Cela est dur; — j'aurais désiré réserver mes terres près de Trévise, que je tiens, par investiture, de Laurence, comte-évêque de Cénéda, et qui devait constituer un fief perpétuel transmissible à mes héritiers ; j'aurais désiré, dis-je, les partager entre ma femme et mes parents, abandonnant à l'État mon palais, mes trésors, et tout ce que je possède à Venise.

Ben. Tes parents sont eux-mêmes frappés d'interdit ; leur chef, ton neveu, est menacé d'une accusation capitale ; mais le Conseil ajourne pour le moment sa décision à son égard. Si tu veux faire une dotation à ta veuve, ne crains rien, justice lui sera rendue.

Ang. Seigneur, je ne prendrai point ma part des dépouilles

de mon mari! Sachez qu'à dater de ce jour je me consacre à Dieu, et vais chercher un refuge dans le cloître.

Le Doge. Allons! ce moment est pénible, mais il prendra fin. Avez-vous quelque chose encore à m'imposer outre la mort?

Ben. Il ne te reste plus qu'à te confesser et à mourir. Le prêtre est revêtu de ses habits sacerdotaux, le cimeterre est tiré du fourreau; l'un et l'autre t'attendent. — Mais, surtout, ne songe point à parler au peuple; une foule innombrable se presse autour des portes, mais elles sont fermées: les Dix; les Avogadori, la Junte et les principaux des Quarante assisteront seuls à ton supplice, et sont prêts à escorter le doge.

Le Doge. Le doge?

Ben. Oui! le doge. Tu as vécu et tu mourras souverain; jusqu'au moment qui précédera la séparation de ta tête et de ton corps, cette tête et la couronne ducale resteront unies. Tu oublias ta dignité quand tu te ravalas à comploter avec d'obscurs coupables; nous ne l'oublions pas, nous, et, jusque dans ton châtiment, nous respectons la dignité du prince. Tes vils complices sont morts comme meurent des chiens ou des loups; mais toi, tu succomberas comme succombe le lion sous les coups des chasseurs, entouré par ceux qui éprouvent encore pour toi une noble compassion, et déplorent cette mort inévitable qu'a provoquée ta sauvage colère, ta royale audace. Maintenant nous te laissons te préparer; termine promptement, et bientôt nous t'accompagnerons à l'endroit où naguère nous avons été unis à toi comme tes sujets et ton sénat, et où maintenant ces liens doivent être pour jamais rompus. — Gardes! escortez le doge jusqu'à son appartement.　　　　　　　　　　　　　　(Ils sortent.)

SCÈNE II.

L'appartement du Doge.

LE DOGE, prisonnier; LA DUCHESSE.

Le Doge. Maintenant que le prêtre est parti, il serait inutile de prolonger de quelques minutes ma misérable existence...

Encore une douleur, celle de te quitter, et je laisserai dans le sablier le peu de sable qui y reste encore de l'heure qui m'a été accordée. — Le temps et moi nous avons réglé nos comptes.

Ang. Hélas! et c'est moi qui suis la cause de tout ceci, la cause innocente! C'est ce funèbre hyménée, cette lugubre union que, pour complaire aux vœux de mon père, tu promis de contracter au moment de sa mort, qui a scellé la tienne!

Le Doge. Non : il y avait en moi quelque chose qui me prédisposait à subir un grand revers. Je m'étonne seulement qu'il ait attendu si longtemps, et cependant il m'avait été prédit?

Ang. Comment, prédit?.

Le Doge. Il y a bien longtemps de cela, si longtemps que l'époque en est douteuse dans ma mémoire; et néanmoins nos annales l'ont conservée. J'étais jeune, je servais le sénat et la république en qualité de podestat et capitaine de la ville de Trévise. Un jour de fête, l'évêque, qui portait le saint-sacrement, excita mon impatience et ma colère par sa lenteur et sa réponse arrogante aux reproches que je lui adressais. Je levai sur lui la main, le frappai, et le fis tomber par terre avec son fardeau sacré. Après s'être relevé, il étendit vers le ciel ses mains tremblantes d'un pieux courroux; puis, montrant l'hostie sainte qui avait échappé de ses mains, il se tourna vers moi, et dit : « Un moment viendra où celui que tu as renversé te renversera; la gloire désertera ta maison, la sagesse abandonnera ton âme, et, au milieu de la maturité de ton esprit, une démence de cœur te saisira; tu seras déchiré par les passions à une époque de la vie où, chez les autres hommes, les passions s'éteignent ou se transforment en vertus; la majesté de la vieillesse ne couronnera ta tête que pour la faire tomber; les honneurs seront les avant-coureurs de ta ruine, les cheveux blancs de ta honte, les uns et les autres de ta mort, mais non de cette mort qui sied au vieillard. » Ce disant, il continua son chemin. — Sa prédiction se vérifie.

Ang. Et comment, ainsi averti, ne vous êtes-vous pas

efforcé de détourner de vous cette fatale destinée, et d'expier par la pénitence le tort que vous aviez eu?

Le Doge. J'avoue que les paroles de l'évêque pénétrèrent au fond de mon cœur, tellement que je me les suis rappelées au milieu du tourbillon de la vie, où elles me faisaient tressaillir comme la voix d'un spectre dans un rêve surnaturel; et je me repentis... Mais je n'ai jamais eu pour habitude de reculer en quoi que ce fût : quel que dût être mon avenir, je ne le pouvais changer, et je ne le craignais pas. — Ce n'est pas tout : tu ne peux avoir oublié une circonstance que tout le monde se rappelle. Le jour de mon débarquement ici comme doge, à mon retour de Rome, un brouillard épais précéda le *Bucentaure*, semblable à la colonne sombre qui marchait devant Israël à sa sortie d'Égypte; en sorte que le pilote perdit sa route, et nous fit aborder entre les piliers de Saint-Marc, où l'on exécute les criminels, au lieu de nous débarquer, selon l'usage, à la *riva della Paglia*. — Tout Venise frissonna à ce présage.

Ang. Ah! que sert-il maintenant de se rappeler ces choses?

Le Doge. J'éprouve une consolation à penser que ces choses sont l'œuvre de la destinée... J'aime mieux céder aux dieux qu'aux hommes; j'aime mieux accorder une foi aveugle à la fatalité, et ne voir dans ces mortels, dont la plupart, je le sais, sont vils comme la poussière, et aussi impuissants que vils, que des instruments d'une puissance supérieure : ils n'ont rien pu par eux-mêmes, — ils n'ont pu vaincre celui qui avait tant de fois vaincu pour eux!

Ang. Employez le peu d'instants qui vous restent à des pensées d'une nature plus consolante, et, en prenant votre vol vers les cieux, soyez en paix même avec ces misérables.

Le Doge. Je *suis* en paix. Je la dois, cette paix, à la certitude qu'un jour viendra où les enfants de leurs enfants, où cette ville orgueilleuse, et ces flots azurés, et tout ce qui fait la gloire et la splendeur de ces lieux, tout cela ne sera plus que désolation et malédiction; où Venise deviendra la risée des nations, une Carthage, une Tyr, une Babel de l'Océan !

ANG. Cessez de parler ainsi... Le flot des passions déborde sur vous jusqu'au dernier moment... Vous vous abusez vous-même, et ne pouvez rien contre vos ennemis... — Soyez plus calme.

LE DOGE. Je suis déjà dans l'éternité... Elle se déroule devant moi, et je vois, — d'une manière aussi palpable que je contemple ton doux visage pour la dernière fois, — je vois les jours dont mes prédictions menacent ces murs baignés par les flots et ceux qui les habitent.

UN GARDE (*s'avançant*). Doge de Venise, les Dix attendent votre altesse.

LE DOGE. Adieu donc, Angiolina ! — Que je t'embrasse encore !... — Pardonne au vieillard qui fut pour toi un époux affectueux, mais fatal; chéris ma mémoire... Je n'en aurais pas réclamé autant pour moi de mon vivant; mais maintenant tu peux me juger avec plus d'indulgence, en voyant que toutes mes mauvaises pensées sont calmées. Et puis, de tous les fruits de mes longues années, la gloire, la richesse, la puissance, la renommée, un grand nom; de tous ces fruits qui ordinairement laissent quelques fleurs sur la tombe d'un homme, il ne me reste rien, pas une parcelle d'amour, d'amitié ou d'estime ! rien dont la fastueuse douleur d'une famille pût extraire seulement une épitaphe !... Une heure a suffi pour déraciner toute ma vie antérieure, et j'ai survécu à tout, excepté à ton cœur, asile de pureté, de bonté, de douceur, dont la douleur silencieuse, mais sincère, conservera... — Comme tu pâlis ! — Hélas ! elle s'évanouit ! — le pouls et la respiration lui manquent ! — Gardes, prêtez-moi votre aide ! — Je ne puis la laisser en cet état... Et cependant peut-être vaut-il mieux qu'il en soit ainsi, puisque chaque moment d'insensibilité lui épargne une torture ! Quand elle aura secoué cette mort passagère, je serai avec l'Éternel. — Appelez ses femmes ! — Encore un regard ! — Que sa main est froide ! — aussi froide que sera la mienne avant qu'elle ait repris ses sens. — Oh ! donnez-lui les soins les plus attentifs, et recevez mes derniers remerciements. —Maintenant, je suis prêt. (*Ils sortent. Les femmes d'Angiolina entrent, et entourent leur maîtresse évanouie.*)

SCÈNE III.

La cour du palais ducal; les portes extérieures sont fermées pour empêcher le peuple d'y pénétrer. — Le Doge, revêtu du costume de sa dignité, s'avance au milieu du Conseil des Dix et d'autres patriciens, suivi par des gardes jusqu'à la marche supérieure de l'escalier des Géants, où les Doges prêtaient serment; c'est là qu'est placé l'exécuteur, son glaive à la main. — En arrivant, un membre du Conseil des Dix dépouille la tête du Doge de la toque ducale.

Le Doge. A dater de ce moment, le doge n'est plus rien, et me voilà enfin redevenu Marino Faliero. C'est quelque chose que cela, quoique ce ne soit que pour un moment. C'est ici que j'ai été couronné. Le ciel m'est témoin que je ressens plus de joie à résigner ce brillant jouet, ce colifichet ducal, que je n'en éprouvai à recevoir ce fatal ornement.

L'un des Dix. Tu trembles, Faliero?

Le Doge. Oui, mais c'est de vieillesse [17].

Ben. Faliero, as-tu à faire au sénat quelque recommandation compatible avec la justice?

Le Doge. Je recommande mon neveu à sa clémence, ma femme à sa justice... Il me semble qu'entre l'État et moi tout doit être compensé par ma mort, et par une telle mort.

Ben. Il sera fait droit à l'une et à l'autre de ces demandes, malgré ton crime inouï.

Le Doge. Inouï! oui : l'histoire nous présente une foule de conspirateurs couronnés ligués contre le peuple; mais un souverain qui meurt pour le rendre libre, cela ne s'est vu que deux fois.

Ben. Et qui sont ceux qui sont morts pour une telle cause?

Le Doge. Le roi de Sparte et le doge de Venise, — Agis et Faliero.

Ben. Vous reste-t-il encore quelque chose à dire ou à faire?

Le Doge. Puis-je parler?

Ben. Tu le peux; mais rappelle-toi que le peuple est hors de la portée de la voix humaine.

Le Doge. Ce n'est pas aux hommes que je m'adresse, mais au temps et à l'éternité dont je vais faire partie. Éléments, avec qui je vais tout à l'heure me confondre, que ma voix soit comme une âme pour vous! vagues d'azur, qui portiez ma bannière! vents, qui vous jouiez dans ses plis avec amour, qui tant de fois avez enflé ma voile et prêté vos ailes à ma flotte victorieuse! et toi, ma terre natale, pour laquelle mon sang a coulé! et toi, terre étrangère qui as bu ce sang volontairement épanché par plus d'une blessure! marbres, qui tout à l'heure n'absorberez pas le peu qui m'en reste, car il montera vers le ciel! cieux, qui le recevrez! soleil, qui brilles sur toutes ces choses, et toi qui allumes les soleils et qui les éteins! je vous prends tous à témoin! Je ne suis pas innocent, — mais eux le sont-ils? Je meurs; mais je serai vengé; les siècles lointains m'apparaissent flottants sur l'abîme des temps à venir; et avant que mes yeux se ferment, il leur est donné de voir le châtiment réservé à cette ville orgueilleuse, et ma malédiction planera à jamais sur elle et sur ses enfants! — Oui, elles couvent silencieuses les heures d'où doit naître le jour où la cité qui éleva un rempart contre Attila, courbera la tête lâchement et sans combat devant un Attila bâtard, sans même verser, pour se défendre, autant de sang qu'il en coulera tout à l'heure de ces vieilles veines, épuisées pour la protéger. — Elle sera vendue et achetée, et donnée en apanage à des maîtres qui la mépriseront [18]! D'empire elle deviendra province, de capitale petite ville, avec des esclaves pour sénat, des mendiants pour nobles, et un peuple de courtisanes! O Venise! quand l'Hébreu occupera tes palais [19], le Hun tes citadelles; quand le Grec, maître de tes marchés, s'y promènera en souriant; quand, dans les rues étroites, tes patriciens mendieront un pain amer, et, dans leur honteuse indigence, feront de leur noblesse un motif de compassion; quand le petit nombre de ceux qui auront conservé quelque débris de l'héritage de leurs glorieux ancêtres, ramperont aux pieds du lieutenant barbare d'un vice-roi, dans ce même palais où ils régnèrent en souverains, dans ce même palais où ils mirent à mort leur souverain ; quand, se parant d'un nom illustre qu'ils auront déshonoré, nés d'une mère adultère, orgueilleuse de ses impudiques amours avec le gondolier robuste ou le soldat étranger, ils se feront gloire de trois générations de bâtardise ; quand tes fils, descendus au point le plus bas dans l'échelle des êtres, seront cédés aux vaincus par les vainqueurs qui n'en voudront pas, méprisés comme lâches par de moins lâches qu'eux, et repoussés par les vicieux eux-mêmes pour des vices monstrueux qu'aucun code ne pourra spécifier ni nommer ; quand de l'héritage de Chypre, aujourd'hui soumise à ton sceptre, il ne te restera que son infamie transmise à tes filles, dont la prostitution fera oublier la sienne ; — quand tous les maux des États conquis s'attacheront à toi, le vice sans splendeur, le péché privé même du brillant relief de l'amour, mais à la place de ce dernier, l'habitude d'une débauche grossière, un libertinage sans passion, une impudicité froide et compassée, réduisant en art les faiblesses de la nature ; — quand tous ces fléaux et d'autres encore seront ton partage ; quand le sourire sans joie, les amusements sans plaisir, la jeunesse sans honneur, la vieillesse sans dignité, quand la bassesse et l'impuissance, et la conscience de tes maux [20] qui n'éveillera en toi ni résistance ni murmure, auront fait de toi, ô Venise ! le dernier et le pire des déserts peuplés ; alors, dans le dernier râle de ton agonie, au milieu de tous tes assassinats, rappelle-toi *le mien !* caverne de brigands ivres du sang de leurs princes, enfer au milieu des eaux, Sodome de l'Océan ! je te dévoue aux dieux infernaux, toi et ta race de serpents ! (*Ici le Doge se tourne vers l'exécuteur, et lui dit :*) Esclave ! fais ton métier ! frappe comme je frappais l'ennemi ! frappe comme j'aurais frappé ces tyrans ! frappe de toute la force de mon anathème ! et ne frappe qu'une fois !

(*Le Doge se jette à genoux, et au moment où l'exécuteur lève son glaive, la toile tombe.*)

SCÈNE IV.

La piazza et la piazetta de Saint-Marc. — Le peuple est rassemblé en foule autour des grilles du palais ducal, qui sont fermées.

Premier Citoyen J'ai atteint la grille, et je puis distinguer les Dix rangés autour du Doge, dans leur costume de cérémonie.

Second Cit. Je ne puis, malgré mes efforts, aller jusqu'à toi. Que se passe-t-il ? tâchons du moins d'entendre, puisqu'il n'y a que ceux qui sont près de la grille qui aient la possibilité de voir.

Prem. Cit. Un d'eux s'est approché du Doge ; voilà qu'on dépouille sa tête de la toque ducale. — Maintenant il lève les yeux au ciel ; je les vois briller, je vois le mouvement de ses lèvres. — Silence ! — silence ! Ce n'est qu'un murmure. — Maudit éloignement ! on ne peut comprendre ses paroles ; mais sa voix grossit comme les sourds grondements du tonnerre. Oh ! si nous pouvions seulement entendre une phrase !

Sec. Cit. Silence ! peut-être pourrons-nous saisir quelques sons.

Prem. Cit. C'est en vain, je ne puis l'entendre. — Ses cheveux blancs flottent au souffle des vents, comme l'écume sur les vagues ! — Maintenant, — maintenant, — il s'agenouille ; — et à présent ils forment un cercle autour de lui, et on n'aperçoit plus rien ; — mais je vois l'épée levée en l'air. — Ah ! écoutez ! elle frappe ! (*Le peuple murmure.*)

Troisième Cit. Ils ont assassiné celui qui voulait nous affranchir.

Quatrième Cit. Il a toujours été bon pour le peuple.

Cinquième Cit. Ils ont sagement fait de tenir les grilles fermées. Si nous avions su, avant de venir, ce qui allait se passer, — nous aurions apporté des armes pour forcer les portes.

Sixième Cit. Êtes-vous bien sûr qu'il soit mort ?

Prem. Cit. J'ai vu l'épée s'abattre. — Voyez ! que vient-on nous montrer ?

Sur le balcon du palais, dont la façade donne sur la place, s'avance un chef des Dix, tenant à la main un glaive ensanglanté ; il l'agite trois fois aux yeux du peuple, et dit :

« La justice a frappé le grand coupable. »

Les grilles s'ouvrent ; le peuple se précipite vers l'escalier des Géants, où l'exécution a eu lieu. Ceux qui sont les plus avancés crient à ceux qui sont derrière eux :

La tête sanglante roule sur les marches de l'escalier des Géants! (*La toile tombe.*)

NOTES

DES CINQ ACTES DE MARINO FALIERO.

1 Un biographe de l'abbé conteste l'exactitude de cette assertion. « Quelques écrivains, » dit-il, « qui trouvaient sans doute piquant d'attribuer de grands effets à de petites causes, ont prétendu que l'abbé avait insisté dans le conseil pour faire déclarer la guerre à la Prusse, par ressentiment contre Frédéric, et pour venger sa vanité poétique, humiliée par le vers du monarque bel esprit et poëte —

Évitez de Bernis la stérile abondance.

« Je ne m'amuserai pas à réfuter cette opinion ridicule : elle tombe par le fait si l'abbé, comme dit Duclos, se déclara au contraire, dans le conseil, constamment pour l'alliance avec la Prusse, contre le sentiment même de Louis XV et de madame de Pompadour. » *Bibl. univ.*

2 En février 1817, lord Byron écrivait à M. Murray : « Consultez pour moi le *Coup d'œil sur l'Italie*, du docteur Moore. Dans l'un des volumes, vous trouverez un chapitre sur le doge Valiero (ce doit être Faliero), sur sa conspiration et les motifs qui ont déterminé sa conduite. Faites-moi copier ce passage et envoyez-le-moi tout de suite par la poste. Je ne puis trouver ici d'aussi bons renseignements, quoique l'on vous montre encore aujourd'hui le portrait recouvert d'un voile noir, le lieu où il fut couronné et celui où il fut décapité. J'ai fouillé tous les historiens ; mais la censure de la vieille aristocratie n'a pas permis aux écrivains de publier les motifs, qui étaient probablement l'affront qu'il avait reçu d'un jeune patricien. Je veux écrire une tragédie sur ce sujet, qui me paraît éminemment dramatique, un vieillard jaloux, et conspirant contre l'État dont il est le chef suprême. Cette dernière circonstance est très remarquable et peut-être unique dans l'histoire. »

3 John Wilson, du collége de la Madeleine, à Oxford, aujourd'hui professeur de philosophie morale à l'Université d'Édimbourg, est l'auteur bien connu de *Marguerite Lindsay*, de *Ombres et lumières de la vie écossaise*, et le principal critique du *Blackwood's Magazine*. M.

4 Horace Walpole était doué de facultés qui lui auraient assuré le rang

le plus élevé dans la littérature. *La Mère mystérieuse*, quelque repoussante que soit l'idée principale, restera comme un magnifique monument. Il est vrai, pour nous servir d'une de ses expressions, que lorsqu'il choisit un sujet aussi terrible, la mélancolie avait blasé son goût au point de l'obliger à rêver quelque chose d'horrible; mais les bons vieux vers blancs, l'énergie du caractère de cette misérable mère et quelques autres personnages prouvent une force de conception et une vigueur de style propres à enfanter de grandes choses, et nous ramènent à la première période du théâtre anglais, — « lorsque la terre était habitée par des géants... »

CROKER.

5 Lord Byron acheva cette tragédie le 17 juillet 1820; il avait l'intention de la garder six ans en portefeuille avant de la livrer à l'impression; mais de pareilles résolutions, dans un siècle tel que le nôtre, sont rarement mises à exécution. *Marino Faliero* fut publié à la fin de la même année, et représenté sur le théâtre de Drury-Lane, au grand désespoir du poëte et malgré ses réclamations réitérées.

6 Les *Avogadori* étaient au nombre de trois; ils jugeaient les criminels de complot contre l'État, et aucune délibération des conseils n'était valide si elle n'avait été sanctionnée par la présence de l'un d'eux.

7 *Marino Faliero, dalla bella moglie altri la gode, ed egli la mantiene.* SANUTO.

8 Historique. Voyez Marino Sanuto. Il dit que — « le ciel permit que Faliero perdit la raison. — *Però fu permisso che il Faliero perdette l'intelletto.* » B.

9 Cet officier était le chef des ouvriers de l'arsenal et capitaine du *Bucentaure*, dont il répondait sur sa tête; l'excuse d'une tempête n'était point admise. Il montait la garde au palais ducal pendant l'interrègne, et portait l'étendard rouge devant le nouveau doge lors de son inauguration. On lui donnait pour indemnité le manteau ducal et les deux bassins qui contenaient les distributions que le doge faisait au peuple.

Amelot de la Houssaye, 79.

10 A ceci, l'amiral répondit : — « Monseigneur duc, si vous désirez vous faire roi et mettre en pièces toute cette lâche noblesse, comptez sur moi. J'ai du cœur; je vous ferai roi de tout le pays, et alors vous pourrez les punir tous. » — Entendant ceci, le duc dit : — « Comment peut-on s'y prendre ? » — Et ils se mirent à discourir. Tel est le récit de Sanuto, et il n'existe pas d'autre version. On ne peut dire de qui il tenait ces détails. Si cette conversation a eu lieu réellement, elle a dû se tenir sans témoins, et n'a pu être révélée que par l'un des deux interlocuteurs. Il est plus probable que le chroniqueur a supposé ce qui était vraisemblable; et, comme il est certain que ce fut après une entrevue avec l'amiral que le

---

* Sur le manuscrit original envoyé de Ravenne, lord Byron a écrit : « Commencé le 4 avril 1820, achevé le 16 juillet 1820, copié le 16 août 1820 : la copie m'a coûté dix fois plus de temps que la composition, à cause de la chaleur (le thermomètre marquait 90° à l'ombre) et de mes occupations domestiques.

doge se trouva mêlé à la conspiration, il n'y a aucun inconvénient à supposer cette conversation. *Résumé de l'Histoire de Venise*, t. XX et XXI de la *Bibliothèque de Famille*.

11 Les cloches de Saint-Marc ne pouvaient être mises en branle que par l'ordre du doge. Un des prétextes que l'on eût donnés pour sonner cette alarme était l'approche d'une flotte génoise dans les lagunes.

12 « J'aurais pardonné un coup de poignard ou le poison, tout enfin, excepté cette désolation calculée que l'on a entassée sur moi ; je suis seul près de mon foyer avec mes pénates, jonchant le sol autour de moi. Pouvez-vous supposer que j'oublie ou que je pardonne jamais cela ? Tout autre sentiment a été tué en moi, je ne suis plus sur la terre qu'un spectateur indifférent. » Lettre de lord Byron. 1819.

13 Le palais de la famille du Doge.

14 Dans les notes de *Marino Faliero*, il serait bon de dire que Benintende ne faisait pas réellement partie du Conseil des Dix, mais était grand chancelier, office séparé, quoique fort important. C'est moi qui ai fait ce changement. *B.*

15 *Giovedi grasso*, — jeudi gras. C'était le jour du jugement. Je n'ai pu transporter littéralement cette date dans la pièce. *B.*

16 Le sénat vénitien prenait, comme le sénat romain, le titre de pères conscrits.

17 Cette réponse fut aussi celle de Bailly, maire de Paris, aux bourreaux qui lui faisaient le même reproche. J'ai trouvé, depuis que cette tragédie est achevée, et en lisant pour la première fois *Venise sauvée*, la même réponse faite par Renault dans une occasion différente. Il y a encore d'autres ressemblances entre les deux pièces, mais elles sont purement accidentelles, car on n'aurait pas de peine à découvrir le plagiaire quand il s'agit d'une pièce aussi répandue que celle d'*Otway*. *B.*

18 Si cette malédiction dramatique paraît exagérée, que le lecteur se rappelle les circonstances historiques de la période que prophétise le doge, ou plutôt le peu d'années qui la précèdent. Voltaire calculait les *nostre bene meretrici de Venise* à douze mille patentés, sans compter les volontaires et la milice locale. J'ignore quelle était son autorité, mais c'est peut-être la seule partie de la population qui n'ait pas diminué. Venise contenait autrefois deux cent mille habitants, et maintenant elle n'en a pas quatre-vingt-dix mille, et quels sont-ils ? On peut à peine concevoir, et nul ne saurait décrire, à quel degré d'avilissement les a réduits l'infernale tyrannie de l'Autriche. Depuis la décadence actuelle de Venise, sous les Barbares, il y a cependant quelques honorables exceptions. *B.*

19 Les principaux palais de la Brenta appartiennent maintenant aux juifs qui, dans les premiers temps de la république, ne pouvaient habiter que le Mestri, et n'avaient pas le droit d'entrée dans la ville de Venise. Tout le commerce est dans les mains des juifs, des Grecs, et des Huns de la garnison.

20 Si la prophétie du doge étonne, que l'on lise celle faite par Alamani deux cent soixante-dix ans plus tard. « Il existe une singulière prophétie

sur la république de Venise : Si tu ne changes pas, y est-il dit à l'orgueilleuse république, ta liberté, qui déjà chancelle, ne survivra pas d'un siècle à mille ans. Si nous remontons à l'époque où fut fondée la liberté de Venise, nous trouvons que l'élection du premier doge eut lieu en 697; nous ajoutons cent ans à 1697, et nous trouvons que le sens littéral de cette prédiction est : Votre liberté ne durera pas au-delà de 1797. Rappelez-vous que Venise perdit sa liberté en 1796, la cinquième année de la république française, et vous conviendrez que jamais prédiction n'a été mieux confirmée par l'événement. Vous remarquerez ces trois vers d'Alamani, auxquels personne jusqu'ici n'a fait attention :

> Le non cangi pensier, un secol solo
> No conterà sopra 'l millesimo anno
> Tua libertà, che va fuggendo a volo.

Plusieurs prophéties ont été moins vraies, et beaucoup ont été appelés prophètes pour moins.

GINGUENÉ, *Histoire littéraire de l'Italie*, t. IX, p. 144.

LE CIEL ET LA TERRE[1],

MYSTÈRE

FONDÉ SUR CE PASSAGE DE LA GENÈSE, CHAP. VI :

« Et il arriva que les fils de Dieu virent que les filles des hommes étaient
« belles ; et ils prirent pour femmes celles d'entre elles qui leur
« plurent. »

Et la femme pleurant le démon qu'elle adore.

COLERIDGE.

PERSONNAGES.

ANGES. — SAMIASA.
AZARIEL.
L'ARCHANGE RAPHAEL.
HOMMES. — NOE.
IRAD.
SEM,
JAPHET, } fils de Noé.
FEMMES. — ANAH.
AHOLIBAMAH.
CHOEUR DES ESPRITS DE LA TERRE.
CHOEUR DES MORTELS.

SCÈNE Ire.

Une contrée boisée et montagneuse près du mont Ararat. — Il est minuit.

ANAH, AHOLIBAMAH.

AN. Notre père dort. Voici l'heure où ceux qui nous aiment, ont coutume de descendre à travers les sombres nuages qui couronnent le mont Ararat. Comme mon cœur bat !

AHOL. Commençons notre invocation.

AN. Mais les étoiles sont cachées. Je tremble.

AHOL. Et moi aussi ; mais ce n'est pas de crainte : je ne crains que de les voir tarder longtemps.

AN. Ma sœur, quoique j'aime Azariel plus que... — Oh ! beaucoup trop ! Qu'allais-je dire ? mon cœur devient impie.

AHOL. Et où est l'impiété d'aimer des natures célestes ?

AN. Mais, Aholibamah, j'aime moins Dieu depuis que son

ange m'aime. Cela ne saurait être bien ; et quoique je ne croie pas mal faire, je sens mille craintes dont ma conscience s'alarme.

AHOL. Unis-toi donc à quelque fils de la poussière, travaille et file ; Japhet t'aime depuis longtemps : marie-toi, et donne le jour à des êtres d'argile !

AN. Je n'aimerais pas moins Azariel s'il était mortel ; pourtant je suis bien aise qu'il ne le soit pas. Je ne puis lui survivre ; et quand je pense que ses ailes immortelles planeront un jour sur le sépulcre de l'humble fille de la terre qui l'adora comme il adore le Très-Haut, la mort me semble moins terrible ; et cependant je le plains : sa douleur durera des siècles ; du moins telle serait la mienne pour lui si j'étais le séraphin, et lui l'être périssable.

AHOL. Dis plutôt qu'il choisira quelque autre fille de la terre, et l'aimera comme il aimait Anah.

AN. Si cela devait être, et qu'elle l'aimât, plutôt le savoir heureux que de lui coûter une seule larme !

AHOL. Si je pensais qu'il en fût ainsi de l'amour de Samiasa, tout séraphin qu'il est, je le repousserais avec mépris. Mais faisons notre invocation ! — Voici l'heure.

AN. Séraphin ! du sein de ta sphère, quelle que soit l'étoile qui contienne ta gloire ; soit que dans les éternelles profondeurs des cieux, tu veilles avec les sept archanges[2], soit que dans l'espace antique et infini, des mondes poursuivent leur marche devant tes ailes brillantes, entends-moi ! Oh ! pense à celle à qui tu es cher ! et lors même qu'elle ne serait rien pour toi, songe que tu es tout pour elle. Tu ne connais pas, — et puissent de telles douleurs n'être infligées qu'à moi ! — tu ne connais pas l'amertume des larmes. L'éternité est dans tes jours ; la beauté sans aube et sans déclin brille dans tes yeux ; tu ne peux sympathiser avec moi, si ce n'est en amour, et là tu dois avouer que jamais argile plus aimante n'a pleuré sous le ciel. Tu parcours d'innombrables mondes ; tu vois la face de celui qui t'a fait grand, comme il a fait de moi l'une des moindres créatures de la race exilée d'Eden ; et cependant, séraphin chéri, entends-moi ! car tu m'as aimée, et je ne voudrais quitter la vie qu'en apprenant ce que je ne pourrais apprendre sans en mourir, que tu oublies, dans ton éternité, celle dont la mort ne pourra empêcher le cœur de battre pour toi, tout immortelle essence que tu es ! Il est grand l'amour de ceux qui aiment dans le péché et dans la crainte; et je les sens qui livrent à mon cœur un indigne combat. Pardonne, ô mon séraphin! pardonne à une fille d'Adam de telles pensées; car la douleur est notre élément, et le bonheur un Eden dérobé à notre vue, quoiqu'il vienne parfois se mêler à nos rêves. L'heure approche qui me dit que nous ne sommes pas tout à fait abandonnées. — Parais! parais! séraphin! mon Azariel! Viens ici, et laisse les étoiles à leur propre lumière.

Ahol. Samiasa! en quelque partie des célestes régions que tu commandes; — soit que tu combattes contre les esprits qui osent disputer l'empire à l'auteur de toute puissance; soit que tu rappelles quelque étoile errante égarée à travers les espaces de l'abîme, et dont les habitants, mourants de la chute de leur monde, partagent la triste destinée de la poussière qui habite celui-ci; soit que, te joignant aux chérubins inférieurs, tu daignes partager leur hymne, — Samiasa! je t'appelle, je t'attends et je t'aime. Beaucoup pourront t'adorer, ce ne sera pas moi : si ton esprit t'incline à descendre vers moi, descends et partage mon sort! Quoique je sois formée d'argile, et toi de rayons plus brillants que ceux du soleil sur les ondes d'Eden, ton immortalité ne saurait payer mon amour d'un amour plus ardent. Il est en moi un rayon qui, bien qu'il lui soit interdit de briller, fut allumé, je le sens, à la lumière de Dieu et à la tienne. Il peut rester longtemps caché. Ève, notre mère, nous a légué la mort et la caducité, — mais mon cœur les brave : quoique cette vie doive prendre fin, est-ce une raison pour que toi et moi nous soyons séparés? — Tu es immortel, — et moi aussi : — je sens, je sens mon immortalité déborder toutes les douleurs, toutes les larmes, toutes les terreurs, et sa voix, pareille à l'éternel mugissement des vagues, crier à mon oreille cette vérité : — « Tu vivras toujours! » Si ce sera une vie de bonheur, je l'ignore, et ne veux point le savoir ; ce secret appartient au Tout-Puissant qui couvre de nuages les sources de nos biens et de nos maux ; mais toi et moi, il ne peut jamais nous détruire ; il peut nous changer, non nous anéantir ; nous sommes d'une essence aussi éternelle que la sienne, et s'il nous fait la guerre, nous lui ferons la guerre à notre tour : avec toi, je puis tout endurer, même une immortelle douleur ; tu n'as pas craint de partager la vie avec moi, pourquoi reculerais-je devant ton éternité ? Non, quand le dard du serpent devrait me transpercer, quand tu serais toi-même semblable au serpent, enlace-moi de tes replis ! et je sourirai, et je ne te maudirai pas ; et je te presserai d'une aussi énergique étreinte que... — Mais descends ; viens mettre à l'épreuve l'amour d'une mortelle pour un immortel. Si les cieux contiennent plus de bonheur que tu ne peux en donner et en recevoir, demeure où tu es !

AN. Ma sœur ! ma sœur ! je vois leurs ailes se frayer une route lumineuse à travers les ténèbres de la nuit.

AHOL. Les nuages s'écartent devant eux comme s'ils apportaient la lumière de demain.

AN. Mais si notre père apercevait cette clarté ?

AHOL. Il croirait que c'est la lune qui, à la voix d'un sorcier, paraît une heure trop tôt.

AN. Ils viennent ! il vient, Azariel !

AHOL. Courons à leur rencontre ! Oh ! pendant qu'ils planent là-haut, que n'ai-je des ailes pour emporter mon âme vers le cœur de Samiasa !

AN. Vois ! leur présence a éclairé tout l'Occident, comme si le soleil se couchait une seconde fois ; — vois ! sur la cime tout à l'heure cachée de l'Ararat, brille maintenant un doux arc-en-ciel aux mille couleurs, trace éblouissante de leur passage ! Et maintenant, voilà que la montagne est redevenue obscure comme l'écume que le Léviathan fait jaillir sur les flots lorsqu'il sort de ses retraites profondes pour se jouer à la surface tranquille des vagues, disparaît aussitôt que le géant des mers s'est replongé dans l'abîme jusqu'aux lieux où dorment les sources de l'Océan.

Ahol. Ils ont touché la terre! Samiasa!

An. Mon Azariel! (*Elles s'éloignent.*)

SCÈNE II.

IRAD, JAPHET.

Ir. Ne te laisse point abattre : que sert de promener ainsi les pas errants, d'ajouter ton silence à celui de la nuit, et de lever vers les étoiles tes yeux chargés de pleurs? Elles ne peuvent rien pour toi.

Jap. Mais leur vue me fait du bien; peut-être qu'en ce moment elle les regarde comme moi. Il me semble qu'un objet si beau devient plus beau encore quand ses regards se fixent sur la beauté, l'éternelle beauté des choses immortelles. O Anah!

Ir. Mais elle ne t'aime pas.

Jap. Hélas!

Ir. Et l'orgueilleuse Aholibamah me dédaigne également.

Jap. Je plains aussi ton sort.

Ir. Qu'elle garde son orgueil; le mien m'a donné la force de supporter ses mépris; peut-être l'avenir se chargera de me venger.

Jap. Peux-tu trouver de la joie dans une telle pensée?

Ir. Ni joie ni douleur. Je l'aimais sincèrement, je l'aurais plus aimée encore si elle m'avait payé de retour : maintenant je l'abandonne à des destinées plus brillantes, si elles lui semblent telles.

Jap. Quelles destinées?

Ir. J'ai lieu de croire qu'elle en aime un autre.

Jap. Anah?

Ir. Non, sa sœur.

Jap. Quel autre?

Ir. C'est ce que j'ignore; mais son air, sinon ses paroles, me dit qu'elle en aime un autre.

Jap. Oui; mais il n'en est pas de même d'Anah; elle n'aime que son Dieu.

Ir. Que t'importe qui elle aime, si elle ne t'aime pas?

Jap. C'est vrai; mais j'aime.

Ir. Et moi aussi, j'aimais.

Jap. Et maintenant que tu n'aimes plus, ou crois ne plus aimer, en es-tu plus heureux?

Ir. Oui.

Jap. Je te plains.

Ir. Moi! et de quoi?

Jap. D'être heureux, privé que tu es de ce qui fait mon tourment.

Ir. Je mets l'amertume de tes paroles sur le compte de ton esprit malade, et je ne voudrais pas sentir comme toi pour plus d'or que n'en rapporteraient les troupeaux de nos pères si on les échangeait contre le métal des enfants de Caïn, — contre cette poussière jaune qu'ils essaient de nous offrir en payement, comme si cette matière inutile et décolorée, ce rebut de la terre, pouvait être l'équivalent du lait, de la laine, de la chair, des fruits, et de tout ce que nos troupeaux et le désert produisent. — Va! Japhet, adresse tes soupirs aux étoiles, comme les loups hurlent à la lune; — je vais me livrer au repos.

Jap. J'en ferais autant si je pouvais reposer.

Ir. Tu ne viens donc pas à nos tentes?

Jap. Non, Irad; je vais me rendre à la caverne qui communique, dit-on, avec le monde souterrain, et livre passage aux esprits intérieurs de la terre quand ils viennent errer sur sa surface.

Ir. Et pourquoi? qu'as-tu à faire là?

Jap. Je vais chercher dans la sombre tristesse de ce lieu un adoucissement à la mienne : ce lieu de désolation convient à mon cœur désolé.

Ir. Mais il offre des dangers. Des bruits et des apparitions étranges l'ont peuplé de terreurs. Je veux t'y accompagner.

Jap. Non, Irad; crois-moi, je n'ai aucune mauvaise pensée, et ne crains aucun mal.

Ir. Mais moins il y a de rapport entre toi et les êtres malfaisants, plus ils te seront hostiles : tourne tes pas d'un autre côté, ou permets que je reste avec toi.

Jap. Ni l'un ni l'autre, Irad ; je dois m'y rendre seul.

Ir. Alors, que la paix soit avec toi !   (*Irad s'éloigne.*)

Jap. La paix ! je l'ai cherchée là où elle devrait se trouver, dans l'amour, — et avec un amour qui peut-être en était digne; et, à sa place, qu'ai-je obtenu ? — un cœur accablé, — un esprit découragé,—des jours monotones, des nuits inexorables au doux sommeil. La paix ! quelle paix ! le calme du désespoir, le silence de la forêt solitaire, interrompu seulement par le souffle de la tempête qui fait gémir ses rameaux ; tel est l'état sombre et agité de mon âme épuisée. La terre est devenue perverse; des signes et des présages nombreux annoncent qu'un changement approche et qu'une catastrophe terrible menace les êtres périssables. O mon Anah ! quand viendra l'heure redoutable, quand s'ouvriront les sources de l'abîme, tu aurais pu trouver un refuge sur mon cœur; il t'aurait abritée du couroux des éléments, ce cœur, qui battit vainement pour toi, et qui alors battra plus vainement encore, tandis que le tien... — O Dieu ! que ta colère l'épargne, elle au moins ! elle est pure au milieu des pécheurs, comme une étoile au sein des nuages qui voilent quelque temps sa splendeur sans pouvoir l'éteindre. Mon Anah ! combien je t'aurais adorée ! mais tu ne l'as pas voulu ; et néanmoins je voudrais te sauver, — je voudrais te voir vivre encore quand l'Océan sera le tombeau de la terre ; quand, sans plus rencontrer de rocs ni de bancs de sable qui l'arrêtent, le Léviathan, roi de la mer sans rivage et de l'univers liquide, s'étonnera de l'immensité de son empire.

(*Japhet s'éloigne.*)

Viennent NOÉ et SEM.

Noé. Où est ton frère Japhet ?

Sem. Il est allé, a-t-il dit, trouver Irad, selon sa coutume; mais je crains qu'il ne se soit dirigé vers les tentes d'Anah, autour desquelles on le voit errer chaque nuit comme une colombe voltige autour de son nid dévasté; ou peut-être a-t-il porté ses pas vers la caverne qui s'ouvre au cœur de l'Ararat.

Noé. Que fait-il là ? c'est un lieu mauvais sur cette terre, où tout est mauvais; car il s'y rassemble des êtres pires encore que les hommes pervers. Il persiste à aimer cette fille d'une race condamnée, cette fille qu'il ne pourrait épouser lors même qu'elle l'aimerait, et elle ne l'aime pas. Oh ! cœurs malheureux des hommes ! faut-il qu'un fils de mon sang, connaissant la destinée et la perversité de la race actuelle des humains, et sachant que son heure approche, se livre à des sentiments qui lui sont interdits ! Conduis-moi, il faut que nous le trouvions.

Sem. Ne va pas plus loin, mon père ; je vais chercher Japhet.

Noé. Ne crains rien pour moi ; les êtres malfaisants ne peuvent rien contre l'homme élu par Jéhovah. — Marchons.

Sem. Vers les tentes du père des deux sœurs ?

Noé. Non, vers la caverne du Caucase. (*Noé et Sem s'éloignent.*)

SCÈNE III.

Les montagnes. — Une caverne, et les rochers du Caucase.

JAPHET, seul.

Solitudes, qu'on dirait éternelles ; et toi, caverne dont on ne peut mesurer la profondeur ; et vous, montagnes, si pittoresques et si terribles dans votre beauté, avec la majestueuse rudesse de vos rochers, et vos arbres gigantesques qui enfoncent leurs racines sur la pierre escarpée, où le pied de l'homme, s'il pouvait atteindre jusque-là, n'oserait se poser ! — Oui, vous semblez éternelles, et pourtant, dans quelques jours, peut-être même dans quelques heures, vous serez changées, brisées, renversées devant la masse des eaux ; elles pénètreront jusque dans les dernières profondeurs de cette caverne, qui semble conduire dans un monde souterrain, et les dauphins se joueront dans la tanière du lion ! Et l'homme ! — ô hommes ! ô mes frères ! quel autre que moi pleurera sur votre tombe universelle ? qui survivra pour vous pleurer ? Hélas ! homme comme vous, en quoi ai-je mérité de vivre plus que vous ? Que deviendront les lieux chéris où je venais rêver à mon Anah alors que j'espérais encore, et les solitudes plus sauvages, mais non moins chères peut-être, où je venais exhaler mon désespoir ? Se peut-il, grand Dieu ! quoi ! ce pic orgueilleux dont la cime étincelante ressemble à une étoile lointaine, disparaîtra sous les flots bouillonnants ! Le soleil levant ne viendra plus refouler loin de sa cime les flottantes vapeurs; le soir, nous ne verrons plus derrière sa tête s'abaisser le large disque du jour, en laissant sur son front une couronne brillante de mille couleurs ! Il ne sera plus le phare du monde, où les anges venaient prendre terre, comme au lieu le plus rapproché des étoiles ! Se peut-il que ce mot, « jamais plus, » soit fait pour lui, pour toute chose, excepté pour nous et les créatures rampantes réservées par mon père sur l'ordre de Jéhovah ! Ces créatures, mon père les sauvera, et moi je n'aurai pas le pouvoir de soustraire la plus charmante des filles de la terre à une condamnation à laquelle échapperont le serpent et sa femelle ; car ils vivront, ces reptiles, pour conserver et propager leur espèce, pour siffler et piquer dans quelque nouveau monde sorti fumant et humide encore du limon qui doit recouvrir le cadavre de celui-ci jusqu'à ce que, sous la chaleur du soleil, le marais salé redevienne un globe habitable, et doit servir de monument unique et de sépulcre universel à des myriades d'êtres actuellement pleins de vie ! Que de souffle arrêté en un jour ! Monde jeune et beau, dévoué à la destruction, c'est avec un cœur brisé que je te contemple jour par jour, nuit par nuit, ces jours et ces nuits qui sont déjà comptés ! Je ne puis te sauver, je ne puis même sauver celle dont l'amour m'eût fait l'aimer encore davantage ; mais je suis une portion de ton argile, et je ne puis penser à ta fin prochaine sans éprouver... — O Dieu ! peux-tu bien...—

(On entend sortir de la caverne un bruit semblable à un vent violent, puis des éclats de rire. — Un Esprit apparaît.)

JAP. Au nom du Très-Haut, qui es-tu ?
L'ESP. (*riant*). Ha ! ha ! ha !
JAP. Par tout ce qu'il y a de plus saint sur la terre, parle.
L'ESP. (*riant*). Ha ! ha !
JAP. Par le déluge qui s'approche ! par la terre que l'Océan va engloutir ! par l'abîme qui va ouvrir toutes ses sources !

par le ciel qui va convertir en mers ses nuées! par le Tout-Puissant qui crée et brise! fantôme inconnu, vague et terrible, parle-moi! pourquoi ris-tu de cet effroyable rire?

L'Esp. Pourquoi pleures-tu?

Jap. Pour la terre et tous ses enfants.

L'Esp. Ha! ha! ha! *(L'Esprit disparaît.)*

Jap. Comme ce démon insulte aux tortures du monde, à la ruine prochaine d'un globe sur lequel le soleil luira sans y trouver de vie à réchauffer! Comme la terre dort! Et tout ce qu'elle enserre dort aussi, à la veille de mourir! Pourquoi s'éveilleraient-ils? pour aller au-devant de la mort? Quels sont ces objets qui ressemblent à la mort vivante, et parlent comme des êtres nés avant ce monde expirant? Ils approchent comme des nuages!

(Divers Esprits sortent de la caverne.)

Un Esp. Réjouissons-nous! la race abhorrée qui n'a pu conserver dans Éden son haut rang, mais a prêté l'oreille à la voix de la Science isolée de la Puissance, touche à l'heure de sa mort! Ce n'est pas lentement, un à un, qu'ils doivent succomber; ce ne seront pas la gloire, la douleur, les années, les chagrins du cœur, la marche destructive du temps qui les moissonneront. Voici venir leur dernier jour; la terre deviendra un océan! et sur l'immensité des vagues, il n'y aura de souffle que celui des vents! Les anges fatigueront leurs ailes sans trouver un lieu pour s'abattre; pas un rocher n'élèvera sa cime du milieu de ce tombeau liquide, pour offrir un refuge au Désespoir, ou signaler l'endroit où il expira, après avoir longtemps promené ses regards sur une mer sans limites, attendant un reflux qui n'est point arrivé. Partout sera le vide, partout la destruction! Un autre élément sera le roi de la vie, et les enfants abhorrés de la poussière périront tous; et de toutes les couleurs de la terre, il ne restera plus qu'un azur sans bornes; et tout sera changé sur la montagne pittoresque et dans la plaine unie; les cèdres et les pins lèveront en vain leurs cimes. Tout sera submergé dans l'inondation universelle; l'homme, la terre et le feu mourront; le ciel et la terre n'offriront plus aux yeux de l'Éternel qu'un espace immense et sans vie. Sur l'écume des flots, qui construira une demeure?

Jap. (*s'avançant*). Ce sera mon père! La semence de la terre ne périra pas; le mal seul sera retranché. Loin d'ici, démons qui triomphez du malheur des hommes, qui hurlez votre hideuse joie alors que Dieu détruit ce que vous n'osez détruire! Hâtez-vous de fuir! retournez dans vos antres souterrains! jusqu'à ce que les vagues vous poursuivent dans vos profondes retraites, et que votre fatale race, lancée au loin dans l'espace, devienne le misérable jouet de tous les vents.

L'Esp. Fils de l'élu! quand toi et les tiens vous aurez bravé le vaste et terrible élément; quand sera brisée la barrière de l'abîme, toi et les tiens serez-vous bons et heureux? — Non! la douleur sera le partage du nouveau monde et de la race nouvelle. — Les hommes seront moins beaux, ils vivront moins longtemps que ces glorieux géants qui parcourent ce globe dans leur orgueil, que ces fils nés des amours du ciel avec les vierges de la terre. Il ne vous restera du passé que les larmes; et n'as-tu pas de honte de survivre à tes frères, de continuer à manger, à boire, à engendrer? Se peut-il que tu aies le cœur assez lâche et assez vil pour entendre annoncer cette immense destruction sans éprouver la douleur courageuse qui te porterait à attendre les flots appelés pour dissoudre le monde, plutôt que de partager l'asile de ton père favorisé, et de bâtir ta demeure sur la tombe de la terre noyée? Il n'est qu'une âme aveugle et lâche qui consent à survivre à son espèce. La mienne hait la tienne, comme appartenant à une autre classe d'êtres; mais nous ne haïssons pas notre propre race. Il n'en est aucun parmi nous qui n'ait laissé dans le ciel un trône vacant, pour habiter ici dans l'obscurité, plutôt que de laisser ses frères souffrir sans lui. Va, misérable! — vis, et donne une vie comme la tienne à d'autres misérables! Et quand les flots destructeurs mugiront sur leurs ravages accomplis, porte envie aux géants patriarches qui ne seront plus, méprise ton père pour leur avoir survécu! et toi-même, rougis d'être son fils!

(*La voix des Esprits s'élève en chœur du sein de la caverne.*)

Chœur des Esp. Réjouissons-nous! la voix humaine ne viendra plus dans les airs interrompre notre joie par ses prières; les hommes n'adoreront plus; et nous, qui depuis des siècles avons cessé d'adorer le Seigneur par qui la prière est impérieusement exigée, aux yeux de qui l'omission d'un sacrifice est un crime, nous verrons se déchaîner les sources amères de l'abîme jusqu'à ce qu'un seul élément fasse l'œuvre de tous les autres dans le chaos, et périr ces créatures orgueilleuses de leur chétive argile, et leurs os blanchis, éparpillés dans les cavernes, dans les antres, dans les crevasses des montagnes, où la mer les poursuivra jusque dans leurs dernières retraites; les animaux eux-mêmes, dans leur désespoir, cesseront de faire la guerre à l'homme et de s'attaquer entre eux, et le tigre se couchera pour mourir à côté de l'agneau, comme s'il était son frère; et toutes choses redeviendront ce qu'elles étaient, silencieuses et incréées, à l'exception du ciel; seulement il sera fait une courte trêve avec la mort; elle consentira à épargner de faibles débris de la création antérieure, à la condition d'engendrer de nouvelles nations pour son usage; ces débris flotteront sur les eaux du déluge, et quand elles seront retirées, quand la chaleur du soleil aura cuit et raffermi le sol fumant encore, ils donneront le jour à de nouveaux êtres; et alors reviendront les années, — les maladies, — les douleurs, — les crimes, avec leur cortége d'agitation et de haine, jusqu'au jour.:.

Jap. (*les interrompant*). Où la volonté éternelle daignera expliquer ce rêve de biens et de maux, rappeler à lui tous les temps et toutes choses, les rassembler sous ses puissantes ailes, abolir l'enfer! et, rendant à la terre régénérée sa beauté primitive, lui restituer son Eden dans un paradis sans fin, où l'homme ne pourra plus succomber comme il l'a déjà fait, où les démons eux-mêmes seront justes!

Les Esp. Et quand s'accomplira cette merveilleuse prophétie?

Jap. Quand le Rédempteur viendra, d'abord dans les souffrances, puis dans sa gloire.

Un Esp. Jusque-là continuez à vous débattre sous votre chaîne mortelle, jusqu'à ce que la terre ait vieilli ; faites une guerre inutile, et à vous-mêmes, et à l'enfer, et au ciel, jusqu'à ce que les nuages soient rouges des vapeurs exhalées du sang des champs de bataille. Il y aura de nouveaux temps, de nouveaux climats, de nouveaux arts, de nouveaux hommes ; mais les vieilles larmes, les vieux crimes, les vieux maux d'autrefois, continueront à se reproduire parmi vous sous différentes formes ; les mêmes tempêtes morales submergeront l'avenir, comme les vagues dans quelques heures les tombeaux des géants glorieux [3].

Chœur des Esp. Frères ! réjouissons-nous ! Mortel, adieu ! Écoutez ! écoutez ! déjà nous entendons la voix lugubre de l'Océan qui s'enfle et gronde ; les vents balancent déjà leurs ailes rapides ; les nuages ont presque rempli leurs réservoirs ; les sources de l'abîme vont se déchaîner, et les cataractes du ciel vont s'ouvrir [4] ; et cependant les hommes voient ces redoutables présages sans en prendre souci ; — leur aveuglement continue comme par le passé. Nous entendons des bruits qu'ils ne peuvent entendre ; la menaçante armée des tonnerres se rassemble ; mais son arrivée est différée encore de quelques heures ; les bannières brillent déjà dans les cieux, mais elles ne sont pas encore déployées, et le regard perçant des Esprits peut seul les apercevoir. Hurle ! hurle ! ô Terre ! tu es plus rapprochée de ta mort que de ton berceau récent ; tremblez, montagnes, qui devez bientôt disparaître sous le débordement des flots ! les vagues viendront assaillir les cimes de vos rochers ; et les coquillages, les petits coquillages, les hôtes les plus chétifs de l'Océan, seront déposés là où l'aigle couve maintenant ses aiglons. — Quels cris il fera entendre en planant sur la mer impitoyable ! En vain il appellera à lui sa naissante famille, la vague envahissante seule lui répondra ; — c'est vainement aussi que l'homme lui enviera ses larges ailes qui ne le sauveront pas ; — où pourra-t-il reposer son vol alors qu'à perte de vue l'espace ne lui offrira que l'Océan, son tombeau? Frères, réjouissons-nous! élevons les accents de nos voix surhumaines! — Tout mourra, hormis un faible débris de la postérité de Seth, — de la postérité de Seth, soustraite à la mort, et réservée à de futures douleurs. Mais des fils de Caïn aucun ne survivra, et toutes ses filles si belles seront englouties sous les vagues dévastatrices; ou, flottant à leur surface, leurs longs cheveux épars sur les ondes, elles accuseront la cruauté du ciel, qui n'a pas voulu épargner des créatures si charmantes jusque dans la mort. L'arrêt est prononcé, tous doivent mourir! et à la clameur universelle des humains succédera l'universel silence! Fuyons, frères, fuyons! mais réjouissons-nous! nous sommes tombés! ils tombent! Ainsi périssent tous ces chétifs ennemis du ciel, qui reculent devant l'enfer!

(Les Esprits prennent leur vol et disparaissent.)

JAP. Dieu a proclamé la sentence de la terre; l'arche de salut de mon père l'a annoncée; les démons eux-mêmes la crient du fond de leurs cavernes; le livre d'Énoch [5] l'a depuis longtemps prédite dans ces pages muettes dont le silence en dit plus à l'esprit que la foudre à l'oreille; et cependant les hommes n'ont point écouté, et ils n'écoutent pas; mais ils marchent aveuglément à leur destinée qui, bien que si prochaine, n'émeut pas plus leur stupide incrédulité, que leurs derniers cris n'ébranleront la volonté du Très-Haut, ou l'Océan obéissant et sourd qui l'accomplit. Nul signe n'arbore encore sa bannière dans les airs; les nuages sont en petit nombre, et ils ont leur apparence accoutumée; le soleil se lèvera sur le dernier jour de la terre, comme il se leva sur le quatrième jour de la création, quand Dieu lui commanda de luire, et qu'il fit briller sa première aurore; alors sa naissante lumière n'éclaira pas le père du genre humain, non formé encore, — mais alla éveiller avant la prière de l'homme, les concerts plus doux des oiseaux créés avant lui, qui, dans le vaste firmament du ciel, prennent leur vol comme les anges, et comme eux saluent le ciel chaque jour avant les fils d'Adam. L'heure de leur hymne matinal approche; — déjà l'orient se colore; — bientôt ils vont chanter! et le jour va paraître! comme si la redoutable catastrophe n'était pas toute prête à éclater! Hélas! les premiers laisseront retomber sur les ondes leurs ailes fatiguées; et le jour, après le cours rapide et brillant de quelques aurores, — oui, le jour se lèvera; mais sur quoi? — sur un chaos pareil à celui qui précéda la lumière, et qui, en se renouvelant, anéantira le temps! car, sans la vie, que sont les heures? pas plus pour la poussière que n'est l'éternité pour Jéhovah qui créa le temps et l'éternité. Sans lui l'éternité elle-même ne serait qu'un vide : sans l'homme, le temps meurt avec l'homme, et est englouti dans cet océan qui n'a point de source, comme la race humaine sera dévorée par celui qui va submerger le monde naissant. — Que vois-je? des enfants de la terre et des fils de l'air? Non, ce sont tous des enfants du ciel, tant ils sont beaux. Je ne puis distinguer leurs traits; je ne vois que leurs formes : avec quelle grâce ils descendent la montagne grisâtre dont leur approche écarte les brouillards! Après les farouches et sombres esprits dont l'infernale immortalité vient d'exhaler l'hymne impie du triomphe, leur présence est douce à mon cœur comme une apparition d'Eden. Peut-être viennent-ils m'annoncer le délai accordé à notre jeune monde, ce délai que mes prières ont tant de fois imploré. — Ils viennent! Anah! O Dieu! et avec elle.... —

Arrivent SAMIASA, AZARIEL, ANAH et AHOLIBAMAH.

An. Japhet!

Sam. Quoi! un fils d'Adam!

Azar. Que fait ici l'enfant de la terre, pendant que toute sa race sommeille?

Jap. Ange! que fais-tu sur la terre quand tu devrais être au ciel?

Azar. Ignores-tu, ou as-tu oublié qu'une partie de nos fonctions consiste à veiller sur ce globe?

Jap. Mais tous les bons anges ont quitté la terre, qui est condamnée; les mauvais esprits eux-mêmes fuient le chaos qui s'approche. Anah! Anah! toi que j'ai si vainement et si longtemps aimée, et que j'aime encore! pourquoi te promènes-tu avec cet Esprit, en ce moment où nul Esprit bon ne prolonge son séjour ici-bas?

AN. Japhet, je ne puis te répondre; cependant pardonne-moi.

JAP. Puisse le ciel, qui bientôt ne pardonnera plus, te pardonner, — à toi! car tu es grandement tentée.

AHOL. Retourne vers les frères, fils insolent de Noé! nous ne te connaissons pas.

JAP. Un temps viendra peut-être où tu me connaîtras mieux, et où ta sœur me retrouvera ce que j'ai toujours été.

SAM. Fils du patriarche qui a toujours été juste devant son Dieu, quelles que soient tes afflictions, et tes paroles semblent mêlées de douleur et de colère, en quoi Azariel ou moi avons-nous pu te faire injure?

JAP. Injure! la plus grande de toutes les injures! mais tu as raison; bien qu'elle fût poussière, je ne la méritais pas, je ne pouvais la mériter. Adieu, Anah! Ce mot, je l'ai dit si souvent! mais maintenant, je le prononce pour la dernière fois. Ange! ou qui que tu sois, as-tu le pouvoir de sauver cette belle, — *ces* belles filles de Caïn?

AZAR. Les sauver! et de quoi?

JAP. Se peut-il que vous aussi vous l'ignoriez? Anges! anges! vous avez partagé le péché de l'homme, et peut-être devez-vous aussi partager son châtiment, ou du moins ma douleur.

SAM. La douleur! C'est pour la première fois que j'entends un fils d'Adam me parler en énigmes.

JAP. Et le Très-Haut ne les a-t-il pas expliquées? Alors c'en est fait de vous, et d'elles aussi.

AHOL. Eh bien! soit! s'ils aiment comme ils sont aimés, ils n'hésiteront pas plus à subir la destinée des mortels, que je ne reculerais devant une immortalité de souffrances avec Samiasa!

AN. Ma sœur! ma sœur! ne parle point ainsi.

AZAR. As-tu peur, mon Anah?

AN. Oui, pour toi : je sacrifierais volontiers la plus grande partie de ce qui me reste de cette courte vie, pour épargner à ton éternité une seule heure de douleur.

JAP. C'est donc pour lui, pour le séraphin que tu m'as abandonné ! ce n'est rien si tu n'as pas aussi abandonné ton Dieu ! car de telles unions entre une mortelle et un immortel ne sauraient être heureuses ni saintes. Nous avons été envoyés sur la terre pour travailler et mourir; et eux, ils furent créés pour servir au ciel le Très-Haut : mais s'il a le pouvoir de te sauver, l'heure ne tardera pas à venir où les hommes n'auront de recours que dans l'aide céleste.

AN. Ah ! il parle de mort.

SAM. De mort, à nous ! et à celles qui sont avec nous ! Si cet homme ne semblait accablé d'affliction, je sourirais.

JAP. Ce n'est pas pour moi que je m'afflige et que je crains; je serai épargné, non pour mes mérites, mais pour ceux d'un père vertueux, qui a été trouvé assez juste pour sauver ses enfants. Que sa puissance de rédemption n'est-elle plus grande ! Plût à Dieu que, par l'échange de ma vie contre celle qui seule pouvait rendre la mienne heureuse, la dernière et la plus charmante des filles de Caïn pût être admise dans l'arche qui recevra les débris de la race de Seth !

AHOL. Et penses-tu que nous, qui avons dans nos veines ardentes le sang de Caïn, le premier né d'Adam, — Caïn le fort ! Caïn, engendré dans le paradis, — nous consentirions à nous mêler aux enfants de Seth ; Seth, le dernier fruit de la vieillesse d'Adam ? Non, non, quand le salut de toute la terre devrait en dépendre, si la terre était en péril ! notre race a vécu séparée de la tienne depuis le commencement ; il en sera de même pour l'avenir.

JAP. Ce n'est pas à toi que je m'adressais, Aholibamah ! Il ne t'a que trop transmis de son sang orgueilleux, celui de tes aïeux que tu vantes, celui qui versa le premier sang, et le sang d'un frère encore ! Mais toi, mon Anah ! laisse-moi t'appeler ainsi, quoique tu ne sois pas à moi ; je ne puis renoncer à te donner ce nom, bien qu'il me faille renoncer à toi ; mon Anah ! toi qui me fais quelquefois penser qu'Abel a laissé une fille dont la race pieuse et pure revit en toi, tant tu ressembles peu au reste des filles hautaines de Caïn, si ce n'est par la beauté, car toutes sont belles à voir... —

AHOL. Voudrais-tu donc qu'elle ressemblât d'âme et de corps à l'ennemi de notre père? Si je le croyais, si je pensais qu'il y eût en elle quelque chose d'*Abel!*..... — Retire-toi, fils de Noé, tu crées l'inimitié.

JAP. Fille de Caïn, c'est ce que fit ton père.

AHOL. Mais il n'a pas tué Seth; et qu'as-tu à voir dans d'autres actes qui restent entre son Dieu et lui?

JAP. Tu dis vrai; son Dieu l'a jugé, et je n'aurais pas parlé de son action, si tu n'avais toi-même semblé te faire gloire de lui appartenir, et ne pas désavouer ce qu'il a fait.

AHOL. Il fut le père de nos pères, le premier né de l'homme, le plus fort, le plus brave et le plus énergique. Rougirai-je de celui à qui nous devons l'être? Regarde les enfants de notre race; vois leur stature et leur beauté, leur courage, leur vigueur, le nombre de leurs jours!

JAP. Ils sont comptés.

AHOL. Soit! mais tant que durera le souffle qui les anime, je me glorifierai dans mes frères et dans mes pères.

JAP. Mon père et ma race ne se glorifient que dans leur Dieu; Anah! et toi?

AN. Quoi que notre Dieu ordonne, le Dieu de Seth et de Caïn, je dois obéir, et je m'efforcerai d'obéir avec résignation. Mais, dans cette heure de vengeance universelle (si cette heure doit luire), si j'osais demander à Dieu quelque chose, ce ne serait pas de vivre, et de survivre seule à toute ma famille. Ma sœur! ô ma sœur! que serait le monde, que seraient d'autres mondes, que serait l'avenir le plus brillant, sans le passé si doux, — sans ton amour, — sans l'amour de mon père, — sans toute cette vie, tous ces objets qui sont nés avec moi, étoiles radieuses éclairant ma ténébreuse existence de douces lumières qui n'étaient pas à moi! Aholibamah! oh! s'il y a possibilité de pardon, — demande-le, obtiens-le : je hais la mort s'il faut que tu meures.

AHOL. Eh quoi! ce rêveur, avec l'arche de son père, cet

épouvantail qu'il a construit pour faire peur aux hommes, a-t-il donc effrayé *ma sœur*? ne sommes-nous pas aimées par des séraphins? Et lors même que nous ne le serions pas, irions-nous placer notre vie sous la protection d'un fils de Noé? ah! plutôt mille fois... — Mais c'est un insensé qui rêve les pires de tous les rêves, les visions engendrées par l'amour rebuté dans un cerveau que les veilles ont échauffé. Qui ébranlera ces pesantes montagnes, cette terre solide? Qui dira à ces nuages et à ces eaux de prendre une forme différente de celle que nous et nos pères leur avons vu revêtir dans leur cours éternel? Qui le pourra?

Jap. Celui qui d'une parole les a créés.

Ahol. Qui a *entendu* cette parole?

Jap. L'univers, qui à sa parole s'élança dans la vie. Ah! tu souris encore avec dédain! Demande à tes séraphins : s'ils ne l'attestent pas, ce titre ne leur est pas dû.

Sam. Aholibamah, confesse ton Dieu!

Ahol. J'ai toujours reconnu celui dont nous sommes l'ouvrage, Samiasa, ton Créateur et le mien; c'est un Dieu d'amour, non de douleur.

Jap. Hélas! qu'est-ce que l'amour, sinon de la douleur? Celui-là même qui créa la terre dans son amour, eut bientôt à s'affliger sur ses premiers, ses plus parfaits habitants.

Ahol. On le dit.

Jap. C'est la vérité.

Arrivent NOÉ et SEM.

Noé. Japhet, que fais-tu ici avec les enfants des pécheurs? Ne crains-tu pas de partager leur châtiment qui s'approche?

Jap. Mon père, ce ne saurait être un péché que de chercher à sauver un enfant de la terre; regardez, elles ne sauraient être criminelles, puisqu'elles sont dans la compagnie des anges.

Noé. Voilà donc ceux qui désertent le trône de Dieu pour choisir des femmes dans la race de Caïn, ces fils du ciel qui recherchent les filles de la terre pour leur beauté!

Azar. Patriarche! tu l'as dit.

Noé. Malheur, malheur, malheur à de telles unions! Dieu n'a-t-il pas établi une barrière entre la terre et le ciel, et limité chaque être à son espèce?

Sam. L'homme n'a-t-il pas été fait à l'image de Jéhovah? Dieu n'aime-t-il pas ce qu'il a fait? et faisons-nous autre chose que d'imiter son amour pour les êtres qu'il a créés?

Noé. Je ne suis qu'un homme, et il ne m'appartient pas de juger les hommes, encore moins les fils de Dieu ; mais notre Dieu ayant daigné communiquer avec moi, et me révéler *ses* jugements, je réponds que dans l'action des séraphins qui descendent de leur éternel séjour dans un monde périssable et *à la veille de périr*, il ne saurait y avoir rien de bon.

Azar. Et si c'était pour sauver ?

Noé. Ce n'est pas vous, avec toute votre gloire, qui pouvez sauver ce qu'a condamné celui qui vous a faits glorieux. Si votre mission était une mission de salut, elle serait générale, et ne se bornerait pas à deux créatures, quelle que fût leur beauté ; et en effet, elles sont belles, mais elles n'en sont pas moins condamnées.

Jap. O mon père ! ne dites pas cela.

Noé. Mon fils ! mon fils ! si tu veux éviter leur châtiment, oublie qu'elles existent ; bientôt elles auront cessé d'être, tandis que toi tu seras le père d'un monde nouveau et meilleur.

Jap. Que je meure avec celui-ci, et avec elles !

Noé. Tu le *mériterais* pour une telle pensée ; mais il n'en sera point ainsi ; tu seras sauvé par celui qui a le pouvoir de sauver.

Sam. Et pourquoi lui et toi, plutôt que celles que ton fils préfère à tous deux ?

Noé. Demande-le à celui qui te fit plus grand que moi et les miens, mais à la toute-puissance duquel tu es soumis ainsi que nous. Mais je vois venir le plus doux de ses messagers, le moins sujet à être tenté.

Arrive l'Archange RAPHAEL[6].

Raph. Esprits ! dont la place est auprès du trône, que faites-vous ici ? Est-ce ainsi que vous faites votre devoir de séraphins, maintenant que l'heure approche où la terre doit être abandonnée à elle-même ? Retournez avec les « sept » élus offrir le glorieux hommage de vos adorations et de votre encens. Votre place est au ciel.

Sam. Raphaël ! le premier et le plus beau des enfants de Dieu, depuis quand est-il interdit aux anges de fouler cette terre qui vit si souvent Jéhovah ne pas dédaigner d'imprimer sur son sol la trace de ses pas ? Il aima ce monde et le créa pour aimer ; combien de fois, d'une aile joyeuse, nous avons apporté ici ses messages, l'adorant dans ses moindres ouvrages, veillant sur cette planète, la plus jeune étoile de ses domaines, et désireux de conserver digne de notre maître cette dernière œuvre née de son auguste parole ! Pourquoi nous montres-tu un front sévère, et pourquoi nous parles-tu de destruction prochaine ?

Raph. Si Samiasa et Azariel étaient restés à leur poste avec les chœurs des anges, ils auraient vu écrit en lettres de feu le dernier décret de Jéhovah, et ne s'informeraient pas auprès de moi de la volonté de leur Créateur ; mais l'ignorance accompagne toujours le péché ; la science des Esprits eux-mêmes diminue en raison de l'accroissement de leur orgueil, car l'aveuglement est le premier fruit du désordre. Alors que tous les bons anges se sont éloignés de la terre, vous y êtes restés, mus par d'étranges passions, et abaissés par des affections mortelles pour une mortelle beauté ; mais jusqu'ici Dieu vous pardonne et vous rappelle parmi vos égaux irréprochables. Partez ! partez ! ou restez, et perdez par ce délai votre éternité.

Azar. Et toi ! si le séjour de la terre est interdit par le décret que nous ignorions jusqu'à ce moment, n'es-tu pas aussi coupable que nous de te trouver ici ?

Raph. Je suis venu pour vous rappeler dans votre sphère, au nom puissant et par l'ordre de Dieu ; ses ordres me sont toujours chers, et le devoir que je viens remplir en ce moment ne l'est guère moins pour moi. Jusqu'à présent nous avons foulé ensemble l'éternel espace ; continuons à parcourir ensemble les étoiles. Il est vrai, la terre doit mourir ! sa race, rappelée dans ses entrailles, doit se flétrir ainsi qu'un grand nombre des objets qu'elle contient; mais cette terre ne saurait-elle être créée ou détruite sans qu'il se fasse un large vide dans les rangs immortels, immortels encore dans leur incommensurable forfaiture? Satan, notre frère, est tombé; sa volonté brûlante a mieux aimé affronter la souffrance que de continuer à adorer. Mais vous, séraphins, qui êtes purs encore, vous qui êtes moins puissants que ce plus puissant de tous les anges, rappelez-vous sa chute, et voyez si la satisfaction de tenter l'homme peut compenser la perte du ciel trop tard regretté? Longtemps j'ai combattu, longtemps je dois combattre encore l'esprit orgueilleux qui ne put supporter la pensée d'avoir été créé, et refusa de reconnaître celui qui l'avait placé parmi les chérubins, radieux comme des soleils vis-à-vis d'étoiles inférieures, et éclipsant les archanges placés à sa droite. Je l'aimais; — il était si beau! ô ciel! excepté celui qui l'avait fait, qui jamais égala Satan en beauté et en puissance? Que ne peut l'heure qui le vit faillir être oubliée un jour! c'est un souhait impie. Mais vous! qui n'êtes point déchus encore, que son exemple vous instruise! L'éternité avec lui, ou avec son Dieu, voilà le choix que vous avez à faire : il ne vous a point tentés; il ne peut tenter les anges, que ses piéges ne peuvent plus atteindre : mais l'homme a écouté sa voix, et vous celle de la femme; — elle est belle, et la voix du serpent moins fascinante que son baiser. Le serpent n'a vaincu que la poussière; mais elle fera tomber du ciel de nouveaux anges violateurs des célestes lois. Fuyez! il en est temps encore. Vous ne pouvez mourir, mais ces filles de la terre mourront; et vous, le ciel retentira de vos cris douloureux pour ces créatures d'argile périssable, dont la mémoire survivra de beaucoup dans votre immortalité au soleil qui leur donna le jour. Songez que votre essence n'a de commun avec la leur que la faculté de souffrir! Pourquoi vous associer aux douleurs qui doivent être le partage des enfants de la terre, — nés pour voir leur existence labourée par les ans, semée par les soucis et moissonnée par la Mort, propriétaire du sol de l'humanité? Lors même que leur vie n'eût point été abrégée par la colère de Dieu, et qu'on les eût laissés se frayer à travers le temps un chemin vers la tombe, ils n'en eussent pas moins été la proie du péché et de la douleur.

Ahol. Qu'ils fuient! j'entends la voix qui annonce que nous devons mourir avant l'âge où sont morts nos patriarches en cheveux blancs, et que là-haut un océan est préparé, pendant qu'ici-bas les eaux de l'abîme s'élèveront, et iront se joindre aux torrents des cieux. Un petit nombre, il paraît, sera seul épargné; la race de Caïn n'y est point comprise, et c'est vainement qu'elle lèvera les yeux vers le Dieu d'Adam. Puisqu'il en est ainsi, ma sœur, puisque nos supplications ne sauraient obtenir du Seigneur la rémission d'une seule heure de souffrance, séparons-nous de ce que nous avons adoré; présentons-nous aux vagues comme nous nous présenterions au glaive, sinon sans émotion, du moins sans peur, gémissant moins pour nous que pour ceux qui nous survivront dans un esclavage mortel ou immortel, et, après le départ des ondes écoulées, pleureront sur les myriades qui ne pourront plus pleurer. Fuyez, séraphins, vers vos régions éternelles, où il n'y a point de vents qui mugissent, de vagues qui grondent. Notre sort, à nous, est de mourir; le vôtre, de vivre à jamais : mais ce qui vaut mieux, d'une éternité de mort ou de vie, le Créateur est le seul qui le sache. Obéissez-lui comme nous lui obéirons. Je ne voudrais pas, pour toute la miséricorde accordée à la race de Seth, garder vivante cette argile une heure de plus que sa volonté ne l'ordonne, ni vous voir perdre une portion de sa grâce. Fuyez! et quand vos ailes vous emporteront loin de ce séjour, songe, Samiasa, que mon amour montera avec toi dans le ciel! et si, en suivant ton vol, mes yeux restent sans larmes, c'est que la fiancée d'un ange dédaigne de pleurer. — Adieu! maintenant tu peux venir, mer inexorable!

An. Nous faut-il donc mourir? me faut-il donc te perdre aussi, Azariel? O mon cœur! mon cœur! tes présages étaient vrais! et pourtant, tu étais si heureux! le coup, bien que prévu, me frappe comme s'il ne l'était pas; n'importe, quitte-moi. Ah! pourquoi! mais que je ne te retienne pas;

— fuis! mes douleurs ne peuvent qu'être courtes; mais les tiennes seraient éternelles si tu étais exilé du ciel à cause de moi. Tu n'as déjà que trop daigné faire pour une fille d'Adam! Notre partage, c'est la douleur; non seulement sur nous, mais sur les Esprits qui n'ont pas dédaigné de nous aimer, descendent la souffrance et la honte. Le premier qui nous enseigna la science fut précipité de son trône d'archange, dans je ne sais quel monde inconnu; et toi, Azariel! — non, tu ne connaîtras pas la douleur à cause de moi. Pars! et ne pleure pas! tu ne peux pleurer; mais ta douleur sans larmes n'en sera peut-être que plus poignante; oublie donc celle à qui les flots de l'Océan destructeur n'apporteront point d'angoisse pareille à celle-ci! Fuis! fuis! quand tu seras parti, il me sera moins difficile de mourir.

Jap. Oh! ne dis pas cela! — Mon père! et toi, archange! dans la pure et austère sérénité de ce front, je lis la miséricorde céleste; qu'elles ne soient point la proie de l'Océan sans rivage; que notre arche les reçoive, ou que je cesse de vivre!

Noé. Silence! enfant des passions, silence! si tu ne peux maîtriser ton cœur, que du moins ta bouche n'outrage pas ton Dieu! vis comme il l'exige; — meurs, quand il l'ordonnera, de la mort des justes, et non comme la race de Caïn. Cesse de l'affliger, ou gémis en silence; cesse de fatiguer le ciel de tes lamentations égoïstes. Voudrais-tu que Dieu commît un péché pour toi? c'en serait un que de changer ses décrets dans le seul intérêt d'une douleur mortelle. Sois homme! et supporte ce que la race d'Adam doit et peut supporter.

Jap. Oui, mon père! Mais, quand tous auront péri, quand nous resterons seuls flottants sur le désert azuré, quand les vagues qui nous porteront cacheront dans leur profondeur notre terre chérie, et, plus chéris encore, des amis, des frères silencieux, tous ensevelis dans cet abîme sans fond, qui pourra alors arrêter nos larmes et nos cris? Dans le silence de la destruction trouverons-nous le repos? O Dieu! soyez Dieu, et épargnez pendant qu'il en est temps encore!

Ne renouvelez point la chute d'Adam. Le genre humain ne se composait alors que de deux; mais si multipliés sont maintenant les habitants de la terre, que les vagues et les fatales gouttes de pluie tomberont moins nombreuses que ne le seraient leurs tombeaux, s'il en était accordé à la race de Caïn.

Noé. Silence, présomptueux enfant! chacune de tes paroles est un crime. Ange! pardonne au désespoir de ce jeune homme.

Raph. Séraphins! le langage de ces mortels est celui de la passion; vous, qui êtes ou devez être impassibles et purs, vous pouvez retourner au ciel avec moi.

Sam. Nous pouvons aussi n'en rien faire. Nous avons fait notre choix, nous en subirons les conséquences.

Raph. Est-ce là votre réponse?

Azar. Ce qu'il a dit, je le dis aussi.

Raph. Encore! A dater de ce moment, dépouillés que vous êtes de votre pouvoir, étrangers à votre Dieu, je vous quitte.

Jap. Hélas! où iront-ils? où iront-elles? Écoutez! écoutez! des sons lugubres s'échappent du sein de la montagne; ils vont en augmentant; il n'y a pas dans la montagne un souffle de vent, et cependant toutes les feuilles tremblent, toutes les fleurs se détachent; la terre gémit comme sous un poids accablant.

Noé. Écoutez! écoutez le cri des oiseaux de mer! Leur multitude s'étend comme un nuage dans l'atmosphère assombrie; ils planent autour de la montagne, où jamais une aile blanche, humide des flots amers, n'avait osé prendre son essor, même au milieu des tempêtes les plus violentes. Ce sera bientôt leur unique rivage, et puis il n'y en aura plus pour eux!

Jap. Le soleil! le soleil! il se lève, mais non avec sa lumière bienfaisante, et le cercle noir qui entoure son disque irrité annonce à la terre que son dernier jour a lui! Les nuages ont repris les teintes de la nuit; seulement ils ont une couleur bronzée à l'endroit de l'horizon où naguère se levaient des aurores plus brillantes.

Noé. Voyez-vous luire cet éclair ? c'est le messager du tonnerre lointain ! Il approche ! partons ! partons ! laissons aux éléments leur criminelle proie ! rendons-nous au lieu où notre arche sainte élève ses flancs protecteurs et à l'épreuve du naufrage.

Jap. O mon père ! arrêtez ! n'abandonnez pas mon Anah à la fureur des vagues.

Noé. Ne devons-nous pas leur abandonner tout ce qui respire ? Partons !

Jap. Je resterai.

Noé. Meurs donc avec eux ! Oses-tu bien lever les yeux vers ce ciel prophétique, et essayer de sauver ce que tout s'unit à condamner, dans un irrésistible accord avec la juste colère de Jéhovah ?

Jap. La fureur et la justice peuvent-elles marcher ensemble ?

Noé. Blasphémateur ! oses-tu bien murmurer dans un pareil moment ?

Raph. Patriarche ! montre-toi encore père ! désarme ton front : en dépit de sa démence, ton fils vivra ; il ne sait ce qu'il dit ; néanmoins, il ne boira pas avec des sanglots étouffés l'écume amère des vagues grossissantes ; mais, quand son délire sera calmé, il sera aussi juste que toi ; comme ces fils du ciel, il ne périra pas avec les filles des hommes.

Ahol. La tempête approche ; le ciel et la terre s'unissent pour la destruction de tout ce qui a vie. Entre notre force et l'éternelle puissance, la lutte est inégale !

Sam. Mais la nôtre est avec toi ; nous vous emporterons dans quelque étoile paisible, où Anah et toi, vous partagerez notre sort ; et si tu ne regrettes pas la terre, nous oublierons aussi la perte du ciel.

An. O tentes de mon père ! ô berceau de ma naissance ! ô montagnes, vallées, forêts ! quand vous ne serez plus, qui essuiera mes larmes ?

Azar. L'ange ton époux. Ne crains rien ; bien que nous soyons exilés du ciel, il nous reste plus d'un asile d'où nul ne pourra nous chasser.

Raph. Rebelle ! tes paroles sont aussi coupables que tes actes seront désormais impuissants : le glaive de feu qui chassa du paradis le premier né étincelle encore dans la main de l'archange.

Azar. Il ne peut nous tuer; adresse à la poussière tes menaces de mort, et parle de glaive à ceux qui ont du sang à répandre. Que sont tes glaives à nos yeux immortels ?

Raph. Le moment est venu de faire l'épreuve de ta force; tu vas apprendre enfin combien est vaine la lutte contre les volontés de ton Dieu ; toute ta force était dans ta foi.

(On voit arriver des Mortels qui fuient et cherchent un refuge.)

Chœur de Mortels. Le ciel et la terre se confondent! — Dieu! ô Dieu! qu'avons-nous fait ? épargne-nous ! Écoute ! il n'est pas jusqu'aux bêtes des forêts qui ne hurlent leurs prières ! le dragon sort en rampant de son repaire, et vient, effrayé, inoffensif, se mêler aux hommes ; les oiseaux remplissent l'air des cris de leur souffrance ! O Jéhovah ! écarte encore la verge de ta colère ; prends en pitié le désespoir du monde, ton ouvrage ! entends les supplications, non pas de l'homme seulement, mais de toute la nature !

Raph. Adieu, terre ! Et vous, malheureux fils de la poussière, je ne puis ni ne dois vous secourir ; votre arrêt est porté ! (*Raphaël s'éloigne.*)

Jap. Certains nuages volent comme des vautours après leur proie, pendant que d'autres, immobiles comme des rocs, attendent l'ordre d'épancher les torrents de leur colère. Un vêtement d'azur ne couvrira plus le firmament, nulle étoile n'y brillera plus : la mort s'est élevée à la place du soleil, une clarté pâle et sépulcrale s'est répandue sur l'atmosphère mourante.

Azar. Viens, Anah! quitte cette prison qui a le chaos pour fondement : les éléments viennent la rendre à l'état d'où elle est sortie; à l'abri de ces ailes tu seras en sûreté, comme autrefois l'aiglon sous celles de sa mère. — Laissons mugir le chaos avec tous ses éléments déchaînés! ne t'effraie pas du fracas de leur lutte bruyante! Nous allons explorer un monde plus brillant que celui-ci, et où tu respireras le souffle d'une vie aérienne; il est d'autres firmaments que ces nuages sombres.

(Azariel et Samiasa s'envolent et disparaissent avec Anah et Aholibamah.)

Jap. Elles sont parties! elles ont disparu au milieu de la clameur du monde abandonné; et soit qu'elles vivent, soit qu'elles meurent avec tout ce qui a vie sur la terre, maintenant près de sa fin, rien désormais ne peut plus rendre Anah à mes yeux!

Chœur de Mortels. O fils de Noé! aie pitié de tes frères! Quoi! veux-tu donc nous laisser tous, — tous, — *tous* à la merci des flots, pendant qu'au milieu de la guerre des éléments tu seras tranquille et sans crainte dans ton arche favorisée?

Une Mère (*présentant son enfant à Japhet*). Oh! reçois cet enfant dans l'arche! Je l'ai enfanté dans la douleur, mais j'ai souri de joie en le voyant suspendu à ma mamelle. Pourquoi est-il né? Qu'a-t-il fait, — mon fils non sevré encore, — pour mériter la colère ou le mépris de Jéhovah? Qu'y a-t-il donc dans mon lait de si coupable, qu'il faille que la Mort arme le ciel et la terre pour détruire mon enfant et étouffer sous les vagues son souffle innocent? Sauve-le, fils de Seth! ou sois maudit — avec celui qui t'a créé, ainsi que ta race, à laquelle on nous sacrifie.

Jap. Silence! ce n'est pas l'heure de maudire, mais de prier.

Chœur de Mortels. De prier!!! Et où montera la prière, quand les nuages gonflés s'abaissent sur les montagnes, et y versent leurs torrents; quand l'Océan débordé renverse toutes les barrières, et abreuve jusqu'à la soif des déserts? Maudit soit celui qui te créa toi et ton père! nous savons que nos malédictions sont vaines; il nous faut mourir; mais, puisque notre sort ne peut être aggravé, pourquoi élèverions-nous nos hymnes? pourquoi ploierions-nous nos genoux devant l'implacable Tout-Puissant? Après tout, nous n'en mourrons pas moins. S'il a créé la terre, qu'il rougisse de n'avoir fait un monde que pour le détruire. — Voilà qu'elles accourent, les vagues abhorrées! elles accourent dans leur fureur! et leur mugissement rend muette la Nature pleine de santé et de vie. Les arbres des forêts, contemporains de l'heure qui vit naître le paradis, avant qu'Ève apportât à Adam la science pour dot, ou qu'Adam chantât son premier hymne d'esclavage, ces arbres gigantesques, verts encore dans leur vieillesse, les flots ont dépassé leur cime ; leurs fleurs sont arrachées par l'Océan, qui monte, monte, monte toujours. En vain nous levons les yeux vers les cieux; les cieux s'abaissent, se confondent avec les mers, et cachent Dieu à nos regards suppliants. Fuis, fils de Noé, fuis, prends tes aises dans la tente qui t'a été dressée sur l'Océan; vois flotter sur les eaux les cadavres des hommes parmi lesquels s'écoulèrent tes beaux jours, et alors élève vers Jéhovah l'hymne de ta reconnaissance!

Un Mortel. Heureux ceux qui meurent dans le Seigneur ! Quoique les eaux couvrent la terre, c'est l'œuvre de sa parole, adorons ses décrets! Il me donna la vie; en me l'ôtant il ne fait que reprendre ce qui lui appartient; et quand mes yeux devraient se fermer pour jamais, quand ma voix suppliante ne pourrait plus se faire entendre au pied de son trône, béni soit le Seigneur pour ce qui est passé, comme pour ce qui est ; car toute chose est à lui, depuis la première jusqu'à la dernière, le temps, — l'espace, — l'éternité, — la vie, — la mort, le vaste domaine du connu, et le champ illimité de l'inconnu. Ce qu'il a fait, il peut le défaire ; irais-je, pour un léger souffle de vie, blasphémer et gémir ? Non, j'ai vécu avec la foi, je mourrai avec elle; et, dût l'univers chanceler sur sa base, je resterai inébranlable.

Chœur de Mortels. Où fuir? sur les hautes montagnes? leurs torrents se précipitent en mugissant au-devant de l'Océan qui s'avance, qui a déjà submergé les collines, et pénétré les profondeurs de toutes les cavernes.

Une femme. Oh! sauvez-moi, sauvez-moi! Notre vallée n'est plus : mon père et la tente de mon père, mes frères et les troupeaux de mes frères, les arbres charmants qui à midi nous prêtaient leur ombre, et le soir nous faisaient entendre le doux chant des oiseaux, le petit ruisseau qui rafraîchissait nos verts pâturages, tout cela a disparu. Ce matin, quand j'ai gravi la montagne, je me suis retournée pour bénir ce séjour, et pas une feuille ne paraissait prête à tomber ; — et maintenant ces lieux ne sont plus ! — Pourquoi suis-je née ?

Jap. Pour mourir ! pour mourir jeune, heureuse de ne pas voir le tombeau de l'univers, sur lequel je suis condamné à pleurer en vain. Quand tous périssent, pourquoi faut-il que je survive ?

(Les eaux montent ; les hommes fuient de tous côtés ; les vagues en atteignent un grand nombre ; le chœur des Mortels se disperse et cherche un refuge dans les montagnes ; Japhet reste debout sur un rocher ; on aperçoit l'arche qui flotte dans le lointain et s'avance vers lui.)

NOTES
DU DRAME LE CIEL ET LA TERRE.

[1] *Le Ciel et la Terre*, mystère, fut écrit à Ravenne, en octobre 1821. En l'envoyant le mois suivant à M. Murray, lord Byron écrivait : — « Voici un drame lyrique intitulé *mystère* ; vous le trouverez suffisamment pieux, je l'espère ; car quelques-uns des chœurs pourraient avoir été écrits par Sternhold et Kopkins eux-mêmes, surtout pour la mélodie. Comme il est plus étendu, plus lyrique et plus grec que je ne l'avais d'abord projeté, je ne l'ai pas séparé en actes, mais je donne à ce que je vous envoie le nom de *première partie*, car il y a une suspension de l'action qui peut s'arrêter là si l'on veut, ou avoir une suite, comme c'est mon projet. Je désire que la première partie soit publiée avant que la seconde partie ne soit écrite, parce que si elle ne réussit pas, il faudra mieux s'arrêter que de se lancer dans des expériences malheureuses. »

Quoique revue sans délai par M. Gifford et imprimée, cette tragédie, ou ce mystère, ne fut publiée qu'en 1822, dans le second numéro du *Libéral*, et ne fut jamais achevée.

[2] Suivant les théologiens, les archanges sont au nombre de sept, et occupent le huitième rang dans la hiérarchie céleste.

[3] Gigantes autem erant super terram in diebus illis. Postquam enim ingressi sunt filii Dei ad filias hominum, illæque genuerunt, isti sunt potentes à seculo viri famosi. *Genèse*, chap. VI, v. 4.

[4] Rupti sunt omnes fontes abyssi magnæ, et cataractæ cœli aperti sunt. *Genèse*, chap. VII, v. 11.

[5] Le livre d'Énoch, conservé chez les Éthiopiens, est, dit-on, antérieur au déluge.

[6] Dans le manuscrit original, Michaël. — « Je vous renvoie l'épreuve, » écrit lord Byron à M. Murray ; « j'ai adouci tout ce qui avait paru à M. Gifford devoir être adouci, et changé le nom de Michaël en celui de Raphaël, qui était un ange de manières plus douces. » *B.*

SARDANAPALE,

TRAGÉDIE EN CINQ ACTES.

A L'ILLUSTRE GOETHE,

Un Étranger ose offrir l'hommage d'un Vassal littéraire à son Seigneur-Lige,

LE PREMIER DES ÉCRIVAINS DE SON SIÈCLE,

QUI A CRÉÉ LA LITTÉRATURE DE SON PAYS,

Et illustré celle de l'Europe.

L'indigne production que l'Auteur se hasarde à lui dédier est intitulée :

SARDANAPALE[1].

PRÉFACE.

En publiant les tragédies suivantes, je ne puis que répéter qu'elles n'ont point été écrites pour être représentées. L'opinion publique s'est prononcée sur une première tentative faite par les directeurs de théâtres. Quant à mes sentiments particuliers, comme il paraît que MM. les directeurs ne les font point entrer en ligne de compte, je n'en parlerai pas.

Pour la partie historique de cette tragédie, le lecteur devra consulter les notes.

L'auteur a déjà, dans un premier ouvrage, essayé de conserver les unités, et, dans un autre, d'en approcher autant que possible, son avis étant qu'en leur absence on peut bien faire de la poésie, mais non du drame ; il sait l'impopularité de cette opinion auprès de la littérature actuelle de l'Angleterre, mais ce n'est pas là un système qui lui est particulier. Cette opinion était, il n'y a pas longtemps encore, celle de tous les écrivains en Europe, et elle s'est maintenue chez les peuples les plus civilisés ; mais nous avons changé tout cela, et nous recueillons les avantages de cette révolution. L'auteur est loin de s'imaginer que ce qu'il fera, en se conformant à ce précepte, pourra approcher de ses prédécesseurs, tant classiques qu'irréguliers. Seulement, il explique pourquoi il a préféré une méthode régulière, quoique imparfaite, à l'abandon absolu de toutes règles, quelles qu'elles soient. S'il s'est trompé, la faute en est à l'architecte, et non à l'art en lui-même.

Dans cette tragédie, je me suis efforcé de suivre le récit de Diodore de Sicile, en l'adaptant à la régularité dramatique, et en me rapprochant autant que possible des unités. C'est ainsi que je montre la conspiration éclatant et réussissant le même jour, tandis que, selon l'histoire, ce ne fut qu'à la suite d'une longue guerre.

SARDANAPALE.

PERSONNAGES.

HOMMES.

SARDANAPALE, roi de Ninive et d'Assyrie.
ARBACE, Mède, qui aspire au trône.
BÉLÉSÈS, Chaldéen et devin.
SALÉMÈNE, beau-frère du roi.
ALTADA, officier du palais.
ZAMÈS.
PANIA.
SFÉRO.
BALÉA.

FEMMES.

ZARINA, la reine.
MYRRHA, jeune Ionienne, esclave favorite de Sardanapale.
FEMMES composant le harem de Sardanapale ; GARDES, SERVITEURS, PRÊTRES CHALDÉENS, MÈDES, etc., etc.

La scène est à Ninive, dans une des salles du palais.

ACTE PREMIER.

SCÈNE Ire.

Une salle du palais.

SALÉMÈNE, seul.

Il est coupable envers la reine, mais il est son époux ; il est coupable envers ma sœur, mais il est mon frère ; il est coupable envers son peuple, mais il est encore son souverain, et je dois rester à la fois son ami et son sujet. Il ne faut pas qu'il périsse ainsi. Je ne verrai pas la terre boire le sang de Nemrod et de Sémiramis, et un empire de treize siècles finir comme un conte de berger : il faut le réveiller de sa léthargie. Dans son cœur efféminé, il y a encore un courage insouciant que la corruption n'a pu entièrement étouffer, et une énergie cachée, comprimée par les circonstances, mais non détruite; — trempée, mais non pas noyée dans l'océan des voluptés. S'il était né sous le chaume, il se fût frayé un chemin jusqu'au trône; né sur le trône, il n'en laissera point à ses fils : il ne leur léguera qu'un nom dont ils seront loin de priser l'héritage. — Cependant il n'est pas perdu sans retour : il peut encore racheter sa mollesse et sa honte en devenant ce qu'il doit être, et cela lui est aussi facile que d'être ce qu'il est et ne devrait pas être. Serait-il plus fatigant pour lui de gouverner ses peuples que d'user ainsi sa vie? de commander une armée que de gouverner un sérail? Il se consume en plaisirs sans saveur, énerve son âme et use ses forces dans des fatigues qui ne lui donnent pas la santé comme la chasse, ou la gloire comme la guerre : — il faut le réveiller. Hélas! il ne faut pour cela rien moins qu'un coup de tonnerre. (*On entend les sons d'une musique mélodieuse*). Écoutez!... le luth, la lyre, le tambourin, les sons amollissants d'une musique lascive, la douce voix des femmes et de ces êtres qui sont moins que des femmes, se mêlent aux accents de la débauche, pendant que le grand roi, le souverain de toute la terre connue, chancelle couronné de roses, et abandonne son diadème à la première main hardie qui osera s'en saisir. Les voilà qui viennent! Déjà arrivent jusqu'à moi les parfums que sa suite exhale; je vois briller dans la galerie les pierreries étincelantes des jeunes beautés qui forment tout à la fois sa troupe chantante et son conseil, et au milieu d'elles, sous des vêtements aussi efféminés, et presque aussi femme qu'elles, voici venir le petit-fils de Sémiramis, l'homme-reine. — Il vient; l'attendrai-je? Oui, et je l'aborderai sans crainte, et je lui dirai ce que disent de lui et des siens tous les gens vertueux. Ils viennent, les esclaves, précédés du monarque soumis à ses esclaves.

SCÈNE II.

Entre Sardanapale, dans un costume efféminé, vêtu d'une robe flottante, la tête couronnée de roses, accompagné d'un cortége de femmes et de jeunes esclaves.

SARDANAPALE, s'adressant à quelques-uns des gens de sa suite.

Que le pavillon sur l'Euphrate soit décoré de guirlandes, illuminé et disposé pour un banquet spécial! A l'heure de minuit, nous y souperons. Ayez soin que rien ne manque, et tenez les galères prêtes. Une brise fraîche ride la surface du fleuve limpide : nous nous embarquerons tout à l'heure. Belles nymphes qui daignez partager les moments fortunés de Sardanapale, nous nous reverrons dans cette heure délicieuse où nous serons réunis comme les étoiles au-dessus de nos têtes, où vous formerez un ciel aussi brillant que le leur. Jusque-là, chacune peut disposer de son temps; et toi, Myrrha, ma charmante Ionienne, veux-tu aller avec elles ou rester avec moi ?

Myrr. Seigneur...

Sard. Seigneur?... Pourquoi donc, ô ma vie! me réponds-tu si froidement? C'est le malheur des rois de recevoir de semblables réponses. Dispose de tes heures, tu disposes des miennes... — Dis-moi, veux-tu accompagner nos convives ou charmer mes instants?

Myrr. Le choix du roi est le mien.

Sard. Je t'en prie, ne parle point ainsi... Mon plus grand bonheur est de satisfaire tous tes désirs. Je n'ose exprimer les miens, de peur qu'ils ne soient en opposition avec les tiens : car tu es trop prompte à sacrifier tes pensées à celles des autres.

Myrr. Je préfère rester... Je n'ai d'autre bonheur que de te voir heureux, mais...

Sard. Mais!... Pourquoi ce *mais?* Ta volonté chérie est la seule barrière qui s'élèvera jamais entre toi et moi.

Myrr. Je crois que c'est maintenant l'heure fixée pour le conseil : il est convenable que je me retire.

Sal. L'esclave ionienne a raison.... Qu'elle se retire.

Sard. Qui répond? Ah! c'est vous, mon frère?

Sal. Le frère de la *reine*, et votre très fidèle vassal, royal seigneur.

Sard. (*aux femmes de sa suite*). Comme je l'ai dit, que chacune dispose de son temps jusqu'à minuit, heure à laquelle nous vous prions de nous accorder de nouveau votre présence. (*A Myrrha qui s'éloigne:*) Myrrha, je croyais que, *toi*, tu restais?

Myrr. Grand roi, tu ne me l'as pas dit.

Sard. Je l'ai lu sur ton visage... Je devine jusqu'au moindre regard de ces yeux ioniens: ils me disaient que tu ne me quitterais pas.

Myrr. Sire, votre frère...

Sal. Le frère de la *reine*, favorite d'Ionie!... Peux-*tu* bien *me* nommer sans rougir?

Sard. Sans rougir?... Il faut que tu n'aies pas plus d'yeux que de cœur... Tu la fais rougir comme le jour mourant sur le Caucase, quand le soleil couchant colore la neige d'une teinte de rose; et, parce que tu ne le vois pas, tu lui fais un reproche de ton propre aveuglement. Eh quoi! tu verses des larmes, ma Myrrha?

Sal. Qu'elle pleure... Ce n'est pas pour elle seule: elle est la cause de larmes plus amères.

Sard. Maudit soit celui qui fait couler ces pleurs!

Sal. Ne te maudis pas toi-même: des millions d'hommes le font déjà.

Sard. Tu t'oublies... Ne me fais pas ressouvenir que je suis roi.

Sal. Plût au ciel!

Myrr. Mon souverain,— et vous, mon prince,— permettez que je m'éloigne.

Sard. Puisque tu le veux, et que cet homme brutal vient d'affliger une âme si douce, j'y consens; mais rappelle-toi que nous devons bientôt nous revoir. J'aimerais mieux perdre un empire que ta présence. (*Myrrha sort.*)

Sal. Peut-être perdras-tu pour jamais l'un et l'autre!

Sard. Mon frère, il faut du moins que je sache régner sur moi-même pour écouter un pareil langage; mais ne me fais pas sortir de ma nature.

Sal. C'est de cette nature trop facile, beaucoup trop facile, que je voudrais te faire sortir. Oh! que ne puis-je te réveiller, fût-ce contre moi-même!

Sard. Par le dieu Baal! cet homme voudrait faire de moi un tyran.

Sal. Tu l'es en effet. Penses-tu donc qu'il n'y ait de tyrannie que celle des chaînes et du sang? Le despotisme du vice, — la faiblesse et la corruption d'une vie fastueuse, — la négligence, — l'apathie, les maux de la mollesse et de la sensualité, — enfantent dix mille tyrans dont la cruauté subalterne surpasse dans ce qu'ils ont de pire les actes d'un maître énergique, quelque dure et pesante que soit sa domination. Le décevant et séduisant exemple de tes débauches ne corrompt pas moins qu'il n'opprime, et mine tout à la fois ton vain pouvoir et ceux qui devraient le soutenir : en sorte que l'invasion étrangère et la guerre civile te seront également funestes... Tes sujets n'auront pas le courage de résister à la première; la dernière trouvera en eux, non des adversaires, mais des complices.

Sard. Qui donc te rend l'interprète du peuple?

Sal. Le pardon des outrages infligés à la reine, ma sœur, une tendresse naturelle pour mes jeunes neveux, ma fidélité au roi, fidélité qui trouvera bientôt, peut-être, l'occasion de se manifester autrement que par des paroles; mon respect pour la race de Nemrod, et un autre motif encore que tu ne connais pas.

Sard. Quel est-il?

Sal. C'est un mot qui t'est inconnu.

Sard. Nomme-le : j'aime à m'instruire.

Sal. La vertu.

Sard. Moi! je ne connais pas ce mot!... Je n'entends que cela résonner à mon oreille. — Les cris de la populace, les sons de la trompette, me sont moins odieux... Ta sœur ne me parlait pas d'autre chose.

Sal. Pour passer à un sujet de conversation plus agréable, entends parler de vice.

Sard. Qui m'en parlera?

Sal. Les vents eux-mêmes, si tu veux prêter l'oreille à l'écho qui répète la voix de la nation.

Sard. Allons, je suis indulgent, tu le sais; patient, tu l'as souvent éprouvé. — Parle, quel motif t'amène?

Sal. Ton péril.

Sard. Poursuis.

Sal. Entends-moi donc... Toutes les nations, et elles sont nombreuses celles que ton père t'a laissées en héritage, exhalent hautement contre toi leur indignation.

Sard. Contre *moi?*... Que veulent ces esclaves?

Sal. Un roi.

Sard. Et que suis-je donc?

Sal. A leurs yeux, tu n'es rien; mais aux miens tu es un homme qui pourrait encore être quelque chose.

Sard. Les insolents!... Que demandent-ils? n'ont-ils pas la paix et l'abondance?

Sal. Quant à la première, ils en ont plus que la gloire n'en comporte; pour la seconde, ils en ont moins que le roi ne pense.

Sard. A qui la faute, si ce n'est aux satrapes infidèles qui ne s'acquittent pas mieux de ce soin?

Sal. La faute en est aussi un peu au monarque, qui ne voit rien de ce qui se passe hors de son palais, ou qui n'en sort que pour se rendre à quelque résidence d'été pour y attendre la fin des chaleurs. O glorieux Baal! qui créas ce vaste empire et fus admis au rang des dieux, ou du moins brillas comme tel dans une longue suite de siècles de gloire, cet homme réputé ton descendant n'a jamais vu en roi ces royaumes que tu lui légas en héros, et qui furent conquis au prix de ton sang et de tant d'années de travaux et de périls... pourquoi? Pour fournir aux frais d'un banquet joyeux et aux exactions d'un favori.

Sard. Je te comprends : — tu voudrais faire de moi un conquérant. Par tous les astres où lit la science des Chaldéens, — ces esclaves remuants mériteraient de me voir, pour leur malheur, exaucer leurs vœux et les conduire à la gloire.

Sal. Pourquoi non? Sémiramis, — une femme, — a bien

conduit nos Assyriens sur ces rives du Gange que le soleil éclaire de ses premiers rayons.

Sard. C'est vrai... Et comment en est-elle revenue?

Sal. En *homme*, — en héros; trompée dans son espoir, mais non vaincue. Accompagnée de vingt gardes seulement, elle effectua sa retraite en Bactriane.

Sard. Et combien en laissa-t-elle dans l'Inde pour servir de pâture aux vautours?

Sal. Nos annales ne le disent pas.

Sard. Eh bien! moi, je dirai qu'il eût mieux valu qu'elle filât dans son palais vingt vêtements de lin, que de rentrer en Bactriane avec vingt hommes, abandonnant aux corbeaux, aux-loups et aux hommes, — les plus féroces des trois espèces, des myriades de sujets dévoués. Est-ce donc *là* la gloire? En ce cas, je consens à vivre pour jamais dans l'ignominie.

Sal. Toutes les âmes belliqueuses n'ont pas le même destin. Sémiramis, la glorieuse mère de cent rois, quoiqu'elle eût échoué dans l'Inde, réunit la Perse, la Médie et la Bactriane aux royaumes qu'elle gouverna autrefois, — et que tu *pourrais* gouverner.

Sard. Je les *gouverne*: — elle ne fit que les subjuguer.

Sal. Le moment peut-être approche où ils auront plus besoin de son glaive que de ton sceptre.

Sard. Il y eut autrefois un certain Bacchus, n'est-ce pas? J'en ai entendu parler à mes jeunes Grecques. Elles disent que ce fut un dieu, c'est-à-dire un dieu de la Grèce, une idole étrangère au culte de l'Assyrie. Il fit la conquête de ce royaume opulent, de cette Inde dont tu parles, et où Sémiramis fut vaincue.

Sal. J'ai entendu parler de cet homme... Tu vois que c'est pour ses exploits qu'on en a fait un dieu.

Sard. C'est dans sa divinité que je veux l'honorer : — comme homme, j'en fais peu de cas.— Holà, mon échanson!

Sal. Que veut le roi?

Sard. Adorer ton nouveau dieu, ton ancien conquérant. — Qu'on me donne du vin! (*Entre l'échanson.*)

Sard. Apporte-moi la coupe d'or incrustée de pierreries connue sous le nom de *coupe de Nemrod*; emplis-la jusqu'aux bords, et hâte-toi. (*L'échanson sort.*)

Sal. Est-ce le moment de reprendre tes interminables excès ? (*L'échanson entre avec du vin.*)

Sard. (*prenant la coupe*). Mon noble parent, si ces Grecs barbares, habitants des lointains rivages qui bordent nos États, ne mentent pas, ce Bacchus a conquis toute l'Inde, n'est-il pas vrai ?

Sal. Oui, sans doute; et c'est pour cela qu'on en a fait un dieu.

Sard. Il n'en est rien... De toutes ses conquêtes, quelques colonnes qui sont à lui, et seraient à moi si je les croyais dignes d'être achetées et transportées ici, voilà tout ce qui reste des mers de sang qu'il versa, des royaumes qu'il dévasta et des cœurs qu'il brisa; mais cette coupe contient ses véritables titres à l'immortalité, — l'immortel raisin dont il exprima l'âme, et qu'il nous donna pour réjouir celle de l'homme, en expiation du mal qu'avaient fait ses victoires. Sans ce titre, il n'eût eu que le renom d'un mortel, comme il en eut la tombe, et ne serait aujourd'hui, comme mon aïeule Sémiramis, qu'un monstre humain couvert d'une demi-gloire. C'est ce jus qui le déifia : — que maintenant il l'humanise; frère morose et grondeur, bois avec moi au dieu des Grecs !

Sal. Pour tous tes royaumes, je ne voudrais pas blasphémer ainsi la religion de mon pays.

Sard. C'est-à-dire qu'à tes yeux il est un héros, parce qu'il a versé le sang par torrents, et n'est pas un dieu pour avoir transformé un fruit en un breuvage enchanté qui dissipe le chagrin, ravive la vieillesse, inspire la jeunesse, fait oublier à la lassitude ses travaux, à la crainte ses dangers, et ouvre à notre âme un monde nouveau, quand celui-ci a perdu sa saveur ? Eh bien ! je bois à toi et à lui, comme à un homme véritable qui, en bien ou en mal, a fait tout ce qu'il a pu pour étonner le genre humain.

Sal. Veux-tu, en ce moment, recommencer tes orgies ?

Sard. Quand cela serait, je préférerais une orgie à un trophée, car elle ne coûterait de larmes à personne. Mais ce n'est pas maintenant mon intention... Puisque tu ne veux pas me faire raison, tu peux continuer. (*A l'échanson*). Enfant, retire-toi ! (*L'échanson sort.*)

Sal. J'aurais voulu dissiper ton rêve... Il vaut mieux être réveillé par moi que par la révolte.

Sard. Qui se révolterait ? pourquoi ? quel en serait le prétexte ou la cause ? Je suis le roi légitime, descendu d'une race de rois qui n'ont point eu de prédécesseurs. Que t'ai-je fait ? qu'ai-je fait au peuple, qui puisse justifier tes sarcasmes ou sa révolte ?

Sal. Je ne parle point de ce que tu m'as fait.

Sard. Mais tu penses que j'ai des torts envers la reine, n'est-ce pas ?

Sal. Je *pense*...., non, j'affirme que tu es coupable envers elle.

Sard. Patience, prince, et écoute-moi... Elle est en possession de tout le pouvoir, de toute la splendeur attachés à son rang ; elle est respectée ; les héritiers du trône d'Assyrie sont placés sous sa tutelle ; elle jouit des honneurs et de tous les apanages de la souveraineté. Je l'ai épousée comme font les monarques, — pour les avantages qu'elle m'apportait ; je l'ai aimée comme la plupart des maris aiment leurs femmes. Si elle ou toi vous vous êtes imaginé que j'étais homme à m'enchaîner comme un paysan chaldéen à sa moitié, vous n'avez connu ni moi, ni les monarques, ni l'humanité.

Sal. Je t'en supplie, parlons d'autre chose : mon sang dédaigne la plainte, et la sœur de Salémène ne réclame point un amour forcé, même du souverain de l'Assyrie ! Elle ne voudrait point d'une affection qu'il lui faudrait partager avec des courtisanes étrangères et des esclaves ioniennes.... La reine se tait.

Sard. Et pourquoi son frère n'en fait-il pas autant?

Sal. Je ne suis que l'écho de la voix de l'empire ; quiconque dédaigne cette voix ne saurait longtemps régner.

Sard. Esclaves ingrats et grossiers! ils murmurent de ce

que je n'ai pas versé leur sang, de ce que je ne les ai pas envoyé dessécher par millions dans la poussière des déserts, ou blanchir de leurs ossements les rives du Gange, ou décimés par des lois cruelles, ou de ce que je n'ai pas employé leurs sueurs à bâtir des pyramides ou les murs de Babylone!

Sal. Pourtant, ce sont là des trophées plus dignes d'une nation et de ses princes que des chants, des luths, des banquets, des concubines, que le gaspillage des trésors et le mépris des vertus!

Sard. J'ai pour trophées des villes fondées par moi : par exemple, Tarse et Anchiale, toutes deux construites en un jour. Ma belliqueuse aïeule, la reine sanguinaire, la chaste Sémiramis, qu'aurait-elle pu faire de plus, si ce n'est de les détruire?

Sal. C'est vrai. Je reconnais ton mérite dans la fondation de ces villes, provoquée par un caprice, et célébrée par des vers où ton nom et le leur sont dénoncés aux mépris de la postérité.

Sard. Ses mépris! Par Baal, les villes, quoique superbement bâties, ne l'emportent pas sur les vers! Dis ce qu'il te plaira contre moi, contre ma manière de vivre ou de régner, mais respecte cette inscription véridique et concise; certes, ces quelques lignes contiennent l'histoire de toutes les choses humaines; les voici : — « Le roi Sardanapale, fils d'Anacyndaraxès, a construit en un jour Anchiale et Tarse. Mangez, buvez, aimez; tout le reste ne vaut pas une chiquenaude. »

Sal. La digne morale, la sage inscription offerte par un roi à ses sujets!

Sard. Oh! sans doute, tu eusses préféré qu'elle fût rédigée en style d'édit; par exemple : — « Obéissez au roi, — portez votre argent à son trésor, — recrutez ses phalanges, — versez votre sang à son commandement, prosternez-vous et adorez, ou levez-vous et travaillez; » ou bien qu'elle fût conçue en ces termes : — « Dans ce lieu, Sardanapale tua cinquante mille de ses ennemis; c'est ici que sont leurs tombeaux, et voilà son trophée. » Je laisse cela aux conquérants; c'est assez pour moi si je puis faire en sorte que mes sujets sentent moins le fardeau des misères humaines, et descendent sans gémir dans la tombe. Tout ce que je fais, je leur permets de le faire : nous sommes tous hommes.

Sal. Tes pères ont été révérés comme dieux.

Sard. Oui, dans la poussière et dans la mort, où ils ne sont ni dieux ni hommes. Ne me parle pas de cela! les vers sont dieux, du moins ils se sont repus de vos dieux, et ne sont morts que lorsque ce mets leur a manqué. Ces dieux n'étaient que des hommes; regarde leur descendant; — je sens en moi mille choses mortelles, mais rien de divin, — à moins que ce ne soit ce penchant que tu condamnes, et qui me porte à aimer et à être miséricordieux, à pardonner les folies de mon espèce, et (c'est là, du reste, un sentiment humain) à être indulgent pour les miennes.

Sal. Hélas! c'en est fait de Ninive! — Malheur, — malheur à la cité sans rivale!

Sard. Que crains-tu?

Sal. Tu es gardé par tes ennemis; dans quelques heures peut-être éclatera la tempête qui doit te renverser, ainsi que les tiens et les miens; encore un jour, et ce qui existe de la race de Bélus n'existera plus.

Sard. Qu'avons-nous à redouter?

Sal. L'ambition perfide dont les piéges t'environnent; mais il y a encore une ressource : confie-moi ton sceau royal, je réprimerai les complots, et mettrai à tes pieds les têtes de tes principaux ennemis.

Sard. Leurs têtes. — Combien?

Sal. Dois-je m'arrêter à les compter lorsque la tienne elle-même est en péril? Laisse-moi partir; donne-moi ton sceau, — et pour le reste, fie-toi à moi.

Sard. Je ne confierai à personne un pouvoir illimité de vie et de mort. Quand nous ôtons la vie aux hommes, nous ne savons ni ce que nous leur enlevons, ni ce que nous leur donnons.

Sal. Hésiterais-tu à ôter la vie à ceux qui veulent te ravir la tienne?

SARD. C'est une question difficile; cependant, je réponds: oui. Ne peut-on se dispenser d'en venir là? Qui sont ceux que tu soupçonnes? — qu'on les arrête.

SAL. Je te prie de ne point me questionner à cet égard; ma réponse circulerait bientôt parmi la troupe babillarde de tes maîtresses, de là au palais, puis dans la ville, et tout serait manqué. — Fie-toi à moi.

SARD. Tu sais que je l'ai toujours fait; prends mon sceau royal. *(Il lui donne son anneau.)*

SAL. J'ai encore une demande à te faire.

SARD. Quelle est-elle?

SAL. Que tu veuilles bien, cette nuit, ajourner le banquet dans le pavillon sur l'Euphrate.

SARD. Ajourner le banquet! je n'en ferai rien, en dépit de tous les conspirateurs qui ont jamais ébranlé un royaume! Qu'ils viennent et exécutent leur œuvre; ils ne me feront point pâlir; je ne m'en lèverai pas un moment plus tôt; je n'en boirai pas une coupe de moins; une rose de moins ne couronnera pas mon front; ils ne m'ôteront pas une seule heure de joie. — Je ne les crains pas.

SAL. Mais tu t'armeras, n'est-ce pas, s'il est nécessaire?

SARD. Peut-être. J'ai une superbe armure, un glaive d'une admirable trempe, un arc et une javeline que Nemrod aurait pu envier; ces armes sont un peu lourdes; mais mon bras les manie. Maintenant que j'y pense, il y a longtemps que je ne m'en suis servi, même à la chasse. Les as-tu vues, mon frère?

SAL. Est-ce un moment convenable pour badiner ainsi? S'il le faut, t'en serviras-tu?

SARD. Si je m'en servirai! Oh! si cela est absolument nécessaire, si ces esclaves insensés ne peuvent être gouvernés qu'à cette condition, je manierai le glaive de manière à leur faire souhaiter de le voir changer en quenouille.

SAL. Ils disent que c'est ainsi que ton glaive s'est transformé.

SARD. C'est faux! mais qu'ils le disent; les anciens Grecs,

si nous en croyons les chants de nos captives, en disaient autant du plus grand de leurs héros, Hercule, parce qu'il aimait une reine de Lydie; tu vois que, chez toutes les nations, le peuple saisit avec empressement toutes les calomnies qui peuvent avilir ses souverains.

Sal. On ne parlait point ainsi de tes pères.

Sard. Non, parce qu'on les craignait; les peuples étaient occupés à travailler et à combattre; ils n'échangeaient leurs chaînes que contre des armes; aujourd'hui ils ont la paix et des loisirs; ils ont la liberté de se réjouir et de railler; je ne m'en offense pas; je ne donnerais pas le sourire d'une belle fille pour tous les suffrages populaires qui ont jamais tiré un nom du néant. Que sont les langues empoisonnées de ce vil troupeau, que l'abondance a rendu insolent, pour que j'attache du prix à sa bruyante approbation, ou que je redoute ses assourdissantes clameurs?

Sal. Tu as dit que c'étaient des hommes; comme tels, leur affection est quelque chose.

Sard. Celle de mes chiens aussi, et j'en fais plus de cas, car ils sont plus fidèles; — mais, agis; tu as mon sceau; — puisqu'ils veulent faire du bruit, qu'on les ramène à la raison, mais sans moyens violents, à moins qu'il n'y ait nécessité de le faire. Je hais toute souffrance donnée ou reçue; nous en portons assez en nous-mêmes, depuis le plus humble vassal jusqu'au plus altier monarque; au lieu d'ajouter mutuellement au fardeau des misères mortelles qui pèsent sur les hommes, il vaut mieux diminuer par un soulagement réciproque la somme fatale des maux imposés à la vie; mais cela, ils l'ignorent, ou veulent l'ignorer. Baal m'est témoin que j'ai fait pour me les concilier tout ce qu'il était possible de faire : je n'ai point fait la guerre; je n'ai décrété aucun nouvel impôt; je ne suis point intervenu dans leur vie civile; je leur ai laissé passer leurs jours comme ils l'entendaient, passant les miens comme je l'entends.

Sal. Tu ne remplis pas tous les devoirs d'un roi; c'est pourquoi ils disent que tu n'es pas fait pour régner.

Sard. Ils mentent. Malheureusement, je suis incapable

d'autre chose que de régner; sans cela je céderais ma place au dernier des Mèdes.

Sal. Il est un Mède du moins qui aspire à te remplacer.

Sard. Que veux-tu dire? — c'est ton secret : tu désires que je m'abstienne de te questionner, et je ne suis pas curieux de ma nature. Prends les mesures nécessaires; et, puisque la nécessité l'exige, j'approuve et sanctionne tout ce que tu feras. Jamais homme n'eut plus à cœur de gouverner paisiblement une nation paisible : s'ils me font sortir de mon caractère, mieux vaudrait pour eux qu'ils eussent évoqué de ses cendres le sombre Nemrod, « le puissant chasseur. » Je changerai ces royaumes en un vaste désert; et ceux qui furent des hommes, et qui, par leur propre choix, n'auront plus voulu l'être, seront traqués par moi comme des bêtes fauves. Ils insultent à ce que je suis; — ce que je serai dépassera tout ce que leurs calomnies ont pu inventer de pire, et c'est à eux-mêmes qu'ils devront s'en prendre.

Sal. Tu peux donc enfin t'émouvoir !

Sard. M'émouvoir ! qui ne s'émeut au spectacle de l'ingratitude?

Sal. Je ne m'arrêterai pas à te répondre par des paroles; ce sont des actions qu'il faut. Maintiens éveillée cette énergie qui sommeille parfois, mais qui n'est pas morte dans ton âme, et tu peux donner encore autant de gloire à ton règne que de puissance à ton empire. Adieu.   (*Salémène sort.*)

Sard. Il est parti, emportant à son doigt mon anneau, qui est pour lui un sceptre. Il est aussi ferme que je suis insouciant; et les esclaves méritent de sentir la main d'un maître. J'ignore de quelle nature est le danger : il l'a découvert, qu'il le comprime. Dois-je consumer ma vie, — cette vie si courte, — à me prémunir contre tout ce qui pourrait l'abréger? elle ne vaut pas tant de peines; ce serait mourir d'avancé que de vivre ainsi dans la frayeur de la mort, occupé à rechercher sans cesse des conspirations, soupçonnant tous ceux qui m'entourent parce qu'ils sont près de moi, et tous ceux qui sont loin à cause de leur éloignement même Mais s'il en doit être ainsi, s'ils m'exilent et de l'empire et de la vie, eh bien! qu'est-ce que l'empire, et qu'est-ce que la vie? J'ai aimé, j'ai vécu, j'ai multiplié mon image; mourir est un acte non moins naturel que ces actes de notre argile mortelle. Il est vrai que je n'ai pas versé des fleuves de sang, comme je l'aurais pu, jusqu'à faire de mon nom le synonyme de la mort, une terreur et un trophée. Mais je ne le regrette pas; ma vie, c'est l'amour : si je verse jamais le sang, ce sera contre mon gré. Jusqu'à ce jour, pas une goutte de sang assyrien n'a coulé pour moi; pas une obole n'est sortie des vastes trésors de Ninive pour des objets qui pouvaient coûter une larme à ses fils. Si donc ils me haïssent, c'est parce que je ne hais pas; s'ils se révoltent, c'est parce que je n'opprime point. O hommes! on doit vous gouverner avec des faux, non avec des sceptres; il faut vous faucher comme l'herbe, si on ne veut recueillir des herbes mauvaises et une moisson pourrie de mécontentements, qui souillent le sol et changent la fertilité en désert. Je ne veux plus y penser. — Holà! quelqu'un! (*Entre un domestique.*)

SARD. Esclave, dis à Myrrha l'Ionienne que je souhaite sa présence.

LE DOMESTIQUE. Roi, la voici. (*Myrrha entre.*)

SARD. (*au domestique*). Retire-toi! (*A Myrrha.*) Être plein de beauté! tu devines presque mon cœur avant qu'il ait parlé; il battait pour toi, et voilà que tu viens. Laisse-moi penser que, lorsque nous ne sommes point ensemble, une influence inconnue, un doux oracle nous fait, quoique invisible, communiquer entre nous, et nous attire l'un vers l'autre.

MYRR. Je le crois.

SARD. Je sens l'existence de ce pouvoir, mais j'ignore son nom; quel est-il?

MYRR. Dans ma terre natale c'est un dieu, et dans mon cœur c'est un sentiment exalté qui a quelque chose de divin; mais j'avoue qu'il est mortel, car ce que j'éprouve, c'est quelque chose d'humble, et cependant d'heureux, ou du moins qui aspire à l'être; mais... — (*Myrrha s'arrête*).

Sard. Toujours quelque chose vient s'interposer entre nous et ce que nous regardons comme le bonheur : que je fasse tomber l'obstacle qui s'oppose au tien, comme ta voix timide me l'annonce, et le mien sera complet.

Myrr. Mon seigneur !

Sard. Mon seigneur ! — mon roi ! — sire ! — mon souverain ! voilà, c'est toujours ainsi ; on ne me parle qu'avec terreur. Je ne puis voir un sourire, si ce n'est à la folle lumière d'un grand banquet, quand l'ivresse a rétabli l'égalité entre mes bouffons et moi, ou quand l'intempérance m'a ravalé jusqu'à leur abaissement. Myrrha, tous ces noms de seigneur, — de roi, — de sire, — de monarque, — je puis les entendre de la bouche des esclaves et des nobles ; — il fut même un temps où j'en faisais cas, c'est-à-dire où je les souffrais ; mais quand je les entends sortir des lèvres que j'adore, de lèvres que les miennes ont pressées, un froid glacial passe à mon cœur ; je sens alors tout ce qu'il y a de faux dans ce rang suprême qui refoule le sentiment dans l'âme de ceux qui me sont le plus chers, et je regrette de ne pouvoir déposer ma tiare importune, partager avec toi une cabane sur le Caucase, et ne porter qu'une couronne de fleurs.

Myrr. Que n'en est-il ainsi !

Sard. Est-ce là en effet ce que tu sens ? — Pourquoi ?

Myrr. Parce que tu saurais alors ce que tu ne sauras jamais.

Sard. Quoi donc ?

Myrr. Ce que vaut un cœur, du moins un cœur de femme.

Sard. J'en ai éprouvé mille, — et mille, — et mille encore.

Myrr. Des cœurs ?

Sard. Je le pense.

Myrr. Pas un seul ! Un temps viendra peut-être où tu feras cette épreuve.

Sard. Ce temps viendra ; écoute, Myrrha : Salémène a déclaré, — pourquoi et comment il l'a deviné, Bélus, le fondateur de ce vaste royaume, le sait mieux que moi ; — mais enfin Salémène a déclaré que mon trône était en péril.

Myrr. Il a bien fait.

Sard. Et tu tiens ce langage, toi qu'il a traitée avec un si dur mépris, toi qu'il a chassée de notre présence avec ses barbares sarcasmes, toi qu'il a fait pleurer et rougir?

Myrr. Je devrais rougir et pleurer plus souvent; il a bien fait de me rappeler à mon devoir. Mais tu parles de périls, — de périls qui te menacent...

Sard. Oui, il parle de noirs complots ourdis par des Mèdes, — de mécontentements dans l'armée et le peuple, et de je ne sais quoi encore; — c'est un labyrinthe où je me perds. — un confus amas de menaces et de mystères : tu connais l'homme, — tu sais que c'est son habitude; mais il est vertueux. Viens, n'y pensons plus, — ne nous occupons que de la fête de cette nuit.

Myrr. Il est temps de penser à autre chose qu'à des fêtes. — Tu n'as point dédaigné ses sages avis?

Sard. Quoi donc? — as-tu peur?

Myrr. Peur! — Je suis Grecque, puis-je craindre la mort? Esclave, puis-je redouter ma liberté?

Sard. Pourquoi donc te vois-je pâlir?

Myrr. J'aime.

Sard. Et moi, n'aimé-je pas? Je t'aime plus, — beaucoup plus que la vie et le vaste empire que je suis menacé de perdre; — pourtant je ne pâlis point.

Myrr. Cela prouve que tu n'aimes ni toi ni moi; car celui qui aime s'aime lui-même pour l'amour de l'objet aimé. C'est pousser trop loin l'imprudence : la vie et la couronne ne doivent point se perdre ainsi.

Sard Se perdre! — Quel est le chef audacieux qui oserait tenter de me les ravir?

Myrr. Qui pourrait craindre de le tenter? Quand celui qui gouverne s'oublie, qui se souviendra de lui?

Sard. Myrrha!

Myrr. Ne me regarde point avec colère; je t'ai vue trop souvent me sourire, pour que ce regard mécontent ne soit pas pour moi un châtiment plus amer que tous ceux qu'il peut faire présager. — Roi, je suis votre sujette! maître, je suis votre esclave! homme, je vous ai aimé! — je vous ai aimé, par je ne sais quelle fatale faiblesse; bien que je sois Grecque, élevée dans la haine des rois, — esclave, et maudissant mes fers, — Ionienne, et conséquemment, lorsque j'aime un étranger, plus dégradée par cette passion que par mes chaînes ! pourtant je vous ai aimé. Si cet amour a été assez fort pour dompter toute ma nature antérieure, pourquoi ne revendiquerait-il pas le privilége de vous sauver?

SARD. Me *sauver*, beauté charmante! Tu es merveilleusement belle; et ce que je te demande, c'est ton amour, — et non ma sécurité.

MYRR. La sécurité peut-elle être où l'amour n'est pas?

SARD. Je parle de l'amour de la femme.

MYRR. C'est au sein de la femme que vous commencez à boire la vie; ses lèvres vous ont enseigné vos premières paroles ; elle sèche vos premières larmes, et recueille vos derniers soupirs lorsque déjà l'homme a reculé devant l'ignoble tâche de veiller les derniers instants de celui qui fut son maître.

SARD. Mon éloquente Ionienne! ta parole est une musique; elle me rappelle les chœurs de ces chants tragiques qui, tu me l'as dit souvent, forment le passe-temps favori de la patrie lointaine de tes pères. Oh! ne pleure pas, — calme-toi.

MYRR. Je ne pleure pas. — Mais, je t'en prie, ne me parle pas de mes pères et de ma patrie.

SARD. Cependant tu en parles souvent.

MYRR. C'est vrai, — c'est vrai : bien qu'on en ait, l'objet qui remplit la pensée se trahit sur les lèvres; mais quand un autre que moi parle de la Grèce, cela me fait mal.

SARD. Eh bien donc, comment voudrais-tu me sauver, ainsi que tu le disais?

MYRR. En t'apprenant à te sauver toi-même, et non seulement toi, mais ces vastes royaumes, des fureurs de la pire de toutes les guerres, — la guerre entre frères.

SARD. Eh! mon enfant, j'abhorre toute espèce de guerre et les guerriers ; je vis au sein de la paix et des plaisirs : que peut faire de plus un homme?

Myrr. Hélas! seigneur, avec le commun des hommes, l'appareil de la guerre n'est que trop souvent nécessaire pour conserver les bienfaits de la paix; et, pour un roi, il vaut mieux quelquefois inspirer la crainte que l'amour.

Sard. Je n'ai jamais cherché à inspirer que ce dernier sentiment.

Myrr. Et tu n'as obtenu ni l'un ni l'autre.

Sard. Est-ce bien toi, Myrrha, qui me dis cela?

Myrr. Je parle de l'amour populaire, qui n'est que l'amour de *soi*; on l'obtient en tenant les hommes dans une crainte respectueuse et sous le joug des lois, sans toutefois qu'ils soient opprimés. — Il faut du moins qu'ils ne croient point l'être, ou, s'ils le savent, qu'ils le jugent nécessaire pour se soustraire à une oppression plus dure, celle de leurs passions. Un roi de festins, de fleurs, de vin et de débauches, un roi d'amour et de plaisir, ne fut jamais un roi de gloire.

Sard. La gloire! qu'est-ce que cela?

Myrr. Demande-le aux dieux, tes ancêtres.

Sard. Ils ne peuvent répondre; les prêtres ne parlent en leur nom que lorsque quelque nouveau tribut est apporté à leur temple.

Myrr. Consulte les annales des fondateurs de ton empire.

Sard. Elles sont tellement souillées de sang que je ne puis les lire. Mais qu'exiges-tu de moi? L'empire est fondé; je ne puis multiplier à l'infini les empires.

Myrr. Conserve le tien.

Sard. J'en jouirai, du moins. Viens, Myrrha, rendons-nous sur l'Euphrate; l'heure nous y invite, la galère est prête; le pavillon dressé pour notre retour, et orné pour le banquet du soir, resplendira de beauté et de lumière, si bien que les étoiles au-dessus de nos têtes le prendront pour une étoile rivale, et on nous verra couronnés de fleurs nouvelles comme....

Myrr. Des victimes.

Sard. Non, des souverains; comme ces rois bergers du temps patriarcal, qui ne connaissaient pas de plus brillants diadèmes que les guirlandes de l'été, et dont les triomphes ne coûtaient point de larmes. Allons!

PANIA entre.

Pan. Que le roi vive à jamais!

Sard. Tant qu'il pourra aimer, pas une heure au-delà! Combien je déteste ce langage qui fait de la vie un mensonge, en flattant la poussière de l'espoir de l'éternité! Eh bien! Pania, sois bref.

Pan. Je suis chargé par Salémène de réitérer au roi la prière qu'il lui a déjà faite, de ne point quitter le palais, au moins pour aujourd'hui. Le général, à son retour, fera connaître ses motifs; ils sont tels qu'ils justifieront sa hardiesse et lui obtiendront peut-être le pardon de la liberté qu'il a prise.

Sard. Eh quoi! veut-on donc me mettre en chartre privée? Suis-je déjà captif? ne puis-je même respirer l'air du ciel? Va dire au prince Salémène que, dût l'Assyrie tout entière s'insurger, et des myriades de révoltés assiéger ces murs, je sortirai.

Pan. Je dois obéir; cependant....

Myrr. O monarque! écoute : — combien de jours et de mois n'es-tu pas resté dans l'enceinte de ton palais, étendu mollement sur la soie, sans vouloir te montrer aux yeux de ton peuple; privant tes sujets de ta présence, laissant les satrapes sans contrôle, les dieux sans culte, et toute chose dans l'anarchie de l'inaction; si bien que tout, hormis le mal, dormait dans le royaume! Et maintenant tu refuserais de rester ici un seul jour, — un jour qui doit peut-être assurer ton salut? Au petit nombre de ceux qui te sont restés fidèles, tu refuserais quelques heures pour eux, pour toi, pour la race de tes ancêtres, pour l'héritage de tes fils?

Pan. C'est la vérité! D'après l'empressement que le prince a mis à m'envoyer en votre présence sacrée, je prends la liberté de joindre ma faible voix à celle qui vient de parler.

Sard. Non, cela ne sera pas.

Myrr. Au nom de ton empire!

Sard. Partons!

Pan. Au nom de tous vos fidèles sujets, qui se rallieront autour de vous et des vôtres!

Sard. Ce sont des illusions; il n'y a pas de péril : — c'est une sotte invention de Salémène pour montrer son zèle et se rendre nécessaire.

Myrr. Par tout ce qu'il y a de juste et de glorieux, conforme-toi à ce conseil!

Sard. A demain les affaires!

Myrr. Oui, et cette nuit la mort!

Sard. Eh bien! qu'elle me vienne inattendue, qu'elle me surprenne au milieu de la joie et des plaisirs, de la gaieté et de l'amour; que je tombe comme la rose cueillie! — Plutôt finir ainsi que de me flétrir lentement!

Myrr. Eh quoi! tous les motifs les plus capables d'agir sur le cœur d'un monarque, ne pourront obtenir de toi que tu renonces à une fête frivole?

Sard. Non.

Myrr. Eh bien! fais-le pour l'amour de *moi!*

Sard. De toi, ô ma Myrrha?

Myrr. C'est la première faveur que j'aurai demandée au roi d'Assyrie.

Sard. C'est vrai, et quand ce serait mon royaume, je te l'accorderais. Eh bien! pour l'amour de toi, je me rends. — Pania, retire-toi! tu m'entends.

Pan. Et j'obéis.   (*Pania sort.*)

Sard. Tu m'étonnes, Myrrha; quel est ton motif pour me faire ainsi violence?

Myrr. Ta sûreté et la certitude qu'il n'y a qu'un danger imminent qui puisse engager le prince à te faire une demande aussi pressante.

Sard. Si je ne le redoute pas, pourquoi le redouterais-tu?

Myrr. C'est parce que tu ne crains pas, que je crains pour toi.

Sard. Demain tu souriras de ces vaines terreurs.

Myrr. Si tout est perdu, je serai là où nul ne pleure, et cela vaudra mieux que le pouvoir de sourire ; et toi ?

Sard. Je serai roi comme auparavant.

Myrr. Où ?

Sard. Avec Baal, Nemrod et Sémiramis, seul monarque en Assyrie, ou ailleurs avec eux encore. Le destin m'a fait ce que je suis. — et il peut faire que je ne sois plus rien, — mais il faut que je sois cela ou rien ; je ne vivrai pas avili.

Myrr. Si tu avais toujours pensé ainsi, personne n'eût osé songer à t'avilir.

Sard. Et qui le fera maintenant ?

Myrr. Ne soupçonnes-tu personne ?

Sard. Soupçonner ! — c'est le fait d'un espion. Oh ! combien de moments précieux nous perdons en vaines paroles et en terreurs plus vaines encore ! — Holà ! qu'on vienne ! — Esclaves, préparez la salle de Nemrod pour le banquet du soir ; — s'il faut que mon palais soit changé en prison, du moins nous porterons gaiement nos fers ; si l'Euphrate nous est interdit, ainsi que le pavillon d'été qui orne ses rives charmantes, ici du moins on ne nous menace pas encore.— Holà ! quelqu'un ! (*Sardanapale sort.*)

Myrr. (*seule*). Pourquoi faut-il que j'aime cet homme ? les filles de ma patrie n'aiment que des héros. Mais je n'ai point de patrie ! l'esclave a tout perdu, tout, hormis ses chaînes. Je l'aime ! Hélas ! aimer ce que nous n'estimons pas, de toutes les chaînes c'est là la plus pesante. Eh bien ! soit ; l'heure approche où il aura besoin de l'amour de tous, et où il n'en trouvera dans personne. Il y aurait plus de lâcheté à l'abandonner maintenant qu'il n'y eût eu d'héroïsme, dans l'opinion de mon pays, à le poignarder sur son trône à l'apogée de sa puissance ; je n'ai été faite ni pour l'un ni pour l'autre de ces actes. Si je pouvais le sauver, ce n'est pas *lui*, mais moi que j'en aimerais davantage ; et j'en ai besoin ; car je suis déchue dans ma propre estime depuis que j'aime ce voluptueux étranger ; et néanmoins, il me semble que ce qui me le fait encore plus aimer, c'est de le voir en butte à la haine des Barbares, ces ennemis naturels de tout ce qui a du sang grec dans les veines. Si je pouvais seulement éveiller dans son cœur une seule pensée semblable à celle qui animait les Phrygiens eux-mêmes alors qu'ils combattaient entre la mer et les remparts d'Ilion, il foulerait à ses pieds la multitude des barbares, et triompherait. Il m'aime, et je l'aime ; l'esclave aime son maître, et voudrait l'affranchir du joug de ses propres vices. Sinon, il me reste un moyen de liberté ; et si je ne puis lui apprendre à régner, je puis du moins lui apprendre la seule manière dont un roi doit quitter son trône. Il ne faut pas que je le perde de vue. (*Elle sort.*)

ACTE DEUXIÈME.
SCÈNE Ire.
Le portique du même appartement dans le palais.
BÉLÉSÈS, seul.

Le soleil s'approche de l'horizon ; on dirait qu'il s'affaisse avec plus de lenteur en laissant, pour la dernière fois, tomber son regard sur l'empire d'Assyrie. Sa rouge clarté brille au milieu de ces nuages sombres, comme le sang dont elle est l'avant-coureur. Soleil qui vas disparaître, étoiles qui vous levez dans les cieux, si ce n'est pas en vain que je vous ai étudiés et que j'ai lu dans chacun de vos rayons les édits de vos orbes, qui font frémir le Temps lui-même des destinées qu'il apporte aux nations, la dernière heure de l'Assyrie est venue. Et, néanmoins, que cette heure est calme ! Une chute si grande devrait être annoncée par un tremblement de terre ; — c'est un soleil d'été qui la révèle. Pour le Chaldéen, dont le regard sait lire dans les astres, ce disque porte écrit sur sa page éternelle la fin de ce qui semblait éternel. Mais, ô soleil infaillible ! brûlant oracle de tout ce qui vit, source de toute vie, et symbole de celui qui la donne, pourquoi ne nous annonces-tu que les calamités ? Pourquoi ne nous révèles-tu pas des jours plus dignes de ton lever glorieux du sein de l'Océan ? Pourquoi ne pas darder dans l'avenir un rayon d'espérance, tout aussi bien que de colère ? Entends-moi ! oh ! entends-moi ! je suis ton adorateur, ton prêtre, ton serviteur ; — je t'ai contemplé à ton lever et à ton coucher, et j'ai courbé mon front devant ton midi, alors que mes yeux n'osaient s'élever vers toi. J'ai épié ton réveil, je t'ai prié, je t'ai offert des sacrifices, je t'ai consulté, je t'ai craint, je t'ai interrogé, et tu m'as répondu; — mais tes réponses sont toujours restées enfermées dans un cercle fatal.—Tandis que je parle, il s'affaisse. — Il est parti, — laissant un reflet de sa beauté, mais non de sa science, à l'Occident charmé qui se délecte au milieu des teintes de sa mourante gloire. Cependant qu'est-ce que la mort quand elle est glorieuse? c'est un coucher de soleil; et les mortels doivent s'estimer heureux de ressembler aux dieux, ne fût-ce que dans leur déclin.

(ARBACE entre par une porte intérieure.)

ARB. Bélésès, pourquoi te vois-je ainsi absorbé dans ta dévotion? Es-tu occupé à contempler la disparition de ton dieu dans les espaces d'un jour inconnu? Nous avons affaire à la nuit, — elle est venue.

BÉL. Mais elle n'est pas partie.

ARB. Qu'elle s'écoule, — nous sommes prêts.

BÉL. Oui! que n'est-elle à sa fin!

ARB. Est-ce que le doute se serait emparé du prophète alors qu'à ses yeux les astres font briller la victoire?

BÉL. Je ne doute pas de la victoire, mais du vainqueur.

ARB. Eh bien! que ta science règle cela; en attendant, j'ai préparé assez de lances étincelantes pour éclipser l'éclat de nos alliées, les planètes. Rien ne s'oppose plus à nos projets. Le roi-femme, l'être moins qu'une femme est à présent sur les flots avec ses compagnes; l'ordre est donné pour que la fête ait lieu dans le pavillon. La première coupe qu'il boira sera la dernière vidée par la race de Nemrod.

BÉL. C'était une race vaillante.

ARB. C'est maintenant une race affaiblie. — Elle est usée; — nous la régénérerons.

BÉL. En es-tu sûr?

ARB. Son fondateur fut un chasseur; — je suis un soldat; — qu'y a-t-il à craindre?

BÉL. Le soldat.

ARB. Et le prêtre peut-être; mais si tu pensais ainsi, si

c'est encore la pensée, pourquoi ne pas garder ton roi des concubines ? pourquoi exciter mon courage ? pourquoi me pousser à cette entreprise, qui n'est pas moins la tienne que la mienne ?

Bél. Regarde le ciel.

Arb. Je le regarde.

Bél. Que vois-tu ?

Arb. Un beau crépuscule d'été et une multitude d'étoiles.

Bél. Et parmi elles, remarques-tu la plus matinale, la plus brillante, dont la lumière vacille et va bientôt disparaître dans le bleu firmament ?

Arb. Eh bien ?

Bél. C'est ton étoile natale, — c'est la planète qui présida à ta naissance.

Arb. (*la main sur son épée*). Mon étoile est dans ce fourreau ; quand elle brillera, elle éclipsera les comètes. Pensons à ce qu'il faut faire pour justifier tes planètes et leurs présages. Quand nous aurons vaincu, elles auront des temples, — oui, et des prêtres aussi ; et toi tu seras le pontife de — de tels dieux qu'il te plaira ; car j'ai remarqué qu'ils sont toujours justes, et qu'à leurs yeux le plus brave est le plus dévot.

Bél. Oui ; et les braves sont aussi pour eux les plus religieux. — Tu ne m'as pas vu tourner le dos sur le champ de bataille.

Arb. Non ; je te reconnais pour capitaine aussi vaillant que tu es habile dans le culte de la Chaldée ; maintenant te plairait-il d'abdiquer un moment le prêtre, et de me faire voir le guerrier ?

Bél. Pourquoi pas l'un et l'autre ?

Arb. Cela n'en vaudra que mieux ; et cependant je suis presque honteux de voir que nous aurons si peu à faire. Cette guerre de femme dégrade jusqu'au vainqueur. Renverser de son trône un despote hardi, sanguinaire ; lutter contre lui le fer à la main, vainqueur ou vaincu, c'eût été digne d'un héros ; mais lever mon épée contre ce ver à soie, entendre peut-être sa voix mourante et plaintive...

Bél. N'en crois rien ; il y a en lui quelque chose qui peut

encore te donner de l'occupation, et, fût-il même ce que tu le crois, ses gardes sont braves et commandés par l'impassible et austère Salémène.

Arb. Ils ne résisteront pas.

Bél. Pourquoi non? ils sont soldats.

Arb. C'est vrai; c'est pourquoi il leur faut un soldat qui les commande.

Bél. C'est ce qu'est Salémène.

Arb. Mais il n'est pas leur roi. D'ailleurs il hait l'être efféminé qui nous gouverne, à cause de la reine sa sœur. N'as-tu pas remarqué qu'il s'éloigne de toutes les fêtes?

Bél. Mais il ne s'éloigne pas du conseil; — il y est toujours assidu.

Arb. Et toujours contrarié; que faut-il de plus pour faire de lui un rebelle? un insensé sur le trône, son sang déshonoré, et lui-même rebuté! comment donc? c'est pour le venger que nous travaillons.

Bél. Plût à Dieu qu'on pût l'amener à penser ainsi! j'en doute.

Arb. Si nous le sondions?

Bél. Oui, si l'occasion s'en présente.

Entre BALÉA.

Bal. Satrapes, le roi ordonne que vous soyez présents à la fête cette nuit.

Bél. Entendre, c'est obéir. Dans le pavillon, sans doute?

Bal. Non; ici, dans le palais.

Arb. Comment, dans le palais? ce n'était pas là l'ordre.

Bal. C'est l'ordre maintenant.

Arb. Et pourquoi?

Bal. Je l'ignore. Puis-je me retirer?

Arb. Demeure.

Bél. (*à part, à Arbace*). Laisse-le partir. (*A Baléa*). Oui, Baléa, remercie le monarque de notre part, baise le bord de son manteau impérial, et dis-lui que ses esclaves ramasseront les miettes qu'il daignera laisser tomber de sa royale table à l'heure de... — C'est à minuit, je pense?

Bal. A minuit, dans la salle de Nemrod. Seigneurs, je

m'humilie devant vous, et prends congé. (*Baléa sort*).

ARB. Ce changement subit de lieu n'annonce rien de bon; il y a là-dessous quelque mystère : pourquoi changer ainsi ?

BÉL. Et ne change-t-il pas mille fois par jour ? L'Indolence est ce qu'il y a au monde de plus capricieux; ses projets se modifient plus souvent qu'un général ne fait de marches et de contre-marches quand il veut amener son adversaire à faire quelques fautes. — A quoi réfléchis-tu ?

ARB. Il aimait ce joli pavillon; c'était, pendant l'été, son séjour favori.

BÉL. Il a aimé aussi la reine, — et puis, après elle, trois mille courtisanes. — Il n'est rien que, tour à tour, il n'ait aimé, hormis la sagesse et la gloire.

ARB. Quoi qu'il en soit, — il y a là quelque chose qui ne me plaît pas; puisqu'il a changé, — nous devons en faire autant : l'attaque était facile dans ce pavillon solitaire, où il n'eût été entouré que de gardes appesantis par le vin, et de courtisans ivres; mais dans la salle de Nemrod...

BÉL. Comment donc! il me semblait que l'orgueilleux guerrier craignait de trouver, pour arriver au trône, une voie trop facile. — Serais-tu donc fâché de voir qu'il y a un pas ou deux plus glissants que tu ne t'y attendais.

ARB. Quand le moment viendra, tu verras si j'ai peur. Tu m'as vu jouer gaiement ma vie; mais aujourd'hui il y va beaucoup plus que de ma vie; il y a un royaume pour enjeu.

BÉL. Je t'ai prédit que tu le gagnerais; — poursuis donc et sois vainqueur.

ARB. Si j'étais devin, je m'en serais prédit autant; mais obéissons aux étoiles. Je ne veux me brouiller ni avec elles, ni avec leur interprète. Qui vient ici ?

Entre SALÉMÈNE.

SAL. Satrapes!

BÉL. Mon prince.

SAL. Je suis charmé de vous rencontrer; — je vous cherchais tous deux, mais ailleurs qu'au palais.

ARB. Pourquoi cela ?

SAL. Ce n'est pas l'heure.

Arb. L'heure! — quelle heure?

Sal. De minuit.

Bél. Minuit, seigneur?

Sal. Quoi donc? n'êtes-vous pas invités?

Bél. Oh! oui, — nous l'avions oublié.

Sal. Est-il habituel d'oublier l'invitation d'un souverain?

Arb. C'est que nous ne l'avons reçue qu'à l'instant même.

Sal. Que faites-vous ici?

Arb. Notre service nous y appelle.

Sal. Quel service?

Bél. Le service de l'État. Nous avons le privilége d'approcher le monarque, mais nous l'avons trouvé absent.

Sal. Et moi aussi, j'ai un devoir à remplir.

Arb. Pourrions-nous connaître sa nature?

Sal. C'est d'arrêter deux traîtres. — Gardes! à moi!

(Des gardes entrent.)

Sal. (*continuant*). Satrapes, vos épées!

Bél. (*rendant son épée*). Seigneur, voici nos cimeterres.

Arb. (*tirant la sienne du fourreau*). Viens prendre la mienne.

Sal. (*s'avançant*). Je vais la prendre.

Arb. Tu en recevras la lame dans le cœur, — la poignée ne quittera pas ma main.

Sal. (*tirant son épée*). Ah! ah! tu veux donc résister? c'est bien : — cela épargnera un jugement et un funeste pardon. — Soldats, frappez ce rebelle!

Arb. Soldats! oui : — seul tu ne l'oserais pas.

Sal. Seul! esclave insensé! qu'y a-t-il en toi qui puisse faire reculer un prince? Nous redoutons ta trahison, non ta force : ta dent n'est rien sans son venin; c'est la dent du serpent, non du lion. Qu'on l'immole!

Bél. (*s'interposant*). Arbace! où est votre raison? n'ai-je pas rendu mon épée, *moi?* fiez-vous, comme moi, à la justice de notre souverain.

Arb. Non, j'aime mieux me fier aux étoiles, dont tu nous parles tant, et à ce faible bras; je veux mourir maître de mon souffle et de mon corps, — et je ne veux pas que personne les enchaîne.

Sal. (*aux gardes*). Vous l'entendez, vous m'entendez aussi ; ne le prenez pas, — tuez-le.

(Les gardes attaquent Arbace qui se défend avec tant de bravoure et d'adresse qu'il les fait reculer.)

Sal. Eh quoi ! faut-il donc que je fasse l'office de bourreau ? Lâches ! vous allez voir comment on punit un traître.

(*Salémène attaque Arbace.*)

SARDANAPALE entre avec sa suite.

Sard. Arrêtez ! sous peine de la vie, vous dis-je ! Eh quoi ! êtes-vous sourds ou ivres ? Mon épée !... Fou que je suis, je ne porte point d'épée. (*A un garde.*) Voyons, toi, donne-moi ton arme.

(Sardanapale prend l'épée d'un soldat, se jette entre les combattants et les sépare.)

Sard. Jusque dans mon palais ! Je ne sais qui me retient que je ne vous perce de mon glaive, audacieux querelleurs !

Bél. Sire, j'implore votre justice.

Sal. Ou plutôt — votre faiblesse.

Sard. (*levant son épée*). Comment ?

Sal. Frappe ! pourvu que tu frappes aussi le traître, — que tu n'épargnes un moment, sans doute, que pour le livrer aux tortures ; — j'y consens.

Sard. Qui ? lui ! qui ose attaquer Arbace ?

Sal. Moi !

Sard. Prince, vous vous oubliez. En vertu de quel titre ?

Sal. (*montrant le sceau*). Du tien !

Arb. (*confus*). Le sceau du roi !

Sal. Oui ! et que le roi le confirme.

Sard. Je ne te l'ai pas remis pour un semblable usage.

Sal. Je l'ai reçu de vous pour garantir votre sûreté, — j'en ai fait l'usage que j'ai cru le meilleur. Prononcez vous-même. Ici je ne suis que votre esclave, il y a un moment j'étais votre représentant.

Sard. Eh bien ! remettez vos glaives dans le fourreau.

(*Arbace et Salémène obéissent.*)

Sal. Je remets le mien dans le fourreau, et je vous supplie de garder le vôtre; c'est le seul sceptre qui vous reste d'une manière assurée.

Sard. Il est bien pesant, la poignée me blesse la main. (*A un garde*). Soldat, reprends ton arme. — Eh bien! seigneurs, que signifie tout cela?

Bél. C'est au prince à répondre.

Sal. De mon côté est la fidélité, du leur, la trahison!

Sard. Trahison! — Arbace! trahison et Bélésès! voilà des noms que je n'aurais jamais cru voir réunis.

Bél. Où est la preuve?

Sal. Je répondrai quand le roi aura demandé l'épée de ton collègue en trahison.

Arb. (*à Salémène*). Cette épée a été tirée aussi souvent que la tienne contre ses ennemis.

Sal. Elle vient de l'être contre son frère, elle le sera dans une heure contre lui-même.

Sard. Cela n'est pas possible : il n'oserait; — non — non, je ne veux point entendre de pareilles choses. Ces vaines accusations sont propagées dans les cours par de basses intrigues et par de vils mercenaires qui vivent de la calomnie déversée sur les gens de bien. Il faut qu'on vous ait trompé, mon frère.

Sal. Qu'il commence par rendre son épée, que par cet acte de soumission il se proclame votre sujet, et je répondrai à tout.

Sard. Si je le croyais! — mais non, cela ne se peut : le Mède Arbace, — ce guerrier loyal, franc, sincère, — le meilleur capitaine de tous ceux qui disciplinent mes peuples, — non, je ne lui ferai point l'insulte de l'obliger à rendre un cimeterre qu'il ne rendit jamais à nos ennemis. — Satrape, gardez votre arme.

Sal. Monarque, reprenez votre sceau.

Sard. Non, garde-le! mais tâche d'en user avec plus de modération.

Sal. Sire, j'en ai usé dans l'intérêt de votre honneur, et je vous le rends parce que je ne puis en faire l'usage que mon honneur me prescrit. Confiez-le à Arbace.

Sard. Je le devrais : il ne me l'a jamais demandé.

Sal. N'en doute pas, il l'obtiendra sans ce vain semblant de respect.

Bél. Je ne sais qui a pu prévenir si fort le prince contre deux sujets dont personne n'a égalé le zèle pour le bien de l'Assyrie.

Sal. Tais-toi, prêtre factieux, guerrier perfide ; tu réunis dans ta personne les vices les plus hideux des deux professions les plus dangereuses. Garde tes paroles emmiellées et tes homélies menteuses pour ceux qui ne te connaissent pas. Le crime de ton complice est au moins un crime hardi, qui n'est point déguisé par les ruses que t'enseigna la Chaldée.

Bél. L'entendez-vous, ô mon souverain, fils de Bélus ? il blasphème le culte d'un empire devant lequel vos pères fléchissaient le genou.

Sard. Ah ! pour cela, je vous prie de l'absoudre ; je me dispense du culte des morts, sentant que je suis mortel, et convaincu que la race dont je suis issu est — ce que je la vois, — de la cendre.

Bél. Roi, n'en croyez rien ; vos ancêtres sont avec les astres, et...

Sard. Tu iras les rejoindre là-haut avant qu'ils se lèvent, si tu continues à prêcher sur ce ton ; — comment donc ! mais c'est un crime d'état au premier chef.

Sal. Seigneur...

Sard. Me faire ici la leçon sur le culte des idoles d'Assyrie ! Qu'il soit libre ; — donnez-lui son épée.

Sal. Mon seigneur, mon roi, mon frère, réfléchissez, je vous prie.

Sard. Oui, oui, n'est-ce pas ? pour être sermonné, étourdi, assourdi de l'histoire des morts, et de Baal, et de tous les mystères astrologiques de la Chaldée !

Bél. Monarque, respectez-les.

Sard. Oh ! pour cela je les aime. J'aime à les contempler dans la voûte azurée, et à les comparer aux yeux de ma Myrrha ; j'aime à voir leurs rayons se refléter dans l'onde argentée et tremblante de l'Euphrate, quand la brise légère de la nuit ride la surface liquide et soupire dans les roseaux qui ornent ses bords ; mais que ce soient des dieux, comme quelques-uns le disent, ou le séjour des dieux, comme d'autres le prétendent, ou simplement des flambeaux de la nuit ; que ce soient des mondes ou des luminaires distincts des mondes, je l'ignore et me soucie peu de le savoir. Il y a dans mon incertitude je ne sais quoi de doux, que je n'échangerais pas contre votre science chaldéenne. D'ailleurs, je sais que tout ce que l'argile humaine peut connaître de ce qui est au-dessus ou au-dessous d'elle — se réduit à rien. Je vois l'éclat des astres, et je sens leur beauté ; — quand ils brilleront sur mon tombeau, ils ne feront plus sur moi aucune impression.

Bél. Dites plutôt, sire, que vous les connaîtrez mieux.

Sard. J'attendrai, s'il vous plaît, pontife ; je ne suis pas pressé de posséder cette science. Cependant, recevez votre épée, et sachez que je préfère votre service militaire à votre ministère de prêtre, — quoique je ne me soucie ni de l'un ni de l'autre.

Sal. (*à part*). Ses débauches l'ont privé de sa raison ; il faut que je le sauve malgré lui.

Sard. Veuillez m'écouter, satrapes, et toi surtout, mon prêtre, parce que je me méfie de toi plus que de ce guerrier ; et je m'en méfierais plus encore si tu n'étais à demi soldat : séparons-nous en paix ; — je ne parle pas de pardon, — on ne l'accorde qu'aux coupables ; je n'affirmerai pas que vous l'êtes, et cependant vous savez que votre vie dépend d'un souffle de ma bouche, et que la moindre appréhension de ma part vous serait fatale. Mais ne craignez rien, — car je suis clément, et point du tout dominé par la crainte ; — vivez donc. Si j'étais ce que vous me croyez, de vos têtes suspendues aux portes de ce palais, les dernières gouttes de votre sang couleraient dans la poussière, seule portion de ce royaume convoité par elles sur laquelle elles régneraient. — Mais n'en parlons plus. Comme je l'ai dit, je ne vous crois pas coupables, et je ne vous estime pas non plus innocents. Des hommes qui valent mieux que vous et moi sont prêts à vous accuser, et si j'abandonnais votre destinée à des juges plus sévères et à des preuves de tout genre, je pourrais sacrifier deux hommes qui, quels qu'ils puissent être maintenant, ont été autrefois fidèles. Vous êtes libres, seigneurs.

ARB. Sire, cette clémence...

BÉL. (*l'interrompant*). Est digne de vous; et, bien qu'innocents, nous vous rendons grâces.

SARD. Prêtre! gardez vos actions de grâces pour Bélus; son descendant n'en a pas besoin.

BÉL. Mais étant innocents...

SARD. Vous devez vous taire; — le crime a la voix haute. Si vous êtes fidèles, on vous a fait outrage, et vous devez éprouver de la douleur, non de la reconnaissance.

BÉL. Sans doute, si la justice était toujours rendue sur la terre par un pouvoir tout-puissant; mais l'innocence est souvent obligée de recevoir la justice comme une faveur.

SARD. Cela serait bon dans un sermon; mais ici c'est déplacé. Je vous prie de garder ces belles choses pour plaider devant le peuple la cause de votre souverain.

BÉL. Je pense qu'il n'y a pas pour cela de motifs.

SARD. Point de motifs, peut-être; mais beaucoup de gens qui cherchent à en faire naître: — si vous rencontrez de ces gens-là dans l'exercice de vos fonctions sur la terre, ou si vous en lisez l'existence au ciel dans le scintillement mystérieux des étoiles qui vous servent de chroniques, n'oubliez pas qu'entre le ciel et la terre il y a quelque chose de pire que celui qui gouverne un grand nombre de sujets et n'en immole aucun; qui, sans se haïr lui-même, néanmoins aime assez ses semblables pour épargner ceux qui ne l'épargneraient pas s'ils devenaient un jour les maîtres; — mais c'est ce qui est encore douteux. Satrapes, vous êtes libres de faire ce qu'il vous plaira de vos personnes et de vos épées; mais, à dater de ce moment, je n'ai besoin ni des unes ni des autres. Salémène, suivez-moi.

(*Sardanapale sort avec Salémène et sa suite, laissant Arbace et Bélésès.*)

Arb. Bélésès !

Bél. Eh bien ! que penses-tu ?

Arb. Que nous sommes perdus.

Bél. Que le royaume est à nous.

Arb. Eh quoi ! ainsi soupçonnés, — le glaive suspendu sur nos têtes par un cheveu que pourrait briser le souffle impérieux qui nous a épargnés, — j'ignore pourquoi !

Bél. Ne cherche point à le savoir ; mais mettons le temps à profit. L'heure est encore à nous, — notre puissance est la même, — cette nuit est la même aussi que nous avions destinée à notre entreprise. Rien n'est changé pour nous, si ce n'est que nous ignorions qu'on nous soupçonnait, et que maintenant nous le savons avec une certitude qui rend tout délai une folie.

Arb. Pourtant...

Bél. Quoi ! encore des doutes ?

Arb. Il a épargné notre vie ; que dis-je ? il nous a défendus contre Salémène.

Bél. Et combien de temps serons-nous épargnés ? jusqu'à la première minute d'ivresse.

Arb. Ou plutôt de sobriété ! Quoi qu'il en soit, il a noblement agi ; il nous a royalement donné ce que nous avions lâchement mérité de perdre.

Bél. Dis donc courageusement !

Arb. L'un et l'autre peut-être. Mais cette action m'a touché, et, quoi qu'il advienne, je n'irai pas plus loin.

Bél. Et tu perdrais l'empire du monde ?

Arb. Je perdrai tout, plutôt que l'estime de moi-même.

Bél. Je rougis de voir que nous devons la vie à ce roi, dont le sceptre est une quenouille !

Arb. Mais nous ne la lui devons pas moins, et je rougirais d'ôter la vie à qui me la donne.

Bél. Tu peux endurer tout ce qu'il te plaira ; — les astres en ont décidé autrement.

Arb. Dussent-ils descendre du ciel et marcher devant moi dans toute leur splendeur, je ne les suivrai pas.

Bél. Voilà une faiblesse — pire que celle d'une femme

effrayée d'avoir rêvé de la mort et s'éveillant dans les ténèbres. Allons donc! allons donc!

ARB. Quand il partait, il m'a semblé voir en lui Nemrod; il ressemblait à la statue impériale qui a l'air d'être le monarque des rois qui l'entourent dans ce temple où elle règne, tandis qu'eux ne font que lui servir de décoration.

BÉL. Je t'avais dit moi-même que tu en faisais trop peu de cas, et qu'il y avait en lui quelque chose de royal; — qu'en conclure? Il n'en est qu'un plus noble ennemi.

ARB. Et nous que plus lâches! — Oh! pourquoi faut-il qu'il nous ait épargnés?

BÉL. Aurais-tu donc voulu être ainsi sacrifié sur-le-champ?

ARB. Non; — mais il eût été mieux de mourir que de vivre ingrat.

BÉL. Oh! certains hommes ont l'âme étrangement faite! Tu envisageais froidement ce que quelques-uns appellent un crime d'État, et des insensés une trahison, — et voilà que tout à coup, parce que, par je ne sais quel caprice, ce roi débauché s'interpose orgueilleusement entre toi et Salémène, tu es changé! — te voilà devenu — quoi? — un Sardanapale! je ne connais pas de nom plus ignominieux que celui-là.

ARB. Il y a une heure, malheur à qui m'eût donné ce nom! Sa vie eût tenu à peu de chose. — Maintenant je te pardonne, comme il nous a pardonné. — Sémiramis elle-même n'en eût point fait autant.

BÉL. Non, — la reine n'aimait pas partager l'autorité royale, même avec un époux.

ARB. Désormais je le servirai loyalement.

BÉL. Et humblement.

ARB. Non, seigneur, mais avec fierté, — car je serai vertueux, je serai plus près du trône que toi du ciel; pas tout à fait si hautain peut-être, mais plus élevé. Tu peux faire ce qu'il te plaira : — tu as des codes, des mystères, des règles pour le juste et l'injuste, dont je manque pour me conduire; moi, je m'abandonne à la direction d'un cœur simple. Et maintenant tu me connais.

BÉL. As-tu fini?

Arb. Oui, avec toi.

Bél. Et tu me trahiras sans doute comme tu me quittes?

Arb. C'est là la pensée d'un prêtre, et non d'un soldat!

Bél. Comme tu voudras; — trêve à ces querelles, et écoute-moi.

Arb. Non, — il y a plus de périls dans ton esprit subtil que dans une phalange.

Bél. Puisqu'il en est ainsi, — j'irai seul en avant.

Arb. Seul!

Bél. Les trônes n'ont de place que pour un.

Arb. Mais celui-ci est occupé.

Bél. Par un monarque méprisé, ce qui est pire que s'il était vacant. Réfléchissez, Arbace; je vous ai toujours aidé, chéri, encouragé; j'aimais à vous servir, dans l'espoir de servir l'Assyrie et de la sauver. Le ciel même semblait d'accord avec nous, et tout nous souriait jusqu'au dernier moment, où tout à coup votre ardeur s'est changée en une honteuse faiblesse; mais maintenant, plutôt que de voir gémir ma patrie, je veux être son sauveur ou la victime du tyran, ou peut-être l'un et l'autre, comme il arrive quelquefois; et si je triomphe, Arbace sera mon sujet.

Arb. Ton sujet!

Bél. Pourquoi pas? cela vaut mieux que d'être l'esclave, et l'esclave *pardonné*, d'un roi-femme, d'un Sardanapale!

Entre PANIA.

Pan. Seigneurs, je suis porteur d'un ordre du roi.

Arb. Avant de le connaître, nous obéissons.

Bél. Cependant, quel est-il?

Pan. Cette nuit même il vous est enjoint de vous rendre dans vos satrapies respectives de Babylone et de Médie.

Bél. Avec nos troupes?

Pan. Mon ordre ne comprend que les satrapes et leur suite.

Arb. Mais...

Bél. Il faut obéir: dis que nous partons.

Pan. J'ai ordre de vous voir partir, non de transmettre votre réponse.

Bél. (*à part*). Oh! oh! (*A Pania*). Nous vous suivons.

Pan. Je vais commander la garde d'honneur à laquelle votre rang vous donne droit; puis j'attendrai votre convenance, pourvu que le délai ne dépasse pas une heure.

(Pania sort.)

Bél. Obéis donc à présent.

Arb. Sans nul doute.

Bél. Oui, jusqu'aux portes du palais qui nous sert maintenant de prison, — pas plus loin.

Arb. Tu as en effet touché la corde véritable! Le royaume dans sa vaste étendue ne nous offre à tous deux que des cachots.

Bél. Dis plutôt des tombeaux.

Arb. Si je le pensais, cette bonne épée en creuserait un de plus que le mien.

Bél. Elle aura suffisamment à faire; j'augure plus favorablement que toi. A présent sortons d'ici comme nous pourrons : tu reconnais avec moi que cet ordre est une condamnation.

Arb. Quelle autre interprétation pourrait-on lui donner? C'est la politique des monarques de l'Orient : — le pardon et le poison, — des faveurs et un glaive, — un voyage lointain et un sommeil éternel. Combien de satrapes du temps de son père... — car lui, je l'avoue, est ennemi du sang, ou du moins il l'a été jusqu'à ce jour.

Bél. Mais maintenant il ne le sera pas et ne saurait l'être.

Arb. J'en doute. Combien, du temps de son père, j'ai vu de satrapes se mettre en route pour aller prendre possession de puissantes vice-royautés, qui ont rencontré la mort en voyage! Je ne sais comment cela se faisait; mais tous tombaient malades en chemin, tant la route était longue et pénible.

Bél. Gagnons seulement l'air libre de la ville, et nous abrégerons le voyage.

Arb. Peut-être qu'aux portes mêmes on nous l'abrégera.

Bél. Non, ils n'oseront risquer la chose; leur projet est de nous faire périr secrètement, mais non dans le palais ou dans l'enceinte de la ville, où nous sommes connus et où nous pouvons avoir des partisans; s'ils avaient eu l'intention de nous tuer ici, nous ne serions déjà plus du nombre des vivants. Partons.

Arb. Si je croyais qu'il n'en voulût point à ma vie!

Bél. Insensé! Éloignons-nous. — Quel autre but pourrait avoir le despotisme alarmé? Allons rejoindre nos troupes, et marchons.

Arb Vers nos provinces?

Bél. Non, vers ton royaume. Nous avons du temps, du cœur, de l'espoir, de la puissance et des moyens que nous laissent amplement leurs demi-mesures. — Partons.

Arb. Au milieu de mon repentir, me faut-il donc encore retomber dans le crime?

Bél. La défense personnelle est une vertu, et le seul boulevard de tout droit. Partons, dis-je! quittons ce lieu; on y respire un air épais et funeste; les murailles y sentent la prison. — Sortons, ne leur laissons pas le temps de délibérer davantage; notre prompt départ prouve notre zèle civique; notre prompt départ empêche le digne Pania, qui doit nous escorter, d'anticiper sur les ordres qui pourraient lui être donnés à quelques parasanges d'ici; non, il n'y a pas d'autre parti à prendre que... — Partons, dis-je. (*Il sort avec Arbace, qui le suit à regret.*)

Entrent SARDANAPALE et SALÉMÈNE.

Sard. Eh bien! tout est réparé sans effusion de sang, le plus sot de tous les remèdes; nous sommes maintenant en sûreté par l'exil de ces hommes.

Sal. Oui, comme celui qui marche sur des fleurs est à l'abri de la vipère enlacée autour de leurs racines.

Sard. Que voudrais-tu donc que je fisse?

Sal. Je désirerais vous voir annuler ce que vous avez fait.

Sard. Révoquer mon pardon?

Sal. Fixer la couronne qui chancelle maintenant sur votre tête.

Sard. Ce serait tyrannique, Salémène.

Sal. Mais sûr.

Sard. Nous sommes en sûreté. Quel danger peuvent-ils nous susciter sur la frontière?

Sal. Ils n'y sont pas encore, — et si l'on m'en croyait, ils n'y arriveraient jamais.

Sard. Je t'ai écouté avec impartialité. — Pourquoi n'en ferais-je pas autant pour eux ?

Sal. Vous le saurez plus tard ; maintenant je m'éloigne pour rassembler votre garde.

Sard. Et tu nous rejoindras au banquet ?

Sal. Sire, veuillez m'en dispenser : — je ne suis point un ami de la table ; commandez-moi pour tout autre service que celui de bacchante.

Sard. Mais il est convenable de se réjouir de temps en temps.

Sal. Et convenable aussi que quelqu'un veille pour ceux qui se réjouissent trop souvent. Puis-je sortir ?

Sard. Oui ; — reste un moment, mon fidèle Salémènе, mon frère, mon fidèle sujet, meilleur prince que je ne suis roi. Tu aurais dû être le monarque, toi, et moi je ne sais quoi ; peu importe ; mais ne crois pas que je sois insensible à ta vertueuse sagesse, à ton affection franche et sincère, à ton indulgence pour mes folies, bien que tu ne sois pas pour moi ménager de reproches. Si, contre ton avis, j'ai épargné ces hommes, ou du moins leur vie, — ce n'est pas que je doute que ton avis fût salutaire ; mais laissons-les vivre ; ne chicanons pas sur leur vie, et qu'ils se corrigent. Leur bannissement me laissera dormir tranquille, ce que leur mort n'eût pas fait.

Sal. Pour avoir voulu sauver des traîtres vous courez le risque de dormir pour toujours. — Un moment de rigueur eût épargné des années de crime. Permettez que je vous en débarrasse.

Sard. Ne me tente pas ; ma parole est donnée.

Sal. Mais elle peut être révoquée.

Sard. C'est une parole royale.

Sal. Et qui devrait être décisive. Cet exil, cette demi-indulgence ne servira qu'à les irriter. — Il faut que la grâce soit entière, sans quoi elle est nulle.

Sard. Je m'étais borné à les destituer, ou du moins à les

éloigner de ma présence ; n'est-ce pas toi qui m'as pressé de les renvoyer dans leurs satrapies ?

Sal. C'est vrai, je l'avais oublié ; si toutefois ils arrivent dans leur gouvernement ; c'est alors que vous aurez raison de me reprocher mon conseil.

Sard. Et s'ils n'y arrivent pas, — prends-y garde ; — il faut qu'ils s'y rendent en toute sûreté, sinon — songe à la tienne.

Sal. Permettez que je sorte ; j'aurai soin de veiller à leur sûreté.

Sard. Va donc, et pense plus favorablement de ton frère.

Sal. Je servirai toujours loyalement mon souverain. (*Salémène sort.*)

Sard. (*seul*). Cet homme est d'un caractère trop inflexible ; il a la dureté du roc ; mais il en a aussi l'élévation : il est exempt des souillures de la commune argile, — tandis que moi, je suis fait d'une argile plus molle, imprégnée de fleurs ; mais nos fruits doivent être conformes à notre nature. Si j'ai erré cette fois, ma faute est de celles qui pèsent le plus légèrement sur ce sens inconnu auquel je ne sais quel nom donner, mais qui me cause une impression parfois de peine et parfois de plaisir ; cet esprit qui semble placé auprès de mon cœur pour compter ses battements, non pour les accélérer, et qui m'interroge comme n'ose jamais faire aucun mortel, ni même Baal, bien que ce soit une divinité rendant des oracles, bien que le visage de son marbre majestueux fronce le sourcil quand le voile ténébreux du soir vient assombrir son front et lui donner je ne sais quelle expression mobile, au point qu'il me semble parfois qu'il va parler. Chassons ces vaines pensées, ne songeons qu'à la joie. Voilà justement son messager qui m'arrive.

Entre MYRRHA.

Myrr. Roi, le ciel est couvert ; le tonnerre gronde sourdement dans les nuages qui s'approchent, et l'éclair dardant ses flèches de feu nous annonce une terrible tempête. Quitteras-tu donc le palais ?

Sard. Une tempête, dis-tu ?

Myrr. Oui, seigneur.

Sard. Pour moi, je ne serais pas fâché de varier l'uniformité du spectacle, et de contempler la guerre des éléments ; mais cela n'accommoderait guère les vêtements de soie et les visages délicats de nos convives. Dis, Myrrha, es-tu de celles qui craignent le mugissement des nuages ?

Myrr. Dans mon pays, nous respectons leur voix comme les augures de Jupiter.

Sard. Jupiter ?... Ah ! oui, votre Baal, à vous. — Le nôtre préside aussi au tonnerre, et de temps à autre la chute d'une ou deux foudres atteste sa divinité. Il arrive parfois que ses coups s'égarent et vont frapper ses propres autels.

Myrr. Ce serait un funeste présage.

Sard. Oui, pour les prêtres. Eh bien ! nous ne sortirons pas cette nuit de l'enceinte du palais : c'est ici que la fête aura lieu.

Myrr. Maintenant, que Jupiter soit loué! Il a entendu la prière que tu ne voulais pas entendre. Les dieux sont plus bienveillants pour toi que tu ne l'es toi-même : ils interposent cet orage entre tes ennemis et toi pour te protéger contre eux.

Sard. Enfant!... Oh ! s'il y a du danger, il me semble qu'il est tout aussi grand dans ces murs que sur les bords du fleuve.

Myrr. Non : ces murailles sont hautes et solides ; elles sont gardées. Il faut, pour arriver jusqu'à toi, que la trahison franchisse plus d'un détour, plus d'une porte massive; mais dans le pavillon il n'y a pas de moyens de défense.

Sard. Quand il y a trahison, il n'y a pas de sûreté, ni dans le palais, ni dans la forteresse, ni au sommet du Caucase, qu'entoure un rempart de nuages, et où l'aigle suspend son aire sur des rocs inaccessibles ; de même que la flèche atteint le roi des airs, le poignard atteindra le roi de la terre. Mais rassure-toi, les deux satrapes, innocents ou coupables, sont bannis et déjà loin de ces lieux.

Myrr. Ils vivent donc ?

Sard. Toi, sanguinaire !

Myrr. Je ne reculerais pas devant l'infliction d'un juste châtiment à ceux qui attentent à ta vie. Si j'étais autrement, je ne mériterais pas la mienne. D'ailleurs, tu as entendu le prince Salémène ?

Sard. Voilà qui est étrange ! la douceur et la sévérité sont également liguées contre moi, et me poussent à la vengeance.

Myrr. C'est une vertu grecque.

Sard. Mais non une vertu royale. — Je n'en veux pas, ou, si je m'y abandonne, ce sera contre des rois mes égaux.

Myrr. Ces hommes aspiraient à le devenir.

Sard. Myrrha, ce sont là des sentiments de femme : ils proviennent de la crainte.

Myrr. Pour toi.

Sard. N'importe, c'est de la crainte. J'ai observé que ton sexe, une fois irrité, pousse, dans sa timidité, sa vindicative fureur à un degré de persévérance que je ne voudrais pas imiter. Je te croyais exempte de ce travers, aussi bien que de la puérile faiblesse des femmes d'Asie.

Myrr. Seigneur, il ne m'appartient pas de vanter mon amour ou mes qualités... J'ai partagé votre splendeur, je partagerai vos périls. Peut-être trouverez-vous un jour plus de fidélité dans une esclave que dans des myriades de sujets ; mais puissent les dieux écarter ce présage !... J'aime mieux être aimée sur la foi de ce que je sens, que de vous prouver mon amour dans vos afflictions, que peut-être tous mes soins ne pourraient adoucir.

Sard. Là où existe l'amour parfait, l'affliction ne saurait pénétrer, si ce n'est pour y ajouter encore, et bientôt elle reconnaît son impuissance et s'éloigne. Entrons, l'heure approche : il faut nous préparer à recevoir les hôtes conviés à notre banquet. *(Ils sortent.)*

ACTE TROISIÈME.
SCÈNE Ire.

La salle du palais est illuminée. — Sardanapale et ses hôtes sont à table. — On entend le bruit d'une tempête, et le tonnerre gronde à plusieurs reprises pendant le banquet.

SARDANAPALE, ZAMÈS, ALTADA, MYRRHA, etc.

SARD. Remplissez jusqu'aux bords!... Voilà qui est bien. Je suis ici dans mon vrai royaume, au milieu de ces yeux brillants et de ces visages éclatants de bonheur et de beauté. Ici la douleur ne saurait nous atteindre.

ZAM. Ici ni ailleurs : — où est le roi le plaisir brille.

SARD. Ceci ne vaut-il pas mieux que les chasses de Nemrod ou que ces expéditions de mon aïeule insensée chassant aux royaumes, et, après les avoir conquis, ne pouvant les conserver?

ALT. Tout puissants qu'ils aient été, comme tous ceux de votre royale race, nul de vos prédécesseurs n'égala Sardanapale, qui a placé son bonheur dans la paix, seule gloire véritable.

SARD. Et dans le plaisir, dont la gloire n'est que le chemin, cher Altada. Que cherchons-nous? les jouissances. Nous avons abrégé la route qui y conduit, et nous n'avons pas voulu y marcher à travers les cendres humaines, en creusant une tombe sous chacun de nos pas.

ZAM. Non : tout les cœurs sont heureux, et toutes les voix bénissent le roi pacifique qui tient le monde en joie.

SARD. En es-tu bien sûr? J'ai entendu parler différemment... Il en est qui disent qu'il y a des traîtres.

ZAM. Ce sont des traîtres qui disent cela. — C'est impossible : quels seraient leurs motifs?

SARD. Leurs motifs?... C'est vrai. — Remplissez ma coupe! Ne pensons pas à ces gens-là: ils n'existent pas, ou, s'ils existent, ils sont loin.

ALT. Convives, attention à la santé que je vais porter! Que tout le monde tombe à genoux!... Buvons au salut du roi! — buvons au monarque, au dieu Sardanapale!

(*Zamès et les convives s'agenouillent et s'écrient :*)

Au dieu Sardanapale, plus grand que son aïeul Baal!

(Au moment où ils s'agenouillent, le tonnerre gronde; quelques-uns se lèvent effrayés.)

Zam. Pourquoi vous levez-vous, mes amis? Les dieux ses ancêtres, par la voix de la foudre, expriment leur assentiment.

Myrr. Ou plutôt leur menace. Roi, comment peux-tu souffrir cette folle impiété?

Sard. Impiété! — Si mes prédécesseurs sont des dieux, je ne ferai pas honte à leur lignage. Mais levez-vous, mes pieux amis : gardez vos dévotions pour le dieu qui tonne en ce moment... Je désire être aimé, non adoré.

Alt. Vous devez être l'un et l'autre : c'est le devoir de tout fidèle sujet.

Sard. Il me semble que le tonnerre redouble... La nuit est affreuse.

Myrr. Oh! oui, pour ceux qui n'ont pas de palais à offrir à leurs adorateurs.

Sard. Tu as raison, ma Myrrha, et, si je pouvais convertir mon royaume en un vaste abri pour les malheureux, je le ferais.

Myrr. Tu n'es donc pas un dieu, puisque tu ne peux mettre à exécution un vœu d'une bienveillance aussi universelle?

Sard. Et vos dieux, donc, qui le peuvent et ne le font pas!

Myrr. Ne parlons pas de cela, de peur de les irriter.

Sard. C'est vrai, ils n'aiment pas plus que les hommes à être censurés. Mes amis, il me vient une pensée... S'il n'y avait pas de temples, croyez-vous qu'il y eût des adorateurs de l'air, surtout lorsqu'il est en colère et qu'il fait du bruit comme en ce moment?

Myrr. Le Persan prie sur sa montagne.

Sard. Oui, quand le soleil luit.

Myrr. Si ce palais était sans toiture et en ruines, crois-tu qu'il y eût beaucoup de flatteurs qui viendraient baiser la poussière sur laquelle le roi serait étendu?

Alt. La belle Ionienne est trop satirique envers une nation

qu'elle ne connaît pas suffisamment... Les Assyriens ne connaissent de bonheur que celui du roi, et c'est dans l'hommage qu'ils lui rendent qu'ils mettent leur orgueil.

Sard. Mes hôtes, pardonnez à la belle Grecque sa parole un peu vive.

Alt. Lüi *pardonner*, sire!... Après vous, c'est elle que nous honorons le plus. Silence!... qu'ai-je entendu?

Zam. Ce n'est que le bruit de quelque porte éloignée ébranlée par le vent.

Alt. J'ai cru reconnaître le cliquetis des... — Écoutez encore...

Zam. C'est la pluie qui bondit sur le toit.

Sard. C'est assez. Myrrha, mon amour, ta lyre est-elle prête?... Chante-nous un hymne de Sapho... tu sais, celle qui, dans ton pays, se précipita...

PANIA entre avec son épée et ses vêtements ensanglantés; les convives se lèvent en désordre.

Pan. (*aux gardes*). Veillez aux portes, et courez vite aux murs extérieurs... Aux armes! aux armes! le roi est en danger! Monarque, excusez cet empressement: — c'est celui de la fidélité.

Sard. Parle.

Pan. Il est arrivé ce que Salémène craignait. Les perfides satrapes...

Sard. Tu es blessé? — Donnez du vin! Reprends haleine, brave Pania.

Pan. Ce n'est rien: la chair seule est entamée. Je suis plus fatigué de la hâte que j'ai mise à venir avertir mon souverain que de ma blessure.

Myrr. Eh bien! les rebelles?

Pan. A peine Arbace et Bélésès sont arrivés à leurs quartiers dans la ville, qu'ils se sont refusés à aller plus loin; et lorsque j'ai essayé de faire usage des pouvoirs qui m'avaient été délégués, ils ont appelé à leur aide leurs troupes, qui se sont audacieusement soulevées.

Myrr. Toutes?

Pan. Un trop grand nombre.

Sard. Dis tout ce que tu sais, n'épargne pas la vérité à mon oreille.

Pan. Ma faible garde s'est montrée fidèle, et ce qui en reste l'est encore.

Myrr. Sont-ce les seuls qui soient restés dans le devoir?

Pan. Non, nous avons encore les Bactriens, commandés par Salémène, qui s'était déjà mis en marche, en conséquence des soupçons que lui inspiraient les généraux mèdes. Ils sont nombreux, tiennent tête aux rebelles, disputent le terrain pied à pied, et se sont concentrés autour du palais, où ils se proposent de réunir toutes leurs forces et de sauver le roi. (*Il hésite.*) Je suis chargé de...

Myrr. Ce n'est pas le moment d'hésiter.

Pan. Le prince Salémène supplie le roi de s'armer, ne fût-ce que pour un moment, et de se montrer aux soldats. Sa seule présence pourrait faire en ce moment plus qu'une armée entière.

Sard. Allons, mes armes!

Myrr. Tu veux donc...

Sard. Si je le veux!... — Voyons, qu'on se dépêche! — Laissez mon bouclier, il est trop lourd. — Une légère cuirasse et mon épée! Où sont les rebelles?

Pan. Le plus fort du combat est à un stade tout au plus du mur extérieur.

Sard. Alors, je puis combattre à cheval. Holà! Sféro! qu'on amène mon cheval! Il y a assez d'espace, même dans les cours et près de la porte extérieure, pour faire manœuvrer la moitié des cavaliers de l'Arabie. (*Sféro sort pour chercher les armes du roi.*)

Myrr. Comme je t'aime!

Sard. Je n'en ai jamais douté.

Myrr. Maintenant, je te connais.

Sard. (*à un de ses serviteurs*). Qu'on apporte aussi ma lance! — Où est Salémène?

Pan. Au poste d'un soldat, au plus fort de la mêlée.

Sard. Va le trouver sur-le-champ. — Le passage est-il libre? Peut-on communiquer entre le palais et les troupes?

Pan. Oui, Sire, du moins lorsque je l'ai quitté, et je n'ai pas de crainte ; nos soldats faisaient bonne contenance, et la phalange était formée.

Sard. Dis-lui d'épargner sa personne pour le moment ; ajoute que je n'épargnerai pas la mienne, — et que je vais le rejoindre.

Pan. Ce mot décide la victoire. (*Pania sort.*)

Sard. Altada ! — Zamès ! — allons, armez-vous ! Vous trouverez des armes dans l'arsenal. Qu'on mette les femmes en sûreté dans les appartements reculés, qu'une garde y soit placée avec l'ordre formel de ne quitter ce poste qu'avec la vie.—Zamès, tu en prendras le commandement.—Altada, va t'armer, et reviens. Ton poste est près de notre personne.

(Tous sortent, à l'exception du Roi et de Myrrha. — Sféro et d'autres officiers du palais arrivent portant les armes du roi.)

Sf. Roi, voici votre armure.

Sard. (*s'armant*). Donnez-moi ma cuirasse, — bien ; mon baudrier ; maintenant mon épée. J'oubliais le casque, — où est-il ? C'est bien : — non, il est trop lourd ; vous vous êtes trompé : ce n'est pas celui-ci que je voulais, mais l'autre qui porte un diadème.

Sf. J'ai craint que les pierreries dont il est orné n'attirassent trop les regards, et n'exposassent votre front sacré. — — Croyez-moi, celui-ci, quoique moins riche, est d'un métal plus solide.

Sard. Tu as craint ! Serais-tu devenu un rebelle ? Ton devoir est d'obéir : retourne sur tes pas, et... — Non, — il est trop tard, — je m'en passerai.

Sf. Portez du moins celui-ci.

Sard. J'aimerais autant porter le Caucase ! c'est une vraie montagne que j'aurais sur la tête.

Sf. Sire, il n'est pas un soldat qui voulût combattre exposé ainsi. Tout le monde vous reconnaîtra ; car l'orage a cessé, et la lune brille de tout son éclat.

Sard. Je sors pour être reconnu, et par ce moyen, je le serai plus tôt. Maintenant — ma lance ! je suis armé. (*Sur *le point de sortir, il s'arrête et se tourne vers Sféro.*) Sféro, — j'avais oublié : — donne-moi un miroir.

Sf. Un miroir, Sire?

Sard. Oui, le miroir de bronze poli rapporté parmi les dépouilles de l'Inde; mais dépêche-toi. (*Sféro sort.*) Myrrha, retire-toi dans un lieu sûr. Pourquoi n'es-tu pas avec les autres femmes?

Myrr. Parce que ma place est ici.

Sard. Et quand je serai parti?

Myrr. Je te suis.

Sard. Toi, au combat!

Myrr. Si cela était, je ne serais pas la première fille de la Grèce qui aurais pris ce chemin. J'attendrai ici ton retour.

Sard. Ce lieu est spacieux, c'est le premier où l'ennemi pénétrera s'il est vainqueur; si cela arrivait, et que je ne revinsse pas?

Myrr. Nous nous rejoindrons!

Sard. Où?

Myrr. Dans le lieu où tous doivent se réunir un jour, au séjour des ombres, s'il est, comme je crois, un rivage par delà le Styx; et, s'il n'en est pas, dans le tombeau.

Sard. Oseras-tu?

Myrr. J'oserai tout! excepté de survivre à ce que j'ai tant aimé, et de consentir à devenir la proie d'un rebelle. Pars! et déploie tout ton courage. (*Sféro rentre avec le miroir.*)

Sard. (*se mirant*). Cette cuirasse me sied à ravir, le baudrier mieux encore, et le casque pas du tout. (*Il rejette le casque après l'avoir essayé de nouveau.*) Il me semble que je suis très bien sous cette parure; il s'agit maintenant de la mettre à l'épreuve. Altada! Où est Altada?

Sf. Sire, il attend dehors, et tient votre bouclier, par droit de naissance transmis d'âge en âge.

Sard. Myrrha, embrasse-moi; — encore! — encore! — aime-moi, quoi qu'il advienne; ma principale gloire sera de me rendre plus digne de ton amour.

Myrr. Pars, et reviens vainqueur! (*Sardanapale et Sféro*

sortent.) Maintenant me voilà seule; tous sont partis; combien peu reviendront! Qu'il soit vainqueur, dussé-je périr! S'il est vaincu, je meurs; car je ne veux pas lui survivre. Il s'est enlacé à mon cœur, je ne sais ni comment ni pourquoi; ce n'est pas parce qu'il est roi, car maintenant son royaume vacille sous son trône, et la terre s'ouvre pour ne lui donner d'elle qu'un tombeau; et cependant je l'en aime davantage. O puissant Jupiter! pardonne-moi ce monstrueux amour pour un Barbare qui ne connaît pas l'Olympe! Oui, je l'aime maintenant, maintenant, beaucoup plus que... — Écoutons! — j'entends les cris des combattants! on dirait qu'ils s'approchent. S'il doit en être ainsi (*elle tire une fiole*), ce subtil poison de Colchide, que mon père apprit à composer sur le rivage de l'Euxin, et qu'il m'enseigna à conserver, ce poison me délivrera! Il m'eût déjà délivrée depuis longtemps, si je n'avais aimé jusqu'à oublier presque que j'étais esclave : — là où, hormis un seul, tous sont esclaves et fiers de leur servitude, pourvu qu'ils soient servis à leur tour par d'autres placés plus bas dans l'échelle de l'esclavage, on oublie que des chaînes portées comme parures n'en sont pas moins des chaînes. Encore des cris! et puis le cliquetis des armes! et maintenant, — et maintenant...

Entre ALTADA.

A<small>LT</small>. Holà! Sféro! holà!

M<small>YRR</small>. Il n'est pas ici; que lui voulez-vous? Où en est le combat?

A<small>LT</small>. Il est douteux et terrible.

M<small>YRR</small>. Et le roi?

A<small>LT</small>. Se conduit en roi. Je cherche Sféro pour lui procurer une nouvelle lance et son casque. Jusqu'à présent il combat nu-tête, et beaucoup trop exposé. Ses soldats l'ont reconnu, et l'ennemi aussi; et, à la clarté brillante de la lune, sa tiare de soie et sa chevelure flottante ont fait de lui un but par trop royal. Toutes les flèches sont dirigées sur son superbe visage, sur son beau front, et sur le large bandeau qui le ceint.

M<small>YRR</small>. O vous, Dieux, qui lancez vos foudres sur la terre de mes aïeux, protégez-le ! — Avez-vous été envoyé par le roi ?

ALT. Par Salémène qui m'a expédié secrètement, à l'insu de l'insouciant monarque. Le roi, le roi combat comme il s'amuse ! — Holà ! Sféro ! Sféro ! — Je vais à l'arsenal ! il doit y être. *(Altada sort.)*

MYRR. Il n'y a pas de déshonneur, — non, — il n'y a pas de déshonneur à avoir aimé cet homme. Peu s'en faut même que je ne désire maintenant ce que je n'avais jamais désiré auparavant, qu'il soit Grec. S'il y eut de la honte à Alcide à porter les vêtements et la quenouille de la Lydienne Omphale, certes, celui qui depuis sa jeunesse jusqu'à l'âge viril, élevé dans la mollesse, s'élève tout à coup au niveau d'Hercule, et passe du banquet au champ de bataille comme à une couche d'amour, celui-là mérite une fille grecque pour amante, un poëte grec pour ménestrel, un tombeau grec pour monument.

Un Officier entre.

MYRR. Où en est la bataille, seigneur ?

L'OF. Perdue ! perdue presque sans ressources. — Zamès ! où est Zamès ?

MYRR. A la tête des gardes qui veillent à l'appartement des femmes. *(L'Officier sort.)*

Il est parti ; et il s'est borné à me dire que tout est perdu ! Qu'ai-je besoin d'en savoir davantage ? Dans ces mots si courts sont submergés un royaume et un roi, une race de treize siècles, des vies innombrables, et la fortune de tous ceux qui survivront ; et moi aussi, dans ce naufrage je dois périr avec les grands de la terre, pareille à la bulle d'eau qui se brise avec la vague qui la portait. Du moins mon sort est dans mes mains ; nul insolent vainqueur ne me comptera au nombre de ses dépouilles.

PANIA entre.

PAN. Fuyez avec moi, fuyez avec moi, Myrrha ; hâtons-nous, nous n'avons pas un moment à perdre ; — c'est tout ce qui nous reste maintenant à faire.

MYRR. Le roi ?

Pan. M'a envoyé ici pour vous emmener de l'autre côté du fleuve par un passage secret.

Myrr. Il vit donc?

Pan. Il m'a chargé de mettre vos jours en sûreté, et vous prie de vivre pour l'amour de lui, jusqu'à ce qu'il puisse vous rejoindre.

Myrr. Abandonnera-t-il donc la lutte?

Pan. Il tiendra jusqu'au dernier moment; et cependant il fait tout ce que le désespoir peut faire, et dispute pied à pied son propre palais.

Myrr. Ils ont donc pénétré ici? — Oui, leurs clameurs retentissent dans les salles antiques qui, avant cette nuit fatale, n'avaient jamais été profanées par des voix rebelles. C'en est fait de la race d'Assyrie! c'en est fait du sang de Nemrod! son nom même va s'éteindre.

Pan. Venez avec moi, — venez!

Myrr. Non, je veux mourir ici! — Partez, et dites à votre roi que je l'ai aimé jusqu'au dernier moment.

SARDANAPALE entre avec SALÉMÈNE et ses soldats; Pania quitte Myrrha et se joint à eux.

Sard. Puisqu'il en est ainsi, nous mourrons où nous sommes nés, — dans notre propre palais. Serrez vos rangs, — tenez ferme. J'ai dépêché un fidèle satrape à la garde commandée par Zamès; c'est une troupe fraîche et dévouée, elle va arriver. Tout n'est pas perdu. — Pania, veille sur Myrrha. (*Pania retourne prendre place auprès de Myrrha.*)

Sal. Nous pouvons reprendre haleine. Mes amis, encore une charge pour l'Assyrie!

Sard. Dis plutôt pour la Bactriane! Mes fidèles Bactriens, je veux désormais être roi de votre nation; et quant à ce royaume, nous en ferons une province.

Sal. Écoutez! Les voici, — les voici!

BÉLÉSÈS et ARBACE entrent avec les rebelles.

Arb. En avant! nous les tenons dans le piége. Chargez! chargez!

Bél. En avant! en avant! Le ciel combat pour nous et avec nous. — En avant!

(Ils attaquent le roi, Salémène, et leurs troupes, qui se défendent jusqu'à l'arrivée de Zamès avec les gardes déjà mentionnés; alors les rebelles sont repoussés et poursuivis par Salémène; au moment où le roi va aussi pour les poursuivre, il rencontre Bélésès.)

Bél. Arrête, tyran! — je vais d'un coup terminer cette guerre.

Sard. En vérité! mon prêtre belliqueux, mon généreux prophète, mon fidèle et reconnaissant sujet! Rends-toi, je te prie! au lieu de tremper mes mains dans un sang sacré, je te réserve un plus digne sort.

Bél. Ton heure est venue.

Sard. Non, c'est la tienne. — Quoique je ne sois qu'un astrologue novice, j'ai dernièrement consulté les étoiles, et, en parcourant le zodiaque, j'ai lu ton destin dans le signe du scorpion, ce qui veut dire que tu vas être maintenant écrasé.

Bél. Ce ne sera pas par toi.

(Ils combattent; Bélésès est blessé et désarmé.)

Sard. (*levant son épée pour le tuer, s'écrie :*) Invoque maintenant les planètes; s'élanceront-elles du ciel pour sauver leur prophète et leur réputation?

(Une troupe de rebelles entre et délivre Bélésès. Ils attaquent le roi, qui, à son tour, est délivré par un détachement de ses soldats, qui chassent les rebelles.)

Le scélérat s'est montré prophète, après tout! Poursuivons-les, — allons! — la victoire est à nous!

(Il sort à la poursuite des rebelles.)

Myrr. (*à Pania*). Poursuis donc! Pourquoi restes-tu ici? Pourquoi quittes-tu les rangs de tes compagnons d'armes, et les laisses-tu vaincre sans toi?

Pan. J'ai ordre du roi de ne pas vous quitter

Myrr. Moi! ne t'occupe pas de moi. — Il n'est pas un soldat dont le bras maintenant ne soit nécessaire; je ne demande pas de gardes, je n'en ai pas besoin. Quoi donc! quand le destin du monde va se décider, veiller sur une femme! Pars, te dis-je, ou tu es déshonoré! Mais j'irai moi-même, faible femme, me jeter dans la mêlée sanglante; et si tu veux me garder, que ce soit là du moins où ton bouclier pourra couvrir ton souverain. (*Myrrha sort.*)

Pan. Arrêtez! — Elle est partie! Si quelque chose lui arrive, malheur à moi! Elle est plus chère à Sardanapale que son propre royaume, pour lequel cependant il combat; et puis-je moins faire que lui qui manie un cimeterre pour la première fois? Revenez, Myrrha, et je vous obéis, dussé-je désobéir au roi.

(Pania sort. — Altada et Sféro entrent par la porte opposée.)

Alt. Myrrha! Eh quoi! elle est partie! pourtant elle était ici au moment du combat, et Pania avec elle. Que peut-il leur être arrivé?

Sf. Je les ai vus tous deux sains et saufs quand les rebelles ont pris la fuite; ils sont probablement retournés au harem.

Alt. Si le roi est vainqueur, comme cela est maintenant probable, et qu'il ne retrouve plus son Ionienne, notre sort sera pire que celui des rebelles captifs.

Sf. Courons sur leurs traces; elle ne peut être loin, et en la retrouvant, nous ferons à notre souverain un présent plus riche que son royaume reconquis.

Alt. Baal lui-même ne combattit jamais avec plus de courage pour conquérir l'empire que son fils voluptueux pour le conserver. Il défie tous les augures de ses amis ou de ses ennemis; pareil à l'air brûlant d'un soir d'été qui couve une tempête, il éclate, fait briller les éclairs de son épée foudroyante, et inonde la terre d'une pluie de sang. C'est un homme incompréhensible.

Sf. Pas plus que les autres hommes. Tous, nous sommes les enfants des circonstances. Partons! — Tâchons de retrouver cette esclave, ou préparons-nous à être livrés à la torture, à cause de son fol amour, et à nous voir condamnés sans être coupables. (*Altada et Sféro sortent.*)

SALÉMÈNE entre avec ses soldats.

Sal. Le triomphe est flatteur; ils sont repoussés du palais, et nous avons ouvert une communication régulière avec les troupes stationnées de l'autre côté de l'Euphrate; elles sont peut-être restées fidèles; elles le seront sans aucun doute quand elles apprendront notre victoire. Mais où est le principal vainqueur? où est le roi?

SARDANAPALE entre accompagné de sa suite et de Myrrha.

SARD. Me voici, mon frère.

SAL. Sain et sauf, j'espère?

SARD. Pas tout à fait; mais n'en parlons pas; nous avons purgé le palais d'ennemis

SAL. Et la ville également, je pense. Notre nombre s'accroît; j'ai ordonné qu'un gros de Parthes, jusque-là tenu en réserve, et composé de troupes fraîches et braves, poursuivît l'ennemi dans sa retraite qui ne tardera pas à devenir une fuite.

SARD. C'en est déjà une; du moins ils courent plus vite que je n'ai pu les suivre avec mes Bactriens qui marchaient fort bon pas. Je n'en peux plus; que l'on me donne un siége!

SAL. Sire, voilà le trône.

SARD. Ce n'est pas un lieu de repos pour l'esprit ou pour le corps; qu'on me donne un divan, une escabelle, peu m'importe, pourvu que je puisse reprendre haleine. (*On approche un siége.*)

SAL. Cette heure est devenue la plus brillante et la plus glorieuse de votre vie.

SARD. Et la plus fatigante. Où est mon échanson? qu'on m'apporte de l'eau!

SAL. (*souriant*). C'est la première fois que vous lui avez donné un pareil ordre; moi-même, le plus austère de vos conseillers, je vous engage à prendre un breuvage plus pourpré.

SARD. Du sang, — sans doute! mais il y en a eu assez de répandu. Quant au vin, j'ai appris aujourd'hui tout ce que vaut l'élément limpide : j'en ai bu trois fois, et, trois fois renouvelant mes forces mieux que n'eût pu faire le jus du raisin, il m'a mis à même de retourner à la charge. Où est le soldat qui m'a présenté de l'eau dans son casque?

UN DES GARDES. Il est mort, Sire; une flèche lui a percé

le crâne au moment où, secouant les dernières gouttes qui étaient dans son casque, il allait le replacer sur sa tête.

Sard. Il est mort! sans avoir été récompensé! et mort pour avoir étanché ma soif! Pauvre esclave! cela est dur! S'il vivait, je l'aurais rassasié d'or; tout l'or de la terre ne pourrait payer le plaisir que m'a fait cette gorgée d'eau, car j'avais le gosier desséché comme maintenant. (*On apporte de l'eau.* — *Il boit.*) Je commence à revivre; à dater de ce jour, je garde le vin pour l'amour et l'eau pour la guerre.

Sal. Sire, et ce bandage qui entoure votre bras?

Sard. C'est une égratignure du brave Bélésès.

Myrr. O ciel! il est blessé!

Sard. C'est peu de chose; cependant, à présent que je suis plus calme, j'éprouve une certaine douleur.

Myrr. Vous avez bandé votre blessure avec...

Sard. Avec le bandeau de mon diadème; c'est la première fois que cet ornement m'a servi à quelque chose.

Myrr. (*aux serviteurs*). Allez vite chercher le plus habile médecin; je vous en prie, retirez-vous! — Je déferai l'appareil et panserai votre blessure.

Sard. Je le veux bien, car le sang y bat avec force. Mais est-ce que tu te connais aux blessures?... Pourquoi fais-je cette demande? Vous ne devineriez pas, mon frère, où j'ai trouvé cette enfant?

Sal. Réunie aux autres femmes comme une gazelle effrayée?

Sard. Non, comme la compagne du jeune lion; dans sa rage féminine (et féminine veut dire furieuse, parce que dans la femme toutes les passions sont portées à l'extrême), elle ressemblait à la jeune lionne dont le chasseur a enlevé les lionceaux; et, les cheveux épars, les yeux étincelants, elle animait les soldats du geste et de la voix.

Sal. En vérité!

Sard. Tu vois que je ne suis pas le seul dont cette nuit ait fait un guerrier; je me suis arrêté pour la contempler, et ses joues enflammées, ses grands yeux noirs étincelants à travers le long voile de ses cheveux épars, ses veines azurées sur son front transparent, ses narines dilatées, ses lèvres entr'ouvertes, sa voix qui résonnait à travers le tumulte du combat, comme un luth qu'on entend à travers les sons discordants des cymbales; ses bras étendus, effaçant par leur blancheur l'éclat de l'acier que tenait sa main, et qu'elle avait arraché à un soldat mort; tout cela la faisait apparaître aux yeux des soldats comme la prophétesse de la Victoire, ou la Victoire elle-même descendue parmi nous pour saluer ses enfants.

Sal. (*à part*). C'en est trop, voilà de nouveau l'amour qui s'empare de lui, et tout est perdu si nous ne donnons le change à ses pensées. (*Tout haut.*) Sire, je vous en conjure, songez à votre blessure; vous disiez tout à l'heure qu'elle était douloureuse.

Sard. Cela est vrai; mais je ne dois pas y penser.

Sal. J'ai pris toutes les dispositions nécessaires; je vais maintenant voir comment ont été exécutés les ordres que j'ai donnés; je reviendrai ensuite prendre les vôtres.

Sard. C'est bien.

Sal. (*en se retirant*). Myrrha!

Myrr. Prince!

Sal. Vous avez montré cette nuit un courage qui, si le roi n'était l'époux de ma sœur... — Mais le temps presse; vous aimez le roi?

Myrr. J'aime Sardanapale.

Sal. Mais vous voudriez qu'il continuât à être roi?

Myrr. Je ne voudrais pas qu'il fût moins qu'il ne doit être.

Sal. Eh bien donc! pour qu'il soit roi, pour qu'il soit à vous, pour qu'il soit ce qu'il doit être, ou ne doit pas être, pour *qu'il vive*, faites en sorte qu'il ne retombe pas dans la mollesse. Vous avez plus d'empire sur son esprit que n'en a la sagesse dans ces murs, ou la rébellion au dehors. Veillez à ce qu'il n'y ait pas en lui de rechute.

Myrr. Je n'avais pas besoin pour cela de la voix de Salémène; je n'y manquerai pas; tout ce que peut la faiblesse d'une femme...

Sal. Est une puissance illimitée sur un cœur tel que le sien. Usez-en sagement. (*Salémène sort.*)

Sard. Myrrha! quoi! tu parles tout bas à mon inflexible frère? Sais-tu que je deviendrai jaloux?

Myrr. Vous auriez raison, Sire; car il n'existe pas sur la terre un homme plus digne de l'amour d'une femme, — de la confiance d'un soldat, — du respect d'un sujet, — de l'estime d'un roi, — de l'admiration du monde.

Sard. Fais son éloge, mais avec moins de chaleur; je ne veux pas que ces lèvres charmantes consacrent leur éloquence à ce qui me laisse dans l'ombre; cependant ce que tu dis est vrai.

Myrr. Maintenant, retirez-vous pour faire visiter votre blessure; appuyez-vous sur moi, je vous prie.

Sard. Oui, mon amour! mais ce n'est pas parce que je souffre. (*Tous sortent.*)

ACTE QUATRIÈME.

SCÈNE Ire.

On aperçoit Sardanapale endormi sur un divan; son sommeil est par moments troublé; Myrrha veille auprès de lui.

MYRRHA, en le regardant.

Je me suis glissée auprès de lui pendant qu'il repose, si c'est un repos qu'un sommeil convulsif. Dois-je l'éveiller? Non : il paraît maintenant plus tranquille. O toi! dieu du repos, qui tiens sous ton sceptre les paupières fermées, et les doux songes, et le sommeil profond, si profond que rien ne peut le faire cesser, oh! ressemble à ta sœur, la Mort, — si calme, — si immobile; — car nous ne sommes jamais plus heureux que dans l'empire de cette sœur sombre, silencieuse, et qui n'a pas de réveil. Il remue de nouveau; — les mouvements de la douleur se manifestent sur ses traits, comme le souffle soudain de la brise, ride la surface du lac tranquille endormi sous l'ombre de la montagne; ou comme le vent agite les feuilles d'automne qui, languissantes, immobiles, pendent au rameau chéri. Il faut que je l'éveille!

— Non, pas encore : qui sait ce que le réveil va lui ôter? Il semble souffrir. Mais si cette douleur doit faire place à une douleur plus grande? La fièvre de cette nuit tumultueuse, la douleur de sa blessure, toute légère qu'elle est, produisent peut-être ces symptômes, et me donnent, à moi, plus d'inquiétude qu'à lui de souffrances. Abandonnons-le aux soins maternels de la Nature; veillons, non pour la contrarier, mais pour la seconder.

Sard. (*s'éveillant*). Non, — quand vous multiplieriez les astres à l'infini, quand vous m'en feriez partager l'empire avec vous, je n'achèterais pas à ce prix l'empire de l'éternité. Arrière! — arrière! — vieux chasseur des premiers hôtes des forêts! et vous qui avez chassé aux hommes, comme s'ils étaient des bêtes féroces! autrefois mortels sanguinaires, — aujourd'hui idoles plus sanguinaires encore, si vos prêtres ne mentent pas! Et toi, — spectre sanglant de mon aïeule, qui foules à tes pieds le cadavre de l'Inde, — arrière, arrière! Où suis-je? où sont les fantômes? où... — Non, — ce n'est pas une illusion trompeuse : je les reconnaîtrais au milieu de tout ce que les morts peuvent évoquer de plus terrible de leur gouffre ténébreux pour effrayer les vivants.—Myrrha!

Myrr. Hélas! comme tu es pâle! des gouttes de sueur s'amassent sur ton front, pareilles à la rosée de la nuit. Mon bien-aimé, silence! calme-toi. — Tes paroles semblent d'un autre monde, et tu es le souverain de celui-ci. Rassure-toi, tout ira bien.

Sard. Ta *main*. — Bien, — c'est ta main; c'est une main vivante; presse la mienne, — plus étroitement encore, jusqu'à ce que je me sente redevenu ce que j'étais.

Myrr. Reconnais-moi du moins pour ce que je suis, et serai toujours, — ta Myrrha.

Sard. Je reviens à moi, je reviens à la vie. Ah! Myrrha! j'ai été là où nous serons.

Myrr. Seigneur!

Sard. J'ai été dans le séjour de la tombe, — où les vers sont souverains, et où les rois sont... Mais je ne croyais pas que la mort fût ainsi; je pensais que ce n'était rien.

Myrr. Ce n'est rien en effet, excepté pour les âmes timides qui anticipent par la pensée sur ce qui ne sera peut-être jamais.

Sard. O Myrrha! si le sommeil fait voir de telles choses, que ne doit pas révéler la mort!

Myrr. Je ne sais point de maux que la mort doive montrer, que la vie n'ait déjà fait voir à ceux qui ont longtemps vécu. S'il est en effet un rivage où l'âme doit survivre, ce sera comme âme qu'elle vivra, et d'une manière incorporelle; ou s'il lui reste encore quelque ombre de cette importune enveloppe d'argile qui s'interpose entre l'âme et le ciel et nous enchaîne à la terre, — notre fantôme, quoi qu'il puisse avoir à craindre, du moins ne redoutera pas la mort.

Sard. Je ne la redoute pas; mais j'ai senti, — j'ai vu — une légion de morts.

Myrr. Et moi aussi. La poussière sur laquelle nous marchons fut autrefois animée et souffrante. Mais continue; qu'as-tu vu? parle; cela te soulagera, et dissipera les ombres qui assiégent ton esprit.

Sard. Il me semblait...

Myrr. Non, attends, tu es fatigué, — tu souffres, tu es épuisé; tout cela affaiblit à la fois l'esprit et le corps: tâche plutôt de t'endormir de nouveau.

Sard. Pas en ce moment, — je ne voudrais plus rêver, quoique je sache maintenant que ce que j'ai vu n'était qu'un songe; — pourras-tu en supporter le récit?

Myrr. Je puis tout supporter, quels que soient les rêves de vie ou de mort que je partage avec toi, en imagination ou en réalité.

Sard. Celui-ci semblait réel, je te l'assure : mes yeux étaient ouverts quand j'ai vu les fantômes s'enfuir, — car c'est alors qu'ils se sont enfuis.

Myrr. Poursuis.

Sard. Il me semblait, ou plutôt je rêvais que j'étais ici, — ici, — dans ce même lieu; nous étions à table, et je me croyais l'un des convives, n'ayant autour de moi que des égaux; mais à ma droite et à ma gauche, au lieu de toi et de

Zamès, de nos convives habituels, était assis à ma gauche un spectre au visage hautain, sombre et terrible; je ne pus le reconnaître, et pourtant je l'avais vu, quoique je ne pusse dire où; il avait les traits d'un géant; son œil était brillant, mais immobile; ses longs cheveux retombaient sur ses larges épaules, derrière lesquelles s'élevait un énorme carquois garni de flèches empennées avec des plumes d'aigle, qui hérissaient leurs pointes à travers les serpents de sa chevelure. Je l'invitai à remplir la coupe placée entre nous, mais il ne me répondit pas. — Je la remplis, — il ne la prit pas; mais ses yeux s'arrêtèrent sur moi; si bien que je tremblai sous la fixité de son regard; je fronçai le sourcil comme il convient à un roi offensé, — il ne fronça pas le sein, mais continua à me regarder avec une inaltérable immobilité qui ajouta encore à ma terreur; je voulus, pour le fuir, m'adresser à des êtres plus doux, et te chercher à ma droite, où tu as coutume de t'asseoir. Mais... *(Il s'arrête.)*

MYRR. Que vis-tu au lieu de moi?

SARD. Sur ton siége, — à la place que tu occupes dans nos banquets, — je cherchai ton charmant visage; — mais au lieu de toi, — un spectre décharné, aux cheveux gris, ayant du sang dans les yeux, du sang sur les mains; un fantôme sépulcral, vêtu comme une femme, portant une couronne sur son front ridé par l'âge, ayant le sourire de la vengeance sur les lèvres, et dans les yeux une flamme lascive, était assis; — mon sang se glaça.

MYRR. Est-ce tout?

SARD. Dans sa main droite, — sa main décharnée et crochue, — elle tenait une coupe dans laquelle bouillonnait du sang; et dans la gauche, une autre coupe pleine de... — je ne pus voir ce que c'était, car je détournai les yeux. Tout autour de la table étaient assis une suite de spectres couronnés, d'aspects divers, mais ayant tous une expression uniforme.

MYRR. Et tu ne sentais pas que ce n'était qu'une illusion?

SARD. Non : tout était si palpable que j'aurais pu les toucher. J'examinais successivement chaque visage dans l'espoir d'en trouver un que j'eusse antérieurement connu; mais non,—tous se tournèrent vers moi, et me regardèrent; ils ne buvaient ni ne mangeaient, mais regardaient; si bien que je me vis comme changé en marbre ainsi qu'ils le paraissaient eux-mêmes, mais en marbre vivant, car je trouvais en eux de la vie ainsi qu'en moi. Il y avait entre nous je ne sais quelle horrible sympathie, comme s'ils se fussent dépouillés d'une portion de mort pour venir à moi, et moi de la moitié de ma vie pour me réunir à eux; notre existence ne tenait ni du ciel ni de la terre.—Ah! puissé-je voir la mort tout entière plutôt qu'une telle existence !

Myrr. Et enfin ?

Sard. Enfin, j'étais immobile et froid comme un marbre, quand le chasseur et la vieille femme se levèrent, en me souriant; — oui, le gigantesque mais noble chasseur me sourit, — du moins ses lèvres, car ses yeux ne bougèrent pas,—et sur les minces lèvres de la vieille parut aussi une sorte de sourire; — tous deux se levèrent, et les spectres couronnés placés à droite et à gauche, se levèrent aussi, comme pour suivre l'exemple des deux ombres principales, — simples imitateurs, même après la mort ; — mais moi, je ne bougeai pas; je ne sais quel courage désespéré s'infusa dans tous mes membres, et enfin je n'eus plus peur de ces fantômes, et me mis à rire à leur face. Mais alors! alors le chasseur posa sa main sur la mienne; je la pris, je la serrai, — elle s'évanouit sous mon étreinte; lui aussi disparut, ne me laissant que le souvenir d'un héros, car il en avait l'air.

Myrr. C'en était un : l'ancêtre d'une race de héros, et le tien.

Sard. Oui, Myrrha; mais la femme, — la femme qui restait se jeta sur moi, et brûla mes lèvres de ses bruyants baisers; et, rejetant les coupes qu'elle tenait dans chaque main, il me sembla que leurs poisons se répandaient par flots autour de nous, jusqu'à former deux fleuves hideux. Cependant elle continuait à s'attacher à moi, pendant que les autres fantômes, pareils à une rangée de statues, restaient immobiles comme dans nos temples; elle me serrait dans ses bras, et moi, je cherchais à la repousser, comme si, au lieu d'être son descendant, j'eusse été le fils qui la tua pour punir son inceste. Alors, — alors je me trouvai au milieu d'un épais chaos d'objets hideux et informes; j'étais mort et vivant, — enterré et ressuscité, — dévoré par les vers, purifié par la flamme, évaporé dans l'air! Tout ce que je me rappelle ensuite, c'est qu'au milieu de ces tortures, j'appelais ta présence, et te cherchais, lorsque je m'éveillai et te trouvai près de moi.

Myrr. Tu m'y trouveras toujours, dans ce monde et dans l'autre, si ce dernier existe; mais ne pense plus à ces choses, — simple produit des derniers événements sur un corps non accoutumé à la fatigue, et néanmoins surchargé de travaux qui feraient fléchir les plus robustes courages.

Sard. Je me sens mieux; maintenant que je te *revois*, ce que *j'ai vu* ne me semble plus rien.

SALÉMÈNE entre.

Sal. Le roi est-il déjà éveillé?

Sard. Oui, mon frère, et je voudrais n'avoir pas dormi; car tous les prédécesseurs de notre race m'ont apparu, afin, je crois, de m'entraîner auprès d'eux. Mon père était aussi avec eux; mais, je ne sais pourquoi, il se tenait à l'écart, me laissant entre le chasseur auteur de notre race, et la reine homicide qui immola son époux, et que tu appelles glorieuse.

Sal. C'est ainsi que je vous appelle vous-même, maintenant que vous avez montré une âme semblable à la sienne. Je propose que nous fassions une sortie à la pointe du jour, et que nous attaquions de nouveau les rebelles, qui continuent à se recruter, repoussés, mais non tout à fait vaincus.

Sard. Où en est la nuit?

Sal. Il reste encore quelques heures d'obscurité; profitez-en pour vous reposer encore.

Sard. Non, pas cette nuit, si elle n'est pas encore finie. Il m'a semblé que ce rêve avait duré des heures.

Myrr. Une heure à peine; j'ai veillé auprès de vous;

c'était une heure longue et pénible, mais une heure seulement.

Sard. Tenons donc conseil; demain nous ferons une sortie.

Sal. Mais auparavant j'avais une grâce à demander.

Sard. Elle est accordée.

Sal. Écoutez-la avant de me faire une réponse trop prompte. C'est à vous seul que je désire parler.

Myrr. Prince, je me retire. *(Myrrha sort.)*

Sal. Cette esclave mérite sa liberté.

Sard. Sa liberté seulement? cette esclave mérite de partager un trône.

Sal. Prenez patience, — ce trône n'est pas vacant, et c'est de celle qui l'occupe avec vous que je voulais vous entretenir

Sard. Comment? de la reine?

Sal. D'elle-même. J'ai jugé convenable, pour sa sûreté et celle de ses enfants, de les faire partir à la pointe du jour pour la Paphlagonie, où commande notre parent Cotta; là, à tout événement, la vie de vos fils, mes neveux, sera en sûreté, et avec eux, leurs justes prétentions à la couronne, dans le cas où...

Sard. Je viendrais à périr. C'est bien penser;—qu'ils partent avec une escorte sûre!

Sal. Elle est déjà prête, ainsi que la galère qui doit descendre l'Euphrate; mais avant leur départ, ne consentirez-vous pas à voir...

Sard. Mes fils? Cela pourrait énerver mon courage; les pauvres enfants pleureraient; et que puis-je faire pour les consoler? je n'ai à leur offrir que des espérances trompeuses et des sourires forcés. Tu sais qu'il m'est impossible de feindre.

Sal. Mais je pense du moins que vous êtes capable de sentir; en un mot, la reine demande à vous voir avant de vous quitter pour jamais.

Sard. Pourquoi? dans quel but? Je suis prêt à lui accorder tout ce qu'elle voudra me demander,—hormis cette entrevue.

Sal. Vous connaissez, vous devez connaître assez les femmes, puisque vous en avez fait une étude si approfondie, pour savoir que ce qu'elles demandent dans tout ce qui touche le cœur, est plus cher à leurs affections ou à leurs caprices que le monde extérieur tout entier. Je pense comme vous du désir de ma sœur; mais c'est son désir,—elle est ma sœur, — vous êtes son époux; — voulez-vous le lui accorder?

Sard. Ce sera inutile, mais qu'elle vienne.

Sal. Je vais la chercher. *(Salémène sort).*

Sard. Nous avons trop longtemps vécu séparés pour nous revoir, — et nous revoir maintenant! N'ai-je pas assez de soucis et de chagrins à supporter seul? Pourquoi uniraient-ils leurs afflictions ceux que l'amour a cessé d'unir?

(Salémène rentre avec Zarina.)

Sal. Du courage, ma sœur! ne faites pas rougir notre sang par d'indignes frayeurs; mais rappelez-vous de quelle race nous sortons. — La reine est en votre présence, Sire.

Zar. Je vous en prie, mon frère, laissez-moi.

Sal. Puisque vous le désirez.... *(Salémène sort.)*

Zar. Seule avec lui! Nous sommes bien jeunes encore, et pourtant combien d'années se sont écoulées depuis le jour où nous nous sommes vus pour la première fois! et tout ce temps, je l'ai passé dans le veuvage du cœur. Il ne m'aimait pas; cependant il me semble peu changé, — changé pour moi seule; — que le changement n'est-il mutuel! il ne me parle point, — à peine il me regarde; — pas une parole, — pas un regard; — cependant il y avait de la douceur dans son air et dans sa voix : il était indifférent, mais non sévère. Seigneur!

Sard. Zarina!

Zar. Non, *pas* Zarina, — ne dites pas Zarina; ce ton, ce mot, effacent de longues années, et des choses qui les ont rendues plus longues encore.

Sard. Il n'est plus temps de songer à ces rêves du passé. Ne nous faisons pas, — c'est-à-dire ne me faites pas de reproches, — pour la *dernière* fois.

Zar. Et la *première*. Je ne vous en ai jamais adressé.

Sard. Il est vrai; et cette réflexion pèse plus sur mon cœur que... — mais notre cœur n'est pas en notre pouvoir.

Zar. Notre main non plus; mais j'ai donné l'un et l'autre.

Sard. Votre frère m'a dit que vous désiriez me voir avant de partir pour Ninive avec...   (*Il hésite.*)

Zar. Nos enfants. C'est vrai; je voulais vous remercier de n'avoir pas séparé mon cœur de tout ce qui lui reste maintenant à aimer, — de ceux qui sont à vous et à moi, qui vous ressemblent, et me regardent comme vous me regardiez autrefois; — mais ils n'ont pas changé, eux.

Sard. Ils ne changeront jamais. Je veux qu'ils vous soient dévoués.

Zar. Ce n'est pas seulement avec l'aveugle affection d'une mère, c'est aussi comme épouse que j'aime ces enfants. Ils sont maintenant le seul lien qui existe entre nous.

Sard. Croyez que je vous ai rendu justice. Faites qu'ils ressemblent plutôt à votre race qu'à leur père. Je les laisse avec confiance auprès de vous; rendez-les dignes d'un trône; ou si ce partage leur est refusé... — Vous avez entendu le bruit de cette nuit tumultueuse?

Zar. Je l'avais presque oublié; je bénirais tout malheur, à moins qu'il ne vous atteignît, auquel je devrais de vous revoir.

Sard. Le trône, — et ce n'est pas la peur qui me fait parler, — le trône est en péril, et peut-être n'y monteront-ils jamais; mais que jamais ils ne le perdent de vue. J'oserai tout pour le leur transmettre; mais si j'échoue, ils doivent alors le reconquérir vaillamment, et l'occuper sagement. Qu'ils fassent de la royauté un meilleur usage que moi.

Zar. Ils n'apprendront de moi qu'à honorer la mémoire de leur père.

Sard. Qu'ils apprennent la vérité de vous, plutôt que d'un monde injuste. S'ils vivent dans l'adversité, ils éprouveront trop tôt le mépris de la foule pour les princes sans couronne, et on rejettera sur eux les fautes de leur père. Mes fils! — j'aurais pu tout supporter si j'avais été sans enfants.

Zar. Oh! ne parle point ainsi, — n'empoisonne pas la paix qui me reste, en regrettant d'être père. Si tu triomphes, ils régneront, et honoreront celui qui conserva pour eux un trône dont il se souciait peu lui-même; et si...

Sard. Si l'empire est perdu, le monde entier leur criera : « Remerciez-en votre père, » et à ce cri ils mêleront leur malédiction.

Zar. Ils n'en feront rien; mais plutôt ils honoreront le nom de celui qui, mourant en roi, à sa dernière heure aura plus fait pour sa gloire que beaucoup de monarques dans une longue suite de jours qui signalent la fuite du temps, mais ne constituent point des annales.

Sard. Nos annales approchent peut-être de leur fin; mais du moins, quel qu'ait pu être le passé, elles finiront comme elles ont commencé, avec gloire.

Zar. Cependant, écoute la prudence, — prends soin de tes jours; vis du moins pour ceux qui t'aiment.

Sard. Et qui sont-ils? une esclave qui aime par passion, — je ne dirai pas par ambition : elle a vu mon trône ébranlé, et elle aime encore; — quelques amis qui ont partagé mes plaisirs et qui ne font qu'un avec moi; — car si je tombe, ils ne seront plus rien; — un frère que j'ai offensé; — des enfants que j'ai négligés, — et une épouse...

Zar. Qui t'aime.

Sard. Et me pardonne?

Zar. Cette pensée ne m'est jamais venue; je ne puis pardonner avant d'avoir condamné.

Sard. Mon épouse!

Zar. Oh! sois béni pour ce mot! Je n'espérais plus l'entendre de ta bouche.

Sard. Oh! tu l'entendras de la bouche de mes sujets. Oui, — ces esclaves que j'ai nourris, choyés, comblés de paix, gorgés d'abondance, jusqu'à les rendre rois eux-mêmes, vrais monarques dans leur maison, les voilà maintenant qui se révoltent en foule, et ils demandent la mort de celui qui fit de leur vie un jubilé; tandis que le petit nombre de ceux qui ne me doivent rien me sont restés fidèles! cela est vrai, mais cela est monstrueux.

Zar. Ce n'est peut-être que trop naturel : car, dans

les âmes perverses, les bienfaits se changent en poison.

SARD. Et les âmes vertueuses tirent le bien du mal, plus heureuses que l'abeille qui ne tire son miel que de fleurs salutaires.

ZAR. Recueille donc le miel sans t'enquérir d'où il vient. Sois convaincu — que tous ne t'ont point abandonné.

SARD. Je le crois, puisque je vis. Si je n'étais encore roi, je ne serais pas longtemps mortel, c'est-à-dire là où les mortels *sont*, non là où ils doivent être.

ZAR. Je ne sais; mais vis pour l'amour de mes... — je veux dire de tes enfants!

SARD. Ma douce Zarina, toi que j'ai offensée! Je suis l'esclave des circonstances et de mes impulsions. — Emporté au gré du moindre souffle, déplacé sur le trône, — déplacé dans la vie, je ne sais ce que j'aurais pu être; mais je sens que je ne suis pas ce que je devrais être; — n'en parlons plus. Mais écoute : je n'étais pas fait pour apprécier un amour tel que le tien, une âme comme la tienne, et pour adorer ta beauté, comme j'ai encensé de moindres charmes, sans autre motif sinon que cette adoration était un devoir, et que je détestais tout ce qui avait l'apparence d'une chaîne pour moi ou pour les autres (et ceci, la rébellion elle-même peut l'avouer). Entends cependant mes paroles, qui sont peut-être les dernières : personne n'a estimé plus que moi tes vertus, bien que je n'aie pas su en profiter; — j'ai ressemblé au mineur qui, rencontrant une veine d'or vierge, découvre ce qui ne lui sera d'aucune utilité; il l'a trouvée, mais elle n'est point à lui, — elle appartient à un maître qui l'a placé là pour creuser la terre, non pour partager les richesses qui brillent à ses pieds; il n'ose ramasser cet or ni le peser; il faut qu'il continue à ramper en remuant la terre.

ZAR. Oh! si tu as à la fin découvert que mon amour est digne d'estime, je n'en demande pas davantage; mais fuyons ensemble, et pour moi, — permets-moi de dire pour nous, — il y aura encore du bonheur. L'Assyrie n'est pas toute la terre; nous nous ferons un monde à nous, et nous serons plus heureux que je ne l'ai jamais été, et que tu ne l'as été toi-même avec un empire à tes pieds.

Entre SALÉMÈNE.

Sal. Il faut que je vous sépare; — les moments s'écoulent; nous n'en avons point à perdre.

Zar. Frère inhumain! veux-tu donc abréger des instants si précieux et si chers?

Sal. Si chers!

Zar. Il s'est montré si bon envers moi, que je ne puis songer à le quitter.

Sal. Ainsi cet adieu de femme se termine, comme toutes les séparations de ce genre, par la résolution de ne pas se séparer; je le prévoyais, et c'est malgré moi que j'ai cédé à vos désirs; mais cela ne doit point être.

Zar. Ne doit point être?

Sal. Reste, et péris...

Zar. Avec mon époux...

Sal. Et tes enfants.

Zar. Hélas!

Sar. Ma sœur, écoutez-moi comme ma sœur; tout est prêt pour assurer votre salut et celui de vos enfants, notre dernière espérance; ce n'est pas seulement une question de sentiment, quoique ce fût déjà beaucoup, — c'est encore une question d'État; il n'est rien que les rebelles ne fissent pour s'emparer de la postérité de leur souverain, et détruire ainsi...

Zar. Ah! n'achève pas!

Sal. Écoutez-moi donc: quand ils auront échappé aux mains des Mèdes, les rebelles auront perdu le but principal qu'ils se proposent, — l'extinction de la race des Nemrod. Quand le roi actuel devrait succomber, ses fils vivront pour vaincre et le venger.

Zar. Mais ne puis-je rester seule?

Sal. Quoi! laisser vos enfants orphelins du vivant de leurs parents! — si jeunes, les laisser dans une terre étrangère, et si loin!

Zar. Non, — mon cœur se brisera.

Sal. Maintenant vous savez tout, décidez!

Sard. Zarina, il a raison; il nous faut céder pour un temps à cette nécessité. En restant ici vous pouvez perdre tout; en partant vous sauvez ce qui reste de plus précieux pour nous et pour les cœurs fidèles qui battent encore dans cet empire.

Sal. Le temps presse.

Sard. Partez donc. Si nous nous revoyons jamais, peut-être serai-je plus digne de vous; — sinon, rappellez-vous que mes fautes, bien que non réparées, sont *terminées*. Cependant, je crains que sur le nom flétri et sur les cendres de celui qui fut jadis tout-puissant en Assyrie, tu ne verses plus de larmes — que... — mais voilà encore mon courage qui faiblit; cela ne doit point être; c'est de la fermeté qu'il me faut maintenant; c'est d'une nature trop tendre que sont venues toutes mes fautes. — *Cache*-moi tes larmes; — je ne te dis pas de ne point en répandre; — il serait plus facile d'arrêter l'Euphrate à sa source que les larmes d'un cœur aimant et fidèle; — mais que je ne les voie pas; elles m'ôteraient la force dont je me suis armé.—Mon frère, conduisez-la.

Zar. O Dieu! je ne le verrai plus!

Sal. (*s'efforçant de l'entraîner*). Il le faut, ma sœur, je dois être obéi.

Zar. Je veux rester! — Laisse-moi, tu ne m'emmèneras pas. Faut-il donc qu'il meure seul, et que je vive seule?

Sal. Il ne mourra pas seul; mais vous avez vécu seule pendant plusieurs années.

Zar. Cela est faux! je savais qu'il vivait, et moi je vivais avec son image. Laisse-moi.

Sal. (*l'entraînant*). Il faut que j'emploie la violence; vous la pardonnerez à l'affection d'un frère.

Zar. Jamais! au secours! Sardanapale, souffriras-tu qu'il m'arrache d'auprès de toi?

Sal. Tout est perdu si nous ne mettons pas ce moment à profit.

Zar. Ma tête tourne, — mes yeux s'obscurcissent. — Où est-il? (*Elle s'évanouit.*)

Sard. (*s'avançant*) Non, — déposez-la. — Elle est morte, — et vous l'avez tuée.

SAL. Ce n'est que l'épuisement amené par l'excès de l'émotion : le grand air la fera revenir à elle. Je vous en prie, éloignez-vous. — (*A part.*) Il faut que je profite de ce moment pour la transporter sur la galère royale où ses enfants sont embarqués. (*Il l'emporte.*)

SARD. (*seul*). Voilà encore, voilà ce que je dois souffrir, — moi qui jamais n'infligeai volontairement la moindre douleur ! mais cela n'est point, — elle m'aimait et je l'aimais ; — fatale passion ! pourquoi n'expires-tu pas *en même temps* dans les deux cœurs que tu as embrasés à la fois ? Zarina, il me faut payer chèrement le désespoir qui est maintenant ton partage. Si je n'avais aimé que toi, je régnerais maintenant sans obstacle, monarque respecté de mes peuples. Dans quel abîme une seule déviation du sentier des devoirs entraîne ceux-là même qui réclament l'hommage du genre humain comme un droit de leur naissance, et qui l'obtiennent jusqu'à ce qu'ils le perdent par leur faute !

MYRRHA entre.

SARD. *Vous* ici ! qui vous a appelée ?

MYRR. Personne ; — mais j'ai entendu de loin une voix de douleur et de lamentation, et je pensais...

SARD. Il ne vous est point permis d'entrer ici sans y être invitée.

MYRR. Je pourrais peut-être rappeler de votre part des paroles plus douces, quoiqu'elles exprimassent aussi des *reproches* : vous me les adressiez parce que je craignais de me rendre importune, résistant à mes propres désirs et à vos ordres qui m'enjoignaient de vous approcher à toute heure et sans être appelée ; — mais je me retire.

SARD. Non, restez, — puisque vous êtes venue. Pardonnez-moi, je vous prie ; les événements m'ont aigri et m'ont donné de l'humeur ; — n'y faites pas attention : je redeviendrai bientôt ce que j'étais.

MYRR. J'attends avec patience ce que je verrai avec plaisir.

SARD. Un moment avant votre entrée dans cette salle, Zarina, reine d'Assyrie, en est sortie.

MYRR. Ah !

Sard. Pourquoi tressaillir ?

Myrr. Ai-je tressailli ?

Sard. Vous avez bien fait d'entrer par une autre porte, autrement vous vous seriez rencontrées : cette douleur du moins lui est épargnée.

Myrr. Je sais la plaindre.

Sard. C'est trop, c'est outrepasser la nature ; — ce sentiment n'est ni mutuel ni possible ; vous ne pouvez la plaindre, et elle ne doit que...

Myrr. Mépriser l'esclave favorite ? pas plus que je ne me suis méprisée moi-même.

Sard. Vous ! méprisée ! vous qui faites l'envie de votre sexe ! vous qui régnez sur le cœur du maître du monde !

Myrr. Fussiez-vous le maître de vingt mille mondes, — comme vous êtes à la veille peut-être de perdre celui qui vous était soumis, — je me suis autant avilie en devenant votre maîtresse que si vous n'étiez qu'un paysan, — et plus encore, si ce paysan était Grec.

Sard. Vous parlez bien.

Myrr. Je ne dis que la vérité.

Sard. Quand vient l'heure de l'adversité, tous deviennent courageux contre celui qui tombe ; mais, comme je ne suis pas encore tombé tout à fait, et ne me sens pas disposé à entendre des reproches par cela même peut-être que je les mérite, séparons-nous du moins en paix.

Myrr. Nous séparer !

Sard. Toutes les créatures humaines qui ont existé ne se sont-elles pas séparées ? toutes celles qui existent maintenant ne doivent-elles pas se séparer un jour ?

Myrr. Pourquoi ?

Sard. Pour votre sûreté ; je me propose de vous donner une escorte pour vous reconduire dans votre patrie. Si vous n'avez pas été tout à fait reine, les présents que vous emporterez vous feront une dot égale au prix d'un royaume.

Myrr. Je vous en prie, ne parlez point ainsi.

Sard. La reine est partie ; vous pouvez sans honte imiter

son exemple. Je veux succomber seul, — je ne veux partager que le plaisir...

Myrr. Et moi je n'ai de plaisir qu'à ne vous point quitter. Vous ne m'éloignerez point de vous.

Sard. Pensez-y mûrement. Bientôt peut-être il sera trop tard.

Myrr. Tant mieux ; car alors vous ne pourrez me séparer de vous.

Sard. Je n'en ai pas la volonté ; mais je pensais que vous le désiriez.

Myrr. Moi !

Sard. Vous parliez de votre avilissement.

Myrr. Et je le sens vivement, plus vivement que tout au monde, si ce n'est l'amour.

Sard. Alors, que la fuite vous en délivre !

Myrr. La fuite ne détruira point le passé ; — elle ne me rendra ni mon honneur ni mon cœur. Non, je veux triompher ou succomber avec vous. Si vous êtes vainqueur, je vivrai pour jouir de votre grande victoire ; si votre destinée est autre, je ne pleurerai pas, mais je la partagerai. Vous ne doutiez pas de moi il y a quelques heures.

Sard. De votre courage, jamais ; — de votre amour, tout à l'heure pour la première fois, et vous seule avez pu m'en faire douter. Ces paroles...

Myrr. N'étaient que des paroles. Je vous en prie, cherchez des preuves de mon amour dans la conduite que vous avez daigné louer en moi cette nuit même, et dans ma conduite ultérieure, quel que doive être votre destin.

Sard. Je suis satisfait ; et, confiant dans ma cause, je pense que nous pourrons encore triompher et reconquérir la paix, — seule victoire que j'ambitionne. Je ne mets point la gloire dans la guerre, — la renommée dans les conquêtes. La nécessité de soutenir mes droits par la force, pèse plus lourdement sur mon cœur que tous les outrages sous lesquels ces hommes voudraient courber ma tête. Jamais, jamais je n'oublierai cette nuit, quand je devrais vivre pour l'ajouter au souvenir des autres. Je croyais avoir fait de mon règne inoffensif une ère de paix au milieu de nos sanglantes annales, une verte oasis dans le désert du siècle, sur laquelle l'Avenir tournerait ses regards charmés, pour la perpétuer, en regrettant de ne pouvoir rappeler le règne d'or de Sardanapale. Je croyais avoir fait de mon royaume un paradis, et de chaque lune nouvelle une époque de nouveaux plaisirs. Je prenais les acclamations de la populace pour de l'amour, — la voix de mes amis pour celle de la vérité, — les lèvres de la femme pour ma seule récompense ; — elles le sont aussi, ma Myrrha ! embrasse-moi. (*Il l'embrasse*) Qu'ils prennent maintenant mon royaume et ma vie, ils auront l'un et l'autre ; mais toi, jamais !

Myrr. Non, jamais ! L'homme peut dépouiller l'homme de tout ce qui est grand, de tout ce qui brille : — les empires s'écroulent, — les armées sont vaincues, — les amis nous abandonnent, — les esclaves fuient, — tous nous trahissent, — ceux-là surtout, ceux-là les premiers qui nous doivent le plus ; tous, excepté le cœur qui aime sans intérêt ! tel est le mien, — mets-le à l'épreuve.

SALÉMÈNE entre.

Sal. Je vous cherchais. — Comment ! elle est encore ici !

Sard. Ne recommence pas tes reproches. Ton visage annonce des événements plus importants que la présence d'une femme.

Sal. La seule femme qui dans un tel moment a de l'importance pour moi est en sûreté : — la reine est embarquée.

Sard. Est-elle bien ? parle.

Sal. Oui ; sa faiblesse passagère est dissipée, du moins elle s'est transformée en un silence sans larmes ; son pâle visage et ses yeux brillants, après un regard jeté sur ses enfants endormis, se sont tournés vers les tours du palais, pendant que la galère agile voguait rapidement à la lueur des étoiles ; mais elle n'a rien dit !

Sard. Plût au ciel que je n'en ressentisse pas plus qu'elle n'en a dit !

Sal. Il est trop tard maintenant pour se livrer à ces regrets ! ils ne sauraient guérir une seule douleur ; d'autres objets doivent nous occuper : je viens vous annoncer la nouvelle certaine que les rebelles de la Médie et de la Chaldée, commandés par leurs deux chefs, sont de nouveau en armes, et, formant leurs rangs, se préparent à nous attaquer ; on dit que d'autres satrapes se sont réunis à eux.

Sard. Quoi ! de nouveaux rebelles ? Marchons sur eux les premiers.

Sal. C'était d'abord notre intention ; mais il y aurait maintenant imprudence à le faire. Si demain à midi nous recevons les renforts que j'ai envoyé chercher par des messagers sûrs, nous pourrons hasarder une attaque, et espérer la victoire ; mais jusque-là, mon avis est d'attendre l'ennemi.

Sard. J'abhorre ce délai ; il y a sans doute moins de dangers à combattre derrière de hautes murailles, à précipiter les ennemis dans des fossés profonds, ou à les voir se débattre sur les chevaux de frise ; mais ce genre de combat me déplaît, — j'y perds toute mon ardeur ; mais une fois lancé sur eux, fussent-ils entassés les uns sur les autres comme des montagnes, il faut que j'en vienne aux mains avec eux ; si je dois mourir, que ce soit dans la chaleur de la mêlée ! — Qu'on me laisse donc attaquer.

Sal. Vous parlez en jeune soldat.

Sard. Je ne suis pas soldat, mais homme ; ne me parle pas de soldats, j'en déteste le nom et ceux qui s'en font gloire ; mais qu'on me mette à même de tomber sur les rebelles.

Sal. Vous devez ne pas exposer témérairement votre vie ; elle n'est pas comme la mienne ou celle de tout autre de vos sujets : toute la guerre en dépend ; seule, elle la fait naître, l'allume et peut l'éteindre ; — seule, elle peut la prolonger ou la finir.

Sard. Terminons donc l'une et l'autre, cela vaudrait peut-être mieux que de les prolonger ; je suis las de l'une et peut-être de toutes deux.   (*Une trompette sonne.*)

Sal. Écoutons !

Sard. Répondons au lieu d'écouter.

Sal. Et votre blessure ?

Sard. Elle est pansée, — elle est guérie ; — je l'avais oubliée. Partons ! la lancette d'un chirurgien m'aurait percé plus profondément. L'esclave qui m'a fait cette blessure devrait être honteux d'avoir frappé un si faible coup.

Sal. Puisse maintenant personne n'en porter de plus sûr !

Sard. Oui, si nous sommes vainqueurs ; sinon c'est à moi qu'ils laisseront une tâche qu'ils feraient bien d'épargner à leur roi. Marchons !

Sal. Je vous suis. (*Les trompettes sonnent encore.*)

Sard. Allons, mes armes ! mes armes, vous dis-je !

(*Ils sortent.*)

ACTE CINQUIÈME.
SCÈNE Ire.
La même salle du palais.
MYRRHA et BALÉA.

Myrr. (*s'approchant d'une fenêtre*). Le jour enfin a paru. Quelle nuit l'a précédé ! qu'elle a été belle dans le ciel ! L'orage passager qui l'a traversée n'a fait qu'ajouter la variété à sa magnificence ! Mais combien hideuse sur la terre, où la paix, l'espérance, l'amour et la joie, foulés aux pieds par les passions humaines, ont fait place en un instant à un chaos dont les éléments divers ne se sont pas encore dégagés ! — La guerre continue ! Le soleil peut-il bien se lever si brillant ? comme il chasse devant lui les nuages qui se déroulent en vapeurs plus charmantes qu'un ciel uniformément serein, et qui figurent des dômes d'or, des montagnes de neige, des vagues plus pourprées que celles de l'Océan, et reproduisent une image de la terre si ressemblante qu'on la croirait permanente, si fugitive que nous ne pouvons prendre que pour une vision ses teintes mobiles éparses sur la voûte éthérée ; et cependant ce spectacle saisit l'âme, la console, s'identifie avec elle, si bien que le lever et le coucher du soleil deviennent des heures consacrées à la douleur et à l'amour ; celui qui les voit avec indifférence n'a jamais connu les régions habitées par les deux Génies qui ennoblissent et purifient nos cœurs, en sorte que nous ne changerions pas leurs rigueurs adorables contre toutes les joies bruyantes qui frappent l'air de leurs clameurs ; il n'a point vu ces palais qu'ils ont élevés, et où leurs adorateurs viennent se reposer et respirer un moment. Dans ce rapide moment de calme et de fraîcheur, ils aspirent du ciel ce qu'il leur en faut pour supporter avec une pacifique résignation le reste des heures fatigantes de la vie mortelle, pendant qu'en apparence ils se livrent, comme les autres hommes, à leurs tâches respectives de peine et de plaisir, *deux* noms pour exprimer *un* même sentiment que, dans sa mobilité, notre souffrance intérieure voudrait varier en variant les sons qui le désignent, mais dont la réalité échappe à tous nos efforts pour être heureux.

Bal. Vous vous livrez à une rêverie bien paisible. Pouvez-vous regarder ainsi se lever le soleil de notre dernier jour peut-être ?

Myrr. C'est pour cela même que je le contemple. Je reproche à mes yeux, qui peut-être ne le reverront plus, de l'avoir regardé souvent, trop souvent, sans la vénération et le transport dus à cet astre qui empêche la terre d'être aussi fragile que je le suis dans ce corps mortel. Venez, regardez le dieu de la Chaldée. Quand je le contemple, je me convertis presque à votre Baal.

Bal. Il règne aujourd'hui dans les cieux comme autrefois sur la terre.

Myrr. Il règne maintenant avec plus de puissance ; jamais monarque terrestre n'eut la moitié du pouvoir et de la gloire concentrés dans un seul de ses rayons.

Bal. Assurément c'est un dieu.

Myrr. Nous le croyons ainsi, nous autres Grecs, et néanmoins je pense quelquefois que cet astre éclatant doit être plutôt un séjour habité par des dieux qu'un dieu lui-même. Le voilà maintenant qui perce les nuages et remplit mes yeux d'une lumière qui m'empêche de voir le reste du monde. Je ne puis plus regarder.

Bal. Écoutez... — N'avez-vous rien entendu ?

Myrr. Non, ce n'est qu'une illusion : on combat hors des

murs, et non plus dans l'intérieur du palais, comme la nuit dernière ; le palais est devenu une forteresse depuis cette heure périlleuse, et ici, au centre même, entourés de vastes cours et de salles royales aux proportions gigantesques, qu'il faut emporter l'une après l'autre avant de pénétrer aussi loin que la première fois, nous sommes hors de la portée du péril, — aussi bien que de la gloire.

BAL. Mais ils sont déjà venus jusqu'ici !

MYRR. Oui, par surprise, et la valeur les en a repoussés. Maintenant, nous avons tout à la fois le courage et la vigilance pour nous garder.

BAL. Puissent-ils réussir !

MYRR. C'est ce que souhaitent plusieurs, ce que redoutent un plus grand nombre : c'est une heure pleine d'anxiété. Je cherche à n'y point penser... Hélas ! c'est vainement.

BAL. On dit que la conduite du roi dans le dernier combat n'a pas moins étonné ses fidèles sujets qu'elle n'a effrayé les rebelles.

MYRR. Il est facile de frapper d'étonnement ou d'effroi une horde vulgaire d'esclaves ; mais il s'est bravement conduit.

BAL. N'a-t-il pas tué Bélésès ? J'ai entendu dire aux soldats qu'il l'avait étendu à terre.

MYRR. C'est vrai ; mais ce misérable a été délivré, pour triompher peut-être de celui dont le courage l'a vaincu, et dont la clémence l'a épargné ; clémence imprudente qui a mis sa couronne en péril !

BAL. Écoutez...

MYRR. Vous avez raison... On s'approche, mais lentement.

(On voit entrer des soldats portant Salémène blessé d'un javelot qui est encore dans la plaie ; ils le déposent sur un divan qui meuble l'appartement.)

MYRR. O Jupiter !

BAL. Tout est donc perdu ?

SAL. C'est faux !... Tuez-moi l'esclave qui dit cela, si c'est un soldat.

MYRR. Ce n'en est point un : épargnez-le... Ce n'est que

l'un de ces papillons de cour qui voltigent dans le cortége d'un roi.

Sal. En ce cas, qu'il vive.

Myrr. Vous vivrez aussi, je l'espère.

Sal. Je voudrais vivre une heure encore, afin de connaître le résultat du combat; mais j'en doute. Pourquoi m'avez-vous transporté ici ?

Un Soldat. Par ordre du roi. Quand le javelot vous a frappé, vous êtes tombé évanoui. Le roi nous a ordonné de vous transporter dans cette salle.

Sal. Il a bien fait... Puisqu'on me croyait mort dans cet évanouissement, cette vue aurait pu décourager les soldats; mais — c'est en vain : je sens revenir ma faiblesse.

Myrr. Laissez-moi voir la blessure... Je m'y connais un peu : dans ma patrie, cet art fait partie de l'instruction qu'on nous donne. La guerre étant continuelle, nous sommes accoutumées à de tels spectacles.

Le Sold. Il vaudrait mieux extraire le javelot.

Myrr. Arrêtez! non, cela n'est pas possible!

Sal. Alors, c'en est fait de moi !

Myrr. Le sang, qui coulerait en abondance, me ferait craindre pour votre vie.

Sal. Moi, je ne crains pas la mort... Où était le roi quand vous m'avez transporté loin du lieu où j'ai été frappé?

Le Sold. Il était en ce même endroit, encourageant de la voix et du geste les troupes alarmées qui vous avaient vu tomber, et déjà commençaient à plier.

Sal. Avez-vous entendu nommer celui qui me remplace dans le commandement?

Le Sold. Non, seigneur.

Sal. Allez donc en toute hâte trouver le roi, et dites-lui que la dernière demande que je lui fais, c'est de confier mon poste à Zamès, jusqu'à ce qu'Ofratanès, satrape de Suze, ait opéré sa jonction, tant différée et si ardemment désirée. Laissez-moi ici : nos guerriers ne sont pas tellement nombreux qu'on puisse se passer de votre présence.

Le Sold. Mais, mon prince...

Sal. Partez, vous dis-je! Voilà un courtisan et une femme : c'est tout autant qu'il en faut à un malade. Comme on ne m'a pas permis d'expirer sur le champ de bataille, je ne veux pas de soldats oisifs autour de mon lit de mort. Partez, et exécutez l'ordre que je vous donne. (*Les soldats sortent*).

Myrr. Ame vaillante et glorieuse, la terre doit-elle donc te perdre si tôt?

Sal. Aimable Myrrha, c'est la mort que j'aurais choisie, si j'avais réussi à sauver le monarque ou la monarchie. Du moins, j'ai la satisfaction de ne pas leur survivre.

Myrr. Vous devenez plus pâle!

Sal. Donnez-moi votre main. Ce javelot brisé ne fait que prolonger mes tortures, sans prolonger assez mon existence pour me rendre utile; je l'arracherais moi-même, et ma vie en même temps, si je pouvais seulement apprendre où en est le combat.

SARDANAPALE entre avec quelques soldats.

Sard. Mon bien-aimé frère!

Sal. Et la bataille est perdue?

Sard. (*avec abattement.*) Tu me vois *ici*.

Sal. J'aimerais mieux vous voir *ainsi*!... (*Il arrache le javelot de sa blessure, et expire.*)

Sard. Et l'on me verra *ainsi*, à moins qu'Ofratanès n'arrive avec les renforts, faible et dernier roseau sur lequel s'appuie notre espoir.

Myrr. N'avez-vous pas reçu un message de votre frère mourant, qui vous désignait Zamès pour lui succéder dans le commandement?

Sard. Je l'ai reçu.

Myrr. Où est Zamès?

Sard. Mort.

Myrr. Et Altada?

Sard. Mourant.

Myrr. Pania? Sféro?

Sard. Pania vit encore; mais Sféro est en fuite ou prisonnier. Je suis seul.

Myrr. Tout est donc perdu?

Sard. Nos remparts, malgré notre petit nombre, peuvent encore tenir contre les forces actuelles de l'ennemi, si la trahison ne s'en mêle; mais en rase campagne...

Myrr. Je pensais que l'intention de Salémène était de ne pas risquer une sortie avant d'avoir reçu les renforts qu'il attendait.

Sard. C'est moi qui lui ai fait abandonner cette détermination.

Myrr. Eh bien! c'est la faute d'un homme de cœur.

Sard. C'est une faute funeste. O mon frère! je donnerais ces royaumes, dont tu étais le plus bel ornement; je donnerais mon épée et mon bouclier, seule gloire qui me reste, pour te rappeler à la vie. Mais je ne te pleurerai pas : tu seras honoré comme tu as désiré l'être. Ce qui m'afflige le plus, c'est que tu aies quitté la vie avec la pensée que je pouvais survivre à l'antique royauté de notre race, pour laquelle tu es mort. Si je parviens à la reconquérir, je te donnerai, pour apaiser ton ombre, le sang de milliers d'hommes, les larmes de millions de rebelles (celles de tous les gens de bien t'appartiennent déjà). Sinon, bientôt nous nous rejoindrons, si le souffle qui est en nous vit par delà la tombe. — Tu lis dans mon âme maintenant, et tu me rends justice. Que je serre pour la dernière fois cette main encore chaude! que je presse ce cœur qui a cessé de battre contre celui qui palpite si douloureusement! (*Il embrasse le corps de Salémène*). Maintenant, qu'on emporte le corps!

Un Soldat. Où?

Sard. Dans mon propre appartement. Placez-le sous mon dais, comme si c'était le corps du roi. Cela fait, nous aviserons aux honneurs qu'il faut rendre à de telles dépouilles.

Des soldats emportent le corps de Salémène. — PANIA *entre.*

Sard. Eh bien, Pania, as-tu placé les sentinelles et donné les ordres convenus?

Pan. Sire, j'ai obéi.

Sard. Les soldats conservent-ils leur courage?

Pan. Sire...

Sard. Tu m'as répondu... Quand un roi demande deux

fois la même chose, et qu'on répond à sa question par une autre, c'est un funeste augure. Quoi donc! sont-ils découragés?

Pan. La mort de Salémène, et les cris de victoire des rebelles en le voyant tomber, ont excité en eux...

Sard. Non du découragement, mais de la rage : — c'est là, du moins, ce qui aurait dû arriver. Mais nous trouverons moyen de ranimer leur énergie.

Pan. Une telle perte est bien faite pour mettre la victoire même en deuil.

Sard. Hélas! qui le sent plus vivement que moi? Cependant, ces murs où nous sommes assiégés peuvent opposer quelque résistance, et les renforts que nous attendons, se fraieront un chemin à travers l'armée ennemie, pour faire de nouveau de la demeure de leur souverain ce qu'elle était, — un palais, non une prison ou une forteresse.

Un officier entre précipitamment.

Sard. Ton visage annonce de tristes nouvelles... — Parle.

L'Off. Je n'ose pas.

Sard. Tu n'oses pas, quand des millions de nos sujets osent se révolter les armes à la main!... Voilà qui est étrange. Je t'en prie, romps ce silence de la fidélité qui craint d'affliger son souverain... Je puis en supporter plus que tu n'as à en dire.

Pan. Tu entends? poursuis.

L'Off. La partie du rempart qui borde le fleuve vient d'être renversée par une inondation soudaine de l'Euphrate qui, gonflé par les pluies tombées dernièrement dans les hautes montagnes où il prend sa source, a franchi ses rives et détruit cette muraille.

Pan. C'est un funeste augure! Depuis des siècles, il existe une prédiction qui annonce que « jamais la ville ne tombera sous les efforts de l'homme, à moins que le fleuve ne se déclare son ennemi. »

Sard. Je puis pardonner l'augure, mais non le ravage. Quelle quantité de murailles a été emportée?

L'Off. Environ vingt stades [2].

Sard. Et tout cet espace est laissé accessible aux assiégeants?

L'Off. Pour l'instant, le courroux du fleuve rend toute attaque impossible; mais du moment où il rentrera dans son lit, et où les barques pourront le traverser, le palais est au pouvoir des rebelles.

Sard. C'est ce qui n'arrivera jamais. En dépit des hommes, des dieux, des éléments et des augures, tous ligués contre un homme qui ne les a pas provoqués, la demeure de mes pères ne sera point une caverne pour que les loups y viennent hurler.

Pan. Avec votre permission, je vais me rendre sur les lieux, et prendre les mesures nécessaires pour fortifier l'espace laissé sans défense, aussi bien que le temps et nos moyens le permettent.

Sard. Cours-y sur-le-champ, et rapporte-moi aussi promptement qu'une investigation approfondie le comporte, le véritable état des choses, par suite de cette irruption des eaux.

(*Pania et l'Officier sortent.*)

Myrr. Ainsi voilà les flots eux-mêmes qui s'arment contre vous!

Sard. Jeune fille, ils ne sont point mes sujets, et il faut leur pardonner, puisque je ne puis les punir.

Myrr. Je me réjouis de voir que cet augure ne vous a point abattu.

Sard. Les augures ne peuvent plus rien sur moi: ils ne peuvent rien me dire que je ne me sois déjà dit moi-même depuis minuit: le désespoir anticipe sur tout ce qui peut survenir.

Myrr. Le désespoir!

Sard. Non, ce n'est pas tout à fait le mot; quand nous savons tout ce qui peut arriver, et que nous y sommes préparés, notre résolution, si elle est ferme, mérite un nom plus noble que celui de désespoir. Mais que nous importent les mots? bientôt nous en aurons fini avec eux et avec toute chose.

Myrr. Hormis un dernier acte, le plus important pour

tous les mortels, celui qui couronne tout ce qui fut, tout ce qui est, — tout ce qui sera ; — la seule chose commune à tous les hommes, quelles que soient les différences de naissance, de langue, de sexe, de natures, de couleurs, de traits, de climats, de temps, de sentiments, d'intelligence ; — point de réunion universelle auquel nous tendons, pour lequel nous sommes nés, et vers lequel nous marchons dans ce labyrinthe mystérieux qu'on nomme la vie.

Sard. Le fil de notre existence tirant à sa fin, livrons-nous à la joie. Ceux qui n'ont plus rien à craindre peuvent sourire à ce qui naguère causait leur effroi, comme des enfants qui découvrent le secret d'un frivole épouvantail.

PANIA rentre.

Pan. Sire, les choses sont comme on vous l'a rapporté : j'ai doublé le poste qui doit veiller près de la brèche pratiquée par les eaux, en diminuant le nombre de ceux qui sont préposés à la défense de la partie des remparts la mieux fortifiée.

Sard. Tu as rempli fidèlement ton devoir, et comme je l'attendais de toi, mon digne Pania ! Le moment approche où les liens qui nous unissaient n'existeront plus. Prends cette clef (*il lui donne une clef*) ; elle ouvre une porte secrète derrière ma couche royale, où est déposé maintenant le plus noble fardeau qu'elle ait jamais porté, quoiqu'une longue suite de souverains se soient étendus sur l'or qui la compose ; — et en effet, elle porte celui qui naguère était Salémène. Cherche le lieu caché où ce passage te conduira, il renferme un trésor[3] ; prends-le pour toi et tes compagnons. Quel que soit votre nombre, il y en a autant que vous pourrez en porter. Je veux aussi que les esclaves soient affranchis, et que tous les habitants du palais, de l'un et de l'autre sexe, le quittent dans une heure. Mettez à flot les barques royales, naguère destinées au plaisir, et qui doivent maintenant servir à votre sûreté. Le fleuve est large et grossi encore par la crue des eaux ; plus puissant qu'un roi, il n'a rien à craindre des assiégeants. Fuyez et soyez heureux !

Pan. Oui, sous votre protection, si vous accompagnez votre fidèle garde.

Sard. Non, Pania, cela ne peut être; éloigne-toi, et laisse-moi à ma destinée.

Pan. C'est la première fois que j'aurai désobéi; mais maintenant....

Sard. Tout le monde me brave donc aujourd'hui, et l'insolence dans mon propre palais imite la trahison à l'extérieur! Plus d'hésitation; ce sont mes ordres, mes derniers ordres. Veux-tu t'y opposer, *toi*, Pania?

Pan. Mais — cependant — ce n'est pas encore....

Sard. Eh bien, jure donc ici que tu obéiras quand je te donnerai le signal.

Pan. Mon cœur affligé, mais fidèle, vous le jure.

Sard. Il suffit. Maintenant, fais apporter des fagots, des pommes à pin, des feuilles flétries, et tous les combustibles qu'une étincelle peut embraser ; qu'on apporte aussi du cèdre, des essences précieuses, des épices, de grandes planches pour former un vaste bûcher; qu'on y joigne de l'encens et de la myrrhe, car c'est un grand sacrifice que je veux offrir; tu feras disposer tous ces matériaux autour du trône.

Pan. Seigneur!

Sard. J'ai parlé, et tu as juré d'obéir.

Pan. Je vous serais fidèle sans l'avoir juré. (*Pania sort.*)

Myrr. Quel est votre dessein?

Sard. Tu connaîtras bientôt — ce que la terre n'oubliera jamais.

(Pania revient avec un héraut d'armes.)

Pan. Mon roi, au moment où j'allais exécuter vos ordres, on a amené devant moi ce héraut qui demande audience.

Sard. Qu'il parle!

Le Hér. Le *Roi* Arbace....

Sard. Quoi! déjà couronné? Mais poursuis.

Le Hér. Bélésès, le grand-prêtre sacré....

Sard. De quel dieu ou de quel démon? — De nouveaux autels s'élèvent avec de nouveaux rois. — Mais continue. Tu as été envoyé pour annoncer les volontés de ton maître, et non pour répondre aux miennes.

LE HÉR. Et le satrape Ofratanès.

SARD. Comment! il est des vôtres?

LE HÉR. (*montrant un anneau*). Acquiers la certitude qu'il est maintenant dans le camp des vainqueurs; tu vois la bague qui lui sert de sceau.

SARD. C'est la sienne. Digne trio, en effet! Pauvre Salémène! tu es mort à propos pour ne pas voir une trahison de plus; cet homme était ton fidèle ami et mon sujet le plus dévoué. — Poursuis.

LE HÉR. Ils t'offrent la vie; tu seras libre de choisir ta résidence dans l'une des provinces éloignées; tu seras gardé et surveillé sans être captif, et tu couleras tes jours en paix; mais à condition que les trois jeunes princes seront livrés comme otages.

SARD. (*ironiquement*). Les généreux vainqueurs!

LE HÉR. J'attends ta réponse.

SARD. Ma réponse, esclave! Depuis quand les esclaves ont-ils décidé du sort des rois?

LE HÉR. Depuis qu'ils sont libres!

SARD. Organe de la révolte! toi, du moins, tu recevras le châtiment dû à la trahison, quoique tu n'en sois que le représentant. — Pania, que du haut des remparts sa tête soit jetée dans les rangs des rebelles, et son corps dans le fleuve! Qu'on l'emmène!

(*Pania et les gardes saisissent le héraut d'armes.*)

PAN. Jamais je n'ai obéi à aucun de vos ordres avec plus de plaisir qu'à celui-ci. — Soldats, emmenez-le! Ne souillez point du sang d'un traître ce séjour de la royauté; mettez-le à mort hors de cette enceinte.

LE HÉR. Un mot seulement; roi, mes fonctions sont sacrées.

SARD. Et que sont donc les miennes, que tu oses me demander de les abdiquer?

LE HÉR. Je ne fais qu'exécuter les ordres que j'ai reçus. Le danger que me fait courir mon obéissance, un refus me l'eût également attiré.

SARD. Ainsi, des monarques d'une heure de durée sont

aussi despotiques que des souverains élevés dans la pourpre et placés sur le trône depuis leur naissance!

Le Hér. Ma vie dépend d'un mot de ta bouche. La tienne (je le dis avec humilité), — il se peut que la tienne soit dans un danger non moins imminent; serait-il digne des derniers instants d'une race comme celle de Nemrod — d'ôter la vie à un héraut pacifique et désarmé, dans l'exercice de ses fonctions, et de fouler aux pieds, non seulement ce qu'il y a de plus sacré chez les hommes, mais ce lien plus saint encore qui nous unit aux dieux?

Sard. Il a raison. — Qu'on le laisse libre! — Le dernier acte de ma vie ne sera pas un acte de colère. — Approche, héraut; prends cette coupe d'or (*il prend sur une table une coupe d'or qu'il lui donne*); mets-y ton vin et pense à moi en la vidant; ou fonds-la en lingot, et ne songe qu'à son poids et à sa valeur.

Le Hér. Je te remercie doublement, et pour m'avoir conservé la vie, et pour m'avoir fait ce don magnifique qui me la rend encore plus précieuse. Mais porterai-je une réponse?

Sard. Oui; je demande une heure de trêve pour réfléchir au parti que je dois prendre.

Le Hér. Une heure seulement?

Sard. Une heure. Si à l'expiration de ce terme tes maîtres ne reçoivent pas d'autre réponse de moi, ils doivent en conclure que je repousse leurs conditions, et agir en conséquence.

Le Hér. Je ne manquerai pas de transmettre fidèlement ta volonté.

Sard. Écoute! encore un mot.

Le Hér. Quel qu'il soit, je ne l'oublierai pas.

Sard. Présente mes compliments à Bélésès, et dis-lui que dans un an je lui donne rendez-vous.

Le Hér. En quel lieu?

Sard. A Babylone. C'est de là du moins qu'il viendra me rejoindre.

Le Hér. Tu seras ponctuellement obéi. (*Le héraut sort.*)

Sard. Pania! — c'est maintenant, mon fidèle Pania ! — hâte-toi d'exécuter mes ordres.

Pan. Seigneur, — les soldats s'en occupent déjà ; les voici qui viennent.

(Des soldats entrent et construisent un bûcher autour du trône.)

Sard. Plus haut, mes braves ; mettez-y plus de bois ; faites que les fondements du bûcher soient tels qu'il ne s'éteigne pas faute d'aliments, et qu'aucun secours officieux ne puisse l'éteindre. Que le trône en forme le centre : je ne veux le laisser aux nouveaux venus qu'embrasé d'un feu inextinguible. Arrangez-le tout comme s'il s'agissait d'incendier une forteresse de nos ennemis invétérés. Maintenant il prend quelque apparence ! Qu'en dis-tu, Pania ? ce bûcher sera-t-il suffisant pour les funérailles d'un roi ?

Pan. Oui, et pour celles d'un royaume. A présent, je vous comprends.

Sard. Et tu ne me blâmes pas ?

Pan. Non. — Permettez seulement que je mette le feu au bûcher, et que j'y monte avec vous.

Myrr. Ce devoir me regarde.

Pan. Une femme !

Myrr. C'est le devoir d'un soldat de mourir *pour* son souverain : c'est celui d'une femme de mourir avec celui qu'elle aime.

Pan. Voilà qui est étrange !

Myrr. Moins rare, Pania, que tu ne l'imagines. Vis cependant. Adieu, le bûcher est prêt.

Pan. Je rougirais de laisser mon souverain avec une femme seulement pour partager sa mort.

Sard. Un trop grand nombre déjà m'ont précédé dans la tombe. Pars, va t'enrichir !

Pan. Et vivre misérable !

Sard. Songe à ton serment : — il est sacré et irrévocable.

Pan. Puisqu'il en est ainsi, adieu !

Sard. Cherche bien dans mon appartement ; emporte sans scrupule tout l'or que tu y trouveras ; rappelle-toi que ce que tu y laisseras sera pour les esclaves qui me tuent. Quand tu auras tout mis en sûreté sur tes barques, au moment où tu quitteras le palais, fais retentir dans les airs le son prolongé de la trompette. Les bords du fleuve sont trop éloignés, le bruit de ses flots est trop grand maintenant, pour que le signal donné sur ses rives puisse être porté par l'écho jusqu'ici. Fuis alors avec tes compagnons, mais en détournant la tête de ce côté; suis le cours de l'Euphrate : si tu arrives dans la Paphlagonie, où la reine est en sûreté avec ses trois fils à la cour de Cotta, dis, dis-lui ce que tu as vu en partant, et prie-la de se rappeler ce que j'ai dit lors d'une séparation encore plus douloureuse.

Pan. Donnez-moi votre main royale, que je la presse une fois encore sur mes lèvres, ainsi que ces pauvres soldats qui se pressent autour de vous, et qui voudraient mourir avec vous!

(Les soldats et Pania entourent Sardanapale, et baisent sa main ainsi que les pans de sa robe.)

Sard. Mes meilleurs et mes derniers amis! n'énervons pas mutuellement nos courages! Partez sans délai; les adieux doivent être prompts, quand c'est pour toujours, si l'on ne veut qu'ils changent les moments en éternité, et qu'ils trempent de larmes les derniers grains douloureux du sablier de la vie. Partez et soyez heureux! Croyez-moi, je ne suis pas à plaindre maintenant; ou, si je le suis, c'est bien plus pour le passé que pour le présent; quant à l'avenir, il est entre les mains des dieux, s'il en existe : je le saurai bientôt. Adieu, — adieu! (*Pania et les soldats sortent.*)

Myrr. Ces hommes étaient fidèles : c'est une consolation pour nous que nos derniers regards puissent tomber sur des visages amis.

Sard. Et sur des visages charmants, belle Myrrha! — Mais écoute-moi! le terme fatal s'approche : — si en ce moment tu éprouves une répugnance secrète à t'élancer dans l'avenir, à travers les flammes de ce bûcher, parle : pour avoir cédé à ta nature, je ne t'en aimerai pas moins, peut-être même davantage; et tu as encore le temps de fuir.

Myrr. Allumerai-je l'une des torches entassées sous la lampe qui brûle éternellement devant l'autel de Baal, dans la salle voisine?

Sard. Oui. Est-ce là ta réponse?

Myrr. Tu vas voir. *(Myrrha sort.)*

Sard. *(seul).* Elle est inébranlable! O mes pères! vous que je vais rejoindre, purifié peut-être par la mort de quelques-unes des grossières souillures de la nature matérielle, je n'ai pas voulu que des esclaves révoltés déshonorassent par leur présence votre antique demeure. Si je n'ai pas conservé votre héritage tel que vous me l'avez légué, du moins ce palais, qui en contient une portion brillante, vos trésors, vos armes consacrées, vos archives, vos monuments, vos trophées, dont ils auraient paré leurs triomphes, tout cela, pour vous le rendre, je l'emporte avec moi dans cet élément destructeur, image la plus vraie de l'âme, en ce qu'il laisse le moins de traces des matières consumées par son action dévorante. — La clarté de ce grand bûcher funéraire de la royauté ne sera pas seulement une colonne de fumée et de flammes, un phare éphémère à l'horizon, pour n'offrir ensuite qu'un monceau de cendres. Non, non, ce sera une leçon pour les siècles, pour les nations rebelles, pour les princes voluptueux. Le Temps couvrira de l'oubli les annales de plus d'un peuple, les exploits de plus d'un héros; il anéantira plus d'un empire, à l'instar de ce premier des empires; mais il respectera mon dernier acte, pour l'offrir comme un problème que peu oseront imiter, que nul n'osera mépriser; et peut-être cet exemple détournera-t-il plus d'un roi d'imiter une vie qui m'a conduit à une telle fin.

(Myrrha revient avec une torche dans une main et une coupe dans l'autre.)

Myrr. Vois, j'ai allumé le flambeau qui doit éclairer notre vol vers les astres.

Sard. Et la coupe?

Myrr. Il est d'usage dans ma patrie de faire une libation aux dieux.

Sard. Et dans la mienne de faire une libation aux hommes ; c'est une coutume que je n'ai pas oubliée ; et, quoique seul, je viderai une coupe en mémoire de tant de banquets joyeux.

(Sardanapale prend la coupe, qu'il renverse après avoir bu, et s'écrie en voyant tomber une goutte :)

Cette libation est pour l'excellent Bélésès !

Myrr. Pourquoi le nom de cet homme se présente-t-il à ta pensée, plutôt que celui de son complice en scélératesse ?

Sard. L'un n'est qu'un soldat, un instrument, une sorte d'épée vivante dans la main d'un ami ; l'autre fait jouer les fils de cette marionnette guerrière ; mais je les bannis de mon souvenir. — Un moment encore, ma Myrrha ! Est-ce librement et sans crainte que tu m'accompagnes ?

Myrr. Crois-tu donc qu'une fille grecque n'osera pas faire pour l'amour ce que fait une veuve indienne pour obéir à l'usage ?

Sard. Alors, nous n'attendons plus que le signal.

Myrr. Il tarde bien à retentir.

Sard. Allons, adieu ! un dernier embrassement !

Myrr. Viens ; mais ce n'est pas le dernier, il en reste un encore.

Sard. Il est vrai : le feu mêlera nos cendres.

Myrr. Oui, mes cendres se mêleront aux tiennes, pures comme mon amour pour toi, dégagées des souillures de la terre et des passions terrestres. Une seule pensée m'afflige.

Sard. Laquelle ?

Myrr. C'est qu'aucune main amie ne recueillera nos deux poussières dans une urne commune.

Sard. Tant mieux ; mieux vaut qu'elles soient dispersées dans l'air et jetées à tous les vents que d'être souillées par le contact des mains de traîtres et d'esclaves. Dans ce palais en flammes, dans les ruines fumantes de ces gigantesques murailles, nous laissons un monument plus imposant que l'Égypte n'en a construit dans ces montagnes de briques amoncelées par elle pour servir de tombeaux à ses rois ou à ses bœufs ; car on ne sait encore si ces pyramides orgueilleuses sont destinées à leurs monarques ou à leur bœuf-dieu Apis :

étranges monuments, qui ont perdu le souvenir du motif qui les érigea !

Myrr. Adieu donc, ô terre! et toi, le plus beau lieu de la terre, adieu, Ionie! Puisses-tu toujours être libre et belle! et que jamais les calamités n'approchent tes rivages! Ma dernière prière a été pour toi, tu as aussi mes dernières pensées, hormis une seule.

Sard. Et celle-là ?

Myrr. Elle est pour toi.

(*La trompette de Pania se fait entendre.*)

Sard. Écoute!

Myrr. *Maintenant!*

Sard. Adieu, Assyrie! je t'aimais, ô ma terre natale! terre de mes aïeux! je t'aimais plus comme ma patrie que comme mon royaume; je t'ai rassasiée de paix et de plaisirs; et voilà ma récompense! A présent, je ne te dois rien, pas même un tombeau. (*Il monte sur le bûcher.*) Maintenant, Myrrha !

Myrr. Es-tu prêt?

Sard. Comme la torche que tu tiens.

(*Myrrha met le feu au bûcher.*)

Myrr. Le bûcher est allumé! Je viens.

(*Au moment où Myrrha s'élance dans les flammes, la toile tombe.*)

NOTES
DES CINQ ACTES DE SARDANAPALE.

[1] Parvenu à la vieillesse, me connaissant moi-même, et appréciant mes travaux à leur juste valeur, je ne puis songer, sans un sentiment de reconnaissance et de défiance de moi-même, aux termes dans lesquels est conçue cette dédicace; je ne puis les interpréter autrement que comme le généreux hommage d'un esprit supérieur, non moins original par le choix de ses sujets que par la manière de les traiter.   Goethe.

[2] Environ deux milles et demi.

[3] Athénée fait monter ces trésors à plusieurs myriades de talents d'or et autant de talents d'argent. Cette somme est évidemment exagérée, car on se perdrait à l'évaluer en chiffres; cependant l'exagération même d'Athénée prouve que ces trésors devaient être considérables.   Rollin.

LES DEUX FOSCARI[1],

TRAGÉDIE HISTORIQUE EN CINQ ACTES.

> Le père s'adoucit, mais le gouverneur est inflexible.
> SHERIDAN. — *Le Critique.*

PERSONNAGES.

FRANCESCO FOSCARI, doge de Venise.
JACOPO FOSCARI, fils du doge.
MARINA, femme du jeune Foscari.
JACOPO LOREDANO, patricien.
MARCO MEMMO, membre du Conseil des Quarante.
BARBARIGO, sénateur.
AUTRES SÉNATEURS, LE CONSEIL DES DIX, GARDES, SERVITEURS, etc.

La scène est à Venise, dans le palais ducal.

ACTE PREMIER.

SCÈNE Ire.

Une salle dans le palais ducal

LOREDANO et BARBARIGO *se rencontrent.*

Lor. Où est le prisonnier ?

Barb. Il se remet de la question qu'il a subie.

Lor. L'heure fixée hier pour la reprise du procès est passée. — Allons rejoindre nos collègues au Conseil, et presser la comparution de l'accusé.

Barb. Non; accordons-lui encore quelques minutes pour reposer ses membres torturés; il a été épuisé hier par la question, et peut y succomber si on la renouvelle.

Lor. Eh bien ?

Barb. Je ne vous le cède pas dans l'amour de la justice, ni dans ma haine pour les ambitieux Foscari, le père, le fils, et toute leur race dangereuse ; mais le malheureux a souffert plus que ne peut endurer la plus stoïque énergie.

Lor. Sans avouer son crime.

Barb. Peut-être sans en avoir commis aucun. Mais il a avoué la lettre au duc de Milan, et cette erreur est à moitié expiée par ses souffrances.

Lor. Nous verrons.

Barb. Loredano, vous poussez trop loin une haine héréditaire.

Lor. Jusqu'où?

Bard. Jusqu'à l'extermination.

Lor. Quand ils auront cessé de vivre, vous pourrez parler ainsi. — Allons au Conseil.

Barb. Un moment; — le nombre de nos collègues n'est pas encore complet; il en manque encore deux avant que nous puissions procéder.

Lor. Et le président du tribunal, le doge?

Barb. Lui, — avec une fermeté plus que romaine, il arrive toujours le premier pour siéger dans ce procès malheureux contre son dernier et unique enfant.

Lor. Oui, oui, — son dernier.

Barb. Rien ne pourra-t-il vous émouvoir?

Lor. Croyez-vous qu'il soit ému?

Barb. Il n'en témoigne rien.

Lor. C'est ce que j'ai remarqué; — le misérable!

Barb. Mais hier on m'a dit qu'à son retour de l'appartement ducal, au moment où il franchissait le seuil, le vieillard s'est évanoui.

Lor. Le mal commence à agir.

Barb. Il est en partie votre ouvrage.

Lor. Il devrait être entièrement mon œuvre; — mon père et mon oncle ne sont plus.

Barb. J'ai vu leur épitaphe; on y lit qu'ils sont morts empoisonnés [2].

Lor. Le doge déclara un jour que jamais il ne se croirait souverain tant que Piétro Loredano vivrait. Les deux frères ne tardèrent pas à tomber malades; — il est souverain.

Barb. Souverain malheureux.

Lor. Ne doivent-ils pas l'être ceux qui font des orphelins?

Barb. Est-ce le doge qui vous a rendu orphelin?

Lor. Oui.

Barb. Quelles sont vos preuves.

Lor. Quand les princes agissent en secret, les preuves et

les poursuites sont également difficiles ; mais j'ai assez des premières pour rendre les secondes superflues.

BARB. Mais vous aurez recours aux lois ?

LOR. A toutes les lois qu'il voudra bien nous laisser.

BARB. Elles sont telles dans cette république que les réparations y sont plus faciles que chez aucun autre peuple. Est-il vrai que — sur vos livres de commerce, source de la richesse de nos plus nobles maisons, vous ayez écrit ces mots : « Doit le doge Foscari pour la mort de Marco et Pietro Loredano, mon père et mon oncle ? »

LOR. Cela est écrit ainsi.

BARB. Et ne l'effacerez-vous pas ?

LOR. Quand le compte sera balancé.

BARB. Et comment ?

(*Deux sénateurs traversent la scène pour se rendre dans la salle du Conseil des Dix.*)

LOR. Vous voyez que le nombre est complet ; suivez-moi !
(*Loredano sort.*)

BARB. Te suivre ! je t'ai trop longtemps suivi dans ta carrière de vengeance, comme la vague suit celle qui la précède, submergeant à la fois le navire que fait craquer le souffle des vents déchaînés, et le malheureux qui crie dans ses flancs entr'ouverts à la vue des flots qui s'y précipitent ; mais ce fils et ce père pourraient toucher de pitié les éléments et les apaiser, et moi je dois les poursuivre sans relâche comme les vagues. — Oh ! que ne suis-je comme elles aveugle et sans remords ! — Le voici qui s'avance ! — tais-toi, mon cœur ! ils sont tes ennemis et doivent être tes victimes : te laisseras-tu émouvoir pour ceux qui ont failli te briser ?

(*Les gardes entrent, conduisant le jeune Foscari prisonnier.*)

UN GARDE. Laissons-le reposer. — Seigneur, arrêtez-vous.

JAC. FOSC. Je te remercie, mon ami. Je suis faible. . Mais tu t'exposes à être réprimandé.

LE GARDE. J'en courrai le hasard.

JAC. FOSC. C'est bienveillant de ta part : — je trouve encore de la compassion, mais point de merci; c'est la première fois qu'on m'en témoigne.

Le Garde. Et ce pourrait être la dernière, si ceux qui gouvernent nous voyaient.

Barb. Il en est un qui te voit; mais ne crains rien, je ne serai ni ton juge ni ton accusateur; quoique l'heure soit passée, attends les derniers ordres. Je suis du Conseil des Dix, et ma présence te servira d'excuse : quand le dernier appel se fera entendre, nous entrerons ensemble. — Veille attentivement sur le prisonnier.

Jac. Fosc. Quelle est cette voix? C'est celle de Barbarigo, l'ennemi de notre maison et l'un du petit nombre de mes juges.

Barb. Pour balancer un tel ennemi, s'il existe, ton père siége parmi tes juges.

Jac. Fosc. C'est vrai, il est mon juge.

Barb. N'accuse donc point la sévérité des lois qui permettent à un père d'avoir voix délibérative dans une matière qui touche au salut de l'État...

Jac. Fosc. Et à celui de son fils. Je me sens défaillir, j'ai besoin de respirer un peu d'air; laissez-moi, je vous prie, approcher de cette fenêtre qui domine les flots.

(Un officier entre, s'approche de Barbarigo, et lui parle à l'oreille.)

Barb. (*aux gardes*). Laissez-le approcher. Je ne puis lui parler davantage; j'ai transgressé mon devoir en lui adressant ce peu de mots, et je suis obligé de rentrer dans la salle du Conseil.

(Barbarigo sort. — Le garde conduit Jacopo Foscari auprès de la fenêtre.)

Le Garde. Ici, seigneur; elle est ouverte.—Comment vous trouvez-vous?

Jac. Fosc. Comme un adolescent. — O Venise!

Le Garde. Et vos membres?

Jac. Fosc. Mes membres! combien de fois ils m'ont emporté bondissant sur cette mer d'azur, alors que je guidais la gondole, dans ces joutes enfantines où, masqué en jeune gondolier, tout noble que j'étais, je disputais en jouant le prix de la vigueur à mes joyeux rivaux, pendant qu'une foule de beautés plébéiennes et patriciennes nous encourageaient jusqu'au but par leurs sourires enivrants, l'expression de leurs souhaits, leurs mouchoirs agités en l'air, leurs battements de mains ! — Combien de fois, d'un bras plus robuste encore, d'un cœur plus hardi, j'ai fendu la vague irritée ! quand d'une brassée je rejetais en arrière les flots qui inondaient ma chevelure, et insultais à la lame audacieuse qui venait, comme une coupe de vin, humecter le bord de mes lèvres ; je suivais le mouvement des vagues, et, plus elles m'emportaient haut, plus j'étais fier ; souvent, en me jouant, je plongeais au fond de leur verdâtre et vitreux empire, et j'allais toucher les coquillages et les plantes marines, invisible aux spectateurs qui tremblaient de ne plus me revoir ; bientôt je reparaissais les mains pleines d'objets qui prouvaient que j'avais parcouru le fond de l'abîme : tout fier, je rendais un libre cours à mon haleine longtemps suspendue ; et, frappant de nouveau les ondes avec vigueur, écartant les flots d'écume qui m'entouraient, je poursuivais ma route avec la légèreté d'un oiseau de la mer. — J'étais alors enfant.

Le Garde. Soyez homme maintenant ; jamais la fermeté virile ne vous fut plus nécessaire.

Jac. Fosc. Ma belle, mon unique Venise ! — c'est maintenant que je respire ! Comme ta brise, ta brise de l'Adriatique évente ma face ! Il y a dans le souffle des airs un charme natal qui est doux à mes veines, qui rafraîchit et calme mon sang ! Quelle différence avec les vents brûlants des horribles Cyclades, qui hurlaient à Candie autour de mon cachot, et me faisaient défaillir !

Le Garde. La couleur revient sur vos joues ; que le ciel vous donne la force de supporter ce que l'on peut encore vous faire souffrir ! Je ne puis y penser sans frémir.

Jac. Fosc. Sans doute, ils ne me banniront plus ? — non, — non, qu'ils me torturent ; j'ai encore de la force.

Le Garde. Avouez, et vous ne serez plus mis à la question.

Jac. Fosc. J'ai avoué une première fois, — une seconde : deux fois ils m'ont exilé.

Le Garde. Et à la troisième ils vous tueront.

Jac. Fosc. Qu'ils me tuent, pourvu que je sois enterré au lieu de ma naissance ! j'aime mieux n'être ici que poussière que de vivre partout ailleurs !

Le Garde. Comment pouvez-vous tant aimer le sol qui vous hait ?

Jac. Fsoc. Le sol ! — oh ! non ! ce sont les enfants du sol qui me persécutent ; mais ma terre natale me recevra comme une mère dans ses bras. Je ne demande qu'un tombeau vénitien, un cachot, tout ce qu'on voudra, pourvu que ce soit ici.

(Un officier entre.)

L'Off. Amenez le prisonnier.

Le Garde. Seigneur, vous entendez l'ordre.

Jac. Fosc. Oui, je suis accoutumé à de tels ordres ; c'est la troisième fois qu'ils m'ont torturé : — prête-moi donc ton bras !

L'Off. Prenez le mien ; mon devoir est d'être auprès de votre personne.

Jac. Fosc. Vous ! — c'est vous qui avez présidé hier à mon supplice ; — arrière ! — je marcherai seul !

L'Off. Comme il vous plaira, seigneur ; ce n'est pas moi qui avais signé la sentence ; mais je n'ai pas osé désobéir au Conseil quand il m'a commandé...

Jac. Fosc. De m'étendre sur leur effroyable chevalet. Je t'en prie, ne me touche pas, — c'est-à-dire pas encore : ils ne tarderont pas à renouveler cet ordre ; jusque-là, tiens-toi loin de moi ! Quand je regarde ta main mon sang se fige, mes membres frissonnent au pressentiment de tortures nouvelles, et une sueur glacée couvre mon front, comme si... — mais marchons. J'ai supporté ces tourments, — je puis les supporter encore. — Quel aspect a mon père ?

L'Off. Son aspect accoutumé.

Jac. Fosc. Il en est ainsi de la terre, du firmament, de la mer azurée, de notre cité brillante, de ses édifices, de la gaieté de ses places publiques ; en cet instant même le joyeux murmure de la foule arrive jusqu'ici, ici, dans ces salles où des inconnus gouvernent, où des inconnus sans nombre sont jugés et immolés en silence; — tout a conservé le même aspect, tout, jusqu'à mon père! rien ne sympathise avec Foscari, pas même un Foscari! — Seigneur, je vous suis.

(Jacopo Foscari et l'officier sortent. — Memmo entre avec un autre sénateur.)

Mem. Il est parti; — nous sommes venus trop tard. — Pensez-vous que les Dix siégeront longtemps aujourd'hui?

Le Sén. On dit que le prisonnier est on ne peut plus endurci, et persiste dans son premier aveu; mais je n'en sais pas davantage.

Mem. C'est déjà beaucoup; les secrets de ces salles terribles nous sont cachés à nous, les premiers nobles de la République, comme ils le sont au peuple.

Le Sén. Si l'on en excepte les vagues rumeurs qui, pareilles à ces contes de revenants débités dans le voisinage des châteaux en ruine, — n'ont jamais été prouvées ni totalement niées, — les actes réels du gouvernement sont aussi peu connus que les impénétrables mystères de la tombe.

Mem. Mais avec le temps nous faisons un pas vers la connaissance de ces secrets, et j'espère bien faire un jour partie des décemvirs.

Le Sén. Ou devenir doge?

Mem. Non, si je puis l'éviter.

Le Sén. C'est le premier poste de l'État; de nobles aspirants peuvent légitimement y prétendre, et légitimement l'obtenir.

Mem. Je le leur abandonne; quoique né noble, mon intention est limitée : j'aimerais mieux être une des unités qui composent le Conseil impérial et collectif des Dix, que de briller isolément, magnifique zéro. — Qui vient ici? L'épouse de Foscari!

MARINA entre accompagnée d'une suivante.

Mar. Quoi! personne? — Je me trompe, en voici encore deux; mais ce sont des sénateurs.

Mem. Très noble dame, commandez-nous.

Mar. *Moi commander!* — Hélas! ma vie a été une longue supplication, et inutile encore.

Mem. Je vous comprends; mais je ne dois pas répondre.

Mar. Il est vrai, nul ici ne doit répondre, sinon sur le chevalet; nul ne doit questionner, excepté ceux...

Mem. Noble dame[3], songez où vous êtes en ce moment.

Mar. Où je suis! — Dans le palais du père de mon époux.

Mem. Le palais du doge.

Mar. Et la prison de son fils; — c'est vrai, je ne l'ai point oublié, et à défaut d'autre souvenir plus proche et plus amer, je remercierais l'illustre Memmo de me rappeler les plaisirs de ce lieu.

Mem. Soyez calme.

Mar. (*levant les yeux vers le ciel*). Je le suis; mais, ô toi, Dieu éternel! peux-tu demeurer calme en présence d'un monde tel que celui-ci?

Mem. Votre mari peut encore être acquitté.

Mar. Il l'est dans le ciel. Je vous en prie, sénateur, ne me parlez pas de cela. Vous êtes un homme en place, le doge aussi. Il a maintenant un fils, moi un époux en jugement. Ils sont là, ou du moins ils y étaient il y a une heure, face à face, le juge et l'accusé. Le condamnera-t-il?

Mem. J'espère que non.

Mar. Mais, s'il ne le fait pas, il s'en trouvera qui les condamneront tous deux.

Mem. Ils le peuvent.

Mar. Et chez eux la puissance et la volonté ne font qu'un en perversité. — Mon époux est perdu!

Mem. Il n'en est rien : la justice est juge à Venise.

Mar. Si cela était, il n'y aurait plus de Venise aujourd'hui; mais qu'elle vive, pourvu que les bons ne meurent qu'à l'heure où la nature les appellera; mais les Dix vont plus vite qu'elle, et nous devons obéir. (*Un faible cri se fait entendre.*) Ah! — un cri de douleur!

Le Sén. Écoutons...

Mem. C'est un cri de...

Mar. Non, non, ce n'est pas de mon époux,—de Foscari !

Mem. C'était la voix...

Mar. *Ce n'était pas la sienne*, non !... Lui, pousser un cri !... Cela serait bon pour son père; mais lui ! — lui ! — il mourra en silence. (*Un nouveau cri de douleur.*)

Mem. Quoi ! encore !

Mar. C'est sa voix, à ce qu'il m'a semblé !... Je ne puis le croire. S'il faiblissait, je ne cesserais pas de l'aimer; — mais — non, — non, — non... — Ce doit être une effroyable torture que celle qui lui a arraché un gémissement !...

Le Sén. Sensible comme vous l'êtes aux maux de votre époux, voudriez-vous donc qu'il supportât en silence des douleurs au-dessus des forces d'un mortel ?

Mar. Nous avons tous nos tortures à souffrir. Quand on devrait priver de la vie et le doge et son fils, je n'ai pas laissé stérile l'illustre maison des Foscari. Quoi qu'ils puissent endurer en quittant la vie, j'en ai enduré autant en la donnant à ceux qui leur succéderont; mais c'étaient des tortures joyeuses que les miennes, et pourtant elles étaient assez déchirantes pour m'arracher des cris; mais je n'en ai point poussé, car j'espérais mettre au jour des héros, et je ne voulais pas les accueillir avec des larmes.

Mem. Tout est redevenu silencieux.

Mar. Tout est fini, peut-être... Mais non, il a rappelé son énergie, et maintenant il brave ses bourreaux.

Un Officier entre précipitamment.

Mem. Eh bien ! ami, que cherchez-vous ?

L'Off. Un médecin : le prisonnier s'est évanoui. (*L'officier sort.*)

Mem. Madame, il vaudrait mieux vous retirer.

Le Sén. Je vous en prie, retirez-vous.

Mar. Laissez-moi ! je veux aller le secourir.

Mem. Vous ?... Rappelez-vous, madame, que l'entrée de ces salles est interdite à tout autre qu'aux Dix et à leurs familiers.

Mar. Oui, je sais que nul de ceux qui entrent là n'en sort

comme il y est entré, — que beaucoup n'en sortent jamais; mais on ne m'empêchera pas d'y pénétrer.

Mem. Hélas! c'est vous exposer à un dur refus et à des délais plus cruels encore.

Mar. Qui m'en empêchera?

Mem. Ceux dont c'est le devoir.

Mem. C'est *leur devoir* de fouler aux pieds tout sentiment d'humanité, tous les liens qui rattachent l'homme à l'homme, de rivaliser avec les démons qui un jour les récompenseront par d'innombrables tortures! Cependant je passerai...

Mem. C'est impossible.

Mar. C'est ce que nous verrons. Le désespoir défie le despotisme lui-même. Il y a quelque chose dans mon cœur qui me ferait passer à travers les lances hérissées d'une armée. Penses-tu donc qu'il suffise de quelques geôliers pour m'arrêter?... Laisse-moi passer... Nous sommes dans le palais du doge; je suis la femme de son fils, de son fils *innocent*, et ils l'entendront de ma bouche.

Mem. Vous ne ferez qu'exaspérer davantage ses juges.

Mar. Que sont des *juges* qui se laissent aller à la colère?... Qu'on me laisse passer ! (*Marina sort.*)

Le Sén. Je la plains.

Mem. C'est l'acte du désespoir... Elle ne sera pas admise sur le seuil.

Le Sén. Et lors même qu'elle le serait, elle ne peut sauver son époux... Mais voici l'officier de retour.

(L'officier traverse la scène accompagné d'une autre personne.)

Mem. Je ne croyais pas que les Dix fussent capables même de ce mouvement de compassion, ou permissent qu'on secourût le patient.

Le Sén. De la compassion!... En est-il à rappeler au sentiment l'infortuné trop heureux d'échapper à la mort par l'évanouissement, dernière ressource de la nature contre la tyrannie de la douleur?

Mem. Je m'étonne qu'ils ne le condamnent pas sur-le-champ.

Le Sén. Ce n'est pas là leur politique... Ils veulent le laisser vivre parce qu'il ne craint pas la mort, et le bannir parce que, hormis son pays natal, toute la terre n'est pour lui qu'une vaste prison, et que chaque souffle d'air étranger qu'il respire est un poison lent qui le consume sans le tuer.

Mem. On a acquis la preuve de ses crimes; mais il ne les avoue pas.

Le Sén. Il n'y a contre lui d'autre preuve que la lettre qu'il dit avoir adressée au duc de Milan, dans le but avoué qu'elle tomberait entre les mains du sénat, et qu'on le ramènerait à Venise.

Mem. En qualité d'accusé?

Le Sén. Oui, mais dans son pays; et, de son propre aveu, c'est tout ce qu'il demandait [4].

Mem. L'accusation de corruption a été prouvée.

Le Sén. Pas clairement, et l'accusation d'homicide a été annulée par la confession faite à son lit de mort par Nicolas Erizzo, meurtrier du dernier président du Conseil des Dix [5].

Mem. Pourquoi, alors, ne pas l'acquitter?

Le Sén. C'est ce dont ils auront à répondre, car il est bien connu qu'Almoro Donato, comme je l'ai dit, fut tué par Erizzo dans un but de vengeance particulière.

Mem. Il faut qu'il y ait quelque chose de plus dans cet étrange procès que ne le révèlent les crimes apparents de l'accusé. — Mais voici deux membres du Conseil des Dix... Retirons-nous. *(Memmo et le sénateur sortent.)*

LOREDANO et BARBARIGO entrent.

Barb. On a été trop loin, croyez-moi : il n'était pas convenable de laisser continuer la procédure dans un tel moment.

Lor. Ainsi donc, le Conseil des Dix doit se séparer, et la justice s'arrêter dans son cours, parce qu'une femme sera venue s'introduire au milieu de nos délibérations?

Barb. Non, ce n'est pas pour ce motif... Vous avez vu l'état du prisonnier.

Lor. N'est-il pas revenu à lui?

BARB. Oui, pour succomber encore à la moindre torture nouvelle.

LOR. C'est ce qu'on n'a point essayé.

BARB. Il ne sert de rien de vous en plaindre... La majorité du Conseil était contre vous.

LOR. Grâce à vous, seigneur, et au vieux doge imbécile, qui avez ajouté vos voix à celles qui l'ont emporté sur la mienne.

BARB. Je suis juge, mais j'avoue que cette partie de mes austères fonctions qui prescrit la question, et nous oblige d'être témoins de ses douloureuses tortures, me fait désirer...

LOR. Quoi?

BARB. Que vous éprouviez quelquefois ce que j'éprouve toujours en pareille occasion.

LOR. Allez, vous êtes un enfant, aussi infirme dans vos sentiments que dans vos résolutions, changeant au moindre souffle, ébranlé par un soupir, ému par une larme... — Admirable juge pour Venise! digne homme d'état pour partager ma politique!

BARB. Il n'a point versé de larmes.

LOR. Deux fois il a poussé un cri.

BARB. Un saint n'eût pu s'empêcher d'en faire autant, même avec la couronne céleste devant les yeux, s'il eût été soumis à la cruauté ingénieuse qu'on a déployée contre lui ; mais il n'a pas crié pour implorer la pitié : pas une parole, pas un gémissement ne lui ont échappé. Ces deux cris n'avaient rien de suppliant : la douleur les arrachait, et nulle prière ne les a suivis.

LOR. Il a plusieurs fois murmuré entre ses dents des paroles inarticulées.

BARB. C'est ce que je n'ai point entendu... Vous étiez plus près de lui.

LOR. Je l'ai entendu.

BARB. Il m'a semblé, à ma grande surprise, que vous étiez saisi de compassion : car, lorsqu'il s'est évanoui, vous avez été le premier à demander pour lui des secours,

Lor. Je craignais que cet évanouissement ne fût le dernier.

Barb. Et ne vous ai-je pas entendu dire souvent que vous ne souhaitiez rien tant que sa mort et celle de son père?

Lor. S'il meurt innocent, c'est-à-dire sans avouer son crime, il sera regretté.

Barb. Eh quoi! voudriez-vous donc tuer aussi sa mémoire?

Lor. Voudriez-vous que sa fortune passât à ses enfants? C'est ce qui doit avoir lieu s'il meurt sans être flétri.

Barb. Quoi! guerre aussi à ses enfants!

Lor. Et à toute sa race, jusqu'à l'anéantissement des siens ou des miens.

Barb. Et la cruelle agonie de son épouse pâlissante, et l'expression convulsive et contrainte du front majestueux et fier de son vieux père, dont la douleur se trahissait à de rares intervalles par un léger frémissement ou par une grosse larme, essuyée bientôt pour faire place à une austère sérénité, tout cela n'a pu vous émouvoir! (*Loredano sort.*) Il est silencieux dans sa haine, comme Foscari l'était dans ses souffrances; et l'infortuné m'a plus ému par son silence que mille cris n'auraient pu faire. Quelle scène affreuse quand son épouse désolée s'est précipitée dans la salle de notre tribunal, et a vu ce que nous pouvions à peine regarder, tout accoutumés que nous sommes à de tels spectacles!... Je ne dois plus penser à cela, de peur que la compassion pour nos ennemis ne me fasse oublier leurs injures antérieures, et perdre le fruit de la vengeance que Loredano médite pour lui et pour moi; mais la mienne se contenterait de moindres représailles que celles dont il a soif, et je voudrais modérer sa haine trop profonde par des pensées plus indulgentes... Mais du moins Foscari a obtenu maintenant quelque répit, accordé sur la demande des anciens du Conseil, émus sans doute par la présence soudaine de sa femme au milieu de nous et par le spectacle de ses souffrances. — Mais les voici... Quel air de faiblesse et d'abattement! Je n'ai pas le courage de les regarder en cet état douloureux... Partons, et essayons d'adoucir Loredano. (*Il sort.*)

ACTE DEUXIÈME.

SCÈNE Ire.

Une salle du palais ducal.

LE DOGE et un Sénateur.

Le Sén. Vous plaît-il de signer le rapport maintenant, ou préférez-vous le renvoyer à demain?

Le Doge. Maintenant; je l'ai parcouru hier; il n'y manque plus que la signature : donnez-moi la plume. (*Le Doge s'assied et signe.*) — Voilà, seigneur!

Le Sén. (*regardant le papier*). Vous avez oublié de signer.

Le Doge. Je n'ai pas signé? Ah! je m'aperçois que l'âge affaiblit ma vue; je n'avais pas remarqué qu'il n'y avait pas d'encre à ma plume.

Le Sén. (*mettant de l'encre à la plume et plaçant le papier devant le Doge*) Votre main tremble aussi, seigneur : permettez, comme cela...

Le Doge. C'est fini, je vous remercie.

Le Sén. Ainsi, l'acte ratifié par vous et par les Dix donne la paix à Venise.

Le Doge. Il y a bien des années qu'elle n'en a joui : puisse-t-il s'en écouler autant avant qu'elle reprenne les armes!

Le Sén. Voilà bientôt trente-quatre ans de guerres presque continuelles avec les Turcs et les États d'Italie. La République avait besoin de quelque repos.

Le Doge. Sans doute : je l'ai trouvée reine de l'Océan et je la laisse souveraine de la Lombardie; j'ai la consolation d'avoir ajouté à son diadème les joyaux de Brescia et de Ravenne; Créma et Bergame lui appartiennent également; c'est ainsi que son empire sur terre s'est étendu sous mon règne, tandis qu'elle n'a rien perdu de sa domination sur mer.

Le Sén. C'est très vrai, et vous méritez la reconnaissance de la patrie.

Le Doge. Peut-être.

Le Sén. Sa gratitude devrait se manifester.

LE DOGE. Je ne me suis pas plaint, seigneur.

LE SÉN. Mon prince, pardonnez.

LE DOGE. Pourquoi?

LE SÉN. Mon cœur saigne pour vous.

LE DOGE. Pour moi, seigneur?

LE SÉN. Et pour votre...

LE DOGE. Arrêtez!

LE SÉN. Je parlerai, seigneur : je vous ai, ainsi qu'à toute votre maison, trop d'obligations passées et actuelles, pour ne pas m'intéresser vivement au sort de votre fils.

LE DOGE. Cela entre-t-il dans les devoirs de votre commission?

LE SÉN. Quoi, seigneur?

LE DOGE. Ce bavardage sur des choses que vous ignorez. Mais le traité est signé ; portez-le à ceux qui vous ont envoyé.

LE SÉN. J'obéis. Le Conseil m'avait également chargé de vous prier de vouloir bien fixer une heure pour sa convocation.

LE DOGE. Dites-leur que ce sera quand il leur plaira, en ce moment même si cela leur convient : je suis le serviteur de l'État.

LE SÉN. Ils voudraient vous laisser le temps de prendre quelque repos.

LE DOGE. Je n'en ai pas besoin; je ne veux pas que mon repos fasse perdre une heure à l'État. Qu'ils se rassemblent quand ils voudront; on me trouvera *où* je dois être et *tel* que j'ai toujours été.

(Le sénateur sort. — Le doge reste silencieux. — Un serviteur entre.)

LE SERV. Prince!

LE DOGE. Parlez.

LE SERV. L'illustre dame Foscari demande audience.

LE DOGE. Faites-la entrer. Pauvre Marina!

(Le serviteur sort. — Le doge reste silencieux comme auparavant. — Marina entre.)

MAR. Mon père, je vous importune. Vous désiriez peut-être rester seul?

LE DOGE. Il n'y a pas d'importunité de votre part, mon

enfant. Vous pouvez disposer de mon temps quand l'État ne le réclame pas.

Mar. Je désirais vous parler de *lui*.

Le Doge. De votre époux?

Mar. Et de votre fils.

Le Doge. Poursuivez, ma fille.

Mar. J'avais obtenu des Dix la permission de rester auprès de mon époux pendant un certain nombre d'heures.

Le Doge. Vous l'aviez obtenue.

Mar. Elle est révoquée.

Le Doge. Par qui?

Mar. Par les Dix. — Quand nous sommes arrivés au pont des Soupirs, que je me disposais à passer avec Foscari, le sombre gardien ne m'a pas permis d'aller plus loin. Un messager a été envoyé aux Dix; mais la Cour n'étant plus en séance, et aucune permission écrite ne m'ayant été donnée, on m'a renvoyée en me disant que, jusqu'à la réunion prochaine du haut tribunal, les murs de la prison doivent continuer à nous séparer.

Le Doge. En effet, dans la précipitation avec laquelle la Cour s'est ajournée, on a omis cette formalité, et, jusqu'à ce qu'elle se réunisse, il est douteux que l'on fasse droit à votre demande.

Mar. Jusqu'à ce qu'elle se réunisse! et quand ils se réuniront, ils le livreront de nouveau à la torture; et c'est par le renouvellement de son supplice que, lui et moi, nous devons acheter l'entrevue du mari et de la femme, ce lien le plus saint qui soit sous le ciel. — O Dieu! peux-tu voir cela?

Le Doge. Mon enfant! — mon enfant!

Mar. Ne m'appelez pas votre enfant; vous n'aurez bientôt plus d'enfant; vous n'en méritez pas, vous qui pouvez parler aussi tranquillement d'un fils dans des circonstances qui feraient verser des larmes de sang à des Spartiates! Ceux-ci, il est vrai, ne pleuraient pas leurs fils morts sur le champ de bataille; mais il n'est pas écrit qu'ils les laissaient périr pièce à pièce sans étendre la main pour les sauver!

Le Doge. Vous me voyez, je ne puis pleurer; — je le voudrais; mais si chacun des cheveux blancs qui sont sur ma tête était une jeune vie, si cette toque ducale était le diadème de la terre, si cet anneau ducal, avec lequel j'ai épousé la Mer, était un talisman capable d'imposer silence à ses vagues, eh bien! je donnerais tout cela pour lui.

Mar. Il n'en faudrait pas tant pour le sauver.

Le Doge. Cette réponse prouve que vous ne connaissez pas Venise. Hélas! comment la connaîtriez-vous? elle ne se connaît pas elle-même avec tous ses mystères. Écoutez-moi : ceux qui en veulent à Foscari n'en veulent pas moins à son père; la ruine du père ne sauverait pas le fils; ils visent au même but par des moyens divers, et ce but est... — mais ils n'ont pas encore vaincu.

Mar. Ils vous ont écrasés tous deux.

Le Doge. Pas encore, je vis.

Mar. Et votre fils, combien de temps vivra-t-il?

Le Doge. Malgré tout ce qui s'est passé, j'espère qu'il vivra autant d'années et plus heureux que son père. L'imprudent jeune homme, dans l'impatience de femme qu'il avait de revoir sa patrie, a tout détruit avec cette fatale lettre qu'on a interceptée; ce fut un grand crime que je ne puis nier ni excuser, comme père ou comme doge. S'il avait pris patience encore un peu de temps dans son exil à Candie, j'avais des espérances, — il les a toutes éteintes. — Il faut qu'il retourne...

Mar. En exil?

Le Doge. Je l'ai dit.

Mar. Et ne puis-je l'accompagner?

Le Doge. Vous savez que cette demande vous a été refusée deux fois par le Conseil des Dix; il n'est pas probable que votre troisième requête soit écoutée, maintenant qu'une aggravation d'offense de la part de votre époux rend ses juges plus sévères encore.

Mar. Sévères! dites atroces! Ces vieux démons humains avec un pied dans la tombe, des yeux éteints qui ne connaissent d'autres larmes que celles d'une caducité imbécile, avec leurs cheveux blancs, longs et rares, leurs mains tremblantes, des têtes aussi faibles que leurs cœurs sont durs, ils jurent, ils cabalent, ils disposent de la vie des hommes, comme si la vie n'avait pas plus de prix à leurs yeux que la sensibilité depuis longtemps amortie dans leurs âmes maudites.

Le Doge. Vous ne savez pas...

Mar. Je sais, — oui, je sais, et vous devez le savoir comme moi, — que ce sont des démons; autrement, comment des hommes nés des flancs de la femme, et qui ont sucé son lait, qui ont aimé, ou du moins ont parlé d'amour, qui ont uni leurs mains par des serments sacrés, — qui ont fait danser leurs petits-enfants sur leurs genoux, ou peut-être ont pleuré leurs douleurs, leurs dangers, ou leur mort; qui ont, ou du moins avaient l'apparence humaine, comment auraient ils pu en agir comme on l'a fait avec les vôtres, et avec vous-même, qui les soutenez?

Le Doge. Je vous pardonne, car vous ne savez pas ce que vous dites.

Mar. Vous, vous le savez; mais vous ne sentez rien.

Le Doge. J'ai eu tant à supporter, que les paroles ont cessé de faire impression sur moi.

Mar. Oh! sans doute, vous avez vu couler le sang de votre fils, et votre chair n'a pas tressailli; après cela, que sont les paroles d'une femme? elles ne peuvent pas plus vous émouvoir que ses larmes.

Le Doge. Femme, cette douleur bruyante, je te le dis, n'est rien, comparée à celle qui... — Mais je te plains, ma pauvre Marina!

Mar. Plains mon mari, ou je ne veux pas de ta compassion; plains ton fils! *Toi* plaindre! c'est un mot étranger à ton cœur; — comment est-il venu sur tes lèvres?

Le Doge. Je supporte ces reproches, bien qu'ils soient injustes. Si tu pouvais seulement lire...

Mar. Ce n'est pas sur ton front, ni dans tes yeux, ni dans les actes; — où donc pourrais-je voir cette sympathie? où est-elle?

Le Doge (*montrant du doigt la terre*). Là!

Mar. Dans la terre?

Le Doge. Où je serai bientôt; quand elle pèsera sur ce cœur, bien plus légère, malgré le marbre dont elle sera chargée, que la pensée qui maintenant l'oppresse, tu me connaîtras mieux.

Mar. Êtes-vous donc en effet si digne de pitié?

Le Doge. De pitié! nul n'accolera jamais à mon nom ce mot avilissant dont les hommes aiment à voiler leur orgueil triomphant : mon nom, en tant que je l'ai porté, restera ce qu'il était quand je l'ai reçu.

Mar. Sans les malheureux enfants de celui que tu ne peux ou ne veux pas sauver, ce nom finirait avec toi.

Le Doge. Plût au ciel! il eût mieux valu, et pour lui et pour moi, qu'il ne fût jamais né : — j'ai vu notre maison déshonorée.

Mar. C'est faux! jamais cœur plus noble que le sien, plus sincère, plus fidèle, plus aimant, plus loyal, ne battit dans une poitrine d'homme. Je ne changerais pas mon époux exilé, persécuté, mutilé, opprimé, mais non avili; écrasé, abattu, mort ou vivant, contre le plus grand prince ou paladin de l'histoire ou de la fable, quand il m'offrirait avec sa main l'empire du monde. Déshonoré! *lui* déshonoré! je te le dis, ô Doge! c'est Venise qui est déshonorée! Si le nom de mon époux doit faire son plus grand titre de honte, à elle, c'est à cause de ce qu'il souffre, et non de ce qu'il a fait : c'est vous tous qui êtes des traîtres et des tyrans! — Si vous aimiez votre pays comme cette victime qui passe en chancelant du cachot à la torture, et se soumet à tout plutôt qu'à l'exil, vous vous jetteriez à ses pieds et vous lui demanderiez le pardon de votre effroyable crime.

Le Doge. Il était en effet tout ce que vous avez dit. La mort des deux fils que le ciel m'a enlevés m'a été moins douloureuse que le déshonneur de Jacopo.

Mar. Encore ce mot!

Le Doge. N'a-t-il pas été condamné?

Mar. Ne condamne-t-on que des coupables?

Le Doge. Le temps peut réhabiliter sa mémoire; — j'aime à l'espérer. Il fut mon orgueil, mon... — mais maintenant tout est inutile; — je ne suis pas sujet à répandre des larmes, et pourtant j'ai pleuré de joie à sa naissance; ces pleurs étaient un sinistre augure.

Mar. Je dis qu'il est innocent! et ne le fût-il pas, notre sang et nos proches doivent-ils nous renier dans ce fatal moment?

Le Doge. Je ne l'ai point renié; mais j'ai d'autres devoirs que ceux d'un père, devoirs dont l'État ne m'a pas dispensé; deux fois je l'ai demandé, deux fois on me l'a refusé. Il faut donc que je les remplisse. (*Un domestique entre.*)

Le Dom. Un message des Dix.

Le Doge. Qui en est porteur?

Le Dom. Le noble Loredano.

Le Doge. Lui! — Faites-le entrer. (*Le domestique sort.*)

Mar. Dois-je me retirer?

Le Doge. Peut-être n'est-ce pas nécessaire, s'il s'agit de votre époux; sinon... — (*A Loredano qui entre.*) Eh bien! seigneur, quel est votre bon plaisir?

Lor. Je vous apporte celui des Dix.

Le Doge. Ils ont bien choisi leur envoyé.

Lor. C'est leur choix qui m'amène ici.

Le Doge Cela fait honneur à leur discernement non moins qu'à leur courtoisie. — Poursuivez.

Lor. Nous avons décidé...

Le Doge. Nous?

Lor. Les Dix, assemblés en conseil.

Le Doge. Quoi! se sont-ils réunis de nouveau sans me le faire savoir?

Lor. Ils désiraient épargner votre sensibilité, non moins que votre âge.

Le Doge. Voilà qui est nouveau; quand leur est-il arrivé d'épargner l'un ou l'autre? Je ne les en remercie pas moins.

Lor. Vous savez qu'ils ont le pouvoir d'agir à leur discrétion, soit en présence du doge, soit en son absence.

Le Doge. Il y a bien des années que j'ai appris cela,

longtemps avant de devenir doge ou d'avoir rêvé à une telle promotion. Vous n'avez pas besoin, seigneur, de me donner des leçons; je siégeais au Conseil que vous n'étiez encore qu'un jeune patricien.

Lor. Oui, du temps de mon père. Je le lui ai entendu dire ainsi qu'à l'amiral son frère. Votre altesse peut se les rappeler. Tous deux sont morts subitement.

Le Doge. Si cela est, il vaut mieux mourir ainsi que de prolonger une vie douloureuse.

Lor. Sans doute; mais, en général, les hommes sont bien aises de vivre leur temps.

Le Doge. Et n'ont-ils pas vécu le leur?

Lor. La tombe le sait: ils sont morts, comme j'ai dit, subitement.

Le Doge. Qu'y a-t-il à cela de si étrange, et pourquoi appuyer sur ce mot?

Lor. Loin de me sembler étrange, aucune mort ne m'a jamais paru plus naturelle que la leur. N'êtes-vous pas de mon avis?

Le Doge. Que voulez-vous que je pense à propos de mortels?

Lor. Qu'ils ont de mortels ennemis.

Le Doge. Je vous entends; vos pères ont été les miens, et vous êtes leur héritier en tout.

Lor. Vous savez mieux que personne si j'ai raison de l'être.

Le Doge. Je le sais. Vos pères furent mes ennemis, et je sais qu'il a circulé sur moi des rumeurs mensongères; j'ai lu aussi leur épitaphe, dans laquelle leur mort est attribuée au poison. Elle est probablement aussi vraie que la plupart des épitaphes; mais ce n'en est pas moins une fable.

Lor. Qui ose dire cela?

Le Doge. Moi! — Il est vrai que vos pères furent mes ennemis, aussi acharnés que peut l'être leur fils; je fus aussi le leur; mais mon hostilité fut ouverte et déclarée: jamais je n'eus recours au complot dans le Conseil, aux cabales dans la République; jamais je n'entrepris rien en secret contre leur vie par le fer ou le poison. La preuve, c'est que vous vivez.

Lor. Je ne crains rien.

Le Doge. Vous n'avez aucun motif de me craindre, étant ce que je suis ; mais si j'étais tel que vous me représentez, il y a longtemps que vous seriez hors d'état de craindre. Continuez à me haïr ; je ne m'en inquiète guère.

Lor. Je ne savais pas encore que la vie d'un noble de Venise fût en danger par le seul fait de la colère d'un doge, en supposant qu'elle procède par des moyens patents.

Le Doge. Mais moi, seigneur, je suis, ou du moins j'ai été quelque chose de plus qu'un simple doge, par la naissance, le caractère et les ressources dont je dispose ; ils ne l'ignoraient pas ceux qui redoutaient mon élection, et qui depuis ont tout tenté pour m'abattre. Soyez persuadé que si avant ou depuis cette époque, vous aviez à mes yeux valu la peine qu'on cherchât à obtenir votre absence, un mot de moi eût suscité contre vous des gens qui vous eussent réduit à rien. Mais j'ai toujours agi avec le plus grand scrupule légal, et ce scrupule n'a pas eu seulement les lois pour objet, malgré l'extension que vous leur avez donnée (et ici je ne vous considère que comme une voix sur les Dix), extension dont j'aurais pu abuser dans l'intérêt de mon autorité si j'eusse été enclin à la violence ; mais, comme je le disais, je me suis conformé avec le respect d'un prêtre pour l'autel, même aux dépens de mon sang, de mon repos, de ma sûreté, de tout, hormis de mon honneur, à tous vos décrets, à tout ce qui intéressait le salut, la gloire et le bien-être de l'État. Maintenant, seigneur, venons à l'objet qui vous amène.

Lor. Les Dix, jugeant inutile de recourir de nouveau à la question, ou de continuer le procès, lequel ne tend qu'à manifester l'obstination du coupable, renoncent à appliquer strictement la loi qui prescrit la torture jusqu'à confession pleine et entière ; et, considérant que le prisonnier a en partie avoué son crime en ne désavouant pas la lettre adressée au duc de Milan, le Conseil a décidé que Jacopo Foscari retournera au lieu de son exil, dans la même galère qui l'a amené ici.

Mar. Dieu soit loué ! Du moins ils ne le traîneront plus devant cet horrible tribunal. Que ne puis-je l'amener à penser comme moi! ce qu'il y aurait à mes yeux de plus heureux, non seulement pour lui, mais pour tous ceux qui habitent ici, ce serait de fuir loin d'une telle patrie.

Le Doge. Ma fille, ce n'est point là penser en Vénitienne.

Mar. Non, c'est une pensée trop humaine. Pourrai-je partager son exil?

Lor. Les Dix n'ont rien décidé à cet égard.

Mar. Je le pensais; cela eût été trop humain; mais il n'y a point d'interdiction à cet égard?

Lor. Il n'en a point été question.

Mar. (*au Doge*). En ce cas, mon père, vous pouvez m'obtenir ou m'accorder cette faveur. (*A Loredano.*) Vous, seigneur, vous ne vous opposerez point sans doute à ce que j'accompagne mon époux?

Le Doge. Je tâcherai.

Mar. (*à Loredano*). Et vous, seigneur?

Lor. Madame, il ne m'appartient pas d'anticiper sur le bon plaisir du tribunal.

Mar. Le bon plaisir! Quel mot pour désigner les décrets de...

Le Doge. Ma fille, savez-vous en présence de qui vous parlez?

Mar. En présence d'un prince et de son sujet.

Lor. Son sujet!

Mar. Oh! cela vous fait mal. — Eh bien! selon vous, vous êtes son égal; mais vous ne le seriez pas si lui n'était qu'un paysan. Eh bien! oui, vous êtes un prince, un noble prince! et moi, que suis-je donc?

Lor. Le rejeton d'une noble maison.

Mar. Unie par l'hyménée à une maison non moins noble. Quelle est donc la présence capable d'imposer silence à mes libres pensées?

Lor. La présence des juges de votre époux.

Le Doge. Et la déférence due à la moindre parole de ceux qui gouvernent à Venise.

Mar. Gardez ces maximes pour la tourbe de vos partisans pusillanimes, de vos marchands, de vos esclaves, Dalmates et Grecs, vos tributaires, vos citoyens muets, votre noblesse masquée, vos sbires, vos espions, vos galériens, tous ceux enfin dans l'esprit desquels vos enlèvements et vos noyades nocturnes, vos cachots pratiqués près des toits du palais ou sous le niveau de l'onde, vos réunions mystérieuses, vos jugements secrets, vos exécutions subites, votre pont des Soupirs, votre salle de strangulation, vos instruments de tortures, vous ont fait passer pour des êtres d'un autre monde pire que celui-ci ! Gardez-les pour eux : je ne vous crains pas ; je vous connais ; j'ai connu, j'ai éprouvé ce qu'il y a en vous de pire dans l'infernal procès de mon malheureux époux ! Traitez-moi comme vous l'avez traité ; c'est ce que vous avez déjà fait dans votre conduite à son égard. Qu'aurais-je donc à craindre de vous, lors même que je serais d'une nature timide, ce que je ne crois pas être ?

Le Doge. Vous entendez ; elle parle en insensée.

Mar. Je parle imprudemment, mais non en insensée.

Lor. Madame, je n'emporte point au-delà du seuil de cette enceinte le souvenir des paroles que j'y ai entendues, si ce n'est de celles qui auront été échangées entre le duc et moi pour le service de l'État. — Doge, avez-vous quelque réponse à me faire ?

Le Doge. J'ai à vous répondre de la part du doge, et aussi peut-être de la part d'un père.

Lor. C'est auprès du doge seulement que j'ai été envoyé.

Le Doge. Eh bien ! répondez que le doge choisira lui-même son ambassadeur, ou ira s'expliquer en personne. Quant au père...

Lor. Je me rappelle *le mien*. — Adieu ; je baise les mains de cette illustre dame, et je m'incline devant le doge.

(*Loredano sort.*)

Mar. Êtes-vous content ?

Le Doge. Je suis ce que vous voyez.

Mar. C'est-à-dire un mystère.

Le Doge. Tout est mystère pour les mortels : qui peut comprendre les choses de ce monde, si ce n'est celui qui les créa ? Le petit nombre de ceux qui en sont capables, ces génies privilégiés qui ont longtemps étudié ce livre hideux qu'on appelle l'homme, — qui ont médité sur ces pages lugubres et sanglantes, son cœur et son cerveau, ceux-là n'obtiennent qu'une science fatale à ceux qui la cherchent. Tous les crimes que nous trouvons dans autrui, la nature les a mis en nous; tous nos avantages, nous les tenons de la fortune : la naissance, la richesse, la santé, la beauté, sont des accidents, et quand nous crions contre le destin, nous ferions bien de nous rappeler que la fortune ne nous ôte que ce qu'elle nous *a donné*. — Nous n'avions eu propre que notre nudité, nos convoitises, nos appétits, nos vanités, cet héritage universel de maux contre lesquels il nous faut lutter, et qui sont le moins nombreux dans les rangs les plus humbles, où la faim absorbe tout dans un besoin unique et vulgaire, et où cette loi universelle qui fait un devoir à l'homme de gagner sa subsistance à la sueur de son front, fait taire toutes les passions, hormis la crainte de la famine! Tout est bas en nous, tout est faux et vide; — tout n'est qu'argile, depuis le premier jusqu'au dernier, autant l'urne du prince que le vase de terre du potier. Notre gloire dépend du souffle des hommes, notre vie de moins encore; sa durée est fondée sur des jours, nos jours sur les saisons, notre être tout entier *sur quelque chose qui n'est pas nous!* — Ainsi, nous sommes des esclaves, depuis les plus grands jusqu'aux plus petits; — rien ne découle de notre volonté; la volonté elle-même n'est pas moins subordonnée à un brin de paille qu'à une tempête. C'est quand nous croyons commander que nous obéissons le plus incontestablement, et toujours le but définitif auquel nous tendons est la mort, la mort, dont la venue est aussi indépendante de notre concours et de notre volonté que le fut notre naissance. D'où je conclus qu'il faut que nous ayons péché dans quelque monde antérieur, et que *celui-ci* est un enfer; heureusement qu'il n'est pas éternel.

Mar. Ce sont là des choses dont nous ne pouvons être juges sur la terre.

Le Doge. Et comment serons-nous les juges les uns des autres, nous tous formés de la terre, et moi qui suis appelé à juger mon fils? J'ai gouverné ma patrie fidèlement,— victorieusement. — On peut en voir la preuve dans la carte de ses possessions d'autrefois et d'aujourd'hui ; mon règne a doublé ses domaines ; et pour me récompenser, la reconnaissance de Venise m'a laissé ou va me laisser seul.

MAR. Et Foscari ? J'oublierai tout, pourvu qu'on me laisse avec lui.

LE DOGE. On vous y laissera. On ne peut guère vous le refuser.

MAR. S'ils me le refusent, je fuirai avec lui.

LE DOGE. Cela ne se peut. Et où fuiriez-vous ?

MAR. Je l'ignore, et peu m'importe ;—en Syrie, en Égypte, chez les Ottomans, — partout où nous pourrons vivre sans nous voir enchaînés, entourés d'espions, soumis aux décrets des inquisiteurs d'État.

LE DOGE. Voudriez-vous donc avoir un renégat pour époux, et faire de lui un traître ?

MAR. Il ne l'est pas ! La patrie seule est coupable en repoussant de son sein le meilleur, le plus brave de ses fils. La tyrannie est de beaucoup la pire des trahisons. — Croyez-vous qu'il n'y ait de rebelles que parmi les sujets ? Le prince qui oublie ou enfreint son mandat est un brigand plus odieux que le chef de voleurs.

LE DOGE. Je ne puis me reprocher un tel manque de foi.

MAR. Non, vous observez et faites observer des lois en comparaison desquelles celles de Dracon sont un code de clémence.

LE DOGE. J'ai trouvé la loi établie, je ne l'ai point faite. Si j'étais sujet, je pourrais trouver des réformes à effectuer ; mais, comme prince, jamais je ne consentirai à changer, dans l'intérêt de ma maison, la charte que nous ont léguée nos pères.

MAR. L'ont-ils établie pour la ruine de leurs enfants ?

LE DOGE. Sous de telles lois Venise est devenue ce qu'elle est ; — elle a égalé en exploits, en durée, en puissance, et je puis dire aussi en gloire (car nous avons eu parmi nous des âmes romaines), tout ce que l'histoire nous raconte de Rome et de Carthage dans les plus beaux jours, alors que le peuple régnait par l'intermédiaire du sénat.

Mar. Dites plutôt qu'il gémissait sous d'inflexibles oligarques.

Le Doge. Peut-être ; cependant ce peuple a subjugué le monde. Dans de tels États, un individu, qu'il soit le plus riche et le plus élevé en dignités, ou le dernier des citoyens, n'est rien quand il s'agit de maintenir en vigueur une politique invariablement dirigée vers de grandes fins.

Mar. Cela prouve que vous êtes plus doge que père.

Le Doge. Cela prouve qu'avant tout je suis citoyen. Si nous n'avions pas eu pendant plusieurs siècles des milliers de citoyens semblables, et j'espère que nous en aurons encore, Venise n'existerait pas.

Mar. Maudite soit la ville où les lois étouffent la nature!

Le Doge. Si j'avais autant de fils que j'ai d'années, je les donnerais tous, non sans douleur, mais enfin je les donnerais à l'État, pour le servir sur terre ou sur mer ; ou, s'il le fallait, comme il le faut, hélas! pour subir l'ostracisme, l'exil, ou la prison, et tout ce que sa volonté pourrait leur infliger de plus terrible encore.

Mar. Est-ce là du patriotisme? Ce n'est à mes yeux qu'une horrible barbarie. Laissez-moi voir mon époux ; le sage Conseil des Dix, malgré toute sa cruauté jalouse, ne poussera pas sa rigueur contre une faible femme jusqu'à m'interdire l'accès de son cachot.

Le Doge. Je prendrai sur moi d'ordonner que vous soyez admise.

Mar. Et que dirai-je à Foscari de la part de son père ?

Le Doge. Qu'il ait à obéir aux lois.

Mar. Rien de plus? ne le verrez-vous point avant son départ? c'est pour la dernière fois peut-être.

Le Doge. La dernière! — mon fils ! — la dernière fois que je verrai le dernier de mes enfants! Dites-lui que j'irai le voir.　　　　　　　　　　　　*(Ils sortent.)*

ACTE TROISIÈME.

SCÈNE Ire.

La prison de Jacopo Foscari.

JACOPO FOSCARI, seul.

Pas d'autre lumière que cette faible lueur projetée sur des murs dont l'écho n'a jamais répété que les accents de la douleur, le soupir d'une longue captivité, le bruit des pieds chargés de fers, le gémissement de la mort, l'imprécation du désespoir! C'est donc pour cela que je suis revenu à Venise! J'entrevoyais, il est vrai, un faible espoir; je me disais que le temps, qui use le marbre, aurait peut-être usé la haine dans le cœur des hommes; mais je les connaissais mal, et il me faut ici consumer le mien, qui a toujours battu pour Venise avec la tendresse de la colombe éloignée de son nid, lorsqu'elle prend l'essor pour aller revoir sa chère couvée. (*Il s'approche du mur.*) Quels sont ces caractères tracés sur l'inexorable muraille? Pourrai-je les lire à cette lueur incertaine? Ah! ce sont les noms des malheureux qui ont été ici avant moi; c'est la date de leur désespoir, l'expression laconique d'une douleur trop grande pour être verbeuse. Cette page de pierre contient leur histoire, comme une épitaphe; et le pauvre captif a gravé sa plainte sur la muraille de son cachot, comme l'amant grave sur un arbre son nom et celui de sa bien-aimée. Hélas! je reconnais des noms qui m'ont été familiers, et qui furent flétris comme le mien. Je vais l'ajouter à cette liste; il est propre à figurer dans cette chronique, qui ne peut être écrite et lue que par des malheureux[6]. (*Il grave son nom sur le mur.*)

Entre un familier des Dix.

LE FAM. Je vous apporte votre nourriture.

JAC. FOSC. Déposez-la à terre, je vous prie; je n'ai plus faim; mais mes lèvres sont desséchées; — où est l'eau?

LE FAM. La voici.

JAC. FOSC. (*Après avoir bu.*) Je vous remercie; je suis mieux.

LE.FAM. J'ai l'ordre de vous informer que la continuation de votre procès est ajournée.

JAC. FOSC. Jusques à quand?

LE FAM. Je l'ignore. — J'ai aussi l'ordre d'admettre votre illustre épouse.

JAC. FOSC. Ah! leur rigueur se relâche; — j'avais cessé de l'espérer. Il était temps.

MARINA entre.

MAR. Mon bien-aimé!

JAC. FOSC. (*L'embrassant*). Ma fidèle épouse! mon unique amie! Quel bonheur!

MAR. Nous ne nous séparerons plus.

JAC. FOSC. Comment! voudrais-tu partager mon cachot?

MAR. Oui, et la torture aussi, la tombe, tout, — tout avec toi; mais la tombe le plus tard possible, car là nous ne nous connaîtrons plus; néanmoins je veux aussi la partager avec toi; j'endurerai tout, excepté une séparation nouvelle; c'est déjà trop pour moi d'avoir survécu à la première. Comment te trouves-tu? en quel état sont tes membres épuisés? Hélas! pourquoi le demander? la pâleur...

JAC. FOSC. La joie de te revoir si tôt et d'une manière si inattendue a fait refluer le sang vers mon cœur, et rendu mes joues comme les tiennes; car toi aussi tu es pâle, ma douce Marina.

MAR. C'est l'obscurité de cet éternel cachot où le soleil n'a jamais pénétré, c'est la lugubre lueur de cette torche qui semble tenir des ténèbres plus que de la lumière, en mêlant aux vapeurs du cachot sa fumée bitumineuse, c'est là ce qui obscurcit tout ce que nous regardons, tout, jusqu'à tes yeux; mais non, ils brillent; oh! comme ils brillent!

JAC. FOSC. Et les tiens! Mais la clarté de la torche m'empêche de voir.

MAR. Et moi, sans elle je ne verrais rien. Pouvais-tu voir ici?

JAC. FOSC. Rien d'abord; mais l'habitude et le temps m'ont familiarisé avec les ténèbres; et le pâle demi-jour de ces rayons qui se glissent à travers les crevasses faites par les vents était plus doux à mes regards que le soleil éclairant de sa splendeur d'autres édifices que ceux de Venise ; mais un moment avant ton arrivée, j'étais occupé à écrire.

Mar. Quoi?

Jac. Fosc. Mon nom : regarde, le voici à côté de celui qui m'a précédé ici, si les dates de ce cachot sont véridiques.

Mar. Et qu'est-il devenu ?

Jac. Fosc. Ces murs se taisent sur la fin des captifs, ou n'y font qu'obscurément allusion. Ces murs sinistres ne reçoivent que les morts ou ceux qui doivent bientôt mourir. — Tu me demandes ce qu'il est devenu. — On fera bientôt sur moi la même demande, à laquelle répondront le doute et d'effrayantes conjectures, — à moins que tu ne racontes mon histoire.

Mar. Moi *parler* de toi !

Jac. Fosc. Et pourquoi non? tous alors parleront de moi ; la tyrannie du silence n'est pas durable, et quel que soit le mystère qui couvre les événements, les gémissements des justes se feront jour à travers tous les ciments, même celui d'une tombe vivante ! Je n'ai point de doute sur ma mémoire ; mais j'en ai sur ma vie, et je ne crains ni la mort ni les jugements de l'avenir.

Mar. Ta vie est en sûreté.

Jac. Fosc. Et ma liberté ?

Mar. L'âme doit se créer la sienne.

Jac. Fosc. Voilà de nobles paroles ; mais ce n'est qu'un son, une musique enivrante, mais passagère, après tout ; l'âme est beaucoup, mais elle n'est pas tout. L'âme m'a donné la force de résister aux risques de la mort, aux tortures positives plus cruelles encore, s'il est vrai que la mort soit un profond sommeil ; tout cela, je l'ai supporté sans un gémissement, ou du moins le cri que j'ai poussé a fait honte à mes juges plus qu'à moi ; mais cela n'est pas tout, car il est des choses plus redoutables : tel est cet étroit cachot où je puis passer encore bien des années.

Mar. Hélas ! ce cachot est tout ce que tu possèdes de ce vaste royaume dont ton père est le prince.

Jac. Fosc. Cette pensée n'est guère propre à me le faire endurer patiemment. Mon sort est celui de bien d'autres ; beaucoup de captifs peuplent les cachots ; mais il n'en est aucun comme le mien, si près du palais de mon père ; cependant quelquefois mon courage se réveille et l'espérance se glisse jusqu'à moi parmi ces faibles rayons de lumière, mêlés d'atomes de poussière, qui composent tout notre jour ; car, à l'exception de la torche du geôlier et d'une mouche luisante qui s'est laissé prendre la nuit dernière dans cette énorme toile d'araignée, je n'ai jamais rien vu ici qui ressemblât à un rayon. Hélas ! je sais jusqu'où le courage peut nous soutenir, car j'en ai et je l'ai prouvé devant les hommes ; il s'affaisse dans la solitude : mon âme est née pour la société.

Mar. Je serai avec toi !

Jac. Fosc. Ah ! si cela était vrai ! Mais ils ne l'ont jamais permis,—ils ne le permettront jamais, et je resterai seul : point de société, point de livres, ces menteuses images des hommes imposteurs. J'ai demandé ces esquisses de notre espèce auxquelles on donne le nom d'annales, d'histoire, et que les hommes transmettent à la postérité, comme des portraits ; on me les a refusées ; ces murs sont donc devenus mon étude : avec toutes leurs lacunes et leurs taches sinistres, ils sont des tableaux plus fidèles de l'histoire de Venise que cette salle située non loin d'ici où l'on voit les portraits d'une longue suite de doges avec leurs dates et le récit de leurs actions.

Mar. Je viens t'apprendre le résultat de leur dernière délibération sur ton sort.

Jac. Fosc. Je le connais, — regarde ! (*Il montre ses membres pour rappeler les tortures qu'il a subies.*)

Mar. Non, non, plus de cela : ils renoncent à cette atrocité.

Jac. Fosc. Qu'ont-ils donc décidé ?

Mar. Que tu retourneras à Candie.

Jac. Fosc. Alors j'ai perdu ma dernière espérance. Je pouvais endurer ma prison, car elle était à Venise ; je pouvais supporter la torture, il y avait quelque chose dans l'air natal qui soutenait mes esprits, comme un vaisseau sur l'Océan ballotté par la tempête n'en continue pas moins sa course et fend majestueusement les vagues écumantes; mais là-bas, loin de Venise, dans cette île maudite d'esclaves, de captifs, d'infidèles, comme un navire naufragé sur la grève, je sentais mon âme dépérir dans mon sein, et j'y mourrai lentement si l'on m'y renvoie.

MAR. Et ici?

JAC. FOSC. Je mourrai d'un seul coup, par des moyens plus doux et plus prompts. Eh quoi! me refuserait-on le sépulcre de mes pères, comme on m'a privé de leur toit et de leur héritage?

MAR. Mon époux! j'ai demandé à t'accompagner dans ton exil, mais dans un autre espoir. Ton amour pour une terre ingrate et tyrannique est de la passion et non du patriotisme. Quant à moi, pourvu que je te voie, avec un visage tranquille, jouir librement de la terre et de l'air, peu m'importent les climats et les régions que j'habite. Cet amas de palais et de prisons n'est pas un paradis; ses premiers habitants furent de malheureux exilés.

JAC. FOSC. Malheureux en effet, je ne le sais que trop!

MAR. Et pourtant tu vois comment, fuyant devant le Tartare, exilés dans ces îles, rappelant leur antique énergie, seul débris qui leur restât de l'héritage de Rome, ils surent se créer une Rome de l'Océan. Comment donc un mal qui conduit si souvent à un bien pourrait-il t'accabler ainsi?

JAC. FOSC. Si j'avais quitté mon pays, comme ces anciens patriarches qui allaient chercher des régions nouvelles, emmenant avec eux leurs troupeaux; si j'avais été exilé comme les juifs chassés de Sion, ou comme nos ancêtres, repoussés par Attila de la fertile Italie, dans des îlots stériles, j'aurais donné à la perte de mon pays quelques larmes et plus d'une pensée; puis, m'adressant à mes compagnons d'exil, je les aurais invités à fonder avec moi une seconde patrie et un nouvel état; peut-être aurais-je pu supporter cela, — cependant je ne sais.

MAR. Pourquoi pas? Ce sort a été celui de millions d'hommes; ce doit être celui de myriades encore.

Jac. Fosc. Il est vrai, — on ne parle que de ceux qui ont survécu, de leurs travaux, de leurs nouvelles possessions, de leur nombre, de leurs succès; mais qui pourrait compter les cœurs brisés par cette séparation ou après le départ? Qui dira tous ceux qui ont succombé à cette fièvre fatale qui, du sein des flots orageux, évoque la verdure de la terre natale aux yeux ardents du pauvre exilé au point que c'est à peine si on peut l'empêcher de fouler ces champs imaginaires? Telle est encore cette mélodie[7], qui, s'adressant au montagnard éloigné de ses rochers et de son ciel orageux et sombre, charme sa tristesse rêveuse par des airs si pénétrants et si doux, qu'il s'enivre de ce poison magique, en nourrit sa pensée et meurt. Tu appelles cela de la faiblesse; je dis, moi, que c'est de la force; c'est la source de tout sentiment honnête : celui qui n'aime pas sa patrie ne peut rien aimer.

Mar. Obéis-lui donc; c'est elle qui te renvoie.

Jac. Fosc. Ah! oui, sans doute, je sens peser sur mon âme comme la malédiction d'une mère; j'en porte le sceau ineffaçable. Les exilés dont tu parles émigraient par peuplades entières. Dans la route, ils se tenaient tous par la main; c'est ensemble qu'ils plantaient leurs tentes. Moi, je suis seul!

Mar. Tu ne seras plus seul, je partirai avec toi.

Jac. Fosc. Ma bien-aimée, Marina! — Et nos enfants?

Mar. Je crains que l'odieuse politique de l'État, qui considère tous les liens comme des fils qu'elle peut briser à volonté, ne permette pas qu'ils nous accompagnent.

Jac. Fosc. Pourras-tu consentir à les quitter?

Mar. Il m'en coûtera bien des angoisses; mais j'aurai la force de les quitter, tout jeunes qu'ils sont, ces pauvres enfants, afin de t'enseigner à être toi-même moins enfant; apprends, à mon exemple, à dompter tes sentiments quand de grands devoirs l'exigent; notre premier devoir sur la terre est de savoir souffrir.

Jac. Fosc. N'ai-je pas souffert?

Mar. Beaucoup trop d'une injuste tyrannie, et assez pour t'apprendre à ne pas reculer maintenant devant un destin qui, comparé à ce que tu as déjà subi, est de la clémence.

Jac. Fosc. Ah! tu ne t'es jamais trouvée loin de Venise; tu n'as jamais vu ses belles tours s'effacer par degés dans l'horizon lointain, tandis que le sillon tracé par le navire semblait labourer profondément ton cœur. Tu ne sais pas ce que c'est que de voir le soleil se coucher, calme dans sa gloire, derrière les spirales de la cité natale qu'il colore de ses rayons de pourpre et d'or; et après avoir, dans un songe agité, rêvé de ces objets si chers, tout à coup se réveiller et ne plus les voir.

Mar. Je partagerai avec toi cette douleur. Pensons à notre départ de cette cité chérie, puisque tu sembles la chérir, et de ce magnifique appartement que sa gratitude t'accorde. Nos enfants resteront confiés aux soins du doge et de mes oncles; nous devons nous embarquer avant la nuit.

Jac. Fosc. C'est bientôt; ne verrai-je pas mon père?

Mar. Tu le verras.

Jac. Fosc. Où?

Mar. Ici, ou dans l'appartement ducal. — Il ne l'a point dit. Je désirerais que tu supportasses ton exil comme lui.

Jac. Fosc. Ne le blâme point. Il m'arrive parfois de murmurer un moment contre lui; mais il ne pouvait agir autrement. Un témoignage de sensibilité ou de compassion de sa part, aurait attiré sur sa tête vénérable les soupçons des Dix, et sur la mienne des maux nombreux.

Mar. Nombreux! Quelles sont donc les douleurs qu'ils t'ont épargnées?

Jac. Fosc. Celle de quitter Venise sans voir ni lui ni toi. On aurait pu me refuser maintenant cette faveur comme lors de mon premier exil.

Mar. Il est vrai, et en cela je suis moi-même redevable à l'État; je le serai davantage encore quand nous voguerons tous deux sur le libre Océan, bien loin, bien loin, fût-ce au bout du monde, pour ne plus revoir cette terre abhorrée, injuste et...

Jac. Fosc. Ne la maudis point. Quand je me tais, qui oserait accuser ma patrie?

Mar. Qui? les hommes et les anges! le sang des myriades de victimes s'élevant vers le ciel, les gémissements des esclaves enchaînés, des captifs et même des épouses, des fils, des pères et des sujets, tenus dans l'esclavage par dix têtes chauves, et enfin, ce qui n'est pas le moindre grief, *ton silence*. Si tu pouvais dire quelque chose en sa faveur, qui la louerait comme toi?

Jac. Fosc. Puisqu'il le faut, occupons-nous donc de notre départ. Qui vient ici?

LOREDANO entre; des familiers le suivent.

Lor. (*aux familiers*). Retirez-vous; mais laissez la torche.
(*Les deux familiers sortent.*)

Jac. Fosc. Soyez le bienvenu, noble seigneur; je n'aurais pas cru que ce triste lieu pût attirer une telle présence.

Lor. Ce n'est pas la première fois que j'ai visité ces lieux.

Mar. Et ce ne serait pas la dernière si chacun était récompensé comme il le mérite. Venez-vous ici pour nous insulter, pour nous servir d'espion ou d'otage?

Lor. Rien de tout cela n'entre dans mes attributions, noble dame. Je suis envoyé auprès de votre époux pour lui annoncer le décret des Dix.

Mar. Cette obligeance vient trop tard.

Lor. Comment?

Mar. Je l'ai instruit de l'indulgence de vos collègues, avec moins de précautions et de douceur, sans doute, que la délicatesse de vos sentiments ne l'eût désiré; mais il sait tout. Si vous venez pour recevoir nos remerciements, recevez-les et partez! Ce cachot est assez sombre sans vous: il est assez plein de reptiles non moins repoussants, quoique leur morsure soit moins à craindre.

Jac. Fosc. Calme-toi, je te prie. A quoi bon de telles paroles?

Mar. Pour lui apprendre qu'il est connu.

Lor. Laissez cette belle dame user du privilége de son sexe.

Mar. Seigneur, j'ai des fils qui vous remercieront mieux un jour.

Lor. Vous ferez bien de les élever sagement. — Ainsi, Foscari, vous connaissez votre sentence.

Jac. Fosc. Me faudra-t-il donc retourner à Candie?

Lor. Oui, — pour la vie.

Jac. Fosc. Ce n'est pas pour longtemps.

Lor. J'ai dit — pour la vie.

Jac. Fosc. Et moi je répète — que ce n'est pas pour longtemps.

Lor. Une année d'emprisonnement à Canéa, — puis l'île entière pour prison.

Jac. Fosc. C'est pour moi-même chose que cette liberté et l'emprisonnement qui doit la précéder. Est-il vrai que mon épouse m'accompagnera?

Lor. Oui, si elle y consent.

Mar. Qui a obtenu cet acte de justice?

Lor. Un homme qui ne fait pas la guerre aux femmes.

Mar. Mais qui opprime les hommes. Toutefois, qu'il reçoive mes remerciements pour la seule faveur que je pouvais solliciter ou accepter de lui ou de ceux qui lui ressemblent.

Lor. Il les accepte comme on les lui offre.

Mar. Qu'ils lui prospèrent dans la même proportion! — pas davantage.

Jac. Fosc. Est-ce là, seigneur, tout ce que vous avez à nous dire? Nous n'avons que peu de temps pour nos préparatifs, et vous voyez que votre présence n'est pas agréable à cette dame, dont la famille est aussi noble que la vôtre.

Mar. Plus noble.

Lor. Comment, plus noble?

Mar. Oui, comme étant plus généreuse! Nous disons qu'un coursier est généreux, pour exprimer la pureté de sa race; quoique je sois de Venise, où l'on ne voit guère que des chevaux de bronze, c'est ce que je tiens des Vénitiens qui ont parcouru les côtes de l'Égypte et de l'Arabie. Et pourquoi ne dirait-on pas aussi, dans le même sens, un homme généreux? Si la race est quelque chose, c'est par ses qualités plutôt que par son ancienneté; et la mienne, qui est aussi ancienne que la vôtre, est meilleure par se produits. — Vous n'avez pas besoin de froncer le sourcil ; retirez-vous ; allez consulter votre arbre généalogique, si riche de feuilles et de fruits, et là rougissez devant des ancêtres qui auraient rougi d'un tel fils. — Va-t'en, cœur froid, gonflé de haine !

Jac. Fosc. Encore, Marina ?

Mar. Encore, toujours Marina. Ne vois-tu pas qu'il ne vient ici que pour rassasier sa haine pour la dernière fois du spectacle de notre misère ? Qu'il la partage !

Jac. Fosc. Ce serait difficile.

Mar. Nullement : il la partage maintenant. — Il peut cacher sous un front de marbre, sous un sourire d'ironie, le trait qui le déchire ; mais il partage notre souffrance. Quelques mots de vérité peuvent confondre les ministres de Satan, comme leur maître lui-même ; j'ai un moment brûlé au vif son âme, comme avant peu le feu éternel la consumera à tout jamais. Vois comme il se détourne de moi ! et cependant il tient dans ses mains et la mort, et les chaînes, et l'exil, qu'il peut répartir à volonté sur ses semblables ; mais tout cela c'est pour lui un glaive, et non une cuirasse, car je l'ai percé de part en part jusqu'à son cœur de glace. Que me font ses regards menaçants ? Le pire qui puisse nous arriver, à nous, c'est de mourir, et à lui, c'est de vivre ; c'est pour lui la pire des destinées ; chaque jour l'enchaîne plus étroitement au tentateur.

Jac. Fosc. C'est véritablement de la démence !

Mar. Cela se peut ; et *qui* nous a rendus *insensés* ?

Lor. Elle peut continuer, cela ne me fait rien.

Mar C'est faux ! Vous êtes venu ici pour repaître froidement votre lâche orgueil de la vue de nos maux infinis ! Vous êtes venu pour qu'on vous sollicitât vainement, — pour observer nos larmes, pour recueillir nos gémissements, pour contempler votre ouvrage dans la ruine du fils d'un prince, — mon époux ; enfin, pour fouler aux pieds le malheur, action qui fait horreur au bourreau, lui qui fait horreur à tous les hommes. Êtes-vous content ? Nous sommes malheureux, seigneur, au-delà de ce que vos complots pouvaient faire, de ce que votre vengeance pouvait désirer. *Et que sentez-vous maintenant?*

Lor. Ce que sentent les rochers.

Mar. Frappés de la foudre, ils ne sentent rien : mais ils n'en sont pas moins brisés. Viens, Foscari! partons, et laissons là ce félon, seul digne habitant de ce cachot qu'il a souvent peuplé, mais jamais comme il devrait l'être tant que lui-même n'y gémira pas solitaire.

Le doge entre.

Jac. Fosc. Mon père!

Le Doge (*l'embrassant*). Jacopo! mon fils! — mon fils!

Jac. Fosc. Mon père, je vous revois! qu'il y a longtemps que je ne vous ai entendu prononcer mon nom, — notre nom!

Le Doge. Mon fils, si tu pouvais savoir!...

Jac. Fosc. J'ai rarement murmuré, mon père!

Le Doge. Je sens trop que tu dis vrai.

Mar. (*montrant Loredano*). Doge, regardez!

Le Doge. Je le vois. — Que voulez-vous dire?

Mar. De la prudence!

Lor. Comme c'est la vertu que cette noble dame pratique le plus, elle fait bien de la recommander.

Mar. Misérable! ce n'est pas une vertu, c'est une politique nécessaire à ceux qui sont forcés d'avoir affaire au vice; c'est par ce motif que je la conseille, comme je la conseillerais à celui qui serait près de poser le pied sur une vipère.

Le Doge. Ma fille, tout cela est superflu; je connais Loredano depuis longtemps.

Lor. Vous pourrez le connaître mieux.

Mar. Oui; il ne pourrait pas vous connaître pire.

Jac. Fosc. Mon père, ne perdons pas ces derniers instants qui nous restent à écouter d'inutiles reproches. Est-ce en effet la dernière fois que nous nous voyons?

Le Doge. Tu vois ces cheveux blancs!

Jac. Fosc. Et je sens en outre que les miens ne blanchiront jamais comme eux. Embrassez-moi, mon père! Je vous aimai toujours, — jamais plus que maintenant. Veillez sur mes enfants, — sur les enfants de votre dernier enfant; qu'ils soient pour vous tout ce que je fus jadis, et jamais ce que je suis à présent. Ne pourrai-je pas les voir aussi?

Mar. Non, — pas ici.

Jac. Fosc. Ils peuvent voir leur père en tout lieu.

Mar. Je voudrais qu'ils vissent leur père dans un lieu où la crainte ne viendrait pas se mêler à l'amour, et glacer leur jeune sang dans leurs veines. Aucun soin ne leur a manqué; ils dorment tranquilles, et ils ont ignoré que leur père fût un proscrit. Je sais que sa destinée sera peut-être un jour leur héritage; mais que ce soit *leur héritage*, et non leur partage actuel. Leurs sens, bien qu'ouverts à l'amour, sont encore accessibles à la terreur; et ces murs humides, ces vagues fangeuses et verdâtres qui flottent au-dessus du lieu où nous sommes, ce cachot profond sous le niveau de la mer, et dont les crevasses exhalent des vapeurs pestilentielles, tout cela pourrait leur faire du mal; ce n'est pas une atmosphère qui leur convienne, quoique vous, — et vous, — et vous surtout, comme le plus digne, noble Loredano, vous puissiez le respirer sans danger.

Jac. Fosc. Je n'avais pas réfléchi à cela; mais je me rends. Je partirai donc sans les voir?

Le Doge. Non; ils vous attendront dans mon appartement.

Jac. Fosc. Et je dois les quitter — *tous?*

Lor. Il le faut.

Jac. Fosc. Pas un seul?

Lor. Ils sont à l'État.

Mar. Je pensais qu'ils étaient à moi.

Lor. Ils sont à vous en tout ce qui tient aux soins maternels.

Mar. C'est-à-dire à tous les soins pénibles : s'ils sont malades, c'est moi qui les soignerai; s'ils meurent, ce sera à moi de les ensevelir et de les pleurer; mais s'ils vivent, vous en ferez des soldats, des sénateurs, des esclaves, des exilés, — tout ce que vous voudrez. Quant aux filles, si elles ont des dots, on en fera cadeau à des nobles! Voilà les soins que prend l'État et des fils et des mères!

Lor. L'heure approche, et le vent est propice.

Jac. Fosc. Qu'en savez-vous ici, où le vent ne souffle jamais ?

Lor. Il était favorable quand je suis venu ; la galère est à la portée du trait de *la riva di Schiavoni*.

Jac. Fosc. Mon père, je vous prie de me précéder, et de préparer mes enfants à voir leur père.

Le Doge. De la fermeté, mon fils !

Jac. Fosc. Je tâcherai d'en avoir.

Mar. Adieu, adieu du moins à ce cachot détesté, et à celui dont les bons offices t'ont procuré en partie ton emprisonnement passé.

Lor. Et sa délivrance actuelle.

Le Doge. Il dit vrai.

Jac. Fosc. Sans doute ; mais je ne lui dois que d'échanger mes chaînes contre des chaînes plus pesantes. Il le savait bien, ou il ne l'eût pas sollicité ; mais je ne lui fais pas de reproche.

Lor. Le temps presse, seigneur.

Jac. Fosc. Hélas ! je ne m'attendais pas à quitter avec tant de répugnance un séjour comme celui-ci ; mais quand je songe que chacun des pas qui m'éloignent de ce cachot m'éloigne aussi de Venise, je me retourne vers ces murs lugubres et...

Le Doge. Mon fils, point de larmes !

Mar. Laissons-les couler ; il n'a point pleuré sur le chevalet quand il y avait de la honte à le faire ; ici, il n'y en a point. Les larmes soulageront son cœur, — ce cœur trop sensible, — et moi je trouverai un moment pour essuyer ces pleurs ou y mêler les miens ! Je pourrais moi-même pleurer maintenant ; mais je ne donnerai pas cette satisfaction à ce misérable. Partons. Doge, précédez-nous.

Lor. (*au familier*). Ici la torche.

Mar. Oui, éclairez-nous, comme pour nous conduire au bûcher funèbre, pendant que Loredano nous suit avec le deuil d'un héritier.

Le Doge. Mon fils, tu es faible ! prends ma main.

Jac. Fosc. Hélas! faut-il que la jeunesse s'appuie sur la vieillesse! c'est moi qui devrais être le soutien de la vôtre.

Lor. Prenez ma main.

Mar. Ne le touche pas, Foscari, elle te piquera!—Seigneur, tenez-vous à distance! Soyez sûr que s'il n'y avait que votre main pour nous tirer d'un gouffre où nous serions plongés, aucune des nôtres ne s'étendrait pour la saisir.—Viens, Foscari, prends la main que l'autel t'a donnée; elle n'a pu te sauver, mais elle te soutiendra toujours. (*Ils sortent*).

ACTE QUATRIÈME.
SCÈNE Ire.
Une salle du palais ducal.
Entrent LOREDANO et BARBARIGO.

Barb. Avez-vous confiance en ce projet?

Lor. Certainement.

Barb. C'est bien dur à son âge.

Lor. Dites plutôt qu'il y a de l'humanité de notre part à l'affranchir des soucis du gouvernement.

Barb. Cela lui brisera le cœur.

Lor. La vieillesse n'a point de cœur à briser. Il a vu celui de son fils à demi brisé, et, à l'exception d'un mouvement de sensibilité qu'il a eu dans son cachot, il est resté impassible.

Barb. Sans doute, à en juger par l'expression de ses traits; mais je l'ai vu quelquefois dans un calme si plein de désespoir, que la douleur la plus bruyante n'avait rien à lui envier. Où est-il?

Lor. Dans la partie du palais qui lui est réservée, avec son fils et toute la race des Foscari.

Barb. Ils se disent adieu?

Lor. Pour la dernière fois. Il dira bientôt adieu à sa dignité de doge.

Barb. Quand s'embarque le fils?

Lor. Aussitôt après ce long adieu. Il est temps de les avertir de nouveau.

Barb. Pas encore; n'abrégez point pour eux ces derniers moments.

Lor. Ce ne sera pas moi; nous avons des affaires plus importantes, qui doivent nous occuper. Ce jour sera le dernier du règne du vieux doge, comme il est le premier du dernier bannissement de son fils. C'est là de la vengeance!

Barb. Trop implacable, à mon sens.

Lor. Non, elle n'est que modérée; — ce n'est pas même vie pour vie, selon la règle universelle des représailles : ils me doivent encore celle de mon père et celle de mon oncle.

Barb. Le doge n'a-t-il pas fortement nié ce crime?

Lor. Sans nul doute.

Barb. Et cela n'a-t-il point ébranlé vos soupçons?

Lor. Non.

Barb. Mais, si cette déposition doit être obtenue par notre influence mutuelle dans le Conseil, la chose doit se faire avec toute la déférence due à son âge, à son rang et à ses actes.

Lor. Mettez-y autant de cérémonie que vous voudrez, pourvu que la chose se fasse. Vous pouvez, si cela vous convient, lui député le Conseil, qui, se prosternant devant lui, comme autrefois Barberousse devant le pape, lui demandera de vouloir bien avoir la politesse d'abdiquer.

Barb. S'il refuse?

Lor. Nous en élirons un autre, et nous le déposerons.

Barb. Mais aurons-nous la loi pour nous?

Lor. Quelle loi? — Les Dix sont la loi; et s'ils ne l'étaient pas, je me ferais législateur dans cette affaire.

Barb. A vos risques et périls?

Lor. Il n'y en a aucun; je vous l'affirme, nous en avons le droit.

Barb. Mais il a déjà deux fois sollicité la permission de se retirer, et deux fois elle lui a été refusée.

Lor. Raison de plus pour faire droit à sa requête à la troisième.

Barb. Sans qu'il le demande?

Lor. Cela prouvera l'impression que ses premières instances ont produite : si elles étaient sincères, il devra nous remercier; sinon, son hypocrisie sera punie. Venez; nos collègues doivent être réunis en ce moment; allons les rejoindre, et cette fois enfin soyez ferme dans vos résolutions. J'ai préparé des arguments qui ne manqueront pas de faire impression sur eux et de leur faire voter sa déposition; j'ai sondé leur pensée et leurs vues, et pourvu qu'avec vos scrupules habituels vous n'alliez pas nous entraver, tout ira bien.

Barb. Si j'étais certain que ceci ne dût pas être pour le père, le prélude d'une persécution semblable à celle dont le fils a été victime, je vous appuierais.

Lor. Je vous assure qu'il n'a rien à craindre; il peut traîner ses quatre-vingt-cinq ans aussi longtemps qu'il pourra : on n'en veut qu'à son trône.

Barb. Mais il est rare que les princes détrônés vivent longtemps.

Lor. Pour les hommes de quatre-vingts ans, cela est plus rare encore.

Barb. Et pourquoi ne pas attendre ce petit nombre d'années qui lui restent?

Lor. Parce que nous avons assez attendu, parce qu'il a vécu plus longtemps qu'il ne faut. Allons au Conseil!

(Loredano et Barbarigo sortent. — Entrent Memmo et un Sénateur.)

Le Sén. Une convocation pour nous rendre au Conseil des Dix! Pour quel motif?

Mem. Les Dix seuls peuvent répondre; il est rare qu'ils fassent connaître d'avance leurs intentions. Nous sommes convoqués, cela suffit.

Le Sén. Pour eux, mais non pour nous; je voudrais savoir pourquoi.

Mem. Vous le saurez bientôt si vous obéissez; dans le cas contraire, vous saurez également pourquoi vous auriez dû obéir.

Le Sén. Je ne prétends pas désobéir, *mais*...

Mem. A Venise, *mais* est un traître. Point de *mais*, si vous ne voulez passer sur le pont des Soupirs, que rarement on repasse.

LE SÉN. Je me tais.

MEM. Pourquoi cette hésitation? Les Dix ont appelé à leur délibération vingt-cinq patriciens du Sénat; — vous êtes de ce nombre, moi aussi, et je crois que nous devons nous regarder comme très honorés d'un choix qui nous réunit à un corps si auguste.

LE SÉN. Il est vrai; je ne dis plus rien.

MEM. Comme nous espérons, seigneur, et cette espérance est permise à tous ceux qui sont de race noble, faire un jour partie du Conseil des Dix, c'est assurément pour les délégués du Sénat une occasion de s'instruire, que d'être, quoique novices, admis dans le Conseil et initiés à ses mystères.

LE SÉN. Nous allons pénétrer dans ces secrets : ils valent sans doute la peine d'être connus.

MEM. Comme il y va de notre vie si nous les divulguons, nul doute qu'ils n'aient de l'importance, du moins à vos yeux et aux miens.

LE SÉN. Je n'ai point demandé une place dans le sanctuaire; mais, puisqu'on m'a choisi malgré moi, je remplirai mon devoir.

MEM. Ne soyons pas les derniers à nous rendre à la convocation des Dix.

LE SÉN. Tout le monde n'est pas encore arrivé; mais je suis de votre avis, — allons.

MEM. Les premiers venus sont les mieux accueillis dans les convocations urgentes. — Nous ne serons pas des derniers.

(*Ils sortent.*)

Entrent le Doge, JACOPO FOSCARI et MARINA.

JAC. FOSC. Ah! mon père! je dois partir, et j'y consens; cependant, — je vous prie d'obtenir pour moi la faveur de retourner dans ma patrie. Quelque éloigné que soit le terme assigné à mon exil, qu'on me fixe une époque, ce sera un fanal pour mon cœur; qu'on ajoute à ma condamnation toutes les peines qu'on voudra; mais que je puisse revenir un jour.

Le Doge. Jacopo, mon fils, obéis à la volonté de notre patrie; ce n'est pas à nous de voir au delà.

Jac. Fosc. Mais du moins il m'est permis de jeter un regard en arrière. Pensez à moi, je vous prie.

Le Doge. Hélas! tu fus toujours le plus cher de mes enfants quand ils étaient nombreux, et tu dois l'être maintenant que tu es le dernier; mais si l'État demandait l'exil des cendres exhumées de tes trois vertueux frères, à présent dans la tombe, quand leurs ombres désolées viendraient pour s'y opposer voltiger autour de moi, je n'en obéirais pas moins à un devoir supérieur à tous les devoirs.

Mar. Mon époux! partons; ceci ne fait que prolonger notre douleur.

Jac. Fosc. Mais on ne nous appelle point encore; les voiles de la galère ne sont pas déployées — Qui sait? le vent peut changer.

Mar. Cela ne changerait ni leur cœur ni ta destinée; les rames de la galère lui auront bientôt fait quitter le port.

Jac. Fosc. O éléments! où sont vos orages?

Mar. Dans les cœurs des hommes. Hélas! rien ne pourra-t-il te calmer!

Jac. Fosc. Jamais marinier n'adressa au saint, son patron, des prières plus ferventes pour obtenir des vents propices que je ne vous en adresse, ô saints protecteurs de ma cité natale! Vous ne l'aimez pas d'un plus céleste amour que moi. Soulevez du fond de l'abîme les vagues de l'Adriatique; déchaînez le vent qui commande aux tempêtes, jusqu'à ce que la mer rejette mon corps brisé sur la rive paternelle, sur le stérile Lido, afin que je puisse mêler ma poussière au sable qui borde la terre que j'adore et que je ne reverrai plus!

Mar. Me souhaites-tu donc un sort pareil, à moi qui serai auprès de toi?

Jac. Fosc. Non, non, — je ne le souhaite point pour toi; tu es trop bonne, trop affectueuse! Puisses-tu vivre longtemps, mère de ces enfants que ta tendresse fidèle va priver pour un temps d'un tel support! mais pour moi seul, puissent tous les vents du ciel bouleverser la mer et battre le navire, jusqu'à ce que les matelots effrayés, tournant sur moi leurs regards désespérés, tels qu'autrefois les Phéniciens sur Jonas, me précipitent hors du navire, comme une offrande pour apaiser les vagues! Le flot qui me détruira sera plus miséricordieux que l'homme; il me portera mort, il est vrai, mais enfin il me portera sur la rive natale; la main des pêcheurs me creusera une tombe sur la plage désolée qui, dans ses mille naufrages, n'aura jamais reçu de victime plus déchirée que le cœur qui sera alors... — Mais pourquoi ne se brise-t-il pas? pourquoi est-ce que je vis?

Mar. Pour te maîtriser avec le temps, je l'espère, pour dompter une sensibilité inutile; jusqu'ici tu avais souffert en silence; qu'est-ce que cet exil, comparé à tout ce que tu as enduré sans te plaindre,—à l'emprisonnement, à la torture?

Jac. Fosc. Une double, une triple, une décuple torture! Mais, tu as raison, il faut me résigner. — Mon père, votre bénédiction!

Le Doge. Plût au ciel qu'elle pût t'être utile! mais je ne te la donne pas moins.

Jac. Fosc. Pardonnez...

Le Doge. Quoi donc?

Jac. Fosc. Ma naissance à ma pauvre mère; à moi d'avoir vécu; à vous-même, ainsi que je vous le pardonne, le don de la vie que je vous dois comme à mon père.

Mar. De quoi es-tu coupable?

Jac. Fosc. De rien. Ma mémoire ne me reproche guère que de la douleur; mais mon châtiment a tellement dépassé la mesure commune, que je dois en conclure que je fus criminel. Si cela est, que ce que j'ai souffert ici-bas me préserve d'un sort pareil dans l'autre vie!

Mar. Ne crains rien : ceci est réservé à tes oppresseurs.

Jac. Fosc. J'espère que non.

Mar. Comment cela?

Jac. Fosc. Je ne puis leur souhaiter tout le mal qu'ils m'ont infligé.

Mar. *Tout!* Les démons incarnés! puissent-ils être mille fois dévorés par le ver qui ne meurt jamais!

Jac. Fosc. Ils peuvent se repentir.

Mar. Alors le ciel n'acceptera pas la pénitence tardive de ces réprouvés.

(Un Officier entre avec des gardes.)

L'Off. Seigneur, le navire est au rivage;—le vent se lève;—nous sommes prêts à vous accompagner.

Jac. Fosc. Et moi prêt à partir. — Une fois encore, mon père, votre main.

Le Doge. La voici. Hélas! comme la tienne tremble!

Jac. Fosc. Non, vous vous trompez; c'est la vôtre qui tressaille, mon père. Adieu!

Le Doge. Adieu! N'as-tu plus rien à me dire?

Jac. Fosc. Non, rien. (*A l'Officier.*) Prêtez-moi l'appui de votre bras, seigneur!

L'Off. Vous pâlissez;—laissez-moi vous soutenir.—Vous êtes plus pâle encore.—Oh! du secours! de l'eau!

Mar. Ah! il se meurt.

Jac. Fosc. Maintenant, je suis prêt; — mes yeux se troublent étrangement. — Où est la porte?

Mar. Retirez-vous! laissez-moi le soutenir. — Mon bien-aimé! O Dieu! comme son pouls est faible! Son cœur ne bat presque plus...

Jac. Fosc. La clarté! Est-ce la clarté que je vois?—Je me sens défaillir. (*L'Officier lui présente de l'eau.*)

L'Off. Peut-être que le grand air lui fera du bien.

Jac. Fosc. Je n'en doute pas.—Mon père! — ma femme!—vos mains!

Mar. La mort est dans cette humide étreinte... O Dieu!—Mon Foscari, comment te trouves-tu?

Jac. Fosc. Bien. (*Il meurt.*)

L'Off. Il est mort.

Le Doge. Il est libre.

Mar. Non, non, il n'est pas mort : il doit y avoir encore de la vie dans ce cœur; il n'a pu me quitter ainsi.

Le Doge. Ma fille!

Mar. Laisse-moi, vieillard! je ne suis plus ta fille :— tu n'as plus de fils. —O Foscari!

L'Off. Il faut que nous emportions le corps.

Mar. Ne le touchez pas, vils geôliers! Votre lâche ministère se termine avec sa vie, et ne va pas au delà du meurtre, même d'après vos lois meurtrières. Laissez ces restes à ceux qui sauront les honorer.

L'Off. Il faut que j'aille informer leurs seigneuries et prendre leurs ordres.

Le Doge. Informe-les de ma part, de la part du doge, que leur pouvoir ne s'étend plus sur ces cendres. Tant qu'il a vécu, il leur était soumis comme doit l'être un sujet;—maintenant il *m'appartient*... — Malheureux enfant! (*L'Officier sort.*)

Mar. Et je vis encore!...

Le Doge. Vos enfants vivent, Marina.

Mar. Mes enfants! oui, — ils vivent, et il faut que je vive afin de les élever pour servir l'État, et puis mourir comme leur père est mort! Oh! quel bienfait serait la stérilité dans Venise! Que ma mère n'a-t-elle été stérile!

Le Doge. Mes malheureux enfants!

Mar. Eh quoi! tu commences donc enfin à sentir, — toi! —Où est maintenant ton stoïcisme d'homme d'état?

Le Doge. (*Se laissant tomber auprès du corps de son fils*). Ici!

Mar. Oui, pleure!... Je croyais que tu n'avais pas de larmes : tu les as ménagées jusqu'au moment où elles te sont inutiles... Mais pleure... Il ne pleurera plus, lui! — non, jamais, jamais!

Entrent LOREDANO et BARBARIGO.

Lor. Que vois-je?

Mar. Ah! le démon vient insulter aux morts!... Arrière, Lucifer incarné! c'est ici une terre sainte : les cendres d'un martyr la consacrent. Retourne dans ton séjour de tourments.

Barb. Madame, nous ignorions ce douloureux événement... Nous passions ici au retour du Conseil.

Mar. Passez donc!

Lor. Nous cherchions le doge.

Mar. (*montrant le doge étendu à terre auprès du corps de*

son fils). Voyez, le voilà livré aux occupations que vous lui avez procurées. Êtes-vous content ?

Barb. Nous ne troublerons point les douleurs d'un père.

Mar. Non, vous vous contentez de les produire... Laissez-nous donc !

Le Doge. (*se levant*). Seigneurs, je suis prêt.

Barb. Non, pas à présent.

Lor. Cependant l'affaire est importante.

Le Doge. S'il en est ainsi, je ne puis que vous répéter que je suis prêt.

Barb. Ce ne saurait être maintenant, quand Venise vacillerait sur l'abîme comme un vaisseau fragile... Je respecte vos afflictions.

Le Doge. Je vous remercie. Si les nouvelles que vous m'apportez sont mauvaises, vous pouvez me les dire : rien ne peut faire impression sur moi après le spectacle qui est ici sous nos yeux ; si elles sont bonnes, dites-les encore : ne *craignez* pas qu'elles me *consolent*.

Barb. Je le voudrais.

Le Doge. Je ne m'adressais pas à *vous*, mais à Loredano. Il me comprend.

Mar. Ah! je m'y attendais.

Le Doge. Que voulez-vous dire?

Mar. Voyez-vous? le sang commence à couler des lèvres glacées de Foscari ; — le corps saigne en présence de l'assassin ! (*A Loredano.*) Lâche meurtrier légal ! regarde comme la mort elle-même porte témoignage contre tes attentats !

Le Doge. Ma fille, c'est une illusion de votre douleur. (*A ses serviteurs.*) Emportez le corps. — Seigneurs, s'il vous plaît, dans une heure je vous entendrai.

(Le Doge sort avec Marina et ses serviteurs qui emportent le corps. — Loredano et Barbarigo restent.)

Barb. Nous ne devons pas le troubler en ce moment.

Lor. Il a dit lui-même que rien ne pourrait plus faire impression sur lui.

Barb. Ce sont des paroles ; mais la douleur demande la solitude, et il y aurait de la barbarie à l'interrompre.

Lor. La douleur se nourrit dans la solitude, et rien n'est plus propre à la distraire des lugubres visions de l'autre monde, que de la rappeler par moments à celui-ci. Les gens occupés n'ont pas le temps de pleurer.

Barb. Et c'est pour cela que vous voulez priver ce vieillard de toute occupation?

Lor. La chose est décrétée.... La loi est rendue par la junte et les Dix. Qui s'y opposera?

Barb. L'humanité.

Lor. Parce que son fils est mort?

Barb. Et pas encore enseveli.

Lor. Si nous avions connu cet événement avant que la loi fût rendue, cela l'aurait peut-être empêchée de passer; mais maintenant cette circonstance ne saurait en suspendre l'effet.

Barb. Je n'y consentirai pas.

Lor. Vous avez consenti à tout ce qui est essentiel. Laissez-moi le soin du reste.

Barb. Pourquoi presser maintenant son abdication?

Lor. Les sentiments privés ne doivent pas faire obstacle aux mesures d'intérêt public, et un accident naturel ne doit pas faire révoquer demain ce que l'État a décidé aujourd'hui.

Barb. Vous avez un fils!

Lor. Oui, — et j'eus un père.

Barb. Toujours inexorable?

Lor. Toujours.

Barb. Laissons-lui donner la sépulture à son fils avant de lui communiquer ce décret.

Lor. Qu'il rappelle à la vie mon père et mon oncle, et j'y consens. Les hommes et même les vieillards peuvent devenir ou paraître les pères d'une postérité nombreuse; mais ils ne peuvent ranimer un seul atome de la poussière de leurs ancêtres. Entre le doge et moi, les victimes ne sont pas égales.... Il a vu son fils expirer de mort naturelle; mon père et mon oncle ont succombé à des maladies violentes et mystérieuses. Je n'ai point fait usage du poison, je n'ai suborné aucun maître expert dans l'art destructeur de guérir, pour leur abréger le chemin vers la guérison éternelle : ses fils, et il en avait quatre, — sont morts sans que j'aie eu recours à des substances homicides.

Barb. Êtes-vous sûr que lui-même en ait fait usage ?

Lor. Très sûr.

Barb. Et cependant il paraît plein de franchise.

Lor. Il n'y a pas longtemps que Carmagnola le croyait aussi franc et sincère.

Barb. Cet étranger ? ce traître ?

Lor. Lui-même.... Dans la matinée qui suivit la nuit où les Dix, présidés par le Doge, venaient de décider sa perte, il rencontra le duc, et lui demanda en plaisantant *s'il devait lui souhaiter le bonjour ou une bonne nuit.* Le doge répondit qu'*il avait effectivement passé une nuit de veille, dans laquelle,* ajouta-t-il avec un gracieux sourire, *il a été souvent question de vous*[8]. En effet, il avait été question de sa mort, qu'on avait résolue huit mois avant de le faire mourir; et le vieux doge, qui le savait, lui sourit avec une sinistre dissimulation, huit longs mois avant, — huit mois d'une hypocrisie qu'on ne connaît qu'à quatre-vingts ans. Le brave Carmagnola est mort... Le jeune Foscari et ses frères sont morts aussi ; — mais moi je ne leur ai jamais *souri !*...

Barb. Carmagnola était-il votre ami ?

Lor. Il était le bouclier de Venise. Dans sa jeunesse, il avait été son ennemi ; mais dans son âge mûr il devint son sauveur, puis sa victime.

Barb. Ah! il semble que ce soit là le destin de tous ceux qui sauvent les cités! L'homme contre qui nous agissons maintenant n'a pas seulement sauvé Venise : il a encore rangé d'autres villes sous ses lois.

Lor. Les Romains, que nous imitons, décernaient une couronne à celui qui prenait une ville, et une aussi à celui qui sauvait un citoyen sur le champ de bataille. Les deux récompenses étaient égales... Or, si nous mettons en regard les villes prises par le doge Foscari et les citoyens qu'il a fait périr, ou dont la mort est son ouvrage, on trouvera que la différence est à son désavantage, quand même on ne ferait entrer en ligne de compte que des meurtres privés, comme celui de mon père.

Barb. Êtes-vous donc irrévocablement fixé dans votre résolution ?

Lor. Qui aurait pu me changer ?

Barb. Ce qui me change moi-même; mais vous, je le sais, votre cœur est de marbre, et la haine y reste ineffaçable. Mais quand tout aura été accompli, quand le vieillard sera déposé, son nom dégradé, tous ses fils morts, sa famille abattue, et vous et les vôtres triomphants, dormirez-vous ?

Lor. Plus profondément que jamais.

Barb. C'est une erreur, et vous vous en apercevrez avant de dormir avec vos pères.

Lor. Ils ne dorment pas dans leur tombe prématurée : ils ne dormiront que lorsque Foscari remplira la sienne. Chaque nuit, je les vois errer, d'un air courroucé, autour de ma couche, me montrer du doigt le palais ducal et m'exciter à la vengeance :

Barb. Rêve d'une imagination malade ! Il n'y a pas de passion plus superstitieuse que la haine, et la passion opposée, l'amour lui-même, ne peuple pas les airs d'autant de fantômes que cette démence du cœur. *(Un Officier entre.)*

Lor. Où allez-vous ?

L'Off. Je vais, par ordre du doge, tout préparer pour les funérailles de son fils.

Barb. Le caveau des Foscari s'est fréquemment ouvert depuis quelques années.

Lor. Il sera bientôt rempli et fermé à jamais.

L'Off. Puis-je passer outre ?

Lor. Vous le pouvez.

Barb. Comment le doge supporte-t-il cette dernière calamité ?

L'Off. Avec la fermeté du désespoir. En présence de témoins, il parle peu ; mais j'aperçois de temps à autre le mouvement de ses lèvres, et, de la chambre voisine, je l'ai une ou deux fois entendu murmurer : — « Mon fils ! » d'une voix à peine distincte. Je vous quitte. *(L'Officier sort.)*

Barb. Le coup qui l'a frappé va intéresser tout Venise en sa faveur.

Lor. C'est juste! il faut nous hâter: allons réunir les délégués chargés de porter la résolution du Conseil.

Barb. Je proteste contre cette démarche en ce moment.

Lor. Comme il vous plaira; — je vais néanmoins prendre les voix, et nous verrons qui l'emportera de votre avis ou du mien. (*Barbarigo et Lorédano sortent.*)

ACTE CINQUIÈME.
SCÈNE Ire
L'appartement du Doge.
LE DOGE et sa suite.

Un Serv. Mon seigneur, la députation attend; mais si une autre heure vous convient mieux, elle se conformera à votre bon plaisir.

Le Doge. Toutes les heures me sont égales; faites-les entrer. (*Le serviteur sort.*)

Un Off. Prince, j'ai exécuté votre ordre.

Le Doge. Quel ordre?

L'Off. Un ordre douloureux, celui de requérir la présence de...

Le Doge. Oui, — oui, — oui; je vous demande pardon; ma mémoire commence à faiblir et je me fais vieux, presque aussi vieux que mon âge. Jusqu'à présent j'avais lutté contre lui; mais il commence à prendre le dessus.

Entre la députation, composée de six membres de la Seigneurie et du Chef des Dix.

Le Doge. Nobles seigneurs, quel est votre bon plaisir?

Le Chef des Dix. En premier lieu, le Conseil présente au doge ses compliments de condoléance sur le malheur privé qui vient de le frapper.

Le Doge. En voilà assez. — Parlons d'autre chose.

Le Chef des Dix. Le doge refuse d'accepter l'hommage de nos respects?

Le Doge. Je l'accepte comme on me l'offre. — Poursuivez.

Le Chef des Dix. Les Dix, s'étant adjoint une junte de vingt-cinq sénateurs choisis entre les patriciens les plus nobles, ont délibéré sur l'état de la République, et sur les soucis accablants qui, en ce moment, doivent peser doublement sur vos années, si longtemps vouées au service de votre pays. Ils ont jugé convenable de solliciter avec respect de votre sagesse, qui ne peut s'y refuser, la résignation de l'anneau ducal, que vous avez porté si longtemps et avec tant d'honneur; et, pour montrer qu'ils ne sont point ingrats, et s'acquitter de ce qu'ils doivent à votre vieillesse et à vos services, ils vous accordent un apanage de vingt mille ducats d'or, pour donner à votre retraite toute la splendeur qui convient à celle d'un souverain.

Le Doge. Ai-je bien entendu?

Le Chef des Dix. Dois-je répéter?

Le Doge. Non. — Avez-vous fini?

Le Chef des Dix. J'ai dit. On vous accorde vingt-quatre heures pour rendre votre réponse.

Le Doge. Je n'ai pas besoin de vingt-quatre secondes.

Le Chef des Dix. Nous allons nous retirer.

Le Doge. Restez! Vingt-quatre heures ne changeront rien à ce que j'ai à dire.

Le Chef des Dix. Parlez.

Le Doge. Deux fois j'ai exprimé le désir d'abdiquer, et deux fois on s'y est refusé; bien plus, on a exigé de moi le serment de ne jamais renouveler cette demande. J'ai juré de mourir dans le plein exercice des fonctions que le pays m'a confiées; je les ai remplies avec honneur et conscience. — Je ne puis violer mon serment.

Le Chef des Dix. Ne nous réduisez pas à la nécessité d'ordonner par un décret ce que nous voudrions obtenir de votre consentement.

Le Doge. La Providence prolonge mes jours pour m'éprouver et me châtier; mais vous n'avez pas le droit de me reprocher mon grand âge, puisque chacune de mes heures fut consacrée à ma patrie. Je suis prêt à donner ma vie pour elle, après lui avoir sacrifié des objets plus chers que la vie;

mais quant à ma dignité, — je la tiens de la République entière ; quand la volonté générale se sera prononcée, alors vous aurez ma réponse [9].

Le Chef des Dix. Cette réponse nous afflige ; mais elle ne peut vous servir de rien.

Le Doge. Je me soumettrai à tout ; mais je ne ferai point un pas ; décrétez ce que vous voudrez.

Le Chef des Dix. Est-ce là la réponse que nous devons rapporter à ceux qui nous envoient ?

Le Doge. Vous avez entendu.

Le Chef des Dix. Avec le respect qui vous est dû, nous nous retirons.

La députation sort. — Un serviteur entre.

Le Serv. Seigneur, la noble dame Marina demande audience.

Le Doge. Mon temps est à sa disposition.

MARINA entre.

Mar. Seigneur, je crains d'être importune. — Peut-être désirez-vous être seul ?

Le Doge. Seul je suis, et seul je resterai pour toujours, quand le monde entier se presserait autour de moi ; mais nous saurons tout supporter.

Mar. Oui, et pour l'amour de ceux qui restent, nous nous efforcerons… — O mon époux !

Le Doge. Donne cours à ta douleur ; je ne puis te consoler.

Mar. Né dans une autre patrie, il aurait pu vivre, lui qui était si bien formé pour le bonheur de la vie privée, lui si aimant, si aimé ! Qui eût pu goûter, qui eût pu donner plus de bonheur que mon pauvre Foscari ? Il ne manquait à sa félicité et à la mienne que de n'être pas Vénitien.

Le Doge. Ou le fils d'un prince.

Mar. Oui ; tout ce qui favorise le bonheur imparfait ou l'ambition des autres hommes, par une destinée étrange, lui est devenu fatal. La patrie et le peuple qu'il aimait, le prince dont il était le fils aîné, et…

Le Doge. Qui aura bientôt cessé d'être prince.

Mar. Comment !

Le Doge. Ils m'ont ôté mon fils, et maintenant ils en veulent à mon diadème usé et à mon anneau ducal. Qu'ils reprennent ces colifichets!

Mar. Oh! les tyrans! et dans un pareil moment encore!

Le Doge. C'est le moment le plus convenable; il y a une heure j'eusse été sensible à ce nouveau coup.

Mar. Et maintenant, n'en aurez-vous aucun ressentiment? O vengeance! Mais celui qui, s'il eût été suffisamment protégé, pourrait maintenant protéger à son tour, ne peut venir au secours de son père.

Le Doge. Et il ne le devrait point contre sa patrie, eût-il mille vies au lieu de celle que...

Mar. Que leurs tortures lui ont arrachée. Ce peut être là du pur patriotisme. Je suis femme : mon époux et mes enfants étaient ma patrie; je l'aimais! — Combien je l'aimais! je lui ai vu traverser des souffrances qui eussent fait reculer les premiers martyrs. Il n'est plus! et moi qui aurais donné mon sang pour lui, je n'ai à lui donner que des larmes! Mais si je pouvais obtenir le châtiment de ses persécuteurs! — Bien, bien; j'ai des fils qui seront un jour des hommes.

Le Doge. Votre douleur vous égare.

Mar. J'aurais cru pouvoir supporter sa mort, quand je le voyais courbé sous le poids d'une pareille oppression! Oui, je pensais que j'aimerais mieux le voir mort que gémissant dans une captivité prolongée; — je suis punie de cette pensée maintenant. Que ne suis-je dans sa tombe!

Le Doge. Il faut que je le voie encore une fois.

Mar. Venez avec moi.

Le Doge. Est-il...

Mar. Notre lit nuptial est maintenant son cercueil.

Le Doge. Est-il dans son linceul?

Mar. Venez, venez, vieillard.

(Le Doge et Marina sortent. — Barbarigo et Loredano entrent.)

Barb. (*Au serviteur.*) Où est le doge?

Le Serv. Il vient de se retirer à l'instant même avec l'illustre veuve de son fils.

Lor. Où?

Le Serv. Dans l'appartement où le corps repose.

Barb. Retournons donc sur nos pas.

Lor. Vous oubliez que nous ne le pouvons pas. Nous avons l'ordre exprès de la Junte de l'attendre ici, et de nous réunir à ses membres dans la démarche dont ils sont chargés. Ils ne tarderont pas à venir.

Barb. Et feront-ils immédiatement connaître leur message au doge?

Lor. Lui-même a désiré que les choses se fissent promptement. Sa réponse ne s'est pas fait attendre; il en doit être de même de la nôtre. On a eu égard à sa dignité, on a songé à sa fortune; — que voudrait-il de plus?

Barb. Mourir dans sa charge. Il n'aurait pu vivre longtemps; mais j'ai fait tout ce que j'ai pu pour lui conserver ses titres, et je me suis opposé à cette proposition jusqu'au dernier moment, bien qu'en pure perte. Pourquoi faut-il que le vote général m'envoie ici malgré moi!

Lor. Il était bon que quelqu'un d'une opinion différente de la nôtre nous servît de témoin, afin que l'imposture ne fît pas courir le bruit qu'une majorité injuste craignait d'exposer ses actes aux regards de la minorité du Conseil.

Barb. On n'a pas moins eu pour but, je le pense, de m'humilier pour punir mon inutile opposition. Loredano, vous êtes ingénieux dans le choix de vos moyens de vengeance. Je dirai même que vous êtes poétique, un véritable Ovide dans l'art de *haïr*; c'est ainsi (bien que ce soit pour vous un objet secondaire; mais les yeux de la Haine sont un vrai microscope), c'est ainsi que je vous dois, afin sans doute de faire ressortir le mérite des plus zélés, d'être associé, malgré moi, au message de votre Junte.

Lor. Comment! *ma* Junte?

Barb. La *vôtre!* elle parle votre langage, épie vos moindres signes, approuve vos plans et fait votre œuvre; n'est-elle pas vôtre?

Lor. Vous parlez imprudemment. Il ne serait pas bon qu'on vous écoutât.

Barb. Oh! un jour viendra qu'ils en entendront bien davantage; ils ont même été au delà des limites de leur pouvoir, et quand cela arrive dans les États même les plus avilis, l'Humanité outragée se lève et punit.

Lor. Vous parlez sans réflexion.

Barb. C'est ce qui reste à prouver. Voici nos collègues.

La députation rentre.

Le Chef des Dix. Le duc sait-il que nous cherchons sa présence?

Un Serv. Je vais l'en informer.   (*Le serviteur sort.*)

Barb. Le duc est avec son fils.

Le Chef des Dix. Dans ce cas, nous ajournerons notre message après les funérailles. Retournons. Il sera temps encore demain.

Lor. (*à part à Barbarigo*). Que le feu d'enfer qui dévorait le mauvais riche, consume éternellement ta langue! Je la ferai arracher de ta bouche babillarde, jusqu'à ce que tu n'exhales plus que des sanglots avec du sang! (*Tout haut et s'adressant à la députation.*) Sages seigneurs, je vous prie de ne rien précipiter.

Barb. Soyez humains.

Lor. Voici le doge!

Le Doge entre.

Le Doge. J'obéis à votre appel.

Le Chef des Dix. Nous venons renouveler la demande que nous avons déjà faite.

Le Doge. Et moi, je viens vous faire ma réponse.

Le Chef des Dix. Quelle est-elle?

Le Doge. Vous l'avez entendue.

Le Chef des Dix. Entendez donc notre décret définitif et irrévocable.

Le Doge. Au fait! au fait! Je connais les formalités officielles et les préambules pleins de douceur qui accompagnent les actes de violence. — Poursuivez.

Le Chef des Dix. Vous n'êtes plus doge; vous êtes délié de votre serment impérial comme souverain; il faut vous dépouiller de votre robe ducale. Mais, en considération de vos services, l'État vous alloue l'apanage déjà mentionné dans notre précédente entrevue. On vous laisse trois jours pour quitter ce palais, sous peine de voir confisquer votre fortune particulière.

Le Doge. Cette dernière clause, je le dis avec orgueil, n'enrichira pas le trésor.

Le Chef des Dix. Votre réponse, doge?

Lor. Votre réponse, Francesco Foscari?

Le Doge. Si j'avais pu prévoir que mon grand âge fût préjudiciable à l'État, le chef de la République ne se serait jamais montré assez ingrat pour placer l'intérêt de sa dignité avant celui du pays; mais ma vie ayant été depuis tant d'années employée au service de la patrie, et ne lui ayant pas été inutile, je désirais lui en consacrer encore les derniers instants. Néanmoins puisque le décret est rendu, j'obéis.

Le Chef des Dix. Si l'espace de trois jours ne vous suffit pas, nous consentirons volontiers à l'étendre jusqu'à huit, en témoignage de notre estime.

Le Doge. Je n'ai pas besoin de huit heures, seigneur, ni même de huit minutes : — voici l'anneau ducal et voici le diadème. (*Il ôte son anneau et sa toque.*) Ainsi, l'Adriatique est libre d'en épouser un autre.

Le Chef des Dix. Il n'est pas besoin d'y mettre tant de précipitation.

Le Doge. Je suis vieux, seigneur, et même pour faire peu de chemin je suis obligé de me mettre de bonne heure en route. Il me semble voir parmi vous un visage qui m'est inconnu; — sénateur, votre nom, vous dont le costume annonce le chef des Quarante [10]?

Mem. Seigneur, je suis le fils de Marco Memmo.

Le Doge. Ah! votre père était mon ami; — mais les fils et les pères... — Holà! mes serviteurs, ici!

Un Serv. Mon prince!

Le Doge. Plus de prince! — (*Montrant la députation des Dix.*) Voici les princes du prince. — Préparez-vous à partir d'ici à l'instant.

Le Chef des Dix. Pourquoi si brusquement? Cela fera du scandale.

Le Doge (*aux Dix.*) Vous aurez à en répondre ; cela vous regarde. — (*Aux domestiques.*) Allons, dépêchez-vous. Il est un fardeau que je vous prie de porter avec soin, bien que maintenant on ne puisse plus lui faire de mal ; mais j'y veillerai moi-même.

Barb. Il veut parler du corps de son fils.

Le Doge. Faites venir Marina, ma fille.

MARINA entre.

Tenez-vous prête ; il nous faut aller pleurer ailleurs.

Mar. Partout.

Le Doge. Oui, mais en liberté, sans ces espions jaloux attachés aux pas des grands. — Seigneurs, vous pouvez vous retirer : que vous faut-il de plus ? nous partons. Craignez-vous que nous n'emportions avec nous ce palais ? Ces vieilles murailles, dix fois plus vieilles que moi, et je suis bien vieux, vous ont servi, et moi aussi ; elles et moi nous aurions bien des choses à vous dire ; mais je ne leur demande point de s'écrouler sur vous : elles le feraient comme autrefois les colonnes du temple de Dagon sur l'Israélite et les Philistins ses ennemis. Je crois que la même puissance serait donnée à une malédiction comme la mienne provoquée par des hommes tels que vous ; mais je ne maudis point. Adieu, seigneurs ! Puisse le doge suivant valoir mieux que le doge actuel !

Lor. Le doge *actuel* est Pascal Malipiero.

Le Doge. Il ne le sera que lorsque j'aurai franchi le seuil de ces portes.

Lor. La grande cloche de Saint-Marc sonnera bientôt pour son inauguration.

Le Doge. Ciel et terre ! vous sonnerez cette cloche, moi vivant ! et je l'entendrai ! — Je serai donc le premier doge qui ait entendu la cloche sonner pour son successeur ! Plus heureux que moi, mon coupable prédécesseur, l'inflexible Faliero ! cette insulte du moins lui fut épargnée.

Lor. Eh quoi ! regrettez-vous un traître ?

Le Doge. Non ; — seulement je porte envie aux morts.

Le Chef des Dix. Seigneur, si vous persistez à quitter ainsi brusquement le palais ducal, sortez du moins par l'escalier secret qui conduit au quai du canal.

Le Doge. Non; je descendrai maintenant l'escalier que j'ai monté pour prendre possession du pouvoir, — l'escalier des Géants, au haut duquel je fus investi de la dignité de doge! Mes services m'ont fait monter cet escalier, la haine de mes ennemis m'en précipite. Il y a trente-cinq ans que j'ai été installé, que j'ai traversé ces mêmes salles dont je ne comptais sortir que mort, — mort peut-être en combattant pour mes concitoyens, — mais non pas chassé ainsi par eux! Mais, venez; mon fils et moi nous nous en irons ensemble; lui, pour prendre possession de son tombeau, moi, pour implorer le mien [11].

Le Chef des Dix. Eh quoi! en public?

Le Doge. C'est publiquement que j'ai été élu, c'est publiquement que je veux être déposé. — Marina! venez-vous?

Mar. Voici mon bras.

Le Doge. Et voilà mon bâton; je pars soutenu par ce double appui.

Le Chef des Dix. Cela ne doit pas être. — Le peuple s'en apercevra.

Le Doge. Le peuple! — il n'y a pas de peuple, vous le savez bien, sans quoi vous n'oseriez pas en agir ainsi avec lui et avec moi. Il y a une populace peut-être, dont les regards vous feront rougir; mais ils n'oseront gémir et vous maudire que des yeux et du fond du cœur.

Le Chef des Dix. La passion vous fait parler, autrement...

Le Doge. Vous avez raison, j'ai plus parlé qu'à mon ordinaire. Ce n'est pas là mon faible habituel; mais ce sera pour vous une excuse, en faisant voir que j'approche d'une caducité qui autorise votre action, à défaut de la loi. Adieu, seigneurs.

Barb. Vous ne partirez pas sans une escorte convenable à votre rang; nous accompagnerons respectueusement le doge à son palais particulier. — Dites, mes collègues, n'êtes-vous pas de cet avis?

Plusieurs voix. Oui! oui!

Le Doge Vous ne viendrez pas ! — à ma suite, du moins. Je suis entré ici comme souverain : — j'en sors par les mêmes portes, mais comme citoyen. Toutes ces vaines cérémonies sont de lâches insultes, qui ne font qu'ulcérer davantage le cœur, et appliquent du poison pour antidote. La pompe est pour les princes ; — je ne le suis plus ! — C'est faux, je le suis encore, mais seulement jusqu'à cette porte. — Ah !

Lor. Ecoutez !

(On entend sonner la grande cloche de Saint-Marc.)

Barb. La cloche !

Le Chef des Dix. De Saint-Marc, qui sonne pour l'élection de Malipiero.

Le Doge. J'en reconnais le son. Je l'ai entendu une fois, une fois seulement, et il y a de cela trente-cinq ans ; même *alors je n'étais pas jeune.*

Barb. Asseyez-vous, seigneur ; vous tremblez.

Le Doge. C'est le glas de mort de mon pauvre enfant ! mon cœur souffre amèrement.

Barb. Veuillez vous asseoir.

Le Doge. Non ; jusqu'à présent j'ai eu pour siége un trône. — Marina ! partons.

Mar. Je suis prête.

Le Doge (*fait quelques pas, puis s'arrête*). Je me sens altéré ; — qui veut me donner une coupe d'eau ?

Barb. Moi.

Mar. Et moi.

Lor. Et moi.

Le Doge (*prend la coupe des mains de Loredano*). J'accepte de votre part, comme de la main la plus convenable en un pareil moment.

Lor. Pourquoi ?

Le Doge. On dit que le cristal de Venise a une telle antipathie contre les poisons, qu'il se brise dès que quelque chose de venimeux vient à le toucher. Vous teniez cette coupe ; elle ne s'est point brisée.

Lor. Eh bien ! seigneur ?

Le Doge. Cela prouve que le proverbe est faux, ou que

vous êtes de bonne foi. Pour moi, je ne crois ni l'un ni l'autre : c'est une sotte tradition.

Mar. Vos idées s'égarent; vous feriez bien de vous asseoir et de ne pas partir encore. Ah! vous êtes maintenant dans l'état où était mon époux.

Barb. Il s'affaisse! — Soutenez-le! vite! — une chaise! Soutenez-le!

Le Doge. La cloche continue à sonner! — Eloignons-nous! — mon cerveau brûle!

Barb. Je vous en supplie, appuyez-vous sur nous.

Le Doge. Non! un souverain doit mourir debout. — Mon pauvre enfant! — Ecartez vos bras! — *Cette cloche!* (*Le Doge tombe et meurt* [12].)

Mar. Mon Dieu! mon Dieu!

Barb. (*à Loredano*). Voyez, votre œuvre est complète.

Le Chef des Dix. N'y a-t-il aucun secours? Qu'on appelle!

Un Serv. Tout est fini.

Le Chef des Dix. Si cela est, du moins ses obsèques seront dignes de son nom et de Venise, de son rang et de son dévouement aux devoirs de sa charge, tant que l'âge lui a permis de les remplir dignement. Mes collègues, dites, en sera-t-il ainsi?

Barb. Il n'a point eu la douleur de mourir sujet là où il avait régné; que ses funérailles soient celles d'un prince [13]!

Le Chef des Dix. Nous sommes tous d'accord?

Tous (*excepté Loredano*). Oui.

Le Chef des Dix. Que la paix du ciel soit avec lui!

Mar. Seigneurs, permettez : c'est une vraie mystification. Cessez de vous jouer de cette triste dépouille; il n'y a qu'un moment, lorsque vivait encore ce vieillard, qui a reculé les limites de votre empire et rendu votre puissance immortelle comme sa gloire, votre haine froide, inexorable, l'a banni de son palais, l'a fait descendre de son haut rang; et maintenant que ces honneurs ne sont plus rien pour lui, et il ne les accepterait pas s'il pouvait les connaître, vous voulez entourer d'une pompe vaine et superflue la victime que vous avez foulée aux pieds! Des funérailles de prince seront un reproche pour vous et non un honneur pour lui.

Le Chef des Dix. Madame, nous ne révoquons pas aussi facilement nos décisions.

Mar. Je le sais, en ce qui concerne les tortures infligées aux vivants. Je pensais que les morts étaient hors de votre puissance, quoique quelques-uns sans doute soient livrés à des esprits dont le pouvoir ressemble à celui que vous exercez sur la terre. Laissez à mes soins son cadavre, comme vous m'auriez abandonné les restes de sa vie que vous avez charitablement abrégée. C'est un dernier devoir que je remplis; j'y trouverai peut-être à mon désespoir un triste soulagement. La douleur est fantastique; elle aime les morts et l'appareil de la tombe.

Le Chef des Dix. Persistez-vous à vous charger de ce soin?

Mar. Oui, seigneur; quoique sa fortune ait été dépensée tout entière au service de l'État, j'ai encore mon douaire qui sera consacré à ses funérailles et à celles de... (*Elle s'arrête maîtrisée par son agitation.*)

Le Chef des Dix. Gardez votre douaire pour vos enfants.

Mar. Oui; ils sont orphelins, grâce à vous.

Le Chef des Dix. Nous ne pouvons accueillir votre demande. Ses dépouilles mortelles seront exposées avec la pompe usitée, et suivies à leur dernière demeure par le nouveau doge, revêtu du costume de simple sénateur.

Mar. J'ai entendu parler de meurtriers qui ont enterré leur victime; mais c'est pour la première fois qu'on aura vu l'Hypocrisie entourer de tant de splendeur ceux qu'elle a tués. J'ai entendu parler des larmes des veuves. — Hélas! j'en ai versé quelques-unes, — toujours grâce à vous! J'ai entendu parler d'héritiers en deuil; — vous n'en avez point laissé au défunt, et vous voudriez en jouer le rôle! Eh bien! seigneurs, que votre volonté soit faite, comme un jour, je l'espère, celle du ciel s'accomplira également!

Le Chef des Dix. Savez-vous, Madame, à qui vous parlez, et à quoi vous expose un pareil langage?

Mar. Je connais ceux à qui je parle mieux que vous-mêmes, et les dangers que je cours tout aussi bien que vous ; je brave les uns, et je fais face aux autres. Vous faut-il encore d'autres funérailles?

Barb. Ne faites pas attention à ses paroles imprudentes ; sa position doit lui servir d'excuse.

Le Chef des Dix. Nous n'en tiendrons aucun compte.

Barb. (*à Loredano, qui écrit sur ses tablettes*). Qu'écrivez-vous sur vos tablettes avec tant d'attention?

Lor. (*montrant le corps du Doge*). J'écris qu'il m'a payé[14].

(*La toile tombe.*)

NOTES

DES CINQ ACTES DES DEUX FOSCARI.

[1] La tragédie des *Deux Foscari* a été écrite à Ravenne, du 12 juin au 9 juillet 1821, et publiée avec *Sardanapale*, le mois de décembre suivant.

[2] *Veneno sublatus*. Cette tombe est dans l'église de Santa-Elena.

[3] C'était une Contarini, «fille d'une maison qui, parmi ses ancêtres coulés en bronze monumental, comptait déjà huit doges.» Rogers.

[4] « Nuit et jour rêvant au passé, songeant au présent, c'était plus qu'il n'en pouvait supporter. Ses regrets, son impatience, augmentaient; son désir de revoir sa patrie devint un délire ; il résolut de la revoir, dût-il lui en coûter la vie. Il écrivit une lettre adressée au duc de Milan (dont le nom, depuis si illustre, serait resté éternellement obscur, sans le caprice d'une branche de chêne qui décida de sa destinée), implorant son influence auprès de l'État de Venise. Il eut soin d'égarer cette lettre afin qu'on la trouvât. » Rogers.

Ce duc de Milan était François Sforce. Son père travaillait aux champs, lorsque quelques soldats, passant par là, lui proposèrent de l'enrôler. — « Laissez-moi jeter ma pioche dans ce chêne, dit-il, et si elle reste suspendue, je vous suivrai. » — Elle resta, et le paysan, qui y vit un présage, s'enrôla. Il devint successivement soldat, général, prince ; et son petit-fils, se promenant dans son palais de Milan, disait à Paul Jovius : — « Vous voyez bien ces gardes et cette grandeur; je dois tout cela à la branche de chêne où resta attachée la pioche de mon grand-père. »

[5] La sentence extraordinaire prononcée contre lui existe encore dans les archives de Venise; elle est rédigée en ces termes : « Giacopo Foscari, accusé du meurtre d'Hermolao Donato, a été arrêté et interrogé ; et, d'après les témoignages, les circonstances et les pièces du procès, *il paraît évidemment* coupable dudit crime; néanmoins, par suite de ses obstinations et des *enchantements et sortiléges* qu'il possède, il n'a point été possible d'obtenir de lui la vérité, qui résulte d'ailleurs des témoignages

et des pièces écrites; car lorsqu'il était attaché à la corde, il n'a laissé échapper ni un murmure ni un gémissement, mais il a murmuré à part lui quelques paroles impossibles à distinguer; cependant *comme l'honneur* de l'État le requiert, il a été condamné à être banni dans l'île de Candie. » Croirait-on que le véritable assassin ayant été découvert dans la suite, on ne révoqua pas cette cruelle et injuste sentence? Voyez les *Esquisses de l'Histoire de Venise*, t. II, p. 97.

⁶ Lord Byron, dans sa tragédie, s'est conformé aussi fidèlement que pouvait le permettre son action dramatique, à la vérité historique. Nous devons remarquer, cependant, qu'après que Jacopo eut été torturé, il fut transporté dans le palais ducal, et non dans un des Pozzi; qu'il mourut, non à Venise, mais à Canea; qu'il s'écoula quinze mois entre sa mort et la déposition de son père; enfin, que le doge mourut chez lui, et non dans le palais. *Esquisses de l'Histoire de Venise*, t. II, p. 105.

⁷ Allusion à l'air suisse le *Ranz des Vaches*, et aux effets qu'il produit.

⁸ Fait historique. Voyez Daru, t. II.

⁹ « Alors, ô vieillard! le calice d'amertume fut rempli jusqu'au bord; cependant, tu survécus. Mais il était un homme, l'âme et le chef de toutes tes persécutions, qui ne fut point satisfait, acharné sur sa proie, la dévorant, buvant son sang sans pouvoir se rassasier, un homme dont le nom était aussi illustre que le tien, membre du Conseil des dix, un des trois invisibles; il se nommait Loredano. Lorsque les lionceaux furent morts, il voulut chasser le lion de sa tanière, et, guidant la meute qu'il avait longtemps gouvernée, cette meute lâche, qui toujours aboie devant les grandeurs déchues, ne voulut point permettre que Foscari fût plus longtemps doge, lui reprochant son grand âge, appelant oubli de ses devoirs et mépris des lois cette solitude chère à ses chagrins. » — « Je consens à me retirer, » dit-il, « mais j'ai juré de rester, et je ne puis manquer à mon serment; faites de moi ce qu'il vous plaira. »

ROGERS.

¹⁰ « Déposé, lui qui avait si longtemps et si glorieusement régné! On ôta de son front le bonnet ducal; on le dépouilla de sa robe; on brisa devant lui son sceau et son anneau, mais rien ne put ébranler sa douceur et sa fermeté; il resta le même devant les Dix, qui vinrent lui apporter le décret. Foscari en vit un qu'il ne connaissait point, et s'informa de son nom. « Je suis le fils de Marco Memmo. — Ah! » répliqua-t-il, « ton père était mon ami. » ROGERS.

¹¹ « Et maintenant il sort : l'heure est passée, je n'ai plus rien à faire ici. — Mais ne crains-tu pas les regards de la foule? Prends ce chemin dérobé. — Non, par où je suis entré je veux me retirer; » et, s'appuyant sur sa béquille, il quitta le palais qui lui avait servi trente ans de résidence; il descendit cet escalier gardé par des géants monstrueux, terribles, et par où il était monté jadis au pouvoir. Arrivé au bas, il s'arrêta, et, toujours appuyé sur sa béquille, il se retourna et dit : « Je suis entré par la seule recommandation de mes services; je m'en vais chassé par la malice de mes ennemis. » Puis il se retira dans sa maison, aussi pauvre que

lorsqu'il en était sorti, au milieu des soupirs de la foule qui n'osait parler. » ROGERS.

¹² Le vieux Foscari ne mourut point dans le palais, mais dans sa propre maison, non aussitôt après être descendu par l'escalier des Géants, mais un jour plus tard, en entendant, dit M. de Sismondi, le son des cloches qui sonnaient en actions de grâces pour l'élection de son successeur. Il mourut subitement d'une hémorrhagie causée par une veine qui éclata dans sa poitrine.

« Un peu avant que je n'eusse atteint l'âge de seize ans, » dit lord Byron, « je fus témoin d'un accident pareil qui arriva à une jeune personne à la suite d'émotions diverses ; elle ne mourut pas cependant sur-le-champ, mais elle succomba, plusieurs années après, d'une seconde rupture de vaisseau. » Voir *Don Juan*, c. VI, st. 59.

¹³ Par un décret du Conseil, les insignes du souverain pouvoir, dont le doge s'était dépouillé lors de sa déposition, lui furent rendus à sa mort ; il fut enterré avec toute la magnificence d'usage, dans l'église des Mineurs. Le nouveau doge était rangé dans la suite parmi les pleureurs.

¹⁴ *L'ha pagata.* Historique. Voir l'*Hist. de Venise*, par Daru. Le manuscrit original donne ici les deux vers qui suivent :

* Le Chef des Dix. Quelle était cette dette ?
* Loredano. Une dette juste et ancienne qu'il avait contractée envers la nature
* et envers moi. »

Ils furent ajoutés par M. Gifford. Sur la marge du manuscrit, lord Byron avait écrit : « Si le dernier vers paraît obscur à ceux qui ne se rappellent pas que dans le premier acte Loredano parle de la dette qu'il avait inscrite sur son livre : « Doit le doge Foscari, pour la mort de mon père et celle de mon oncle, » vous pouvez ajouter :

* Le Chef des Dix. Que vous devait-il ?
* Loredano. Sa vie et celle de son fils en expiation de la mort de mon père et de
* mon oncle. »

« Mais d'où venait cette haine mortelle qui produisit tous ces malheurs, la haine de Loredano ? C'était un legs que lui avait laissé son père, qui, avant Foscari, avait régné à Venise, et, comme le venin dans la queue du serpent, cette haine grossit et s'accrut peu à peu. Lorsque son père mourut, le bruit se répandit : « *Mort empoisonné !* » Ces paroles l'effrayèrent comme si elles s'étaient échappées du tombeau de son père ; il les grava sur le marbre ou la pierre funéraire, et, comme un marchand, il inscrivit sur son livre, parmi les débiteurs qu'il ne devait oublier ni jour ni nuit : « Poursuivre *Francesco Foscari* pour la mort de mon père, » laissant le reste en blanc, afin de le remplir plus tard. Lorsque le noble cœur de Foscari eut enfin cessé de battre, il prit le volume avec le même sang-froid, et remplit ainsi le blanc : « Il m'a payé. » Vous qui de jour en jour avez médité et poursuivi une vengeance impitoyable, attendant que l'heure sonne d'aiguiser vos dents, et comme ce Pisan qui rongea le crâne chevelu de celui qui l'avait offensé, si c'est votre droit, vengez-vous, mais craignez de léguer votre vengeance à vos enfants. » ROGERS.

LE
DIFFORME TRANSFORMÉ[1],
DRAME EN TROIS PARTIES.

AVERTISSEMENT.

Cet ouvrage est tiré en partie du *Faust* du grand Goethe, en partie d'un roman intitulé *les Trois Frères*[2], publié il y a déjà quelques années, et auquel M. Lewis avait emprunté précédemment *le Démon des Bois*. L'auteur ne donne aujourd'hui que les deux premières parties et un chœur de la troisième partie ; le reste paraîtra peut-être dans la suite.

PERSONNAGES.

L'INCONNU, ensuite CÉSAR.
ARNOLD.
BOURBON.
PHILIBERT.
CELLINI.
BERTHE.
OLYMPIE.
Esprits, Soldats, Citoyens de Rome, Prêtres, Paysans, etc.

PREMIÈRE PARTIE.
SCÈNE Ire.
Une forêt.
ARNOLD arrive avec sa mère BERTHE.

Bert. Va-t'en, bossu !

Arn. Je suis né comme cela, ma mère[3].

Bert. Va-t'en, incube ! cauchemar ! seul avorton de sept fils que j'ai eus.

Arn. Plût au ciel que j'eusse été un avorton, et n'eusse jamais vu la lumière !

Bert. Oui, plût au ciel ! mais puisque tu l'as vue, — va-t'en, — va t'en, et fais de ton mieux. Ton dos peut porter une charge ; il est plus haut, sinon aussi large, que celui des autres.

Arn. Il porte son fardeau ; — mais mon cœur soutiendrat-il celui dont vous l'accablez, ma mère? Je vous aime, ou du moins je vous aimais; vous seule dans la nature pouvez aimer un être tel que moi. Vous m'avez nourri, — ne me tuez pas!

Bert. Oui, — je t'ai nourri parce que tu étais mon premier né, et je ne savais si je donnerais le jour à un second fils moins laid que toi, caprice monstrueux de la nature! Mais va-t'en, et ramasse du bois.

Arn. J'y vais; mais quand je reviendrai, parlez-moi avec bonté. Quoique mes frères soient beaux et forts, et aussi libres que le daim auquel ils donnent la chasse, ne me repoussez pas; eux et moi, nous avons été nourris du même lait.

Bert. Tu as fait comme le hérisson, qui vient pendant la nuit téter la mère du jeune taureau, en sorte que la laitière trouve le lendemain matin les mamelles taries et le pis malade[4]. N'appelle pas mes autres enfants tes frères! ne m'appelle pas ta mère; car si je t'ai enfanté, j'ai fait comme la poule imbécile qui parfois fait éclore des vipères en couvant des œufs étrangers. Va-t'en, magot, va-t'en! (*Berthe s'éloigne.*)

Arn. (*seul*). O ma mère! — Elle est partie, et je dois exécuter ses ordres. — Ah! je le ferais avec plaisir si je pouvais seulement espérer en retour un mot de bonté. Que faire?

(Arnold se met à couper du bois; tout en travaillant, il se blesse à la main.)

Voilà que je ne pourrai plus travailler du reste de la journée. Maudit soit ce sang qui coule si vite! car maintenant une double malédiction m'attend à la maison; — quelle maison? Je n'ai point de maison, point de parents, point d'espèce. — Je ne suis point fait comme les autres créatures, ni destiné à partager leurs jeux et leurs plaisirs. Dois-je donc saigner comme elles? Oh! que ne peut chacune de ces gouttes en tombant à terre, en faire naître un serpent qui les morde comme elles m'ont mordu! Oh! que ne peut le démon, auquel on me compare, venir en aide à son image! Si j'ai sa laideur, pourquoi pas aussi son pouvoir? Est-ce parce que je n'ai pas la volonté? Il suffirait d'un mot bienveillant de la bouche de celle qui m'a donné la vie pour me réconcilier avec mon aspect odieux. Lavons ma blessure.

(Arnold s'approche d'un ruisseau et se baisse pour y plonger la main ; tout à coup il recule.)

Ils ont raison ; et dans ce miroir de la nature je me vois tel qu'elle m'a fait. Je ne veux plus arrêter mes regards sur cette vue, et j'ose à peine y penser. Hideuse créature que je suis ! les eaux elles-mêmes semblent me railler en reproduisant mon horrible image, — qu'on prendrait pour un démon placé au fond de cette source pour empêcher les troupeaux de venir y boire. (*Il garde un moment le silence.*) Et continuerai-je à vivre, à charge à la terre et à moi-même, objet de honte pour celle qui m'a donné le jour ? Ce sang qui coule si abondamment d'une simple égratignure, essayons de lui ouvrir une plus large issue, afin que mes maux s'écoulent pour jamais avec lui ; rendons à la terre ce corps odieux, composé de ses atomes ; qu'il se dissolve, qu'il retourne à ses éléments primitifs, qu'il prenne la forme n'importe de quel reptile, pourvu que ce ne soit pas la mienne, et qu'il devienne un monde pour des myriades de nouveaux vermisseaux ! Voyons si ce couteau tranchera mon existence, et coupera cette tige flétrie de la nature, comme il a coupé la verte branche de la forêt.

(Arnold fixe son couteau en terre, la pointe en l'air.)

Le voilà placé, et je puis me précipiter sur sa pointe. Mais encore un regard à ce beau jour qui ne voit rien d'aussi hideux que moi, et à ce doux soleil qui m'a réchauffé, mais en vain. Les oiseaux ! oh ! comme ils chantent gaiement ! qu'ils chantent, car je ne veux point qu'on me pleure ; que leurs plus joyeux accords soient le glas de mort d'Arnold, les feuilles tombées, mon monument, et le murmure de la source voisine, ma seule élégie. Mon bon couteau ! tiens-toi ferme pendant que je vais m'élancer sur toi !

(Au moment où il va pour se précipiter sur le couteau, son regard est tout à coup arrêté par un mouvement qu'il aperçoit dans le ruisseau.)

L'onde se meut sans qu'aucun vent ait soufflé ; mais changerai-je ma résolution pour une eau qui s'agite ? La voilà qui se meut encore ! Ce n'est pas l'air, il me semble, qui lui communique ce mouvement, mais je ne sais quelle puissance souterraine du monde intérieur. Que vois-je? un brouillard? rien de plus!

> (Un nuage s'élève de la source. Arnold le contemple, le nuage se dissipe, et un grand homme noir s'avance vers lui.)

Arn. Que veux-tu? parle! Es-tu un esprit ou un homme?

L'Inconnu. Puisque l'homme réunit les deux natures, pourquoi un même mot n'exprimerait-il pas ces deux choses?

Arn. Ta forme extérieure est celle de l'homme, et cependant tu peux être un démon.

L'Inc. Tant d'hommes le sont, ou passent pour tels, que tu peux me placer sans inconvénient dans l'une ou dans l'autre de ces catégories. Mais voyons : tu veux te tuer, — achève.

Arn. Tu es venu m'interrompre.

L'Inc. Quelle résolution que celle qui peut être interrompue! Si j'étais le diable, comme tu le crois, un moment de plus, et ton suicide t'aurait livré à moi pour toujours; et pourtant c'est ma venue qui te sauve.

Arn. Je n'ai pas dit que tu étais le démon, mais que ton approche ressemblait à la sienne.

L'Inc. A moins de le fréquenter (et tu ne sembles guère accoutumé à te trouver en si bonne compagnie), tu ne peux dire comment est son approche; quant à son aspect, jette les yeux sur cette onde, puis sur moi, et juge lequel de nous deux a le plus de ressemblance avec l'être au pied fourchu qui fait l'épouvante du vulgaire.

Arn. Prétendrais-tu, oserais-tu me railler de ma difformité naturelle?

L'Inc. Si je reprochais au buffle son pied fourchu, ou à l'agile dromadaire sa bosse sublime, ces animaux seraient charmés du compliment; et cependant ils sont plus agiles, plus forts, ils ont plus de puissance d'action et de résistance que toi et que tous les êtres les plus courageux et les plus beaux de ta race. Ta forme est naturelle; seulement la nature s'est méprise dans sa prodigalité, en donnant à un homme les attributs d'une autre espèce.

Arn. Donne-moi la force du buffle et son pied redoutable lorsqu'à l'approche de son ennemi il fait voler la poussière, ou fais que je possède la longue et patiente agilité du dromadaire, ce vaisseau du désert! — alors je supporterai avec la patience d'un saint tes diaboliques sarcasmes.

L'Inc. Je le veux bien.

Arn. (*surpris*). Tu le peux?

L'Inc. Peut-être. Que veux-tu encore?

Arn. Tu te moques de moi.

L'Inc. Non, certes. Voudrais-je railler celui que tout le monde raille? ce serait un triste divertissement. Pour te parler le langage des hommes (car tu ne peux encore parler le mien), le forestier ne chasse pas le malheureux lapin, mais bien le sanglier, le loup ou le lion, abandonnant le menu gibier au petit bourgeois qui se met en campagne une fois l'an pour approvisionner sa cuisine de ces morceaux vulgaires.

Arn. En ce cas ne perds point ton temps avec moi: je ne t'ai point appelé.

L'Inc. Tes pensées ne sont pas éloignées des miennes. Ne me renvoie pas: il n'est pas facile de me rappeler quand on a besoin de moi.

Arn. Que feras-tu pour moi?

L'Inc. Je changerai de forme avec toi, si tu veux, puisque la tienne te déplaît, ou je te donnerai celle que tu désireras.

Arn. Oh! alors, tu es certainement le démon; car il est le seul qui puisse consentir à revêtir ma laideur.

L'Inc. Je te montrerai les formes les plus belles que le monde ait jamais vues, et tu choisiras.

Arn. A quelle condition?

L'Inc. Belle question! il y a une heure tu aurais donné ton âme pour avoir l'extérieur des autres hommes, et maintenant tu hésites quand il s'agit de revêtir la forme des héros!

Arn. Non; je ne veux ni ne dois compromettre mon âme.

L'Inc. Quelle est l'âme de quelque valeur qui voudrait habiter une telle carcasse?

Arn. C'est une âme ambitieuse, quelque peu digne d'elle

que soit son logement. Mais fais-moi connaître ton pacte : faut-il signer avec du sang ?

L'Inc. Pas avec le tien.

Arn. Avec quel sang donc ?

L'Inc. Nous parlerons de cela plus tard. Mais je ne serai point exigeant avec toi, car je vois en toi de grandes choses. Tu n'auras d'autre engagement que ta volonté, d'autre pacte que tes actions. Es-tu content ?

Arn. Je te prends au mot.

L'Inc. Commençons donc !

(L'Inconnu s'approche de la source, puis se tourne vers Arnold.)

Un peu de ton sang.

Arn. Pourquoi faire ?

L'Inc. Pour mêler avec la magie des eaux et rendre le charme efficace.

Arn. (*lui présentant son bras blessé*). Prends-le tout !

L'Inc. Pas à présent ; quelques gouttes suffiront.

(L'Inconnu prend quelques gouttes du sang d'Arnold dans le creux de sa main, et les jette dans la source.)

« Ombres de la Beauté ! ombres de la Puissance ! paraissez
« à ma voix ! Le moment est venu ! sortez charmantes et
« dociles du fond de cette source, comme le géant enfant
« des nuages parcourt la montagne de Hartz [5]. Venez telles
« que vous étiez, afin que mes yeux puissent voir dans
« l'air le modèle de la forme que je créerai. Apparaissez
« brillantes comme Iris quand elle déploie son arc dans les
« nues ; — tel est son désir (*il montre Arnold*), tel est mon
« commandement ! démons héroïques. — Démons autrefois
« revêtu de la forme du stoïcien ou du sophiste, — ou de
« celle de tous les victorieux, depuis l'enfant de la Macé-
« doine jusqu'à ces orgueilleux Romains qui ne venaient au
« monde que pour détruire ! ombres de la Beauté ! ombres
« de la Puissance ! paraissez à ma voix ! — Le moment est
« venu ! »

(Divers fantômes s'élèvent du fond des eaux et passent tour à tour devant l'Inconnu et Arnold.)

Arn. Que vois-je ?

L'Inc. Le Romain au nez aquilin, aux yeux noirs, qui jamais ne vit son vainqueur, qui jamais ne mit le pied sur un pays sans le ranger aux lois de Rome, tandis que Rome elle-même se soumit à lui et à tous ceux qui héritèrent de son nom.

Arn. Ce fantôme est chauve; et c'est la beauté que je cherche. Si je pouvais avec ses défauts obtenir aussi sa gloire!

L'Inc. Son front fut ombragé de plus de lauriers que de cheveux. Tu vois son aspect; prends ou refuse. Je ne puis te promettre que sa forme; sa gloire sera longtemps un objet d'ambition, et l'on combattra longtemps pour l'obtenir.

Arn. Je veux aussi combattre, mais non en César pour rire. Passons à un autre. Son aspect peut être beau, mais il ne me convient pas.

L'Inc. En ce cas, tu es plus difficile que la sœur de Caton, ou la mère de Brutus, ou Cléopâtre à seize ans, âge où l'amour n'est pas moins dans les yeux que dans le cœur. Mais soit. — Ombre, disparais!

(*Le fantôme de Jules César s'évanouit.*)

Arn. Se peut-il que l'homme qui ébranla la terre sous ses pas ait disparu sans laisser de traces?

L'Inc. Tu te trompes : sa substance a laissé après elle assez de tombeaux, assez de calamités et plus de gloire qu'il n'en faut pour éterniser sa mémoire; mais quant à son ombre, elle n'est pas plus que la tienne au soleil; seulement elle est un peu plus haute et plus droite. En voici une autre.

(*Un second fantôme passe.*)

Arn. Quel est celui-ci?

L'Inc. Il fut le plus brave et le plus beau des Athéniens. Considère-le bien.

Arn. Il est plus gracieux que le dernier. Comme il est beau [6]!

L'Inc. Tel fut le fils de Clinias, à la chevelure bouclée. — Veux-tu revêtir sa forme?

Arn. Plût au ciel qu'elle m'eût été donnée en naissant! Mais puisque j'ai la faculté de choisir, voyons-en d'autres.

(*L'ombre d'Alcibiade disparaît.*)

L'Inc. Regarde maintenant.

Arn. Quoi! ce satyre trapu, au teint basané, au nez court, aux yeux ronds, avec ses jambes cagneuses, ses larges narines, sa courte taille et sa mine de Silène[7]! J'aime mieux rester ce que je suis.

L'Inc. Et pourtant il fut la perfection terrestre de toute beauté morale et la personnification de toute vertu. Mais tu n'en veux pas?

Arn. Si, avec sa forme, j'avais aussi ce qui faisait compensation! — Non.

L'Inc. Je ne puis te le promettre; mais tu peux essayer et trouver la chose plus facile, soit avec cette forme, soit avec la tienne.

Arn. Non, je ne suis pas né pour la philosophie, quoique j'en aie besoin. Qu'il parte!

L'Inc. Évanouis-toi, buveur de ciguë!

(L'ombre de Socrate disparaît; une autre lui succède.)

Arn. Quel est celui-ci dont la barbe frisée et le mâle aspect rappellent Hercule, si ce n'est que son œil joyeux tient plus de Bacchus que de ce sévère expurgateur de l'empire infernal qu'on nous représente appuyé d'un air triste sur sa massue victorieuse, comme s'il regrettait l'indignité de ceux pour lesquels il a combattu?

L'Inc. C'est celui à qui l'amour fit perdre l'ancien monde.

Arn. Je ne puis le blâmer, car moi j'ai aventuré mon âme, parce que je n'ai pas trouvé ce qu'il préférait à l'empire du monde.

L'Inc. Puisque vous sympathisez en ce point, veux-tu revêtir ses traits?

Arn. Non. Comme tu m'as donné la faculté de choisir, je deviens difficile, ne fût-ce que pour voir des héros que je n'aurais jamais pu voir de ce côté du sombre rivage qu'ils ont quitté pour venir voltiger devant nous.

L'Inc. Va-t'en, triumvir: ta Cléopâtre t'attend.

(L'ombre d'Antoine disparaît; une autre la remplace.)

Arn. Quel est celui-ci, qui a vraiment l'air d'un demi-dieu, jeune et brillant, avec une chevelure dorée et une stature qui, sinon plus haute que celle des humains, a je ne sais quelle grâce immortelle et indicible dont il est revêtu comme le soleil de ses rayons, — un je ne sais quoi qui brille en lui, et qui n'est pourtant que l'éclatante émanation de quelque chose de plus noble encore? Cet être n'était qu'un homme[8]?

L'Inc. Que la terre le dise, s'il reste encore quelques atomes de lui ou de l'or plus solide qui composait son urne.

Arn. Qui était cet homme, la gloire de l'espèce humaine?

L'Inc. La honte de la Grèce pendant la paix, son foudre de guerre dans les combats : — Démétrius le Macédonien et le preneur de villes.

Arn. Voyons d'autres ombres.

L'Inc. (*à l'ombre.*) Retourne dans les bras de Lamia.

(L'ombre de Démétrius Poliorcète s'évanouit; une autre paraît.)

Je trouverai ton affaire, ne crains rien, mon bossu. Si les ombres de ceux qui ont existé ne plaisent point à ton goût délicat, j'animerai, s'il le faut, le marbre idéal jusqu'à ce que j'aie trouvé une enveloppe nouvelle qui convienne à ton âme.

Arn. Mon choix est fait... Je m'en tiens à celui-ci.

L'Inc. Je ne puis que louer ton goût. C'est le divin fils de la Néréide et de Pélée. Regarde ses longs cheveux, voués au fleuve Sperchius, aussi beaux et aussi brillants que les flots d'ambre du riche Pactole, qui roule sur un sable d'or; vois-les briller à travers le cristal de cette source, et onduler comme des fleurs flottantes au souffle de la brise. Tel il était auprès de Polyxène, conduit à l'autel par un amour pur et légitime, contemplant son épouse troyenne pendant que le remords causé par le trépas d'Hector et les pleurs de Priam, se mêlait dans son cœur au sentiment profond de sa tendresse pour la modeste vierge, dont la jeune main tremblait dans celle du meurtrier de son frère. C'est ainsi qu'il était dans le temple : tu le vois tel que le vit la Grèce avant que la flèche de Pâris eût immolé le plus grand de ses fils.

Arn. Je le regarde comme si j'étais son âme, lui dont la forme va bientôt servir d'enveloppe à la mienne.

L'Inc. Tu as bien choisi... L'extrême difformité ne doit s'échanger que contre l'extrême beauté, s'il est vrai, comme le dit un proverbe des hommes, que les extrêmes se touchent.

Arn. Allons, dépêche-toi : je suis impatient

L'Inc. Comme une jeune beauté devant son miroir. Elle et toi, vous voyez, au lieu de ce qui est, ce que vous voudriez qui fût.

Arn. Devrai-je attendre?

L'Inc. Non, ce serait dommage. Mais d'abord, un mot ou deux... Sa stature a douze coudées. Voudrais-tu t'élever si fort au-dessus de la taille de notre époque, et devenir un Titan, ou, pour parler canoniquement, voudrais-tu devenir un fils d'Anak?

Arn. Pourquoi non?

L'Inc. Ambition glorieuse! j'aime à te voir surtout dans les nains! Un mortel de taille philistine aurait échangé sa stature de Goliath contre celle d'un petit David; mais toi, mon petit nabot, tu aspires à la taille plus qu'à l'héroïsme. Si tel est ton désir, il sera satisfait. Cependant, crois-moi, en t'éloignant un peu moins des proportions de l'humanité actuelle, tu la domineras plus facilement : car, tel que tu es maintenant, tu verrais tous les hommes te courir sus, comme pour chasser un nouveau Mammoth; et, d'autre part, leurs maudits engins, leurs couleuvrines, *et cætera*, pénétreraient à travers l'armure de notre ami Achille avec plus de facilité que la flèche de l'adultère Pàris ne perça son talon, que Thétis avait oublié de baptiser dans le Styx.

Arn. Fais alors ce que tu jugeras convenable.

L'Inc. Tu seras aussi beau que l'objet que tu vois, aussi fort qu'il l'était, et...

Arn. Je ne demande pas à être vaillant, car la Difformité est naturellement pleine d'audace [9]. Il est dans son essence de chercher à se mettre au niveau des autres hommes, et même à les surpasser par l'énergie de l'âme et du cœur. Il y a dans tous ses mouvements un aiguillon qui l'excite à obtenir ce qui est refusé à d'autres, dans les objets de concurrence universelle, pour compenser la parcimonie de la

Nature marâtre. Elle recherche, par d'intrépides exploits, les sourires de la Fortune ; et souvent, comme Timour le Tartare boiteux, elle les obtient.

L'Inc. Bien parlé ! Et sans doute tu resteras ce que tu es. Je puis congédier cette ombre, destinée à servir de moule à l'enveloppe de chair dont j'allais revêtir cette âme hardie qui n'en a pas besoin pour accomplir de grandes choses.

Arn. Si aucune puissance ne m'avait offert la possibilité d'un changement, mon âme aurait fait de son mieux pour se frayer un chemin sous le poids fatigant, funeste et décourageant de la difformité qui pèse sur mon cœur, ainsi que sur mes épaules, comme une montagne, et qui me rend hideux ou haïssable aux yeux des hommes plus heureux. C'est avec un soupir, non d'amour, mais de désespoir, que j'aurais regardé ce sexe dont la beauté est le type de tout ce que nous connaissons ou rêvons de plus beau par delà ce monde qu'il embellit ; et avec un cœur plein d'amour, je n'aurais pas cherché à plaire à ce qui ne pouvait me payer de retour, à cause de cette enveloppe hideuse qui me condamne à l'isolement. J'aurais pu tout supporter si ma mère ne m'avait pas repoussé loin d'elle. L'ours lèche ses nourrissons, et finit par leur donner une sorte de forme ; — ma mère a vu que la mienne était sans remède. Si, comme un Spartiate, elle m'avait exposé avant que je connusse la partie passionnée de la vie, j'aurais été confondu avec le sol de la vallée, — plus heureux de n'être rien que d'être ce que je suis. Mais, même en mon état actuel, le plus laid, le plus vil et le dernier des hommes, avec du courage et de la persévérance, peut-être serais-je devenu quelque chose ; — c'est ce qui est arrivé à des héros jetés dans le même moule que moi. Tout à l'heure tu m'as vu maître de ma propre vie, et prêt à en faire le sacrifice ; celui qui est maître de sa vie est le maître de quiconque craint de mourir.

L'Inc. Choisis entre ce que tu as été et ce que tu veux être.

Arn. J'ai choisi. Tu as ouvert une perspective plus brillante à mes yeux et plus douce à mon cœur. Tel que je suis maintenant, je puis être craint, admiré, respecté, aimé, excepté de ceux dont je voudrais l'être, et qui tiennent à moi de plus près. Comme tu m'as permis de choisir une forme, je prends celle qui est maintenant sous nos yeux. Dépêche! dépêche!

L'Inc. Et moi, quelle forme prendrai-je?

Arn. Sans doute que celui qui dispose à son gré de toutes les formes prendra la plus belle de toutes, une forme supérieure même à ce qu'était ce fils de Pélée qui est devant nous. Il pourrait prendre celle du prince qui le tua, celle de Pâris, ou — s'élevant plus haut encore, — il peut revêtir la beauté du dieu des poëtes, beauté qui à elle seule est une poésie.

L'Inc. Je me contenterai de moins que cela; car, moi, j'aime la variété.

Arn. Ton aspect est sombre, mais non dépourvu de grâce.

L'Inc. Si je voulais, je serais plus blanc, mais j'ai un penchant pour le noir; — c'est une couleur si franche! avec elle on n'est exposé ni à rougir de honte, ni à pâlir de crainte; mais je l'ai portée assez longtemps, et maintenant je vais prendre ta forme.

Arn. La mienne?

L'Inc. Oui, tu feras un échange avec le fils de Thétis, et moi avec le fils de Berthe, la progéniture de ta mère. Chacun son goût; tu as le tien, — j'ai le mien.

Arn. Hâte-toi! hâte-toi!

L'Inc. Sur-le-champ.

(*L'Inconnu prend de la terre, la pétrit sur le gazon, puis s'adresse au fantôme d'Achille.*)

« Belle ombre du fils de Thétis! qui dort sous le gazon qui
« couvre Troie, avec de la terre rouge, je fais une créature
« à ton image, comme fit l'être qui créa Adam, et dont j'i-
« mite l'action [10]. Argile, anime-toi; que ces joues se colorent
« du vermillon de la rose, alors qu'entr'ouvrant son bouton
« elle revêt ses premières couleurs! Violettes que je cueille,
« transformez-vous en ses yeux! et toi, onde où le soleil ré-
« fléchit sa lumière, change-toi en sang; que ces tiges d'hya-
« cinthe deviennent sa longue chevelure, et qu'elle flotte sur
« son front comme elle se balançait dans l'air! Formons son
« cœur avec le granit que je détache de ce rocher, mais que

« sa voix ressemble au gazouillement des oiseaux qui chan-
« tent sur ce chêne! Composons sa chair de l'argile la plus
« pure qui nourrissait les racines du lis, et qu'abreuvait la
« plus douce rosée! Que ses membres soient les plus agiles
« qui aient jamais été formés, et son aspect le plus beau
« qu'on puisse voir sur la terre! Éléments qui m'entourez,
« mêlez-vous, animez-vous; connaissez-moi, entendez-moi
« et jaillissez à ma parole! Rayons du soleil, échauffez cette
« animation terrestre! C'est fini, il a pris son rang dans la
« création. »

(Arnold tombe inanimé; son âme passe dans la forme d'Achille, qui se lève; le fantôme a disparu peu à peu à mesure que le corps auquel il a servi de modèle a été composé.)

ARN. (*sous sa forme nouvelle*). J'aime et je serai aimé! O vie! à la fin je te sens! Esprit glorieux!

L'INC. Arrête! que ferons-nous de l'enveloppe que tu as quittée, de cette masse informe, de ce corps hideux dans lequel tu étais tout à l'heure?

ARN. Que m'importe? que les loups et les vautours s'en accommodent si cela leur convient.

L'INC. S'ils s'en emparent, s'ils ne s'en éloignent pas avec effroi, tu pourras dire que la paix règne et que les champs ne leur offrent pas une meilleure proie.

ARN. Laissons là ce cadavre; peu importe ce qu'il deviendra.

L'INC. Cela n'est pas poli, c'est même ingrat. Quel qu'il soit, ce corps a logé ton âme un certain temps.

ARN. Oui, c'est un fumier qui recélait une perle maintenant enchâssée dans l'or comme doivent l'être les joyaux.

L'INC. Mais si je t'ai donné une nouvelle forme, ce doit être en vertu d'un échange loyal et non d'un larcin; car ceux qui créent des hommes sans l'aide de la femme ont depuis longtemps pris patente et n'aiment pas du tout les contrefacteurs. Le diable a le droit de prendre les hommes, mais non de les faire, — quoiqu'il recueille le bénéfice de la fabrication première. — Il faut donc trouver quelqu'un qui revête la forme que tu as quittée.

Arn. Qui voudrait y consentir?

L'Inc. Je ne sais trop, c'est pourquoi je me chargerai moi-même de ce soin.

Arn. Toi?

L'Inc. Je te l'avais dit avant que tu habitasses ton palais actuel de beauté.

Arn. C'est vrai. J'ai tout oublié dans le transport de joie que m'a causé cette immortelle transformation.

L'Inc. Dans quelques minutes je serai ce que tu étais, et tu me verras toujours auprès de toi, comme ton ombre.

Arn. Je voudrais qu'on m'épargnât ce désagrément.

L'Inc. Cela n'est pas possible. Eh quoi! déjà ce que tu es aurait peur de voir ce que tu étais?

Arn. Fais ce qu'il te plaira.

L'Inc. (*s'adressant au corps d'Arnold étendu à terre*).

« Argile qui n'es pas morte, mais où il n'y a pas d'âme,
« quoique aucun homme ne voulût te choisir, néanmoins un
« immortel daigne t'accepter. Tu es argile, et aux yeux d'un
« esprit toute argile est égale. Feu sans lequel rien ne peut
« vivre! feu dans lequel rien ne peut vivre, hormis la fabu-
« leuse Salamandre, ou ces âmes immortelles errantes et
« qui brûlent dans des flammes inextinguibles, suppliant ce-
« lui qui ne pardonne pas, et implorant avec des hurlements
« une seule goutte d'eau; feu! seul élément dans lequel ni
« poisson, ni quadrupède, ni oiseau, ni reptile, si ce n'est
« le ver qui ne meurt pas, ne peuvent conserver un moment
« leur forme; toi qui les absorbes tous, toi qui es pour
« l'homme une sauvegarde et un danger; feu! premier né
« de la Création, et fils menaçant de la Destruction quand
« le ciel en aura fini avec le monde; feu! aide-moi à rappe-
« ler la vie dans ce corps roide et glacé qui est là gisant!
« sa résurrection dépend de moi et de toi! Une légère étin-
« celle de flamme, et il redeviendra ce qu'il était; mais
« j'occuperai la place de son âme! »

(Un feu follet voltige dans le bois et vient se poser sur le front du corps; l'inconnu disparaît; le corps se lève.)

Arn. (*sous sa nouvelle forme*). Oh! horrible!

L'Inc. (*sous la forme primitive d'Arnold*). Quoi! tu trembles?

Arn. Non; — je frissonne seulement. Où est allée la forme dont tu étais revêtu tout à l'heure?

L'Inc. Dans le monde des ombres. Mais parcourons celui-ci. Où veux-tu aller?

Arn Faut-il que tu m'accompagnes?

L'Inc. Pourquoi non? Des gens qui valent mieux que toi fréquentent plus mauvaise compagnie.

Arn. Qui valent mieux que *moi?*

L'Inc. Oh! je vois que ta nouvelle forme t'a rendu fier : j'en suis bien aise. Te voilà aussi devenu ingrat! Tant mieux, tu fais des progrès; — deux transformations en un instant! te voilà déjà vieilli dans les voies du monde. Mais souffre-moi; tu verras d'ailleurs que je te serai utile dans ton pèlerinage. Mais, voyons, décide où tu veux que nous allions.

Arn. Où le monde est le plus peuplé, afin que je puisse voir ses œuvres.

L'Inc. C'est-à-dire là où règne l'activité de la guerre et de la femme. Voyons! l'Espagne, — l'Italie, — le nouveau monde atlantique, — l'Afrique avec ses Maures! En vérité, il y a peu de choix à faire : les hommes sont, comme à l'ordinaire, acharnés les uns contre les autres.

Arn. J'ai entendu dire de grandes choses de Rome.

L'Inc. C'est un excellent choix. — Il serait difficile de trouver mieux depuis que Sodome a cessé d'exister; et puis on peut s'y donner carrière; car au moment où nous parlons, le Franc, le Hun, la race ibérique des vieux Vandales, prennent leurs ébats sur les féconds rivages du jardin du monde.

Arn. Comment nous y rendrons-nous?

L'Inc. Comme des chevaliers vaillants, sur de bons coursiers. — Holà! mes chevaux! — Il n'y en eut jamais de meilleurs depuis que Phaéton fut précipité dans l'Éridan. — Holà! nos pages!

Deux pages arrivent avec quatre chevaux noirs.

Arn. Voilà de magnifiques chevaux.

L'Inc. Et d'une noble race. Trouve-moi leurs pareils en Barbarie ou en Arabie !

Arn. Les nuages de vapeur qui s'échappent de leurs fiers naseaux embrasent l'air, et des étincelles de flammes, pareilles à des moucherons phosphoriques, tourbillonnent autour de leur crinière, comme ces vulgaires insectes qui voltigent vers le soir autour des vulgaires coursiers.

L'Inc. Montez, Monseigneur; eux et moi, nous sommes vos serviteurs.

Arn. Et ces pages aux yeux noirs, comment les nommez-vous ?

L'Inc. C'est toi qui les baptiseras.

Arn. Quoi ! avec de l'eau bénite ?

L'Inc. Pourquoi pas ? les plus grands pécheurs font les meilleurs saints.

Arn. Ces pages sont vraiment beaux, et ne sauraient être des démons.

L'Inc. C'est vrai ; le diable est toujours laid, et ce qui est beau n'est jamais diable.

Arn. Celui qui porte le cor doré, et qui a le visage si vermeil, je l'appelle *Huon* ; car il ressemble à l'aimable enfant de ce nom, perdu dans la forêt, et qu'on n'a plus retrouvé ; quant à l'autre, dont l'air est plus sombre et plus pensif, qui ne sourit pas, mais qui est sérieux et calme comme la nuit, je l'appellerai Memnon, d'après ce roi d'Éthiopie dont la statue fait de la musique une fois par jour. Et toi ?

L'Inc. J'ai dix mille noms et deux fois autant d'attributs ; mais comme je porte une figure humaine, je prendrai un nom humain.

Arn. Plus humain que ta forme, quoiqu'elle ait été la mienne.

L'Inc. Appelle-moi donc César.

Arn. Mais c'est un nom impérial, qui a été porté par les maîtres du monde.

L'Inc. C'est pour cela qu'il convient au diable déguisé, — puisque tu me prends pour le diable, à moins que tu ne veuilles me croire pape.

ARN. Eh bien, soit! va pour César! Pour moi, je continuerai à m'appeler tout simplement Arnold.

CÉS. Nous y ajouterons un titre : « comte Arnold ; » c'est un nom qui sonne bien et fera beaucoup d'effet sur un billet doux.

ARN. Ou dans un ordre du jour, la veille d'une bataille.

CÉS. (*chante*). A cheval! à cheval! Mon coursier noir frappe du pied la terre, et aspire l'air dans ses naseaux! Il n'est pas de coursier arabe qui connaisse mieux son cavalier; il gravira la colline sans se fatiguer; plus elle sera haute, plus il ira vite. Dans les marais il ne ralentira point le pas; dans la plaine on ne pourra pas l'atteindre; dans les ondes il n'enfoncera pas; sur les bords des ruisseaux il ne s'arrêtera pas pour boire; on ne le verra point haletant dans la course, ni affaibli au combat; sur les cailloux il ne bronchera point; le temps ni la fatigue ne pourront l'abattre; il ne deviendra pas poussif dans l'étable; mais, sans autres ailes que ses pieds, il volera comme le griffon. Ne sera-ce pas un voyage délicieux? Vive la joie! jamais nos coursiers noirs ne feront de faux pas! des Alpes au Caucase courons, ou plutôt volons! Ces montagnes disparaîtront derrière nous en un clin d'œil. (*Ils montent à cheval et disparaissent.*)

SCÈNE II.

Un camp sous les murs de Rome.

ARNOLD et CÉSAR.

CÉS. Tu es arrivé à bon port.

ARN. Oui, en passant sur des cadavres; mes yeux sont pleins de sang.

CÉS. Essuie-les, et vois-y clair. Diantre! sais-tu que tu es un conquérant? Te voilà le chevalier favori et le frère d'armes du brave Bourbon, ci-devant connétable de France, à la veille de devenir le maître de Rome qui fut le maître de la terre sous ses empereurs, et qui, empire hermaphrodite, changeant de sexe sans changer de sceptre, est aujourd'hui la maîtresse de l'ancien monde.

ARN. Comment, l'*ancien* monde? y en a-t-il un nouveau?

CÉS. Pour vous autres hommes. Vous connaîtrez bientôt

son existence par ses riches productions, des maladies nouvelles et son or ; une moitié de l'univers le nommera le nouveau monde, parce que vous ne connaissez rien que sur le douteux témoignage de vos oreilles et de vos yeux.

Arn. Ce sont eux que je veux croire.

Cés. Croyez-les ! Ils vous tromperont agréablement, et cela vaut mieux que l'amère vérité.

Arn. Chien !

Cés. Homme !

Arn. Démon !

Cés. Votre très obéissant et très humble serviteur.

Arn. Dis plutôt mon maître. Tu m'as entraîné jusqu'ici à travers des scènes de carnage et de débauche.

Cés. Et où voudrais-tu être ?

Arn. Oh ! en paix ! en paix !

Cés. Et qui est en paix dans l'univers ? Depuis l'étoile jusqu'au vermisseau rampant, tout ce qui a vie est en mouvement, et dans la vie la commotion est le dernier degré de la vie. La planète tourne jusqu'à ce qu'elle devienne comète, et, détruisant les étoiles sur son passage, elle disparaît. Le ver chétif rampe sur la terre, vivant de la mort d'autres êtres, et cependant il faut qu'il vive et meure, soumis à ce je ne sais quoi qui le fait vivre et mourir. Tu es tenu d'obéir à ce qui commande l'obéissance de tous, à la loi immuable de la Nécessité. La révolte contre ses décrets ne réussit pas

Arn. Et quand elle réussit ?

Cés. Ce n'est plus la révolte.

Arn. Réussira-t-elle maintenant ?

Cés. Bourbon a ordonné de livrer l'assaut, et à la pointe du jour il y aura de l'ouvrage.

Arn. Hélas ! faut-il que Rome succombe ! Je vois d'ici le temple gigantesque du vrai Dieu et de son saint fidèle, l'apôtre Pierre. Il élève son dôme et son divin symbole vers ce même ciel où le Christ monta par le chemin de la croix, rendu par son sang un gage de bonheur et de gloire, comme autrefois de tortures pour lui, fils de Dieu et Dieu lui-même, seul et dernier refuge de l'homme.

Cés. On y voit, et on y verra encore...

Arn. Quoi?

Cés. Le crucifix là-haut, et plus d'un autel là-bas, comme aussi des couleuvrines sur les remparts, et des arquebuses, et je ne sais quoi encore, sans compter les hommes qui doivent y mettre le feu pour tuer d'autres hommes.

Arn. Et ces arceaux superposés, ces constructions éternelles, qu'on a peine à croire l'ouvrage de l'homme; ce théâtre où les empereurs et leurs sujets (ces sujets étaient des *Romains*) contemplaient le combat des monarques du désert et des forêts, le lion et l'éléphant, ces enfants de la solitude, jusque-là indomptés, qu'on faisait lutter dans l'arène; — il ne leur restait plus de peuples à conquérir, et il fallait que la forêt payât son tribut de vie à leur amphithéâtre, il fallait que les guerriers de la Dacie s'égorgeassent entre eux pour amuser un moment le peuple romain; et puis l'on passait à un nouveau gladiateur; — faut-il aussi que cela soit détruit?

Cés. La ville, ou l'amphithéâtre? l'église de Saint-Pierre, ou toutes les autres églises? car tu confonds ces choses et moi avec elles.

Arn. Demain le signal de l'assaut sera donné au premier chant du coq.

Cés. S'il se termine le soir avec le premier chant du rossignol, ce sera une nouveauté dans l'histoire des grands siéges; car après de longues fatigues, il faut bien que les hommes aient leur proie.

Arn. Le soleil se couche aussi calme, et peut-être plus beau que le jour où Rémus franchit le premier fossé de Rome.

Cés. Je l'ai vu.

Arn. Toi?

Cés. Oui, mon cher; tu oublies que je suis, ou du moins que j'étais un esprit, jusqu'au moment où j'ai pris ta défroque, et un nom pire encore. Maintenant, je suis César et bossu. Eh bien! le premier des Césars était chauve, et, si l'on en croit l'histoire, il faisait plus de cas de ses lauriers comme perruque que comme gloire [11]. Ainsi va le monde, mais cela ne doit pas nous empêcher d'être gais. Tout bonhomme que je suis, j'ai vu ton Romulus tuer son frère, ce jumeau sorti du même flanc que lui, parce qu'il avait sauté un fossé. Rome n'avait pas de murs alors ; le premier ciment de la ville éternelle fut le sang d'un frère, et si demain le sang de ses habitants coule à grands flots jusqu'à ce que le Tibre déborde et que ses eaux deviennent aussi rouges qu'elles sont jaunes, cela ne sera rien auprès du carnage dont ce peuple de brigands, cette postérité du fratricide, a rougi la terre et l'Océan, qui furent pendant tant de siècles le théâtre de ses exploits destructeurs.

Arn. Mais qu'a fait leur postérité éloignée, cette population actuelle, qui a vécu dans la paix du ciel, et s'est réchauffée au soleil de la piété?

Cés. Et qu'avaient fait ceux que les anciens Romains ont écrasés? — Écoute!

Arn. Ce sont des soldats qui chantent dans leur insouciance frivole, à la veille de tant de trépas et peut-être du leur.

Cés. Et pourquoi ne feraient-ils pas entendre le chant du cygne? Il est vrai que ce sont des cygnes noirs.

Arn. Je vois que tu es savant.

Cés. Dans la grammaire, assurément. J'ai de tout temps été élevé pour la profession de moine; j'étais autrefois très versé dans la connaissance des lettres étrusques, et si je voulais, je rendrais leurs hiéroglyphes aussi intelligibles que votre alphabet.

Arn. Et pourquoi ne le fais-tu pas?

Cés. J'aime mieux transformer l'alphabet en hiéroglyphes; il en est de même de vos hommes d'État, de vos prophètes, pontifes, docteurs, alchimistes, philosophes, et je ne sais quoi encore; ces gens-là ont construit plus de tours de Babel sans dispersion nouvelle que la gent bégayante sortie de la vase du déluge, ces hommes primitifs qui échouèrent et se séparèrent, pourquoi? Parbleu, parce que nul ne pouvait comprendre son voisin. Les hommes sont mieux avisés maintenant; le non-sens et l'absurdité ne sont plus une raison déterminante de séparation. Tout au contraire, c'est là ce qui constitue la base fondamentale de leur société; c'est leur Shibboleth, leur Koran, leur Thalmud, leur cabale, la pierre angulaire sur laquelle ils bâtissent.

Arn. Éternel goguenard, tais-toi! Comme le chant grossier de ces soldats s'adoucit dans le lointain et acquiert la cadence d'un hymne harmonieux! Écoutons.

Cés. Oui, j'ai entendu chanter les anges.

Arn. Et hurler les démons.

Cés. Et les hommes aussi. Écoutons : j'aime la musique.

(On entend dans le lointain la voix des soldats qui chantent ce qui suit:)

« Les bandes noires ont franchi les Alpes et leurs neiges ;
« avec Bourbon [12] le proscrit elles ont traversé le large
« Éridan ; nous avons battu tous nos ennemis ; nous avons
« fait prisonnier un roi ; nul ne nous vit jamais tourner le
« dos. Ainsi chantons! Vive à jamais Bourbon! Quoique nous
« soyons tous sans sou ni maille, nous allons donner un
« nouvel assaut à ces vieilles murailles ; avec Bourbon à
« notre tête, à la pointe du jour, nous nous réunirons devant
« les portes, et tous ensemble nous forcerons les murs ou
« nous les franchirons. Quand chacun de nous posera sur
« l'échelle un pied courageux, nous pousserons des cris de
« joie, et il n'y aura de muet que la Mort. Avec Bourbon,
« nous escaladerons les remparts de la vieille Rome, et
« alors qui comptera les dépouilles de tous ces édifices ?
« Vivent, vivent les lis! à bas les clefs de saint Pierre! Dans
« la vieille Rome aux sept collines, nous prendrons à l'aise
« nos ébats. Le sang coulera dans ses rues ; son Tibre en
« sera rougi, et ses temples antiques résonneront du bruit
« de nos pas. Vive Bourbon! vive Bourbon! vive Bourbon!
« c'est le refrain de notre chanson! En avant, en avant!
« avec l'Espagne pour avant-garde, notre armée cosmopolite
« s'avance ; après l'Espagnol viennent les tambours de
« l'Allemagne, et les lances des Italiens sont brandies contre
« leur mère ; mais nous avons pour chef un enfant de la
« France, en guerre avec son frère! Vive Bourbon! vive
« Bourbon! sans foyer, sans patrie, nous suivrons Bourbon
« au pillage de la vieille Rome. »

Cés. Voilà une chanson qui, ce me semble, ne doit guère être du goût des assiégés.

Arn. Oui, s'ils sont fidèles à leur refrain; mais voici le général avec ses officiers et les hommes qui ont sa confiance; un rebelle de bonne mine, ma foi!

(Arrive le connétable de BOURBON avec PHILIBERT, sa suite, etc.)

Phil. Qu'avez-vous, noble prince? vous ne paraissez pas gai?

Bourb. Pourquoi le serais-je?

Phil. La plupart le seraient à la veille d'une conquête comme celle qui nous attend.

Bourb. Si j'en étais sûr!

Phil. Ne doutez pas de nos soldats. Quand les murs seraient de diamant, ils les briseraient. C'est une redoutable artillerie que la faim.

Bourb. Ils ne broncheront pas; c'est la moindre de mes inquiétudes. Comment échoueraient-ils, ayant Bourbon à leur tête et stimulés par la faim? — Quand ces vieux remparts seraient des montagnes, et ceux qui les défendent pareils aux dieux de la fable, je compterais sur mes Titans; — mais maintenant...

Phil. Ce n'est, après tout, qu'à des hommes que nous avons affaire.

Bourb. C'est vrai; mais ces murs ont vu des siècles de gloire, et il en sortit d'héroïques génies. Le passé de Rome triomphante, et son ombre actuelle, sont peuplés de ces guerriers. Il me semble les voir errer comme des ombres sur les remparts de la ville éternelle, étendre vers moi leurs mains glorieuses et sanglantes, et me faire signe de m'éloigner.

Phil. Laissez-les faire! La menace de ces ombres vous fera-t-elle reculer?

Bourb. Elles ne me menacent point. J'aurais bravé, je crois, les menaces d'un Sylla; mais elles joignent et lèvent vers le ciel leurs mains livides et suppliantes; leurs visages maigres et leurs regards fixes fascinent le mien. Regarde!

Phil. Je ne vois que de hauts créneaux, et...

Bourb. Et de ce côté?

Phil. Pas même une sentinelle : elles se tiennent prudemment derrière le parapet, pour éviter quelques balles égarées de nos lansquenets à qui il pourrait prendre envie de s'exercer à la fraîcheur du crépuscule.

Bourb. Tu es aveugle.

Phil. Si c'est l'être que de ne voir que ce qui est.

Bourb. Dix siècles ont rassemblé leurs héros sur ces murs. Le dernier Caton est là qui déchire encore ses entrailles plutôt que de survivre à la liberté de cette Rome que je veux rendre esclave; et le premier César, entouré du cortége de ses victoires, marche de créneaux en créneaux.

Phil. Rangez donc sous vos lois la ville pour laquelle il a vaincu, et soyez plus grand que lui.

Bourb. Oui, il le faut, ou je périrai.

Phil. Cela n'est pas possible. Mourir dans une telle entreprise, ce n'est pas mourir, c'est voir se lever l'aurore d'un jour éternel. (*Le comte Arnold et César s'avancent.*)

Cés. Et ceux qui sont tout uniment des hommes — sont-ils aussi condamnés à suer sous les rayons brûlants de cette dévorante gloire ?

Bourb. Ah ! salut au caustique bossu, ainsi qu'à son maître, le plus beau de notre armée, aussi brave que beau, aussi généreux qu'aimable ! Nous vous trouverons à tous deux de l'occupation avant l'aube.

Cés. N'en déplaise à votre altesse, elle trouvera elle-même suffisamment de quoi s'occuper.

Bourb. Le cas échéant, il n'y aura pas de travailleur plus zélé que moi, bossu.

Cés. Vous pouvez me donner ce nom, car vous m'avez vu par derrière, en votre qualité de général, placé à l'arrière-garde au moment de l'action ; — mais vos ennemis n'en pourraient dire autant.

Bourb. La réplique est bonne, car je l'ai provoquée ; — mais la poitrine de Bourbon s'est toujours présentée et se présentera toujours au danger, aussi promptement que la vôtre, fussiez-vous le diable.

Cés. Si je l'étais, j'aurais pu m'épargner la peine de venir ici.

Phil. Pourquoi cela ?

Cés. La moitié de vos bandes courageuses ira bientôt à lui de son propre mouvement, et vous y enverrez l'autre plus promptement encore et non moins sûrement.

Bourb. Arnold, votre ami le bossu n'est pas moins serpent dans ses discours que dans ses actes.

Cés. Votre altesse se méprend beaucoup : le premier serpent était un flatteur, — je n'en suis pas un ; et, quant à mes actes, je ne pique que lorsque je suis piqué.

Bourb. Vous êtes brave, et cela me suffit ; vous êtes aussi prompt à la repartie qu'à l'action, — et cela vaut mieux encore. Je ne suis pas seulement un soldat, mais le camarade des soldats.

Cés. C'est une fort mauvaise compagnie, altesse, et pire encore pour leurs amis que pour leurs ennemis, en ce sens qu'avec les premiers la connaissance est de plus longue durée.

Phil. Allons! drôle, tu portes l'insolence au delà des priviléges d'un bouffon.

Cés. Vous entendez par là que je dis la vérité ; je mentirai si vous voulez, rien n'est plus facile ; alors vous me louerez de vous avoir appelé un héros.

Bourb. Philibert, laisse-le ; il est brave, et avec sa figure basanée et son dos protubérant, on l'a toujours vu le premier au combat ou à l'assaut, et le plus patient à supporter les privations ; quant à sa langue, dans un camp on peut prendre quelques licences, et les vives reparties d'un gai vaurien sont de beaucoup préférables, selon moi, aux jugements grossiers et stupides d'un esclave grondeur, triste et affamé, à qui il faut, pour le contenter, un bon repas, du vin, du sommeil, et quelques maravédis, avec lesquels il se croit riche.

Cés. Il serait heureux que les princes de la terre n'en demandassent pas davantage.

Bourb. Tais-toi.

Cés. Oui ; mais je ne resterai pas inactif. Ne soyez pas chiche de paroles, vous n'en avez pas pour longtemps.

PHIL. Que prétend cet audacieux bavard?

Cés. Bavarder comme d'autres prophètes.

BOURB. Philibert, pourquoi le contrarier? N'avons-nous pas assez à penser? Arnold, demain je commanderai l'assaut.

ARN. C'est ce que j'ai appris, seigneur.

BOURB. Et vous me suivrez?

ARN. Puisqu'il ne me sera pas permis de marcher le premier.

BOURB. Pour stimuler notre armée en proie aux plus dures privations, il faut que son chef soit le premier à mettre le pied sur le premier échelon de l'échelle la plus avancée.

Cés. Sur le plus haut échelon, j'espère : c'est ainsi qu'il prendra le rang qui lui est dû.

BOURB. Peut-être que demain la grande capitale du monde sera en notre pouvoir. A travers tous les changements successifs, la ville aux sept collines a conservé sa domination sur les peuples; les Césars ont fait place aux Alarics, les Alarics aux pontifes; Romains, Goths ou prêtres, sont restés les maîtres du monde. Siége de la civilisation, de la barbarie ou de la religion, les murs de Romulus sont demeurés le cirque d'un empire. Eh bien! ils ont eu leur tour, — nous aurons le nôtre; espérons que nous combattrons aussi bien, et que nous gouvernerons mieux.

Cés. Sans doute, les camps sont l'école des droits civiques. Que ferez-vous de Rome?

BOURB. Nous la rendrons ce qu'elle était.

Cés. Au temps d'Alaric?

BOURB. Non, esclave! au temps du premier César, dont tu portes le nom, comme plus d'un chien...

Cés. Et plus d'un roi! C'est un grand nom pour des chiens de combat.

BOURB. Il y a un démon dans cette langue de serpent à sonnettes. Ne parleras-tu jamais sérieusement?

Cés. Jamais à la veille d'une bataille : — cela ne serait pas d'un soldat. C'est au général à réfléchir; nous autres aventuriers, nous pouvons rire. De quoi nous inquiéterions-nous? notre chef est une divinité tutélaire qui prend soin de nous. Règle générale, que les soldats pensent le moins possible! si jamais ces gens-là se mettent à réfléchir, il vous faudra prendre Rome à vous tout seul.

Bourb. Vous pouvez narguer; car, heureusement pour vous, vous ne vous en battez pas plus mal.

Cés. Je vous remercie de cette liberté que vous me donnez; c'est la seule solde que j'aie encore touchée au service de votre altesse.

Bourb. Eh bien! demain vous vous payerez vous-même. Voyez ces remparts, c'est là qu'est mon trésor. — Mais, Philibert, il faut nous rendre au conseil. — Arnold, nous requérons votre présence.

Arn. Prince! disposez de moi au conseil comme sur le champ de bataille.

Bourb. En toute occasion nous apprécions vos services, et demain à la pointe du jour vous occuperez un poste de confiance.

Cés. Et moi! quel sera mon poste?

Bourb. De marcher à la gloire sur les pas de Bourbon. Bonne nuit!

Arn. (à César). Prépare notre armure pour l'assaut, et attends-moi dans ma tente.

(Bourbon et sa suite, Arnold et Philibert, s'éloignent.)

Cés. Dans sa tente! penses-tu donc que je te laisse éloigné de moi, ou que ce coffre contrefait qui contenait ton principe vital soit autre chose pour moi qu'un masque? Parbleu! les voilà donc ces hommes, ces héros, ces guerriers, la fleur des bâtards d'Adam! Voilà ce que c'est que de donner à la matière la faculté de penser; substance opiniâtre, ses pensées et ses actes sont un chaos, et sans cesse elle retombe dans ses premiers éléments. Eh bien! je vais m'amuser avec ces chétives marionnettes : c'est le passe-temps d'un esprit à ses heures de loisir. Quand cela m'ennuiera, j'ai de l'occupation parmi les astres que ces pauvres créatures croient faits tout exprès pour le plaisir de leurs yeux. Ce serait l'affaire d'un moment que d'en faire descendre un à présent au milieu de ces gens-là, et de mettre le feu à leur fourmilière. Comme les fourmis courraient sur le sol brûlant, et, cessant de se déchirer les unes les autres, comme elles feraient entendre une oraison universelle! Ha! ha! (*César s'éloigne.*)

DEUXIÈME PARTIE.

SCÈNE Ire.

Les murs de Rome. — L'assaut; l'armée est en marche avec les échelles pour escalader les remparts; en tête marche Bourbon, avec une écharpe blanche sur son armure.

CHOEUR D'ESPRITS DANS LES AIRS.

1

L'aurore se lève triste et sombre. Où fuit l'alouette silencieuse? Où se cache le soleil voilé? Le jour a-t-il réellement commencé? La Nature jette un œil attristé sur la ville illustre et sainte; autour d'elle il se fait un vacarme capable de réveiller les saints qui dorment dans son enceinte, et de ranimer les cendres héroïques le long desquelles le Tibre précipite ses ondes jaunâtres. O sept collines! éveillez-vous avant d'être ébranlées dans votre base!

2

Entendez le bruit cadencé des pas! Mars lui-même en règle les mouvements! Ils observent tous la mesure, comme les marées obéissent à la lune! Ils marchent à la mort en réglant leur pas comme les vagues de l'Océan, qui franchissent les môles en conservant toujours leur symétrie, et en se brisant par files régulières. Entendez les armures qui résonnent! Voyez le guerrier fixer un regard courroucé sur les remparts; voyez ces échelles dont les échelons ressemblent à la peau rayée d'une couleuvre.

3

Regardez ces remparts hérissés de guerriers, garnis dans toute leur étendue de canons à la gueule noircie, de lames étincelantes, de mèches allumées, de mousquets infernaux prêts à vomir la mort! Tous les instruments de carnage, anciens et nouveaux, sont réunis dans cette lutte, aussi nombreux qu'un nuage de sauterelles. Ombre de Rémus! ce jour est aussi terrible que celui où ton frère commit son crime ! Des chrétiens sont armés contre l'autel du Christ ; — son destin doit-il ressembler au tien ?

4

A mesure qu'ils s'approchent, la terre tremble sous leurs pas ; un bruit sourd accompagne d'abord leur marche, comme celui de l'Océan à demi réveillé, jusqu'au moment où, devenu plus fort et plus bruyant, son choc réduit les rochers en poussière ; — ainsi s'avancent les flots de cette armée ! Héros dont le nom est immortel ! guerriers puissants ! ombres éternelles ! premières fleurs des sanglantes prairies dont Rome est environnée, Rome, cette mère d'un peuple qui n'eut point de frère ! dormirez-vous pendant que les querelles des nations déracinent vos lauriers ? Vous qui pleurâtes sur Carthage en cendres, ne pleurez pas ; — *frappez!* car Rome est dans le deuil [13] !

5

Les guerriers de vingt nations diverses s'avancent ! Depuis longtemps la Famine leur a distribué leurs rations. Aussi nombreux, mais plus redoutables que des troupeaux de loups, la haine et la faim les poussent vers les remparts. O cité glorieuse ! faut-il que tu deviennes un objet de pitié ! Romains, combattez tous comme vos pères ! Alaric était un ennemi clément, comparé aux farouches bandits de Bourbon ! Lève-toi, cité éternelle ; lève-toi ! Mets plutôt le feu de tes propres mains à tes portiques, que de voir de tels hôtes souiller de leur présence le moindre de tes foyers.

6

Vois ce spectre sanglant ! Les enfants d'Ilion ne trouvent pas d'Hector ; les fils de Priam aimaient leurs frères ; le fondateur de Rome oublia sa mère quand il tua son vaillant frère jumeau, et se souilla d'un crime inexpiable. Vois-tu l'ombre gigantesque planer de toute sa hauteur sur les remparts ? Le jour où il franchit ta première enceinte, ta fondation fut attristée du présage de ta chute. Maintenant, bien que tu sois aussi haute qu'une nouvelle tour de Babel, qui peut arrêter ses pas? Enjambant tes édifices les plus élevés, Rémus réclame sa vengeance, ô Rome!

7

Leur fureur t'atteint maintenant : la flamme, la fumée et des bruits infernaux t'environnent, ô merveille du monde! Dans tes murs, sous tes murs, est la mort! L'acier résonne sur l'acier; l'échelle craque et se brise sous son fardeau d'airain, qu'on voit au loin reluire, et à ses pieds les blasphèmes retentissent! De nouveaux assaillants paraissent! Chaque guerrier qui succombe est remplacé par un autre qui gravit à son tour le rempart. La mêlée devient plus sanglante : le sang de l'Europe inonde tes fossés. Rome, tes murs peuvent tomber; mais cet engrais fertilisera tes champs, et les couvrira d'une moisson vivante; mais, ô Rome! malheur à tes foyers! — Cependant, sois Rome encore; au milieu de tes douleurs, combats comme aux jours de tes triomphes!

8

O dieux Pénates! ne souffrez pas que vos foyers soient livrés de nouveau à l'inflexible Até! Ombres des héros, ne vous soumettez pas à ces Nérons étrangers! Si le fils meurtrier de sa mère répandit le sang de Rome, il était votre frère : c'était un Romain qui opprimait les Romains; — l'étranger Brennus fut repoussé. Saints et martyrs, levez-vous! vos titres sont plus sacrés encore! Divinités puissantes des temples qui s'écroulent, vous dont la ruine est encore imposante! et vous, fondateurs plus puissants de la vraie foi et des autels chrétiens, — accourez tous frapper les assaillants! Tibre! Tibre! que tes flots témoignent du courroux de la nature. Que tout cœur vivant se soulève d'indignation, comme le lion qui se retourne contre le chasseur! Quand tu devrais être brisée, et n'être qu'un vaste tombeau, ô Rome! sois toujours la Rome des Romains!

(Bourbon, Arnold, César et autres arrivent au pied du rempart. Arnold se dispose à y appuyer son échelle, lorsqu'il en est empêché par Bourbon.)

BOURB. Arrêtez, Arnold! je suis le premier.

Arn. Il n'en sera rien, seigneur.

Bourb. Arrêtez, vous dis-je! Suivez-moi! je suis fier d'être suivi par un tel homme; mais je ne souffrirai pas qu'on me précède. (*Bourbon appuie son échelle et commence à monter.*) Maintenant, enfants! en avant! en avant! (*Un coup de feu l'atteint et il tombe*).

Cés. Et le voilà par terre.

Arn. Puissances éternelles! Le découragement va s'emparer de l'armée; mais vengeance! vengeance!

Bourb. Ce n'est rien. Donnez-moi votre main.

(Bourbon prend la main d'Arnold et se lève; mais au moment où il met le pied sur l'échelle, il retombe.)

Arnold! c'est fait de moi. Cachez ma mort, et tout ira bien; — cachez ma mort, vous dis-je. Jetez mon manteau sur ce qui ne sera bientôt plus que poussière; que les soldats ne le voient pas.

Arn. Il faut vous transporter hors d'ici; le secours de...

Bourb. Non, mon brave; ma mort est venue. Mais qu'est-ce qu'une vie de plus ou de moins? L'âme de Bourbon plane encore sur l'armée. Qu'ils n'apprennent qu'après la victoire que je ne suis plus qu'une argile insensible. — Faites alors ce qu'il vous plaira.

Cés. Votre altesse voudrait-elle baiser la croix? — Nous n'avons pas de prêtre ici; mais la garde d'une épée pourra vous servir; — c'est ainsi que fit Bayard [14].

Bourb. Esclave railleur! me faire entendre ce nom-là en un pareil moment! Mais je l'ai mérité.

Arn. (*à César*). Coquin, tais-toi.

Cés. Quoi! lorsqu'un chrétien meurt, ne puis-je lui offrir, en bon chrétien, un *vade in pace*?

Arn. Silence! — Oh! comme ils sont ternes ces yeux qui regardaient le monde avec dédain, les yeux de celui qui ne voyait point d'égal!

Bourb. Arnold, si jamais vous voyez la France... — mais écoutez! écoutez! l'assaut redouble d'acharnement. — Oh! une heure, une minute de vie pour mourir dans ces remparts! Hâtez-vous, Arnold! hâtez-vous! ne perdez pas de temps; — ils prendront Rome sans vous [15].

Arn. Et sans *vous!*

Bourb. Non, non; mon âme les guidera encore. Couvrez mon cadavre, et ne dites pas que j'ai cessé de vivre. Partez, et soyez vainqueur!

Arn. Mais je ne dois pas vous quitter ainsi.

Bourb. Il le faut, — adieu. — En avant! la victoire est à nous! (*Bourbon meurt.*)

Cés. (*à Arnold*). Venez, comte; à l'ouvrage!

Arn. Tu as raison; je pleurerai après.

(Arnold couvre d'un manteau le corps de Bourbon, et monte à l'échelle en s'écriant :)

Bourbon! Bourbon! En avant, mes enfants! Rome est à nous.

Cés. Bonne nuit, seigneur connétable; tu étais un homme, toi. (*César suit Arnold; ils atteignent le créneau; ils sont renversés.*) Une jolie culbute! votre seigneurie est-elle meurtrie?

Arn. Non. (*Il remonte à l'échelle.*)

Cés. Il est franc du collier quand il est une fois échauffé; et, par ma foi, ce n'est pas un jeu d'enfant. Comme il frappe! Il pose sa main sur le créneau. — Il le saisit comme on embrasserait un autel; voilà qu'il y pose le pied... Hé! qu'est-ce qui arrive ici? — Un Romain? (*Un homme tombe.*) Le premier oiseau de la couvée! Il est tombé en dehors du nid. — Eh bien! camarade?

Le Blessé. Une goutte d'eau?

Cés. D'ici au Tibre, il n'y a d'autre liquide que du sang.

Le Blessé. Je meurs pour Rome! (*Il meurt.*)

Cés. Bourbon aussi, dans un autre sens. Oh! tous ces hommes immortels! avec leur généreux mobile! Mais il faut que j'aille rejoindre mon jeune maître; il doit être maintenant au Forum. En avant! en avant! (*César monte à l'échelle. — La scène finit.*)

SCÈNE II.

La ville de Rome. — Les assiégeants et les assiégés combattent dans les rues. — Les citoyens fuient en désordre.

CÉSAR arrive.

Je ne puis trouver mon héros; il est confondu dans la foule héroïque qui poursuit maintenant les fuyards, ou combat les désespérés. Que vois-je ici? Un ou deux cardinaux qui ne paraissent pas très épris du martyre. Comme ces vieilles jambes rouges décampent! S'ils pouvaient se débarrasser de leurs grègues comme ils ont fait de leur chapeau, ce serait tant mieux pour eux; ils ne serviraient pas de point de mire au pillage. Mais qu'ils fuient. Les flots de sang ne tacheront point leurs bas, car leurs bas sont rouges.

(Survient une troupe de combattants. — Arnold est à la tête des assiégeants.)

Le voici qui arrive tenant par la main ces deux jumeaux bénins, la Gloire et le Carnage. — Holà! comte!

ARN. En avant! Ne leur donnons pas le temps de se rallier.

CÉS. Je t'en préviens, ne sois pas si téméraire; à un ennemi fuyant, il faut faire un pont d'or. Je t'ai donné la beauté extérieure et une exemption de certaines maladies du corps, mais non de celles de l'âme, ce qui est hors de mon pouvoir. Quoique je t'aie revêtu de la forme du fils de Thétis, cependant je ne t'ai pas trempé dans le Styx, et contre l'épée d'un ennemi je ne garantirais pas plus ton cœur chevaleresque que le talon du fils de Pélée; sois donc prudent, et rappelle-toi que tu es encore mortel.

ARN. Et quel homme ayant du cœur voudrait combattre s'il était invulnérable? ce serait une singulière plaisanterie! Penses-tu que lorsqu'on fait la chasse aux lions, je sois homme à courir après les lièvres? (*Arnold se précipite dans la mêlée.*)

CÉS. Voilà un bel échantillon de l'humanité! Fort bien! son sang est échauffé; quand il en aura perdu quelques gouttes, cela calmera sa fièvre.

(Arnold attaque un Romain qui bat en retraite vers un portique.)

ARN. Rends-toi, esclave! je te promets la vie sauve.

Le Rom. Cela est bientôt dit.

Arn. Et bientôt fait. — Ma parole est connue.

Le Rom. Et mes actions vont l'être.

(Ils recommencent le combat ; César s'avance.)

Cés. Arrête, Arnold ! tu as affaire à un artiste célèbre, à un habile sculpteur, qui n'est pas moins exercé à manier l'épée et la dague. Il se sert également bien du mousquet ; c'est lui qui a tiré sur Bourbon du haut du rempart.

Arn. Ah ! c'est lui ! Eh bien ! c'est son monument qu'il a sculpté.

Le Rom. Je puis vivre encore assez pour sculpter celui de gens qui valent mieux que toi.

Cés. Bien dit, mon tailleur de marbre, Benvenuto ! Tu te connais aux deux métiers ; et celui qui tuera Cellini accomplira une tâche non moins rude que la tienne lorsque tu travaillais les blocs de Carrare [16].

(Arnold désarme et blesse légèrement Cellini qui tire de sa ceinture un pistolet et fait feu, puis s'éloigne et disparaît sous le portique.)

Comment te trouves-tu ? Tu as un avant-goût du banquet de Bellone.

Arn. (*chancelle*). Ce n'est qu'une égratignure. Prête-moi ton écharpe ; il ne m'échappera pas ainsi.

Cés. Où es-tu blessé ?

Arn. A l'épaule gauche. Le côté du bras qui tient l'épée est intact, et cela me suffit. J'ai soif. Je voudrais un peu d'eau dans un casque.

Cés. C'est un liquide qui est maintenant en grande réquisition, mais qu'il n'est pas facile de se procurer.

Arn. Ma soif augmente ; — mais je trouverai le moyen de l'éteindre.

Cés. Ou de te faire éteindre toi-même.

Arn. La chance est égale ; je jetterai le dé. Mais je perds mon temps à bavarder ; dépêche-toi, je te prie. (*César attache l'écharpe au bras d'Arnold.*) Pourquoi restes-tu là à ne rien faire ? Pourquoi ne frappes-tu pas ?

Cés. Les anciens philosophes regardaient tranquillement le monde comme de simples spectateurs les jeux olympiques.

Lorsque je trouverai un prix digne d'être disputé, je deviendrai un nouveau Milon.

Arn. Oui, en luttant contre un chêne.

Cés. Contre une forêt quand cela me conviendra. Je combats contre des masses, ou pas du tout. En attendant, poursuis ton œuvre, comme moi la mienne qui se borne à regarder faire, puisque tous ces ouvriers fauchent ma moisson gratis.

Arn. Tu es toujours un démon.

Cén. Et toi, un homme.

Arn. Tel aussi je veux me montrer.

Cés. Ce que sont les hommes.

Arn. Et que sont-ils?

Cés. Tu le sens et tu le vois.

(Arnold se mêle au combat qui continue par groupes détachés.)

SCÈNE III.

Saint-Pierre. — L'intérieur de l'église. — Le pape est à l'autel. — Prêtres accourant en désordre. — Citoyens cherchant un asile et poursuivis par les soldats.

CÉSAR entre.

Un Soldat espagnol. Frappez, camarades! Emparez-vous de ces candélabres! cassez-moi les reins à ce moine tondu! son rosaire est en or!

Un Soldat luthérien. Vengeance! vengeance! le pillage après, mais la vengeance maintenant; — voilà l'Antéchrist!

Cés. (*s'interposant*). Eh bien! schismatique, que prétends-tu faire?

Le Sold. luth. Détruire au nom du Christ cet orgueilleux Antéchrist. Je suis chrétien.

Cés. Oui, si bien que le fondateur de ta foi y renoncerait en voyant de pareils prosélytes. Il vaudrait mieux t'en tenir au pillage.

Le Sold. luth. Je dis que c'est le diable en personne.

Cés. Chut! Garde le secret, de peur qu'il ne te reconnaisse pour l'un des siens.

Le Sold. luth. Voudrais-tu le sauver? je te répète que c'est le diable, ou le vicaire du diable sur la terre.

Cés. Et c'est justement pour cela que tu ne dois pas lui faire de mal; voudrais-tu te brouiller avec les meilleurs amis? tu ferais mieux de te tenir tranquille; son heure n'est pas encore venue.

Le Sold. luth. Nous allons voir.

(Le soldat luthérien se précipite en avant; un des gardes du pape l'atteint d'une balle, et il tombe au pied de l'autel.)

Cés. (*au luthérien*). Je te l'avais prédit.

Le Sold. luth. Ne me vengeras-tu pas?

Cés. Moi? nullement. Tu sais que la « vengeance appartient au Seigneur : » tu vois que les intrus sont malvenus auprès de lui.

Le Sold. luth. (*mourant*). Oh! si je l'avais tué, je serais allé au ciel, couronné d'une éternelle gloire! Dieu, pardonne à la faiblesse de mon bras qui n'a pu l'atteindre, et reçois ton serviteur dans ta miséricorde. Notre triomphe est encore glorieux; l'orgueilleuse Babylone n'est plus; la prostituée des sept collines a échangé sa robe d'écarlate contre le cilice et la cendre! (*Le luthérien meurt.*)

Cés. Oui, y compris la tienne. C'est bien, antique Babel.

(Les gardes du pape se défendent avec acharnement, pendant que le pontife s'échappe par un passage secret, et s'enfuit au Vatican, puis au château Saint-Ange [17].)

Cés. Allons! voilà qui s'appelle se battre comme il faut. Le prêtre et le soldat! les deux grandes professions sont aux prises! Je n'ai pas vu de pantomime plus comique depuis le jour où Titus prit Jérusalem. Mais les Romains eurent l'avantage alors; c'est maintenant leur tour.

Les Soldats. Il s'est enfui! mettons-nous à sa poursuite.

Un Sold Ils ont barré l'étroit passage, obstrué du reste par une masse de cadavres!

Cés. Je suis bien aise qu'il ait échappé : c'est à moi en partie qu'il le doit. Je ne voudrais pas pour tout au monde voir abolir ses bulles; je leur dois la moitié de mon empire. En retour de ses indulgences, nous pouvons bien en avoir un peu pour lui. — Non, non, il ne faut pas qu'il succombe; — et d'ailleurs sa délivrance actuelle pourra fournir matière à un nouveau miracle à l'appui de son infaillibilité. (*Aux soldats espagnols.*) Eh bien! coupe-jarrets, pourquoi restez-vous là les bras croisés? Si vous ne vous dépêchez, il ne vous restera pas un seul chaînon d'or pieux. Et vous êtes des catholiques! Voudriez-vous donc revenir d'un semblable pèlerinage sans une seule relique? Les luthériens eux-mêmes ont une dévotion plus vraie; voyez comme ils dépouillent les autels!

Les Sold. Par saint Pierre! il dit vrai; les hérétiques emporteront tout ce qu'il y a de meilleur.

Cés. Quelle honte ce serait pour vous! Allez donc! aidez-les dans leur conversion.

(*Les soldats se dispersent, plusieurs quittent l'église, d'autres entrent.*)

Ils sont partis; d'autres arrivent. Ainsi le flot succède au flot dans ce que ces gens-là appellent l'éternité, se croyant les vagues de l'Océan, tandis qu'ils n'en sont que l'écume. — Allons, une autre!

Entre OLYMPIA *poursuivie par des soldats; elle s'élance sur l'autel.*

Un Soldat. Elle est à moi!

Un autre Sold. (*arrêtant le premier*). Tu mens; c'est moi qui, le premier, l'ai dépistée; et, fût-elle la nièce du pape, je ne la céderai pas.   (*Ils se battent.*)

Troisième Sold. (*s'avançant vers Olympia*). Vous pouvez ajuster vos prétentions, je vais faire valoir les miennes.

Ol. Esclave de l'enfer! tu ne me toucheras pas vivante.

Le trois. Sold. Vivante ou morte!

Ol. (*embrassant un crucifix d'or massif*). Respecte ton Dieu!

Le trois. Sold. Oui, quand il est d'or et qu'il brille. Ma fille, c'est ta dot que tu tiens là dans tes bras.

(*Au moment où il s'avance, Olympia, avec un violent et soudain effort, lance le crucifix qui va frapper le soldat et l'étendre à terre.*)

Grand Dieu!

Ol. Ah! tu le reconnais maintenant?

Le trois. Sold. J'ai le crâne fracassé! Camarades, à mon secours! Oh! tout est ténèbres!   (*Il meurt.*)

AUTRE SOLD. (*accourant*). Tuez-la, quand elle aurait mille vies : elle a tué notre camarade.

OL. Une telle mort sera la bienvenue! La vie que vous me donneriez, nul esclave qui en voulût. Grand Dieu! au nom de votre Fils rédempteur et de sa sainte Mère, recevez-moi, telle que je voudrais m'approcher de vous, digne d'elle, et de lui, et de vous!

ARNOLD entre.

ARN. Que vois-je? Maudits chacals! arrêtez!

CÉS. (*à part, et riant*). Ha! ha! en voilà de la justice! Ces gens-là ont les mêmes droits que lui. Mais voyons ce qui va s'ensuivre.

LE SOLD. Comte, elle a tué notre camarade.

ARN. Avec quelle arme?

LE SOLD. Avec cette croix, sous le poids de laquelle il est écrasé; voyez-le ici gisant, plus semblable à un ver qu'à un homme; elle lui a lancé le crucifix à la tête.

ARN. Vraiment! voilà une femme digne de l'amour d'un brave; si vous l'étiez, vous l'auriez honorée. Mais éloignez-vous, et rendez grâce à votre bassesse : c'est le seul dieu que vous ayez à remercier de votre existence. Si vous aviez touché un seul cheveu de cette tête échevelée, j'aurais éclairci vos rangs plus que n'a fait l'ennemi. Partez, chacals! rongez les os que le lion vous laisse; mais attendez pour cela sa permission.

UN SOLD. (*murmurant*). Alors, que le lion conquière à lui tout seul.

ARN. (*le frappe et le renverse*). Mutin, va te révolter en enfer! Obéis sur la terre! (*Les soldats attaquent Arnold.*) Venez! j'en suis enchanté! Je vais vous montrer, esclaves que vous êtes, comment on doit vous commander; vous allez connaître celui qui vous a précédés sur ces murs que vous hésitiez à escalader, jusqu'au moment où vous avez vu du haut des créneaux flotter ma bannière! Maintenant que vous êtes entrés, le courage vous est donc revenu?

(Arnold renverse le plus avancé, les autres jettent bas leurs armes.)

LES SOLD. Quartier! quartier!

Arn. Apprenez donc vous-mêmes à l'accorder. Connaissez-vous maintenant celui qui a vous a guidés sur les créneaux de la ville éternelle ?

Les Sold. Nous le connaissons; mais pardonnez un moment d'erreur dans la chaleur de la victoire à laquelle vous nous avez conduits.

Arn. Retirez-vous! Allez à vos quartiers! vous les trouverez établis au palais de Colonna.

Ol. (*à part*). Dans la maison de mon père!

Arn. Laissez vos armes, vous n'en avez plus besoin, et souvenez-vous de tenir vos mains nettes, ou je vous baptiserai dans une eau aussi rouge que l'est maintenant le Tibre.

Les Sold. (*déposant leurs armes et sortant*). Nous obéissons.

Arn. (*à Olympia*). Madame, vous êtes en sûreté.

Ol. Je le serais si j'avais seulement un couteau; mais n'importe, — mille voies sont ouvertes à la mort, et avant que tu parviennes jusqu'à moi, sur ce marbre, au pied de cet autel d'où je contemple ma destruction, ma tête sera brisée. Homme, Dieu veuille te pardonner!

Arn. Je désire mériter son pardon et le tien, quoique je ne t'aie point offensée.

Ol. Non, tu as seulement saccagé ma cité natale. — Point offensée! tu as fait de la maison de mon père une caverne de voleurs! — Point offensée! tu as inondé ce temple du sang des Romains et des prêtres! et maintenant tu voudrais me sauver pour faire de moi... — Mais cela ne sera jamais!

(Elle lève les yeux vers le ciel, s'entoure des plis de sa robe, et se prépare à se précipiter du haut de l'autel, du côté opposé à celui où se tient Arnold.)

Arn. Arrêtez! Arrêtez! Je jure...

Ol. Épargne à ton âme, déjà maudite, un parjure qui te rendrait odieux à l'enfer lui-même. Je te connais!

Arn. Non, tu ne me connais pas; je ne suis pas de ces gens-là, quoique...

Ol. Je te juge par tes compagnons. C'est à Dieu à te juger tel que tu es; je te vois rougi du sang de Rome; prends le mien, c'est tout ce que tu auras de moi; et ici, sur le marbre de ce temple, dont les fonts baptismaux m'ont vue consacrée à Dieu, je lui offre un sang moins saint, mais non moins pur que l'eau sacrée sanctifiée par les saints, aussi pur qu'il l'était le jour où le baptême racheta mon enfance !

(Olympia fait un geste de dédain à Arnold, et se précipite du haut de l'autel sur le marbre.)

Arn. Dieu éternel! je te reconnais maintenant! Au secours ! au secours ! Elle est morte.

Cés. (*s'approche*). Me voici.

Arn. Toi! mais viens, sauve-la!

Cés. (*l'aidant à relever Olympia*). Elle y a été de franc jeu ! La chute est grave.

Arn. Oh ! elle est sans vie.

Cés. Dans ce cas, je ne puis rien pour elle : la résurrection n'est pas de mon ressort.

Arn. Esclave!

Cés. Oui, esclave ou maître, c'est tout un : il me semble pourtant que de bonnes paroles ne gâtent jamais rien.

Arn. Des paroles ! — Peux-tu la secourir?

Cés. J'essaierai. Nous ne ferons peut-être pas mal de l'asperger avec quelques gouttes de cette eau bénite.

(Il apporte de l'eau bénite dans son casque.)

Arn. Elle est mêlée de sang.

Cés. En ce moment, il n'y en a pas à Rome de plus claire.

Arn. Qu'elle est pâle! qu'elle est belle ! La vie l'a abandonnée ! Vivante ou morte, ô toi ! essence de toute beauté, je ne veux aimer que toi !

Cés. C'est ainsi qu'Achille aima Penthésilée; avec sa forme, il paraît que tu as aussi son cœur, et cependant le sien n'était pas très tendre.

Arn. Elle respire! mais non, ce n'était que le faible et dernier souffle que la vie dispute à la mort.

Cés. Elle respire.

Arn. Tu le dis, donc c'est vrai.

Cés. Tu me rends justice; — le diable dit la vérité plus souvent qu'on ne croit; mais il a affaire à un auditoire ignorant.

Arn. Oui, son cœur bat ! Hélas ! pourquoi faut-il que le

seul cœur que j'aie jamais désiré voir battre à l'unisson du mien, palpite sous la main d'un assassin!

Cés. Réflexion sage, mais qui vient un peu tard.

Arn. Vivra-t-elle?

Cés. Autant que peut vivre la poussière.

Arn. Elle est donc morte?

Cés. Bah! bah! tu es mort toi-même sans le savoir. Elle reviendra à la vie, — à ce que tu appelles la vie, à cet état où tu es maintenant; mais il nous faut recourir à des moyens humains.

Arn. Nous allons la transporter au palais de Colonna, où j'ai arboré ma bannière.

Cés. Viens donc! Relevons-la.

Arn. Doucement.

Cés. Aussi doucement qu'on porte les morts, par la raison peut-être qu'ils ne peuvent plus sentir les cahots.

Arn. Mais vit-elle réellement?

Cés. Ne crains rien; mais si plus tard tu en as regret, ne t'en prends pas à moi.

Arn. Qu'elle vive seulement!

Cés. Le souffle de sa vie est encore dans son sein, et peut se ranimer. Comte! comte! je suis ton serviteur en toutes choses, et voilà un emploi nouveau pour moi. Il est rare que j'en exerce du même genre; mais tu vois quel ami dévoué tu as dans celui que tu appelles démon. Sur la terre, vous n'avez souvent que des démons pour amis; moi, je n'abandonne pas le mien. Allons, emportons ce beau corps, moitié esprit, moitié argile! Je suis presque amoureux d'elle, comme les anges le furent jadis des premières nées de son sexe.

Arn. Toi?

Cés. Moi! mais ne crains rien, je ne serai pas ton rival.

Arn. Mon rival!

Cés. J'en serais un formidable; mais depuis que j'ai tué les sept maris de la fiancée de Tobie (il a suffi d'un peu d'encens pour arranger l'affaire), j'ai mis de côté l'intrigue : ce que l'on y gagne vaut rarement ce qu'il en a coûté pour l'obtenir, et surtout pour s'en défaire; car voilà la difficulté, du moins pour les mortels.

Arn. Silence, je te prie! doucement! il me semble que ses lèvres remuent, que ses yeux s'ouvrent!

Cés. Comme des astres, sans doute; car c'est une métaphore à l'usage de Lucifer et de Vénus.

Arn. Au palais Colonna, comme je te l'ai dit.

Cés. Oh! je connais mon chemin dans Rome.

Arn. Allons! marchons doucement. (*Ils sortent en transportant Olympia. — La scène finit.*)

TROISIÈME PARTIE.
SCÈNE Ire.

Un château des Apennins, entouré d'une contrée sauvage, mais riante. Chœur de villageois chantant devant les portes.

LE CHOEUR.

1

La guerre est terminée; le printemps est de retour. La fiancée et son amant sont rentrés au manoir : ils sont heureux, réjouissons-nous! Que leurs cœurs aient un écho dans chaque voix!

2

Le printemps est de retour; la violette est partie, la première née du premier soleil : elle n'est pour nous qu'une fleur d'hiver; la neige des montagnes ne la fait point périr; elle lève sa tête, et ses yeux bleus réfléchissent l'azur du jeune firmament;

3

Et quand vient le printemps avec sa légion de fleurs, la fleur la plus aimée s'éloigne de la foule avec ses parfums célestes et ses couleurs virginales.

4

Cueillez les autres fleurs; mais rappelez-vous celle qui les devança dans le sombre décembre, celle qui fut leur étoile du matin, et dont la présence nous annonça l'approche des longs jours; même au milieu des roses, n'oubliez jamais la violette, la violette virginale. (*César entre.*)

César (*chante*). Les guerres sont finies; nos épées sont oisives; le coursier mord son frein; le casque est appendu à la muraille. L'aventurier se repose, mais son armure se rouille; le vétéran s'engourdit, et bâille dans le château. Il boit; mais qu'est-ce que boire? une trêve à la pensée! Les sons belliqueux du cor ne le réveillent plus.

Le Chœur. Mais le limier aboie; le sanglier est dans la forêt, et l'orgueilleux faucon est impatient de prendre son essor : le voilà sur le poing du noble, perché comme un cimier; et les oiseaux, désertant leurs nids, troublent l'air de leurs cris.

Cés. Ombre de la gloire! faible image de la guerre! mais la chasse n'a point d'annales, ses héros point de renommée, depuis Nemrod, l'inventeur de la chasse, le fondateur d'empires, qui le premier épouvanta les forêts et les fit trembler pour leurs hôtes. Quand le lion était jeune, et dans tout l'orgueil de sa puissance, les forts se faisaient un jeu de lutter contre lui; armés d'un haut sapin en guise de lance, ils attaquaient le mammouth, ou frappaient à travers le ravin le béhémouth écumant. La taille de l'homme égalait alors en hauteur les tours de notre temps. Premier né de la nature, il était sublime comme elle.

Le Chœur. La guerre est terminée; le printemps est de retour. La fiancée et son amant sont rentrés au manoir : ils sont heureux, réjouissons-nous! Que leurs cœurs aient un écho dans chaque voix! (*Les villageois sortent en chantant.*)

Ici s'arrête le manuscrit.

NOTES

DES TROIS ACTES DU DIFFORME TRANSFORMÉ.

1 Ce drame fut commencé à Pise, en 1821, mais il ne fut publié qu'en janvier 1824.

2 *Les Trois frères* sont un roman publié en 1803; l'auteur est M. Joshua Pickersgill *junior*.

« J'ai lu le *Nain noir* avec le plus grand plaisir, dit lord Byron, et je comprends parfaitement maintenant pourquoi ma tante et ma sœur sont si intimement convaincues que j'en suis l'auteur. Si vous me connaissiez aussi bien qu'elles me connaissent, vous seriez peut-être tombé dans la même méprise. » *B.*

« Ce n'est point d'ailleurs une supposition extraordinaire, dit Walter Scott, que celle d'un être vivant dans la solitude, poursuivi par la conscience de sa difformité, et se croyant l'objet des railleries de tout le monde. Ce personnage a existé. Le nom de ce pauvre infortuné était David Ritchie, natif de Tweed-Dale. Il était fils d'un laboureur, et devait être né avec son infirmité, quoiqu'il l'attribuât à de mauvaises habitudes prises dans l'enfance. Il était fabricant de brosses à Édimbourg, et avait voyagé dans plusieurs villes, se livrant à son industrie; mais il avait été chassé de partout à cause de la répugnance universelle qu'excitait sa difformité. »

³ La mère de lord Byron, dans ses accès de mauvaise humeur, faisait de la difformité de son fils l'objet de ses railleries et de ses reproches; elle passait subitement (comme nous l'apprenons par une lettre de ses parents d'Écosse) des caresses les plus passionnées à l'antipathie et au dégoût, puis le dévorait de baisers, et jurait qu'il avait les yeux aussi beaux que ceux de son père. QUARTERLY REVIEW.

⁴ Cette accusation est aujourd'hui reconnue fausse, la petitesse de la bouche de l'animal ne lui permettant pas de commettre le crime dont on l'accuse. Si l'on veut lire une amusante controverse à ce sujet, on peut consulter le *Gentleman's Magazine*, vol. LXXX et LXXXI.

⁵ C'est une croyance allemande très connue que cette ombre gigantesque sur le Brocken. Le Brocken est la plus haute des montagnes de Hartz, dont la chaîne pittoresque s'étend dans le royaume de Hanovre. Depuis l'époque des traditions les plus reculées, le Brocken a été le théâtre du merveilleux. Pour de plus amples renseignements sur le phénomène auquel lord Byron fait allusion, voyez sir David Brewster, *Magie naturelle*, p. 128.

⁶ Dans l'un des journaux de lord Byron, on lit: « Alcibiade fut, dit-on, heureux dans toutes ses batailles; mais *quelles* sont les batailles d'Alcibiade? qu'on me les indique. Quand vous citez César, Annibal, Napoléon, on trouve sur-le-champ Pharsale, Munda, Alesia, Cannes, Thrasymène, Hebra, Lodi, Wagram, Marengo, Iéna, Austerlitz, Friedland, Moskowa. Mais il est moins facile de découvrir les victoires d'Alcibiade, comme l'on rattache Leuctres et Mantinée au nom d'Epaminondas, Marathon à celui de Miltiade, à Salamine celui de Thémistocle, les Thermopyles à celui de Léonidas; cependant, au total, il n'est pas de nom dans l'antiquité qui nous apparaisse environné de plus de charmes et de séduction que celui d'Alcibiade; pourquoi? je l'ignore; qui le sait le dise. »

⁷ Les dehors de Socrate étaient ceux d'un satyre et d'un bouffon; mais son âme était la vertu même, et il s'échappait de sa bouche des discours si éloquents et si divins, qu'ils perçaient le cœur de ses auditeurs, et leur arrachaient des larmes. PLATON.

⁸ La beauté et le port de Démétrius Poliorcète étaient si inimitables, qu'aucun peintre ou statuaire ne pouvait obtenir sa ressemblance : c'était un mélange de grâce et de dignité, quelque chose d'aimable et de sévère ; la vivacité de la jeunesse était tempérée par la majesté du héros et du roi ; il y avait dans toute sa personne une alliance heureuse qui plaisait et qui intimidait. Dans ses heures de délassement, c'était le plus joyeux de tous les compagnons ; dans sa conversation, le plus délicat de tous les princes ; et cependant, fallait-il se montrer? rien n'égalait son activité. Entre tous les dieux, il paraissait surtout vouloir imiter Bacchus, et n'était pas seulement terrible à la guerre, mais savait faire succéder le repos aux combats, et répandre partout la joie et les plaisirs. PLUTARQUE.

⁹ « Quelque imperfection que l'on ait en soi, dit lord Bacon, qui vous rende un objet de mépris, l'on a aussi un aiguillon qui vous révèle et qui vous pousse à secouer ce mépris ; c'est pourquoi toutes les personnes difformes sont extrêmement braves, d'abord dans l'intérêt de leur propre dignité ; puis, par la force des choses, ils sont plus perspicaces à découvrir les faiblesses des autres. Leurs supérieurs ne leur font point l'honneur d'en être jaloux, parce qu'ils croient pouvoir les dédaigner, et leurs compétiteurs les laissent en repos, ne voulant jamais croire qu'ils puissent parvenir, jusqu'à ce qu'ils le voient de leurs propres yeux ; de telle sorte que, pour un esprit supérieur, une infirmité est un véritable avantage. »

¹⁰ Adam signifie *terre rouge ;* c'est avec ce limon que fut formé le premier homme.

¹¹ Suétone rapporte que la calvitie de Jules César fut pour lui une source d'amertumes, et que cet accident lui valut de nombreux sarcasmes de la part de ses ennemis. De tous les honneurs qui lui furent conférés par le peuple et le sénat, il n'en fut aucun qu'il reçut avec plus de satisfaction que le droit de porter tout le jour une couronne de lauriers.

¹² Charles de Bourbon était cousin de François Iᵉʳ, et connétable de France. Ayant été persécuté par la reine mère pour avoir refusé l'offre de sa main, il passa au service de l'empereur Charles V.

¹³ On rapporte que Scipion l'Africain pleura à la vue de l'incendie de Carthage, et récita un vers d'Homère. Il aurait mieux fait d'accorder la capitulation.

¹⁴ Se sentant mortellement blessé, Bayard ordonna à un des gens de sa suite de le placer sous un arbre, le visage tourné vers l'ennemi. Alors, les yeux fixés sur la garde de son épée, qu'il tenait embrassée en guise de croix, il fit sa prière et attendit avec calme le moment de la mort.

Histoire de Charles V, par ROBERTSON.

¹⁵ Le 1ᵉʳ mai 1527, le connétable et son armée vinrent mettre le siége devant Rome ; l'attaque commença le lendemain. Bourbon portait un habit blanc par-dessus son armure, afin, disait-il, d'être reconnu de ses amis et de ses ennemis. Il guida l'armée au pied des murailles, et livra un assaut terrible, qui fut repoussé avec une égale vigueur. Voyant que son armée pliait, il saisit une échelle de la main d'un soldat, et se préparait à monter, lorsqu'il fut atteint d'une balle de mousquet, et tomba. Sentant

qu'il était blessé à mort, il ordonna qu'on dérobât son cadavre à ses soldats, et expira sur-le-champ. ROBERTSON.

¹⁶ « Levant mon arquebuse, dit Benvenuto Cellini, je la déchargeai hardiment sur un personnage qui dépassait les autres de la tête ; mais le brouillard m'empêcha de voir s'il était à pied ou à cheval. Alors, me tournant vers Alessandro et Cecchino, je les engageai à faire feu, et leur montrai comment on pouvait échapper aux coups des assiégeants. Nous fîmes deux fois feu ; je m'approchai alors avec précaution des murailles, et j'aperçus qu'il régnait une confusion extraordinaire parmi les assaillants ; nous avions atteint le duc de Bourbon. C'était, comme je l'appris depuis, le même que celui qui s'élevait au-dessus de tous les autres. » *Mémoires de Cellini*, vol. II, p. 420.

¹⁷ Le château Saint-Ange fut assiégé du 6 mai au 5 juin ; pendant ce temps, la ville de Rome fut souillée par le meurtre, le pillage et tous les excès imaginables. Si l'on veut connaître les détails de ces scènes de violence on peut consulter *le sac de Rome*, par Jacopo Buonaparte, *gentiluomo samminiatese che vi se trovò presente*, et la *Vie de Cellini*, vol. I, p. 124.

CAÏN[1],

MYSTÈRE EN TROIS ACTES.

« Or, le serpent était le plus subtil de tous les animaux que le Seigneur Dieu avait créés. » — GENÈSE, ch. III, v. 1.

A SIR WALTER SCOTT, BARONNET,

CE MYSTÈRE DE CAÏN

est dédié par son obligé et fidèle serviteur,

L'AUTEUR[2].

PRÉFACE.

Le drame qui suit est intitulé *Mystère*; c'est le nom que l'on donnait aux anciennes pièces de théâtre qui traitaient à peu près le même sujet; elles étaient appelées mystères ou moralités. L'auteur est loin d'avoir pris avec son sujet les libertés dont ne se faisaient point faute les auteurs de ces pièces profanes en Angleterre, en France, en Espagne, en Italie, comme pourront s'en convaincre les lecteurs qui voudraient consulter ces collections[3]: l'auteur s'est efforcé de conserver à chaque personnage le langage conforme à son caractère. Lorsqu'il a emprunté les paroles mêmes de l'Écriture, il a fait aussi peu de changements que le pouvaient comporter les obligations imposées par le rhythme.

Le lecteur se rappelle que la *Genèse* ne dit pas qu'Ève ait été tentée par un démon, mais par le serpent, qui obtint la préférence, parce qu'il était le plus rusé de tous les animaux. Quelque interprétation que les Pères et les rabbins aient donnée de ce passage, je prends les mots comme je les trouve, et je réponds, comme faisait l'évêque Watson, modérateur, à Cambridge, lorsqu'on lui citait les Pères de l'Église: « Voici le livre, » disait-il, en montrant les Écritures. Qu'on sache bien que mon drame n'a rien à démêler avec le *Nouveau Testament*, qu'on ne peut invoquer en cette occasion sans faire un anachronisme. Je ne suis que peu familiarisé avec les auteurs qui ont traité des sujets du même genre. Depuis l'âge de vingt ans je n'ai jamais lu Milton; mais je l'avais lu si souvent auparavant, que cela revient au même. J'ai lu la *Mort d'Abel*, de Gessner, pour la dernière fois, à l'âge de huit ans, à Aberdeen; j'en ai conservé un souvenir confus, mais agréable, et je ne me souviens d'aucun détail, si ce n'est que la femme de Caïn s'appelait Mahala, et celle d'Abel, Thirza ; je les ai nommées, l'une Adah, l'autre Zillah.

Ce sont les premiers noms de femme que l'on rencontre dans la Genèse ; ils sont donnés aux femmes de Lamech ; on ne désigne pas celles de Caïn et d'Abel. Que la similitude dans le choix du sujet ait amené quelque ressemblance dans la manière de le traiter, c'est ce que j'ignore et ce dont je m'inquiète peu [4].

Le lecteur se rappellera que l'on ne trouve nulle part, dans les livres de Moïse ni dans l'*Ancien Testament*, d'allusions à une seconde vie ; on peut consulter, sur les motifs de cette singulière omission, *la Légation divine* de Warburton. Je ne sais si ses raisons satisferont, mais il n'en existe pas de meilleures ; j'ai cependant supposé que Caïn connaissait cette croyance sans qu'on puisse, je suppose, m'accuser d'avoir perverti les Ecritures.

Quant au langage placé dans la bouche de Lucifer, il m'était difficile de le faire parler comme un ministre ; mais j'ai cherché à contenir les impiétés dans les limites d'une raillerie spirituelle. S'il nie avoir tenté Ève sous la forme d'un serpent, c'est que nulle part, dans l'Ecriture, il n'est fait allusion à rien de semblable, mais qu'il n'y est question que du serpent en sa capacité de serpent.

Nota. Le lecteur s'apercevra que l'auteur a adopté en partie, à l'occasion de ce poëme, l'opinion de Cuvier qui pensait que le monde a été bouleversé plusieurs fois de fond en comble avant la création de l'homme. Ce système, fondé sur la découverte de plusieurs os énormes d'animaux inconnus, bien loin d'être contraire au récit de Moïse, ne sert qu'à le confirmer. La version de Lucifer, que le monde précédent était peuplé d'êtres plus intelligents et aussi forts en comparaison que le *Mammouth*, est une fiction poétique, dans le but de l'aider à parvenir à ses fins.

Je dois ajouter qu'il existe une mélotragédie d'Alfieri, intitulée *Abel* ; je ne l'ai jamais lue, non plus qu'aucun des ouvrages posthumes de cet auteur, excepté ses *Mémoires* [5].

CAIN.

PERSONNAGES.

Hommes. ADAM.
CAIN.
ABEL.
Esprits. L'ANGE DU SEIGNEUR.
LUCIFER.
Femmes. ÈVE.
ADAH.
ZILLAH.

ACTE PREMIER.
SCÈNE Ire.

Le pays en dehors du paradis. — Lever du soleil.

ADAM, ÈVE, CAIN, ABEL, ADAH, ZILLAH, offrant un sacrifice.

Adam. Dieu éternel! infini! Sagesse suprême! toi qui, d'une parole, du sein des ténèbres de l'abîme, fis jaillir la lumière sur les eaux. — Salut! Jéhovah! au retour de la lumière, salut!

Ève. Dieu! qui nommas le jour, et séparas le matin et la nuit, jusqu'alors confondus; — qui divisas les flots, et donnas le nom de firmament à une partie de ton ouvrage, salut!

Abel. Dieu! qui des éléments composas la terre, — l'Océan, — l'air — et le feu; qui, après avoir créé le jour et la nuit, ainsi que les mondes sur lesquels se répandent leur lumière et leur ombre, formas des êtres pour en jouir, les aimer et t'aimer toi-même, — salut! salut!

Adah. Dieu éternel! Père de toutes choses! qui créas ces êtres bons et beaux, pour être aimés par-dessus tout, à l'exception de toi, — permets qu'en t'aimant je les aime aussi : — salut! salut!

Zill. O Dieu! qui, aimant et bénissant toutes les œuvres de tes mains, permis cependant que le serpent se glissât dans le paradis et en expulsât mon père, préserve-nous de tout mal à venir : — salut! salut!

ADAM. Caïn, mon fils, mon premier né, pourquoi demeures-tu muet?

CAÏN. Pourquoi parlerais-je?

ADAM. Pour prier [6].

CAÏN. N'avez-vous pas prié?

ADAM. Oui, et avec ferveur.

CAÏN. Et d'une voix haute. Je vous ai entendu.

ADAM. Et Dieu aussi, je l'espère.

ABEL. Ainsi soit-il.

ADAM. Mais toi, mon premier né, tu continues à garder le silence.

CAÏN. Il vaut mieux que je me taise.

ADAM. Pourquoi?

CAÏN. Je n'ai rien à demander.

ADAM. Et rien dont tu doives rendre grâce?

CAÏN. Non.

ADAM. Ne vis-tu pas?

CAÏN. Ne dois-je pas mourir?

ÈVE. Hélas! voilà déjà le fruit de l'arbre défendu, qui commence à tomber.

ADAM. Et il nous faut le ramasser. O Dieu! pourquoi as-tu planté l'arbre de la science?

CAÏN. Et pourquoi n'avez-vous pas cueilli le fruit de l'arbre de vie? Vous auriez pu alors le braver.

ADAM. O mon fils, ne le blasphème pas : ce sont là des paroles du serpent.

CAÏN. Pourquoi pas? Le serpent a dit *vrai* : c'était l'arbre de la science, c'était l'arbre de vie : la science est bonne, et la vie est bonne; en quoi l'une et l'autre seraient-elles un mal?

ÈVE. Mon enfant! tu parles comme je parlais dans le péché, avant ta naissance. Que je ne voie pas mon malheur se renouveler dans le tien! Je me suis repentie : que je ne voie pas, hors du Paradis, mon fils tomber dans les pièges qui, jusque dans le Paradis, ont perdu ses parents! Contente-toi de ce qui *est*. Si nous l'avions fait, tu serais content aujourd'hui. — O mon fils!

ADAM. Nos prières sont terminées; éloignons-nous d'ici. Que chacun se rende à son travail; — il n'est pas pénible, bien que nécessaire : la terre est jeune : elle nous donne ses fruits avec bienveillance, et sans beaucoup de travail.

ÈVE. Caïn, mon fils, vois ton père content et résigné; fais comme lui. *(Adam et Ève s'éloignent.)*

ZILL. Ne le veux-tu pas, mon frère?

ABEL. Pourquoi garder sur ton front cette tristesse qui ne peut servir qu'à attirer la colère de l'Éternel?

ADAH. Caïn, mon bien-aimé, me regarderas-tu, moi aussi, d'un air sombre?

CAÏN. Non, Adah, non. Je désirerais être seul un moment. — Abel, je ne me trouve pas bien, mais cela passera. Précède-moi, mon frère; — je ne tarderai pas à te suivre. — Et vous aussi, mes sœurs, ne vous arrêtez pas; votre douceur ne doit pas recevoir un accueil farouche; je vous suis dans l'instant.

ADAH. Si tu tardes, je viendrai te chercher ici.

ABEL. La paix de Dieu soit avec ton esprit, mon frère! *(Abel, Zillah et Adah s'éloignent.)*

CAÏN *(seul)*. Et voilà donc la vie! — le travail! Et pourquoi dois-je travailler? Parce que mon père n'a pas su conserver sa place dans Éden. Qu'avais-je fait, moi? — Je n'étais pas né; je ne demandais pas à naître, et je n'aime pas l'état dans lequel cette naissance m'a placé. Pourquoi a-t-il cédé au serpent et à la femme? ou, après avoir cédé, pourquoi a-t-il été puni? Qu'y avait-il en cela? L'arbre était planté, et pourquoi pas pour lui? sinon, pourquoi l'avoir placé près de cet arbre, à l'endroit où il croissait, le plus beau de tous les arbres? Ils n'ont à toutes les questions qu'une réponse : « C'était sa volonté, et *il* est bon. » Qu'en sais-je? Parce qu'il est tout-puissant, s'ensuit-il qu'il soit suprêmement bon? Je ne juge que par les fruits, — et ils sont amers, — et il faut que je m'en nourrisse, pour une faute qui n'est pas la mienne.—Que vois-je? un esprit qui a la forme des anges; cependant l'aspect de son essence spirituelle a quelque chose de plus sévère et de plus triste.

Pourquoi est-ce que je frémis? Pourquoi le craindrais-je plus que ces autres esprits célestes que je vois chaque jour brandir leurs glaives redoutables devant les portes près desquelles je m'arrête souvent à-l'heure du crépuscule, alors que je viens, avant que la nuit descende sur ces murs inhabités, jeter un coup d'œil sur ces jardins, mon légitime héritage, et sur les arbres immortels qui couronnent les créneaux défendus par les chérubins? Je n'ai point peur de ces anges armés de feux. Pourquoi celui qui maintenant s'approche m'inspirerait-il de l'effroi? Il me paraît de beaucoup leur supérieur en puissance et leur égal en beauté; et pourtant on dirait qu'il n'est pas aussi beau qu'il l'a été ou qu'il pourrait l'être. La douleur semble faire la moitié de son immortalité. En est-il donc ainsi? L'humanité n'est donc pas seule à connaître la souffrance? Il vient.

LUCIFER arrive.

LUCIFER. Mortel!

CAÏN. Esprit, qui es-tu?

LUCIFER. Le maître des esprits.

CAÏN. Cela étant, comment se fait-il que tu les quittes, et viens visiter la poussière?

LUCIFER. Je connais les pensées de la poussière; j'ai pitié d'elle et de toi.

CAÏN. Comment! tu connais mes pensées?

LUCIFER. Ce sont les pensées de tout ce qui est digne de penser; c'est la partie immortelle de toi-même qui parle en toi.

CAÏN. Quelle partie immortelle? Ceci n'a pas été révélé. Nous avons été privés de l'arbre de vie par la folie de mon père, tandis que, par la précipitation de ma mère, le fruit de l'arbre de la science fut trop tôt cueilli, et ce fruit, c'est la mort!

LUCIFER. On t'a trompé: tu vivras.

CAÏN. Je vis; mais je vis pour mourir, et vivant, je ne vois rien qui rende la mort haïssable, si ce n'est une répugnance innée, un lâche mais invincible instinct de vie, que j'abhorre comme je me méprise, et que pourtant je ne puis surmonter; c'est ainsi que je vis. Plût au ciel que je n'eusse jamais vécu!

LUCIFER. Tu vis, et dois vivre pour toujours : ne crois pas que l'argile qui forme ton enveloppe extérieure soit l'existence; — elle cessera d'être, et alors tu ne seras pas moins que tu n'es maintenant.

CAÏN. Pas *moins!* Et pourquoi pas plus?

LUCIFER. Peut-être seras-tu comme nous sommes.

CAÏN. Et vous?

LUCIFER. Nous sommes éternels.

CAÏN. Êtes-vous heureux?

LUCIFER. Nous sommes puissants.

CAÏN. Êtes-vous heureux?

LUCIFER. Non. Et toi, l'es-tu?

CAÏN. Comment le serais-je? Regarde-moi!

LUCIFER. Pauvre argile! et tu prétends être malheureux! toi!

CAÏN. Je le suis. — Et toi, avec toute la puissance, qu'es-tu?

LUCIFER. Un esprit qui aspira à devenir celui qui t'a créé, et qui ne t'aurait pas fait ce que tu es.

CAÏN. Ah! tu ressembles presqu'à un Dieu; et...

LUCIFER. Je ne suis pas Dieu; n'ayant pu le devenir, je ne voudrais pas être autre que je ne suis. Il a vaincu; qu'il règne!

CAÏN. Qui?

LUCIFER. Le Créateur de ton père et de la terre.

CAÏN. Et du ciel, et de tout ce qu'ils contiennent; c'est ce que j'ai entendu chanter à ses séraphins; c'est ce que dit mon père.

LUCIFER. Ils disent — ce qu'ils sont obligés de chanter et de dire, sous peine d'être ce que je suis, — ce que tu es, — moi, parmi les esprits, toi, parmi les hommes.

CAÏN. Et quoi donc?

LUCIFER. Des âmes qui ont le courage d'user de leur immortalité [7], des âmes qui osent regarder le tyran tout-puissant face à face, et dans son éternité, et lui dire que le mal, son ouvrage, n'est pas un bien! S'il nous a faits, comme il le dit, — ce que j'ignore, et ne crois pas, — s'il nous a faits, il ne peut nous défaire; nous sommes immortels! — Bien plus, il nous a *voulus* ainsi, afin de pouvoir nous torturer; — qu'il le fasse! Il est grand; — mais dans sa grandeur, il n'est pas plus heureux que nous dans notre lutte! La bonté n'eût pas créé le mal; a-t-il fait autre chose? Mais qu'il continue à siéger sur son trône vaste et solitaire, occupé à créer des mondes, pour alléger le poids de l'éternité à son immense existence, à sa solitude sans partage; qu'il entasse planète sur planète. Il est seul dans sa tyrannie infinie, indissoluble; que ne peut-il s'écraser lui-même! ce serait le don le plus précieux qu'il eût jamais fait : mais qu'il règne, et se multiplie dans la souffrance! Esprits et hommes, nous sympathisons du moins, — et, souffrant de concert, nous rendons plus supportables nos innombrables souffrances par la sympathie illimitée de tous avec tous! Mais lui, si malheureux dans son élévation, livré à l'inquiète activité de sa misère, il faut qu'il crée, et crée encore.

CAÏN. Tu me parles de choses qui depuis longtemps nagent dans ma pensée comme des visions; je n'ai jamais pu concilier ce que je voyais avec ce que j'entendais. Mon père et ma mère me parlent de serpents, et de fruits, et d'arbres; je vois les portes de ce qu'ils appellent leur paradis, gardées par des chérubins armés d'épées flamboyantes, qui en interdisent l'accès et à eux et à moi; je sens le poids du travail journalier et de la pensée incessante; autour de moi mes regards errent sur un monde où je semble n'être rien, et je sens s'élever en moi des pensées telles qu'on les croirait capables de dominer toutes choses; — mais je croyais que ce malheur était mon partage *exclusif*. — Mon père s'est résigné à son abaissement; ma mère a oublié l'audace qui lui donna soif de science, au risque d'une malédiction éternelle; mon frère n'est qu'un jeune berger, offrant les prémices de son troupeau à celui qui a voulu que la terre n'accordât ses fruits qu'à nos sueurs; ma sœur Zillah chante chaque jour un hymne plus matinal que celui des oiseaux; et mon Adah, ma bien-aimée, elle aussi, ne comprend pas la pensée qui m'oppresse : jusqu'à présent je n'avais rencontré personne qui sympathisât avec moi. Tant mieux. — Je préfère la société des esprits.

Lucifer. Et si la nature de ton âme ne t'avait rendu digne d'une telle société, tu ne me verrais pas maintenant devant toi, comme tu me vois : comme autrefois, il eût suffi d'un serpent pour te fasciner.

Caïn. Ah! c'est donc toi qui as tenté ma mère?

Lucifer. Je ne tente personne, si ce n'est avec la vérité : l'arbre n'était-il pas celui de la science? et n'y avait-il pas encore des fruits sur l'arbre de vie ? Est-ce moi qui lui ai dit de ne pas les cueillir ? Est-ce moi qui ai placé des objets défendus à la portée d'êtres innocents et curieux en raison de leur innocence même ? J'aurais fait de vous des dieux; et celui qui vous a chassés l'a fait « dans la crainte que vous ne mangiez des fruits de vie, et ne deveniez dieux comme lui. » Sont-ce là ses paroles ?

Caïn. C'est ainsi que me les ont répétées ceux qui les ont entendues au bruit de la foudre.

Lucifer. Qui donc était le démon ? celui qui n'a pas voulu vous laisser vivre, ou celui qui vous aurait fait vivre à jamais au sein des joies et du pouvoir de la science?

Caïn. Plût au ciel qu'ils eussent cueilli le fruit des deux arbres, ou n'eussent touché ni à l'un ni à l'autre !

Lucifer. Déjà l'un est à vous, l'autre peut encore vous appartenir.

Caïn. Comment?

Lucifer. En vous montrant ce que vous êtes dans votre résistance. Rien ne peut éteindre l'âme, si l'âme veut être elle-même, et se faire le centre de tout ce qui l'entoure. — Elle fut créée pour commander.

Caïn. Mais as-tu tenté mes parents?

Lucifer. Moi? chétive argile! pourquoi et comment les aurais-je tentés?

Caïn. Ils disent que le serpent était un esprit.

Lucifer. Qui le dit? Cela n'est point écrit là-haut : l'orgueilleux Créateur ne saurait à ce point dénaturer la vérité.

Mais les terreurs exagérées de l'homme et sa vanité puérile peuvent lui avoir fait rejeter sa lâche défaite sur la nature spirituelle. Le serpent *était* le serpent, — et rien de plus; et pourtant il n'était point inférieur à ceux qu'il a tentés; sa nature était d'argile comme la leur, — mais il leur était supérieur en sagesse, puisqu'il triompha d'eux, et devina la science fatale à leurs étroites joies. Crois-tu que je voudrais revêtir la forme de créatures destinées à mourir ?

Caïn. Mais le serpent avait en lui un démon ?

Lucifer. Il ne fit qu'en éveiller un dans ceux à qui parla sa langue fourchue. Je te répète que le serpent n'était autre chose qu'un serpent; demande aux chérubins qui gardent l'arbre tentateur. Quand mille générations auront passé sur ta cendre insensible et sur celle de ta race, la race qui habitera alors le monde couvrira peut-être la première faute de l'homme d'un voile fabuleux, et m'attribuera une forme que je méprise, comme je méprise tout ce qui fléchit devant celui qui n'a créé des êtres que pour les voir s'humilier devant sa farouche et solitaire éternité; mais nous qui voyons la vérité, nous devons la dire. Tes crédules parents prêtèrent l'oreille à un objet rampant, et succombèrent. Pour quel motif des esprits les auraient-ils tentés ? qu'y avait-il donc de si attrayant dans les étroites limites de leur paradis, pour que des esprits qui embrassent l'espace... — Mais je te parle de choses que tu ignores, en dépit de ton arbre de la science.

Caïn. Mais, quelle que soit la science dont tu me parles, j'ai le désir de la connaître, j'en ai soif, et j'ai un esprit capable de la comprendre.

Lucifer. Et le courage de la regarder en face?

Caïn. Mets-moi à l'épreuve.

Lucifer. Oserais-tu regarder la Mort?

Caïn. Elle ne s'est point encore montrée.

Lucifer. Mais elle doit être subie.

Caïn. Mon père dit que c'est quelque chose d'effrayant; quand son nom est prononcé, ma mère pleure, Abel lève les yeux au ciel, Zillah baisse les siens vers la terre et murmure une prière, Adah me regarde et demeure muette.

LUCIFER. Et toi?

CAÏN. D'indicibles pensées se pressent dans mon cœur et le brûlent quand j'entends parler de cette Mort toute-puissante, qui, à ce qu'il paraît, est inévitable. Pourrais-je lutter contre elle? En jouant avec le lion, dans mon enfance, il m'est arrivé de lutter contre lui jusqu'à ce qu'il se dégageât de mon étreinte, et s'enfuît, en rugissant.

LUCIFER. Elle n'a point de forme extérieure; mais elle absorbera tout ce qui est né de la terre.

CAÏN. Ah! je croyais que c'était un être : quel autre qu'un être peut faire de tels maux aux êtres?

LUCIFER. Demande au Destructeur.

CAÏN. A qui?

LUCIFER. Au Créateur. Appelle-le comme tu voudras : il ne crée que pour détruire.

CAÏN. Je l'ignorais; mais je l'ai pensé, depuis que j'ai entendu parler de la Mort : quoique je ne sache pas ce que c'est, cependant il me semble que ce doit être quelque chose d'horrible. Je l'ai cherchée dans la vaste solitude de la nuit : et quand je voyais sous les murs d'Éden de gigantesques ombres au milieu desquelles les glaives de chérubins faisaient luire leurs éclairs, il me semblait que j'allais la voir apparaître; car il s'élevait dans mon cœur un désir, mêlé de crainte, de connaître ce qui nous faisait tous trembler; — mais rien ne venait. Et alors, détournant mes yeux fatigués de ce paradis défendu qui fut notre berceau, je les reportais vers ces clartés qui brillent là-haut, dans l'azur, et qui sont si belles; elles aussi doivent-elles mourir?

LUCIFER. Peut-être; — mais elles doivent longtemps survivre et à toi et aux tiens.

CAÏN. J'en suis bien aise; je ne voudrais pas les voir mourir, — elles sont si charmantes! Qu'est-ce que la mort? ce doit être une chose terrible, je le crains, je le sens; mais ce que c'est, je ne puis le dire : nous en sommes tous menacés, et ceux qui ont péché, et ceux qui n'ont pas péché, comme d'un mal. — En quoi consiste ce mal?

LUCIFER. A redevenir terre.

Caïn. Mais le connaîtrai-je ?

Lucifer. Comme je ne connais pas la mort, je ne puis te répondre.

Caïn. Si je devenais une terre insensible, il n'y aurait pas grand mal à cela. Plût à Dieu que je n'eusse jamais été que poussière !

Lucifer. C'est là un lâche souhait qui te place au-dessous de ton père, car il désira savoir.

Caïn. Mais il ne désira pas vivre ; autrement, que ne cueillait-il le fruit de l'arbre de vie !

Lucifer. Il en fut empêché.

Caïn. Erreur fatale ! de n'avoir pas arraché d'abord ce fruit : mais avant qu'il cueillît la science, il ignorait la mort. Hélas ! c'est à peine maintenant si je sais ce que c'est, et pourtant je la crains. — Je crains... je ne sais quoi !

Lucifer. Et moi qui sais tout, je ne crains rien. Tu vois ce qu'est la véritable science.

Caïn. Veux-tu m'enseigner tout ?

Lucifer. Oui, à une condition.

Caïn. Quelle est-elle ?

Lucifer. C'est que tu te prosterneras et m'adoreras, — comme ton seigneur.

Caïn. Tu n'es pas le seigneur que mon père adore ?

Lucifer. Non.

Caïn. Es-tu son égal ?

Lucifer. Non ; — je n'ai rien et ne veux rien avoir de commun avec lui ! quelle que soit ma place, au-dessus ou au-dessous de lui, il n'est rien que je ne préfère à la nécessité de partager ou de servir sa puissance. J'existe à part ; mais je suis grand : — il en est beaucoup qui m'adorent ; il y en aura plus encore. — Sois l'un des premiers.

Caïn. Je n'ai pas encore fléchi le genou devant le Dieu de mon père, quoique mon frère Abel me conjure souvent de me joindre à lui dans ses sacrifices : — pourquoi donc m'humilierais-je devant toi ?

Lucifer. N'as-tu jamais courbé le front devant lui ?

Caïn. ne te l'ai-je pas dit ? — Ai-je besoin de te le

dire? Ta science profonde n'a-t-elle pas dû te l'apprendre!

Lucifer. Celui qui ne se courbe pas devant lui s'est courbé devant moi.

Caïn. Mais je ne veux fléchir ni devant lui ni devant toi.

Lucifer. Tu n'en es pas moins mon adorateur : dès que tu ne l'adores pas, tu es à moi.

Caïn. Qu'est-ce donc qu'être à toi?

Lucifer. Tu le sauras dès cette vie, — et après.

Caïn. Fais-moi seulement connaître le mystère de mon être.

Lucifer. Suis-moi où je te conduirai.

Caïn. Mais il faut que je me retire pour aller cultiver la terre; — car j'ai promis...

Lucifer. Quoi?

Caïn. De cueillir les prémices de quelques fruits.

Lucifer. Pourquoi?

Caïn. Pour les offrir avec Abel, sur un autel.

Lucifer. Ne disais-tu pas tout à l'heure que tu n'avais jamais courbé ton front devant celui qui t'a créé?

Caïn. Oui; — mais j'ai cédé aux sollicitations pressantes d'Abel; l'offrande est plus sienne que mienne, — et Adah...

Lucifer. Pourquoi hésites-tu?

Caïn. Elle est ma sœur; nous sommes nés le même jour, du même flanc; ses larmes m'ont arraché cette promesse; et, plutôt que de la voir pleurer, je puis tout endurer, — tout adorer.

Lucifer. Suis-moi donc!

Caïn. J'y consens.

Arrive ADAH.

Adah. Mon frère, je viens te chercher; c'est maintenant notre heure de repos et de joie, — et nous en goûtons moins en ton absence. Tu n'as pas travaillé ce matin, mais j'ai fait ta tâche : les fruits sont mûrs et brillants comme la lumière qui les mûrit. Viens.

Caïn. Ne vois-tu pas?

Adah. Je vois un ange; nous en avons vu plus d'un. Veut-il partager l'heure de notre repos? Il est le bienvenu.

CAÏN. Mais il n'est pas comme les anges que nous avons vus.

ADAH. Y en a-t-il donc d'autres? Mais il est le bienvenu comme eux; ils ont daigné être nos hôtes. Y consent-il?

CAÏN. Le veux-tu?

LUCIFER. Je te demande d'être le mien.

CAÏN. Il faut que j'aille avec lui.

ADAH. Et tu nous quittes?

CAÏN. Oui.

ADAH. *Moi* aussi?

CAÏN. Chère Adah!

ADAH. Laisse-moi t'accompagner.

LUCIFER. Non; cela ne se peut.

ADAH. Qui es-tu, toi, qui t'interposes entre le cœur et le cœur?

CAÏN. C'est un Dieu.

ADAH. Comment le sais-tu?

CAÏN. Il parle comme un Dieu.

ADAH. Ainsi faisait le serpent, et il mentait.

LUCIFER. Tu te trompes, Adah! — L'arbre n'était-il pas celui de la science?

ADAH. Oui, — à notre éternelle douleur.

LUCIFER. Cependant cette douleur est une science; il n'a donc pas menti : s'il vous a perdus, c'est avec la vérité; et la vérité dans son essence ne peut être que bonne.

ADAH. Mais tout ce que nous en connaissons a amené malheur sur malheur : notre expulsion du lieu de notre naissance, et la crainte, et le travail, et les sueurs, et la fatigue; le remords de ce qui fut, — et l'espérance de ce qui n'arrive pas. Caïn! ne va pas avec cet esprit, supporte ce que nous avons supporté, et aime-moi. — Je t'aime.

LUCIFER. Plus que ta mère et ton père?

ADAH. Oui. Est-ce là aussi un péché?

LUCIFER. Non, pas encore. Mais un jour c'en sera un pour vos enfants.

ADAH. Quoi! ma fille ne pourra-t-elle aimer son frère Énoch?

LUCIFER. Non comme tu aimes Caïn.

Adah. O mon Dieu! quoi! ils ne s'aimeront pas, et leur tendresse ne donnera pas le jour à des êtres destinés à s'aimer comme eux? Mon sein ne les a-t-il pas allaités tous deux? Leur père n'est-il pas né des mêmes flancs à la même heure que moi? Ne nous sommes-nous pas aimés, et en multipliant notre être n'avons-nous pas multiplié des êtres qui s'aimeront l'un l'autre comme nous les aimons, — et comme je t'aime, Caïn? Ne va pas avec cet esprit; il n'est pas des nôtres.

Lucifer. Le péché dont je vous parle n'est pas mon ouvrage, et ne saurait être un péché en vous, quoi qu'il puisse être en ceux qui vous remplaceront dans votre condition mortelle.

Adah. Quel est ce péché qui n'est pas un péché en lui-même? Le crime et la vertu peuvent-ils dépendre des circonstances? — S'il en est ainsi, nous sommes les esclaves de...

Lucifer. Des êtres plus grands que vous sont esclaves, et de plus grands qu'eux et vous le seraient pareillement, s'ils ne préféraient l'indépendance au milieu des tortures aux lâches tourments de l'adulation qui s'adresse par des hymnes, le son des harpes et des prières commandées, à celui qui est tout-puissant, uniquement parce qu'il est tout-puissant, non par amour pour lui, mais dans des vues d'égoïsme et de crainte.

Adah. La toute-puissance doit être la suprême bonté.

Lucifer. En a-t-il été ainsi dans Éden?

Adah. Démon, ne me tente pas avec ta beauté! Tu es plus beau que n'était le serpent, et aussi trompeur que lui.

Lucifer. Aussi sincère. Demande à Ève, votre mère : ne possède-t-elle pas la science du bien et du mal?

Adah. O ma mère! tu as cueilli un fruit plus fatal à ta postérité qu'à toi-même! Toi, du moins, tu as passé ta jeunesse dans le paradis, dans un commerce fortuné et innocent avec les esprits bienheureux; mais nous, tes enfants, qui n'avons point connu Éden, nous sommes entourés de démons qui imitent la parole de Dieu, et se servent, pour nous tenter, de nos pensées de mécontentement et de curiosité, —

comme tu fus tentée par le serpent dans l'innocente imprudence et le confiant abandon du bonheur. Je ne puis répondre à l'immortel objet qui est là, devant moi ; je ne puis le haïr ; je le regarde avec un plaisir mêlé d'effroi, et je ne le fuis pas : il y a dans son regard une attraction puissante qui fixe mes yeux sur les siens ; mon cœur palpite avec force ; il m'effraie et me séduit tout ensemble, et je me sens attirée de plus en plus vers lui. — Caïn ! Caïn ! sauve-moi de lui !

Caïn. Que craint mon Adah ?... Ce n'est point un mauvais esprit.

Adah. Ce n'est point Dieu ni un des anges de Dieu ; j'ai vu les chérubins et les séraphins : il ne leur ressemble pas.

Caïn. Mais il y a des esprits plus élevés encore : — les archanges.

Lucifer. Et de plus élevés que les archanges.

Adah. Oui, mais ils ne sont pas du nombre des esprits bienheureux.

Lucifer. Si le bonheur consiste dans l'esclavage, — non.

Adah. J'ai entendu dire que les séraphins sont ceux qui *aiment le plus*, — les chérubins ceux *qui savent le plus*. — Celui-ci doit être un chérubin, — puisqu'il n'aime pas.

Lucifer. Et si la science supérieure absorbe l'amour, que doit-il être celui qu'on ne peut plus aimer dès qu'on le connaît ? S'il est vrai que les chérubins, qui savent tout, aiment le moins, l'amour des séraphins ne peut être que de l'ignorance. Le châtiment qui a puni l'audace de tes parents, prouve que ces deux choses ne sont pas compatibles. Choisis entre l'amour et la science, — puisqu'il n'y a pas d'autre choix. Ton père a déjà choisi : son adoration n'est que de la crainte.

Adah. O Caïn ! choisis l'amour !

Caïn. Pour toi, mon Adah !... Je ne l'ai pas choisi : — il est né avec moi ; mais, hormis toi, je n'aime rien.

Adah. Nos parents ?

Caïn. Nous ont-ils aimés quand ils ont cueilli sur l'arbre ce qui nous a tous expulsés du paradis ?

Adah. Nous n'étions point nés alors, — et quand nous

l'aurions été, Caïn, ne devrions-nous pas les aimer, ainsi que nos enfants?

Caïn. Mon petit Énoch, et sa sœur, qui bégaie encore! Si je pouvais les voir heureux, j'oublierais presque.. — Mais trois mille générations ne le feront pas oublier! Jamais les hommes ne chériront la mémoire de l'homme qui jeta la semence du mal en même temps que celle du genre humain! Ils ont cueilli le fruit de la science et le péché, — et, non contents de leur propre malheur, ils nous ont engendrés, *moi*, — *toi*, — le petit nombre de ceux qui maintenant existent, et toute cette innombrable multitude, ces millions, ces myriades qui peuvent naître, pour hériter des douleurs accumulées par les siècles! — Et *je* dois être le père de tels êtres! Ta beauté et ton amour, — mon amour et ma joie, l'ivresse d'un moment et le calme qui la suit, tout ce que nous aimons dans nos enfants et dans nous-mêmes, eh bien! tout cela ne servira qu'à leur faire traverser, ainsi qu'à nous, une longue suite d'années de péchés et de douleurs, ou une courte vie d'afflictions entremêlées de rapides instants de plaisir, pour nous conduire tous à ce but inconnu : — la mort!... Il me semble que l'arbre de la science n'a pas rempli sa promesse : — si nos parents ont péché, du moins ils auraient dû connaître toute science — et le mystère de la mort. Que savent-ils? — Qu'ils sont misérables. Il n'était pas besoin de serpent et de fruits pour nous apprendre cela.

Adah. Je ne suis pas malheureuse, Caïn; et si tu étais heureux...

Caïn. Sois donc heureuse seule... — Je ne veux point d'un bonheur qui m'humilie, moi et les miens.

Adah. Seule, je ne voudrais ni ne pourrais être heureuse; mais au milieu de ceux qui nous entourent, il me semble que je pourrais l'être, en dépit de la Mort, que je ne crains pas, ne la connaissant pas, mais qui doit être un fantôme terrible, si j'en juge par ce que j'en ai entendu dire.

Lucifer. Et tu ne pourrais, dis-tu, être heureuse seule?

Adah. Seule! O mon Dieu! qui pourrait, seul, être heureux

ou bon? Ma solitude me semblerait un péché, si je ne pensais que je vais bientôt revoir mon frère, son frère, et nos enfants et nos parents.

LUCIFER. Cependant ton Dieu est seul. Est-il heureux et bon dans sa solitude?

ADAH. Il n'est point seul; il s'occupe du bonheur des anges et des mortels, et, en répandant la joie, il est heureux lui-même! En quoi peut consister le bonheur, si ce n'est à faire des heureux?

LUCIFER. Interroge ton père, récemment exilé d'Éden; interroge son fils premier né, interroge ton propre cœur : il n'est pas tranquille.

ADAH. Hélas! non. Et toi, — es-tu du nombre des habitants du ciel?

LUCIFER. Si je n'en suis pas, demandes-en la raison à cette universelle source de bonheur que tu proclames, à ce Créateur grand et bon de la vie et des êtres vivants : c'est son secret, et il le garde pour lui. *Nous* sommes tenus de souffrir, et quelques-uns résistent, et tout cela en vain, disent les séraphins; mais la chose vaut la peine d'être tentée, puisqu'on n'en est pas mieux pour ne pas l'essayer. Il y a dans l'esprit une sagesse qui le dirige vers le vrai, comme dans le bleu firmament, vos yeux, à vous, jeunes mortels, se portent naturellement vers l'étoile qui veille toute la nuit, et sourit au lever de l'aurore.

ADAH. C'est une belle étoile. Je l'aime pour sa beauté.

LUCIFER. Et pourquoi ne pas l'adorer?

ADAH. Notre père n'adore que l'Invisible.

LUCIFER. Mais les symboles de l'Invisible sont ce qu'il y a de plus beau parmi les choses visibles, et cette brillante étoile est le chef de l'armée du firmament.

ADAH. Notre père dit qu'il a vu Dieu lui-même, qui le créa, lui et notre mère.

LUCIFER. *Toi,* l'as-tu vu?

ADAH. Oui, — dans ses ouvrages.

LUCIFER. Mais dans sa personne?

ADAH. Non, — si ce n'est dans mon père, qui est l'image

même de Dieu, ou dans ses anges, qui sont semblables à toi, et plus brillants, quoiqu'en apparence ils soient moins puissants et moins beaux. Ils nous apparaissent dans la silencieuse splendeur d'un beau jour, et sont tout lumière à nos yeux; mais toi, tu ressembles à une nuit éthérée, alors que de longs nuages blancs se dessinent sur un fond de pourpre, et que d'innombrables étoiles, qu'on prendrait pour autant de soleils, parsèment de leur brillante poussière la voûte mystérieuse du ciel. Elles sont si belles, si nombreuses, si charmantes! Sans éblouir, elles nous attirent si doucement à elles, que je ne puis les regarder sans que mes yeux se mouillent de larmes; et il en est de même de toi. Tu parais malheureux : ne nous rends pas malheureux nous-mêmes, et je pleurerai pour toi.

LUCIFER. Hélas! ces larmes, si tu savais que de flots il en sera répandu!

ADAH. Par moi?

LUCIFER. Par tous.

ADAH. Qui sont-ils?

LUCIFER. Des millions de millions, — des myriades de myriades, — la terre peuplée, — la terre dépeuplée, — l'enfer trop peuplé, dont le germe est dans ton flanc.

ADAH. O Caïn! cet esprit nous maudit!

CAÏN. Laisse-le dire : je veux le suivre.

ADAH. Où?

LUCIFER. Dans un lieu d'où il reviendra vers toi au bout d'une heure; mais, durant cette heure, il verra les choses de bien des jours.

ADAH. Comment cela se peut-il?

LUCIFER. Votre Créateur, avec de vieux mondes, n'a-t-il pas fait ce monde nouveau en quelques jours? Et moi, qui l'aidai dans cette œuvre, ne puis-je pas faire voir en une heure ce qu'il a fait en un grand nombre d'heures ou détruit en quelques-unes?

CAÏN. Va, je te suis.

ADAH. Reviendra-t-il réellement dans une heure?

LUCIFER. Oui. Avec nous, les actions sont affranchies du

temps : nous pouvons condenser l'éternité dans une heure, ou faire d'une heure une éternité. Notre existence n'est pas mesurée comme celle des hommes; mais c'est là un mystère. Caïn, viens avec moi!

ADAH. Reviendra-t-il?

LUCIFER. Oui, femme! Il est le premier et le dernier, à l'exception d'UN SEUL, qui reviendra de ce lieu. Seul entre tous les mortels, il te sera ramené, pour rendre ce monde là-bas, à présent silencieux et dans l'attente, aussi peuplé que celui-ci. Maintenant, ses habitants sont en petit nombre.

ADAH. Où habites-tu?

LUCIFER. Dans tout l'espace. Où habiterais-je? Là où réside ton Dieu ou les dieux, là je réside aussi; il partage avec moi toute chose : la vie et la mort, — le temps, — l'éternité, — le ciel et la terre, — et cet espace qui n'est ni le ciel ni la terre, mais qui est habité par ceux qui peuplèrent ou peupleront l'un et l'autre, voilà mes domaines! En sorte qu'une partie de *son* royaume est à moi, et que j'en possède un autre qui n'est point à *lui*. Si je n'étais pas ce que j'ai dit, serais-je ici? Ses anges sont à la portée de ta vue.

ADAH. Il en était ainsi quand le beau serpent parla pour la première fois à ma mère.

LUCIFER. Caïn, tu as entendu?... Si tu as la soif de la science, je puis la satisfaire; je ne te ferai goûter à aucun fruit qui puisse te priver d'un seul des biens que le vainqueur t'a laissés. Suis-moi.

CAÏN. Esprit, je l'ai dit.   (*Lucifer et Caïn s'éloignent.*)

ADAH (*les suit en s'écriant*) : Caïn! mon frère! Caïn!

ACTE DEUXIÈME.

SCÈNE Iʳᵉ.

L'Abîme de l'Espace.

CAIN et LUCIFER.

CAÏN. Je marche dans l'air, et ne tombe pas; cependant je crains de tomber.

LUCIFER. Aie foi en moi; et l'air, dont je suis le prince, te soutiendra.

CAÏN. Le puis-je sans impiété?

LUCIFER. « Crois, — et tu ne tomberas pas! Doute, — et tu mourras! » ainsi serait conçu le décret de l'autre Dieu, qui m'appelle démon devant ses anges; ce nom est répété par eux à de misérables êtres qui, ne sachant rien au delà de leurs faibles sens, adorent le mot qui frappe leur oreille, et acceptent pour bon ou mauvais ce qui, dans leur avilissement, leur est donné pour tel. De telles lois ne sauraient me convenir. Adore ou n'adore pas, tu n'en verras pas moins les mondes qui existent par delà ton monde chétif; et ce n'est pas *moi* qui, pour punir tes doutes, te condamnerai à souffrir après ta courte existence. Un jour viendra où, s'avançant sur quelques gouttes d'eau, un homme dira à un homme : « Crois en moi, et marche sur les eaux; » et l'homme marchera sur les vagues sans danger. Je ne te dirai pas de croire en moi, et ne ferai pas de ta croyance une condition de salut. Mais, viens, franchis d'un vol égal au mien le gouffre de l'espace, et je te ferai voir ce que tu n'oseras nier, — l'histoire des mondes passés, présents et à venir.

CAÏN. Qui que tu sois, dieu ou démon, est-ce notre terre que je vois là-bas?

LUCIFER. Ne reconnais-tu pas la poussière dont ton père fut formé?

CAÏN. Se peut-il? Ce petit globe bleu flotte tout là-bas dans l'éther, accompagné d'un autre globe inférieur, semblable à celui qui éclaire nos nuits terrestres; est-ce là notre paradis? Où sont ses murs et ceux qui les gardent?

LUCIFER. Montre-moi où est situé le paradis.

CAÏN. Comment le pourrais-je? pendant que nous avançons comme des rayons du soleil, ce globe va toujours s'amoindrissant, et à mesure qu'il diminue, il se forme autour de lui une auréole semblable à celle que je voyais briller autour de la plus grande des étoiles quand je les contemplais près des limites du paradis; il me semble qu'à mesure que nous nous éloignons d'eux, ces deux globes se confondent avec les myriades d'étoiles qui nous entourent, et vont en augmenter le nombre.

Lucifer. Et s'il y avait des mondes plus vastes que le tien, habités par des êtres plus grands, plus nombreux que ne seraient les grains de poussière de ta terre chétive; s'ils se multipliaient en innombrables atomes animés, tous vivants, tous condamnés à mourir, tous malheureux, que dirais-tu?

Caïn. Je serais fier de la pensée qui connaîtrait de telles choses.

Lucifer. Mais si cette haute pensée était attachée à une servile masse de matière; si, connaissant de telles choses, aspirant à de telles choses, et à une science plus étendue encore, elle était asservie aux plus grossiers, aux plus vils besoins, tous dégoûtants et bas; si la plus exquise de tes jouissances n'était qu'une attrayante dégradation, une impure et énervante déception, ayant pour objet de te solliciter à engendrer de nouvelles âmes et de nouveaux corps, tous prédestinés à être aussi fragiles, bien peu aussi heureux...?

Caïn. Esprit! je ne connais la mort que comme une chose effrayante, dont j'ai entendu parler par mes parents, que comme un hideux héritage qu'ils m'ont légué en même temps que la vie, héritage malheureux, autant que j'ai pu en juger jusqu'à présent. Mais, esprit! si ce que tu dis est vrai (et intérieurement je sens une prophétique torture qui l'atteste), laisse-moi mourir ici : car donner le jour à des êtres qui doivent souffrir de longues années, pour mourir ensuite, ce n'est, il me semble, que propager la mort et multiplier l'homicide.

Lucifer. Tu ne peux mourir tout entier. — Il y a en toi quelque chose qui doit survivre.

Caïn. L'Autre n'a point parlé de cela à mon père alors qu'il le chassa du paradis avec la mort écrite sur son front. Mais que du moins ce qu'il y a de mortel en moi périsse, afin qu'avec le reste je sois ce que sont les anges.

Lucifer. Je suis ange; voudrais-tu être comme moi?

Caïn. Je ne sais pas ce que tu es ; je vois ton pouvoir, je vois que tu me montres des choses par delà mon pouvoir, par delà toute la puissance de mes facultés mortelles, et néanmoins inférieures encore à mes désirs et à mes conceptions.

Lucifer. Quels sont ces conceptions et ces désirs assez humbles dans leur orgueil, pour habiter avec des vers une demeure d'argile ?

Caïn. Et qui es-tu, toi qui, en esprit, nourris un orgueil si haut, toi qui embrasses la nature et l'immortalité, — et qui néanmoins sembles porter le sceau de la douleur ?

Lucifer. Je semble ce que je suis ; et c'est pourquoi je te demande si tu veux être immortel.

Caïn. Tu as dit que je devais être immortel en dépit de moi-même. Je l'ignorais jusqu'ici ; — mais, puisqu'il faut que cela soit, je veux, heureux ou malheureux, apprendre à anticiper sur mon immortalité.

Lucifer. Tu l'as déjà fait avant de me voir.

Caïn. Comment ?

Lucifer. En souffrant.

Caïn. La souffrance doit-elle donc être immortelle ?

Lucifer. Nous et les fils nous verrons ; mais maintenant regarde ! N'est-ce pas un magnifique spectacle ?

Caïn. O champs de l'air, dont la beauté surpasse l'imagination ; et vous, masses innombrables de lumière, qui vous multipliez sans cesse à mes yeux ! qu'êtes-vous ? que sont ces plaines d'azur, ce désert sans bornes, où vous flottez comme j'ai vu flotter les feuilles sur les fleuves limpides d'Éden ? Votre carrière vous est-elle tracée ? ou, abandonnées aux seules lois de votre caprice, errez-vous dans un univers aérien d'une expansion sans limite, — dont la seule pensée donne le vertige à mon âme enivrée d'éternité ? O Dieu ! ô dieux ! ou qui que vous soyez ! que vous êtes beaux ! qu'ils sont beaux vos ouvrages, ou vos accidents, de quelque nom enfin qu'on doive les nommer ! Puissé-je mourir comme meurent les atomes (si toutefois ils meurent), ou vous connaître dans votre puissance et dans votre science ! Mes pensées en ce moment ne sont pas indignes de ce que je vois, bien que je ne sois que poussière. — Esprit ! que je meure, ou que je les voie de plus près.

Lucifer. N'en es-tu pas assez près? retourne-toi, et regarde la terre.

Caïn. Où est-elle? Je ne vois rien, si ce n'est une masse d'innombrables lumières.

Lucifer. Regarde par là!

Caïn. Je ne puis la voir.

Lucifer. Pourtant elle brille encore.

Caïn. Cela ? — là-bas ?

Lucifer. Oui.

Caïn. Est-il bien vrai? J'ai vu les mouches phosphoriques et les vers luisants briller au crépuscule dans les bosquets sombres et sur le vert gazon, et jeter plus de lumière que ce monde qui les porte.

Lucifer. Tu as vu briller les insectes et les mondes ; — qu'en penses-tu ?

Caïn. Je pense qu'ils sont beaux chacun dans sa sphère, et que la nuit qui les fait resplendir, la mouche phosphorique dans son vol, et l'étoile immortelle dans son cours, doivent être guidées.

Lucifer. Mais par qui, ou par quoi ?

Caïn. Fais-le-moi voir.

Lucifer. Oseras-tu regarder ?

Caïn. Comment puis-je savoir ce que j'oserais regarder? Jusqu'à ce moment tu ne m'as rien montré où je n'aie osé fixer mes regards.

Lucifer. Suis-moi donc. Veux-tu voir des êtres mortels ou immortels ?

Caïn. Que sont les êtres?

Lucifer. En partie mortels, et en partie immortels. Mais quelles sont les choses qui t'intéressent le plus ?

Caïn. Celles que je vois.

Lucifer. Quelles sont celles qui *t'intéressaient* plus encore ?

Caïn. Les choses que je n'ai pas vues, et ne verrai jamais, — les mystères de la mort.

Lucifer. Si je te montrais des êtres qui sont morts, de même que je t'en ai fait voir beaucoup qui ne peuvent mourir?

Caïn. Montre-les-moi.

Lucifer. En avant donc, sur nos puissantes ailes!

Caïn. Oh! comme nous fendons l'azur! Les étoiles pâlissent derrière nous! La terre! où est ma terre? que je la regarde une fois encore; car c'est d'elle que j'ai été créé.

Lucifer. Elle est maintenant hors de ta vue; ce n'est plus dans l'univers qu'un point plus imperceptible encore que toi-même; mais ne crois pas pouvoir lui échapper; tu retourneras bientôt à la terre et à toute sa poussière; c'est la condition de ton éternité et de la mienne.

Caïn. Où me conduis-tu?

Lucifer. Vers ce qui était avant toi, vers le fantôme du monde, dont le tien n'est qu'un débris.

Caïn. Quoi! il n'est donc pas nouveau?

Lucifer. Pas plus que la vie; et la vie existait avant toi, avant *moi*, avant ce qui nous semble plus grand que toi et moi. Beaucoup d'êtres n'auront pas de fin, et quelques-uns qui prétendent n'avoir pas eu de commencement ont eu une origine aussi chétive que la tienne; des êtres plus puissants se sont éteints pour faire place à d'autres plus infirmes que ce que nous pouvons imaginer; car il n'y a jamais eu et il n'y aura éternellement d'*immuable* que le *temps* et l'*espace*. Mais il n'y a que l'argile pour qui changer ce soit mourir; toi, tu es d'argile, — tu ne peux comprendre que ce qui fut argile, et c'est ce que tu vas voir.

Caïn. Argile ou esprit, — je puis voir tout ce que tu voudras.

Lucifer. En avant donc!

Caïn. Mais les lumières s'éclipsent rapidement loin de moi. Quelques-unes tout à l'heure grossissaient à notre approche, et ressemblaient à des mondes.

Lucifer. Ce sont effectivement des mondes.

Caïn. Contiennent-ils aussi des Édens?

Lucifer. Peut-être.

Caïn. Et des hommes?

Lucifer. Oui, ou des êtres plus relevés.

Caïn. Et des serpents aussi, sans doute?

Lucifer. Voudrais-tu donc qu'il s'y trouvât des hommes et point de serpents? Les reptiles qui marchent debout sont-ils les seuls qui aient le droit de vivre?

Caïn. Comme les lumières s'éloignent! où allons-nous?

Lucifer. Dans le monde des fantômes, des ombres de ceux qui ne sont plus, et de ceux qui sont encore à naître.

Caïn. Mais l'obscurité s'accroît toujours; — les étoiles ont disparu.

Lucifer. Et cependant tu y vois.

Caïn. Comme cette clarté est lugubre! Plus de soleil, plus de lune, plus d'innombrables étoiles. L'azur pourpré du soir fait place à un sombre crépuscule, et cependant je vois de vastes masses: mais elles ne ressemblent pas aux mondes dont nous nous sommes approchés; ceux-ci, entourés de lumières, paraissaient pleins de vie, même quand leur lumineuse atmosphère s'était dissipée et qu'on voyait se dessiner à leur surface les inégalités de leur sol, leurs profondes vallées, leurs hautes montagnes; quelques-uns jetaient des étincelles, d'autres laissaient apercevoir d'immenses plaines d'eau; d'autres étaient accompagnés de cercles radieux, de lunes flottantes qui offraient également l'aspect charmant de la terre; — au lieu de cela, — tout ici est terreurs et ténèbres.

Lucifer. Mais tout y est distinct. Tu désires voir la mort et des êtres devenus sa proie?

Caïn. Je ne la cherche pas; mais, comme je sais qu'elle existe, comme le péché de mon père l'a placé sous son empire, ainsi que *moi* et tout notre héritage, je ne serais pas fâché de voir maintenant ce que je dois voir forcément un jour.

Lucifer. Regarde!

Caïn. Je ne vois que ténèbres.

Lucifer. Elles existeront éternellement: mais nous allons ouvrir leurs portes.

Caïn. D'énormes tourbillons de vapeurs s'écartent devant nous. — Que signifie cela?

Lucifer. Entrons!

Caïn. Pourrai-je revenir sur mes pas?

Lucifer. Certainement; sans quoi, qui peuplerait la mort? Sa population est petite auprès de ce qu'elle sera, grâce à toi et aux tiens.

Caïn. Les nuages s'écartent de plus en plus, et nous entourent de leurs vastes cercles.

Lucifer. Avance!

Caïn. Et toi?

Lucifer. Ne crains rien; — sans moi tu n'aurais pu sortir des limites de ton monde. En avant! en avant!

(*Ils disparaissent dans les nuages.*)

SCÈNE II.

L'Empire de la Mort.

Arrivent LUCIFER et CAIN.

Caïn. Comme ils sont silencieux et vastes, ces mondes ténébreux! car il me semble qu'il y en a plusieurs; et pourtant ils sont plus peuplés que ces globes immenses et lumineux que j'ai vus nager dans l'air supérieur; leur nombre était si grand que je les aurais pris pour la brillante foule des habitants de je ne sais quel ciel incompréhensible, et non pour des globes destinés eux-mêmes à être habités, si, en les approchant, je n'eusse distingué une immensité palpable de matière, faite pour servir de demeure à des êtres vivants, plutôt que pour être elle-même douée de vie. Mais ici tout est obscur, tout porte l'empreinte du crépuscule, tout annonce un jour qui n'est plus.

Lucifer. C'est ici le royaume de la Mort. — Veux-tu la voir paraître?

Caïn. Jusqu'à ce que je sache ce qu'elle est réellement, je ne puis répondre; mais si elle est ce que j'ai entendu dire par mon père dans ses lamentations sans fin, c'est une chose — O Dieu! je n'ose y penser! Maudit soit celui qui inventa la vie qui mène à la mort! Maudite soit la masse de vie stupide qui, en possession de la vie, ne put la conserver, et la perdit, — même pour les innocents!

Lucifer. Maudis-tu donc ton père?

CAÏN. Ne m'a-t-il pas maudit en me donnant le jour? Ne m'a-t-il pas maudit avant ma naissance, en osant cueillir le fruit défendu?

LUCIFER. Tu dis vrai : entre ton père et toi la malédiction est mutuelle. — Mais tes enfants et ton frère?

CAÏN. Qu'ils la partagent avec moi, moi leur père et leur frère! Quelle autre chose m'a-t-on léguée? je leur laisse mon héritage. — O vous! régions ténébreuses et sans bornes, ombres flottantes d'énormes fantômes, les uns complètement à découvert, d'autres se dessinant dans le vague, et tous imposants et lugubres, — qui êtes-vous? êtes-vous vivants, ou avez-vous vécu?

LUCIFER. Ils appartiennent à l'un et à l'autre de ces deux états.

CAÏN. Qu'est-ce donc que la mort?

LUCIFER. Quoi! celui qui vous a créés, n'a-t-il pas dit que c'était une autre vie?

CAÏN. Jusqu'à présent il n'a rien dit, si ce n'est que tous mourront.

LUCIFER. Peut-être dévoilera-t-il un jour ce secret.

CAÏN. Heureux ce jour-là!

LUCIFER. Oui, heureux! quand il sera révélé au milieu d'inexprimables agonies, accrues encore de douleurs éternelles, infligées à d'innombrables myriades d'atomes innocents qui sont encore à naître, et ne recevront la vie que dans ce seul but.

CAÏN. Quels sont ces puissants fantômes que je vois flotter autour de moi? ils n'ont pas la forme des intelligences que j'ai vues autour de notre regretté et inabordable Éden; ils n'ont pas non plus celle de l'homme, telle que je l'ai vue dans Adam, dans Abel, dans moi, ou dans ma sœur bien-aimée, ou dans mes enfants; et cependant leur aspect, bien que différent de celui des hommes et des anges, annonce des êtres qui, inférieurs à ceux-ci, sont pourtant supérieurs aux premiers : beaux et fiers, pleins de force, mais d'une forme inexplicable. Ils n'ont ni les ailes des séraphins, ni les traits de l'homme, ni la forme des animaux les plus forts, et ne ressemblent à rien de ce qui a vie maintenant; ils égalent en puissance et en beauté les êtres les plus puissants et les plus beaux qui respirent; et néanmoins ils en diffèrent tellement, que c'est à peine si je puis voir en eux des êtres vivants.

Lucifer. Cependant ils ont vécu.

Caïn. Où?

Lucifer. Où tu vis.

Caïn. Quand?

Lucifer. Ils habitaient ce que tu nommes la terre.

Caïn. Adam est le premier.

Lucifer. De ta race, je l'accorde; — mais il est trop peu de chose pour être le dernier de celle-ci.

Caïn. Et que sont-ils?

Lucifer. Ce que tu seras.

Caïn. Mais qu'ont-ils été?

Lucifer. Des êtres vivants, supérieurs, élevés, bons, grands et glorieux, aussi supérieurs en tout à ce que ton père eût jamais pu être dans Éden, que la soixante millième génération, dans sa triste et froide dégénération, sera inférieure à toi et à ton fils; — quant à leur faiblesse, juges-en par ta propre chair.

Caïn. Malheureux que je suis! Et *ont-ils* péri?

Lucifer. Oui, sur leur terre, comme tu disparaîtras de la tienne.

Caïn. Mais la *mienne* était-elle la leur?

Lucifer. Oui.

Caïn. Mais non dans son état actuel. Elle est trop petite et trop chétive pour contenir de telles créatures.

Lucifer. Il est vrai qu'elle était plus glorieuse.

Caïn. Et pourquoi est-elle déchue?

Lucifer. Demande-le à celui qui fait déchoir.

Caïn. Mais comment?

Lucifer. Par une inexorable destruction, par un effroyable désordre des éléments, qui fit rentrer dans le chaos un monde qui en était sorti. Ces choses, quoique rares dans le temps, sont fréquentes dans l'éternité. — Avance, et contemple le passé.

Caïn Spectacle terrible!

Lucifer. Et vrai: regarde ces fantômes! Il fut un temps où ils étaient aussi matériels que toi.

Caïn. Et dois-je devenir comme eux?

Lucifer. Que celui qui t'a créé réponde à cette question. Je te montre ce que sont tes prédécesseurs; ce qu'ils *furent,* tu le sens à un degré inférieur et autant que le comportent la faiblesse de tes sentiments et ta portion exiguë d'intelligence immortelle et de force terrestre. Ce que vous avez de commun avec ce qu'ils eurent, c'est la vie; ce que vous aurez, — c'est la mort. Le reste de vos chétifs attributs est conforme à la nature de reptiles engendrés du limon d'un puissant univers réduit à n'être plus qu'une planète à peine achevée, peuplée d'êtres dont le bonheur devait consister dans l'aveuglement, — paradis de l'ignorance, dont la science était écartée comme un poison. Mais vois ce que sont ou ce que furent ces êtres supérieurs; ou, si cela te fait mal, retourne sur tes pas, et reprends ton labeur, la culture de la terre. — Je t'y ramènerai sain et sauf.

Caïn. Non; je préfère rester ici.

Lucifer. Combien de temps?

Caïn. Pour toujours! Puisqu'il faut un jour que de la terre je vienne ici, j'aime autant y rester; je suis las de tout ce que la poussière m'a fait voir. — Je préfère vivre au milieu des ombres.

Lucifer. Cela ne se peut; tu vois maintenant comme une vision ce qui est une réalité. Pour te rendre propre à habiter ce lieu, tu dois passer par où ont passé les êtres qui sont devant toi, — par les portes de la mort.

Caïn. Par quelle porte sommes-nous entrés tout à l'heure?

Lucifer. Par la mienne! mais comme tu dois retourner sur la terre, mon esprit soutient ton souffle dans ces régions où nul ne respire que toi. Regarde, mais ne pense pas à habiter ici jusqu'à ce que ton heure soit venue.

Caïn. Et ceux-ci, ne peuvent-ils plus revenir sur la terre?

Lucifer. *Leur* terre est à jamais disparue. — Les convulsions qu'elle a subies l'ont tellement changée, que c'est à peine s'ils pourraient reconnaître un seul endroit de sa surface nouvelle et à peine solidifiée. — C'était... — Oh ! quel magnifique monde *c'était*.

Caïn. Il l'est encore. Ce n'est pas à la terre que j'en veux, bien que je sois condamné à la cultiver; ce qui m'irrite, c'est de ne pouvoir m'approprier sans travail ce qu'elle produit de beau; c'est de ne pouvoir rassasier mes mille pensées avides de science, ni calmer mes mille craintes de la mort et de la vie.

Lucifer. Ce qu'est ton monde, tu le vois; mais tu ne peux comprendre l'ombre de ce qu'il était.

Caïn. Et ces créatures énormes, ces fantômes qui paraissent inférieurs en intelligence aux êtres que nous venons de passer, ils ressemblent un peu aux hôtes sauvages des bois sur la terre, aux plus gigantesques d'entre ceux qui mugissent la nuit dans la profondeur des forêts; mais ils sont dix fois plus terribles et plus grands; leur taille dépasse la hauteur des murs d'Éden, confiés à la garde des chérubins; leurs yeux resplendissent comme les glaives flamboyants qui en défendent l'approche; leurs défenses se projettent comme des arbres dépouillés de leur écorce et de leurs branches. — Qu'étaient-ils?

Lucifer. Ce qu'est le mammouth dans votre monde; mais les dépouilles de ceux-ci gisent par myriades dans ses entrailles.

Caïn. Et aucun d'eux ne vit à sa surface?

Lucifer. Non; car si ta race avait à leur faire la guerre, la malédiction lancée contre elle serait inutile; elle serait trop tôt anéantie.

Caïn. Mais pourquoi la guerre?

Lucifer. Tu as oublié la sentence qui chassa ta race d'Éden; — la guerre avec tous les êtres, la mort pour tous, et pour le plus grand nombre les maladies, les souffrances, les amertumes : tels ont été les fruits de l'arbre défendu.

Caïn. Mais les animaux en ont-ils aussi mangé, qu'il faille également qu'ils meurent?

Lucifer. Votre Créateur vous a dit qu'*ils* étaient faits pour vous, comme vous pour lui.—Voudrais-tu que leur sort fût supérieur au vôtre? Si Adam n'était pas tombé, tous seraient restés debout.

Caïn. Hélas! les malheureux! il faut qu'ils partagent le sort de mon père, comme ses fils; comme eux aussi, sans avoir mangé leur part de la pomme; comme eux aussi, sans la possession de la *science*, si chèrement achetée! L'arbre mentait, car nous ne savons rien. Il *promettait la science* au prix de la mort, il est vrai, — mais la *science* enfin; mais qu'est-ce que l'homme *sait?*

Lucifer. Peut-être la mort conduit-elle à la *suprême* science; comme de toutes les choses c'est la seule qui soit certaine, elle conduit à la science la plus *sûre*. L'arbre disait donc vrai, bien qu'il donnât la mort.

Caïn. Ces ténébreux royaumes, je les vois, mais je ne les connais pas.

Lucifer. Parce que ton heure est encore loin, et que la matière ne peut comprendre entièrement l'esprit; — mais c'est déjà quelque chose que de savoir que de telles régions existent.

Caïn. Nous connaissions déjà l'existence de la mort.

Lucifer. Mais vous ne saviez pas ce qu'il y avait par delà.

Caïn. Et maintenant je ne le sais pas encore.

Lucifer. Tu sais qu'il existe un état et plusieurs états par delà le tien; — et c'est ce que tu ignorais ce matin.

Caïn. Mais tout semble n'être qu'ombre et obscurité.

Lucifer. Sois satisfait. Tout cela paraîtra plus clair à ton immortalité.

Caïn. Et cet espace liquide, d'un éclatant azur, cette plaine flottante qui s'étend à perte de vue, qui ressemble à de l'eau, et que je prendrais pour le fleuve qui sort du paradis et coule devant ma demeure, si cette onde n'était sans limites, sans rivage, et d'une couleur éthérée, — apprends-moi ce que c'est.

Lucifer. Il en est sur la terre de semblables, bien qu'inférieures à celle-ci, et tes enfants habiteront sur ses bords. — C'est le fantôme d'un Océan.

CAÏN. On dirait un autre monde, un soleil liquide. Et ces créatures extraordinaires qui se jouent à sa surface brillante?

LUCIFER. Ce sont ses habitants, les Léviathans d'autrefois.

CAÏN. Et cet immense serpent qui, du fond de l'abîme, lève son humide crinière et sa vaste tête dix fois plus haut que le cèdre le plus élevé, et qu'on dirait capable d'entourer de ses replis l'un de ces globes que nous venons de voir, — n'appartient-il pas à l'espèce de celui qui roulait ses anneaux sous l'arbre d'Eden.

LUCIFER. Ève, ta mère, pourrait mieux que moi dire quelle espèce de serpent l'a tentée.

CAÏN. Celui-ci semble trop terrible; l'autre, sans doute, était plus beau.

LUCIFER. Ne l'as-tu jamais vu?

CAÏN. J'en ai vu beaucoup de la même espèce (on me le disait du moins), mais jamais celui-là précisément qui fit cueillir à ma mère le fruit fatal; je n'en ai même jamais vu qui lui fût complétement semblable.

LUCIFER. Ton père ne l'a pas vu?

CAÏN. Non; ce fut ma mère qui le tenta — après avoir été tentée par le serpent.

LUCIFER. Homme simple! toutes les fois que la femme, ou les femmes de tes fils, induiront eux ou toi dans quelque tentation nouvelle et étrange, remontez à la source, et cherchez à connaître celui par qui d'abord elles auront été elles-mêmes tentées.

CAÏN. Ton précepte vient trop tard : le serpent n'a plus de motif de tentation à offrir à la femme.

LUCIFER. Mais il est encore des tentations auxquelles la femme peut induire l'homme, et l'homme la femme. — Que tes fils y prennent garde! Mon conseil est bienveillant; car il est principalement donné à mes dépens; il est vrai qu'on ne le suivra pas; je ne hasarde donc pas grand'chose.

CAÏN. Je ne te comprends pas.

LUCIFER. Tu n'en es que plus heureux! — Le monde et

toi, vous êtes trop jeunes encore. Tu te crois bien criminel et bien malheureux, n'est-ce pas?

Caïn. Quant au crime, je ne le connais pas; mais pour la douleur, j'en ai ressenti beaucoup.

Lucifer. Premier né du premier homme! ton état actuel de péché, — et le crime est dans ton cœur; — de douleur, — et tu souffres, c'est Éden dans toute son innocence, comparé à ce que *tu* seras peut-être bientôt; et l'état où tu seras alors, dans son redoublement de misère, sera un paradis, comparé à ce que les fils des fils de tes fils, se multipliant de génération en génération comme la poussière (dont ils ne feront en effet qu'augmenter la masse), doivent un jour endurer et faire. — Maintenant retournons sur la terre.

Caïn. Est-ce seulement pour m'apprendre cela que tu m'as conduit ici?

Lucifer. N'était-ce pas la science que tu cherchais?

Caïn. Oui, comme étant la route du bonheur.

Lucifer. Si la vérité y conduit, tu la possèdes.

Caïn. Alors le Dieu de mon père a bien fait de prohiber l'arbre fatal.

Lucifer. Il eût mieux fait encore de ne pas le planter. Mais l'ignorance du mal ne préserve pas du mal; il n'en poursuit pas moins son cours, partie intégrante de toutes choses.

Caïn. Non de toutes choses. Non, je ne puis le croire, — car j'ai soif du bien.

Lucifer. Et quels sont les êtres et les choses qui ne l'ont pas, cette soif? *Qui* désire le mal pour sa propre amertume? — *Personne*, — rien! C'est le levain de toute vie, de toute chose sans vie.

Caïn. Dans ces globes radieux et innombrables que nous avons vus briller de loin avant d'entrer dans cette région de fantômes, le mal ne peut pénétrer : ils sont trop beaux.

Lucifer. Tu les as vus de loin.

Caïn. Et qu'importe? La distance ne peut qu'affaiblir leur splendeur. — Vus de près, ils doivent être plus ineffables encore.

Lucifer. Approche des choses les plus belles de la terre, et juge de leur beauté en la regardant de près.

Caïn. Je l'ai fait. — L'objet le plus charmant que je connaisse est plus charmant encore vu de près.

Lucifer. Alors ce doit être une illusion. Quel est donc cet objet qui, vu de près, est encore plus beau à tes yeux que les plus beaux objets vus de loin?

Caïn. Ma sœur Adah. — Toutes les étoiles du ciel, l'azur foncé de la nuit, éclairé par un globe qui ressemble à un esprit, ou au monde d'un esprit; — les teintes du crépuscule, — le lever radieux du soleil, son coucher impossible à décrire, — car en le voyant descendre vers l'horizon, mes yeux se remplissent de larmes, et je sens mon cœur flotter doucement avec lui à l'occident, dans son paradis de nuage; — la forêt ombreuse, le vert bocage, — la voix de l'oiseau, de l'oiseau du soir, qui mêle ses chants d'amour à ceux des chérubins, quand sur les murs d'Eden le jour clôt sa carrière : tout cela est moins beau à mes yeux et à mon cœur que le visage d'Adah : mes regards se détournent du spectacle de la terre et du ciel pour la contempler.

Lucifer. Elle est belle, autant que peuvent l'être les rejetons de la mortalité fragile dans la première fleur de la jeune création, les fruits des premiers embrassements des auteurs de la race humaine; mais c'est toujours une illusion.

Caïn. Tu penses ainsi parce que tu n'es pas son frère.

Lucifer. Mortel! je n'ai de confraternité qu'avec ceux qui n'ont pas d'enfants.

Caïn. Alors tu n'en saurais avoir avec nous.

Lucifer. Il est possible que la tienne me soit acquise; mais si tu possèdes un objet charmant, qui surpasse à tes yeux toute beauté, pourquoi es-tu malheureux?

Caïn. Pourquoi est-ce que j'existe? Pourquoi toi-même es-tu malheureux? pourquoi tous les êtres le sont-ils? Celui-là même qui nous a faits doit l'être, comme créateur d'êtres malheureux. Produire la destruction ne saurait assurément être l'emploi du bonheur, et cependant mon père dit qu'il est tout-puissant : s'il est bon, pourquoi donc le mal existe-t-il?

J'ai fait cette question à mon père; il m'a répondu que le mal était une voie pour arriver au bien. Bien étrange que celui qui doit naître de ce qui lui est le plus opposé! Je vis, il y a quelque temps, un agneau piqué par un reptile; le pauvre animal gisait écumant à côté de sa mère, dont l'inquiétude s'exhalait par de vains bêlements; mon père cueillit quelques herbes, et les appliqua sur la blessure; peu à peu le pauvre agneau fut rendu à sa vie insouciante, et se leva pour teter sa mère qui, debout et tremblante de bonheur, se mit à lécher ses membres ranimés. « Vois, mon fils, » me dit Adam, « comme le bien naît du mal même! »

LUCIFER. Que répondis-tu?

CAÏN. Rien, car il est mon père; mais je pensai qu'il eût beaucoup mieux valu pour l'animal de *n'avoir pas été piqué*, que d'acheter le retour de sa vie chétive par d'inexprimables douleurs, bien qu'allégées par des antidotes.

LUCIFER. Mais tu disais donc qu'entre tous les êtres que tu aimes, tu préfères celle qui a partagé avec toi le lait de ta mère, et donne le sien à tes enfants?

CAÏN. Assurément : que serais-je sans elle?

LUCIFER. Que suis-je, moi?

CAÏN. N'aimes-tu rien?

LUCIFER. Qu'est-ce que ton Dieu aime?

CAÏN. Toutes choses, dit mon père; mais j'avoue que leur arrangement ici-bas ne le témoigne guère.

LUCIFER. Ainsi tu ne peux juger si j'aime ou non autre chose que les fins d'un plan général et vaste dans lequel les objets particuliers viennent se fondre comme de la neige.

CAÏN. La neige! qu'est-ce que c'est?

LUCIFER. Estime-toi heureux de ne pas connaître ce que devra subir ta postérité lointaine; mais continue à jouir de ton climat sans hiver.

CAÏN. Mais n'aimes-tu pas quelque objet semblable à toi?

LUCIFER. T'aimes-tu *toi-même?*

CAÏN. Oui; mais j'aime davantage celle qui me rend mes sentiments plus supportables, celle qui, à mes yeux, est plus que moi, parce que je l'aime.

Lucifer. Tu l'aimes, parce qu'elle est belle comme était la pomme aux yeux de ta mère; quand elle cessera de l'être, ton amour cessera, comme tout autre appétit.

Caïn. Cesser d'être belle! comment cela se peut-il?

Lucifer. Avec le temps.

Caïn. Mais le temps s'est écoulé, et jusqu'ici Adam et ma mère sont beaux encore; moins beaux qu'Adah et les séraphins, — mais très beaux, cependant.

Lucifer. Tout cela doit s'effacer en eux et en elle.

Caïn. J'en suis fâché; mais je ne comprends pas en quoi cela pourrait diminuer mon amour pour elle. Et, quand sa beauté disparaîtra, il me semble que celui par qui toute beauté fut créée, perdra plus que moi en voyant dépérir un si bel ouvrage.

Lucifer. Je te plains d'aimer ce qui doit périr.

Caïn. Et moi, je te plains de ne rien aimer.

Lucifer. Et ton frère, — n'est-il pas aussi près de ton cœur?

Caïn. Pourquoi pas?

Lucifer. Ton père l'aime beaucoup, — ton Dieu également.

Caïn. Et moi aussi.

Lucifer. C'est très-bien agir et avec humilité.

Caïn. Avec humilité!

Lucifer. Il est le second né de la chair, et le favori de ta mère.

Caïn. Qu'il garde sa faveur, puisque le serpent fut le premier à l'obtenir.

Lucifer. Et celle de ton père?

Caïn. Que m'importe? Ne dois-je pas aimer celui qui est aimé de tous?

Lucifer. Et Jéhovah, — le Seigneur indulgent, — le généreux Créateur du paradis dont il vous interdit l'entrée, — lui aussi, il sourit à Abel avec bienveillance.

Caïn. Je ne l'ai jamais vu, et j'ignore s'il sourit.

Lucifer. Mais tu as vu ses anges.

Caïn. Rarement.

Lucifer. Mais assez, cependant, pour être témoin de leur affection pour ton frère; ses sacrifices sont favorablement accueillis.

Caïn. Qu'ils le soient! Pourquoi me parles-tu de ces choses?

Lucifer. Parce que tu y as déjà pensé.

Caïn. Et quand cela serait, pourquoi rappeler une pensée qui.... (*Il s'arrête en proie à une violente agitation.*) Esprit! nous sommes ici dans *ton* monde; ne parlons pas du *mien*. Tu as dévoilé à mes regards des merveilles : tu m'as fait voir ces êtres puissants, antérieurs à Adam, qui ont foulé une terre dont la nôtre n'est que le débris; tu m'as montré des myriades de mondes lumineux, dont le nôtre est le compagnon obscur et éloigné dans la carrière illimitée de la vie; tu m'as fait voir des ombres de cette existence au nom redouté, que notre père nous a apportée, — la mort; tu m'as fait voir beaucoup, — mais pas tout encore; montre-moi la demeure de Jéhovah, son paradis spécial, — ou le *tien*; où est-il?

Lucifer. *Ici*, et dans tout l'espace.

Caïn. Mais, comme tous les êtres, tu as un séjour qui t'est assigné; l'argile a la terre pour séjour; les autres mondes ont aussi leurs habitants; toutes les créatures douées d'une existence temporaire ont leur élément particulier; et tu m'as dit que des êtres qui ont cessé d'être animés de *notre* souffle ont pareillement le leur; Jéhovah et toi, vous devez avoir le vôtre; — vous n'habitez pas ensemble?

Lucifer. Non, nous régnons ensemble; mais nos demeures sont distinctes.

Caïn. Plût au ciel qu'un seul de vous deux existât! Peut-être que l'unité de but établirait l'union dans des éléments qui maintenant se combattent. Esprits sages et infinis, comme vous l'êtes, comment avez-vous pu vous séparer? N'êtes-vous pas comme des frères dans votre essence, votre nature et votre gloire?

Lucifer. N'es-tu pas le frère d'Abel?

Caïn. Nous sommes et nous resterons frères; mais quand

même il en serait autrement, l'esprit est-il comme la chair? Peut-il y avoir désunion entre l'infini et l'immortalité? Est-il possible qu'ils se divisent, et transforment l'espace en un champ de misère? — et pourquoi?

Lucifer. Pour régner.

Caïn. Ne m'as-tu pas dit que vous étiez tous deux éternels?

Lucifer. Oui!

Caïn. Et cet azur immense que j'ai vu, n'est-il pas sans limites?

Lucifer. Oui!

Caïn. Ne pouvez-vous donc régner tous deux? — n'y a-t-il pas assez d'espace? Pourquoi êtes-vous divisés?

Lucifer. Nous régnons *tous deux*.

Caïn. Mais l'un de vous deux est l'auteur du mal..

Lucifer. Lequel?

Caïn. Toi! car si tu peux faire du bien à l'homme, pourquoi ne lui en fais-tu pas?

Lucifer. Et pourquoi celui qui vous créa ne se charge-t-il pas de ce soin? Je ne vous ai pas créés, *moi*; vous êtes *ses* créatures, non les miennes.

Caïn. Laisse-nous donc ses créatures, comme tu nous appelles; sinon montre-moi ta demeure ou la *sienne*.

Lucifer. Je pourrais te montrer l'une et l'autre; mais un temps viendra où tu habiteras à jamais l'une d'elles.

Caïn. Et pourquoi pas maintenant?

Lucifer. C'est à peine si ton intelligence d'homme est capable de saisir avec calme et clarté le peu que je t'ai fait voir; et *tu* prétendrais l'élever jusqu'au grand et double mystère des *deux principes*, et les contempler face à face sur leurs trônes mystérieux! Poussière! mets des bornes à ton ambition; car tu ne pourrais voir l'un ou l'autre sans mourir!

Caïn. Que je meure, pourvu que je les voie!

Lucifer. Voilà bien le fils de celle qui a cueilli la pomme! Mais tu mourrais seulement, et ne les verrais pas; cette vue est réservée pour l'autre état.

Caïn. Celui de la mort?

Lucifer. C'en est le prélude.

Caïn. Alors je la redoute moins, maintenant que je sais qu'elle mène à quelque chose de défini.

Lucifer. Maintenant je vais te ramener sur la terre, pour y multiplier la race d'Adam, manger, boire, travailler, trembler, rire, pleurer, dormir, et mourir.

Caïn. Et dans quel but ai-je vu les choses que tu m'as montrées?

Lucifer. Ne demandais-tu pas la science? et dans ce que je t'ai fait voir, ne t'ai-je pas appris à te connaître?

Caïn. Hélas! il me semble que je ne suis rien.

Lucifer. Et c'est à cela que doit aboutir toute la science humaine: à connaître le néant de la nature mortelle. Transmets cette science à tes enfants, elle leur épargnera bien des douleurs.

Caïn. Esprit orgueilleux! tu parles avec trop de fierté; mais toi-même, tout superbe que tu es, tu as un supérieur.

Lucifer. Non! par le ciel où il règne, par l'abîme et l'immensité des mondes et de la vie dont je partage avec lui l'empire; — non! J'ai un vainqueur, — il est vrai, mais point de supérieur. Il reçoit les hommages de tous,—mais aucun de moi; je le combats encore comme je l'ai combattu dans le ciel. Pendant toute l'éternité, dans les impénétrables gouffres de la mort, dans les royaumes illimités de l'espace, dans l'infini des siècles, tout, tout lui sera disputé par moi. Monde après monde, étoile après étoile, univers après univers, trembleront dans la balance, jusqu'à ce que ce grand débat ait cessé, si jamais il cesse, ce qui n'arrivera que par l'anéantissement de l'un de nous deux! Et qui peut anéantir notre immortalité, ou notre mutuelle et implacable haine? En sa qualité de vainqueur, il appellera le vaincu le *mal*; mais de quel *bien* est-il l'auteur? Si j'étais le vainqueur, ses œuvres seraient réputées les seules mauvaises. Et vous, mortels jeunes et à peine nés, quels sont les dons qu'il vous a déjà faits dans votre monde chétif?

Caïn. Ils sont en petit nombre, et quelques-uns bien amers.

Lucifer. Retourne donc avec moi sur la terre, pour y essayer le reste des célestes faveurs qu'il te réserve ainsi qu'aux tiens. Le bien et le mal sont tels par leur propre essence, et ne doivent pas leur qualité à celui qui les dispense; si ce qu'il vous donne est bon,—appelez-le bon lui-même; si c'est le mal qui vous vient de lui, ne me l'attribuez pas avant d'en avoir vérifié la source; jugez, non sur des paroles, fussent-elles prononcées par des esprits, mais sur les fruits tels quels de votre existence. Il est un *bon* résultat que vous devez à la fatale pomme : — c'est votre raison ; — qu'elle ne se laisse pas dominer par des menaces tyranniques, et imposer des croyances en opposition avec les sens extérieurs et le sentiment intime; sachez penser et souffrir, — et créez-vous, dans votre âme, un monde intérieur,— là où le monde extérieur vous fait faute; c'est ainsi que vous vous rapprocherez de la nature spirituelle, et lutterez victorieusement contre la vôtre. *(Ils disparaissent.)*

ACTE TROISIÈME.

SCÈNE Iʳᵉ.

Les environs d'Éden, comme dans le premier acte.

Arrivent CAIN et ADAH.

Adah. Chut!... Marche doucement, Caïn.

Caïn. Volontiers... Mais pourquoi ?

Adah. Notre petit Enoch dort sur ce lit de feuilles, à l'ombre du cyprès.

Caïn. Le cyprès!... C'est un arbre de tristesse qui semble pleurer sur les objets qu'il couvre de son ombre. Quelle raison te l'a fait choisir pour abriter notre enfant ?

Adah. Parce que ses branches interceptent le soleil, comme le ferait la nuit. C'est pour cela qu'il m'a semblé propre à voiler le sommeil.

Caïn. Oui, le dernier — et le plus long sommeil. — N'importe, — mène-moi vers lui. *(Ils s'approchent de l'enfant.)* Qu'il est charmant! Le pur incarnat de ses petites joues rivalise avec les feuilles de roses dont sa couche est semée.

ADAH. Et ses lèvres, comme elles sont gracieusement entr'ouvertes! Non, tu ne le baiseras pas maintenant! Attends un peu : il va bientôt s'éveiller; — son sommeil de midi ne tardera pas à finir. Mais, jusque-là ce serait dommage de troubler son repos.

CAÏN. Tu as raison : jusqu'à son réveil, je contiendrai mon cœur. Il sourit et dort!... — Dors et souris, mon enfant, jeune héritier d'un monde presque aussi jeune que toi! dors et souris! Heureux âge, où les heures et les jours rayonnent de joie et d'innocence! *Toi*, tu n'as pas cueilli le fruit fatal, — tu ne sais pas que tu es nu! Doit-il venir un temps où tu seras puni pour des fautes inconnues, qui ne furent ni les tiennes ni les miennes?... Mais dors, maintenant!... Un sourire plus vif colore ses joues et ses paupières brillantes, qui tremblent abaissées sur ses longs cils, aussi noirs que le cyprès qui balance sur lui son ombrage, et à travers ce voile rit, jusque dans son sommeil, le transparent azur de ses yeux! Sans doute, il rêve... — De quoi? Du paradis? — Oui, rêve du paradis, enfant déshérité! Ce n'est qu'un rêve; car jamais plus ni toi, ni tes fils, ni tes pères, n'entreront dans ce lieu de délices, qui leur est interdit!

ADAH. Cher Caïn! ne murmure pas auprès de ton fils ces douloureux regrets du passé! Pleureras-tu donc toujours le paradis? Ne pouvons-nous pas nous en créer un autre?

CAÏN. Où?

ADAH. Ici, partout où tu voudras : où tu es, je ne sens pas l'absence de cet Eden tant regretté. Ne t'ai-je pas? n'ai-je pas notre père, notre frère, Zillah notre sœur chérie, et notre Ève enfin, à qui nous devons tant, outre notre naissance?

CAÏN. Oui, — la mort est du nombre des bienfaits que nous lui devons.

ADAH. Caïn, cet orgueilleux esprit qui t'a emmené avec lui t'a rendu plus sombre encore. J'avais espéré que les merveilles qu'il t'avait promis de te montrer, et que, dis-tu, il t'a fait voir, ces visions des mondes présents et passés, auraient donné à ton âme le calme de la science satisfaite; mais je vois que ton guide t'a fait du mal. Cependant je le remercie, et peux tout lui pardonner, puisqu'il t'a si tôt rendu à nous.

Caïn. Si tôt?

Adah. Tu as à peine été absent deux heures : deux *longues* heures pour moi, mais deux heures seulement d'après le soleil.

Caïn. Et cependant je me suis approché de ce soleil, j'ai vu des mondes qu'il a éclairés et qu'il n'éclairera plus, et d'autres sur lesquels il n'a jamais brillé. Il me semblait que mon absence avait duré des années.

Adah. A peine des heures.

Caïn. En ce cas, l'esprit a une mesure à lui pour le temps : il le calcule par ce qu'il voit d'agréable ou de pénible, de petit ou de grand. J'avais vu les œuvres immémoriales d'êtres infinis; j'avais vu passer sous mes yeux des mondes éteints, et, en contemplant l'éternité, il me semblait avoir emprunté quelque chose de son immensité; mais maintenant je sens de nouveau ma petitesse. L'esprit avait raison de dire que je n'étais rien.

Adah. Pourquoi a-t-il dit cela? Jéhovah ne l'a point dit.

Caïn. Non, *il* se contente de nous faire le *rien* que nous sommes, et, après avoir laissé entrevoir à la poussière Eden et l'immortalité, il la réduit de nouveau à n'être plus que poussière. — Pourquoi?

Adah. Tu le sais, — à cause de la faute de nos parents.

Caïn. Que nous fait cette faute, à nous?... Ils ont péché, *qu'ils meurent!*

Adah. Ce que tu viens de dire n'est pas bien... Cette pensée ne vient pas de toi, mais de l'esprit qui était avec toi. Plût au ciel qu'ils pussent vivre, et *moi* mourir pour eux!

Caïn. J'en dis autant, — pourvu qu'une victime satisfasse l'être insatiable de vie, pourvu que ce petit dormeur aux joues vermeilles ne connaisse jamais ni la mort ni les afflictions humaines, et n'en transmette pas l'héritage à ceux qui naîtront de lui.

Adah. Que savons-nous si quelque jour une expiation de ce genre ne rachètera pas notre race?

CAÏN. En sacrifiant l'innocent pour le coupable? quelle expiation serait-ce?... Nous sommes innocents, *nous* : qu'avons-nous fait? pourquoi serions-nous victimes d'une action commise avant notre naissance? ou comment des victimes seraient-elles nécessaires pour expier ce péché mystérieux et sans nom, — si toutefois c'est un péché si grand que d'aspirer à connaître?

ADAH. Hélas! tu pèches maintenant, mon cher Caïn! Tes paroles ont quelque chose d'impie à mon oreille.

CAÏN. Alors, laisse-moi!

ADAH. Jamais!... quand ton Dieu lui-même te laisserait.

CAÏN. Dis-moi, que vois-je ici?

ADAH. Deux autels élevés par notre frère Abel, pendant ton absence, pour y offrir à ton retour un sacrifice à Dieu.

CAÏN. Et comment savait-il que je serais disposé à prendre part aux offrandes que, d'un front soumis dont la lâche humilité indique moins d'adoration que de crainte, il présente chaque jour au Créateur pour capter sa bienveillance?

ADAH. Assurément il fait bien.

CAÏN. Un seul autel peut suffire : je n'ai point d'offrande.

ADAH. Les productions de la terre, les fleurs nouvelles, les fruits, ce sont là des offrandes agréables au Seigneur, quand elles sont présentées par un cœur doux et contrit.

CAÏN. J'ai travaillé, j'ai cultivé la terre à la sueur de mon front, conformément à la malédiction... — Cela ne suffit-il pas? Pourquoi serais-je doux? parce qu'il me faut faire la guerre aux éléments avant qu'ils nous livrent le pain que nous mangeons?... Pourquoi serais-je reconnaissant? parce que je suis poussière, et que je rampe dans la poussière jusqu'à ce que je sois rendu à la poussière?... Si je ne suis rien, — dois-je offrir sans motif des actions de grâces hypocrites, et me montrer satisfait de souffrir? De quoi serais-je contrit? du péché de mon père, déjà expié par ce que nous avons tous subi et par ce que doit subir encore notre race dans les siècles prédits? Ce petit enfant qui dort ne se doute pas qu'il porte en lui le germe du malheur de générations sans nombre... Mieux vaudrait que ma main le saisît dans son sommeil et le brisât contre ces rochers, que de le laisser vivre pour...

ADAH. O mon Dieu! ne touche pas l'enfant, — mon enfant, — *ton* enfant, ô Caïn!

CAÏN. Ne crains rien... Pour tous les astres, pour toute la puissance qui les dirige, je ne voudrais pas faire éprouver à cet enfant un contact plus rude que le baiser d'un père!

ADAH. Pourquoi donc ta parole est-elle si terrible?

CAÏN. Je disais que mieux vaudrait pour lui de cesser de vivre que de donner le jour à toutes les douleurs qui l'attendent, et, ce qui est plus cruel encore, qu'il doit léguer à ses descendants. Mais puisque cette parole te contrarie, je dirai seulement : — Mieux eût valu qu'il ne fût jamais né.

ADAH. Oh! ne dis pas cela!... Où seraient alors les joies d'une mère, le bonheur de le veiller, de le nourrir, de l'aimer? Chut! il s'éveille. Charmant Enoch! (*Elle s'approche de l'enfant.*) O Caïn! regarde-le! vois comme il est plein de vie, de force, de santé, de beauté et de joie! comme il me ressemble, — et à toi aussi, quand tu es paisible! car *alors* nous sommes *tous* semblables, n'est-ce pas, Caïn? Mère, père, fils, nos traits se réfléchissent les uns dans les autres, comme dans l'onde limpide, quand *elle* est *paisible,* et quand *tu* es *paisible.* Aime-nous donc, mon cher Caïn, et aime-toi pour l'amour de nous, car nous t'aimons! Vois! comme il rit! comme il étend ses petits bras! comme il ouvre tout grands ses yeux bleus et les tient fixés sur les tiens, pour faire accueil à son père, pendant que son petit corps s'agite comme si la joie lui donnait des ailes! Que parles-tu de douleur? Les chérubins, sans enfants, pourraient envier les jouissances d'un père. Bénis-le, Caïn! Il n'a point encore de paroles pour te remercier, mais son cœur te remerciera, et le tien aussi.

CAÏN. Enfant, je te bénis, si la bénédiction d'un mortel peut t'être utile et te garantir de la malédiction du serpent!

ADAH. Elle l'en garantira. Sans doute la subtilité d'un reptile ne saurait prévaloir contre la bénédiction d'un père.

CAÏN. J'en doute, mais je ne le bénis pas moins.

ADAH. Notre frère vient.
CAÏN. Ton frère Abel?

Entre ABEL.

ABEL. Salut, Caïn, mon frère! la paix de Dieu soit avec toi!
CAÏN. Abel, salut!
ABEL. Ma sœur m'a dit que tu as eu un entretien secret avec un esprit, et que tu l'as accompagné bien au delà du rayon que nous avons l'habitude de parcourir dans nos promenades. Était-ce l'un de ces esprits que nous avons vus, et avec qui nous avons conversé comme nous ferions avec notre père?
CAÏN. Non.
ABEL. Pourquoi, alors, t'entretenir avec lui?... Ce peut être un ennemi du Très-Haut.
CAÏN. Et un ami de l'homme. S'est-il montré tel à notre égard, le Très-Haut, — puisque c'est ainsi que tu l'appelles?
ABEL. *Que tu l'appelles!*... Tes paroles sont étranges aujourd'hui, mon frère. — Adah, ma sœur, laisse-nous un moment... — Nous avons un sacrifice à faire.
ADAH. Adieu, mon cher Caïn; mais, d'abord, embrasse ton fils. Puissent son esprit innocent et le pieux ministère d'Abel te rendre le calme et une sainte sérénité! (*Adah sort avec son enfant.*)
ABEL. Où as-tu été?
CAÏN. Je n'en sais rien.
ABEL. Qu'as-tu vu?
CAÏN. Ceux qui ne sont plus; les mystères immortels, illimités, tout-puissants, accablants de l'espace; les innombrables mondes qui ont existé et qui existent, un tourbillon d'objets si extraordinaires, soleils, lunes, terres, roulant autour de moi dans leurs sphères avec une tonnante harmonie, que je me sens incapable de me livrer à une conversation mortelle. Laisse-moi, Abel.
ABEL. Une lumière surnaturelle brille dans tes yeux; — une teinte surnaturelle colore tes joues; — quelque chose

de surnaturel résonne dans ta voix ; — que signifie cela ?

Caïn. Cela signifie... — Je t'en prie, laisse-moi.

Abel. Je ne te quitte pas que nous n'ayons prié et sacrifié ensemble.

Caïn. Abel, je t'en prie, sacrifie seul, — Jéhovah t'aime.

Abel. Il nous aime tous deux, j'espère.

Caïn. Mais tu es celui qu'il aime le mieux : cela m'est égal ; tu es plus propre à son culte que moi ; révère-le donc, — mais seul, — du moins sans moi.

Abel. Mon frère, je mériterais bien peu le nom de fils de notre père, si je ne te révérais comme mon ainé, si, dans le culte que nous rendons à Dieu, je ne t'appelais à te joindre à moi, et à me précéder dans l'exercice de ce sacerdoce : — c'est ton droit.

Caïn. Je ne l'ai jamais réclamé.

Abel. C'est ce qui m'afflige ; je te prie de le faire aujourd'hui ; ton âme semble placée sous l'influence de je ne sais quelle illusion puissante : cela te calmera.

Caïn. Non, rien ne peut plus me calmer ; que dis-je ! bien que j'aie vu le calme dans les éléments, mon âme ne l'a jamais connu. Mon Abel, quitte-moi, ou permets que je te laisse à ton pieux projet.

Abel. Ni l'un ni l'autre ; nous devons remplir notre tâche ensemble. Ne me refuse pas.

Caïn. Tu le veux ; eh bien, soit ! que faut-il que je fasse ?

Abel. Choisis l'un de ces deux autels.

Caïn. Choisis pour moi : à mes yeux ils ne sont que du gazon et des pierres.

Abel. Choisis toi-même !

Caïn. J'ai choisi.

Abel. C'est le plus grand ; il te convient comme à l'aîné. Maintenant, prépare ton offrande.

Caïn. Où est la tienne ?

Abel. La voici : les premiers nés du troupeau et leur graisse, humble offrande d'un berger.

Caïn. Je n'ai pas de troupeau ; je cultive la terre, et ne puis offrir que ce qu'elle accorde à mes sueurs, — ses fruits.

(*Il cueille des fruits.*) Les voici dans tout leur éclat et toute leur maturité.

(Ils disposent leurs autels et y allument une flamme.)

ABEL. Mon frère, comme l'aîné, offre le premier les prières et les actions de grâces qui doivent accompagner le sacrifice.

CAÏN. Non, — je suis novice dans ces choses; commence, je t'imiterai—comme je pourrai.

ABEL (*s'agenouillant*). O Dieu! qui nous as créés, qui a mis dans nos poitrines le souffle de vie; qui nous as bénis; qui, après le péché de notre père, au lieu de perdre tous ses enfants, comme tu le pouvais, si la miséricorde dans laquelle tu te complais n'avait tempéré la justice, daignas nous accorder un pardon qui est un véritable paradis, vu l'énormité de nos offenses; — unique roi de la lumière! source de tout bien, de toute gloire, de toute éternité; toi, sans qui tout serait mal, et avec qui rien ne peut faillir, à moins que ce ne soit dans quelque vue utile de ta bonté toute-puissante, — impénétrable, mais infaillible; — accepte de ton humble serviteur, du premier des bergers, les prémices des premiers troupeaux. — Cette offrande par elle-même n'est rien; — car quelle offrande pourrait être quelque chose à tes yeux? accepte-la, néanmoins, comme l'hommage de la reconnaissance de celui qui, le front prosterné dans la poussière d'où il est sorti, offre ce sacrifice à la face du ciel, en ton honneur et à la gloire de ton nom, dans les siècles des siècles!

CAÏN (*debout*). Esprit! qui que tu sois, ou quoi que tu sois; tout-puissant, peut-être! — bon, je l'ignore; c'est à tes actes à le prouver! Jéhovah sur la terre, et Dieu dans le ciel! peut-être as-tu d'autres noms encore, car tes attributs paraissent aussi nombreux que tes œuvres; — si ta faveur peut s'obtenir par des prières, accepte les nôtres! si des autels peuvent concilier ta bienveillance, et un sacrifice te fléchir, en voici! Deux êtres ont élevé pour toi ces autels. Si tu aimes le sang, il y en a sur l'autel du pasteur, à ma droite; il a égorgé en ton honneur les premiers nés de son troupeau, dont les chairs immolées exhalent vers le ciel un sanguinaire encens. Si ces fruits au goût suave, aux couleurs vermeilles, doux produits de la clémence des saisons, étalés à la face du soleil qui les a mûris, sur ce gazon que le sang n'a point souillé; si ces fruits peuvent te plaire, en ce sens qu'ils sont intacts dans leurs formes et leur vie, et sont un échantillon de tes ouvrages, plutôt qu'une offrande destinée à appeler ton regard sur les nôtres; si un autel sans victime, un autel pur de sang, peut mériter ta faveur, regarde celui-ci! Quant à celui dont la main l'a paré, il est ce que tu l'as fait, et ne demande rien de ce qu'on ne peut obtenir qu'en s'agenouillant; s'il est méchant, frappe-le! tu es tout-puissant, et tu le peux : quelle résistance pourrait-il t'opposer? S'il est bon, frappe-le ou épargne-le, comme il te plaira! puisque tout repose sur toi, et que le bien et le mal semblent n'avoir de pouvoir que dans ta volonté; si c'est le bien ou le mal qui préside à cette volonté, je l'ignore, n'étant ni tout-puissant ni capable de juger la toute-puissance, mais condamné seulement à subir ses décrets que j'ai subis jusqu'ici.

(Le feu allumé sur l'autel d'Abel forme une colonne de flamme brillante qui monte vers le ciel, pendant qu'un tourbillon renverse l'autel de Caïn et disperse les fruits sur la terre.)

ABEL. O mon frère! prie! Jéhovah est irrité contre toi!

CAÏN. Pourquoi?

ABEL. Vois tes fruits jetés par terre et dispersés.

CAÏN. Ils viennent de la terre, qu'ils y retournent; leurs semences, avant que vienne l'été, produiront de nouveaux fruits. Ton offrande de chair brûlée reçoit un meilleur accueil; vois comme le ciel aspire à lui la flamme quand elle est chargée de sang!

ABEL. Ne pense pas à la manière dont mon offrande est agréée; mais prépares-en une autre avant qu'il soit trop tard.

CAÏN. Je n'élèverai plus d'autels, et ne souffrirai pas qu'il en soit élevé.

ABEL. Caïn! que prétends-tu?

CAÏN. Jeter bas ce vil flatteur des nuages, ce messager fumant de tes sottes prières, — cet autel teint du sang des agneaux et des chevreaux arrachés au lait maternel pour mourir égorgés!

ABEL (*se plaçant devant lui*). Tu n'en feras rien! N'ajoute pas l'impiété de tes actes à celle de tes paroles! Cet autel restera debout. — Il est maintenant consacré par l'immortelle faveur de Jéhovah qui a daigné accepter mon offrande.

CAÏN. *Sa faveur! à lui!* Le sublime plaisir qu'il prend à respirer la vapeur des chairs et du sang, peut-il être mis en balance avec la douleur de ces mères qui, par leurs bêlements, appellent encore leurs nourrissons, ou avec les angoisses des ignorantes victimes elles-mêmes sous le pieux couteau? Écarte-toi; ce monument de sang ne restera pas debout à la face du soleil, pour faire honte à la création!

ABEL. Mon frère, recule! Tu ne porteras pas une main violente sur mon autel; si tu veux tenter un autre sacrifice, libre à toi.

CAÏN. Un autre sacrifice! Retire-toi, ou ce sacrifice pourrait bien....

ABEL. Où veux-tu en venir?

CAÏN. Éloigne, — éloigne-toi! — Ton Dieu aime le sang! — Prends-y garde! — Éloigne-toi, si tu ne veux qu'il lui en soit offert *encore!*

ABEL. En son puissant nom, je m'interpose entre toi et l'autel que sa faveur a honoré.

CAÏN. Si tu as souci de ta vie, écarte-toi jusqu'à ce que j'aie dispersé ce gazon sur son sol natal; — sinon...

ABEL (*s'opposant à lui*). J'aime Dieu beaucoup plus que ma vie.

CAÏN (*saisit un tison sur l'autel, et en frappe Abel sur les tempes*). Porte donc ta vie à ton Dieu, puisqu'il se complaît à l'immolation de la vie!

ABEL (*tombe*). Qu'as-tu fait, mon frère!

CAÏN. Mon frère!

ABEL. O Dieu! reçois ton serviteur, et pardonne à son meurtrier, car il n'a pas su ce qu'il faisait! — Caïn, donne-moi, — donne-moi ta main! et dis à la pauvre Zillah...

Caïn (*après un moment de stupéfaction*). Ma main! elle est rougie; et avec — quoi?

(Long silence. — Il promène lentement ses regards autour de lui.)

Où suis-je? Seul! Où est Abel? où est Caïn? Se peut-il que ce soit moi! Mon frère, éveille-toi! Pourquoi restes-tu là, gisant sur le gazon? Ce n'est pas l'heure du sommeil. — Pourquoi es-tu si pâle? qu'as-tu? — tu étais plein de vie ce matin! Abel! je t'en conjure, ne te joue pas de moi! Je t'ai frappé trop rudement; mais le coup n'est pas mortel. Ah! pourquoi m'as-tu résisté! Ceci est une feinte; tu veux m'effrayer. — Je n'ai porté qu'un coup, — un seul coup. — Remue, — remue donc! — de grâce, un seul mouvement! Là, comme cela, — c'est bien! — Tu respires! que je sente ton souffle! O Dieu! ô Dieu!

Abel (*d'une voix faible*). Qui parle de Dieu?

Caïn. Ton meurtrier.

Abel. Alors que Dieu lui pardonne! Caïn, Console la pauvre Zillah: — elle n'a plus qu'un frère maintenant!

(*Abel meurt.*)

Caïn. Et moi, je n'en ai plus! — qui m'a ravi mon frère? Ses yeux sont ouverts! il n'est donc pas mort? La mort ressemble au sommeil, et le sommeil ferme nos paupières; ses lèvres aussi sont entr'ouvertes : donc il respire; et cependant je ne sens point sa respiration. — Son cœur! — son cœur! oh! voyons s'il bat! Il me semble... — Non! — non! il faut que ce soit une vision, ou que je sois devenu l'habitant d'un autre monde pire que celui-ci. La terre tourne autour de moi. — Qu'est ceci! c'est humide.

(Il porte la main au front d'Abel, puis la regarde.)

Et pourtant il n'y a pas de rosée! c'est du sang, — mon sang, — le sang de mon frère et le mien, et répandu par moi! Que me sert de vivre maintenant que j'ai arraché la vie à ma propre chair? Mais il ne se peut pas qu'il soit mort! Est-ce la mort que le silence? non; il s'éveillera; veillons donc auprès de lui. La vie ne saurait être chose si fragile qu'on puisse la détruire si promptement! — Depuis, il m'a parlé; que lui dirai-je? — Mon frère! Non; il ne répondra pas à ce nom, car des frères ne se frappent pas entre eux. N'importe, — n'importe, parle-moi! oh! une seule parole de ta douce voix, afin que je puisse supporter encore le son de la mienne!

ZILLAH survient.

ZILLAH. J'ai entendu un bruit étrange; qu'est-ce que cela peut être? Eh quoi! Caïn qui veille auprès de mon époux! Que fais-tu là, mon frère? dort-il? O ciel! que signifient cette pâleur et ce sang? — Non, non, ce n'est pas du sang; car qui aurait pu verser son sang? Abel! qu'y a-t-il donc? — qui a fait cela? Il ne remue pas, il ne respire pas, et ses mains que je soulève retombent inanimées! Ah! cruel Caïn! comment n'es-tu pas venu à temps pour le sauver? qui que ce soit qui l'ait attaqué, tu étais le plus fort, tu devais te jeter entre lui et l'assaillant! Mon père!—Ève!—Adah! venez! la mort est dans le monde! (*Zillah s'éloigne en appelant.*)

CAÏN (*seul*). Et qui l'a fait venir? — moi, — qui abhorre à tel point le nom de la mort que l'idée seule empoisonnait ma vie avant que je connusse son aspect, — je l'ai amenée ici, et j'ai livré mon frère à son froid et silencieux embrassement, comme si elle avait eu besoin de mon aide pour revendiquer son inexorable privilége! Enfin je suis réveillé, — un rêve funeste m'avait rendu insensé;—mais *lui*, il ne s'éveillera plus!

Arrivent ADAM, ÈVE, ADAH et ZILLAH.

ADAM. Les cris douloureux de Zillah m'ont amené ici. — Que vois-je? — Il n'est que trop vrai! — mon fils! mon fils! (*A Ève.*) Femme, contemple l'ouvrage du serpent et le tien!

ÈVE. Oh! ne parle point de cela maintenant; le dard du serpent est dans mon cœur! Mon bien-aimé Abel! Jéhovah! m'enlever mon fils! Oh! ce châtiment dépasse le crime d'une mère!

ADAM. Qui a commis cet acte affreux? — Parle, Caïn, puisque tu étais présent. Est-ce quelque ange ennemi qui ne communique pas avec Jéhovah, ou quelque sauvage habitant des forêts?

Ève. Ah! un horrible trait de lumière m'apparaît comme la clarté de la foudre! Ce tison énorme et sanglant arraché de l'autel, noirci par la fumée et rougi de...

Adam. Parle, mon fils! parle, et donne-nous l'assurance que, toute grande qu'est notre infortune, nous n'avons pas à y joindre un malheur plus grand encore.

Adah. Parle, Caïn! et dis que ce n'est pas *toi!*

Ève. C'est lui; je le vois maintenant;—il baisse sa tête coupable, et couvre ses yeux féroces de ses mains ensanglantées!

Adah. Ma mère, tu l'accuses à tort. — Caïn? justifie-toi de cette horrible accusation que la douleur arrache à notre mère.

Ève. Entends-moi, Jéhovah! que l'éternelle malédiction du serpent soit sur lui! il était fait pour sa race plutôt que pour la nôtre; que le désespoir remplisse tous ses jours! que...

Adah. Arrête! ne le maudis pas, ma mère, car il est ton fils; — ne le maudis pas, ma mère, car il est mon frère et mon époux!

Ève. Par lui tu n'as plus de frère, — Zillah plus d'époux, — moi *plus de fils!* — Pour cela je le maudis et le bannis à jamais de ma présence! je brise tous les liens qui nous unissaient, comme il a brisé ceux de sa nature dans ce... — O mort! mort! pourquoi ne m'as-tu pas prise, *moi* qui t'ai méritée la première? pourquoi ne me prends-tu pas maintenant?

Adam. Ève, que cette douleur naturelle ne t'entraîne pas jusqu'à l'impiété! Un châtiment redoutable nous a été depuis longtemps prédit; maintenant qu'il commence, supportons-le de manière à montrer à notre Dieu que nous sommes humblement soumis à sa volonté sainte.

Ève (*montrant Caïn*). Sa *volonté!!!* dis plutôt la volonté de cet esprit incarné de la mort, que j'ai mis au monde pour qu'il semât la terre de cadavres! Que toutes les malédictions de la vie soient sur lui! que ses tortures le chassent dans le désert comme nous le fûmes d'Éden, jusqu'à ce qu'il soit traité par ses enfants comme il a traité son frère! Puissent les épées et les ailes des chérubins irrités le poursuivre nuit et jour, — des serpents naître sous ses pas, — les fruits de la terre se transformer en cendre dans sa bouche, — les feuilles sur lesquelles il appuiera sa tête pour dormir être semées de scorpions! puisse-t-il rêver de sa victime, et, à son réveil, trembler continuellement devant la mort! Que l'onde limpide se change en sang dès qu'il en approchera sa lèvre impure et cruelle! que tous les éléments le repoussent, et que pour lui leurs lois soient interverties! qu'il vive dans les souffrances dont meurent les autres, et que la mort soit quelque chose de plus que la mort pour celui qui le premier la fit connaître à l'homme! Hors d'ici, fratricide! désormais ce mot sera remplacé par celui de *Caïn* dans toute la suite des générations humaines qui t'abhorreront, quoique leur père! Puisse l'herbe se flétrir sous tes pas! les bois te refuser leur ombre! la terre un asile! la poussière un tombeau! le soleil sa lumière! et le ciel son Dieu! (*Ève s'éloigne.*)

ADAM. Caïn! retire-toi; nous n'habiterons plus ensemble. Pars! et laisse-moi le soin du mort. — Désormais je suis seul; — nous ne devons plus nous revoir!

ADAH. Oh! ne le quitte point ainsi, mon père; n'ajoute pas, sur sa tête, la malédiction à celle d'Ève!

ADAM. Je ne le maudis pas : que sa malédiction soit en lui-même! — Viens, Zillah!

ZILLAH. Je dois veiller auprès du corps de mon époux.

ADAM. Nous reviendrons quand sera parti celui qui nous a préparé ce funeste office. Viens, Zillah!

ZILLAH. Un baiser encore à cette pâle argile et à ces lèvres naguère si pleines de vie. Mon cœur! mon cœur!

(*Adam et Zillah s'éloignent en pleurant.*)

ADAH. Caïn, tu as entendu, il nous faut partir. Je suis prête, nos enfants le seront bientôt. Je porterai Enoch, et toi sa sœur. Partons avant que le soleil s'approche de l'horizon, et ne traversons pas le désert sous le voile de la nuit.— Parle-moi donc, à *moi*, à *ton* Adah.

CAÏN. Laisse-moi!

ADAH. Hélas! tous t'ont laissé!

Caïn. Et pourquoi restes-tu? Ne crains-tu pas d'habiter avec celui qui a fait cela ?

Adah. Je ne crains que de te quitter. Quel que soit mon éloignement pour l'action qui t'a privé d'un frère, je ne dois pas en parler; qu'elle reste entre toi et le grand Dieu.

Une voix s'écrie : Caïn ! Caïn !

Adah. Entends-tu cette voix ?

La voix. Caïn ! Caïn !

Adah. C'est le son de la voix d'un ange.

L'ange du Seigneur paraît.

L'Ange. Où est ton frère Abel ?

Caïn. Suis-je le gardien de mon frère ?

L'Ange. Caïn! qu'as-tu fait ? La voix du sang de ton frère crie et monte jusqu'au Seigneur! — Maintenant tu es maudit sur la terre qui a bu le sang fraternel versé par ta main égarée! Désormais le sol que tu cultiveras ne cédera pas à tes efforts; à dater de ce jour tu vivras en fugitif et promèneras sur la terre ta vie errante et vagabonde !

Adah. Ce châtiment est au-dessus de ses forces. Vois, tu le repousses de la face de la terre, et la face de Dieu lui sera cachée! S'il erre en fugitif, il arrivera que celui qui le rencontrera le tuera.

Caïn. Plût au ciel! mais qui sont ceux qui me tueront? où sont-ils sur la terre encore inhabitée ?

L'Ange. Tu as tué ton frère; qui te répond que ton fils ne t'en fera pas autant?

Adah. Ange de lumière! sois miséricordieux; ne dis pas que ce sein douloureux nourrit dans mon enfant le meurtrier de son père !

L'Ange. Il ne serait que ce qu'est son père. Le lait d'Ève n'a-t-il pas nourri celui que maintenant tu vois baigné dans les flots de son sang? le fratricide peut bien engendrer le parricide. — Mais il n'en sera point ainsi. — Le Seigneur, ton Dieu et le mien, me commande d'imprimer son sceau sur Caïn, afin que nul n'attente à ses jours. Quiconque tuera Caïn attirera sur sa tête une vengeance sept fois plus terrible. Viens !

Caïn. Que veux-tu de moi ?

L'Ange. Mettre sur ton font une marque qui te mette à l'abri d'un forfait pareil à celui que tu as commis.

Caïn Non ; je préfère mourir.

L'Ange. Cela ne doit pas être.
(L'ange met la marque sur le front de Caïn.)

Caïn. Mon front brûle, mais moins encore que ce qu'il contient. Est-ce tout ? je suis prêt.

L'Ange. Depuis ta naissance, tu as été dur et rebelle comme le sol que tu dois désormais cultiver ; mais celui que tu as tué était paisible et doux comme les troupeaux qu'il gardait.

Caïn. Je suis né trop tôt après la chute de nos parents ; le souvenir du serpent n'avait point encore quitté ma mère, et Adam pleurait encore la perte d'Eden. Je suis ce que je suis ; je n'avais point demandé à naître, et je ne me suis pas fait moi-même, mais si je pouvais par ma mort rappeler Abel à la vie, — et pourquoi non ? qu'il revienne à la lumière, et que moi je sois étendu là, sanglant ! Ainsi Dieu rendra la vie à celui qu'il aime, et m'ôtera le fardeau d'une existence que je n'ai jamais aimée.

L'Ange. Qui effacera le meurtre ? Ce qui est fait est fait ; va ! accomplis la tâche de tes jours, et que les actes ne ressemblent pas au dernier ! (*L'ange disparaît.*)

Adah. Il est parti, éloignons-nous. J'entends notre petit Enoch pleurer dans son berceau.

Caïn. Ah ! il ne sait guère pourquoi il pleure ! et moi qui ai versé du sang, je ne puis verser des larmes ! Mais toute l'onde des quatre fleuves[8] ne pourrait laver la souillure de mon âme. Crois-tu que mon enfant voudra encore me regarder ?

Adah. Si je pensais qu'il ne le voulût pas, je...

Caïn (*l'interrompant*). Non, plus de menaces, nous n'en avon eu que trop. Va trouver nos enfants ; je vais te suivre.

Adah. Je ne veux pas te laisser seul avec le mort ; éloignons-nous ensemble.

Caïn. O témoin inanimé et éternel, dont le sang, que rien

ne peut faire disparaître, assombrit la terre et le ciel! ce que tu es *maintenant*, je l'ignore; mais si tu vois ce que *je* suis, sans doute tu pardonnes à celui à qui son Dieu ne pardonnera jamais, non plus que son âme! — Adieu! je ne dois pas, je n'ose pas toucher ce que tu es devenu par moi. Moi qui suis sorti du même flanc que toi, qui ai bu le même lait, qui, tant de fois dans mon enfance, t'ai pressé tendrement sur mon sein fraternel, je ne te verrai plus, et je ne puis même faire pour toi ce que tu aurais dû faire pour moi, — déposer ta dépouille dans son tombeau, — le premier qui ait été creusé pour la race mortelle! Mais qui l'a creusé, ce tombeau? O terre! en retour de tous les fruits que tu m'as donnés, je te donne celui-ci. — Allons maintenant au désert.

ADAH (*se baisse et imprime un baiser sur le corps d'Abel*). Un sort funeste et prématuré, mon frère, a été ton partage! De tous ceux qui portent ton deuil, je suis la seule qui ne doive pas pleurer. Ma tâche est d'essuyer des larmes, non d'en répandre. Pourtant, de tous ceux qui gémissent, nul ne gémit plus que moi, et non seulement sur toi, mais sur celui qui t'a tué. — Maintenant, Caïn, me voilà prête à porter la moitié de ton fardeau.

CAÏN. Nous dirigerons notre marche à l'orient d'Eden; c'est le côté le plus aride, et qui convient le mieux à mes pas.

ADAH. Conduis-moi! tu seras mon guide; puisse notre Dieu être le tien! Maintenant, allons chercher nos enfants.

CAÏN. Et celui qui est là gisant était sans enfants. J'ai tari la source d'une race pacifique qui fût venue embellir son récent hymen, et qui eût tempéré la farouche ardeur de mon sang par l'union de nos enfants avec ceux d'Abel! O Abel!

ADAH. La paix soit avec lui!

CAÏN. Mais avec *moi*! — (*Ils s'éloignent.*)

NOTES

DES TROIS ACTES DE CAÏN.

[1] *Caïn* fut commencé à Ravenne, le 16 juillet 1821, achevé le 9 septembre, et publié dans le même volume que *Sardanapale* et *les Deux Foscari*, au mois de décembre de la même année.

Aucun ouvrage de lord Byron n'a peut-être excité autant d'admiration sous le rapport de la capacité déployée par l'auteur; aucun ne l'a exposé à autant d'attaques et de récriminations.

Non seulement *Caïn* fut l'objet des critiques les plus sévères dans les journaux de l'époque, mais il donna naissance à un écrit spécial intitulé *Remontrances à M. Murray sur une publication récente,* par un Oxonien.

En apprenant que son éditeur était menacé de poursuites sérieuses par suite de la publication du *mystère,* lord Byron écrivit à M. Murray :

« *Pise,* 8 *février* 1822. Je devais m'attendre à des attaques; mais je lis dans les journaux que l'on vous attaque également. Comment et de quelle façon pouvez-vous être responsable de ce que j'écris ? C'est ce que je suis encore à m'expliquer.

« Si *Caïn* est un ouvrage blasphématoire, *le Paradis perdu* l'est également, et les expressions du gentleman d'Oxford (dans l'ouvrage cité): « Mal, sois mon bien, » sont précisément tirées de ce poëme. Lucifer ne dit rien de plus dans mon *mystère.*

« *Caïn* n'est point une thèse de théologie, mais un drame, et rien que cela. Si Lucifer et Caïn parlent comme l'on peut supposer qu'ont dû parler le premier meurtrier et le premier rebelle, pourquoi les autres personnages ne parleraient-ils pas selon leurs caractères? On n'a jamais refusé au drame le droit de faire agir les passions les plus violentes.

« J'ai même évité de faire intervenir la Divinité, comme elle paraît dans l'Écriture et chez Milton (mais à tort, selon moi); je l'ai remplacée par un ange, de peur de choquer certaines susceptibilités en donnant une idée imparfaite de ce que doit se figurer l'homme le plus prosaïque du langage de Jéhovah; les anciens mystères le mettaient déjà en scène très fréquemment, j'ai évité cela dans celui de *Caïn.* La tentative d'intimidation qu'ils essaient sur vous, parce qu'ils savent bien qu'elle ne réussirait pas avec moi, me paraît une des lâchetés les plus odieuses qui puissent déshonorer une époque. Quoi! lorsque les éditeurs de Gibbon, Hume, Priestley, Drummond, ont été laissés en paix depuis soixante-dix ans, vous seriez attaqué pour un ouvrage de *fiction!* Il doit y avoir quelque chose au fond de tout ceci, quelque inimitié personnelle; autrement ce serait incroyable.

« Je ne puis que dire : *Me adsum qui feci.* Renvoyez-moi, je vous en prie, toutes les attaques dirigées contre vous; je veux et je dois les subir toutes. Que si vous avez perdu de l'argent dans cette publication, je vous rendrai l'équivalent de votre déficit, ou la totalité du prix du manuscrit; je désire que vous disiez que vous étiez, ainsi que M. Gifford et M. Hobhouse, opposé à la publication de ce *mystère,* que moi seul je l'ai voulue, et que moi seul dois en supporter la responsabilité légale, ou de toute autre sorte, que l'on voudra m'imposer. Si ces poursuites se continuaient, je viendrais en Angleterre, afin qu'on sût à qui s'adresser; *tenez-moi au courant;* je ne permettrai jamais que vous éprouviez aucun dommage à cause de moi. Faites de cette lettre l'usage que vous voudrez. BYRON.

« P. S. Je vous écris, à propos de cette ébullition de passions mauvaises et d'absurdités, sur les bords de l'Arno, par une lune d'été (car ici notre hiver est plus clair que votre été) qui se réflète dans les eaux du fleuve, sur les ponts, sur les palais. Comme tout cela est calme et limpide ! quels atomes nous sommes devant la moindre de ces étoiles ! »

[2] Sir Walter Scott annonça à M. Murray qu'il acceptait cette dédicace.

[3] *Annales du Théâtre*, de M. Payne Collier. *Histoire du Théâtre français*, t. II, p. 55.

[4] On lit ici dans le manuscrit : « Je m'attends à être accusé de manichéisme ou de toute autre hérésie finissant en *isme*, le tout faisant une formidable figure aux yeux, sonnant d'une façon terrible aux oreilles de ceux qui seraient aussi embarrassés de donner la définition de ces mots que les pieux et impartiaux inventeurs de ces épithètes. Je puis d'ailleurs me justifier de ces accusations : je puis même les rétorquer. »

[5] Les *Mémoires d'Alfieri* ont été traduits en français.

[6] « La prière, » dit lord Byron, à Céphalonie, « ne doit pas consister dans l'action de s'agenouiller ou de répéter certains mots d'une manière solennelle ; la dévotion est une affection du cœur, et je la ressens quand je regarde les merveilles de la création ; je m'incline devant la majesté du ciel, et, lorsque je savoure les jouissances de la vie, la santé et le bonheur, j'éprouve de la reconnaissance pour Dieu, à qui je les dois. » — « Tout cela est bien, » dis-je ; « mais pour être chrétien, il faut aller plus loin. » — « J'ai plus lu la Bible que vous ne le croyez, » me dit-il ; « j'ai une Bible que ma sœur, qui est une excellente femme, m'a donnée, et je la lis très souvent. » Il alla dans sa chambre à coucher, et revint en apportant une Bible de poche bien reliée, qu'il me montra.

Conversations du docteur Kennedy avec lord Byron, p. 155.

[7] Il n'y a rien dans *Caïn*, dit lord Byron, contre l'immortalité de l'âme, que je me souvienne ; ce ne sont point là mes opinions ; mais dans un drame, le premier ange révolté et le premier meurtrier doivent parler selon leur caractère. B.

[8] Les quatre rivières qui coulaient autour de l'Éden, et conséquemment les seuls fleuves que Caïn connût sur la terre.

WERNER,

ou

L'HÉRITAGE,

TRAGÉDIE EN CINQ ACTES.

A L'ILLUSTRE GOETHE

Cette Tragédie est dédiée par l'un de ses plus humbles admirateurs.

PRÉFACE.

Le drame suivant est tiré en entier de *Kruitzner*, histoire allemande publiée, il y a plusieurs années, dans les *Contes de Cantorbéry*, de Lee, composés, je crois, par deux sœurs. L'une ne fournit que *Kruitzner* et une autre nouvelle ; mais elles passent pour être beaucoup supérieures à tout le reste de la collection. J'ai adopté les caractères, le plan et même les paroles de cette nouvelle en beaucoup d'endroits. Quelques caractères ont été modifiés ou altérés, quelques noms ont été changés, et j'ai ajouté un personnage, Ida Stralenheim ; pour tout le reste, j'ai suivi l'original. Fort jeune encore (j'avais alors environ quatorze ans), je lus cette nouvelle, qui fit sur moi une impression profonde, et qui déposa en moi le germe de bien des choses que j'ai écrites depuis. Je ne crois pas que ce roman ait jamais été très populaire, ou peut-être sa popularité a-t-elle été éclipsée par d'autres grands écrivains qui ont suivi la même carrière ; mais j'ai généralement vu que ceux qui l'avaient lu convenaient de la singulière puissance d'esprit et de conception que l'auteur avait déployée dans cette nouvelle. Je dis *conception* plutôt qu'exécution, car le sujet aurait pu être développé plus habilement. Parmi ceux qui partageaient mon avis relativement à cet ouvrage, je pourrais citer plusieurs noms illustres ; mais cela ne serait d'aucune utilité, car chacun doit juger d'après ses propres sentiments. Je renvoie le lecteur à l'histoire originale, afin qu'il puisse voir quels développements je lui ai donnés ; et je crois qu'il trouvera plus de plaisir à lire le roman que le drame qui en a été tiré.

J'avais commencé un drame sur ce sujet dès 1815 (mon premier essai dramatique, si l'on en excepte une tragédie, *Ulric et Ilvina*, que je fis à l'âge de treize ans, et que j'eus le bon sens de brûler); j'avais déjà achevé un acte, lorsque différentes circonstances m'empêchèrent de continuer. Il doit exister parmi mes papiers, en Angleterre; mais, comme on ne l'a point retrouvé, je l'ai récrit, et j'ai ajouté les actes suivants.

Le tout n'a point été écrit pour la représentation.

Pise, février 1822.

WERNER.

PERSONNAGES.

Hommes. WERNER ou SIEGENDORF.
ULRIC.
STRALENHEIM.
IDENSTEIN.
GABOR.
FRITZ.
HENRICK.
ERICK.
ARNHEIM.
MEISTER.
RODOLPHE.
LUDWIG.
LE PRIEUR ALBERT.

Femmes. JOSÉPHINE.
IDA STRALENHEIM.

Les trois premiers actes se passent sur la frontière de la Silésie, et les deux derniers au château de Siegendorf, près de Prague. — *Époque* : la fin de la guerre de Trente Ans.

ACTE PREMIER.

SCÈNE Ire.

La grande salle d'un château délabré dans le voisinage d'une petite ville, sur la frontière nord de la Silésie. — La nuit est orageuse.

WERNER et JOSÉPHINE.

Josép. Mon bien-aimé, calme-toi.

Wern. Je suis calme.

Josép. Pour moi, oui; mais non pour toi : ta démarche est précipitée; quelqu'un dont le cœur serait tranquille ne parcourrait point d'un pas si rapide une chambre comme la nôtre. Si c'était un jardin, je te croirais heureux et j'aimerais à te voir aller avec l'abeille de fleur en fleur; mais ici...

WERN. L'air est froid; la tapisserie laisse pénétrer le vent qui l'agite. Mon sang est glacé.

JOSÉP. Oh! non!

WERN. (*souriant*). Pourquoi? Voudrais-tu donc le voir glacé?

JOSÉP. Je voudrais lui voir son cours naturel.

WERN. Qu'il continue à couler jusqu'à ce qu'il soit versé ou arrêté dans son cours, — peu m'importe quand.

JOSÉP. Ne suis-je donc plus rien dans ton cœur?

WERN. Tu es tout.

JOSÉP. Comment peux-tu donc désirer ce qui doit briser le mien?

WERN. (*s'approchant d'elle lentement*). Sans toi, j'aurais été... — n'importe quoi, mais un mélange de beaucoup de bien et de beaucoup de mal; ce que je suis, tu le sais; ce que j'aurais pu ou dû être, tu ne le sais pas; mais je ne t'en aime pas moins, et rien ne nous séparera.

(Werner s'éloigne brusquement, puis se rapproche de Joséphine.)

L'orage de la nuit influe peut-être sur moi; je suis un être accessible à toutes les impressions; je me ressens encore de ma dernière maladie, dans laquelle, en veillant à mon chevet, mon amour, tu as plus souffert que moi.

JOSÉP. Te voir rétabli, c'est beaucoup; te voir heureux...

WERN. En as-tu connu qui le fussent? Laisse-moi être malheureux avec le reste des hommes.

JOSÉP. Pense à tous ceux qui, dans cette nuit d'orage, frissonnent sous la bise aiguë et la pluie battante dont chaque goutte les courbe davantage vers la terre, qui ne leur offre d'autre abri que sa surface.

WERN. Et ce n'est pas là ce qu'il y a de pire : qu'importe une chambre commode? c'est le repos qui est tout. Les malheureux dont tu parles, oui, le vent hurle autour d'eux, et la pluie ruisselante les pénètre jusqu'à la moelle. J'ai été soldat, chasseur, voyageur; aujourd'hui je suis indigent, et dois connaître par expérience les privations dont tu parles.

Josép. N'es-tu pas à l'abri de ces privations ?

Wern. Oui, d'elles seules.

Josép. C'est déjà quelque chose.

Wern. Sans doute, pour un paysan.

Josép. L'homme d'une haute naissance doit-il méconnaître le bienfait d'un asile que ses habitudes de délicatesse lui rendent plus nécessaire encore qu'au paysan, alors que le vent de la fortune l'a poussé sur les écueils de la vie?

Wern. Ce n'est pas cela, tu le sais; tout cela nous l'avons supporté, je ne dirai pas avec patience, quoique tu en aies fait preuve, — mais enfin nous l'avons supporté.

Josép. Eh bien ?

Wern. Quelque chose de plus que nos souffrances extérieures (quoiqu'elles fussent suffisantes pour déchirer nos âmes) vient souvent me torturer, et *maintenant* plus que jamais. Sans cette maladie malencontreuse qui m'a saisi sur cette frontière inculte, qui a épuisé tout à la fois mes forces et mes ressources, et qui nous laisse... — Non, c'est plus que je n'en puis supporter ! — Sans cette circonstance j'aurais été heureux, ainsi que toi. — J'aurais soutenu la splendeur de mon rang, — l'honneur de mon nom, — du nom de mon père, — et surtout...

Josép. (*l'interrompant*). Mon fils, — notre fils, — notre Ulric, depuis longtemps absent, eût été de nouveau pressé dans mes bras, et sa présence eût rassasié de joie le cœur de sa mère. Voilà douze ans! il n'en avait alors que huit. — Il était beau, il doit l'être encore, mon Ulric, mon fils adoré!

Wern. J'ai été souvent poursuivi par la fortune; elle vient de m'atteindre dans un lieu où je ne puis plus faire de résistance, où je suis malade, pauvre et seul.

Josép. Seul! mon cher époux ?

Wern. Ou pire encore, — enveloppant tout ce que j'aime dans mon infortune actuelle, plus cruelle qu'un isolement complet. *Seul* je serais mort, et tout eût été fini pour moi dans un tombeau sans nom.

Josép. Et je ne t'aurais pas survécu; mais, je t'en conjure, rassure-toi! Nous avons lutté longtemps, et ceux qui sont aux prises avec la fortune finissent par triompher d'elle ou par la fatiguer ; ou ils arrivent au but, ou ils cessent de ressentir leurs maux. Console-toi, — nous retrouverons notre enfant.

WERN. Nous étions à la veille de le retrouver, et de nous voir indemnisés de toutes nos souffrances passées ; — et nous voir ainsi déçus !

JOSÉP. Nous ne sommes pas déçus.

WERN. Ne sommes-nous pas sans argent ?

JOSÉP. Nous n'avons jamais été riches.

WERN. J'étais né pour la richesse, le rang, le pouvoir ; je les ai goûtés, je les ai aimés ; hélas ! j'en ai abusé et les ai perdus par le courroux de mon père dans ma jeunesse extravagante ; mais cet abus a été expié par de longues souffrances. La mort de mon père m'ouvrait de nouveau une voie libre, semée toutefois de périls. Le parent, l'être froid et rampant, qui a si longtemps tenu ses yeux fixés sur moi, comme le serpent sur l'oiseau à qui la frayeur fait battre des ailes, m'aura devancé, se sera approprié mes droits, et ses usurpations lui auront procuré la fortune et le rang des princes.

JOSÉP Qui sait ? notre fils est revenu peut-être auprès de son aïeul, et a revendiqué tes droits.

WERN. Vain espoir ! depuis son étrange disparition de la maison de mon père, comme s'il eût voulu hériter de mes fautes, on n'a eu de lui aucune nouvelle. Je l'avais quitté, en le laissant chez son aïeul, sur la promesse de ce dernier que sa colère ne s'étendrait pas jusqu'à la troisième génération ; mais on dirait que le ciel réclame son inflexible prérogative, et veut, dans la personne de mon fils, punir les fautes et les erreurs de son père.

JOSÉP. J'ai meilleur espoir. Jusqu'à présent, du moins, nous avons trompé les poursuites de Stralenheim.

WERN. Nous l'aurions pu sans cette fatale indisposition, plus funeste qu'une maladie mortelle ; car si elle n'ôte pas la vie, elle nous ôte tout ce qui en fait la consolation ; en ce moment même, il me semble que je suis entouré de toutes parts des piéges de ce démon avare ; — qui sait s'il n'a pas jusqu'ici suivi notre piste ?

Josép. Il ne connaît pas ta personne, et nous avons laissé à Hambourg les espions qu'il avait si longtemps attachés à nos pas. Notre voyage inattendu et ton changement de nom rendent toute découverte impossible; on ne nous croit ici que ce que nous semblons.

Wern. Ce que nous semblons! ce que nous *sommes* : — des mendiants malades, sans espoir, même à nos propres yeux. — Ha! ha!

Josép. Hélas! quel rire amer!

Wern. *Qui* devinerait, sous cet extérieur, l'âme fière du rejeton d'une illustre race? *qui*, sous cet habit, l'héritier d'un domaine de prince? *qui*, dans cet œil éteint et morne, l'orgueil du rang et de la naissance? et, sous ce front hâve, ce visage creusé par la faim, le seigneur de ces châteaux où mille vassaux trouvent chaque jour une table abondante?

Josép. Tu ne t'occupais pas de ces choses mondaines, mon Werner, quand tu daignas choisir pour ton épouse la fille étrangère d'un exilé errant.

Wern. La fille d'un exilé était un parti sortable pour le fils d'un proscrit; mais j'espérais encore t'élever au rang pour lequel nous étions nés tous deux. La maison de ton père était illustre, quoique déchue de sa splendeur, et sa noblesse pouvait rivaliser avec la nôtre.

Josép. Ton père ne pensait point ainsi, quoiqu'il sût que nous étions nobles; mais si mon seul titre auprès de toi eût été ma naissance, elle n'eût été à mes yeux que ce qu'elle est.

Wern. Et qu'est-elle donc à tes yeux?

Josép. Tout ce qu'elle nous a valu : — rien.

Wern. Comment, — rien?

Josép. Ou pire encore; car dès l'origine elle a été un cancer dans ton cœur; sans elle nous aurions supporté gaiement notre pauvreté, comme des millions de mortels la supportent; sans ces fantômes de tes ancêtres féodaux, tu aurais pu gagner ton pain comme tant d'autres; ou si cette nécessité t'eût semblé trop dégradante, tu aurais essayé, par le commerce et par d'autres occupations civiques, de réparer les torts de la fortune.

WERN. (*avec ironie*). Je serais devenu un bon bourgeois anséatique? Excellent!

JOSÉP. Quoi que tu aies pu être, tu es pour moi ce qu'aucun état humble ou élevé ne saurait jamais changer : le premier choix de mon cœur, — qui t'a choisi sans connaître ta naissance, tes espérances, ton orgueil; sans connaître de toi autre chose que tes douleurs; tant qu'elles dureront, laisse-moi les consoler ou les partager; quand elles finiront, que les miennes finissent avec elles ou avec toi.

WERN. Mon bon ange! telle je t'ai toujours trouvée! Cet emportement, ou plutôt cette faiblesse de mon caractère, ne fit jamais naître en moi une pensée injurieuse pour toi ou pour les tiens. Tu n'as point entravé ma fortune : ma propre nature, quand j'étais jeune, était suffisante pour me faire perdre un empire, si un empire eût été mon héritage; mais maintenant, châtié, dompté, épuisé et instruit à me connaître... — perdre tout cela pour notre fils et pour toi! Crois-moi, lorsque dans mon vingt-deuxième printemps mon père m'interdit sa maison, à moi, le dernier rejeton de mille aïeux (car j'étais alors le dernier), j'éprouvai un choc moins douloureux qu'à voir, malgré leur innocence, mon enfant et la mère de mon enfant enveloppés dans la proscription que mes fautes ont méritée; et, cependant, alors mes passions étaient toutes des serpents vivants, enlacés autour de moi comme ceux de la Gorgone.

(On entend frapper à la porte.)

JOSÉP. Écoute!

WERN. On frappe!

JOSÉP. Qui peut venir à cette heure? Nous recevons peu de visites.

WERN. La pauvreté n'en reçoit jamais qui ne la rendent plus pauvre encore. Eh bien! je suis préparé.

(Werner met la main dans son sein, comme pour y chercher une arme.)

JOSÉP. Oh! ne prends donc pas cet air. Je vais ouvrir; ce ne peut être quelque chose d'important dans ce lieu retiré, dans cette contrée inculte : — le désert met l'homme à l'abri de l'homme. (*Elle va à la porte et ouvre.*)

IDENSTEIN entre.

IDENST. Bonne nuit à ma belle hôtesse, et au digne, — comment vous nommez-vous, mon ami?

WERN. Ne craignez-vous pas de le demander?

IDENST. Craindre? parbleu! je crains en effet. On dirait, à vous voir, que je demande quelque chose de mieux que votre nom.

WERN. De mieux, Monsieur!

IDENST. De mieux ou de pire, comme le mariage; que dirai-je de plus? Voilà un mois que vous logez dans le palais du prince. — Il est vrai que depuis douze ans son altesse l'a abandonné aux revenants et aux rats; mais, enfin, c'est un palais. — Je dis que voilà un mois que vous logez chez nous, et cependant nous ne savons pas encore votre nom.

WERN. Mon nom est Werner.

IDENST. Un beau nom, ma foi! aussi beau qu'on en vit jamais figurer sur l'enseigne d'un boutiquier. J'ai, au lazaret de Hambourg, un cousin dont la femme portait ce nom-là. C'est un officier de santé; aide-chirurgien, il espère devenir chirurgien un jour, et il a fait des miracles dans sa profession. Vous êtes peut-être allié de mon parent?

WERN. De votre parent?

JOSÉP. Oui, nous sommes parents éloignés. (Bas à Werner.) Ne pouvez-vous vous accommoder à l'humeur de cet ennuyeux bavard, jusqu'à ce que nous sachions ce qu'il nous veut?

IDENST. J'en suis vraiment charmé; je m'en doutais, j'avais quelque chose dans le cœur qui me le disait : — c'est que, voyez-vous, cousin, le sang ce n'est pas de l'eau; et, à propos d'eau, ayons du vin, et buvons à notre plus ample connaissance : les parents doivent être amis.

WERN. Vous paraissez avoir déjà assez bu; et quand cela ne serait pas, je n'ai pas de vin à vous offrir, à moins que ce ne soit le vôtre; mais vous le savez ou devriez le savoir : vous voyez que je suis pauvre et malade, et vous ne voulez pas voir que je désire être seul; mais, au fait; quel motif vous amène?

IDENST. Quel motif pourrait m'amener?

WERN. Je ne sais, quoique je devine ce qui pourra vous faire sortir.

JOSÉP. (*à part*). Patience, cher Werner.

IDENST. Vous ne savez donc pas ce qui est arrivé?

JOSÉP. Comment le saurions-nous?

IDENST. La rivière a débordé.

JOSÉP. Hélas! pour notre malheur, nous le savons depuis cinq jours, puisque c'est le motif qui nous retient ici.

IDENST. Mais ce que vous ne savez pas, c'est qu'un grand personnage qui a voulu traverser, malgré le courant et les représentations de trois postillons, s'est noyé au-dessous du gué, avec cinq chevaux de poste, un singe, un caniche et un valet.

JOSÉP. Pauvres créatures! en êtes-vous bien sûr?

IDENST. Oui, du singe, du valet et des chevaux; mais jusqu'à présent on ignore encore si Son Excellence a péri ou non; ces nobles sont durs en diable à noyer, comme il convient à des hommes en place; mais ce qui est certain, c'est qu'il a avalé l'eau de l'Oder en assez grande quantité pour faire crever deux paysans : en ce moment, un Saxon et un voyageur hongrois qui, au péril de leur vie, l'ont arraché au gouffre des eaux, ont envoyé demander pour lui un logement ou un tombeau, selon que l'individu sera mort ou vivant.

JOSÉP. Et où le recevrez-vous? Ici, j'espère; si nous pouvons vous être utiles, — vous n'avez qu'à parler.

IDENST. Ici? non! mais dans l'appartement même du prince, comme il convient à un hôte illustre : — les pièces sont humides, sans doute, n'ayant pas été habitées depuis douze ans; mais comme il vient d'un endroit beaucoup plus humide encore, il n'est pas probable qu'il s'y enrhume, s'il est encore susceptible de s'enrhumer; — et, dans le cas contraire, il sera encore plus mal logé demain; en attendant, j'ai fait allumer du feu, et préparer tout ce qu'il faudrait au cas où il en réchapperait.

JOSÉP. Le pauvre homme! j'espère de tout mon cœur qu'il se rétablira.

WERN. Intendant, avez-vous appris son nom? (*Bas à sa femme.*) Ma Joséphine, retire-toi ; je vais sonder cet imbécile. (*Joséphine sort.*)

IDENST. Son nom? mon Dieu, qui sait s'il a maintenant un nom ? Il sera temps de le lui demander quand il sera en état de répondre, ou bien lorsqu'il faudra mettre le nom de son héritier dans son épitaphe. Tout à l'heure, vous trouviez mauvais que je demandasse le nom des gens.

WERN. C'est vrai, vous parlez sagement.

GABOR entre.

GAB. Si je suis importun, je demande mille pardons.

IDENST. Oh! nullement! vous êtes dans le palais ; cet homme est étranger comme vous ; je vous prie de ne pas vous gêner. Mais où est Son Excellence, et comment se porte-t-elle ?

GAB. Son Excellence est trempée et fatiguée, mais hors de danger : elle s'est arrêtée, pour changer de vêtement, dans une chaumière où j'ai moi-même quitté les miens pour ceux-ci ; elle est presque entièrement remise de son bain, et sera bientôt ici.

IDENST. Holà! oh! qu'on se dépêche! Ici, Herman, Weilbourg, Pierre, Conrad!

(Entrent divers valets auxquels Idenstein donne des ordres.)

Un noble couche au palais cette nuit ; — ayez soin que tout soit en ordre dans la chambre damassée ; — entretenez le poêle. — J'irai moi-même au cellier, — et madame Idenstein (c'est mon épouse, étranger) fournira le linge de lit ; car, à dire vrai, c'est un article merveilleusement rare dans l'enceinte de ce palais, depuis une douzaine d'années que Son Altesse l'a quitté. Et puis, Son Excellence soupera sans doute?

GAB. Ma foi! je ne saurais dire ; je pense que son oreiller lui plaira mieux que la table, après le plongeon qu'elle a fait dans la rivière ; mais pour que vos provisions ne se perdent pas, je me propose de souper moi-même, et j'ai là dehors un ami qui fera honneur à votre repas avec tout l'appétit d'un voyageur.

IDENST. Mais êtes-vous sûr que Son Excellence... — Quel est son nom?

GAB. Je n'en sais rien.

IDENST. Et cependant vous lui avez sauvé la vie.

GAB. J'ai aidé en cela mon ami.

IDENST. Voilà qui est étrange! sauver la vie à un homme qu'on ne connaît pas!

GAB. Il n'y a rien là d'étrange; car il est des gens que je connais si bien que je ne me donnerais pas cette peine-là pour eux.

IDENST. Dites-moi, mon ami, qui êtes-vous?

GAB. Ma famille est hongroise.

IDENST. Et vous l'appelez?

GAB. Peu importe.

IDENST. (*à part*). Je crois que tout le monde s'est fait anonyme; personne ne se soucie de me dire son nom. (*A Gabor.*) Dites-moi, je vous prie, Son Excellence a-t-elle une suite nombreuse?

GAB. Suffisamment nombreuse.

IDENST. Quel est le nombre de ses gens?

GAB. Je ne les ai pas comptés. C'est le hasard qui nous a amenés justement à temps pour retirer Son Excellence par la portière de son carrosse.

IDENST. Oh! que ne donnerais-je pas pour sauver un grand personnage! — Sans doute vous aurez pour récompense une jolie somme?

GAB. Peut-être.

IDENST. A combien croyez-vous pouvoir l'évaluer?

GAB. Je ne me suis pas encore mis aux enchères; en attendant, ma meilleure récompense serait un verre de votre Hockcheimer, — un verre orné de riches grappes et de devises à Bacchus, plein jusqu'au bord du vin le plus vieux de votre cellier, en retour de quoi, au cas où vous seriez en danger de vous noyer, genre de mort qui très probablement ne sera pas le vôtre, je vous promets de vous sauver pour rien. Vite, mon ami; et songez que pour chaque rasade que je sablerai, une vague de moins coulera sur votre tête.

IDENST. (*à part*). Je n'aime guère cet homme-là. Il semble discret et bref, deux qualités qui ne me conviennent pas du tout; toutefois il aura du vin; si cela ne le déboutonne pas, la curiosité ne me permettra pas de dormir de la nuit.

(*Idenstein sort.*)

GAB. (*à Werner*). Ce maître de cérémonies est l'intendant du palais, je présume. L'édifice est beau, mais délabré.

WERN. L'appartement destiné à celui que vous avez sauvé, est mieux disposé que celui-ci pour recevoir un malade.

GAB. Je m'étonne que vous ne l'occupiez pas; car vous paraissez être d'une santé délicate.

WERN. (*brusquement*). Monsieur!

GAB. Veuillez m'excuser. Ai-je dit quelque chose qui vous offense?

WERN. Rien; mais nous sommes étrangers l'un à l'autre.

GAB. C'est justement pour cela que nous devons faire connaissance. Il me semble avoir entendu dire à notre hôte affairé que vous étiez ici passagèrement, et accidentellement, comme moi et mes compagnons.

WERN. C'est vrai.

GAB. Or donc, comme nous ne nous sommes jamais vus et qu'il est probable que nous ne nous reverrons jamais, je m'étais proposé d'égayer un peu, pour moi du moins, ce vieux donjon-ci, en vous demandant de partager notre repas.

WERN. Veuillez m'excuser; ma santé...

GAB. Comme il vous plaira. J'ai été soldat; et peut-être ai-je des manières un peu brusques.

WERN. J'ai servi également, et je sais reconnaître l'accueil d'un soldat.

GAB. Dans quelle arme? au service impérial?

WERN. (*d'abord rapidement, puis s'interrompant*). J'ai commandé, — non, c'est-à dire j'ai servi; mais il y a de cela bien des années, à l'époque où la Bohême prit pour la première fois les armes contre l'Autriche.

GAB. Tout cela est fini maintenant, et la paix a obligé des milliers de cœurs vaillants à chercher tant bien que mal des moyens d'existence; et, à dire vrai, quelques-uns prennent pour cela la voie la plus courte.

WERN. Quelle est-elle ?

GAB. La première qui se présente à eux. Toute la Silésie et les forêts de la Lusace sont occupées par des bandes d'anciens soldats, qui prélèvent sur le pays les frais de leur entretien. Les châtelains sont obligés de rester dans leurs châteaux. Hors de leur enceinte, la route n'est pas sûre pour le riche comte ou le fier baron en voyage. Ce qui me console, c'est qu'en quelque endroit que j'aille, je n'ai pas grand'chose à perdre.

WERN. Et moi rien.

GAB. C'est encore plus dur. Vous avez été soldat, dites-vous ?

WERN. Je l'ai été.

GAB. Vous en avez encore la mine. Tous les soldats sont ou doivent être camarades, lors même qu'ils sont ennemis. Quand nos épées sont tirées, il faut qu'elles se croisent, et que nos mousquets soient pointés les uns contre les autres; mais quand une trêve, une paix, ou n'importe quoi, fait rentrer l'acier dans le fourreau et laisse dormir l'étincelle qui doit allumer la mèche, alors nous sommes frères. Vous êtes pauvre et malade; je ne suis pas riche, mais je me porte bien : je puis me passer de bien des choses; vous paraissez manquer de ceci... (*Il tire sa bourse.*) Voulez-vous partager ?

WERN. Qui a pu vous faire croire que j'étais réduit à mendier ?

GAB. Vous-même, en me disant en temps de paix que vous étiez soldat.

WERN. (*le regardant d'un air de méfiance*). Vous ne me connaissez pas.

GAB. Je ne connais personne, pas même moi... Comment connaîtrais-je quelqu'un que je ne vois que depuis une demi-heure ?

WERN. Monsieur, je vous remercie... Votre offre serait généreuse si elle s'adressait à un ami. Faite à un étranger, à un inconnu, elle est pleine de bienveillance, quoique un peu imprudente; mais je ne vous en remercie pas moins. Je suis indigent sans l'être de profession, et quand j'aurai un service de ce genre à demander, je m'adresserai à celui qui a été le premier à m'offrir ce que peu de gens obtiennent, même en le demandant. Veuillez m'excuser. (*Werner sort.*)

GAB. (*seul*). Il m'a l'air d'un bon enfant, quoique usé, comme la plupart des bons enfants, par la peine ou le plaisir, qui se disputent avant le temps les lambeaux de notre vie. Je ne sais laquelle de ces deux causes agit le plus promptement. Quoi qu'il en soit, cet homme me semble avoir connu des jours meilleurs; et n'est-ce point le cas de quiconque a vu le jour d'hier? Mais voici notre sage intendant avec le vin... En faveur de la coupe, je supporterai l'échanson.

Entre IDENSTEIN.

IDENST. Le voilà, le supernaculum!... Il a vingt ans comme un jour.

GAB. C'est l'âge des jeunes femmes et du vieux vin, et c'est grand dommage que, de ces deux choses excellentes, l'une s'améliore par les années, et l'autre se détériore... Remplissez jusqu'aux bords! — Je bois à notre hôtesse, — à votre belle épouse! (*Il prend le verre.*)

IDENST. Belle! — fort bien... J'espère que vous vous connaissez en vin comme en beauté. Néanmoins, je vous ferai raison.

GAB. La femme charmante que j'ai rencontrée dans la salle voisine, et qui m'a rendu mon salut avec un air, un port, des yeux qui auraient fait honneur à ce palais dans ses jours les plus brillants, bien que sa mise fût adaptée à l'état actuel de délabrement de cette demeure, — cette femme n'est-elle pas votre épouse?

IDENST. Je voudrais bien qu'elle le fût! Mais vous vous méprenez: c'est la femme de l'étranger.

GAB. À la voir, on la prendrait pour celle d'un prince. Bien que le temps ait déjà marché pour elle, elle conserve encore beaucoup de beauté et de majesté.

IDENST. Et c'est plus que je ne puis dire de madame Idensfein, du moins pour la beauté. Quant à la majesté, elle a quelques-uns de ses attributs dont elle pourrait bien se passer; — mais peu importe!

GAB. Cela m'est égal... Mais qui peut être cet étranger? Son air a quelque chose de supérieur à sa position apparente.

IDENST. En cela nous différons... Il est pauvre comme Job, et pas tout à fait aussi patient; mais j'ignore ce qu'il peut être, et je ne connais de lui que son nom; encore ne l'ai-je appris que ce soir.

GAB. Mais comment est-il venu ici?

IDENST. Dans une vieille et misérable calèche, il y a environ un mois. A peine arrivé, il est tombé malade, et s'est vu à deux doigts de la mort... Il aurait dû mourir.

GAB. Voilà une sensibilité véritable; — mais pourquoi?

IDENST. Qu'est-ce que la vie quand on n'a pas de quoi vivre? Il est sans le sou.

GAB. En tout cas, je m'étonne qu'un homme comme vous, qui paraissez doué d'une si rare prudence, ait pu recevoir dans cette noble résidence des hôtes réduits à un tel dénuement.

IDENST. C'est vrai; mais la pitié, vous le savez, entraîne le cœur à faire ces folies; et puis il faut dire aussi qu'ils avaient à cette époque certains objets de prix qui les ont fait vivre jusqu'au moment actuel. J'ai donc pensé qu'ils pouvaient loger ici tout aussi bien qu'à la petite taverne, et j'ai mis à leur disposition quelques-unes des chambres les plus délabrées. Ils ont servi à les aérer, aussi longtemps du moins qu'ils ont pu payer leur bois.

GAB. Pauvres gens!

IDENST. Oui, excessivement pauvres.

GAB. Et toutefois peu faits à la pauvreté, si je ne me trompe. Où allaient-ils?

IDENST. Oh! Dieu le sait! Peut-être au ciel. Il y a quelques jours, c'était pour Werner le voyage le plus probable.

GAB. Werner!... J'ai entendu ce nom-là; mais c'est peut-être un nom supposé.

IDENST. Vraisemblablement. Mais écoutez..., on entend un bruit de roues et de voix; j'aperçois la lumière des torches. Aussi sûr qu'il y a une destinée, Son Excellence est arrivée. Il faut que je me rende à mon poste. Ne vous joindrez-vous point à moi pour l'aider à descendre de voiture, et lui présenter à la porte vos humbles devoirs ?

Gab. Je l'ai retiré de son carrosse dans un moment où il aurait donné sa baronnie ou son comté pour éloigner les flots qui le suffoquaient. Il a maintenant assez de valets... Tantôt, ils se tenaient à l'écart, secouant sur la rive leurs oreilles trempées, hurlant tous « Au secours ! » et n'en offrant aucun. Quant aux *devoirs* dont vous parlez, — j'ai fait le mien *alors*; faites le *vôtre* maintenant. Partez et amenez-nous Son Excellence, en l'accompagnant de vos salutations rampantes !

Idenst. Moi, ramper ! — Mais je perdrais l'occasion... — Au diable ! il sera *ici* avant que je sois *là-bas*.

(Idenstein sort à la hâte. — Werner rentre.)

Wern. (*à part*). J'ai entendu un bruit de carrosse et de voix... Comme tous les bruits me troublent ! (*Apercevant Gabor*). Encore ici !... Ne serait-ce pas un espion de mon persécuteur ? L'offre qu'il m'a faite si subitement, à moi inconnu, n'annonçait-elle pas un secret ennemi ? Les amis ont moins d'empressement sur ce chapitre.

Gab. Monsieur, vous semblez rêveur ; et cependant le moment n'est pas propice à la méditation. Ces vieux murs seront bientôt bruyants. Ici vient d'arriver le baron, comte (ou quel que puisse être ce noble à demi noyé), à qui le village et ses pauvres habitants montrent plus de respect que n'en ont témoigné les éléments.

Idenst. (*en dehors.*) Par ici ! — par ici, Excellence ! — Prenez garde ! l'escalier est un peu obscur et tant soit peu délabré; mais si nous avions attendu un hôte aussi important. — Veuillez prendre mon bras, Monseigneur.

(Stralenheim entre avec Idenstein et des domestiques; les uns font partie de sa suite, les autres appartiennent au domaine dont Idenstein est l'intendant.)

Stral. Je me reposerai ici un moment.

Idenst. Holà ! une chaise ! (*Stralenheim s'assied*).

WERN. (*à part*). C'est lui !

STRAL. Je suis mieux maintenant. Qui sont ces étrangers ?

IDENST. Avec votre permission, Monseigneur, il en est un qui prétend ne pas vous être étranger.

WERN. (*haut et brusquement*). Qui dit cela ?
(Tout le monde le regarde avec surprise.)

IDENST. Mais personne ne vous parle ni ne parle de *vous*! Voici quelqu'un que Son Excellence daignera sans doute reconnaître. (*Il montre Gabor.*)

GAB. Je ne veux point importuner sa noble mémoire.

STRAL. Je pense que c'est l'un des étrangers à qui je dois mon salut. (*Montrant Werner.*) N'est-ce point là l'autre ? L'état où j'étais quand on est venu à mon secours, doit excuser la difficulté que j'éprouve à reconnaître ceux à qui je suis si redevable.

IDENST. Lui !... Non, Monseigneur : il a plus besoin de secours qu'il n'est capable d'en donner... C'est un pauvre voyageur harassé et malade ; il a récemment quitté le lit, qu'il a cru un moment ne devoir plus quitter.

STRAL. Il me semblait qu'ils étaient deux.

GAB. Nous étions deux, en effet ; mais, dans le service rendu à Votre Seigneurie, un seul, et il est absent, a véritablement contribué à vous secourir : sa bonne étoile a voulu qu'il fût le premier. Mon bon vouloir ne le cédait pas au sien ; mais sa force et sa jeunesse m'ont devancé. Ne perdez donc point vos remerciements avec moi. Je me trouve heureux d'avoir été le second d'un principal plus important que moi.

STRAL. Où est-il ?

UN DOMESTIQUE. Monseigneur, il est resté dans la cabane où Votre Excellence s'est reposée une heure, et il a dit qu'il serait ici demain.

STRAL. Jusque-là, je ne puis offrir que des remerciements ; mais alors...

GAB. Je n'en demande pas davantage, et c'est à peine si j'en mérite autant. Mon camarade parlera pour lui.

STRAL. (*à part, après avoir fixé ses regards sur Werner.*)

Cela ne se peut! et cependant il faut avoir l'œil sur lui. Il y a vingt ans que je ne l'ai vu, et quoique mes agents ne l'aient point perdu de vue, la prudence m'a fait un devoir de me tenir à distance, de peur de l'effrayer et de lui faire soupçonner mes plans. Pourquoi faut-il que j'aie laissé à Hambourg ceux qui auraient pu me dire si c'est lui ou non? Je devrais être déjà le propriétaire de Siégendorf, et j'étais parti à la hâte dans ce but; mais les éléments eux-mêmes paraissent ligués contre moi, et ce débordement subit peut me retenir ici prisonnier jusqu'à ce que... (*Il s'arrête, regarde Werner, puis continue:*) Il faut surveiller cet homme. Si c'est lui, il est tellement changé, que son père lui-même, s'il sortait du tombeau, passerait près de lui sans le reconnaître. Il me faut de la prudence : une erreur gâterait tout.

IDENST. Votre Seigneurie semble rêveuse.... Vous plairait-il de vous rendre à votre appartement?

STRAL. C'est la fatigue qui me donne cet air abattu et pensif. J'irai prendre du repos.

IDENST. La chambre du prince est prête, avec tous les meubles qui ont servi lors de son dernier séjour, et qui ont encore tout leur éclat. (*A part.*) Ils sont un peu délabrés et humides en diable, mais passables à la lumière; et c'est bien assez pour ces nobles à vingt quartiers : celui qui les porte peut bien coucher aujourd'hui dans une demeure du genre de celle dans laquelle il doit un jour reposer à jamais.

STRAL. (*se levant et se retournant vers Gabor*). Bonne nuit, braves gens!.... Monsieur, j'espère que demain vous me trouverez plus en état de reconnaître votre service. En attendant, je vous serais obligé de vouloir bien un instant me tenir compagnie dans ma chambre.

GAB. Je vous suis.

STRAL. (*après avoir fait quelques pas, s'arrête et appelle Werner*). Mon ami!

WERN. Monsieur!

IDENST. *Monsieur!* Ah! mon Dieu! pourquoi ne dites-vous pas Monseigneur ou Excellence? Veuillez, Monseigneur, excuser le manque d'éducation de ce pauvre homme : il n'est pas accoutumé à se trouver en semblable compagnie.

STRAL. (*à Idenstein*). Paix! intendant.

IDENST. Ah! je suis muet.

STRAL. (*à Werner*). Êtes-vous ici depuis longtemps?

WERN. Longtemps?

STRAL. Je désirais une réponse et non un écho.

WERN. Vous pouvez demander l'un et l'autre à ces murs. Je n'ai pas l'habitude de répondre à ceux que je ne connais pas.

STRAL. En vérité! vous pourriez néanmoins répondre poliment à une demande faite avec bienveillance.

WERN. Quand j'en aurai la conviction, j'y répondrai de même.

STRAL. L'intendant m'a dit que vous aviez été retenu ici par votre maladie. — Si je pouvais vous être utile, — voyageant dans la même direction....

WERN. (*brusquement*). Je ne voyage pas dans la même direction.

STRAL. Qu'en savez-vous? Vous ignorez quelle route je suis.

WERN. Je sais qu'il n'y a qu'un voyage où le riche et le pauvre suivent la même route. Vous vous êtes écarté de ce sentier redoutable il y a quelques heures, et moi il y a quelques jours : nous suivons donc deux routes opposées, quoique notre destination soit la même.

STRAL. Votre langage est au-dessus de votre position.

WERN. (*avec une ironie amère*). Croyez-vous?

STRAL. Ou du moins au-dessus de ce qu'annonce votre mise.

WERN. Il est heureux que je ne sois pas au-dessous, comme cela arrive parfois aux gens bien vêtus; mais enfin que me voulez-vous?

STRAL. (*surpris*). Moi?

WERN. Oui, vous! Vous ne me connaissez pas et vous me questionnez; et vous vous étonnez que je ne vous réponde pas quand j'ignore quel est celui qui m'interroge. Expliquez ce que vous désirez de moi, et alors j'éclaircirai vos doutes et les miens.

Stral. Je ne savais pas que vous aviez des motifs pour vous tenir sur la réserve.

Wern. Bien des gens en ont; — n'en avez-vous pas vous-même?

Stral. Aucun qui puisse intéresser un étranger.

Wern. Pardonnez donc à cet humble étranger, à cet inconnu, s'il désire rester tel pour un homme qui ne peut rien avoir de commun avec lui.

Stral. Monsieur, mon dessein n'est pas de vous contrarier; quelque peu agréable que soit votre humeur, je ne voulais que vous rendre service; — mais, bonne nuit! — Intendant, précédez-moi. (*A Gabor.*) Monsieur.... m'accompagnez-vous? (*Stralenheim sort avec ses domestiques, Idenstein et Gabor.*)

Wern. C'est lui! je suis dans ses filets. Avant mon départ de Hambourg, Giulio, son dernier intendant, m'informa qu'il avait obtenu un ordre de l'électeur de Brandebourg pour arrêter Kruitzner (tel était le nom que je portais) dès qu'il paraîtrait sur la frontière. Les priviléges de la ville libre ont sauvé ma liberté jusqu'à ce que je fusse sorti de ses murs. — Insensé que je fus de les quitter! mais je croyais que cet humble costume, que cette route détournée, auraient trompé les limiers paresseux envoyés à ma poursuite. Que faire? Il ne me connaît pas personnellement, et, moi-même, il m'a fallu les yeux de la crainte pour le reconnaître au bout de vingt ans; nous nous étions vus si rarement et si froidement dans notre jeunesse! Mais ceux qui l'entourent! Je comprends maintenant les avances de ce Hongrois, qui sans doute n'est qu'un instrument, qu'un espion de Stralenheim, chargé par lui de me sonder et de s'assurer de moi. Sans ressource, malade, pauvre; — retenu en outre par le fleuve débordé, barrière infranchissable même pour le riche aidé de tous les moyens que peut procurer l'or pour maîtriser le péril en exposant la vie des hommes, — quel espoir me reste? il y a une heure, je croyais ma position désespérée, et maintenant elle est telle que le passé me semble un paradis : un jour de plus et je suis découvert! — à la veille de recouvrer mes honneurs, mes droits, mon héritage; quand il suffirait d'un peu d'or pour me sauver en favorisant ma fuite!

IDENSTEIN entre en causant avec FRITZ.

Fritz. Sur-le-champ.

Idenst. Je vous dis que c'est impossible.

Fritz. Toutefois il faut le tenter, et si un exprès échoue il faut en envoyer d'autres, jusqu'à ce qu'on reçoive la réponse du commandant de Francfort.

Idenst. Je ferai ce que je pourrai.

Fritz. Souvenez-vous de ne rien épargner; vous serez récompensé au décuple.

Idenst. Le baron repose-t-il?

Fritz. Il s'est jeté dans un grand fauteuil près du feu, où il sommeille; il a ordonné qu'on n'entrât pas avant onze heures; c'est alors qu'il se mettra au lit.

Idenst. Dans une heure d'ici j'aurai fait de mon mieux pour le servir.

Fritz. N'oubliez pas. *(Fritz sort.)*

Idenst. Que le diable emporte ces grands personnages! Ils pensent que toutes choses ne sont faites que pour eux. Il me faut maintenant aller faire lever de dessus leurs grabats une demi-douzaine de vassaux grelottants, et les envoyer à Francfort en traversant la rivière au péril de leur vie. Il me semble que l'expérience qu'a faite le baron il y a quelques heures aurait dû lui inspirer quelque humanité envers ses semblables; mais non: « il le faut, » et tout est dit. — Quoi donc! êtes-vous ici, monsieur Werner?

Wern. Vous avez bientôt quitté votre noble hôte.

Idenst. Oui, il sommeille, et semble vouloir ne laisser dormir personne. Voilà un paquet pour le commandant de Francfort, qu'il me faut expédier à tous risques et coûte que coûte; mais je n'ai pas de temps à perdre; bonne nuit!

(Idenstein sort.)

Wern. « A Francfort! » Le nuage grossit! Oui, « le commandant! » Cela répond parfaitement aux démarches antérieures de ce démon calculateur à froid, qui s'interpose entre moi et la maison de mon père. Sans doute, il demande un détachement pour me faire conduire secrètement dans quelque forteresse. — Ah! plutôt...

(Werner regarde autour de lui et saisit un couteau qu'il trouve sur une table, dans un coin.)

Maintenant, du moins, je suis mon maître. Écoutons, on vient! Qui sait si Stralenheim attendra même le semblant d'autorité dont il veut couvrir son usurpation? Il est certain qu'il me soupçonne. Je suis seul, une suite nombreuse l'accompagne; je suis faible, il est fort; il a pour lui la richesse, le nombre, le rang, l'autorité; moi, je suis sans nom, ou le mien ne peut qu'amener ma perte, jusqu'à ce que je sois sur mes domaines; lui, il est fier de ses titres, qui exercent plus d'ascendant encore dans cette petite et obscure bourgade que partout ailleurs. Silence! on approche encore. Pénétrons dans le secret passage qui communique avec le... — Non, le silence règne; — mon imagination m'abusait; — tout est calme dans l'intervalle redoutable qui s'écoule entre l'éclair et la foudre. — Je dois imposer silence à mon âme au milieu de ses périls; cependant, retirons-nous pour m'assurer si le passage que j'ai découvert est resté inconnu : il me servira du moins de refuge pendant quelques heures.

(Werner tire un panneau de boiserie, et sort en le fermant après lui.)

GABOR et JOSÉPHINE entrent.

Gab. Où est votre mari?

Josép. Je le croyais ici : il n'y a pas longtemps, je l'ai laissé dans cette chambre; mais ces appartements ont de nombreuses issues, et il a peut-être accompagné l'intendant.

Gab. Le baron Stralenheim a beaucoup questionné l'intendant au sujet de votre mari, et, à vous parler franchement, je doute qu'il lui veuille du bien.

Josép. Hélas! que peut-il y avoir de commun entre l'orgueilleux et opulent baron et l'inconnu Werner?

Gab. C'est ce que vous savez mieux que moi.

Josép. Et d'ailleurs vous intéresseriez-vous en sa faveur plutôt qu'à celui dont vous avez sauvé les jours?

Gab. J'ai contribué à le sauver quand il était en péril;

mais je ne me suis pas engagé à le servir dans des actes d'oppression. Je connais ces nobles et les mille moyens qu'ils ont de fouler le pauvre. J'en ai fait l'expérience, et mon indignation s'allume quand je les vois conspirer la ruine du faible : — c'est là mon seul motif.

Josép. Il ne serait pas facile de convaincre mon mari de vos bonnes intentions.

Gab. Est-il donc si soupçonneux?

Josép. Il ne l'était pas autrefois; mais le temps et le malheur l'ont fait ce que vous le voyez.

Gab. J'en suis fâché pour lui; le soupçon est une pesante armure qui embarrasse celui qui la porte plus qu'elle ne le protége. Bonne nuit! J'espère le revoir à la pointe du jour.

(Gabor sort. — Idenstein rentre accompagné de quelques paysans; Joséphine se retire à l'extrémité de la salle.)

Le premier paysan. Mais si je me noie?

Idenst. Eh bien! vous serez largement payé pour cela, et je ne doute pas que vous n'ayez souvent risqué beaucoup plus pour bien moins.

Second paysan. Mais nos femmes et nos enfants?

Idenst. Ne peuvent y perdre, et peut-être y gagneront.

Troisième paysan. Je n'en ai point, et je tenterai l'aventure.

Idenst. Bien parlé. Voilà un brave garçon, et digne de faire un soldat. Je vous ferai entrer dans les gardes du corps du prince si vous réussissez, et en outre vous aurez en bel or, bien luisant, deux thalers.

Le troisième paysan. Pas davantage?

Idenst. Fi de votre avarice! Comment un vice si bas peut-il s'allier à tant d'ambition? Je te dis, l'ami, que deux thalers subdivisés en petite monnaie constitueront un trésor. Est-ce que cinq cent mille héros ne risquent pas journellement leur vie et leur âme pour le dixième d'un thaler? Quand as-tu possédé la moitié de cette somme?

Le troisième paysan. Jamais. — Néanmoins, il m'en faut trois.

Idenst. Ah! tu oublies, coquin, de qui tu es né le vassal.

Troisième paysan. Du prince, et non de l'étranger.

Idenst. Maraud ! en l'absence du prince c'est moi qui suis le souverain ; et le baron est une de mes connaissances particulières, et même un peu mon parent. — « Cousin Idenstein, m'a-t-il dit, vous mettrez en réquisition une douzaine de vilains. » Ainsi donc, vilains, en avant ! — marchez ! — marchez, vous dis-je ! et si un seul pli de ce paquet est mouillé par l'Oder, prenez-y garde ! pour chaque feuille de papier avarié, une de vos peaux sera convertie en parchemin sur un tambour, comme la peau de Ziska, afin de battre la générale contre tous les vassaux réfractaires qui ne peuvent pas faire l'impossible. — Partez, vers de terre !

(*Il sort en les chassant devant lui.*)

Josép. (*s'avançant*). Il me tarde de fuir le spectacle trop fréquent de cette tyrannie féodale exercée sur d'impuissantes victimes. Je ne puis rien pour elles ; je ne veux pas être témoin de leurs souffrances. Ici même, dans cette obscure localité, dans ce canton ignoré, on retrouve l'insolence de la richesse indigente contre de plus indigents qu'elle, l'orgueil de la servilité nobiliaire à l'égard d'une classe plus servile encore, le vice allié à la misère, l'opulence en haillons ! Quel état de choses ! Dans ma chère Toscane, ce pays qu'échauffe un doux soleil, nos nobles étaient citoyens et marchands, comme Cosme de Médicis. Nous avions nos maux ; mais ils ne ressemblaient pas à ceux-ci. La pauvreté n'excluait pas le bonheur dans nos vivantes et fécondes vallées ; un aliment y pendait à chaque brin d'herbe, et de chaque pampre coulait ce breuvage enchanteur qui réjouit le cœur de l'homme ; c'est là qu'un soleil bienfaisant, rarement voilé par les nuages, ou, lorsqu'il l'est, laissant après lui sa chaleur pour consoler de l'absence de ses rayons, rend les mortels plus heureux, sous le manteau léger ou la robe flottante, que les rois ne le sont sous leur pourpre splendide. Mais ici, les despotes du Nord paraissent vouloir imiter le vent glacial de leur climat ; leur tyrannie pénètre jusque sous les haillons du vassal grelottant, pour lui torturer l'âme, comme les frimas lui torturent le corps ! Et voilà les souverains parmi lesquels mon époux brûle de prendre place! Et telle est la force de son orgueil nobiliaire, — que vingt années de traitements tels que pas un père, dans une classe plus humble, n'eût eu le courage de les infliger à son fils, n'ont rien changé à sa nature primitive! Mais moi, dont la naissance est noble aussi, j'ai reçu de la tendresse paternelle une leçon différente. O mon père! que ton âme, longtemps éprouvée ici-bas, et qui maintenant goûte dans le ciel le repos des élus, jette un regard sur nous et sur notre Ulric, ce fils dont nous appelons si impatiemment le retour! J'aime mon fils comme tu m'as aimée! Mais que vois-je? Werner, est-ce toi? Est-il possible? En quel état te voilà!

(Werner entre brusquement, un couteau à la main, par le panneau secret, qu'il ferme précipitamment après lui.)

WERN. *(qui d'abord ne la reconnaît pas).* Je suis découvert! en ce cas, je poignarderai... — *(La reconnaissant.)* Ah! Joséphine! pourquoi ne reposes-tu pas?

JOSÉP. Reposer! Mon Dieu! que signifie cela?

WERN. *(montrant un rouleau d'or).* Voilà de l'or, — cet or, Joséphine, nous délivrera de ce donjon détesté.

JOSÉP. Comment l'as-tu acquis? — Ce couteau...

WERN. Il n'est pas teint de sang, — *pas encore!* partons; — rendons-nous à notre chambre.

JOSÉP. Mais d'où viens-tu?

WERN. Ne me le demande pas! Mais songeons où nous irons. — Ceci, — ceci nous ouvrira un chemin. *(Montrant l'or.)* — Je les défie maintenant!

JOSÉP. Je n'ose te croire coupable d'un acte déshonorant.

WERN. Déshonorant!

JOSÉP. Je l'ai dit.

WERN. Éloignons-nous; c'est la dernière nuit, j'espère, que nous passerons ici.

JOSÉP. J'espère que ce ne sera pas la pire.

WERN. Tu l'espères! moi j'en suis sûr. Mais allons à notre chambre.

JOSÉP. Encore une question; — qu'as-tu fait?

WERN. *(d'un air farouche).* Je me suis abstenu de faire ce

qui aurait tout terminé pour le mieux; n'y pensons pas! Partons!

Josép. Hélas! pourquoi faut-il que je doute de toi! (*Ils sortent.*)

ACTE DEUXIÈME.
SCÈNE Ire.

Une salle du même palais.

IDENSTEIN entre avec FRITZ et autres.

Idenst. La belle affaire! la jolie affaire! l'honnête affaire! un baron volé dans le palais d'un prince! où jamais, jusqu'à ce jour, pareille chose n'était arrivée!

Fritz. Cela n'était guère possible, à moins que les rats ne dérobassent aux souris quelques lambeaux de tapisserie.

Idenst. Oh! faut-il que j'aie vécu pour être témoin d'un pareil jour! L'honneur de notre endroit est perdu à jamais.

Fritz. Fort bien; mais il s'agit maintenant de découvrir le coupable. Le baron est déterminé à ne pas perdre cette somme sans faire des recherches.

Idenst. Et moi aussi.

Fritz. Mais qui soupçonnez-vous?

Idenst. Qui je soupçonne? tout le monde au dehors, — au dedans, — en haut, — en bas.... — Le ciel me soit en aide!

Fritz. La chambre n'a-t-elle pas d'autres entrées?

Idenst. Aucune autre.

Fritz. En êtes-vous sûr?

Idenst. Très sûr. J'ai vécu et je suis ici depuis ma naissance, et s'il y en avait, je les aurais vues ou j'en aurais entendu parler.

Fritz. Alors ce doit être quelqu'un qui avait accès dans l'antichambre.

Idenst. Sans aucun doute.

Fritz. Ce nommé Werner est pauvre?

Idenst. Pauvre comme un cancre. Mais il est logé si loin dans l'autre aile, d'où il n'y a aucune communication avec la chambre du baron, que ce ne saurait être lui. En outre, je lui ai dit bonne nuit dans la grande salle, qui est presque à un mille d'ici, et qui ne conduit qu'à son appartement; j'ai pris congé de lui à peu près au moment où ce vol, cet infâme larcin, paraît avoir été commis.

Fritz. Et cet autre, l'étranger?

Idenst. Le Hongrois?

Fritz. Celui qui a aidé à repêcher le baron dans l'Oder.

Idenst. Ce n'est pas impossible. Mais, à propos, — ne pourrait-ce pas être quelqu'un de vos gens?

Fritz. Comment? *nous*, Monsieur?

Idenst. Non, — je ne dis pas vous, mais quelque valet en sous-ordre. Vous dites que le baron dormait dans le fauteuil, — le fauteuil de velours, — dans sa robe de chambre brodée; devant lui était la table; sur la table un pupitre avec des lettres, des papiers, et plusieurs rouleaux d'or dont un seul a disparu; la porte n'était pas fermée au verrou, et l'accès en était facile.

Fritz. Mon bon Monsieur, ne soyez pas si prompt; l'honneur du corps qui forme la suite du baron est irréprochable, depuis l'intendant jusqu'au marmiton, excepté dans les prévarications honnêtes et permises, comme dans les mémoires, les poids, les mesures, l'office, la cave, la sommellerie, où chacun peut faire de petits profits; comme aussi dans les ports de lettres, la perception des fermages, les provisions, les pots-de-vin convenus avec les honnêtes marchands qui fournissent nos nobles maîtres; mais quant à ces petites filouteries, nous les méprisons comme les gages de bouche. Et puis, si l'un de nos gens avait fait la chose, il n'eût pas eu la simplicité de s'exposer à la potence pour un seul rouleau, il aurait fait rafle sur le tout, et eût emporté jusqu'au pupitre, s'il était portatif.

Idenst. Il y a de la justesse dans ce raisonnement.

Fritz. Non, Monsieur, soyez-en persuadé, le coupable n'est pas parmi nous; c'est quelque petit filou vulgaire, sans génie et sans art. Toute la question est de savoir qui a pu pénétrer dans la chambre, indépendamment du Hongrois et de vous.

IDENST. Vous ne me soupçonnez pas, sans doute?

FRITZ. Non, Monsieur, j'honore trop vos talents....

IDENST. Et mes principes, j'espère?

FRITZ. Cela va sans dire. Mais, au fait, qu'y a-t-il à faire?

IDENST. Rien; — mais il y a beaucoup à dire. Nous offrirons une récompense; nous remuerons ciel et terre; nous informerons la police (quoiqu'il n'y en ait pas de plus rapprochée que celle de Francfort); nous poserons des affiches à la main (car nous n'avons pas d'imprimeur), et mon aide se chargera de les lire (car il n'y a guère ici que lui et moi qui sachions lire); nous enverrons des vilains pour déshabiller les mendiants et fouiller les poches vides; nous ferons aussi arrêter tous les bohémiens, tous les gens sales et mal vêtus. Si nous ne mettons pas la main sur le coupable, nous ferons du moins des prisonniers; et quant à l'or du baron, — si on ne le trouve pas, du moins il aura la grande satisfaction d'en dépenser deux fois la valeur pour évoquer l'ombre de ce rouleau. Voilà, j'espère, de l'alchimie pour les pertes de votre maître.

FRITZ. Il en a trouvé une meilleure.

IDENST. Où?

FRITZ. Dans un immense héritage. Le comte Siégendorf, son parent éloigné, est mort près de Prague, dans son château; et monseigneur va prendre possession de ses domaines.

IDENST. N'y avait-il pas un héritier?

FRITZ. Oh! oui; mais il y a longtemps qu'on l'a perdu de vue, et peut-être n'est-il plus de ce monde. C'était un enfant prodigue, éloigné depuis vingt ans de son père qui a refusé de tuer pour lui le veau gras; par conséquent, s'il vit encore, il faut qu'il se résigne à mâcher les écorces. Mais s'il venait à paraître, le baron trouverait le moyen de le faire taire : il est politique et a beaucoup d'influence dans certaines cours.

IDENST. C'est fort heureux.

FRITZ. Il existe bien, il est vrai, un petit-fils que le feu comte avait retiré des mains de son fils, et élevé comme son héritier; mais sa naissance est douteuse.

IDENST. Comment cela?

FRITZ. Son père avait contracté imprudemment un mariage d'amour, une sorte de mariage de la main gauche, avec la fille aux yeux noirs d'un exilé italien, noble aussi, dit-on, mais qui n'était point un parti digne d'une maison telle que celle des Siégendorf. Le grand-père vit cette alliance avec déplaisir, et quoiqu'il eût pris le fils avec lui, il ne voulut jamais revoir ni le père ni la mère.

IDENST. Si le jeune homme est un garçon de courage, il peut encore faire valoir ses droits, et filer une trame que votre baron aura de la peine à débrouiller.

FRITZ. Quant à du courage, il n'en manque pas : on dit qu'il offre un heureux mélange des qualités de son père et de son grand-père : — impétueux comme le premier, politique comme le second ; mais ce qu'il y a de plus étrange, c'est qu'il a disparu aussi, il y a quelques mois.

IDENST. Comment diable ?

FRITZ. Tout juste. Ce ne peut être que le diable qui lui a mis dans la tête de partir dans un moment aussi critique, à la veille de la mort du vieillard dont son absence brisa le cœur.

IDENST. N'a-t-on assigné aucune cause à ce départ ?

FRITZ. Un grand nombre, dont peut-être aucune n'est la véritable. Les uns ont dit qu'il était allé à la recherche de ses parents ; d'autres, qu'il a voulu s'affranchir de la contrainte que lui imposait le vieillard (mais cela n'est guère probable, car ce dernier en raffolait) ; un troisième prétendait qu'il avait été prendre du service dans les armées ; mais la paix ayant suivi de près son départ, il serait de retour si c'eût été là le motif réel de son absence ; un quatrième enfin conjecturait charitablement, vu qu'il y avait en lui quelque chose d'étrange et de mystérieux, que le jeune homme, dans la sauvage exubérance de sa nature, était allé joindre les bandes noires qui dévastent la Lusace, les montagnes de la Bohême et la Silésie, depuis que, dans ces dernières années, la guerre a fait place à un système de *condottieri* et de brigandage, chaque troupe ayant son chef, et chefs et soldats ligués contre le genre humain.

Idenst. Cela ne se peut : un jeune héritier, élevé dans le luxe et l'opulence, risquer sa vie et son honneur avec des soldats licenciés, des gens sans aveu !

Fritz. Le ciel sait ce qu'il est! mais il est des natures humaines si imbues d'un goût farouche pour les entreprises hasardeuses, qu'elles cherchent le péril comme un plaisir. J'ai entendu dire que rien ne peut civiliser l'Indien ni apprivoiser le tigre, leur enfance fût-elle nourrie de lait et de miel. Après tout, vos Wallenstein, vos Tilly, vos Gustave, vos Bannier, vos Torstenson et vos Weimar n'étaient que des brigands sur une grande échelle; maintenant qu'ils ne sont plus et que la paix est proclamée, ceux qui veulent se livrer au même passe-temps doivent agir pour leur compte. Voici venir le baron et l'étranger saxon qui a le plus contribué hier à le sauver, mais qui n'a quitté que ce matin la chaumière sur les rives de l'Oder.

STRALENHEIM et ULRIC entrent.

Stral. Généreux étranger, puisque vous refusez toute autre récompense que des remerciements insuffisants, vous me réduisez même à ne pouvoir vous payer ma dette en paroles; et vous me faites rougir de la stérilité de ma reconnaissance, dont l'expression est si peu de chose comparée à ce que votre courtoisie et votre courage ont fait en ma faveur.

Ulr. Ne parlons plus de cela, je vous prie.

Stral. Mais ne puis-je vous être utile? Vous êtes jeune, et votre nature est de celles qui produisent les héros; vous êtes bien fait, brave : les jours que je vous dois en sont la preuve; et sans doute avec des qualités aussi brillantes, vous affronteriez les périls de la guerre sur les pas de la Gloire avec le même courage que vous avez déployé pour sauver un inconnu d'une mort imminente. Vous êtes né pour la carrière des armes. J'ai servi moi-même : j'ai un grade que je dois à ma naissance et à mes services; j'ai des amis qui seront les vôtres. Il est vrai que cet intervalle de paix est peu favorable à une pareille profession; mais l'inquiétude qui travaille les esprits ne permettra pas que cet état de choses soit de longue durée; après trente ans de combats, la paix n'est qu'une petite guerre dont chaque forêt est le théâtre; ce n'est véritablement qu'une trêve armée. La guerre reprendra ses droits; en attendant, vous pourrez obtenir un grade servant de point de départ à un autre plus élevé; et, par mon influence, vous ne sauriez manquer d'arriver aux plus hauts postes. Je parle du Brandebourg, où je suis en crédit auprès de l'électeur; en Bohême, je suis étranger comme vous, et c'est sur sa frontière que nous sommes en ce moment.

ULR. Je suis Saxon, comme vous le voyez à mon costume, et naturellement je dois mes services à mon souverain. Si je décline votre offre, c'est avec le même sentiment qui vous l'a inspirée.

STRAL. Comment donc! mais c'est une véritable usure! Je vous dois la vie, et vous me refusez le moyen d'acquitter l'intérêt de ma dette, pour accumuler sur moi de nouvelles obligations jusqu'à ce que j'en sois écrasé!

ULR. Attendez, pour le dire, que j'en réclame le payement.

STRAL. Ainsi, Monsieur, puisque vous ne voulez pas y consentir,—vous êtes de naissance noble?

ULR. Je l'ai entendu dire à ma famille.

STRAL. Vos actions le prouvent. Puis-je vous demander votre nom?

ULR. Ulric.

STRAL. Le nom de votre famille?

ULR. Quand je m'en serai rendu digne, je vous répondrai.

STRAL. (*à part*). C'est sans doute un Autrichien que la prudence oblige à cacher sa noblesse sur ces frontières sauvages et dangereuses, où le nom de son pays est abhorré. (*Haut à Fritz et à Idenstein*). Eh bien! Messieurs, avez-vous réussi dans vos perquisitions?

IDENST. Passablement, Monseigneur.

STRAL. Le voleur est donc pris?

IDENST. Mais—pas positivement.

STRAL. Ou, du moins, soupçonné?

IDENST. Ah! pour cela, oui, très véhémentement soupçonné.

STRAL. Qui peut-il être?

IDENST. Ne pourriez-vous pas nous le dire, Monseigneur?

STRAL. Comment le pourrais-je? j'étais endormi.

IDENST. Et moi aussi, ce qui fait que je n'en sais pas plus que Votre Excellence.

STRAL. L'imbécile!

IDENST. Si Votre Seigneurie, qui a été volée, ne reconnaît pas le voleur, comment moi, qui ne l'ai pas été, le distinguerais-je parmi tant de gens? Permettez-moi de dire à Votre Excellence que rien ne peut faire reconnaître le voleur à la mine; il ressemble à tout le monde, et peut-être a-t-il encore meilleur visage que d'autres; ce n'est qu'à la barre du tribunal et en prison que les gens avisés reconnaissent un criminel : que celui qui vous a volé y paraisse seulement, et je réponds que, coupable ou non, son visage le fera condamner.

STRAL. (à *Fritz*). Dis-moi, Fritz, je te prie, ce qu'on a fait pour se mettre sur les traces du voleur.

FRITZ. Ma foi, Monseigneur, on n'a guère fait jusqu'à présent que des conjectures.

STRAL. Sans parler de la perte, qui, je l'avoue, m'affecte maintenant très matériellement, je désirerais découvrir le coupable par des motifs d'intérêt public; car un voleur aussi adroit, capable de se faire jour parmi mes gens, de traverser un si grand nombre de chambres éclairées et habitées, d'arriver jusqu'à moi pendant mon sommeil, et de me dérober mon or sous mes yeux à peine fermés, un tel coquin aura bientôt dévalisé votre bourgade, monsieur l'intendant.

IDENST. C'est vrai, s'il y avait quelque chose à y prendre.

ULR. De quoi s'agit-il?

STRAL. Vous n'êtes venu nous joindre que ce matin, et vous ne savez pas encore qu'on m'a volé la nuit dernière.

ULR. J'en ai entendu dire quelque chose en traversant le vestibule du palais, mais voilà tout...

STRAL. C'est un étrange événement; l'intendant peut vous mettre au courant.

IDENST. Très volontiers. Vous saurez donc...

STRAL. (*avec impatience.*) Différez votre histoire jusqu'à

ce que vous soyez certain de la patience de votre auditeur.

Idenst. Je ne puis m'en assurer qu'à l'épreuve. Vous saurez donc...

Stral. (*l'interrompant et s'adressant à Ulric*). Voici l'affaire : j'étais endormi dans un fauteuil, ayant devant moi une table sur laquelle il y avait de l'or (en plus grande quantité que je n'en voudrais perdre); un coquin subtil est parvenu à pénétrer jusqu'à moi à travers mes domestiques et les gens du château, et m'a emporté cent ducats en or, que je ne serais pas fâché de retrouver : voilà tout. Comme je me sens encore faible, voudriez-vous, au service important que vous m'avez rendu hier, en ajouter un autre moins considérable, mais auquel je mets aussi du prix? c'est d'aider ces gens, qui me paraissent un peu tièdes, à recouvrer mon argent.

Ulr. Très volontiers, et sans perdre de temps. — (*A Idenstein.*) Venez avec moi, Monsieur...

Idenst. On avance rarement les choses avec tant de hâte, et...

Ulr. On les avance moins encore en ne bougeant pas; mais nous raisonnerons en marchant.

Idenst. Mais...

Ulr. Montrez-moi l'endroit, et je vous répondrai.

Fritz. J'irai avec vous, Monsieur, avec la permission de Son Excellence...

Stral. Va, et emmène avec toi ce vieil âne.

Fritz. Partons!

Ulr. (*A Idenstein*). Viens, vieil oracle! explique-nous tes énigmes. (*Il sort avec Idenstein et Fritz*).

Stral. (*seul*). Voilà un jeune homme qui m'a l'air résolu, actif, belliqueux; il est beau comme Hercule avant qu'il eût entrepris le premier de ses travaux; quand il est en repos, son front révèle des pensées au-dessus de son âge, jusqu'à ce que son regard s'anime sous le regard qui l'interroge. Je voudrais me l'attacher; j'ai besoin de quelques esprits de cette trempe auprès de moi; car il faudra lutter pour obtenir cet héritage, et quoique je ne sois pas homme à céder sans combat, il en est de même de ceux qui s'interposent entre moi et l'objet de mes désirs. Le jeune homme, dit-on, est plein de cœur, mais dans un moment de caprice et de folie il a disparu, laissant à la Fortune le soin d'appuyer ses droits : c'est bien. Le père, que je suis à la piste depuis quelques années, comme pourrait le faire un limier, sans jamais le voir, mais aussi sans jamais perdre sa trace, était parvenu à me mettre en défaut; mais *ici* je le tiens, et c'est mieux encore; ce doit être lui ! Tout me le dit, et la voix des indifférents qui ignorent le motif de mes recherches, me le confirme encore. — Oui, cet homme, son aspect, le mystère et l'époque de son arrivée, ce que l'intendant me dit (car je ne l'ai pas vue) de l'air de dignité et de l'aspect étranger de sa femme; l'antipathie qui s'est manifestée entre nous la première fois que nous nous sommes trouvés ensemble, comme le lion et le serpent reculent en présence l'un de l'autre par un secret instinct qui leur dit qu'ils sont ennemis mortels, sans être destinés mutuellement à se servir de proie; tout, — tout m'affermit dans cette opinion. Quoi qu'il en soit, nous nous mesurerons. Dans quelques heures, l'ordre arrivera de Francfort si le fleuve ne continue pas à monter (et le temps annonce qu'il ne tardera pas à baisser); je mettrai sa personne en sûreté dans une prison, où il fera connaître son état véritable et son nom; et lors même qu'il ne serait pas ce que je soupçonne, quel mal y aura-t-il après tout ? Ce vol aussi (à part la perte réelle qui en résulte pour moi) est un incident heureux. Cet homme est pauvre, et par conséquent suspect; il est inconnu, et nécessairement sans défense. — Il est vrai que nous n'avons pas de preuves de sa culpabilité; — mais quelles preuves a-t-il lui-même de son innocence? Si, sous d'autres rapports, c'était un homme indifférent pour moi, je soupçonnerais plutôt le Hongrois qui a en lui quelque chose que je n'aime pas; d'ailleurs, à l'exception de l'intendant, des gens du prince et des miens, il est le seul qui ait eu accès dans mon appartement.

GABOR entre.

Ami, comment vous trouvez-vous?

Gab. Comme ceux qui se trouvent bien partout quand ils

ont soupé et dormi, n'importe comment; — et vous, Monseigneur?

Stral. Chez moi, l'article du repos va mieux que celui de la bourse; mon auberge va probablement me coûter cher.

Gab. J'ai entendu parler de votre perte; mais c'est une bagatelle pour un homme de votre rang.

Stral. Vous penseriez autrement si vous étiez le perdant.

Gab. Je n'ai jamais eu à moi tant d'argent à la fois, et je ne puis, par conséquent, décider la question. Mais je vous cherchais. Vos courriers sont revenus sur leurs pas; — je les ai rencontrés à mon retour.

Stral. Vous! Pourquoi?

Gab. A la pointe du jour, j'ai été voir où en était la baisse des eaux, impatient que j'étais de continuer mon voyage. Vos messagers se sont vus comme moi dans la nécessité d'attendre; et, voyant qu'il n'y a pas de remède, je me résigne au bon plaisir du fleuve.

Stral. Que les vauriens ne sont-ils au fond de ses eaux! Pourquoi n'ont-ils pas du moins tenté le passage? je l'avais ordonné à tous risques.

Gab. Si vous aviez pu ordonner aux flots de l'Oder de s'entr'ouvrir, comme fit Moïse à la mer Rouge (qui n'était certainement pas plus rouge que les eaux gonflées du fleuve courroucé), et si l'Oder vous eût obéi, ils auraient pu tenter l'aventure.

Stral. Il faut que je voie cela. Les marauds! les esclaves! — mais ils me le payeront! *(Stralenheim sort.)*

Gab. *(seul)*. Voilà bien mon noble, féodal et égoïste baron! l'épitomé de ce qui nous reste des preux chevaliers du bon vieux temps! Hier, il aurait donné ses domaines (s'il en a), et plus encore, ses seize quartiers, pour autant d'air qu'il en eût fallu pour remplir une vessie, pendant que, la tête à demi sortie de la portière de son carrosse submergé, il se débattait contre les flots; et maintenant il s'emporte contre une demi-douzaine de valets, parce qu'eux aussi tiennent à leur vie! Mais il a raison, cet attachement est bien étrange de leur part: un homme tel que lui n'a-t-il pas le droit de leur faire tout risquer au gré de son caprice? O monde! tu n'es véritablement qu'une triste plaisanterie! (*Gabor sort.*)

SCÈNE II.

L'appartement de Werner dans le palais.

Entrent JOSÉPHINE et ULRIC.

Josép. Reste là un moment, et laisse-moi te regarder encore! Mon Ulric! — mon bien-aimé! — se peut-il — après douze ans!

Ulr. Ma mère!

Josép. Oui, mon rêve s'est réalisé.— Qu'il est beau! — au-delà de tout ce que j'ai jamais désiré. O ciel! reçois les remerciements d'une mère, et les larmes de sa joie! c'est bien ton ouvrage! — en un tel moment, ce n'est pas seulement un fils, c'est un sauveur qui nous arrive!

Ulr. Si un tel bonheur m'est réservé, il doublera ce que maintenant j'éprouve, et allégera mon cœur d'une portion de sa longue dette, la dette du devoir, non de l'amour; car je n'ai jamais cessé de vous aimer.— Pardonnez-moi ce long délai; je n'en suis pas coupable!

Josép. Je le sais; mais je ne puis maintenant m'occuper de sujets de douleurs; je doute même si j'en éprouvai jamais, tant ce transport délicieux les a effacées de ma mémoire! — Mon fils!

WERNER entre.

Wern. Que vois-je? — encore de nouveaux visages!

Josép. Non, regarde-le! Que vois-tu?

Wern. Un jeune homme pour la première fois.

Ulr. (*s'agenouillant*). Depuis douze longues années, mon père!

Wern. O Dieu!

Josép. Il perd connaissance.

Wern. Non, je suis mieux. — Ulric! (*Il l'embrasse.*)

Ulr. Mon père! Siégendorf!

Wern. (*tressaillant*). Silence! mon fils; — les murs peuvent entendre ce nom...

Ulr. Eh bien?

Wern. Eh bien... — mais nous parlerons de cela plus tard. Rappelle-toi que je ne dois être connu ici que sous le nom de Werner ! Viens ! viens encore dans mes bras ! Ah ! tu es tout ce que j'aurais dû être, et que je n'ai pas été. Joséphine ! sans doute la tendresse d'un père ne m'éblouit pas ; mais si j'avais vu ce jeune homme au milieu de dix mille autres des plus distingués, mon cœur l'aurait choisi pour mon fils.

Ulr. Et pourtant vous ne m'avez pas reconnu !

Wern. Hélas ! j'ai dans mon âme quelque chose qui, au premier coup d'œil, ne me fait voir dans les hommes que du mal.

Ulr. Ma mémoire a mieux servi ma tendresse : je n'ai rien oublié ; et souvent, sous les orgueilleux lambris de... (je ne le nommerai pas, puisque, dites-vous, il y a péril à le faire) — ; mais au milieu des pompes féodales du manoir de votre père, combien de fois, au coucher du soleil, j'ai tourné mes regards vers les montagnes de la Bohême, et pleuré de voir un jour de plus se clore sur vous et sur moi, séparés que nous étions par ces hautes barrières ! Elles ne nous sépareront plus.

Wern. Je l'ignore. Sais-tu que mon père a cessé de vivre ?

Ulr. O ciel ! je l'avais laissé dans une vieillesse pleine de verdeur, semblable à un chêne chargé d'ans, mais opposant encore un tronc robuste au choc des éléments, au milieu des jeunes arbres qui tombent autour de lui : il y a de cela trois mois à peine.

Wern. Pourquoi l'as-tu quitté ?

Josép. (*embrassant Ulric*). Peux-tu le lui demander ? N'est-il pas *ici*?

Wern. C'est vrai ! il est allé à la recherche de son père et de sa mère, et il les a trouvés ; mais *comment?* et dans quel état ?

Ulr. Tout va s'améliorer. Ce que nous avons à faire, c'est d'aller soutenir nos droits, ou plutôt les vôtres ; car je renonce à toute prétention, à moins que votre père n'ait disposé en ma faveur de la plus grande partie de ses biens ; dans ce cas, je ferai valoir mes droits pour la forme ; mais j'espère qu'il en est autrement, et que tout vous appartient.

Wern. As-tu entendu parler de Stralenheim ?

Ulr. Hier je lui ai sauvé la vie ; il est ici.

Wern. Tu as sauvé le serpent qui nous percera tous!

Ulr. Je ne vous comprends pas; ce Stralenheim, qu'a-t-il de commun avec nous?

Wern. Plus que tu ne penses : il revendique l'héritage de mon père; il est notre parent éloigné, notre plus mortel ennemi.

Ulr. J'entends son nom pour la première fois. Le comte, il est vrai, parlait quelquefois d'un parent qui, dans le cas où la ligne directe viendrait à s'éteindre, pourrait avoir un jour des droits à sa succession; mais ses titres n'ont jamais été nommés devant moi. Et qu'importe d'ailleurs? son droit s'efface devant le nôtre.

Wern. Oui, si nous étions à Prague; mais ici il est tout-puissant; il a tendu ses piéges autour de moi, et si j'ai pu m'y soustraire jusqu'à ce jour, ce n'est pas à sa bienveillance, mais à la fortune que j'en dois rendre grâce.

Ulr. Vous connaît-il personnellement?

Wern. Non; mais il a des soupçons qui se sont trahis hier soir: et je ne dois peut-être ma liberté temporaire qu'à son incertitude.

Ulr. Je pense que vous l'accusez à tort (pardonnez-moi cette expression); mais Stralenheim n'est pas ce que vous croyez; ou, s'il l'est, il m'a des obligations passées et actuelles. Je lui ai sauvé la vie; à ce titre, il m'accorde sa confiance. Il a été volé depuis qu'il est ici; il est malade, il est étranger, et, comme tel, n'étant pas capable de faire lui-même les recherches pour découvrir le scélérat qui l'a dévalisé, j'ai pris l'engagement de le remplacer en cette occasion, et c'est là le principal motif qui m'a amené ici; mais en cherchant l'argent d'un autre, j'ai trouvé moi-même un trésor, — je vous ai trouvé.

Wern. (*avec agitation*). Qui t'a appris à prononcer ce nom de scélérat?

Ulr. Quel nom plus noble puis-je donner à des voleurs vulgaires?

Wern. Qui t'a appris à flétrir un inconnu d'un stigmate infernal?

ULR. Je n'obéis qu'à mes propres sentiments quand je qualifie un malfaiteur d'après ses actes.

WERN. Qui t'a dit, enfant longtemps regretté, et que je retrouve pour mon malheur, que mon propre fils pourrait impunément m'insulter?

ULR. J'ai parlé d'un scélérat : qu'y a-t-il de commun entre un pareil être et mon père?

WERN. Tout! ce scélérat est ton père!

JOSÉP. O mon fils! ne le crois pas; — et cependant......
(*La voix lui manque.*)

ULR. (*Il tressaille, regarde fixement Werner, puis il lui dit lentement*) : Et vous l'avouez!

WERN. Ulric, avant d'oser mépriser ton père, apprends à peser et à juger ses actes. *Jeune*, impétueux, nouvellement entré dans la vie, élevé au sein de l'opulence, est-ce à toi de mesurer la force des passions ou les tentations du malheur? Attends (ce ne sera pas pour longtemps, le malheur vient, comme la nuit, d'un pas rapide), — attends! — attends que tu aies vu comme moi les espérances flétries, — que le chagrin et la honte soient devenus tes serviteurs, la famine et la pauvreté tes convives, le désespoir ton camarade de lit : — alors, lève-toi, non comme un homme qui a dormi; lève-toi, et prononce! Si jamais ce jour arrivait pour toi, si tu voyais le serpent qui a enlacé de ses replis tout ce que toi et les tiens vous avez de plus cher et de plus précieux, étendu endormi devant toi, et les replis du reptile s'interposant seuls entre le bonheur et toi; si le hasard mettait en ton pouvoir *celui* qui ne respire que pour te ravir ton nom, tes biens et jusqu'à ta vie; si tu te voyais un couteau à la main, la Nuit te couvrant de son manteau, le Sommeil fermant toutes les paupières, même celles de ton plus mortel ennemi; si tout t'invitait à lui donner la mort, jusqu'à ce sommeil qui en est l'image, et que sa mort seule pût te sauver; — remercie Dieu, alors, ô mon fils! si, content d'un faible larcin, tu te détournes : c'est ce que j'ai fait.

ULR. Mais...

WERN. (*brusquement*). Entends-moi! Je n'endurerai aucune voix d'homme, — c'est à peine si j'ose écouter la mienne (si toutefois c'est encore une voix humaine); — entends-moi! Tu ne connais pas cet homme. — Je le connais, moi. Il est lâche, perfide, avare. Tu te crois en sûreté, parce que tu es jeune et brave; mais apprends que nul ne peut se soustraire à la haine implacable, et bien peu à la trahison. Mon plus grand ennemi, Stralenheim, logé dans un palais, couché dans la chambre d'un prince, était livré à mon couteau! Un instant, — un léger mouvement, — la moindre impulsion, m'eussent délivré de lui et de toutes mes terreurs sur la terre. Il était en mon pouvoir, — mon couteau était levé; il s'est détourné de lui, — et me voilà en sa puissance! — n'y es-tu pas pareillement? Qui m'assure qu'il ne te connaît pas, que ses artifices ne t'ont pas amené ici pour t'immoler, ou te plonger avec tes parents dans un cachot? (Il (s'arrête.)

ULR. Achevez! — achevez!

WERN. Moi, il m'a toujours connu, poursuivi dans tous les temps,—dans toutes les positions,—sous tous les noms; — pourquoi pas toi aussi? Es-tu plus versé que moi dans la connaissance des hommes? Il m'a entouré de piéges, a semé sur ma voie des reptiles; dans ma jeunesse, il eût suffi de mon mépris pour les écarter de ma présence; mais aujourd'hui mon dédain ne ferait que leur fournir de nouveaux poisons. Veux-tu m'écouter avec plus de patience? Ulric! Ulric! — Il est des crimes qui sont atténués par les circonstances, et des tentations que la nature ne peut ni maîtriser ni éviter.

ULR. (*regarde d'abord son père, puis Joséphine*). Ma mère!

WERN. Oui! je le prévoyais; il ne te reste plus que ta mère. Moi, j'ai perdu à la fois et mon père et mon fils : je reste seul! (*Werner sort précipitamment.*)

ULR. Arrêtez!

JOSÉP. (*à Ulric*). Ne le suis pas; attends que cet orage se soit calmé. Penses-tu que je ne l'aurais pas suivi moi-même si cela eût pu lui faire du bien?

ULR. Je vous obéis, ma mère, quoiqu'à regret. Mon premier acte ne sera pas un acte de désobéissance.

Josép. Oh! il est bon! Ne le condamne pas sur son propre témoignage; mais crois-en ta mère qui a tant souffert avec lui et pour lui : ce n'est là que la surface de son âme; elle contient de meilleures choses dans ses profondeurs.

Ulr. Ce ne sont donc là que les principes de mon père? ma mère ne les partage donc pas?

Josép. Il ne pense pas lui-même comme il parle. Hélas! de longues années de chagrin le changent ainsi quelquefois.

Ulr. Expliquez-moi donc plus clairement les prétentions de Stralenheim, afin qu'après avoir considéré ce sujet sous toutes ses faces, je sache ce que j'ai à lui dire, ou que je puisse du moins vous délivrer de vos périls actuels. Je prends l'engagement de le faire. — Que ne suis-je arrivé quelques heures plus tôt!

Josép. Ah! plût au ciel!

GABOR et IDENSTEIN entrent avec divers domestiques.

Gab. (*à Ulric*). Je vous cherchais, camarade. Voilà donc ma récompense?

Ulr. Que voulez-vous dire?

Gab. Corbleu! suis-je arrivé à mon âge pour cela? (*A Idenstein.*) N'étaient tes cheveux gris et la bêtise, je.....

Idenst. Au secours! ne me touchez pas! Mettre la main sur un intendant!

Gab. Je ne te ferai pas l'honneur de sauver ton cou de la potence en l'étranglant moi-même.

Idenst. Je vous remercie de ce sursis; mais il est des gens qui en ont plus besoin que moi.

Ulr. Expliquez-moi cette singulière énigme, ou...

Gab. Voici le fait : le baron a été volé, et le digne personnage que vous voyez a daigné faire tomber sur moi ses bienveillants soupçons, moi qu'il a vu hier pour la première fois.

Idenst. Fallait-il donc que je soupçonnasse mes amis et connaissances? Sachez que je hante meilleure compagnie que cela.

Gab. Tu ne tarderas pas à hanter la meilleure et la dernière de toutes, celle des vers, méchant coquin! (*Gabor le saisit.*)

Ulr. (*s'interposant*). Point de violence! il est vieux, désarmé; — contenez-vous, Gabor.

Gab. (*laissant aller Idenstein*). Vous avez raison, je suis un sot de m'oublier parce que des imbéciles me prennent pour un fripon; c'est un hommage de leur part.

Ulr. (*à Idenstein*). Comment vous trouvez-vous?

Idenst. Au secours!

Ulr. Je vous ai secouru, Idenstein.

Idenst. Tuez-le, et j'en conviendrai.

Gab. Je suis calme, — je te laisse la vie!

Idenst. C'est plus qu'on ne fera pour vous, s'il y a des juges et des jugements en Allemagne. Le baron décidera.

Gab. Te soutient-il dans ton accusation?

Idenst. Certainement.

Gab. Une autre fois il pourra couler à fond avant que je me baisse pour l'empêcher de se noyer. Mais il vient...

STRALENHEIM entre; GABOR va à lui.

Mon noble Seigneur, me voici...

Stral. Eh bien?

Gab. Avez-vous quelque chose à régler avec moi?

Stral. Qu'aurais-je à régler avec vous?

Gab. Vous le savez, si le bain d'hier ne vous a pas ôté la mémoire; mais c'est une bagatelle. Pour m'expliquer catégoriquement, je suis accusé par cet intendant d'avoir dévalisé votre personne ou votre chambre: l'accusation vient-elle de vous ou de lui?

Stral. Je n'accuse personne.

Gab. Ainsi vous m'acquittez, baron?

Stral. Je ne sais qui accuser ou acquitter; je sais à peine qui je dois soupçonner.

Gab. Mais du moins vous pouvez savoir qui vous ne devez pas soupçonner. Je suis insulté, — opprimé par vos gens, et c'est auprès de vous que je réclame : — qu'ils apprennent de vous leur devoir! Pour cela, ils doivent commencer par chercher le voleur parmi eux; en un mot, si j'ai un accusateur, que ce soit un homme digne d'être l'accusateur d'un homme tel que moi; je suis votre égal.

STRAL. Vous?

GAB. Oui, Monsieur, et votre supérieur peut-être; mais continuez, — je ne demande pas des demi-mots, des conjectures; il ne s'agit pas ici de produire des preuves; je sais assez ce que j'ai fait pour vous et ce que vous me devez, pour attendre mon payement sans le prendre moi-même, si votre or me tentait. Je sais aussi que, fussé-je le fripon que l'on me suppose, mon service récent ne vous permettrait pas de poursuivre ma mort sans vous couvrir d'une honte qui effacerait tout l'honneur de votre écusson. Mais ce n'est rien, je vous demande justice de vos injustes serviteurs; je demande que votre bouche désavoue la sanction dont ils prétendent couvrir leur insolence; c'est bien le moins que vous deviez à l'inconnu qui n'en demande pas davantage, et qui n'avait jamais songé à en demander autant.

STRAL. Ce ton peut être celui de l'innocence.

GAB. Morbleu! qui oserait en douter, sinon des coquins qui ne l'ont jamais connue?

STRAL. Vous vous échauffez, Monsieur.

GAB. Dois-je me transformer en glaçon sous le souffle de quelques valets et de leur maître?

STRAL. Ulric, vous connaissez cet homme? je l'ai trouvé dans votre compagnie.

GAB. Nous vous avons trouvé dans l'Oder, nous aurions dû vous y laisser.

STRAL. Je vous offre mes remerciements, Monsieur.

GAB. Je les ai mérités; mais d'autres peut-être m'en eussent accordé davantage si je vous avais laissé à votre destin.

STRAL. Ulric, vous connaissez cet homme?

GAB. Pas plus que vous s'il ne rend pas témoignage à mon honneur.

ULR. Je puis garantir votre courage et votre honneur autant que peut me le permettre notre courte liaison.

STRAL. Alors je suis satisfait.

GAB. (*avec ironie*). Facilement, il me semble. Qu'y a-t-il donc dans son affirmation de plus que dans la mienne?

STRAL. J'ai dit que j'étais satisfait, non que vous étiez absous.

Gab. Encore! suis-je accusé, oui ou non?

Stral. Allons donc! vous devenez par trop insolent. Si les circonstances et les soupçons s'élèvent contre vous, est-ce ma faute? Ne suffit-il pas que je n'intervienne en rien dans la question de votre culpabilité ou de votre innocence?

Gab. Seigneur, Seigneur, ce n'est pas là de la franchise; c'est une lâche équivoque; vous savez que vos doutes sont des certitudes pour tous ceux qui vous entourent. Il y a dans vos regards une voix, dans le froncement de vos sourcils une sentence; vous abusez de votre pouvoir sur moi; mais prenez-y garde! vous ne connaissez pas celui que vous prétendez fouler aux pieds.

Stral. Tu menaces!

Gab. Moins que vous n'accusez. Vous insinuez contre moi l'imputation la plus lâche, j'y réponds par un avis plein de franchise.

Stral. Comme vous l'avez dit, il est vrai que je vous dois quelque chose; il paraît que votre intention est de vous payer par vos mains.

Gab. Ce n'est pas du moins avec votre or.

Stral. C'est avec de l'insolence. (*A ses gens et à Idenstein.*) Vous pouvez laisser cet homme; qu'il soit libre de continuer son chemin. — Ulric, adieu. (*Stralenheim sort avec Idenstein et ses gens.*)

Gab. (*le suivant*). Je le suivrai.

Url. (*l'arrêtant*). Restez.

Gab. Qui m'en empêchera?

Ulr. Votre propre raison, après un moment de réflexion.

Gab. Me faut-il supporter un tel affront?

Ulr. Bah! Nous sommes tous obligés de supporter l'arrogance de ceux qui sont au-dessus de nous. — Les plus hauts ne peuvent désarmer Satan, ni les plus humbles ses vice-gérants sur la terre. Je vous ai vu braver les éléments et supporter des choses qui auraient fait jeter sa peau à ce ver à soie! — et il suffira de quelques paroles ironiques pour vous déconcerter!

Gab. Dois-je souffrir qu'on me prenne pour un voleur?

Passe encore pour un bandit de la forêt:—il y a dans son métier quelque chose de hardi; mais dérober l'argent d'un homme endormi!

ULR. Il paraît donc que vous n'êtes pas coupable?

GAB. Ai-je bien entendu ? vous aussi?

ULR. C'est une simple question que je fais.

GAB. Au juge qui me la ferait, je répondrais « non; » — à vous, voici ma réponse... *(Il tire son épée.)*

ULR. *(tirant la sienne).* De tout mon cœur.

JOSÉP. Au secours! au secours! au meurtre!

(Joséphine sort en criant. — Gabor et Ulric se battent: Gabor est désarmé au moment où arrivent Stralenheim, Joséphine, Idenstein, etc.)

JOSÉP. O Dieu puissant! il est hors de danger.

STRAL. *(à Joséphine).* Qui ?

JOSÉP. Mon...

ULR. *(l'interrompant avec un regard sévère, puis se tournant vers Stralenheim).* Tous deux ! il n'y a pas grand mal.

STRAL. Quelle est la cause de tout ceci ?

ULR. Je pense que c'est vous, baron; mais puisqu'il n'en est résulté aucun mal, ne vous inquiétez pas. — Gabor, voici votre épée. La première fois qu'il vous arrivera de vous en servir, que ce ne soit pas contre *vos amis.*

(Ulric appuie sur ces derniers mots, qu'il prononce avec lenteur et à voix basse.)

GAB. Je vous remercie moins pour ma vie que pour votre conseil.

STRAL. Ces querelles doivent finir ici.

GAB. *(prenant son épée).* Elles finiront. Vous m'avez fait tort, Ulric, plus par vos doutes injurieux que par votre épée; je préférerais voir cette dernière dans mon cœur que le soupçon dans le vôtre. J'aurais pu supporter les absurdes insinuations de ce noble:—l'ignorance et les méfiances stupides font partie de son apanage et dureront plus longtemps que ses domaines; — mais il peut encore trouver en moi à qui parler. Vous m'avez vaincu; j'étais un sot, dans ma colère, de m'imaginer que je pouvais me mesurer avec vous, vous que j'avais vu déjà triompher de plus grands périls qu'il ne pouvait y en avoir dans ce bras. Quoi qu'il en soit, nous nous reverrons un jour, — mais bons amis. (*Gabor sort.*)

Stral. Je ne veux pas en endurer davantage! cet outrage, ajouté à ses insultes, peut-être à son crime, a effacé le peu que je devais à son aide tant vantée; car c'est à vous surtout que je dois la vie. Ulric, n'êtes-vous pas blessé?

Ulr. Je n'ai pas même une égratignure.

Stral. (*à Idenstein*). Intendant, prenez vos mesures pour vous assurer de cet homme. Je révoque ma première indulgence; je veux l'envoyer à Francfort avec une escorte dès que les eaux du fleuve seront baissées.

Idenst. M'assurer de lui! il a encore son épée; — il paraît s'en servir à merveille, c'est probablement son métier; moi, je suis dans le civil.

Stral. Imbécile! Tous ces vassaux qui sont sur vos talons ne suffisent-ils pas pour en arrêter une douzaine comme lui? Allons, partez.

Ulr. Baron, je vous supplie!

Stral. Je veux être obéi. Pas de réponse.

Idenst. Allons, puisqu'il le faut absolument. — En avant! vassaux! Je suis votre commandant et je formerai l'arrière-garde : un sage général ne doit jamais exposer sa précieuse vie, — sur laquelle tout repose. J'aime cet article du code de la guerre.   (*Idenstein sort avec les domestiques*).

Stral. Venez, Ulric. Que fait ici cette femme? Oh! je la reconnais : c'est l'épouse de l'étranger qu'on *nomme* «Werner.»

Ulr. C'est son nom.

Stral. En vérité! —Votre mari est-il visible, belle dame?

Josép. Qui le cherche?

Stral. Personne, — pour le moment. Mais, Ulric, j'ai à vous parler en particulier.

Ulr. Je vais me retirer avec vous.

Josép. Non; vous êtes le dernier arrivé, on doit vous céder la place. (*Bas à Ulric, en se retirant.*) O Ulric! prends garde! souviens-toi qu'un seul mot d'imprudence peut nous perdre.

Ulr. (*bas à Josép.*) Ne craignez rien.   (*Joséphine sort*).

Stral. Ulric, je pense que je me puis fier à vous: vous m'avez sauvé la vie, — et de tels services font naître une confiance illimitée.

Ulr. Parlez.

Stral. Des circonstances mystérieuses, qui datent de loin, et sur lesquelles je ne m'expliquerai pas maintenant plus explicitement, m'ont rendu cet homme importun; — peut-être me sera-t-il fatal.

Ulr. Qui? Gabor, le Hongrois?

Stral. Non, — ce « Werner, » avec son faux nom et son déguisement.

Ulr. Comment cela est-il possible? il est le plus pauvre entre les pauvres, et la pâle maladie habite encore ses yeux creux; cet homme est dénué de tout.

Stral. C'est possible;—n'importe.—Mais s'il est l'homme que je le soupçonne d'être, et mes appréhensions à cet égard sont confirmées par tout ce que je vois, il faut nous assurer de sa personne avant douze heures.

Ulr. Et en quoi cela peut-il me concerner?

Stral. J'ai envoyé demander à Francfort, au gouverneur qui est mon ami, une escorte convenable. J'y suis autorisé par un ordre de la maison de Brandebourg; — mais cette maudite inondation intercepte toute communication, et peut l'intercepter encore pendant quelques heures.

Ulr. Elle diminue.

Stral. Tant mieux.

Ulr. Mais quel intérêt puis-je avoir à cela?

Stral. Après avoir tant fait pour moi, vous ne pouvez être indifférent à ce qui m'est d'une importance plus grande que la vie que je vous dois. — Ayez l'œil sur cet homme... Il m'évite: il sait que maintenant je le connais. — Surveillez-le comme vous surveilleriez le sanglier réduit aux abois par le chasseur. — Comme lui, il faut qu'il succombe.

Ulr. Pourquoi?

Stral. Il s'interpose entre moi et un magnifique héritage. Oh! si vous le voyiez!... Mais vous le verrez.

Ulr. Je l'espère.

Stral. C'est le domaine le plus riche de la riche Bohême. La guerre l'a épargné : il est si voisin de la ville forte de Prague, que le fer et le glaive l'ont à peine effleuré; en sorte que maintenant, outre sa fertilité propre, sa valeur est doublée par la comparaison avec les domaines déserts dont il est entouré.

Ulr. Vous en faites une description fidèle.

Stral. Ah! vous en conviendriez si vous pouviez le voir! — Mais vous le verrez, vous dis-je.

Ulr. J'en accepte l'augure.

Straz. Demandez-moi alors la récompense que vous jugerez digne de vous et des obligations que nous vous aurons, moi et les miens.

Ulr. Ainsi, cet homme isolé, pauvre, malade, cet étranger mourant, s'interpose entre vous et ce paradis? — (*A part.*) Comme Adam entre le diable et l'Eden.

Stral. Comme vous dites.

Ulr. N'a-t-il aucun droit?

Stral. Aucun. C'est un enfant prodigue, déshérité, qui depuis vingt ans a déshonoré sa race par tous ses actes, mais surtout par son mariage, par ses relations avec des bourgeois, des boutiquiers, des marchands et des juifs.

Ulr. Il a donc une femme?

Stral. Vous rougiriez d'avoir une telle mère — Vous avez vu celle qu'il appelle son épouse?

Ulr. Ne l'est-elle pas?

Stral Pas plus qu'il n'est votre père... — C'est une Italienne, la fille d'un proscrit, et qui vit d'amour et de privations avec ce Werner.

Ulr. Ils sont donc sans enfants?

Stral. Il y a ou il y avait un bâtard, que le vieillard,—le grand-père (vous savez que la vieillesse est faible) avait pris auprès de lui pour se réchauffer le cœur sur la route glaciale de la tombe; mais ce jeune homme n'est point pour moi un obstacle. Il s'est enfui, personne ne sait où ; et, quand même il serait présent, ses prétentions sont trop peu de chose pour me donner de l'inquiétude.—Qu'est-ce qui vous fait sourire?

Ulr. Vos vaines craintes... Un pauvre homme presque en votre pouvoir, — un enfant de naissance douteuse, voilà ce qui effraie un grand seigneur!

Stral. On doit tout craindre quand on a tout à gagner.

Ulr. C'est vrai, et on doit tout faire pour arriver à son but.

Stral. Vous avez touché la corde sensible. Puis-je compter sur vous?

Ulr. Il serait trop tard pour en douter.

Stral. Qu'une sotte pitié n'ébranle pas votre âme (car l'extérieur de cet homme est fait pour toucher) : c'est un misérable, qui peut tout aussi bien m'avoir volé que le drôle sur qui planent les soupçons, si ce n'est que les circonstances le compromettent moins; car il est logé loin d'ici, et sa chambre n'a point de communication avec la mienne. A vrai dire, j'ai trop bonne opinion d'un sang allié au mien pour le croire capable de se ravaler à un pareil acte. D'ailleurs, il a été soldat et brave, quoique trop emporté.

Ulr. Et nous savons, Monseigneur, que ces gens-là ne dépouillent que ceux dont ils ont fait sauter la cervelle; ce qui fait qu'ils en héritent et ne les volent pas. Les morts, qui ne sentent plus rien, ne peuvent rien perdre, et par conséquent ne peuvent être volés : leur dépouille est un legs, voilà tout.

Stral. Je vois que vous aimez à rire. Eh bien! me promettez-vous d'avoir l'œil sur cet homme, et de m'instruire de la moindre tentative qu'il pourrait faire pour fuir ou s'échapper?

Ulr. Soyez assuré que je serai en sentinelle auprès de lui, et que vous ne le surveilleriez pas mieux vous-même.

Stral. En retour, je suis à vous à toujours.

Ulr. J'y compte bien aussi. (*Ils sortent.*)

ACTE TROISIÈME.
SCÈNE Ire.

Une salle du même palais, où se trouve l'issue du passage secret.
Entrent WERNER et GABOR.

Gab. Monsieur, je vous ai dit ma position. Si vous voulez m'accorder un refuge pour quelques heures, c'est bien; — sinon, j'irai tenter fortune ailleurs.

Wern. Comment un malheureux tel que moi peut-il en abriter un autre? J'ai besoin moi-même d'un asile autant que le daim poursuivi par les chasseurs a besoin d'une retraite.

Gab. Ou le lion blessé de sa caverne. Vous m'avez plutôt l'air d'être homme à faire face à vos ennemis et à éventrer le chasseur.

Wern. Ah!

Gab. Je ne m'en inquiète pas; car je serais moi-même fort disposé à en faire autant. Mais voulez-vous me donner un refuge? Je suis opprimé comme vous, — pauvre comme vous, — déshonoré...

Wern. (*vivement*). Qui vous dit que je suis déshonoré?

Gab. Personne. Je n'ai pas dit que vous l'étiez, je n'ai établi le parallèle que sous le point de vue de la pauvreté; mais je vous disais que je l'étais, et j'allais ajouter avec vérité, aussi injustement que vous.

Wern. Encore! que moi?

Gab. Ou que tout autre honnête homme. Que diable voulez-vous? Sans doute vous ne me croyez pas coupable de ce lâche larcin?

Wern. Non, non, — je ne le puis.

Gab. Voilà ce que j'appelle un homme d'honneur! Quant à ce jeune damoiseau, — quant à votre Harpagon d'intendant et votre noble bouffi, — tous, — tous m'ont soupçonné; et pourquoi? parce que j'étais plus mal vêtu qu'eux, et que mon nom est obscur. Cependant, si nous avions une fenêtre à la poitrine, mon âme s'y montrerait plus hardiment que la leur; mais voilà ce que c'est : — vous êtes pauvre et sans appui, — et cela plus que moi-même.

Wern. Qu'en savez-vous?

Gab. Vous avez raison. Je demande asile à un homme que je dis être sans appui. Si vous me le refusez, je l'aurai mérité. Mais vous, qui semblez avoir éprouvé la salutaire amertume de la vie, vous devez savoir par sympathie que tout l'or du Nouveau-Monde dont l'Espagne se vante, ne saurait tenter l'homme qui connaît sa valeur véritable, à moins (et dans ce cas je reconnais son prix), à moins qu'on ne l'ait obtenu par des moyens qui ne fassent point peser un cauchemar sur notre sommeil.

WERN. Que voulez-vous dire?

GAB. Ce que je dis. Je croyais m'être expliqué clairement... Vous n'êtes point un voleur, — moi non plus; et, en honnêtes gens, nous devons nous aider mutuellement.

WERN. C'est un monde maudit que celui-ci!

GAB. Il en est de même du plus voisin des deux mondes à venir, comme disent les prêtres (et ils doivent s'y connaître). Je m'en tiens donc à celui-ci... — Je suis peu désireux d'endurer le martyre, et surtout avec une épitaphe de voleur sur ma tombe. Je ne vous demande asile que pour une nuit... Demain les eaux du fleuve auront baissé, et, comme la colombe de l'arche, j'en tenterai le passage.

WERN. Baissé, dites-vous? Peut-on l'espérer?

GAB. A midi on en avait l'espoir.

WERN. Alors nous serions sauvés.

GAB. Êtes-vous en péril?

WERN. La pauvreté l'est toujours.

GAB. Je le sais par une longue expérience. Voulez-vous me venir en aide?

WERN. A votre pauvreté?

GAB. Non... — Vous n'êtes pas le docteur que je choisirais pour guérir une telle maladie. Je parle du péril qui me menace... Vous avez un toit, je n'en ai point : je ne cherche qu'une retraite.

WERN. C'est juste... Comment serait-il possible qu'un malheureux comme moi possédât de l'or?

GAB. Honnêtement, à dire vrai, ce serait difficile; et pourtant je serais tenté de vous souhaiter l'or du baron.

WERN. Osez-vous insinuer...

GAB. Quoi?

WERN. Savez-vous à qui vous parlez?

GAB. Non, et je ne suis pas homme à m'en soucier beaucoup. (*On entend du bruit en dehors.*) Écoutez... ils viennent.

WERN. Qui?

GAB. L'intendant et ses limiers lâchés après moi... Je les

attendrais, mais ce serait en vain qu'on espérerait obtenir justice de pareilles gens. Où irai-je?... Cachez-moi n'importe où. Je vous jure, par tout ce qu'il y a de plus sacré, que je suis innocent. Faites comme si vous étiez à ma place.

WERN. (*à part*). O juste Dieu! ton enfer n'est pas à venir! Suis-je vivant encore?

GAB. Je vois que vous êtes ému : cela témoigne en votre faveur... Je pourrai reconnaître ce service.

WERN. N'êtes-vous point un espion de Stralenheim?

GAB. Non, certes ; et, si je l'étais, qu'y a-t-il à espionner en vous?... Je me rappelle cependant ses questions fréquentes sur vous et votre épouse... Cela pourrait donner à penser; mais vous savez mieux que personne à quoi vous en tenir. Pour moi, je suis son plus mortel ennemi.

WERN. *Vous?*

GAB. Après le retour dont il a payé le service que j'ai contribué à lui rendre, je suis son ennemi... Si vous n'êtes pas son ami, vous viendrez à mon aide.

WERN. J'y consens.

GAB. Mais comment?

WERN. (*montrant le panneau*). Il y a là un ressort secret. Rappelez-vous que je l'ai découvert par hasard, et que je ne m'en suis servi que pour ma sûreté.

GAB. Ouvrez-le, et je m'en servirai dans le même but.

WERN. Je l'ai découvert comme je vous le disais. Cette ouverture conduit dans des murs sinueux assez épais pour que l'on puisse marcher dans leur intérieur, et qui, toutefois, n'ont rien perdu de leur force et de leur solidité. On y trouve pratiquées des cellules et des niches obscures. Je ne sais où aboutit ce passage... Ne cherchez point à pénétrer trop avant. Donnez-m'en votre parole.

GAB. Cela est inutile... Comment voulez-vous que je me dirige, dans les ténèbres, à travers les détours inconnus d'un labyrinthe gothique?

WERN. Oui ; mais qui sait où ce labyrinthe peut aboutir? Remarquez bien que je n'en sais rien...—Mais qui sait s'il ne conduit pas dans la chambre de votre ennemi, tant elles sont singulièrement construites, ces galeries, ouvrages des Teutons nos ancêtres, à une époque où l'homme, dans ses édifices, cherchait moins à se fortifier contre les éléments que contre ses voisins? N'allez pas au delà des deux premiers détours. Si vous le faites, quoique je n'aie jamais été au delà, je ne réponds pas des conséquences.

Gab. J'en réponds, moi! Mille remerciements!

Wern. Vous trouverez plus facilement le ressort de l'autre côté, et quand vous voudrez revenir, il cédera au plus léger contact.

Gab. J'entre ;—adieu! *(Gabor entre dans le passage secret.)*

Wern (*seul*). Qu'ai-je fait? Hélas! qu'avais-je fait auparavant pour que j'éprouve maintenant ces craintes? Toutefois, que ce soit pour moi une sorte d'expiation de sauver cet homme dont le sacrifice eût peut-être empêché le mien! Ils viennent, pour s'en retourner chercher ailleurs ce qui est devant eux.

IDENSTEIN entre avec d'autres.

Idenst. Il n'est pas ici. Il a donc disparu par les fenêtres gothiques, par le pieux secours des saints peints sur les vitraux rouges et jaunes? Le soleil les traverse chaque jour de ses rayons à son lever et à son coucher; il fait ruisseler sa lumière sur de longues barbes blanches, des croix rouges, des crosses dorées, des armes, des capuchons, des casques, des cottes de mailles, de longues épées; il éclaire tous les fantastiques ornements de ces fenêtres chargées des images de vaillants chevaliers et de saints ermites, dont les portraits et la gloire sont confiés à quelques carreaux de cristal que chaque souffle de vent proclame aussi fragiles que toute autre vie et toute autre gloire. Quoi qu'il en soit, il est parti.

Wern. Qui cherchez-vous?

Idenst. Un coquin!

Wern. Fallait-il, pour cela, aller si loin?

Idenst. Nous cherchons celui qui a volé le baron.

Wern. Êtes-vous certains de connaître le coupable?

Idenst. Aussi certains que vous êtes là devant nous; mais où est-il allé?

Wern. Qui?

Idenst. Celui que nous cherchons.

Wern. Vous voyez qu'il n'est point ici.

Idenst. Et cependant nous l'avons vu entrer dans cette salle. Êtes-vous complices, ou êtes-vous sorciers?

Wern. J'agis avec franchise; c'est un crime aux yeux de bien des gens.

Idenst. Il est possible que j'aie, plus tard, une ou deux questions à vous adresser; mais, pour le moment, nous allons continuer à chercher l'autre.

Wern. Vous feriez bien de commencer sur-le-champ votre interrogatoire; je puis ne pas être toujours aussi patient.

Idenst. Eh bien! je désirerais savoir si vous n'êtes pas l'homme que cherche Stralenheim.

Wern. Insolent! N'avez-vous pas dit qu'il n'était point ici?

Idenst. Oui; mais il en est un qu'il recherche avec persévérance; et peut-être bientôt il se verra investi, à cet effet, d'une autorité supérieure à la sienne et à la mienne. — Mais, venez, mes enfants! Dépêchons-nous; nous sommes en défaut. (*Idenstein sort avec sa suite.*)

Wern. Dans quel labyrinthe m'entraîne ma mystérieuse destinée! Un acte de bassesse m'a été moins fatal que le scrupule qui m'a fait m'abstenir d'un crime bien plus grand Éloigne-toi, pensée perverse, qui t'élèves dans mon cœur! Il est trop tard! je ne veux pas tremper mes mains dans le sang.

ULRIC entre.

Ulr. Mon père, je vous cherchais.

Wern. N'y a-t-il pas à cela du danger pour toi?

Ulr. Non; Stralenheim ignore complétement les liens qui nous unissent; bien plus, il m'a chargé de surveiller vos actions, me croyant entièrement dévoué à ses intérêts.

Wern. Je ne puis le penser; c'est un piége qu'il nous tend à tous deux pour prendre du même coup de filet et le père et le fils.

Ulr. Je ne puis m'arrêter à toutes ces craintes futiles, et suspendre ma marche devant les incertitudes qui, semblables à des ronces, s'élèvent sur notre voie. Il faut que je me fraie un chemin à travers ces obstacles, comme un villageois qui, désarmé et sans défense, entendrait les pas d'un loup dans le taillis où il travaille. Les filets sont destinés à prendre des grives, et non des aigles. Nous les franchirons ou nous les briserons.

WERN. Dis-moi comment?

ULR. Ne devinez-vous pas?

WERN. Non.

ULR. C'est singulier. La pensée ne vous en est-elle pas venue la nuit dernière.

WERN. Je ne te comprends pas.

ULR. En ce cas, nous ne nous comprendrons jamais. Mais, pour changer d'entretien...

WERN. Pour le continuer, tu veux dire : nous parlions des moyens de nous mettre en sûreté.

ULR. Vous avez raison, je m'exprimais mal. Je vois plus clairement ce dont il s'agit, et notre situation m'apparaît dans son vrai jour. Les eaux du fleuve baissent; dans quelques heures les mirmidons de Stralenheim arriveront de Francfort; alors vous serez prisonnier, pis encore peut-être, et moi je serai proscrit et déclaré bâtard, pour faire place au baron.

WERN. Et quel remède trouves-tu? J'avais dessein de me servir de cet or pour m'évader; mais maintenant je n'ose ni m'en servir, ni le montrer, et c'est à peine si j'ose moi-même le regarder. Il me semble qu'il porte mon crime pour exergue au lieu de l'empreinte de l'État; et à la place de la tête du souverain, je crois y voir la mienne ayant pour chevelure des couleuvres sifflantes, bouclées autour de mes tempes, et criant à tous ceux qui m'approchent: Voilà un voleur.

ULR. Il ne faut point en faire usage, maintenant du moins. Mais prenez cette bague.   (*Il remet un bijou à Werner.*)

WERN. C'est une pierre précieuse. Elle a appartenu à mon père!

ULR. Et comme telle, elle vous appartient maintenant. Servez-vous-en pour gagner l'intendant, afin qu'il mette à votre disposition la vieille calèche et des chevaux, et que vous puissiez partir avec ma mère au lever du soleil.

WERN. Te laisserai-je dans le péril au moment où tu viens de m'être rendu?

ULR. Ne craignez rien. Il n'y aurait de danger que si nous fuyions ensemble; car ce serait trahir notre intelligence. L'inondation n'intercepte que la communication directe entre ce bourg et Francfort : en cela elle nous est favorable. La route de Bohême n'est pas impraticable, et quand vous aurez gagné une avance de quelques heures, ceux qui vous poursuivront trouveront les mêmes obstacles. La frontière une fois franchie, vous êtes sauvé.

WERN. Mon noble fils!

ULR. Silence! point de transports! nous nous y livrerons au château de Siégendorf! Cachez votre or, montrez à Idenstein la bague; je connais cet homme, j'ai lu à travers son âme; de cette manière deux buts seront atteints. Stralenheim a perdu de l'or, non des bijoux : cette bague ne peut donc être à lui; et d'ailleurs, comment soupçonner son possesseur d'avoir dérobé l'or du baron, quand il lui eût été facile de convertir cette bague en une somme plus considérable que celle que Stralenheim a perdue hier pendant son sommeil? N'ayez avec Idenstein ni trop de timidité ni trop d'arrogance, et il vous servira.

WERN. Je suivrai en tout tes instructions.

ULR. Je vous aurais épargné cette démarche. Mais si j'avais paru prendre intérêt à vous, surtout en donnant pour vous servir ce joyau précieux, tout eût été éventé.

WERN. Mon ange gardien! voilà qui compense, et au delà, le passé : mais que deviendras-tu en notre absence?

ULR. Stralenheim ne sait rien des liens qui nous unissent; je ne resterai avec lui qu'un jour ou deux pour endormir les soupçons; puis j'irai rejoindre mon père.

WERN. Pour ne plus nous quitter?

ULR. Je l'ignore; mais, du moins, nous nous reverrons une fois encore.

WERN. Mon fils! mon ami! mon unique enfant! mon sauveur! Oh! ne me hais pas!

ULR. Moi! haïr mon père!

WERN. Hélas! mon père m'a haï; pourquoi pas mon fils?

ULR. Votre père ne vous connaissait pas comme je vous connais.

WERN. Il y a des scorpions dans tes paroles! Tu me connais! dans mon état actuel tu ne peux me connaître; je ne suis pas moi-même; cependant ne me hais pas, je le serai bientôt.

ULR. J'attendrai; cependant soyez persuadé que tout ce qu'un fils peut faire pour ses parents, je le ferai pour les miens.

WERN. Je le vois et je le sens. Hélas! je sens en outre — que tu me méprises.

ULR. Pourquoi vous mépriserais-je?

WERN. Dois-je renouveler mon humiliation?

ULR. Non; j'y ai mûrement pensé, ainsi qu'à vous; mais n'en parlons plus, ou du moins pour le moment. Votre erreur a doublé tous les périls de notre maison, en guerre secrète avec celle de Stralenheim : nous ne devons songer qu'à tromper sa vengeance. Je vous ai indiqué *un* moyen.

WERN. Le seul, et je l'embrasse avec la même joie que m'a causée le retour d'un fils qui ne s'est montré à moi que pour devenir mon sauveur.

ULR. Vous serez sauvé; que cela suffise. Si une fois nous étions dans nos domaines, la présence de Stralenheim nous troublerait-elle dans la jouissance de nos droits?

WERN. Assurément, dans la situation où nous sommes, quoique l'avantage puisse rester, comme il est d'usage, au premier possesseur, surtout s'il fonde son droit sur les liens du sang.

ULR. Du *sang!* c'est un mot qui a plusieurs significations; dans les veines et hors des veines, ce n'est pas la même chose, — et cela doit être, quand ceux qui sont du même sang deviennent ennemis comme les frères thébains: lorsqu'une partie du sang est mauvaise, quelques onces répandues à propos purifient le reste.

WERN. Je ne te comprends pas.

ULR. C'est possible; — peut-être convient-il qu'il en soit ainsi; — et cependant, — mais, préparez-vous; il faut que ma mère et vous, vous partiez cette nuit même. Voici venir l'intendant : sondez-le avec la bague ; ce trésor plongera dans son âme vénale comme la sonde dans l'Océan, et en rapportera du limon et de la fange, et nous servira toutefois à avertir notre navire du voisinage des écueils. La cargaison est riche ; il faut lever l'ancre sans tarder ! Adieu ! le temps presse ; cependant donnez-moi votre main, mon père !

Wern. Laisse-moi t'embrasser.

Ulr. On peut nous voir : maîtrisez vos émotions jusqu'au dernier instant. Tenez-vous à distance de moi comme d'un ennemi.

Wern. Maudit soit celui qui nous oblige à étouffer les meilleurs et les plus doux sentiments de notre cœur, et dans un pareil moment encore !

Ulr. Oui, maudissez : — cela vous soulagera. Voici l'intendant.

IDENSTEIN entre.

Monsieur Idenstein, où en êtes-vous ? avez-vous saisi le coquin ?

Idenst. Non, ma foi.

Ulr. Parbleu ! il y en a bien d'autres ; vous aurez une autre fois une chasse plus heureuse. Où est le baron ?

Idenst. Il est retourné dans son appartement ; et puisque j'y pense, je vous dirai qu'il vous demande avec l'impatience d'un noble.

Ulr. Les grands seigneurs veulent qu'on leur réponde à l'instant, comme le coursier bondissant au coup d'éperon : il est fort heureux aussi qu'ils aient des chevaux ; car s'ils n'en avaient pas, il nous faudrait, je le crains, traîner leur char, comme des rois traînaient celui de Sésostris.

Idenst. Quel était ce Sésostris ?

Ulr. Un ancien Bohémien, — un empereur d'Égypte.

Idenst. Un Égyptien, ou un Bohémien, c'est même chose ; car on leur donne indifféremment ces deux noms : et ce Sésostris en était un ?

Ulr. On me l'a dit ; mais il faut que je vous quitte. Intendant, votre serviteur ! (*A Werner d'un ton leste.*) Werner, si c'est là votre nom, bonsoir ! (*Ulric sort.*)

IDENST. Un joli homme, bien élevé, et s'exprimant fort bien. Il sait se mettre à sa place; avez-vous vu, Monsieur, comme il a rendu à chacun ce qui lui est dû?

WERN. Je m'en suis aperçu, et j'applaudis à son discernement et au vôtre.

IDENST. C'est bien, — c'est très bien. Vous aussi, vous connaissez votre rang; et pourtant, je ne sais trop si je le connais bien, moi.

WERN. (*montrant la bague.*) Ceci pourrait-il vous aider dans cette connaissance?

IDENST. Comment! — quoi? — Hé! une pierre précieuse!

WERN. Elle est à vous, à une condition.

IDENST. A moi? — parlez.

WERN. A condition que vous me permettrez de la racheter plus tard trois fois sa valeur : c'est une bague de famille.

IDENST. Une famille! — *la vôtre!* Une pierre précieuse! la surprise m'ôte la respiration!

WERN. Il faut aussi que vous me fournissiez, une heure avant le point du jour, les moyens de quitter ce lieu.

IDENST. Est-ce vraiment une pierre fine? laissez-moi la regarder.... C'est un diamant, ma foi, par tout ce qu'il y a de glorieux!

WERN. Allons, je me confie à vous; vous avez deviné, sans doute, que ma naissance est au-dessus de ce qu'annonce mon extérieur actuel.

IDENST. Je ne puis dire que je l'aie deviné, quoique cette bague en soit une assez bonne preuve; voilà le véritable indice d'un noble sang.

WERN. J'ai d'importantes raisons pour désirer garder l'incognito en poursuivant mon voyage.

IDENST. Vous êtes donc l'homme que cherche Stralenheim?

WERN. Je ne le suis pas; mais si l'on me prenait pour lui, il pourrait en résulter de graves embarras pour moi en ce moment, et pour le baron plus tard. C'est afin d'éviter ce double inconvénient que je veux tenir mon départ secret.

IDENST. Que vous soyez ou ne soyez pas l'homme en question, cela ne me regarde pas; d'ailleurs je n'obtiendrai jamais la moitié de ce que vous m'offrez en servant ce noble orgueilleux et avaricieux, qui voudrait soulever tout le pays pour rattraper quelques ducats, et n'a jamais offert de récompense précise ; — mais, *ce diamant!* que je le voie encore!

Wern. Regardez-le à votre aise! à la pointe du jour il sera à vous.

Idenst. O adorable brillant! préférable à la pierre philosophale! pierre de touche de la philosophie elle-même; œil étincelant de la mine! étoile de l'âme! pôle magnétique vers lequel se tournent tous les cœurs comme des aiguilles aimantées! esprit rayonnant de la terre! placé sur le diadème des rois, tu attires plus d'hommages que n'en obtient la Majesté accablée sous le poids d'une couronne douloureuse à la tête qui la porte comme aux millions de cœurs qui saignent pour lui donner du lustre! Seras-tu bien à moi? Il me semble déjà que je suis un petit roi, un alchimiste fortuné, — un sage magicien qui a lié le diable par un pacte, sans lui vendre son âme. Mais venez, Werner, ou de quelque nom qu'il faille vous appeler....

Wern. Continuez à m'appeler Werner; vous me connaîtrez plus tard sous un plus noble titre.

Idenst. Je crois en toi! sous ton humble vêtement, tu es l'Esprit dont j'ai longtemps rêvé. — Mais viens, je te servirai, tu seras aussi libre que l'air, en dépit des eaux. Partons; je te prouverai que je suis honnête — (ô cher diamant!); je te fournirai, Werner, de tels moyens de fuite, que si tu étais un limaçon, les oiseaux ne t'atteindraient pas. — Oh! permets que je le regarde encore! J'ai à Hambourg un mien beau-frère très connaisseur en pierres fines. Combien de carats peut-il bien peser? — Viens, Werner, je vais te donner des ailes.

SCÈNE II.

La chambre de Stralenheim.

STRALENHEIM et FRITZ.

Fritz. Tout est prêt, Monseigneur.

Stral. Je n'ai pas sommeil, cependant j'ai besoin de me

coucher; non que j'espère reposer, je sens je ne sais quel poids sur mes esprits, je ne sais quelle sensation trop allanguissante pour me permettre de veiller, trop poignante pour me permettre de dormir. C'est comme un nuage répandu sur le firmament, qui intercepte les rayons du soleil, et cependant ne se résout pas en pluie, mais s'interpose éternellement entre la terre et le ciel, comme l'envie entre l'homme et l'homme. Je vais tâcher de sommeiller.

FRITZ. Puissiez-vous reposer profondément!

STRAL. Je le sens et je le crains.

FRITZ. Pourquoi donc craindre?

STRAL. Je ne sais pourquoi, et c'est ce qui fait que je crains davantage je ne sais quoi d'indéfinissable. Mais c'est une folie. A-t-on, comme je l'ai ordonné, changé aujourd'hui les serrures de cette chambre? L'aventure de la nuit dernière rend cette précaution utile.

FRITZ. Certainement! cela a été exécuté conformément à votre ordre, sous mon inspection et sous celle du jeune Saxon qui vous a sauvé la vie. Je pense qu'on l'appelle « Ulric. »

STRAL. Tu *penses!* orgueilleux esclave! de quel droit tourmentes-tu ta mémoire, qui devrait être prompte, heureuse et fière de retenir le nom du sauveur de ton maître, comme une litanie qu'il est de ton devoir de répéter chaque jour? — Retire-toi! Tu *penses!* en vérité! toi qui restais à hurler et à secouer tes vêtements humides sur la rive, pendant que je luttais contre la mort, et que l'étranger, s'élançant dans l'onde mugissante, est venu me rendre à la vie! Je veux témoigner à lui ma reconnaissance et à toi mon mépris. Tu *penses*, et c'est à peine si tu peux te rappeler son nom! Je ne perdrai pas mon temps à t'en dire davantage. Réveille-moi de bonne heure.

FRITZ. Bonne nuit. J'espère que demain Votre Seigneurie se trouvera mieux portante et de meilleure humeur. (*La scène se termine.*)

SCÈNE III.
Le passage secret.
GABOR seul.

J'ai compté quatre, — cinq, — six heures, comme la sentinelle d'avant-poste, — au triste son de la cloche, cette voix lugubre du Temps; car lors même qu'elle sonne pour le bonheur, chacun de ses tintements enlève quelque chose à la jouissance. C'est toujours un glas de mort, même quand c'est un hymen qu'elle annonce; alors chacun de ses sons emporte une espérance; on dirait qu'elle sonne les funérailles de l'Amour descendu dans la tombe de la possession pour ne plus ressusciter; mais lorsqu'elle tinte pour le trépas d'un parent chargé d'années, c'est un écho de bonheur qui résonne à l'oreille avide d'un héritier. J'ai froid, — je suis dans les ténèbres; — j'ai soufflé dans mes doigts, — j'ai compté et recompté mes pas, — j'ai heurté ma tête contre je ne sais combien de solives poudreuses; — j'ai excité parmi les rats et les chauves-souris une insurrection générale, si bien que le trépignement de leurs pattes et le bruissement de leurs ailes empêchent tout autre bruit d'arriver jusqu'à moi. J'aperçois une lumière : autant que j'en puis juger dans les ténèbres, elle est à quelque distance; mais elle scintille comme à travers une fente ou le trou d'une serrure dans la direction de la partie habitée : approchons-nous-en par curiosité. La clarté lointaine d'une lampe est un événement dans un pareil repaire. Fasse le ciel qu'elle ne me conduise à aucune tentation ! sinon, le ciel me vienne en aide pour que j'échappe sain et sauf, ou que j'obtienne l'objet convoité ! Elle brille encore ! quand ce serait l'étoile de Lucifer, ou Lucifer lui-même couronné des rayons de cette clarté, je ne puis me contenir plus longtemps. Doucement ! voilà qui est à merveille ! j'ai franchi un détour. — Comme cela; — non. — Fort bien ! la lumière se rapproche. Voici un coin ténébreux ; — bon, — le voilà passé. Arrêtons-nous. Si ce passage allait me conduire à un danger plus grand que celui auquel je me suis dérobé ? — N'importe, — il a le mérite de la nouveauté, et les nouveaux périls sont comme les nouvelles maîtresses : ils ont quelque chose de plus attrayant. — Avançons, coûte que coûte; — si je me trouve dans un mauvais pas, j'ai ma dague pour me défendre. — Continue à luire, petite lumière! tu es mon *ignis fatuus!* mon feu follet stationnaire! — Bien! bien! il a entendu mon invocation : il m'exauce. (*La scène se termine.*)

SCÈNE IV.
Un jardin.
WERNER entre.

Je n'ai pu dormir! — et maintenant l'heure approche; tout est prêt. Idenstein a tenu sa parole : la voiture nous attend hors du bourg, sur la lisière de la forêt. Maintenant les étoiles commencent à pâlir dans le ciel. C'est pour la dernière fois que je vois ces horribles murailles. Oh! jamais, jamais je ne les oublierai! je suis venu ici pauvre, mais non déshonoré, et je pars avec une tache, si ce n'est sur mon nom, du moins dans le cœur; j'emporte un ver rongeur et immortel que ni la splendeur qui m'attend, ni mes droits recouvrés, ni les terres et la souveraineté de Siégendorf ne pourront assoupir un seul moment. Il faut que je trouve quelque moyen de restitution qui soulage en partie mon âme; mais comment sans m'exposer à être découvert? — Il le faut cependant, et dès que je serai en sûreté, je veux y réfléchir. Le délire de ma misère m'a entraîné à cette infamie; le repentir peut l'expier : je ne veux rien avoir de Stralenheim sur la conscience, quoiqu'il cherche à me dépouiller de tout, à me ravir ma fortune, ma liberté, ma vie! — Et cependant il dort aussi paisible peut-être que l'enfance; il dort sous de pompeux rideaux, sur des oreillers de soie, tel qu'autrefois moi-même lorsque... — Écoutons! quel est ce bruit? encore! Les branches des arbres s'agitent, et quelques pierres se sont détachées de cette terrasse.

(*Ulric saute en bas de la terrasse*).

Ulric! ah! toujours le bienvenu! trois fois le bienvenu en ce moment! Ta tendresse filiale...

Ulr. Arrêtez! avant de m'approcher, dites-moi...

Wern. D'où vient l'air étrange que je te vois?

Ulr. Est-ce mon père que je contemple, ou...

Wern. Quoi?

Ulr. Un assassin?

Wern. Insensé ou insolent!

Ulr. Répondez-moi, mon père, si vous tenez à votre vie ou à la mienne.

Wern. A quoi dois-je répondre?

Ulr. Êtes-vous ou n'êtes-vous pas l'assassin de Stralenheim?

Wern. Je n'ai jamais assassiné personne. Que veux-tu dire?

Ulr. N'avez-vous pas cette nuit, comme la nuit précédente, pénétré dans le passage secret? N'êtes-vous pas entré de nouveau dans la chambre de Stralenheim? et... (*Ulric s'arrête.*)

Wern. Poursuis!

Ulr. N'est-il pas mort de votre main?

Wern. Grand Dieu!

Ulr. Vous êtes donc innocent! mon père est innocent! embrassez-moi! Oui, — votre son de voix, votre air! — oui, oui! — tout me le dit; mais dites-le vous-même!

Wern. Si jamais une telle pensée est venue, de propos délibéré, s'offrir à mon esprit ou à mon cœur; si, lorsqu'elle m'est apparue un moment à travers l'irritation de mon âme découragée, je ne l'ai pas repoussée au fond de l'enfer, que le ciel soit pour jamais ravi à mes regards et à mes espérances!

Ulr. Mais Stralenheim est mort!

Wern. C'est horrible! c'est hideux! c'est affreux! Mais qu'ai-je de commun avec ce crime?

Ulr. Aucune serrure n'est forcée; on ne voit aucune trace de violence, si ce n'est sur le corps de la victime. Une partie de ses gens a été avertie; mais, comme l'intendant est absent, j'ai pris sur moi le soin d'aller prévenir la police. Nul doute qu'on n'ait pénétré secrètement dans sa chambre. Pardonnez-moi si la nature...

Wern. O mon fils! quels maux inconnus, œuvre d'une sombre fatalité, s'accumulent comme des nuages sur notre maison!

Ulr. Mon père! vous êtes innocent à mes yeux ; mais aux yeux du monde en sera-t-il de même ? Que dis-je ? pensez-vous que les juges, si jamais...— Mais partez à l'instant même.

Wern. Non! je ferai face au danger. Qui osera me soupçonner ?

Ulr. Vous n'aviez point d'hôtes auprès de vous, — point de visiteurs, — nul être vivant autre que ma mère ?

Wern. Ah! le Hongrois.

Ulr. Il est parti! il a disparu avant le coucher du soleil.

Wern. Non, je l'ai caché dans cette même galerie secrète et fatale.

Ulr. Je vais l'y trouver. (*Ulric va pour sortir, Werner l'arrête.*)

Wern. C'est trop tard : il a quitté le palais avant moi ; j'ai trouvé le panneau secret ouvert, ainsi que les portes qui conduisent à la salle où aboutit le passage. Je pensais qu'il avait profité d'un moment favorable pour échapper sans bruit aux mirmidons d'Idenstein qui le traquaient hier soir.

Ulr. Vous avez refermé le panneau ?

Wern. Oui, et ce n'est pas sans trembler du péril qu'il m'avait fait courir, et sans maudire sa stupide négligence qui risquait de faire découvrir l'asile de celui dont il avait reçu un abri.

Ulr. Vous êtes sûr de l'avoir fermé ?

Wern. J'en suis certain.

Ulr. C'est bien ; mais il eût été mieux de ne pas faire de cette retraite un repaire de... (*Il s'arrête.*)

Wern. De voleurs! tu veux dire : je dois le supporter, et je le mérite ; mais je ne m'attendais pas...

Ulr. Non, mon père, ne parlez point de cela ; ce n'est pas le moment de penser à des crimes secondaires ; pensons plutôt à prévenir les conséquences d'un attentat plus grand. Pourquoi donner asile à cet homme ?

Wern. Pouvais-je le refuser? Un homme poursuivi par mon plus grand ennemi, accusé de mon propre crime, victime immolée à ma sûreté, demandant un abri de quelques heures au misérable dont l'acte lui avait rendu cet abri lécessaire! Quand c'eût été un loup, je n'aurais pu, dans de telles circonstances, le repousser.

ULR. Et il a reconnu ce service en vrai loup; mais il est trop tard pour faire ces réflexions. Il faut que vous partiez avant l'aube; je resterai ici pour trouver le meurtrier, si c'est possible.

WERN. Mais ma fuite soudaine fera planer sur moi les soupçons d'assassinat; si je reste, il y aura deux victimes au lieu d'une : le Hongrois fugitif qui semble être le coupable, et...

ULR. *Qui semble!* Quel autre que lui pourrait-ce être?

WERN. Ce n'est pas *moi*, sur qui tout à l'heure tu avais des doutes, — toi, mon fils!

ULR. Conservez-vous des doutes sur le fugitif?

WERN. Mon fils! depuis que je suis tombé dans l'abîme du crime (quoique ma faute soit d'une nature moins grave), depuis que j'ai vu opprimer l'innocence à ma place, je puis douter même de la culpabilité du criminel. Toi, ton cœur, ému d'une vertueuse indignation, est prompt à accuser sur de simples apparences, et voit un criminel peut-être dans celui dont l'innocence est entourée de quelques légers nuages.

ULR. Et que fera donc le monde qui ne vous connaît pas, ou ne vous a connu que pour vous opprimer? N'en courez pas les hasards. Partez! j'aplanirai tout. Idenstein, dans son propre intérêt, et séduit d'ailleurs par le présent de la bague, gardera le silence; — en outre, il est complice de votre fuite.

WERN. Moi, je fuirais! je souffrirais que mon nom fût accolé à celui du Hongrois! ou que, comme le plus pauvre, on me choisît de préférence pour m'infliger la flétrissure du meurtre!

ULR. Bah! laissez tout cela! ne songez qu'à l'héritage et au domaine de votre père, pour lesquels vous avez si longtemps soupiré en vain! Votre nom, dites-vous! quel nom? vous n'en avez point; car celui que vous portez est supposé.

WERN. C'est vrai; et néanmoins je ne voudrais pas le voir gravé en caractères de sang dans la mémoire des hommes, même en ce canton obscur et isolé; — d'ailleurs, les recherches...

ULR. Je pourvoirai à tout ce qui vous concerne. Nul ne vous connaît ici pour l'héritier de Siégendorf; si Idenstein s'en doute, ce n'est qu'un soupçon, et il n'est qu'un imbécile ; d'ailleurs sa sottise sera si occupée, que force lui sera d'oublier l'inconnu Werner, afin de songer à des intérêts plus importants pour lui. Les lois, si elles ont jamais été en vigueur dans ce village, sont toutes suspendues à la suite de la guerre de Trente Ans ; c'est à peine si elles s'élèvent lentement de la poussière où les armées, dans leur marche, les ont refoulées. Stralenheim, quoique noble, est inconnu en ce lieu, si ce n'est à ce titre, sans domaine, sans autre influence que celle qui a péri avec lui. Il est peu d'hommes dont l'autorité se prolonge au delà des huit jours qui suivent leurs funérailles, à moins que ce ne soit par l'intermédiaire de parents mus par l'intérêt ; ce n'est pas ici le cas : il est mort isolé, inconnu ; — une tombe solitaire, obscure comme ses mérites, sans écusson, c'est tout ce qu'il obtiendra, et tout ce dont il a besoin. Si je découvre l'assassin, tant mieux ; — sinon, croyez que nul autre ne le découvrira ; tous ces laquais pourront hurler sur sa cendre, comme ils faisaient autour de lui quand il allait périr sur l'Oder ; mais ils ne remueront pas plus aujourd'hui qu'alors. Partez ! partez ! je ne dois pas entendre votre réponse ! — Voyez, les étoiles ont presque disparu, et une teinte blanchâtre commence à altérer la noire chevelure de la Nuit. Ne me répondez pas : — pardonnez-moi si j'use d'autorité ; c'est votre fils qui vous parle, votre fils si longtemps perdu, retrouvé si tard ! — Appelons ma mère, marchez rapidement et sans bruit, et laissez-moi le soin du reste ; je réponds de l'événement en ce qui vous regarde ; et c'est là le point principal ; c'est mon premier devoir, et j'y serai fidèle. Nous nous verrons au château de Siégendorf ; nos bannières s'y déploieront encore avec gloire ! Pensez à cela seulement, et abandonnez-moi tous les autres soins ; ma jeunesse saura faire face à tout. — Partez ! et que votre vieillesse soit heureuse ! — Je vais embrasser ma mère une fois encore ! et qu'ensuite le ciel vous soit en aide !

WERN. Ce conseil est prudent ; — mais est-il honorable ?

ULR. L'honneur d'un fils consiste, avant tout, à sauver son père. *(Ils sortent.)*

ACTE QUATRIÈME.

SCÈNE Ire.

Une salle gothique du château de Siégendorf, près de Prague.

Entrent ÉRIC et HENRICK, de la suite du comte.

Éric. De meilleurs temps sont à la fin venus; ces vieux murs ont reçu de nouveaux maîtres qui avec eux ont ramené la joie; nous avions grand besoin de ce double cadeau.

Henr. Il est possible que les partisans de la nouveauté se réjouissent d'avoir de nouveaux maîtres, quoiqu'ils les doivent à la tombe; mais, quant à la joie et aux festins, il me semble que l'hospitalité féodale du comte de Siégendorf pouvait rivaliser avec celle de tout autre prince de l'empire.

Éric. Quant aux jouissances de la coupe et de la bonne chère, nous étions assez bien, sans nul doute; mais pour ce qui est de la joie et du plaisir, sans lesquels un repas est faiblement assaisonné, notre partage était des plus chétifs.

Henr. Le vieux comte n'aimait pas la joie bruyante des festins; êtes-vous sûr que celui-ci en soit plus partisan?

Éric. Jusqu'ici il s'est montré aussi affable que généreux, et nous l'aimons tous.

Henr. Son règne a vu à peine une année suivre sa lune de miel, et la première année d'une royauté ressemble à la première de l'hymen : bientôt nous connaîtrons son véritable caractère.

Éric. Puisse-t-il rester toujours ce qu'il est! et puis, son brave fils, le comte Ulric! — voilà un chevalier! quel dommage qu'il n'y ait plus de guerre!

Henr. Pourquoi?

Éric. Regarde-le, et réponds toi-même.

Henr. Il est très jeune; il a la beauté et la force d'un jeune tigre.

Éric. Cette comparaison n'est pas d'un vassal fidèle.

Henr. Peut-être est-elle d'un vassal sincère.

Éric. C'est dommage, disais-je, qu'il n'y ait plus de guerre. Dans un salon, qui, mieux que le comte Ulric, sait déployer cette noble fierté qui impose sans offenser? A la chasse, qui manie comme lui la lance, quand, avec ses terribles défenses, le sanglier éventre à droite et à gauche les limiers hurlants, et gagne la forêt? Qui monte à cheval, qui porte un faucon au poing comme lui? À qui l'épée sied-elle mieux? Sur quel front de chevalier le panache a-t-il plus de grâce?

HENR. Tout cela, j'en conviens; laisse faire, si la guerre est longue à venir, il est homme à la faire pour son compte, s'il n'a pas déjà commencé.

ÉRIC. Que veux-tu dire?

HENR. Tu ne peux nier que ceux qu'il attache à sa suite, et dont le plus grand nombre n'est pas né sur ces domaines, ne soient de ces sortes de bandits que... (*Il s'arrête.*)

ÉRIC. Eh bien!

HENR. Que la guerre, dont tu es si enthousiaste, laisse après elle. Comme d'autres mères, elle gâte les pires de ses enfants...

ÉRIC. Folie! ce sont tous des hommes de fer, comme les aimait le vieux Tilly.

HENR. Et qui aimait Tilly? demande-le à Magdebourg; qui aimait Wallenstein? — Ils sont allés tous deux...

ÉRIC. Jouir du repos de la tombe; quant au sort qui les attend au delà, ce n'est pas à nous de le dire.

HENR. Ils auraient bien dû nous laisser un peu de leur repos. Gratifié d'une paix nominale, le pays est parcouru dans tous les sens par—Dieu sait qui! Ils se mettent en campagne la nuit, et disparaissent au lever du soleil, et ne font pas moins de ravages, plus peut-être, qu'une guerre ouverte.

ÉRIC. Le comte Ulric, — qu'est-ce que tout cela a de commun avec lui?

HENR. Avec *lui!* il pourrait empêcher cet état de choses; si, comme tu dis, il aime la guerre, pourquoi ne la fait-il pas à ces maraudeurs?

ÉRIC. Tu devrais le lui demander à lui-même.

HENR. J'aimerais autant demander au lion pourquoi il ne lappe pas du lait.

ÉRIC. Le voici.

HENR. Diable! tu retiendras ta langue, n'est-ce pas?

Éric. Pourquoi pâlis-tu?

Henr. Ce n'est rien. — Tais-toi.

Éric. Je me tairai sur ce que tu as dit.

Henr. Je t'assure que mes paroles n'avaient aucun sens : — histoire de plaisanter ; d'ailleurs, Ulric doit épouser la gentille baronne Ida de Stralenheim, l'héritière du feu baron ; sans doute qu'elle adoucira ce que de longues guerres intestines ont laissé de sauvage dans tous les caractères, et surtout dans les hommes qui, nés pendant leur cours, ont été élevés sur les genoux de l'Homicide, et baptisés, pour ainsi dire, dans le sang. Je t'en prie, bouche close sur tout ce que j'ai dit.

ULRIC et RODOLPHE entrent.

Salut, comte.

Ulr. Bonjour, mon brave Henrick.—Éric, tout est-il prêt pour la chasse?

Éric. Les meutes sont parties pour la forêt, les vassaux battent les taillis, et le jour s'annonce bien. Ferai-je venir la suite de Votre Excellence? Quel cheval voulez-vous monter?

Ulr. Le cheval bai Walstein.

Éric. Je crains qu'il ne soit pas rétabli des fatigues de lundi dernier ; c'était une belle chasse : vous avez tué quatre sangliers de votre main.

Ulr. C'est vrai, Éric, je l'oubliais.—Je monterai donc le gris, le vieux Ziska. Voilà quinze jours qu'il n'est sorti.

Éric. Il sera à l'instant caparaçonné. De combien de vassaux immédiats voulez-vous être suivi ?

Ulr. Je laisse ce soin à Weilburgh, notre grand écuyer. (*Eric sort.*) Rodolphe!

Rod. Seigneur.

Ulr. Il est arrivé de fâcheuses nouvelles de... (*Rodolphe lui fait remarquer Henrick.*) Eh bien! Henrick, que faites-vous là?

Henr. J'attends vos ordres, seigneur.

Ulr. Allez trouver mon père, présentez-lui mes devoirs, et sachez s'il n'a rien à me dire avant que je monte à cheval. (*Henrick sort.*) Rodolphe! nos amis ont essuyé un échec sur les frontières de Franconie. On assure que les troupes envoyées contre eux doivent être renforcées. Il faut que j'aille bientôt les rejoindre.

Rod. Attendez des avis ultérieurs et plus certains.

Ulr. C'est ce que je me propose ;—certes, rien ne pouvait déranger davantage tous mes plans.

Rod. Il sera difficile d'excuser votre absence auprès du comte votre père.

Ulr. Oui ; mais l'état embarrassé de notre domaine de la Haute-Silésie servira de prétexte à mon voyage. En attendant, lorsque nous serons occupés à la chasse, emmenez les quatre-vingts hommes sous le commandement de Wolffe :—vous aurez soin de suivre la forêt : vous la connaissez ?

Rod. Aussi bien que dans cette nuit où nous avons...

Ulr. Nous n'en parlerons que lorsque nous aurons obtenu le même succès. Quand vous aurez rejoint les nôtres, remettez cette lettre à Rosemberg (*il lui donne une lettre*); vous ajouterez que j'ai envoyé ce faible renfort avec vous et Wolffe, pour précéder mon arrivée, quoique en ce moment ce sacrifice m'ait coûté ; car mon père tient à ce que le château soit entouré d'une nombreuse suite de vassaux, jusqu'à ce que ce mariage soit fini avec ses fêtes, ses niaiseries, et que le carillon nuptial ait cessé de faire entendre son tapage.

Rod. Je croyais que vous aimiez la baronne Ida.

Ulr. Certainement ;—mais il ne s'ensuit pas que je veuille enchaîner ma jeunesse et ma rapide et brûlante carrière de gloire à la ceinture d'une femme, quand ce serait celle de Vénus ;—toutefois, je l'aime comme une femme doit être aimée, sincèrement et sans partage.

Rod. Et avec constance ?

Ulr. Je le crois, car je n'aime qu'elle.—Mais, je n'ai pas le temps de m'arrêter aux bagatelles du cœur ; avant peu nous devons faire de grandes choses. Vite, hâtez-vous, Rodolphe !

Rod. A mon retour, je trouverai la baronne Ida transformée en comtesse Siégendorf.

Ulr. Mon père le désire. Et, en vérité, ce n'est pas une

mauvaise politique : cette union avec le dernier rejeton de la branche rivale détruit le passé et réconcilie l'avenir.

Rod. Adieu.

Ulr. Demeurez encore,—nous ferons bien de rester ensemble jusqu'à ce que la chasse soit commencée; alors vous vous éloignerez, et vous ferez ce que j'ai dit.

Rod. Je n'y manquerai pas. Mais, pour revenir à ce que nous disions tout à l'heure,—ce fut un acte bienveillant de la part du comte votre père, d'envoyer chercher à Kœnigsberg cette belle orpheline, et de la saluer du nom de sa fille.

Ulr. On ne peut plus bienveillant! considérant surtout le peu de bienveillance qui existait entre les pères, de leur vivant.

Rod. N'est-ce pas une fièvre qui a emporté le dernier baron?

Ulr. Comment le saurais-je?

Rod. J'ai entendu dire que sa mort était environnée d'un étrange mystère;—c'est même à peine si l'on sait le lieu précis où il est mort.

Ulr. Quelque village obscur sur la frontière de Saxe ou de Silésie.

Rod. Il n'a point laissé de testament,—nulle trace de ses volontés dernières?

Ulr. Je ne saurais le dire, n'étant ni confesseur, ni notaire.

Rod. Ah! voici la baronne Ida.

IDA STRALENHEIM entre.

Ulr. Vous êtes matinale, ma charmante cousine!

Ida. Je ne le suis pas trop, mon cher Ulric, si ma présence ne vous est point importune. Pourquoi m'appelez-vous cousine?

Ulr. (*en souriant*). Ne sommes-nous pas cousins?

Ida. Oui, mais je n'aime pas ce nom-là; il a quelque chose de si froid! on dirait, en le prononçant, que vous pensez à notre généalogie, et que votre indifférence se borne à peser notre sang.

Ulr. (*tressaillant*). Notre sang!

Ida. Pourquoi le vôtre s'est-il tout à coup retiré de vos joues?

ULR. Serait-il vrai ?

IDA. Mais non ; le voilà qui se répand de nouveau, comme un torrent, sur votre front.

ULR. (*se remettant*). S'il s'est retiré, c'est que votre présence l'a fait refluer vers mon cœur qui ne bat que pour vous, charmante cousine.

IDA. Encore cousine !

ULR. Eh bien ! je vous appellerai ma sœur.

IDA. Ce nom me déplaît encore davantage. — Plût à Dieu que nous n'eussions jamais été parents !

ULR. (*d'un air sombre*). Plût à Dieu !

IDA. O ciel ! pouvez-vous proférer un tel vœu ?

ULR. Chère Ida, ma voix n'a été que l'écho de la vôtre.

IDA. Oui, Ulric ; mais je n'ai point accompagné mes paroles d'un regard comme le vôtre, et je savais à peine ce que je disais. Mais que je sois votre sœur ou votre cousine, tout ce que vous voudrez, pourvu que je vous sois quelque chose.

ULR. Vous serez tout pour moi,—tout...

IDA. Vous l'êtes déjà pour moi ; mais je puis attendre.

ULR. Chère Ida !

IDA. Appelez-moi Ida, votre Ida ; car je veux être à vous, et à vous seul.—Et, en effet, il ne me reste plus que vous depuis que mon pauvre père... (*Elle s'arrête.*)

ULR. Il vous reste le *mien*—et moi.

IDA. Cher Ulric, combien j'aurais désiré que mon père pût être témoin de mon bonheur, auquel il ne manque plus que sa présence !

ULR. Vraiment ?

IDA. Vous l'auriez aimé ; vous lui auriez été cher, car les braves s'aiment l'un l'autre ; ses manières étaient un peu froides, son âme était fière : c'est l'apanage de la naissance ; mais sous cet extérieur de gravité...—Oh ! si vous l'aviez connu, si vous aviez été près de lui pendant son voyage, il ne serait pas mort sans un ami pour alléger la solitude de ses derniers moments.

ULR. Qui dit cela ?

IDA. Quoi ?

Ulr. Qu'il est mort dans l'isolement?

Ida. La rumeur publique, la disparition de ses serviteurs qu'on n'a jamais revus. Elle devait être bien redoutable la maladie qui les a tous moissonnés!

Ulr. Puisqu'ils étaient près de lui, il n'est donc pas mort seul et sans secours.

Ida. Hélas! qu'est-ce qu'un valet à notre lit de mort, alors que l'œil, prêt à se fermer, cherche vainement un objet aimé! On dit qu'il est mort d'une fièvre.

Ulr. *On dit!* cela est.

Ida. Je rêve quelquefois autre chose.

Ulr. Tous les rêves sont faux.

Ida. Et, pourtant, je le vois comme je vous vois.

Ulr. *Où?*

Ida. Dans mon sommeil, — je le vois couché, pâle et sanglant, et un homme tenant un couteau levé sur lui.

Ulr. Vous ne voyez pas son visage?

Ida (*le regardant*). Non! O mon Dieu! et vous, le voyez-vous?

Ulr. Pourquoi cette question?

Ida. Parce que vous avez l'air d'un homme qui voit devant lui un assassin.

Ulr. (*agité*). Ida, c'est un enfantillage; votre faiblesse me gagne, je l'avoue à ma honte; cela vient de ce que tous vos sentiments sont partagés par moi. Veuillez, ma chère enfant, changer...

Ida. Enfant! en vérité! j'ai compté ma quinzième année.
(*Un cor résonne.*)

Rod. Seigneur, entendez-vous le cor?

Ida. (*avec humeur à Rodolphe*). Pourquoi le lui dire? ne peut-il l'entendre sans que vous lui serviez d'écho?

Rod. Pardonnez-moi, belle baronne.

Ida. Je ne vous pardonnerai pas, à moins que vous ne m'aidiez à dissuader le comte Ulric de se rendre aujourd'hui à la chasse.

Rod. Madame, vous n'avez pour cela nul besoin de mon aide.

Ulr. Je ne puis m'en dispenser.

IDA. Vous n'irez pas.

ULR. Je n'irai pas?

IDA. Non, ou vous n'êtes point un vrai chevalier. — Venez, cher Ulric; cédez-moi sur ce point pour aujourd'hui seulement : le temps est incertain, vous êtes pâle, et semblez mal à votre aise.

ULR. Vous plaisantez.

IDA. Nullement; demandez à Rodolphe.

ROD. Il est vrai, Seigneur; depuis un quart d'heure vous avez plus changé que je ne vous ai vu faire depuis des années.

ULR. Ce n'est rien; mais, dans tous les cas, le grand air me remettra. Je suis un vrai caméléon, je ne vis que de l'atmosphère; vos fêtes dans les salons, vos joyeux banquets, ne nourrissent pas mon âme; — il me faut la forêt, il me faut respirer l'air libre des hautes montagnes, où j'aime tout ce qu'aime l'aigle.

IDA. Hormis sa proie, j'espère.

ULR. Charmante Ida, souhaitez-moi une heureuse chasse, et je vous rapporterai pour trophées huit hures de sangliers.

IDA. Vous persistez donc à partir? Vous ne partirez pas! venez, je chanterai pour vous.

ULR. Ida, vous n'êtes guère faite pour être l'épouse d'un soldat.

IDA. Je ne demande point à l'être; j'espère bien que ces guerres sont pour jamais finies, et que vous vivrez en paix dans vos domaines.

Entre WERNER devenu comte SIÉGENDORF.

ULR. Mon père, je vous salue, et je regrette que ce soit pour vous quitter si tôt. — Vous avez entendu le cor; les vassaux attendent.

SIÉG. Qu'ils attendent. — Vous oubliez que demain est le jour fixé pour la fête par laquelle on doit célébrer, à Prague, le rétablissement de la paix. L'ardeur que vous mettez à la chasse ne vous permettra guère d'être de retour aujourd'hui, ou du moins vous serez trop fatigué pour pouvoir demain vous joindre au cortége des nobles.

Ulr. Comte, vous occuperez ma place et la vôtre; je n'aime pas toutes ces cérémonies.

Siég. Non, Ulric. Il ne conviendrait pas que seul entre tous nos jeunes nobles...

Ida. Et le plus noble de tous par sa mine et ses manières.

Siég. (*à Ida*). C'est vrai, ma chère enfant : mais pour une jeune demoiselle, vous mettez dans vos paroles un peu trop de franchise. — Ulric, rappelez-vous notre position; songez que nous ne sommes que depuis peu réintégrés dans notre rang. Croyez-moi, cette absence en une pareille occasion, serait remarquée dans toute autre maison, et surtout dans la nôtre. En outre, le ciel, qui nous a rendu l'héritage de nos aïeux en même temps qu'il a donné la paix au monde, a doublement droit à nos actions de grâces; nous devons le remercier, d'abord pour notre patrie, ensuite pour nous-mêmes, de ce qu'il a permis que nous soyons ici pour partager ses bienfaits.

Ulr. (*à part*). Il ne lui manquait plus que d'être dévot. (*A son père.*) Eh bien, Seigneur, je vous obéis. (*A un Domestique.*) Ludwig, congédiez les vassaux. (*Ludwig sort.*)

Ida. Ainsi, vous lui accordez sur-le-champ ce que j'aurais pu demander en vain pendant des heures entières.

Siég. (*souriant.*) J'espère, petite rebelle, que vous n'êtes pas jalouse de moi. Vous voudriez donc sanctionner la désobéissance envers tout autre que vous? Mais rassurez-vous, le temps viendra bientôt où vous exercerez sur lui un pouvoir plus doux et plus sûr.

Ida. Mais je désirerais gouverner dès à présent.

Siég. Gouvernez votre harpe qui vous attend avec la comtesse dans sa chambre. Elle se plaint que vous faites infidélité à la musique; elle désire votre présence.

Ida. Adieu donc, mes généreux protecteurs. Ulric, viendrez-vous m'entendre?

Ulr. Tout à l'heure.

Ida. Soyez persuadé que mes chants seront préférables aux sons de votre cor; soyez ponctuel à venir; je vous jouerai la marche du roi Gustave.

ULR. Pourquoi pas celle du vieux Tilly ?

IDA. Ce monstre ! jamais ! je croirais tirer de ma harpe des gémissements, et non de l'harmonie, si je le prenais pour sujet de mes chants. — Mais venez promptement ; votre mère sera heureuse de vous voir. *(Ida sort.)*

SIÉG. Ulric, je désire vous parler en particulier.

ULR. Mon temps vous appartient. *(Bas, à Rodolphe.)* Rodolphe, éloigne-toi ; fais ce que je t'ai dit, et que j'aie une prompte réponse de Rosemberg.

ROD. Comte Siégendorf, avez-vous quelques ordres à me donner ? je pars pour un voyage au delà de la frontière.

SIÉG. *(tressaille).* Ah ! où ? quelle frontière ?

ROD. La frontière de Silésie, pour me rendre... *(Bas, à Ulric.)* Où lui dirai-je que je vais ?

ULR. *(Bas, à Rodolphe.)* A Hambourg. *(A part.)* Ce mot suffira, je pense, pour mettre un terme à son interrogatoire.

ROD. Comte, pour me rendre à Hambourg.

SIÉG. *(agité.)* A Hambourg ? non, je n'ai rien à faire de ce côté-là ; je n'ai aucun rapport avec cette ville. Ainsi, que Dieu vous soit en aide !

ROD. Adieu, comte de Siégendorf. *(Rodolphe sort.)*

SIÉG. Ulric, cet homme qui vient de partir est un de ces étranges compagnons dont je me proposais de vous entretenir.

ULR. Seigneur, il est de noble naissance, et appartient à l'une des premières maisons de la Saxe.

SIÉG Il ne s'agit pas de sa naissance, mais de sa conduite. On parle de lui d'une manière peu favorable.

ULR. C'est ce qui arrive à la plupart des hommes. Le monarque lui-même n'est pas à l'abri de la médisance de son chambellan ou de l'ironie du dernier courtisan dont il a fait un ingrat en le comblant d'honneurs.

SIÉG. S'il faut parler clairement, il court des bruits plus que fâcheux sur ce Rodolphe ; on dit qu'il fait partie des bandes noires qui infestent la frontière.

ULR. Ajoutez-vous foi à ces *on dit ?*

SIÉG. Dans ce cas, oui.

ULR. Dans tous les cas, je croyais que vous connaissiez

assez le monde pour ne pas considérer une accusation comme une sentence définitive.

Siég. Mon fils, je vous comprends, vous voulez parler de... Mais ma destinée a tellement jeté sur moi ses filets, que, semblable à la mouche que l'araignée a prise dans sa toile, je ne puis que me débattre, sans pouvoir les briser. Prenez garde, Ulric; vous avez vu où les passions m'ont conduit; vingt longues années d'indigence et de malheur n'ont pu les amortir. Vingt mille ans encore de moments pareils à ceux que j'ai passés, et qui seraient des années si la Douleur était chargée de les compter, ne pourraient effacer ou expier la démence et la honte d'un instant. Ulric, écoutez les avis de votre père! — Je n'ai pas écouté le mien, et vous me voyez!

Ulr. Je vois Siégendorf heureux et chéri, en possession des domaines d'un prince, honoré de ceux qu'il gouverne, ainsi que de ses égaux.

Siég. Peux-tu bien me dire heureux, quand je crains pour toi? chéri, quand tu ne m'aimes pas? Tous les cœurs, hormis un seul, peuvent éprouver de l'affection pour moi; — mais si celui de mon fils reste froid....

Ulr. Qui ose dire cela?

Siég. Nul autre que moi; je le vois, — je le sens plus douloureusement que ne sentirait votre glaive dans son cœur l'adversaire qui oserait vous tenir ce langage. Mais mon cœur survit à sa blessure.

Ulr. Vous vous trompez; mon caractère n'est pas accoutumé à des manifestations extérieures de tendresse; séparé de mes parents pendant douze années, comment pourrait-il en être autrement?

Siég. Et moi, ne les ai-je point également passées, ces douze années, dans la douleur de votre absence? Mais c'est en vain que je vous parlerais : des remontrances n'ont jamais corrigé la nature. Changeons de sujet de conversation; considérez, je vous prie, que si vous continuez à fréquenter ces jeunes nobles violents, connus par de funestes exploits (oui, des plus funestes, s'il faut en croire le bruit public), ils vous conduiront....

ULR. (*avec impatience*). Je ne me laisserai jamais conduire par personne.

SIÉG. J'espère aussi que vous ne conduirez jamais de tels hommes; afin de vous arracher, une fois pour toutes, aux périls de votre jeunesse et de votre audace, j'avais jugé convenable de vous faire épouser Ida Stralenheim, — d'autant plus que vous paraissiez l'aimer.

ULR. J'ai dit que je me conformerais à vos ordres, quand vous m'ordonneriez d'épouser Hécate; un fils peut-il en dire davantage?

SIÉG. Un fils qui parle ainsi en dit trop. Il n'est point dans la nature de votre âge, de votre sang, ni de votre caractère, de parler si froidement, ou d'agir avec tant d'insouciance, dans une matière qui couronne ou détruit la félicité d'un homme; car il n'est point de repos sur l'oreiller de la Gloire si l'Amour n'y appuie point sa tête. Quelque penchant impérieux, quelque sombre démon s'est mis à votre service pour égarer le mortel qui le croit son esclave, et pour asservir toutes ses pensées; autrement, vous m'auriez dit sur-le-champ : « J'aime la jeune Ida! et je l'épouserai; » ou bien : « Je ne l'aime pas, et toutes les puissances de la terre ne me la feront jamais aimer. » — C'est ainsi, moi, que j'aurais répondu.

ULR. Mon père! vous vous êtes marié par amour.

SIÉG. C'est vrai; et c'est là que j'ai trouvé mon unique refuge dans bien des infortunes.

ULR. Ces infortunes n'auraient jamais eu lieu sans ce mariage d'amour.

SIÉG. Voilà encore un langage contraire à votre âme et à votre nature. Qui jamais à vingt ans a fait pareille réponse?

ULR. Ne m'avez-vous pas recommandé de ne pas suivre votre exemple?

SIÉG. Jeune sophiste! en un mot, aimez-vous ou n'aimez-vous pas Ida?

ULR. Qu'importe, si je suis prêt à vous obéir en l'épousant?

SIÉG. Pour vous, la chose peut être indifférente; mais pour elle, il y va de sa vie tout entière. Elle est jeune, elle est belle, elle vous adore; — elle est revêtue de tous les dons qui peuvent répandre sur vous le bonheur et faire de votre vie un rêve ineffable, ce je ne sais quoi que les poëtes ne peuvent peindre, et que la philosophie pourrait échanger contre la sagesse si la sagesse ne consistait pas à aimer la vertu; celle qui donnera tant de bonheur en mérite un peu en retour. Je ne voudrais pas voir son cœur se briser pour un homme qui n'aurait point de cœur à briser, ou se flétrir sur sa tige comme la rose pâlissante, abandonnée par l'oiseau qu'elle prenait pour le chantre des nuits, comme disent les contes d'Orient. Elle est....

Ulr. La fille de Stralenheim, votre ennemi. Néanmoins, je l'épouserai, quoique, à dire vrai, en ce moment je ne sois pas violemment épris d'une telle union.

Siég. Mais elle vous aime.

Ulr. Je l'aime également; c'est pour cela que je voudrais y penser deux fois.

Siég. Hélas! c'est ce que l'Amour n'a jamais fait.

Ulr. Alors, il est temps qu'il commence, qu'il ôte le bandeau de ses yeux, et qu'il regarde avant de prendre son élan; jusqu'ici il a agi en aveugle.

Siég. Mais vous consentez à cet hymen?

Ulr. J'y ai consenti, et j'y consens encore.

Siég. Fixez donc le jour.

Ulr. L'usage et la courtoisie veulent que ce soit la dame qui le fixe.

Siég. Je m'engagerai pour elle.

Ulr. C'est ce que je ne voudrais faire pour aucune femme; et comme je voudrais ne plus rien voir changer à ce que j'aurais une fois décidé, quand elle aura donné sa réponse, je donnerai la mienne.

Siég. Mais il est de votre devoir de faire les avances.

Ulr. Comte, ce mariage est votre œuvre; chargez-vous donc de tous ces soins; mais, pour vous complaire, je vais maintenant offrir mes devoirs à ma mère, auprès de qui, vous le savez, Ida se trouve en ce moment. Que voulez-vous de moi? vous m'avez défendu d'aller me livrer à de mâles amusements hors de l'enceinte du château : je vous obéis ; vous voulez que je me transforme en amoureux de salon, pour ramasser des gants, des éventails et des aiguilles, pour écouter des chants et de la musique, pour épier des sourires, pour sourire moi-même à un babil frivole, pour contempler les yeux d'une femme, comme si c'étaient des étoiles dont nos regards impatients fixent la pâlissante clarté le matin d'un jour de bataille qui doit décider de l'empire du monde ;—que peuvent faire de plus un fils et un homme ?

(*Ulric sort.*)

Siég. (*seul*). C'est trop faire ! — c'est trop de soumission, et pas assez de tendresse ! Il me paye en une monnaie qu'il ne me doit pas ; telle a été ma destinée, que je n'ai pu jusqu'à présent remplir auprès de lui les devoirs d'un père ; mais sa tendresse ne m'en est pas moins due ; car il n'a jamais été absent de ma pensée, et, les yeux baignés de larmes, je n'ai cessé de soupirer après le jour où je reverrais mon enfant ; et maintenant je l'ai trouvé ! mais comment ? — plein d'obéissance, mais aussi de froideur ; soumis en ma présence, mais indifférent, — mystérieux, — concentré, — réservé, — s'absentant fréquemment pour aller où ? — personne ne le sait ; — lié avec les plus dissipés de nos jeunes seigneurs, quoique, et c'est une justice à lui rendre, jamais il ne s'abaisse à leurs vulgaires plaisirs ; néanmoins il existe entre eux un lien dont j'ignore la nature. Leurs yeux sont fixés sur lui, — ils le consultent, — se groupent autour de lui comme autour d'un chef ; mais Ulric ne me témoigne, à moi, aucune confiance ! Ah ! puis-je l'espérer, après que .. — Eh quoi ! la malédiction de mon père descendrait-elle jusqu'à mon fils ? Le Hongrois est-il près d'ici pour répandre encore du sang ? ou bien serait-ce toi, ombre de Stralenheim, qui erres dans cette enceinte pour y frapper d'une fatale influence ceux qui ne t'ont pas immolé, il est vrai, mais qui t'ont ouvert la porte du trépas ? Ce crime n'a pas été commis par nous ; nous sommes innocents de la mort. Tu étais notre ennemi, et pourtant je t'épargnai dans un moment où ma ruine dormait avec toi, pour s'éveiller avec ton réveil !

Je me contentai de prendre... — Or maudit! tu es comme un poison dans mes mains! je n'ose me servir de toi ni m'en séparer; la manière dont je t'ai obtenu me fait penser que tu souillerais toutes les mains comme la mienne. — Cependant, infâme métal, pour expier une faiblesse et la mort de celui à qui tu appartenais, quoiqu'elle ne soit l'ouvrage ni de moi ni des miens, j'ai fait autant que s'il eût été mon frère! j'ai recueilli son orpheline Ida, — je l'ai chérie comme celle qui doit être ma fille.

Un domestique entre.

LE DOM. Monseigneur, l'abbé que vous avez envoyé chercher attend qu'il plaise à Votre Excellence de le recevoir.

(Le domestique sort. — Le prieur ALBERT entre.)

LE PR. Paix à ces murs et à tous ceux qui les habitent!

SIÉG. Soyez le bien venu, mon père! et puisse votre prière être entendue! Tous les hommes en ont besoin, et moi...

LE PR. Vous avez droit plus que personne aux prières de notre communauté. Notre couvent, fondé par vos ancêtres, est encore protégé par leurs enfants.

SIÉG. Oui, mon père, continuez à prier chaque jour pour nous dans ces temps d'hérésie et de sang, quoique le Suédois schismatique Gustave soit parti.

LE PR. Pour l'éternelle demeure des infidèles, pour ce séjour des douleurs sans fin, où sont les grincements de dents, les larmes de sang, le feu éternel et le ver qui ne meurt pas.

SIÉG. Il est vrai, mon père; — et, pour écarter ces douleurs, ces tourments d'un homme qui, bien qu'appartenant à notre Église sainte et sans tache, cependant est mort privé de ces secours chers et suprêmes qui aplanissent le chemin de l'âme à travers les souffrances du purgatoire, voici une donation que je vous offre humblement, afin d'obtenir des messes pour le repos de son âme.

(Siégendorf remet au prieur l'or qu'il avait pris à Stralenheim.)

LE PR. Comte, si je la reçois, c'est parce que je sais trop bien qu'un refus vous offenserait. Soyez persuadé que tout cet argent sera employé en aumônes, et qu'on n'en dira pas moins les messes que vous demandez. Notre monastère n'a pas besoin de donations, grâce à celles que lui a faites jadis votre maison; mais notre devoir est de vous obéir, ainsi qu'aux vôtres, en toutes choses légitimes. Pour qui les messes seront-elles dites?

Siég. Pour... — pour... — un mort.

Le Pr. Son nom?

Siég. Ce n'est pas un nom, mais une âme que je voudrais soustraire à la damnation.

Le Pr. Je ne veux point pénétrer dans vos secrets. Nous prierons pour un inconnu comme nous ferions pour le plus élevé des mortels.

Siég. Des secrets! je n'en ai pas; mais, mon père, celui qui est mort pouvait en avoir un, ou bien il a légué... — Non, il n'a rien légué; mais je consacre cette somme à des intentions pieuses.

Le Pr. C'est une action louable dans l'intérêt de nos amis défunts.

Siég. Mais le défunt n'était pas mon ami : il était le plus mortel, le plus acharné de mes ennemis.

Le Pr. C'est encore mieux... Employer nos richesses à obtenir le ciel pour les âmes de nos ennemis morts, est digne de ceux qui savaient leur pardonner pendant leur vie.

Siég. Mais je n'ai pas pardonné à cet homme : je l'ai haï jusqu'au dernier moment comme il me haïssait lui-même. En ce moment, je ne l'aime pas; mais...

Le Pr. De mieux en mieux!... C'est là de la religion toute pure : vous voulez soustraire à l'enfer celui que vous haïssez; compassion tout à fait évangélique... — Et avec vos propres deniers, encore!

Siég. Mon père, cet or n'est point à moi.

Le Pr. A qui appartient-il donc?... Vous m'avez dit que ce n'était point un legs.

Siég. Peu importe l'origine de cet or... Qu'il vous suffise de savoir que celui à qui il appartenait n'en aura plus besoin, si ce n'est pour acheter les prières de vos autels. Il est à vous et à votre monastère.

Le Pr. N'y a-t-il point de sang sur cet or?

Siég. Non, mais il y a pis que du sang :—il y a une infamie éternelle.

Le Pr. Celui qui le possédait est-il mort dans son *lit?*

Siég. Hélas! oui.

Le Pr. Mon fils, vous retombez dans votre vengeance, si vous regrettez que votre ennemi ne soit pas mort de mort violente.

Siég. Sa mort a été effroyablement tachée de sang.

Le Pr. Vous disiez qu'il était mort dans son lit, et non sur le champ de bataille.

Siég. Il périt je sais à peine comment, — mais il fut assassiné dans l'ombre. Maintenant, vous savez tout : — il fut égorgé dans son lit! — Oui... — Vous pouvez me regarder : je ne suis pas l'assassin. Sur ce point, je puis affronter votre regard, comme un jour celui de Dieu.

Le Pr. N'avez-vous été en rien complice de sa mort?

Siég. Non, par le Dieu qui voit et frappe!

Le Pr. Ne connaissez-vous pas celui qui le tua?

Siég. J'ai seulement soupçonné quelqu'un... Il m'était étranger : aucun rapport ne nous unissait; il n'a point agi par mes ordres, et je ne l'ai jamais connu qu'un jour.

Le Pr. Vous êtes donc pur de toute culpabilité?

Siég. (*vivement*). Oh! le suis-je? — Parlez.

Le Pr. Vous l'avez dit, et vous devez le savoir.

Siég. Mon père, j'ai dit la vérité, rien que la vérité, sinon *toute* la vérité. Répétez-moi que je ne suis pas coupable, car le sang de cet homme pèse sur moi comme si je l'avais versé; et cependant, j'en atteste le Dieu qui abhorre le sang humain, sa mort n'est pas mon ouvrage! — Bien plus, je l'épargnai quand j'aurais pu et peut-être dû le frapper, si toutefois il est permis d'immoler un ennemi tout-puissant dans l'intérêt de sa défense personnelle; mais priez pour lui, pour moi et pour toute ma maison : car, comme je l'ai dit, bien que je sois innocent, j'éprouve, je ne sais pourquoi, un douloureux remords, comme s'il avait succombé sous mes coups ou de la main de quelqu'un des miens. Priez pour moi, mon père : j'ai moi-même prié en vain.

Le Pr. Je le ferai... Consolez-vous : vous êtes innocent, et devez être calme comme l'innocence.

Siég. Mais le calme, je le sens, n'est pas toujours le partage de l'innocence.

Le Pr. Il en sera ainsi quand votre âme se sera recueillie et calmée. Rappelez-vous la grande solennité des fêtes de demain, dans laquelle vous et votre vaillant fils devez prendre rang parmi nos premiers seigneurs; que votre front s'éclaircisse au milieu des prières où nous remercierons Dieu d'avoir mis un terme à l'effusion du sang; qu'un sang que vous n'avez point versé ne jette pas un nuage sur vos pensées : cet excès de sensibilité serait condamnable. Consolez-vous, oubliez ces choses, et laissez les remords aux coupables. (*Ils sortent.*)

ACTE CINQUIÈME.
SCÈNE Ire.

Grande et magnifique salle gothique du château de Siégendorf, décorée de trophées, de bannières et des armoiries de la famille.

Entrent ARNHEIM et MEISTER, de la suite du comte Siégendorf.

Arn. Dépêchez-vous! Le comte va bientôt revenir; les dames sont déjà sous le portail. Avez-vous envoyé des messagers à la recherche de l'individu en question?

Meist. J'ai fait parcourir Prague dans toutes les directions, afin de faire les recherches nécessaires, au moyen du signalement que vous avez donné... Le diable emporte les banquets et les processions!... Tout le plaisir, s'il y en a, est pour les spectateurs; il n'y en a pas pour nous, qui faisons le spectacle.

Arn. Allez; voici madame la comtesse.

Meist. J'aimerais mieux monter tout un jour, à la chasse, une rosse éreintée, que de faire partie de la suite d'un grand personnage dans ces ennuyeuses cérémonies.

Arn. Partez... Allez faire là-bas vos sarcasmes.

Ils sortent. — Entrent la comtesse JOSÉPHINE SIÉGENDORF et IDA STRALENHEIM.

Josép. Enfin, Dieu soit loué! la cérémonie est terminée.

Ida. Comment pouvez-vous parler ainsi? Je n'ai jamais rien rêvé de si beau. Ces fleurs, ce feuillage, ces bannières, ces seigneurs, ces chevaliers, ces diamants, ces manteaux, ces panaches, ce bonheur empreint sur tous les visages, ces coursiers, cet encens, ce soleil rayonnant à travers les vitraux, jusqu'à ces tombes revêtues d'une beauté si calme, ces hymnes pieux qui semblaient venir du ciel plutôt que d'y monter; l'orgue faisant résonner sa voix grave comme un tonnerre harmonieux, toutes ces robes blanches, tous ces regards tournés vers le ciel, le monde en paix et tous en paix avec tous! O ma tendre mère! (*Elle embrasse Joséphine.*)

Josép. Ma chère enfant!... car j'espère que vous le serez bientôt.

Ida. Oh! je le suis déjà... Sentez comme mon cœur bat!

Josép. En effet, mon amour... Puisse-t-il ne battre jamais avec plus d'amertume!

Ida. Jamais!... Comment cela se pourrait-il? qui pourrait nous affliger? Je ne puis, sans souffrir, entendre parler de douleurs... Comment serait-on triste quand on s'aime aussi tendrement que vous, Ulric et votre fille Ida?

Josép. Pauvre enfant!

Ida. Est-ce que vous me plaignez?

Josép. Non; je vous envie seulement avec un sentiment douloureux. Cette envie ne ressemble point à ce que le monde entend par ce mot, à ce vice universel, si toutefois il est un vice qui soit plus général qu'un autre.

Ida. Je ne veux pas qu'on dise du mal d'un monde qui contient encore et vous et mon Ulric. Avez-vous jamais rien vu de semblable à lui? Comme il les dominait tous par sa taille! comme tous les yeux le suivaient! Les fleurs jetées de chaque fenêtre tombaient à ses pieds plus nombreuses que devant tout autre; partout où il a marché, sans doute elles croissent encore pour ne jamais se flétrir.

Josép. Vous le gâteriez, petite flatteuse, s'il vous entendait.

Ida. Il ne m'entendra jamais : je n'oserais pas lui en dire autant... — Je le redoute.

Josép. Pourquoi? il vous aime.

IDA. Mais je ne puis jamais trouver des paroles pour lui exprimer ce que je sens pour lui; et puis quelquefois il me fait peur.

JOSÉP. Comment cela?

IDA. Un nuage obscurcit tout à coup ses yeux bleus, pendant qu'il reste silencieux.

JOSÉP. Ce n'est rien... Tous les hommes, surtout dans ces temps de trouble, ont beaucoup à penser.

IDA. Mais je ne puis penser à autre chose qu'à lui.

JOSÉP. Cependant il y a d'autres hommes aussi beaux que lui aux yeux du monde. Par exemple, le jeune comte de Waldorf, dont les yeux aujourd'hui n'ont cessé d'être fixés sur vous.

IDA. Je ne l'ai pas vu : je ne voyais qu'Ulric. L'avez-vous remarqué au moment où chacun a fléchi le genou? Je pleurais, et, à travers mes larmes abondantes, il m'a semblé le voir me sourire.

JOSÉP. Moi, je ne voyais que le ciel, vers lequel mes yeux et ceux de tout un peuple étaient levés.

IDA. Je pensais aussi au ciel en regardant Ulric.

JOSÉP. Venez, retirons-nous : ils seront bientôt ici pour le banquet. Allons quitter ces plumes ondoyantes et ces robes traînantes.

IDA. Et surtout ces pesants joyaux : ils me blessent la tête et le cœur, qui battent douloureusement sous l'éclat dont ils brillent à mon front et à ma ceinture. Ma chère mère, je vous suis.

Elles sortent. — Le comte SIÉGENDORF, en grand costume, entre avec LUDWIG.

SIÉG. Ne l'a-t-on pas trouvé?

LUD. On fait partout d'exactes perquisitions, et, si cet homme est à Prague, soyez sûr qu'on le trouvera.

SIÉG. Où est Ulric?

LUD. Il a pris l'autre chemin avec quelques jeunes nobles; mais il n'a pas tardé à les quitter, et, si je ne me trompe, il n'y a pas une minute que j'ai entendu Son Excellence franchir au galop, avec sa suite, le pont-levis de l'ouest.

Entre ULRIC, revêtu d'un costume splendide.

Siég. (*à Ludwig*). Allez, et veillez à ce que l'on continue sans relâche à chercher l'individu en question. (*Ludwig sort.*) O Ulric! combien j'ai désiré votre présence!

Ulr. Votre vœu est satisfait, — me voici.

Siég. J'ai vu le meurtrier.

Ulr. Qui? où?

Siég. Le Hongrois qui a tué Stralenheim.

Ulr. Vous rêvez!

Siég. Aussi vrai que j'existe, je l'ai vu, je l'ai entendu! Il a même osé prononcer mon nom.

Ulr. Quel nom?

Siég. Werner! *c'était* le mien.

Ulr. Il ne doit plus l'être : oubliez-le.

Siég. Jamais! jamais! Toutes mes destinées ont été rattachées à ce nom; il ne sera pas gravé sur ma tombe, mais il peut m'y conduire.

Ulr. Au fait, — le Hongrois?

Siég. Écoutez! — l'église était remplie; l'hymne pieux s'élevait vers le ciel; la voix des nations, plutôt que celle des cœurs, entonnait le *Te Deum*, et rendait grâces à Dieu de ces jours de paix obtenus après trente années de guerres, toutes plus sanglantes les unes que les autres. Je me levai avec tous les seigneurs, et au moment où, du haut de notre galerie ornée d'écussons et de bannières, je promenais mes regards sur toutes ces têtes levées, je vis.... — ce fut pour moi comme un éclair qui m'empêcha de voir tout autre objet; — je vis le visage du Hongrois; je m'évanouis. Quand j'eus repris mes sens, je regardai au même endroit, et ne le revis plus. Le chant d'actions de grâces était fini, et le cortége s'était remis en marche.

Ulr. Continuez.

Siég. Lorsque nous arrivâmes au pont de Muldau, toute cette foule qui le couvrait, ces barques innombrables chargées de citoyens en habits de fête, qui glissaient sur les vagues au-dessous de nous; la rue décorée, le long cortége, la musique retentissante, le tonnerre lointain de l'artillerie, qui semblait dire un long et bruyant adieu à ses grands exploits ; les étendards qui flottaient sur ma tête, le bruit de tous ces pas, le mugissement de cette foule précipitant ses vagues comme un torrent,—rien, — rien ne pouvait écarter de mon souvenir cet homme, que cependant mes yeux ne voyaient plus.

ULR. Vous ne l'avez donc plus revu?

SIÉG. J'avais soif de revoir cet homme, comme un soldat mourant implore une gorgée d'eau; je ne le vis pas; mais à sa place...

ULR. Eh bien! à sa place?

SIÉG. Mes yeux rencontraient sans cesse votre ondoyant panache qui, placé sur la tête la plus haute et la plus charmante, dominait tout cet océan de plumes dont les flots inondaient les rues brillantes de Prague.

ULR. Quel rapport cela a-t-il avec le Hongrois?

SIÉG. Beaucoup; car je l'avais alors oublié, pour ne penser qu'à mon fils, lorsque, au moment où l'artillerie se taisait, où la musique cessait, où la foule, interrompant ses acclamations, s'embrassait, j'entendis une voix sourde et basse, mais plus distincte et plus perçante à mon oreille que la voix tonnante du bronze, prononcer ce nom : — « Werner. »

ULR. Qui le prononçait?

SIÉG. *Lui!* Je me retournai, — je le vis, et je tombai!

ULR. Et pourquoi? Vous a-t-on vu?

SIÉG. Ceux qui m'entouraient, me voyant évanoui et en ignorant la cause, me transportèrent hors de ce lieu. Vous étiez trop loin dans le cortége des jeunes seigneurs pour venir à mon aide.

ULR. J'y viendrai maintenant.

SIÉG. Comment?

ULR. En cherchant cet homme, ou...— Quand nous l'aurons trouvé, qu'en ferons-nous?

SIÉG. Je ne sais.

ULR. Pourquoi donc le chercher?

SIÉG. Parce qu'il n'est point de repos pour moi que je ne l'aie trouvé. Son destin, celui de Stralenheim, le nôtre, semblent enchaînés ensemble! c'est un nœud mystérieux qui ne peut se dénouer que...

Un domestique entre.

Le Dom. Un étranger demande à parler à Votre Excellence.

Siég. Qui est-il?

Le Dom. Il ne s'est point nommé.

Siég. N'importe, faites-le entrer. (*Le domestique introduit Gabor et se retire.*) Ah!

Gab. C'est donc Werner!

Siég. (*avec hauteur*). Celui que vous avez connu sous ce nom, Monsieur; et *vous?*

Gab. (*regardant autour de lui*). Je vous reconnais tous deux: le père et le fils, à ce qu'il semble. Comte, j'ai su que vous, ou les vôtres, vous me faisiez chercher; me voici.

Siég. Je vous cherchais et je vous ai trouvé. Vous êtes accusé (votre propre cœur doit vous dire pourquoi) d'un crime tel que... (*Il s'arrête.*)

Gab. Nommez-le et j'en accepterai les conséquences.

Siég. Il le faudra, — à moins...

Gab. D'abord, qui m'accuse?

Siég. Toutes choses, sinon tout le monde: le bruit général, ma présence sur les lieux, — le théâtre du crime, — enfin toutes les circonstances se réunissent pour vous désigner comme le coupable.

Gab. Et *moi seul?* Réfléchissez avant de répondre: n'est-il point d'autre nom que le mien compromis dans cette affaire?

Siég. Scélérat! qui te fais un jeu de ton crime! De tous les hommes, aucun ne connaît mieux que toi l'innocence de celui contre lequel ta bouche voudrait exhaler ta sanglante calomnie; mais je n'adresserai point d'inutiles paroles à un misérable; je me bornerai à ce qu'exige strictement la justice. Réponds donc sur-le-champ, et sans équivoque, à mon accusation.

Gab. Elle est fausse.

Siég. Qui dit cela?

Gab. Moi.

Siég. Tes preuves?

GAB. La présence de l'assassin.

SIÉG. Nomme-le.

GAB. Il peut avoir plus d'un nom. Il fut un temps où Votre Seigneurie en avait plusieurs.

SIÉG. Si c'est moi que tu veux désigner, je brave les accusations.

GAB. Vous le pouvez en toute sûreté; je connais l'assassin.

SIÉG. Où est-il?

GAB. (*montrant Ulric*). Auprès de vous.

(Ulric se précipite sur Gabor; Siégendorf le retient.)

SIÉG. Imposteur maudit! Mais on n'attentera point à tes jours; ces murs m'appartiennent, tu seras en sûreté dans leur enceinte. (*Se tournant vers Ulric.*) Ulric, repousse comme moi cette calomnie; j'avoue qu'elle est si monstrueuse que je n'aurais pu croire qu'un homme en fût capable; calme-toi : elle se réfutera d'elle-même; mais ne le touche pas.

(Ulric s'efforce de composer son visage.)

GAB. Regardez-*le*, comte, et puis *écoutez-moi!*

SIÉG. (*à Gabor*). Je vous entends. (*Regardant Ulric.*) Grand Dieu! tu ressembles...

ULR. A quoi?

SIÉG. A ce que je t'ai vu dans cette nuit terrible où nous nous rencontrâmes dans le jardin.

ULR. (*se remettant*). Ce n'est rien.

GAB. Comte, vous êtes tenu de m'entendre : je ne vous cherchais pas, c'est vous qui m'avez fait venir. Quand je m'agenouillai au milieu du peuple, dans l'église, je ne m'attendais pas à rencontrer l'indigent Werner sur le siège des sénateurs et des princes; mais vous avez voulu me voir, et me voici devant vous.

SIÉG. Poursuivez, Monsieur.

GAB. Auparavant, permettez-moi de vous demander à qui la mort de Stralenheim a été profitable; est-ce à moi — qui suis aussi pauvre que je l'étais, et que les soupçons attachés à mon nom ont rendu plus pauvre encore? Dans ce dernier attentat, on n'a enlevé au baron ni joyaux ni or; on n'a pris que sa vie, — et cette vie était un obstacle aux prétentions de certains hommes qui convoitaient un rang et une fortune de prince.

Siég. Ces insinuations, aussi vagues que vaines, ne retombent pas moins sur moi que sur mon fils.

Gab. Ce n'est pas ma faute; mais que les conséquences retombent sur celui d'entre nous qui se sent coupable! C'est à vous que je m'adresse, comte Siégendorf, parce que je vous sais innocent, et vous crois juste; mais avant que je poursuive, — *oserez*-vous me protéger? oserez-vous m'ordonner de continuer?

(Siégendorf regarde d'abord le Hongrois, puis Ulric qui a détaché du ceinturon son sabre, resté dans le fourreau, et trace, avec la pointe, des lignes sur le plancher.)

Ulr. (*regarde son père, et dit*) : Qu'il continue!

Gab. Comte, je suis désarmé; — dites à votre fils de déposer son sabre.

Ulr. (*le lui offre avec mépris*). Prends-le!

Gab. Non, Seigneur; il suffit que nous soyons désarmés l'un et l'autre. — Je ne voudrais pas porter un glaive que peut avoir souillé un sang versé ailleurs que dans les combats.

Ulr. (*jette son sabre avec mépris*). Ce même glaive, ou un autre, épargna un jour votre vie, lorsque vous étiez désarmé et à merci.

Gab. C'est vrai, — je ne l'ai point oublié; vous m'avez épargné pour servir vos vues particulières, pour faire peser sur moi une ignominie qui ne m'appartenait pas.

Ulr. Poursuis, le récit est digne, sans doute, de celui qui le fait. (*A Siégendorf.*) Mais convient-il que mon père en entende davantage?

Siég. (*prenant son fils par la main*). Mon fils, je connais mon innocence, et je ne mets pas la vôtre en doute; — mais j'ai promis à cet homme d'être patient : qu'il continue.

Gab. Je n'abuserai pas de vos instants en vous parlant longuement de moi; j'ai débuté de bonne heure dans la vie, — et je suis ce que le monde m'a fait. L'hiver dernier, je me trouvais à Francfort-sur-l'Oder, où je vivais obscurément. Le hasard me conduisit quelquefois dans des lieux de réunion, où j'entendis raconter, en février, une étrange circonstance. Un corps de troupes, envoyé par l'État, avait, après une vive résistance, réussi à s'emparer d'une bande d'hommes désespérés qu'on supposait des maraudeurs du camp ennemi; il se trouva que c'étaient des brigands que le hasard ou quelque expédition avait entraînés au delà des limites ordinaires de leurs opérations, — les forêts de la Bohême, — et amenés jusqu'en Lusace. Plusieurs d'entre eux, disait-on, étaient d'un haut rang; — on laissa dormir un moment les lois rigoureuses de la guerre, et enfin ils furent escortés jusqu'aux frontières, et placés sous la juridiction de la ville libre de Francfort. J'ignore depuis ce qu'ils sont devenus.

Siég. Quel rapport cela peut-il avoir avec Ulric?

Gab. Parmi eux se trouvait, disait-on, un homme que la nature avait comblé de ses dons : — on vantait sa naissance, sa fortune, sa jeunesse, sa force, sa beauté plus qu'humaine, son courage sans pareil; et l'on attribuait à la magie son ascendant sur ses compagnons et même sur ses juges, tant était grande son influence; — je n'ai pas grande foi à la magie, si ce n'est à celle de l'or : — je le crus donc riche; — une vive curiosité me portait à rechercher ce prodige, ne fût-ce que pour le voir.

Siég. Et le vîtes-vous?

Gab. La suite vous l'apprendra. Le hasard me favorisa ; un tumulte populaire avait rassemblé une grande foule sur la place publique : c'était l'une de ces occasions où l'âme se montre tout entière, où les hommes apparaissent tels qu'ils sont; du moment où mes yeux rencontrèrent les siens, je m'écriai : « Le voilà! » quoiqu'il fût alors, comme depuis, au milieu des grands de la ville : j'étais sûr de ne pas me tromper; je l'épiai longtemps et de près, j'examinai sa taille, — ses gestes, — ses traits, sa démarche, — et au milieu de tout cela, au milieu de tous ces dons naturels et acquis, je crus discerner l'œil de l'assassin et l'âme du gladiateur.

Ulr. (*souriant*). Voilà une histoire intéressante.

Gab. Elle le sera plus encore. — Il me parut l'un de ces hommes audacieux devant lesquels la Fortune s'incline, —

et qui tiennent souvent dans leurs mains la destinée des autres. D'ailleurs une sensation inexplicable m'attirait vers cet homme, comme si ma destinée devait être fixée par lui;—en cela j'étais dans l'erreur.

Siég. Et vous pourriez bien y être encore,

Gab. Je le suivis, je sollicitai son attention, — je l'obtins, — mais non son amitié; — son dessein était de quitter la ville secrètement; — nous partîmes ensemble, — et ensemble nous arrivâmes dans la bourgade obscure où Werner était caché, et où nous sauvâmes les jours de Stralenheim. Maintenant nous voici arrivés à la catastrophe : *osez-vous en entendre davantage?*

Siég. Je le dois, — ou j'en ai trop entendu.

Gab. Je reconnus en vous un homme au-dessus de sa position, et si je ne devinai pas dès lors le rang où je vous trouve aujourd'hui, c'est que j'avais rarement vu, dans les rangs les plus élevés, des hommes ayant l'âme aussi grande que vous. Vous étiez pauvre; vous aviez tout de la misère, sauf ses haillons : j'offris de partager avec vous ma bourse, quelque légère qu'elle fût; vous refusâtes.

Siég. Mon refus m'a-t-il rendu votre obligé, que vous veniez ainsi me le rappeler?

Gab. Cependant, vous m'avez une obligation, quoique d'une autre nature; et moi je vous dus, au moins en apparence, ma sûreté, quand les esclaves de Stralenheim me poursuivaient, en m'accusant de l'avoir volé.

Siég. Je vous ai abrité; et c'est vous, vipère réchauffée dans mon sein, qui venez m'accuser, moi et les miens?

Gab. Je n'accuse personne, — si ce n'est pour me défendre. Vous, comte, vous vous êtes constitué accusateur et juge : votre palais est ma cour; votre cœur, mon tribunal. Soyez juste, et je serai indulgent.

Siég. Vous indulgent! vous! lâche calomniateur!

Gab. Moi! du moins il dépendra de moi de l'être. Vous me fîtes cacher — dans un passage secret, connu de vous seul, me dites-vous. Au milieu de la nuit, ennuyé de veiller dans les ténèbres, et incertain si je pourrais retrouver ma route, je vis de loin une lumière scintiller à travers les fentes : je m'en approchai, et je parvins à une porte, — une porte secrète qui donnait dans une chambre; là, ayant, d'une main prudente et circonspecte, pratiqué une faible ouverture, je regardai, et vis un lit ensanglanté, et sur ce lit Stralenheim!

Siég. Endormi! et tu l'as assassiné, — misérable!

Gab. Il était déjà tué, et saignant comme une victime. Tout mon sang se glaça.

Siég. Mais il était seul! Tu ne vis personne, tu ne vis pas le... *(Son émotion l'oblige à s'arrêter.)*

Gab. Non, non, *celui* que vous n'osez pas nommer, et que j'ose à peine me rappeler, n'était pas en ce moment dans la chambre.

Siég. *(à Ulric).* Alors, mon fils, tu es innocent encore.— Un jour, je m'en souviens, tu me suppliais de déclarer que j'étais innocent; à présent je t'en dis autant!

Gab. Patience! je ne reculerais pas maintenant, quand mes paroles devraient ébranler ces murs menaçants qui s'élèvent au-dessus de nous. Vous vous rappelez, — sinon vous, du moins votre fils, — que les serrures avaient été changées, sous *son* inspection spéciale, dans la matinée de ce même jour; comment il était entré, c'est à lui de le dire; — mais dans une antichambre dont la porte était entr'ouverte, je vis un homme qui lavait ses mains sanglantes, et tournait un regard farouche et inquiet vers le corps de la victime. — Mais ce corps ne remuait plus.

Siég. Oh! Dieu des pères!

Gab. Je vis son visage comme je vois le vôtre : — mais ce n'était pas le vôtre, quoiqu'il vous ressemblât; — reconnaissez-le dans celui du comte Ulric, tel que je le vois maintenant, quoique son expression ne fût pas alors ce qu'elle est à présent;—mais il l'avait encore tout à l'heure au moment où je l'ai accusé de ce crime.

Siég. C'est vrai!

Gab. *(l'interrompant).* Écoutez-moi jusqu'au bout; vous le devez maintenant.— Je me crus trahi par vous et par *lui* (car je découvris alors qu'il existait un lien entre vous); je crus que vous ne m'aviez accordé ce prétendu refuge que pour faire de moi la victime de votre forfait; et ma première pensée fut la vengeance. J'avais laissé mon épée, et, quoique je fusse armé d'un poignard, je ne pouvais lutter contre lui d'adresse ou de force, comme j'en avais fait l'épreuve dans la même matinée. Je rebroussai chemin, et m'enfuis dans les ténèbres; le hasard me fit gagner la porte secrète de la salle, puis la chambre où vous étiez endormi. Si je vous avais trouvé *éveillé*, Dieu seul peut dire à quels actes la vengeance et le soupçon m'eussent porté contre vous; mais jamais le crime ne dormit comme dormait Werner cette nuit-là.

Siég. Et cependant j'eus d'horribles rêves, et mon sommeil fut si court que je m'éveillai avant que les étoiles eussent disparu. Pourquoi m'as-tu épargné? — Je rêvais de mon père, — mon rêve s'est vérifié.

Gab. Ce n'est pas ma faute si j'en ai révélé le mystère. — Eh bien donc, je m'enfuis et me cachai; — le hasard, après un si long intervalle, m'a enfin amené ici, et m'a fait voir Werner dans le comte Siégendorf; Werner, que j'avais cherché vainement sous le chaume, habitait le palais d'un souverain! Vous avez voulu me voir, vous m'avez vu. — Maintenant — vous connaissez mon secret, et vous pouvez en peser la valeur.

Siég. (*après un moment de silence.*) Vraiment!

Gab. Est-ce la vengeance ou la justice qui vous plonge dans cette rêverie?

Siég. Ni l'une ni l'autre. Je pesais la valeur de votre secret.

Gab. Je vais vous la faire connaître en peu de mots. — Quand vous étiez pauvre, et moi, quoique pauvre, assez riche pour secourir une pauvreté qui pouvait porter envie à la mienne, je vous offris ma bourse, — vous refusâtes de la partager : — je serai plus franc avec vous; vous êtes riche, noble, en crédit auprès de l'empereur : vous me comprenez?

Siég. Oui.

Gab. Pas tout à fait : vous me croyez vénal et ne pouvez me croire sincère; il n'en est pas moins vrai que ma destinée m'a rendu l'un et l'autre. Vous m'aiderez : je vous aurais aidé; et d'ailleurs, j'ai souffert dans ma réputation pour sauver la vôtre et celle de votre fils. Pesez mûrement ce que je vous ai dit.

Siég. Osez-vous attendre le résultat d'une délibération de quelques minutes?

Gab. (*jette un regard sur Ulric, appuyé contre un pilier*). Et dans le cas où j'y consentirais?...

Siég. Je réponds de votre vie sur la mienne. Entrez dans cette tour. (*Il ouvre une porte basse.*)

Gab. (*hésitant*). Voilà le second asile *sûr* que vous m'offrez.

Siég. Le premier ne l'était-il pas?

Gab. Je n'en sais trop rien, même aujourd'hui; — mais j'essaierai du second. J'ai d'ailleurs une autre garantie. — Je ne suis pas venu seul à Prague; et, dans le cas où l'on m'enverrait dormir avec Stralenheim, il est des langues qui parleront pour moi. Que votre décision soit prompte!

Siég. Elle le sera. — Ma parole est sacrée et irrévocable dans l'enceinte de ce château; mais elle ne s'étend pas plus loin.

Gab. Je la prends pour ce qu'elle vaut.

Siég. (*montrant le sabre d'Ulric, qui est resté par terre*). Prenez aussi cette arme, — je vous ai vu la regarder avidement, et lui, avec méfiance.

Gab. (*ramassant le sabre*). Je le veux bien; j'aurai les moyens de vendre cher ma vie.

(Gabor entre dans la tour, dont Siégendorf ferme la porte sur lui.)

Siég. (*s'avance vers Ulric*). Maintenant, comte Ulric, car je n'ose plus t'appeler mon fils, que dis-tu?

Ulr. Ce qu'il a dit est la vérité.

Siég. La vérité, monstre!

Ulr. La vérité, mon père! et vous avez bien fait d'écouter son récit: pour parer à un danger, il faut le connaître. Il faut faire taire cet homme.

Siég. Oui, avec la moitié de mes domaines; et plût au ciel qu'avec l'autre moitié nous pussions effacer ce forfait!

Ulr. Ce n'est point le moment de dissimuler ou de se payer de paroles. J'ai dit que son récit est conforme à la vérité, et j'ajoute de nouveau qu'il faut le faire taire.

Siég. Comment?

Ulr. Comme on a fait taire Stralenheim. Êtes-vous assez simple pour ne vous être aperçu de rien jusqu'ici? Quand nous nous sommes rencontrés dans le jardin, à moins d'avoir pris l'assassin sur le fait, comment aurais-je pu connaître la mort du baron Stralenheim? Si j'avais effectivement donné l'alarme aux gens de la maison du prince, est-ce à moi, est-ce à un étranger qu'on eût confié le soin d'avertir la police? Si notre départ n'avait précédé de plusieurs heures la découverte du crime, aurions-nous pu nous arrêter en route? Et vous, *Werner*, vous l'objet de la haine et des craintes du baron, auriez-vous pu fuir? Je vous cherchai et je vous sondai, doutant s'il y avait en vous dissimulation ou faiblesse : je reconnus que vous n'étiez que faible, et pourtant je vous ai trouvé tant d'assurance que je doutais parfois de votre faiblesse.

Siég. Parricide! non moins qu'assassin vulgaire! quel est l'acte de ma vie, quelle est celle de mes pensées qui ont pu te faire supposer que j'étais propre à devenir ton complice?

Ulr. Mon père, n'évoquez pas la discorde entre nous. Ce qu'il nous faut maintenant, c'est de l'union et de l'action, et non des querelles intestines. Pendant que vous étiez à la torture, pouvais-je être calme? Pensez-vous que j'aie entendu le récit de cet homme sans quelque émotion?—Vous m'avez appris à sentir pour vous et pour moi; quelle autre sympathie avez-vous jamais mise dans mon cœur?

Siég. O malédiction de mon père! tu agis maintenant.

Ulr. Qu'elle agisse! le tombeau la contiendra! Des cendres sont de faibles ennemis; il est plus facile de leur résister que de contreminer une taupe qui se fraie sous vos pas une route aveugle, mais vivante. Cependant, écoutez-moi encore! — Si *vous* me condamnez, rappelez-vous celui qui me conjurait jadis de l'écouter. Qui m'a enseigné qu'*il y avait des crimes* que l'occasion rendait excusables, que la passion constituait notre nature, que la faveur du ciel s'attachait aux biens de la fortune? *qui* m'a fait voir son humanité placée sous l'unique sauvegarde de sa sensibilité nerveuse? qui m'a privé de tout moyen de revendiquer mon rang et mes droits à la face du jour, par une action déshonorante qui imprimait sur mon front le stigmate de la bâtardise, et sur le vôtre celui de l'infamie? L'homme tout à la fois violent et faible, invite à faire ce qu'il désire faire sans l'oser. Est-il étrange que j'aie fait ce que vous avez pensé? Pour nous, la question du bien et du mal est nulle; maintenant c'est aux effets et non aux causes que nous devons songer. Par un mouvement instinctif, j'avais sauvé la vie de Stralenheim sans le connaître, comme j'aurais sauvé celle d'un paysan ou d'un chien; quand je l'ai *connu*, je l'ai tué, non par vengeance, mais parce qu'il était notre ennemi : c'était un rocher placé sur notre passage, et je l'ai brisé comme eût fait la foudre, parce qu'il s'interposait entre nous et notre destination véritable. Comme étranger, je l'ai sauvé, et *il me devait la vie*; au jour de l'échéance, j'ai repris ce qui m'était dû. Lui, vous et moi, nous étions au bord d'un gouffre, et j'y ai précipité notre ennemi. *Vous avez le premier allumé la torche, vous m'avez montré le chemin, montrez-moi maintenant celui de notre sûreté,* — ou laissez-moi m'occuper de ce soin.

Siég. J'ai fini avec la vie!

Ulr. Ayons fini avec ce qui ronge la vie, — avec ces discordes intérieures, ces vaines récriminations sur des choses consommées sans retour. Nous n'avons plus rien à apprendre ou à cacher; je n'éprouve aucune crainte, et j'ai, dans cette enceinte, des hommes que vous ne connaissez pas, et qui sont prêts à tout oser. Vous êtes en crédit auprès du gouvernement; ce qui se passera ici n'excitera que faiblement sa curiosité; gardez votre secret, contenez-vous, ne bougez pas, ne parlez pas; — abandonnez-moi le reste; il ne faut pas qu'il y ait entre nous l'indiscrétion d'un tiers. *(Ulric sort.)*

Siég. *(seul).* Veillé-je? Est-ce ici le château de mes pères? Est-ce bien là mon fils? Mon fils! *le mien!* Moi qui abhorrai toujours le mystère et le sang, me voici plongé dans un enfer de sang et de mystères! Il faut me hâter, ou le sang va couler encore, — celui du Hongrois! — Ulric, — il paraît qu'il a des partisans; j'aurais dû m'en douter. Oh! l'insensé que je suis! Les loups rôdent par bandes! Il a, comme moi, la clef de la porte opposée de la tour. C'est maintenant qu'il faut agir, si je ne veux être le père de nouveaux crimes, non moins que du criminel! Holà! Gabor! Gabor! (*Il entre dans la tour, dont il ferme la porte après lui.*)

SCÈNE II.
L'intérieur de la tour.

GABOR et SIÉGENDORF.

Gab. Qui m'appelle?

Siég. C'est moi,—Siégendorf! Prends ceci et fuis! ne perds pas un moment! (*Il détache de sa poitrine une étoile de diamant et d'autres joyaux, qu'il jette dans la main de Gabor.*)

Gab. Que ferai-je de cela?

Siég. Ce que tu voudras; vends-les ou garde-les, et prospère; mais fuis sans retard, ou tu es perdu!

Gab. Vous vous êtes engagé sur l'honneur à veiller à ma sûreté.

Siég. J'exécute en ce moment ma promesse. Fuis; je ne suis pas le maître, à ce qu'il paraît, de mon château, — de mes gens, — ni même de ces murs, — ou je leur ordonnerais de crouler sur moi! Fuis, ou tu seras égorgé par...

Gab. Est-il vrai? adieu donc! Toutefois, Comte, rappelez-vous que c'est vous qui avez cherché cette fatale entrevue.

Siég. Je le sais; qu'elle ne devienne pas plus fatale encore! — Pars!

Gab. Faut-il prendre le chemin par lequel je suis entré?

Siég. Oui, il est sûr encore; mais ne t'arrête pas à Prague; — tu ne sais pas à qui tu as affaire.

Gab. Je le sais trop bien, — et je le savais avant vous, malheureux père! Adieu. (*Gabor sort.*)

Siég. (*seul et prêtant l'oreille*). Il a franchi l'escalier! Ah! j'entends la porte se refermer sur lui! Il est sauvé! sauvé! — Ombre de mon père! — Je ne me soutiens plus.
(*Il s'appuie sur un banc de pierre contre le mur de la tour.*)

ULRIC *entre avec une troupe de gens armés, le sabre nu.*

ULR. Dépêchez-le! — il est ici!

LUD. Le comte, Monseigneur!

ULR. (*reconnaissant Siégendorf*). Vous ici! mon père!

SIÉG. Oui; s'il te faut une autre victime, frappe!

ULR. (*s'apercevant qu'il n'a plus ses joyaux*). Où est le scélérat qui vous a dépouillé? Vassaux! hâtez-vous d'aller à sa recherche! Vous voyez que je disais vrai; — le misérable a dépouillé mon père de joyaux capables de former l'apanage d'un prince! Partez! je vous suis à l'instant! (*Tous sortent, à l'exception de Siégendorf et d'Ulric.*) Que signifie cela? où est le scélérat?

SIÉG. Il y en a deux; lequel cherches-tu?

ULR. Ne parlons plus de cela! il faut que nous le trouvions. Vous ne l'avez pas laissé échapper?

SIÉG. Il est parti.

ULR. Par votre assistance?

SIÉG. Je lui ai donné toute mon aide.

ULR. Adieu donc. (*Ulric va pour s'éloigner.*)

SIÉG. Arrête, je te l'ordonne! — je t'en supplie! O Ulric! veux-tu donc me quitter?

ULR. Eh quoi! je resterais pour me voir dénoncer, — arrêter, charger de chaînes, et tout cela à cause de votre incorrigible faiblesse, de votre demi-humanité, de vos remords égoïstes, de votre pitié indécise qui sacrifie toute votre race pour sauver un misérable et l'enrichir par notre ruine! Non, Comte; à dater d'aujourd'hui vous n'avez plus de fils!

SIÉG. Je n'en ai jamais eu; et plût au ciel que tu n'en eusses jamais porté le vain nom! Où iras-tu? je ne voudrais pas te voir partir dénué de toute protection.

ULR. Laissez-moi ce souci. Je ne suis pas seul; je ne suis pas seulement le vain héritier de vos domaines; mille, que dis-je? dix mille glaives, dix mille cœurs, sont à ma disposition.

SIÉG. Les brigands de la forêt! au milieu desquels le Hongrois te vit pour la première fois à Francfort!

ULR. Oui, — des hommes! — qui méritent ce nom! Que

vos sénateurs veillent sur Prague! ils se sont un peu trop hâtés de célébrer le retour de la paix; tous les gens de cœur ne sont pas morts avec Wallenstein!

Entrent JOSÉPHINE et IDA.

Josép. Qu'avons-nous appris, mon Siégendorf? Dieu soit loué! tu es sain et sauf.

Siég. Sain et sauf!

Ida. Oui, mon cher père!

Siég. Non, non; je n'ai plus d'enfants : ne me donnez plus ce nom de père, le pire de tous les noms.

Josép. Que veut dire mon cher époux?

Siég. Que tu as mis au jour un démon!

Ida. (*prenant la main d'Ulric*). Qui ose parler ainsi d'Ulric?

Siég. Ida, prends garde! il y a du sang sur cette main.

Ida. (*se baissant pour baiser la main d'Ulric*). Quand ce serait le mien, mes baisers l'effaceraient.

Siég. Vous l'avez dit.

Ulr. Arrière! c'est le sang de ton père!   (*Ulric sort.*)

Ida. Grand Dieu! et j'ai pu aimer un tel homme!

(Ida tombe évanouie; Joséphine reste muette d'horreur.)

Siég. Le misérable les a tués tous deux! — Ma Joséphine! maintenant, nous sommes seuls! Que ne l'avons-nous toujours été! — Tout est fini pour moi! — Maintenant! ô mon père, ouvre-moi ton tombeau; ta malédiction est retombée sur moi plus terrible en me frappant dans mon fils! — La race des Siégendorf est éteinte.

FIN DU TOME TROISIÈME.

TABLE

DES MATIÈRES CONTENUES DANS LE TOME TROISIÈME.

                                                        Pages

MANFRED, poëme dramatique en trois actes. 1
MARINO FALIERO, tragédie historique en cinq actes. . . . 39
LE CIEL ET LA TERRE, mystère en un acte. 144
SARDANAPALE, tragédie en cinq actes. 178
LES DEUX FOSCARI, tragédie historique en cinq actes. . . . 270
LE DIFFORME TRANSFORMÉ, drame en trois parties. 337
CAÏN, mystère en trois actes. 382
WERNER, OU L'HÉRITAGE, tragédie en cinq actes. 441

FIN DE LA TABLE.

IMPRIMERIE DE GUSTAVE GRATIOT, 11, RUE DE LA MONNAIE.

www.ingramcontent.com/pod-product-compliance
Lightning Source LLC
Chambersburg PA
CBHW071405230426
43669CB00010B/1448